a FERRO
e FLORES

Lygia Barbiére

a FERRO
e FLORES

© 2018 by Lygia Barbiére

INSTITUTO LACHÂTRE
CAIXA POSTAL 164 – CEP 12.914-970 – BRAGANÇA PAULISTA – SP
TELEFONE: (11) 4063-5354
PÁGINA NA INTERNET: www.lachatre.org.br
EMAIL: editora@lachatre.org.br

3ª EDIÇÃO – NOVEMBRO DE 2018
2.000 EXEMPLARES

REVISÃO
A. J. ORLANDO E IZABEL VITUSSO

PROGRAMAÇÃO VISUAL DA CAPA
CÉSAR FRANÇA DE OLIVEIRA

FOTO DA AUTORA (ORELHA)
ANDRÉ VILHENA E ED LOBO

A reprodução parcial ou total desta obra, por qualquer meio,
somente será permitida com a autorização por escrito da Editora
(Lei no 9.610 de 19.02.1998)

CATALOGAÇÃO ELABORADA NA EDITORA

Amaral, Lygia Barbiére, 1967-
    A ferro e flores / Lygia Barbiére Amaral. – 3ª ed. – Instituto Lachâtre,
Bragança Paulista, 2018.
    544 p.

ISBN: 978-85-8291-072-6

1. Romance espírita. 2. Espiritismo. 3. Literatura brasileira.
4. Alcoolismo. 5. Dependência química. I. Título.

CDD 133.9   CDU 133.7

Este livro é dedicado a meu pai
Evandro (onde quer que ele esteja),
Meu grande amigo,
Por seu exemplo e perseverança,
Pelo seu sacrifício,
Pelo seu amor, tão imenso, por nós
Pela sua presença querida a nosso lado,
Sempre ajudando, ponderando,
Lutando em seu processo íntimo
De reforma pessoal,

E também,

Ao senhor **Abel**,
Que vence um dia de cada vez no mundo espiritual,
Ajudando, como um pássaro, a tantos que
Ainda sofrem pela dependência do álcool;

Ao senhor **Antonio José**,
Que vence um dia de cada vez no mundo físico,
Recolhendo, como um anjo, a tantos que
Ainda sofrem nas ruas pela dependência do álcool,

E finalmente, ao senhor **Darcy**,
Quase um anônimo,
Símbolo de tantos anônimos,
Que todo mundo conhece,
Mas que ninguém conhece,
Que ainda vai vencer,
Se Deus quiser,
Com o auxílio das preces
De todos nós.

"A festa desequilibrante é véspera
de laborioso reparo."
(*Vinha de luz*, de Emmanuel, psicografia
de Francisco Cândido Xavier)

Todavia,

"Nunca falta apoio a quem almeja por
ascensão. O inverso é, também, verdadeiro..."
(*Painéis da obsessão*, de Manoel P. de Mir_
anda, psicografia de Divaldo P. Franco)

Prefácio

O LIVRO DE Lygia Barbiére Amaral é muito oportuno, por abordar o problema do alcoolismo e, por consequência, das adicções. O adicto é um ser humano em desequilíbrio e conflito. Suas ações são moduladas pelo desejo a ser satisfeito, a despeito da estrutura afetiva, familiar e social de seu em torno.

O alcoolismo está entre os dez principais problemas de saúde pública do mundo e é a quarta doença mais incapacitante, de acordo com a Organização Mundial da Saúde. No Brasil, o álcool é a substância tóxica mais utilizada e porta de entrada para outras drogas.

É importante que o enfoque, através da literatura, possa atingir as pessoas e fazê-las refletir sobre as consequências do uso que vem sendo feito de tal substância, pois a desestruturação não se dá apenas no lar dos envolvidos com o alcoolismo, mas também atinge a sociedade como um todo, com o aumento das agressões físicas, dos acidentes automobilísticos e do alto custo que todos pagam pela vulnerabilidade a que estão sujeitos.

O etilismo efetivamente causa danos físicos, pelo acometimento variado de diversos órgãos, principalmente o fígado, o coração e o sistema nervoso central e periférico. Apresenta ainda graves consequências emocionais, observando-se várias comorbidades psiquiátricas, sendo as mais frequentes a depressão e a bipolaridade.

Obviamente a psicanálise apresenta uma abordagem para tentar explicar o que leva o ser humano a tal quadro de degradação. Sigmund Freud, em 1905, já tentava elucidar as origens psicodinâmicas envolvidas. Atualmente, há evidências estatísticas de que o consumo abusivo de álcool estaria significativamente relacionado à presença de psicopatologia nos descendentes e cônjuges.

A abordagem filosófica, contudo, mesmo através das explicações de diversos pensadores sobre o sofrimento humano, ainda não me satisfaz.

Com o surgimento da codificação de Allan Kardec vem então uma luz, um entendimento diferenciado, que explica as origens do comportamento delinquente. Hoje, universidades em todo o mundo, inclusive no Brasil, abordam com seriedade o binômio temático comportamental alma-homem. Ao ler o

10 | LYGIA BARBIÉRE

livro, consigo vislumbrar e ter respostas mais claras a dúvidas que a ciência cartesiana não me permite responder.

O mosaico social descrito e seus desdobramentos trazem claros a angústia e o sofrimento que tais quadros causam em todos, mas também traz a esperança da ajuda e do constante cuidar da divina providência sobre nós, seres humanos encarnados e ainda tão ignorantes a respeito de nossa própria existência e de nossos desafios neste mundo.

Muito prazer experimento em poder expressar a grande alegria que tenho ao ler *A ferro e flores*, e desejo uma brilhante trajetória literária à autora e seu livro.

MÁRCIO AMARAL
Neurologia – PUC-RJ/Brasil
Psiquiatria – IAEU-Barcelona/Espanha

Já estava tudo decidido, tudo planejado. Não havia a menor possibilidade das coisas acontecerem de forma diferente. Ao menos era isto o que ela dizia.

— E se ele estiver lá? Se te chamar para conversar? — perguntou a irmã, Ana Patrícia, no caminho de carro até a festa.

— Se me chamar, não vou, ora essa. Não quero mais — respondeu Ana Teresa, convicta.

— Ah, claro. Eu tinha certeza disto — tornou a outra, com ironia.

Ana Teresa, porém, não retrucou. Cruzou os braços e ficou admirando a vista, pensativa. Estava sozinha no banco de trás. Atravessavam agora a avenida Niemeyer, em direção a São Conrado. Estavam quase chegando. A praia, lá embaixo, era ao mesmo tempo deslumbrante e ameaçadora com suas ondas enormes estourando brancas por sobre as pedras.

— E se ele ficar com outra garota, só para te provocar? — insistiu Ana Patrícia.

— Ah, se ficar... — ela sentiu um frio no estômago só de pensar. — Se ficar, eu fico com outro também. Fico com o Pedro, pronto — decidiu de um impulso.

— Puxa, eu tinha me esquecido como todo mundo da classe é louco para ficar com você — tornou Ana Patrícia, sem conseguir esconder um traço de raiva por trás do tom de deboche.

— Filha, não faça isso... Não devemos brincar com os sentimentos dos outros — interferiu a mãe, que estava dirigindo o carro. — Por que você não conversa com o Caian e tenta fazer as pazes com ele? Está na cara que vocês ainda se gostam! Quem sabe se...

Ela se interrompeu para escapar de uma fechada no trânsito. Sentiu uma sensação estranha, quase um mau pressentimento, mas logo se despreocupou. Nada de palpável, nada de concreto. Apenas uma sensação. Mania de mãe de viver sempre preocupada com os filhos. Nem comentou.

Estavam quase chegando, o tráfego estava muito movimentado. Afinal, era sexta-feira, quase meia-noite. Era aniversário de Davi, colega das meninas no cursinho. Uma superfesta, era natural que elas estivessem agitadas. Para comemorar seus dezoito anos, o rapaz fechara a Temperos, uma boate famosa do

Rio, evento imperdível para todos os convidados. Por todo lado havia carros querendo estacionar.

– Vamos descer aqui mesmo! – sugeriu Ana Teresa, que estava agoniada para sair daquele assunto.

– Esperem, vocês não querem que eu pare mais per...

– Não, mãe. Ana Teresa tem razão. Está bom aqui mesmo – disse Ana Patrícia, abrindo a porta com a fisionomia aborrecida. – Beijo! – ela estalou os lábios no rosto da mãe rapidamente.

Mag, a mãe, experimentou de novo o pressentimento nessa hora. Chamava--se Grace Margareth, mas todos a chamavam de Mag.

– Esperem! – ela pediu, no momento em que Ana Teresa descia do carro pela porta de trás.

– Que foi, mãe? – as duas olharam para ela, incomodadas com a insistência.

– Vocês têm certeza de que não precisam que eu venha buscar? Posso vir bem tarde, não tem problema! – Mag repetiu o que seu coração estava pedindo.

– Não tem necessidade, mãe! Já disse – respondeu Ana Teresa, olhando para todos os lados, agoniada, como que temendo encontrar alguém na entrada da boate. – A gente volta com o Pedro.

– Olhem lá, hein? Se o Pedro beber, vocês me liguem! Não entrem no carro se...

– Ih, mãe! É mais fácil uma pedra criar asas e sair voando do que o Pedro beber alguma coisa! – ironizou Ana Patrícia.

– Ele não bebe nem água mineral com gás! – completou Ana Teresa.

– Então... então tá... – disse Mag, ainda com o coração apertado. – Juízo, hein? Juízo vocês duas, ouviu Ana Teresa?

— Isto é impossível, é completamente inviável!

As duras palavras do orientador ainda ecoavam dolorosas na cabeça de Miguel. Estava cursando as últimas matérias do mestrado em sociologia, tinha apenas um mês para apresentar seu projeto de dissertação. Desde o princípio, ele tinha a certeza do que queria, havia estudado o assunto sob todos os ângulos possíveis e imagináveis. Ou, pelo menos, acreditava que sim. Só ele sabia o quanto fora exaustivo conciliar toda aquela quantidade de pesquisas com as aulas na faculdade, os inúmeros trabalhos pedidos pelos professores e suas tarefas como jornalista de uma revista semanal. E agora, quando faltava apenas colocar as informações no papel, o orientador vinha com aquela ducha de água fria:

— Você jamais vai conseguir convencer as pessoas de que a bebida é um mal para a sociedade! Ainda mais dentro de uma universidade, onde a grande maioria das pessoas bebe e não vê nada de mal nisto. Compreendo e até concordo com você quando diz que o álcool é uma droga que se torna mais perigosa visto que é permitida e até mesmo incentivada pela sociedade. A grande questão é que estamos falando de um hábito cultural que há milênios se encontra arraigado em quase todas as sociedades do mundo, de uma maneira mais ou menos generalizada, e, o que é pior, a grande maioria das pessoas vê este hábito como algo saudável, de propriedades até terapêuticas e relaxantes, você entende o que estou tentando dizer?

Miguel novamente ouviu a voz do orientador repetindo aquela explicação, que ele obviamente considerava absurda, e acelerou o carro irritado. Não, ele não entendia. Deveria haver alguma maneira de mostrar para as pessoas que as coisas não eram bem assim, que elas estavam lidando com algo muito perigoso.

Enquanto dirigia, cruzou uma rua cheia de barzinhos, com mesas na calçada, repletas de jovens bebendo animada e descontraidamente. Era uma sexta-feira. "Meu Deus, será que eu estou sendo radical demais nos meus pensamentos?", Miguel questionou-se, chateado. Era jovem, tinha trinta e quatro anos, aparência atraente, mas jamais conseguira agir como a maioria das pessoas de sua idade, o que, de certa maneira, até lhe causava alguns problemas de relacionamento. Todavia, com toda a sinceridade, ele não sentia a menor vontade de sentar em um lugar como aquele e beber como os outros rapazes e moças. Ao contrário, sentia-se mal naqueles ambientes; embora não soubesse explicar exatamente o porquê, algumas vezes fora até acometido por mal-estar e dores de cabeça. "Será que eu é que sou diferente?", perguntou-se, depois de cruzar o último barzinho.

– O que você terá para contar para os seus netos, se não beber cerveja neste verão?

Lembrou-se da propaganda que vira recentemente na TV e sentiu-se ainda mais irritado, aumentando, sem querer, um pouco mais a velocidade do carro.

– Quem sabe não é apenas uma questão de abordagem? – lembrou-se agora da voz do amigo do orientador, que participara da reunião junto com eles.

Ele tinha um leve sotaque estrangeiro, mas já devia estar no Brasil há muitos anos, pois se expressava com relativa fluência. Miguel revia a cena como se estivesse de novo ali, de frente para ele.

– Pelo que percebo, seu papel talvez fosse o de alertar as pessoas para que tivessem um maior cuidado ao fazer suas escolhas. Acho que bom senso seria a expressão mais correta para definir o que estou tentando dizer – opinou, com seu sotaque estrangeiro, virando um gole do chope que o garçom acabara de trazer para ele. – Afinal, não se trata de fazer com que as pessoas parem de beber de uma maneira mágica e instantânea, o que seria uma utopia, mas sim de fazer com que reflitam sobre em que quantidades e em que circunstâncias devem beber, fui claro?

Na hora, Miguel teve vontade de argumentar sobre a questão do alcoolismo, de todos os jovens que começam tomando uma dosezinha por diversão e acabam se tornando alcoolistas porque não têm consciência de que carregam consigo uma tendência hereditária. "Fui claro...", repetia agora irritado. "E as crianças, cujos pais colocam cerveja na chupeta para que durmam mais depressa?", argumentava consigo. Mas na hora achou melhor não dizer nada. Ainda por cima, o infeliz bebia um copo de chope. Como discutir sobre alcoolismo com alguém que cultiva o hábito de beber cerveja e acha isso uma coisa natural?

Miguel estava irredutível em seus propósitos, cego em seu radicalismo. Não havia espaço para diálogos fora de seu enfoque. De mais a mais, ele nunca tinha visto antes o tal sujeito, achara mesmo uma ousadia do orientador convidá-lo para participar da reunião. Para quê? Com que finalidade? A bem da verdade, ficara tão aborrecido com aquela participação inesperada que sequer guardara-lhe o nome. Sabia apenas que era um pediatra, o que, em sua mente, tornava toda aquela situação ainda mais absurda e... "Afinal, como faria, que fatos usaria para embasar melhor a minha teoria?", ele não conseguia deixar de perguntar-se.

Precisava encontrar alguma coisa na vida real, prática, imediata, todo um conjunto de acontecimentos reais e cotidianos capazes de trazer o seu trabalho da teoria para a realidade, de fazer com que as pessoas pudessem concluir por si próprias a respeito dos malefícios do álcool... "Será que querer isto é ser radical?", pensou, ainda sentido com os comentários que acabara de ouvir.

O sinal fechou de repente e ele por pouco não entra na traseira do carro que estava na frente. Seu veículo chegou a ameaçar rodopiar ali mesmo, mas Miguel conseguiu controlá-lo, segurando firme e com muita habilidade a direção. Em seguida, o carro morreu e Miguel começou a suar frio. Naquele átimo de tempo tivera a estranha sensação de que tudo isto já tinha acontecido antes. Ou que estava prestes a acontecer de novo, não sabia explicar direito. Mas era uma sensação muito forte, quase assustadora.

Por alguns instantes, ficou ali ainda confuso com aquilo tudo, sem conseguir sequer ligar o carro, os outros carros buzinando atrás. "Se eu tivesse bebido um chope com aquele camarada, certamente não teria conseguido me safar da batida", pensou, sentindo-se um pouco melhor. Finalmente conseguiu fazer com que o carro pegasse.

Já passava das dez da noite, a avenida estava movimentada. Queria chegar rápido em casa, a tempo de conversar um pouco com Pedro, o irmão mais novo, que estava saindo para uma festa naquela noite. Como irmão mais velho, fazia questão de aconselhá-lo nestas ocasiões. Sabia que Pedro estava querendo se declarar naquela noite para uma garota do cursinho. Tinha medo de que o irmão, como qualquer adolescente, resolvesse beber qualquer coisa para tomar coragem antes de fazer isto.

Não havia de fato uma razão para tanta preocupação, já que Pedro, além de muito responsável, jamais havia colocado uma gota de álcool na boca. Mas Miguel, ainda assim, vivia sempre muito preocupado, porque, afinal, o pai de ambos era alcoolista e morrera de cirrose quando Pedro ainda era um bebê. Este era um fato concreto e determinante em toda a sua trajetória de vida, um fato que reforçava ainda mais a sensação de que ele era um pouco pai de Pedro. Miguel era quatorze anos mais velho que o irmão.

Entrou em casa esbaforido, depois de mais de uma hora de engarrafamento, mal cumprimentou a mãe, dona Rute, que costurava diante da TV:

– O Pedro? Ainda está lá dentro? – perguntou, já se encaminhando apressado para o quarto do irmão, segurando a pilha de livros que levara para mostrar ao orientador.

– Ah, querido! Ele acabou de sair! – ela respondeu, tranquila.

– Foi de fusquinha? – Miguel quis saber.

– Foi. Mas não se preocupe... – disse ela, sem tirar os olhos da costura. – Eu fiz todas as recomendações que você sempre costuma fazer.

Miguel ficou alguns instantes ali parado, ainda segurando a pilha de livros, sem saber o que dizer. Novamente sentia-se um tanto quanto frustrado. Aproximou-se da mãe, depositou a pilha de livros sobre a poltrona ao lado dela e beijou-lhe a testa com muito carinho. Não sabia por que, mas sentia agora uma imensa vontade de chorar, quase como uma intuição de que algo muito ruim estava prestes a acontecer. "Não", ele pensou consigo, sem dizer nada à mãe. "Deve ser por causa daquela freada brusca que eu dei no sinal, só pode ser isto... Ou, ainda mais provavelmente, por causa de toda aquela conversa com o orientador."

– É... – disse à mãe, pensativo. – Acho então que eu vou deitar... Tive um dia difícil hoje...

– Não quer conversar, filho? – sugeriu dona Rute, delicada, percebendo-lhe o olhar tenso e preocupado.

– Hoje não. Amanhã a gente conversa... – ele preferiu.

Entrou no quarto sentindo ainda o aperto no peito e a vontade de chorar. Abriu o chuveiro e tentou entregar-se à água morna que caía sobre seu corpo. Por mais que tentasse, não conseguia encontrar uma justificativa capaz de acalmar aquela angústia profunda. O que, afinal, seria tão forte, a ponto de mobilizá-lo daquela maneira? "Teria alguma coisa a ver com Pedro?", ele não parava de se perguntar.

Eram gêmeas idênticas. Todavia, como se já não bastassem as personalidades quase opostas, faziam de tudo para parecerem diferentes. Ana Teresa tinha os cabelos castanhos e compridos, quase louros por causa dos muito reflexos dourados feitos em salão. Ana Patrícia odiava tintura. Fazia o tipo intelectual: os cabelos sempre presos, as roupas escuras e sóbrias, os óculos pequenos e retangulares que ela não tirava para nada. Teresa também precisava de óculos, mas raramente os tirava da bolsa. Tinham dezessete anos. Estavam ambas no cursinho, na mesma sala de Pedro e de Caian, o namorado, ou ex-namorado de Ana Teresa. Ela ainda não sabia se queria fazer jornalismo, psicologia ou oceanografia. Ana Patrícia, por sua vez, estava convicta de que iria escolher a pediatria como sua especialidade da medicina.

Elas queriam ser diferentes; a vida inteira se esforçaram para isso. Independentemente de suas vontades, porém, muitas vezes sentiam a mesma coisa. Era só Teresa pensar, que Patrícia logo pensava também. E vice-versa. Tinham uma espécie de telepatia, de sexto sentido compartilhado de modo que uma sempre sabia o que a outra estava sentindo.

Apesar das diferenças, forjadas ou não, foram sempre muito amigas. Entretanto, desde que Ana Teresa começara a namorar Caian, as coisas se complicaram um pouco entre as duas. Ana Patrícia nunca admitiu, mas Ana Teresa tinha certeza de que a irmã também era apaixonada por Caian e só por isto implicava tanto com ele. Ana Patrícia, por sua vez, argumentava que não se sentia bem na presença dele, que sentia uma coisa ruim quando Caian estava perto.

A verdade, que Ana Teresa perdera completamente de vista com seus ciúmes do namorado, é que Ana Patrícia gostava de Pedro, que, por sua vez, também era apaixonado por ela. Que não enxergava isso porque achava que a irmã era muito mais bonita do que ela. E assim, ambas sofriam sem necessidade, equivocadas em suas suposições.

Naquele momento, tomada por uma espécie de ira misturada com despeito, Ana Teresa dizia a si mesma que não estava mais nem um pouco preocupada com o ex-namorado e menos ainda com a irmã. Se Ana Patrícia quisesse, podia até ficar com Caian que ela não estava nem ligando, ia pensando consigo mesma, enquanto as duas entravam na boate. Estava tão brava com Caian que quase chegava a odiá-lo em sua mágoa profunda.

Os dois brigavam sempre pela mesma razão. Eram apaixonados, completamente obcecados um pelo outro. Namoravam há nove meses, tinham muitos planos para o futuro. A casa que comprariam no Recreio, quando ambos estivessem formados, a rede cor-de-abóbora que poriam na varanda de frente para a praia, os oito cachorros e o casal de filhos que iriam ter. Mas tudo balançava quando Caian pegava no copo. Era este o grande problema entre eles. Ana Teresa não gostava que ele bebesse. E Caian não gostava do radicalismo dela.

Caian tinha vinte e dois anos e achava que a bebida podia lhe abrir todas as portas. Esportista, queimado de sol, olhos verdes, braços fortes, cabelos castanhos, levemente dourados, fazia surfe, era campeão de remo, faixa preta no judô e ainda jogava tênis. Mas não se achava bom o bastante. Queria ser mais do que era, uma sensação interna, difícil de explicar.

De uma família de muitos recursos, aparentemente bem estruturada, chegara a cursar quase dois anos de medicina, mas desistira de repente, após uma aula de anatomia que o deixara traumatizado. Tinha pavor de ver gente morta. Por causa disto, largara tudo e voltara para o cursinho. A ideia era não perder a intimidade com as matérias do vestibular até que decidisse a carreira que gostaria de seguir.

O tempo todo, Caian sabia que queria fazer educação física, mas cadê coragem para dizer isto aos pais? E assim, ia enrolando no cursinho, faltando às aulas, virando a noite em bares e festas. Até que conheceu Ana Teresa e se apaixonou. Por causa dela, reencontrou a motivação de estudar, estava até tirando notas mais altas. Pelo menos até que os dois se desentendessem.

Naquela noite, fazia duas semanas que eles estavam brigados. Era a primeira vez que ficavam tanto tempo assim zangados um com o outro, sem que um dos dois rompesse o silêncio com um telefonema que fosse.

É verdade que Ana Teresa tinha um motivo forte para viver sempre tão preocupada com a questão da bebida: Sílvio, o pai dela, era um alcoolista, desses que jamais admitem sequer ouvir a palavra alcoólatra. A vida inteira ela sofrera por causa disto. Caian dizia que era paranoia da namorada, que ela ficara fixada no assunto por causa do pai, que não havia mal algum em beber um pouco de vez em quando, para relaxar. Até porque Sílvio não era de frequentar botequins e nem de beber todos os dias. Bebia apenas nos finais de semana, em sua própria casa ou em festas e reuniões. Na visão de Caian e de muita gente, ele não era de fato um alcoolista. Somente ela, a mãe e a irmã, contudo, sabiam o quanto ele ficava inconveniente depois de uns poucos copos de cerveja, que então não paravam de se suceder até que ele caísse tonto.

Assim como o pai de Ana Teresa, Caian nunca tinha limites quando começava a beber. Por que bebia tanto? Ninguém sabia dizer. Tinha pouco menos de quatorze anos quando tomou seu primeiro porre. Se achava tímido e, amparado por esta desculpa, aos poucos foi bebendo cada vez mais. Queria ser mais descolado, chegar nas garotas, impressionar, apaixonar, dominar, como diziam os rapazes do cursinho. Na prática, porém, muitas vezes acabava se excedendo, como na noite em que ficou pela primeira vez com Ana Teresa.

Na ocasião, é claro, a desculpa para beber tanto foi a de conseguir tomar coragem para a aproximação. Fazia tempo que ele a paquerava. Antes mesmo que ela entrasse para a sua sala no cursinho, ele já a conhecia de vista na praia. Os dois frequentavam o mesmo ponto em Ipanema. E tome cerveja, e caipirinha, e vodca com suco de fruta. Quando finalmente ele tomou a iniciativa e a beijou no meio de uma festa, já estava a um passo da amnésia alcoólica e por pouco não se esquece da grande conquista. Não fossem os amigos, ele nem tinha ligado para ela no dia seguinte.

Ana Teresa nunca soube deste detalhe. Naquela noite do início do namoro, ela obviamente percebeu que ele já havia passado um pouco da medida. Mas também há tempos era tão apaixonada por ele que fez de tudo para tentar relevar a questão da bebida. Sua vontade era cuidar dele, abraçá-lo, mimá-lo. "Decerto, deveria estar com algum problema para beber desse jeito", foi o que imaginou, na época, com o coração já cheio de disposição para ajudar. Acreditava que por amor todo mundo muda, que com o tempo ela iria convencê-lo de que bebida não leva ninguém a lugar algum.

Mas não conseguiu muita coisa. Ao longo dos quase nove meses que passaram juntos (naquela noite, exatamente, eles completariam nove meses se ainda estivessem juntos), Caian era duas pessoas ao mesmo tempo. Durante a semana, no cursinho, quando estudavam juntos ou em qualquer lugar que fossem como namorados, era o rapaz ideal. Carinhoso, prestativo, educado, cavalheiro, amigo, a melhor pessoa do mundo na visão de sua namorada apaixonada. Mas era só aparecer uma festa, um churrasco ou qualquer programa com bebida para que ele se transformasse em outro Caian.

– É quase como se você tivesse um irmão gêmeo e eu fosse obrigada a ficar com ele toda vez que a gente sai – definiu Ana Teresa em uma das últimas brigas.

Não adiantava nada falar. Ele ficava aborrecido com ela, mas nada mudava. Ao contrário, os meses pareciam dilatar cada vez mais sua tolerância ao álcool. A cada final de semana que passava, ela tinha a sensação de que ele estava bebendo mais.

O outro Caian chegava sempre como uma pessoa engraçada e falante, de quem todos riam, mas, de uma hora para outra, se transformava em alguém ousado e inconveniente, que não media as palavras e quase sempre acabava comprando brigas por ciúmes doentios da namorada. Ana Teresa dizia que noventa e nove por cento das situações eram fantasias criadas pela própria perturbação alcoólica do rapaz.

Naquela noite não foi diferente. Caian já chegou à boate alterado, havia tomado três doses de uísque antes de sair de casa. A desculpa desta vez, claro, era a apreensão de encontrar Ana Teresa na festa de Davi.

Ana Teresa viu quando ele chegou e percebeu de longe, pela maneira eufórica como cumprimentou as pessoas, que ele já havia bebido. Apesar de todas as suas decisões e resoluções, sentiu o coração disparado. Em parte pela paixão que ainda sentia por ele, em parte porque ficava sempre muito tensa toda vez que o via tomando de novo aquele caminho sem volta. Vasculhou com os olhos toda a boate, à procura da irmã. Precisava muito falar com alguém. Ana Patrícia, contudo, a essas alturas já estava lá no meio, dançando com Pedro, despreocupada e feliz. Adorava dançar.

Ana Teresa sentiu-se muito sozinha. Conhecia todo mundo, mas no fundo, não tinha muitos amigos. As duas sempre andaram muito juntas, Pedro sempre fora o grande amigo de ambas. Até que veio Caian. Ana Teresa se afastou ainda mais de tudo e de todos para estar sempre junto com ele, não tinha sequer uma colega mais próxima com quem costumasse conversar.

Do outro lado da pista, Caian continuava bebendo e olhando para Ana Teresa. Também parecia triste e sozinho. "Será que é bom beber?", ela pela primeira vez se questionou. "Será que alivia mesmo as tensões, como sempre diz o meu pai? Será que, se eu beber também, vou conseguir acalmar essa angústia que parece que vai me engolir? Será que eu vou conseguir curtir a festa como as outras pessoas?" Olhou em volta e percebeu que todos bebiam, à exceção da irmã e de Pedro. Eles continuavam dançando animadamente. "Quer saber? Eu também vou beber!", decidiu do alto de sua ansiedade e desequilíbrio. Foi até o bar e pediu um copo duplo de chope, daqueles de 500 ml.

– Só quero ver o que a mamãe vai dizer, quando souber disso – ameaçou Ana Patrícia, ao vê-la passando com o copo na mão.

Ela parou ao lado da irmã enquanto Pedro ia até o bar para comprar uma garrafa de água.

– Aposto como ela vai dar pulinhos de alegria... – Ana Patrícia continuou, irônica.

Tinha a certeza de que a irmã só estava fazendo isto por causa de Caian e sentia muita raiva por ela ser tão vulnerável e imatura.

– Não vai dizer nada, porque você não vai contar! – peitou Ana Teresa, ainda com o bigode do primeiro gole.

– Ah, não? – revidou a irmã.

– Ou você prefere que eu conte sobre o zero que você tirou na prova de física?

Ana Patrícia estremeceu, nem respondeu à ameaça. Ficou arrasada. Tinha tirado zero por causa de uma colega a seu lado que estava colando da prova dela. Mas era tão perfeccionista, tão exigente consigo própria, que nem tinha coragem de contar aos pais. Ana Teresa sabia disso e aproveitou-se da situação para se defender. Ah, como Ana Patrícia odiava Ana Teresa nestas horas!

A FERRO E FLORES | 21

– Eu não entendo porque vocês estão neste clima desde que chegaram aqui – comentou Pedro, chegando com a água.

As duas ficaram em silêncio.

– Aliás, faz mais de um mês que vocês duas não param de se espetar! E aí, vão querer água? – só então ele percebeu o copo nas mãos de Ana Teresa e preocupou-se: – Ô, Teca, você bebendo? – ele era o único que a chamava por apelido. – Era por isto que estavam brigando?

– Ah, não vai começar você também, né? – zangou-se a jovem, virando de uma vez quase meio copo de chope.

Antes que Pedro pudesse dar qualquer resposta, porém, Caian apareceu de repente e puxou Ana Teresa pela mão, em direção à pista de dança. Ela virou depressa o resto do chope, entregou o copo na mão de Pedro e foi.

Nunca antes havia bebido. Ficou levemente tonta, tomada por uma alegria, uma euforia suave que também nunca antes havia experimentado. Achou bom, sentia-se quase feliz. Olhava para ele, para o sorriso que brilhava nos olhos dele e sentia o coração dizer, descompassado, o quanto ela o amava. Perdidamente. Tinha a certeza de que jamais amaria alguém daquele jeito. Assim que passasse aquela dança e o efeito daquela cerveja, os dois iriam conversar e iriam se entender, ela tinha certeza disso. Quem sabe se eles combinassem só beber juntos e de vez em quando, quem sabe beber uma cerveja ou outra de vez em quando até não lhe faria bem?

Os olhos dos dois foram se aproximando, naquele sorriso mútuo, se aproximando, se aproximando, quando deram por si, estavam se beijando no meio da pista, aplaudidos pelos colegas do cursinho, exatamente como no dia em que começaram a namorar, nove meses atrás.

– Parabéns pelos nossos nove meses – ele disse, ao ouvido dela.

– Você se lembrou? – ela sorriu, surpresa.

– Como eu poderia me esquecer? – ele respondeu, sedutor.

Dançaram mais um pouco de mãos dadas e foram lá para fora.

– Você se importa se eu comprar mais uma cerveja para nós? – perguntou Caian.

Ela fez que não com a cabeça e sorriu. Ele beijou-lhe as mãos, satisfeito, e afastou-se em direção ao bar. Em instantes voltava com dois copos duplos de chope. "Depois eu converso com ele", pensou Ana Teresa, que por nada no mundo queria perder a magia daquele momento de reconciliação.

O tempo todo, a consciência tentava alertá-la, pedindo para que não bebesse mais cervejas. Mas então Ana Teresa tomava mais um gole e tudo ficava bem. Era como se os dois houvessem entrado numa sintonia particular, uma sintonia que era só deles e da qual não queriam mais sair.

Havia tantas coisas que queriam dizer um ao outro, mas, ao mesmo tempo, sentiam tanto medo de discutir, tantas saudades pelo tempo perdido, que preferiam não dizer nada. Passar a noite entre goles e beijos, apenas curtir a doideira e a música.

Ia tudo muito bem até que Ana Teresa começou a se sentir embrulhada. Algumas horas haviam se passado desde que começara a beber, a cabeça não parava de rodar. Para piorar, a batida da música parecia acelerar ainda mais aquela sensação horrível.

– Estou passando mal – avisou, correndo para o jardinzinho que ficava do lado externo da boate.

Eram quatro horas da manhã, havia tomado quatro daqueles copos duplos de chope. Caian a segurou enquanto ela passava mal, tentou limpar com carinho o rosto dela com o lenço que trazia no bolso. Mas também não estava muito bem. Contabilizando, no total havia ingerido as três doses de uísque em casa, mais duas 'roskas' (que era como o pessoal costumava chamar as caipirinhas de vodca, vulgo caipiroskas) na porta da boate, mais os chopes com a namorada. Ainda assim, ele tinha a certeza de que estava bem. Só o irritava o fato de estar falando um pouco enrolado. Tinha total consciência de tudo, só a língua que ficara assim um tanto quanto boba, independente de sua vontade.

– FF... fica calma... que eu fô levar focê para casa... – tentou dizer, fazendo o possível para manter o controle sobre a danada da língua.

– Nossa! Até que enfim encontrei vocês! – disse Ana Patrícia, chegando brava até eles. – Viramos essa boate inteira de cabeça para baixo e... Você está passando mal, Ana Teresa? – ela percebeu o chão em volta da irmã.

– Nossa, eu bem que falei para você não beber! – comentou Pedro, preocupado.

– Que nada... Tá zuzo bem... – disse Ana Teresa. – Zó estou um pouquinho tonta... Você está tonto, Caian?

– Quê isso, broto! Zeu... num fico tonto. – ele respondeu, mantendo a pose. – Sou homem!

– Acho melhor a gente ir embora – suspirou Ana Patrícia.

– É... Eu também acho... – disse Ana Teresa, precisando deitar.

– Eu levo vocês! – disse Pedro.

– Que leva, coisa nenhuma! – protestou Caian. – A gata é minha namorada, zacou?...

– Teca, olha só... – tentou argumentar Pedro.

– E para com esse zegócio de chamar ela de Teca que eu já zô ficando zoado com isso! – empinou-se Caian.

Ana Teresa ficou tensa, percebeu que faltava pouco para que os dois começassem a brigar. O "outro Caian" já tinha chegado.

– Para, gente, para. Vamos resolver isto na paz! – pediu Ana Patrícia.

Caian, contudo, continuava disposto a peitar Pedro. Não admitia, em hipótese alguma, que alguém levasse a namorada dele em casa. Até porque ele estava, naquela noite, com o carro importado do pai e fazia questão de levar todo mundo em casa. Até o Pedro.

– Olha só, cara... Eu sei que o carro do seu pai é o melhor que tem, mas, que eu saiba, até outro dia, você ainda não tinha tirado a sua carteira de motorista – Pedro observou com cuidado.

– Não tinha, ffff... focê disse bem. Olha só isso aqui! – ele tirou do bolso um papel que vinha a ser sua autorização provisória para dirigir. – Fiz prova na segunda ffff... feira, tá falado?

– Cara, é muito legal que você tenha feito a prova e que já tenha seu documento provisório de habilitação, mas o que o Pedro tá tentando dizer é que você não se encontra em condições para dirigir... – tentou Ana Patrícia.

– Porcaramba! Como... não zencontro...? – insistiu Caian.

– O que foi que ele disse? – Ana Patrícia perguntou baixinho a Pedro.

– Sei lá. Também não entendi direito – respondeu Pedro no mesmo tom.

– Aqui! Vamos parar com ossss... cochichos! – protestou Caian. – Eu só tomei umas cervejassss... Agora, se vocês não quiserem ir comigo, não tem problema... A Ana Teresa, vai... não vai, gata?

Ana Teresa estava confusa, mal conseguia articular os próprios pensamentos. "Olhem lá, hein? Se o Pedro beber, vocês me liguem! Não entrem no carro se...", ela se lembrou da mãe dizendo. Estava profundamente arrependida de ter bebido, só queria parar de passar mal. Mas também não queria mais brigar com Caian. Não naquela noite.

– Eu vou com ele – disse, morrendo de dor de cabeça.

– Mas, Teresa, você não... – tentou dizer Ana Patrícia, também se lembrando das palavras da mãe.

– Eu vou com ele – repetiu Teresa, sentindo Caian apertar forte a sua mão como a dizer o quanto a amava por aquela atitude.

Seguiram os quatro em direção ao estacionamento. De vez em quando, Caian desequilibrava o passo, ele e Ana Teresa quase iam ao chão. Pedro estava nervoso. Queria poder fazer algo para evitar o pior:

– Por que você não deixa o seu carro em segurança, no estacionamento, e eu levo vocês todos no meu fusca, daí amanhã...

– Que fussss... ca, cara! Eu lá sô homem de andar de fusca? – debochou Caian. – Meu carro é importado, zacou?

– Então deixa o Pedro dirigir o teu carro. Pronto! Ele dirige e... – tentou propor Ana Patrícia.

– De zeito nenhum. O carro do meu pai zó quem dirige zou eu... Tem direção hidráulica, é molinho, molinho... Olha zó... Tem quatro portas, malandro! Ze gostou, gata?...

Ele abriu as quatro portas e Ana Teresa foi logo se acomodando no banco de trás. Precisava muito deitar.

Ana Patrícia e Pedro se olharam apreensivos. O que fazer numa hora destas?

– E se eu ligasse do celular para minha mãe? – ela disse baixo para o Pedro.

– Não ia adiantar. Ela já está lá, deitada no carro... Até a sua mãe chegar...

– Zozês vão ou não vão? – insistiu Caian, ainda do lado de fora do carro.

Ana Patrícia e Pedro se olharam mais uma vez.

24 | LYGIA BARBIÉRE

– Eu vou! – decidiu Ana Patrícia, sentando no banco da frente.

"Se acontecer qualquer coisa, eu tento segurar a direção", pensou consigo.

– Só um instante! – pediu Pedro.

Ele ajeitou Ana Teresa no banco, depois ajustou o cinto em torno dela.

– Peraí! A minha zamorada... não vai aí atrás! Ela tem que...

– Ela está dormindo, Caian! Eu vou na frente com você, tudo bem? – contemporizou Ana Patrícia.

– Não tem onde prender o outro cinto? – perguntou Pedro, procurando pelo rebite onde o cinto deveria encaixar.

Ana Patrícia olhou para ele agradecida, entendendo que ele também ia. Ambos tinham a sensação de que, uma vez que eles estivessem junto com Caian e Ana Teresa, nada lhes aconteceria.

– E o seu carro? – perguntou preocupada.

– Amanhã eu pego. Mas não tem onde prender o cinto? – ele repetiu a pergunta.

– Ah, zei lá... Alguém deve ter colocado aí dentro do banco... Vambora? – disse Caian, acelerando o carro com as portas abertas.

Pedro percebeu que ele não ia esperar e entrou depressa no carro. Ana Teresa era a única que estava de cinto de segurança, graças a ele. Caian não colocou porque não achava necessário, Ana Patrícia, de tão nervosa, acabou esquecendo.

As portas se fecharam com a trava elétrica. Caian abriu e fechou os vidros escuros, depois ligou a música alta. O som era tão potente que mal dava para conversar. "Eu quero estar despida correndo através das ruas... quero perder todo o peso e sair voando", cantava no CD a compositora canadense Alanis Morissette no sucesso "So called chaos".

Com efeito, a sensação era de total leveza. Parecia até que estavam dentro de um avião, fora da atmosfera, a mais de 120 km por hora. "Os sinais vermelhos não funcionaram, eu irei para casa sã e descuidadamente segura, não será autoflagelo se eu for governada por minha própria falta de governo, meu fogo não apagará e eu estarei livre de dano e perigo, confie em mim...", continuava a canção, enquanto o carro quase voava por sobre a avenida Niemeyer em direção ao Leblon.

De súbito, não deu nem para perceber como, o carro ficou desgovernado. Havia um pneu na pista. Bem no meio de uma curva, conhecida como curva do Vento. O CD engastalhou.

O carro atravessou a mureta de proteção. Pairou alguns instantes no ar. Chocou-se lateralmente contra uma gruta, cinco metros abaixo. Capotou. Ficou preso numa enorme pedra inclinada rente ao mar. De cabeça para baixo.

Tudo numa fração de segundos.

O dia amanhecia.

A espuma continuava a bater raivosa e branca por sobre a pedra inclinada.

Reencontraram-se os quatro no mesmo quarto de hospital. Ana Teresa estava deitada, ligada a um tubo de soro, dormindo profundamente. Caian estava agachado a seu lado, a cabeça escondida entre as duas pernas. Parecia arrasado. A roupa toda em trapos, o braço, o pescoço, o rosto, as orelhas, todo ele tinha o aspecto sujo e ensanguentado. Estava muito machucado.

A porta se abriu e Pedro entrou, seguido por Ana Patrícia. Havia uma espécie de fio muito comprido, que saía da barriga dela, mais ou menos da altura do umbigo. Quanto mais ela andava, mais o fio se alongava, mas ela parecia não se dar conta disso.

– Está aqui! Não falei para você? – disse Pedro, mostrando Ana Teresa para a irmã.

– Nem acredito – respondeu ela. – De repente, eu acordei num quarto e não vi ninguém; estava desesperada à procura de vocês... Por um instante pensei que nós tivéssemos mor...

– Graças a Deus, estamos todos bem – disse Pedro, antes que ela terminasse a frase.

Era estranho. Ele estava também todo rasgado, cheio de cortes e escoriações, mas andava como se nada houvesse acontecido. Só não tinha o mesmo fio que saía de Ana Patrícia. Ao contrário dos meninos, ela e Ana Teresa estavam limpas e tratadas.

– Não sei... Tem algo errado nisso tudo, eu sinto que tem... Não consigo me lembrar de muita coisa, apenas do acidente e de ter acordado aqui neste hospital, em um quarto mais para frente que estava cheio de aparelhos... Além disso, estou sentindo muita dor nas pernas... – disse, sentando-se no pequeno sofazinho que ficava ao lado da cama e olhando para as duas pernas. – Mas, veja, tem só um arranhão aqui. Por que será que dói tanto?

– Sei lá, Pata – ele também a chamava por um apelido carinhoso. – Só sei dizer que eu corri muito até encontrar aqueles policiais. Nem sei como minhas pernas não estão doendo... Eu subi aquelas pedras como se fosse um cabrito, você acredita? – contou Pedro. – E o medo de andar por aquela mureta? O tempo todo eu tinha a sensação de que o vento dos carros que passavam correndo ia me derrubar de novo lá embaixo. Acenava, pedia ajuda, mas ninguém parava. Só fui encontrar a cabine policial lá embaixo, em frente àquele hotel chique...

– Ainda bem que eles vieram depressa – disse Ana Patrícia, angustiada só de imaginar a cena.

– Não sei por que eles não conseguiam me ouvir direito, eu gritava no ouvido deles e eles não ouviam! – Pedro continuou se lembrando. – De repente, um deles se levantou, conversou qualquer coisa no rádio que eu não entendi e foi para o lugar do acidente. Um trabalhão para eles descerem... Parecia até aqueles filmes de resgate da televisão... Aliás, eu nem sabia que existia aquele caminho até a praia por onde eles seguiram... Na hora eu fiquei muito assustado, estavam todos desacordados, também pensei o pior... Vim chorando na ambulância até aqui. Só me acalmei depois que vi os médicos levando cada um para um lugar do hospital, quando encontrei você no corredor... – contou, ainda emocionado.

Ana Patrícia acarinhou-lhe o rosto de maneira muito meiga:

– Nem sei se algum dia vou ter palavras para te agradecer por tudo o que você fez por nós... Você é um amigão, Pedro... O melhor amigo que alguém pode ter! – ela disse, com os olhos cheios de lágrimas.

Os dois ficaram um tempo de mãos dadas, compartilhando aquela emoção. E pensar que a noite inteira ele havia ensaiado para tocar nas mãos dela e só agora, depois de todo aquele sofrimento... Ana Patrícia sorriu, parecia ouvir cada um de seus pensamentos. Pedro também podia sentir o quanto ela gostava dele sem que fosse preciso dizer nada. Ainda se olhavam embevecidos, quando ele, de repente, ouviu soluços e soltou as mãos dela. Caminhou até o outro lado do quarto e só então percebeu que Caian estava ali, agachado ao lado da cama.

– Ei, cara, sente aqui com a gente! – chamou.

Caian, no entanto, continuava chorando agachado como se não o ouvisse. Pedro foi até lá.

– Ei, cara! Estou achando que você está precisando de ajuda!

Mas Caian nem olhava para ele. Tinha os olhos fixados na namorada dormindo; era como se nada mais no mundo existisse.

– Eu sou teu amigo! Não precisa ficar assim! – mais uma vez Pedro insistiu, sem resultado.

– Você não falou que ele tinha sido levado para o outro lado do hospital? – estranhou Ana Patrícia.

– Pois é. Eu vi quando os caras o levaram em uma maca. Achei até estranho, porque estava todo coberto até o rosto. Havia também outra pessoa junto com ele, mas também estava coberta, não vi quem era – contou Pedro, preocupado. – Acho que ele devia estar sendo atendido, medicado... Não podia estar aqui sentado no chão desse jeito!

Ana Patrícia, sentindo muita dificuldade de andar, por causa das dores, foi até eles:

– Caian! Você está legal? – ela gritou ao lado dele, para ver se assim ela a ouvia. Mas ele também não respondeu.

– Broto... ô minha linda... Será que um dia você vai poder me perdoar? – em pranto, ele se dirigiu a Ana Teresa, como se não houvesse mais ninguém no quarto.

Ele levantou as mãos para tocá-la, mas não conseguiu. Era como se houvesse uma redoma, um vidro invisível impedindo que Caian se aproximasse de Ana Teresa.

Ele espalmou as duas mãos nessa proteção e chorou ainda mais:

– Por quê? Por que não posso tocá-la? – disse irritado.

Pedro e Ana Patrícia se olharam sem entender direito o que acontecia. Nesse momento, a porta se abriu e entraram dois enfermeiros, um homem e uma mulher. Não estavam vestidos como os outros enfermeiros que transitavam pelos corredores, mas tanto Pedro quanto Ana Patrícia os identificaram como enfermeiros. Tinham ambos um aspecto muito tranquilo, um olhar que parecia infundir paz nas pessoas.

– Não se preocupe, querida. Tudo vai ficar bem – disse o enfermeiro, envolvendo Ana Patrícia de maneira a tomá-la nos braços. – Agora que você já viu a sua irmã, precisa descansar um pouco.

Ana Patrícia achou aquilo estranho. Nunca tinha visto um enfermeiro pegar uma pessoa no colo, mas sentia-se sem forças para questionar qualquer coisa. Além do mais, o olhar, a voz, tudo naquele enfermeiro parecia provocar uma atração irresistível, de maneira que Ana Patrícia não tinha como não concordar com ele. Ainda assim, quando estavam na porta do quarto, olhou para Ana Teresa e perguntou, mostrando que ainda continuava bastante preocupada com a irmã:

– Mas... por que ela está dormindo? Por que não falou conosco? Aconteceu alguma coisa com ela?

– Fique tranquila. Sua irmã logo estará bem. No momento, ela dorme porque chegou aqui muito agitada, muito nervosa e tivemos de aplicar sobre ela alguns fluidos relaxantes para que pudesse ser submetida ao necessário tratamento. Tudo o que Ana Teresa precisa agora é de muito repouso. Precisa refazer o corpo e a alma do grande susto que tomou e também recuperar-se da intoxicação alcoólica – explicou gentilmente o enfermeiro. – Agora vamos? Você também precisa muito de repouso – disse com doçura.

– O que são fluidos relaxantes? – perguntou Pedro, mas ninguém respondeu.

Ana Patrícia trocou um último olhar com Pedro, agradecendo-lhe mais uma vez. Não disse nenhuma palavra. Mas ele se sentiu de tal forma envolvido por aquele agradecimento que era como se todo o seu corpo, cada pequeno ponto, cada extremidade se sentisse profundamente abraçada. Depois que elas saíram do quarto, Pedro continuou ainda ali, emocionado, com a atenção fixa em Caian. A enfermeira continuava parada a seu lado como se fosse um anjo da guarda. Ela parecia emanar uma vibração confortadora, uma luz, uma segurança que Pedro não conseguia definir em seus sentimentos. Dirigiu-se a ela como quem conversa com um velho amigo:

– Por que ele está assim? Por que não responde quando falamos com ele?

– Procure ficar calmo. Confie em Deus. Você já fez mais do que imaginava ser capaz. Tudo o que estava ao seu alcance foi feito, não ficou faltando nada.

Pedro sentiu-se aliviado com aquelas palavras e começou a chorar. Um choro profundo e sentido que, porém, não era de desespero. Ele precisava colocar para fora toda a angústia que ele experimentara antes, durante e depois do acidente.

A enfermeira o abraçou e deixou que ele desabafasse sua dor por alguns instantes. Durante todo o tempo, Caian se mantinha impassível como se nada estivesse acontecendo, como se ele não estivesse ali.

– Acho que você também está precisando de alguns cuidados – ela disse a Pedro, tentando conduzi-lo para fora do quarto.

– É... Sabe que agora que tudo passou, estou me sentindo cansado... Muito cansado... – ele disse, ainda resistindo um pouco a virar-se para a porta.

– Para ajudar seus amigos você gastou muita energia que agora é necessário repor – explicou a enfermeira.

Pedro chegou a virar-se para a porta, mas parou de novo o movimento.

– Para onde iremos? Eu também vou ficar em um quarto aqui neste hospital? – preocupou-se.

– Não propriamente. Será levado para outro hospital, mais adequado às suas condições – disse ela.

– Mas... E a minha mãe? E o meu irmão? Ninguém vai avisar nada para eles? – novamente ele se preocupou.

– Eles já foram avisados. Fique tranquilo – aconselhou ela.

– E ele? – outra vez ele apontou para Caian. – Não podemos levá-lo conosco? Acho que ele fugiu do quarto!

– Ele também receberá socorro no momento certo – garantiu ela.

– Caian! – Pedro insistiu, não querendo deixar o amigo. – Por que ele está assim? Por que não me escuta?

– Ele ainda não está em condições de receber ajuda, está preocupado com outras coisas. Sua faixa mental encontra-se ligada a outra sintonia diferente da nossa, por isso ele não nos escuta. Mas fique calmo. Juntos oraremos por ele e logo ele também terá interesse em receber o auxílio necessário.

Exausto e também envolvido por aquele mesmo componente irresistível, Pedro finalmente cedeu. Olhou emocionado uma última vez para os amigos e deixou o quarto em companhia da enfermeira.

— Como assim uma delas aparentemente está fora de perigo, doutor? E a outra? Mag e seu marido Sílvio haviam acabado de chegar ao hospital. Recebiam agora do médico as notícias de Ana Teresa e Ana Patrícia. Os dois estavam tensos e apreensivos.

— Bem, aparentemente a que estava no banco de trás, por ser a única que usava o cinto de segurança e também por estar sentada do lado oposto ao da batida não sofreu nenhuma lesão mais grave. Encontra-se agora sob o efeito de sedativos, mas logo deve acordar e poderá conversar com vocês.

— Se estava no banco de trás, então só pode ser a Ana Patrícia — deduziu Mag. — Mas e a Ana Teresa? O que aconteceu com ela doutor?

— Mas por que está sob efeito de sedativos, se não sofreu nenhuma lesão? — impacientou-se Sílvio.

— Perdão, senhores, devo esclarecer que a jovem fora de perigo a quem estou me referindo chegou a este hospital com documentos no bolso que a identificavam como Ana Teresa Dumont Dallambert Silva. Chegou aqui desacordada, mas logo despertou muito nervosa, possivelmente um tanto quanto alcoolizada, pois tinha as ideias muito confusas. Optamos pelo sedativo porque não tínhamos como proceder aos necessários exames naquele estado de agitação. Ela gritava e chorava o tempo todo, e não deixava que ninguém a tocasse. Todavia, feitos todos os exames, acreditamos que toda esta reação tenha sido apenas uma decorrência do choque — explicou o médico.

— Meu Deus, como pode ser... Ana Teresa alcoolizada? Por que estaria no banco de trás? — Mag não conseguia juntar os pedaços daquele quebra-cabeça.

— E a outra, doutor? O senhor ainda não nos deu notícias de nossa outra filha! — angustiou-se Sílvio, temendo pelo pior.

— Sua outra filha, na verdade não sabemos o nome dela, pois chegou aqui sem nenhuma identificação — disse o médico.

— Deve ter perdido a bolsa no acidente... Faz sentido, Ana Teresa só andava com os documentos no bolso, até mesmo o celular ela prendia na calça... Ana Patrícia é que andava de bolsa — Mag pensou algo, ainda tentando organizar o próprio raciocínio.

– Como está ela, doutor? – Sílvio estava cada vez mais ansioso.

– Ela sofreu uma lesão na coluna lombar. Ao que tudo indica, na segunda vértebra lombar, em nível de L2. Seu estado é muito grave. No momento ela está em coma – o médico foi objetivo.

Mag ficou tão chocada que por pouco não desmaiou ali mesmo. O marido a amparou.

– Mas... – Sílvio tocou nas próprias costas para tentar identificar o local da lesão. – É... Isso altera alguma coisa séria, doutor? – imaginou preocupado.

– No momento, não temos como saber. Veja bem, o sistema nervoso é como a fiação elétrica de uma casa. Cada nervo conduz um impulso elétrico. O estímulo sobe, o cérebro interpreta, e o estímulo volta, em milionésimos de segundo, com a decodificação da mensagem enviada, que tanto pode ser uma sensação, quanto uma ordem de movimento. Todos os nervos do corpo vão lá na coluna e da coluna sobem para o cérebro, onde funciona o sistema nervoso central, de onde vêm todas as ordens. A medula é justamente a reunião de todos os nervos que vêm da periferia e sobem para o sistema nervoso central. Toda lesão, portanto, é comparável ao fio de uma lâmpada queimada. Pode ser que o fio esteja cortado, e por isto a lâmpada não acenda mais, pode ser que esteja apenas com um mau contato, o senhor entende?

Sílvio respirou fundo. Toda aquela explicação o deixava ainda mais confuso.

– Afinal, no caso da minha filha, o fio foi cortado ou é apenas uma questão de mau contato?

– É isso o que eu estou tentando explicar ao senhor. Num primeiro momento, todos os nervos estão afetados e não temos como precisar, por enquanto, o real tamanho da lesão.

– Mas não foram feitos exames quando ela chegou? – perguntou Mag.

De tão chocada, ela não conseguia entender direito o que aquele médico estava dizendo. Sílvio olhou feio, como se a esposa estivesse atrapalhando alguma coisa.

– O que até agora podemos assegurar é que não houve nenhuma lesão no cérebro. Logo que sua filha chegou aqui, nós abrimos seus olhos e verificamos que não havia nenhuma dilatação de pupila. Sempre que a pupila direita aparece dilatada é porque houve uma lesão do lado esquerdo do cérebro e vice-versa – ele acrescentou.

– Mas os exames não mostraram nada? – novamente Sílvio mostrou-se ansioso.

O médico respirou fundo. Mesmo sendo médico e acostumado com aquelas situações, era difícil para ele explicar o que precisava ser explicado. Ainda mais quando a paciente era uma jovem de dezessete anos, o que implicava sempre grande desespero da parte dos pais:

– Só depois de uma semana, quando o edema começar a ser drenado, começaremos a ter uma noção do tamanho da lesão. O máximo que podemos verificar nestas primeiras horas, nestes primeiros dias é um inchaço muito grande em volta, que leva a uma paralisia das pernas e à falta de sensibilidade. Isto aparece bem claro na ressonância. Quando a lesão é muito pequena, não dá para ver na hora – detalhou.

– Minha filha ficou paralítica, doutor? – deduziu Mag, com lágrimas escorrendo dos olhos.

– Senhora... – ele ficou procurando o nome dela na lembrança, mas não encontrou. – Pois então. Só quando pudermos saber o tamanho da lesão é que saberemos disto. Tudo depende da altura e da profundidade do dano. São estas coordenadas que vão determinar que funções foram afetadas em sua filha. O controle do esfíncter, bexiga e sensibilidade sexual, por exemplo, situam-se mais acima um pouquinho do que o controle das pernas.

– Mas o controle das pernas necessariamente já está perdido? – novamente impacientou-se Sílvio.

– Não senhor, absolutamente. Às vezes há um rompimento, mas o nervo consegue ligar-se novamente. Nem sempre todos conseguem se religar; às vezes eles se ligam de uma maneira diferente da original e o cérebro se adapta, passando a desempenhar a mesma função por outro caminho, os senhores compreendem?

Mag e Sílvio olhavam-se confusos. Não, eles não compreendiam. A angústia em que estavam dificultava qualquer tipo de entendimento. Precisavam de uma resposta prática, um diagnóstico preciso a respeito da filha. E o médico, por sua vez, tentava o tempo todo fazer com que entendessem que isto não era possível, que todo diagnóstico neurológico precisa de tempo.

– E quanto tempo deveremos esperar para saber se nossa filha vai ou não vai voltar a andar? – quis saber Sílvio.

– Uma conclusão certa só pode aparecer a partir de três meses, quando neurologicamente começa-se a ter um prognóstico a respeito da capacidade de recuperação da pessoa.

– Três meses?!!! – Mag e Sílvio mal podiam acreditar no que ouviam.

– Mas um diagnóstico certo mesmo só poderá ser dado de seis a oito meses depois do acidente – continuou o médico, deixando-os ainda mais estarrecidos.

Era como se estivessem um pouco fora de si, como se ficassem meio aéreos de tão perplexos a cada nova revelação. O médico, por sua vez, era categórico, quase científico em cada explicação. Não parecia muito preocupado com a questão psicológica dos pais:

– Esperamos que a sua filha acorde em breve, mas não sabemos quanto tempo ela pode demorar dormindo ainda. Quando acordar, se acordar, ao que tudo indica, ela não poderá mexer as pernas. Mas não temos como...

– Se acordar? – desesperou-se Mag, voltando de um tranco à realidade.

– Como assim não poderá mais mexer as pernas? O senhor não acabou de dizer que ela poderia não ficar paralítica? – Sílvio definitivamente não conseguia entender o raciocínio daquele médico. Estava tão nervoso que tinha ímpetos de avançar nele, como se ele fosse culpado de alguma coisa. O médico percebeu seu estado e resolveu não insistir nas explicações. Sabia que, com o tempo, ele acabaria entendendo o que precisava entender.

– Compreendo sua angústia, senhor Sílvio. Mas tudo isto só o tempo vai dizer... – ele fez menção de encerrar a conversa, batendo levemente no ombro de Sílvio.

– Não é possível... não tem cabimento... – retrucava Sílvio, cabisbaixo e desesperado.

Mag e o marido se abraçaram e choraram juntos. Jamais esperavam que tudo aquilo pudesse um dia acontecer com a família deles.

– E os outros meninos, doutor? Fui informada de que elas estavam no carro com Caian e Pedro... Eles também estão aqui neste hospital? – ela se lembrou de perguntar, ainda chorando.

O médico novamente respirou fundo, buscando coragem, antes de responder:

– Lamento informá-la, senhora, mas os outros ocupantes do carro já chegaram mortos aqui no hospital.

Lally estava no meio de uma aula, quando o telefone tocou. Do alto de seus sessenta e poucos anos, que ela, em hipótese alguma, admitia quantos, era professora de etiqueta e suas aulas eram concorridíssimas. Em geral, suas alunas eram jovens e senhoras de origem mais humilde que haviam acabado de ingressar na alta sociedade carioca e tinham urgência de aprender a se portar como tal. Presença constante nas colunas sociais mais badaladas, Lally era para elas como uma lenda viva. Tinha sotaque de gente grã-fina, uma elegância forçada no falar e no agir. Vestia-se impecavelmente de acordo com os mais altos escalões da moda, jamais saía de casa com uma bolsa que não combinasse com os sapatos.

– E atenção! Visitas de pêsames e de doenças devem ser rápidas. Não podemos nos esquecer de que...

Ela se interrompeu, pasma, como se não estivesse acreditando no que via. Jacira, a empregada, que terminantemente resistia às suas recomendações, saiu da cozinha e atravessou, esbaforida, a imensa sala apertando o avental molhado numa das mãos, enquanto segurava o telefone sem fio na outra.

– Dona Lally, é a Mag. Ela disse que...

– Querida – Lally esforçou-se para manter o tom de gentileza –, quantas vezes vou precisar dizer que você não deve me chamar para atender ao telefone quando eu estiver ...

– Mas ela disse que era urgente, as meninas so...

– Jacira... – era um convite para que se retirasse.

– Mas dona Lally, houve um acidente e...

– Jacira! – disse imperativa, esticando os olhos a ponto de quase fazê-los pularem das órbitas.

Não era de susto pelo acidente, palavra que, aliás, parecia nem ter entrado nos domínios de sua mente arrogante. Não disse mais nenhuma palavra. Mas o tom de repreensão era tão forte que ficou por alguns instantes ecoando no ar. Jacira saiu da sala como um cachorrinho assustado e só voltou a abrir a boca quando estava dentro da cozinha. E, mesmo assim, aos sussurros. Era preciso dar uma satisfação à pessoa que aguardava no telefone.

– Olha, dona Mag, ela não vai atender de jeito nenhum. Acho que só depois do meio-dia, quando as moças forem embora... A senhora me desculpe, viu? Se eu pudesse... Nada, nada... Que Deus abençoe suas meninas, viu, dona Mag? Eu vou rezar muito por elas... Tá... Outro para a senhora...

Desligou o telefone e ficou olhando para Lally, de longe. Ela gesticulava com aquele seu jeito de dama da sociedade como se nada tivesse acontecido.

– Coitada da dona Mag... Onde já se viu? – comentou sozinha. – Uma mãe que nem se importa com a filha! Com as netas!!!

– Como eu ia dizendo, a verdadeira *étiquette* – continuava Lally para suas interessadas alunas – é um conjunto de cerimônias que devem ser usadas não só na corte ou na Casa de um Chefe de estado, como originalmente a palavra propunha, mas sim em todos os momentos de relacionamento social. Uma pessoa sem *étiquette* – ela olhou em direção à cozinha, mentalmente pensando em Jacira – é como um bárbaro, um selvagem da pré-história. Não está apta a conviver em sociedade, a desfrutar de todas as coisas maravilhosas que a sociedade tem a nos oferecer!

Mag desligou o telefone e ficou um tempo batendo de leve com o celular na palma da mão. Lágrimas desciam de seus olhos inchados. Se ao menos o pai tivesse um celular, se ao menos ela tivesse como falar com ele, talvez agisse diferente. Mag se sentia profundamente sozinha.

– Por que é que eu nunca aprendo? Será que eu vou passar o resto da minha vida com esta sensação de órfã de pais vivos?

Ficou um tempo ali chorando. Precisava desabafar. Estava cansada de ser filha de dois extraterrestres.

Com efeito, parecia mesmo que seus pais viviam fora da realidade. Tarquínio, o pai, vivia enfurnado numa fazenda, fiscalizando sua pequena fábrica de cachaça, que já exportava seus produtos para diversos países da Europa e da América Latina. Engenheiro civil, durante muitos anos trabalhara para uma empresa muito importante, onde acumulara dinheiro e prestígio. Antes de poder dedicar-se à fábrica, que era, na verdade, um *hobby* para ele, Tarquínio trabalhara muito. Tanto que, durante todos aqueles anos, nunca tivera tempo de sair com a filha para ir ao cinema ou ao parquinho, como usualmente faziam os outros pais. Vivia para o trabalho. Quando chegava em casa, trancava-se no escritório e continuava ainda estudando projetos até altas horas da noite.

Para que Mag não o incomodasse com seu choro de criança, Lally comprara o apartamento ao lado, onde luxuosamente acomodara a filha com a babá Maria. Desde aquela época, Lally já vivia às voltas com suas extravagâncias, suas reuniões sociais e suas regras de *étiquette*. Fora ela, aliás, quem escolhera o nome da filha, em homenagem à princesa Grace Kelly, de Mônaco, e à rainha Margareth, da Inglaterra. E era neste mundo que ela até hoje vivia. Um mundo quase imaginário que definitivamente não cabia na realidade de Mag. Tanto que, ao casar-se, fizera questão de retirar do nome todo o sobrenome dos pais, como se a incomodasse toda a honra e toda a pompa que eles haviam conquistado.

Foi Maria quem cuidou de Mag durante a infância e mocidade, vindo a falecer pouco tempo depois de seu casamento, como se sua única missão na vida fosse encaminhá-la até aquele ponto. Até hoje Mag sentia muita falta de Maria e era nela que pensava em todos os seus momentos difíceis. Em seu coração, Maria fora sua verdadeira mãe.

Quando se encontrava, por acaso, com o pai no café da manhã de um domingo ou em alguma festa de família, sentia-se como uma estranha, embora o pai fosse sempre muito carinhoso com ela e jamais lhe houvesse negado um pedido. Contudo, Mag ainda hoje se ressentia muito com sua ausência constante.

Fazer o quê? Para completar, ela ainda se casara com um marido extremamente ciumento, que a afastara de todas as suas amigas, mas que também nunca estava perto quando ela precisava. E agora, essa tragédia com as meninas.

– Ô meu Deus... Não deixa acontecer nada com minhas meninas... Fazei com que o médico esteja enganado... Ana Patrícia não pode ficar sem andar para sempre, meu Deus, não pode... E Ana Teresa, que não acorda nunca, Senhor? Será que alguma coisa, na batida, afetou o cérebro dela? – tentava conversar com Deus, entre lágrimas.

Estava agora no quarto de Ana Teresa. Ana Patrícia estava na Unidade de Terapia Intensivo, onde não era permitida a presença de nenhum acompanhante fora do horário de visitas. Em consideração ao desespero dos pais, o médico permitira que entrassem rapidamente para vê-la, mas depois pediu para que se retirassem e aguardassem o horário de visitas no quarto da outra menina. Sílvio ficou tão descontrolado que resolveu descer para fumar um cigarro, embora há anos houvesse parado de fumar.

– Ah, Maria... Ela não mudou nada... Como pude imaginar que ela iria fazer alguma coisa para me ajudar?... Ah, Maria, pelo amor de Deus, não leva as minhas meninas... Não deixe que Deus leve as minhas meninas... Eu queria tanto que você estivesse aqui, me ajudando como sempre me ajudou... Ai, Maria, eu estou tão sozinha... Se ao menos houvesse um jeito de você mandar alguém para me ajudar... – sozinha no quarto, Mag conversava agora com Maria.

Sua cabeça não parava de pensar em cada cena, cada palavra que dissera às filhas no carro, na noite anterior. Pensava também na discussão que tivera com o marido, na volta para casa, por tê-las deixado ir àquela festa. Sílvio não gostava que elas fossem a festas, que voltassem para casa de madrugada. Nos últimos tempos, principalmente depois que Ana Teresa começara a namorar Caian, não havia um final de semana em que os dois não brigassem por causa disso.

– Que coisa... Eu nunca quis dar razão a ele, mas naquela noite eu senti um negócio tão estranho quando elas desceram... Por duas vezes eu senti – Mag falava consigo mesma, enquanto limpava os olhos e o nariz num pequeno lencinho de flores. – Ai, eu devia ter feito alguma coisa, devia ter seguido a minha intuição e pedido para elas não irem... O médico disse que ela chegou aqui alcoolizada! Ela nunca bebeu antes! Nunca!

Chorou mais um tempo até concluir, como se mentalmente trocasse ideias com alguém:

– Eu não tinha como, eu não tive culpa... Como é que eu ia pedir para as minhas filhas, que esperavam por aquela festa há quase um mês, na maior ansiedade, para que elas não fossem porque eu estava com um pressentimento ruim?... Mas eu tenho certeza de que é exatamente isto o que o Sílvio vai dizer... Que eu fui a culpada de tudo...

De fato, sentado agora no *trailer* que ficava em frente ao hospital, segurando uma latinha de cerveja numa das mãos e um cigarro na outra, Sílvio culpava a esposa pelo acontecido. Não conseguia olhar para ela, nem para a filha desacordada, muito menos para Ana Patrícia, sabendo que a filha talvez não pudesse mais andar. Por isto, resolvera descer para tentar espairecer um pouco as ideias.

Não podia reparar, mas Caian estava a seu lado. Sempre fora grande a afinidade entre os dois. Sílvio sentia muito ciúme dele com a filha, mas, em seu íntimo, simpatizava com ele, como se visse no rapaz algo que o fizesse lembrar-se de si mesmo na juventude, embora nunca tivesse sabido das brigas da filha com ele por causa da bebida.

– Seu Sílvio, eu sei que o senhor tem todos os motivos do mundo para estar com raiva de mim, mas eu juro que gosto de verdade da sua filha! Eu juro que... – ele olhou de repente para a cerveja nas mãos de Sílvio e sentiu uma vontade incontrolável de beber também, mas pensou em Ana Teresa e resolveu esforçar-se para não fazer isto .

– Canalha! Imbecil! – xingava Sílvio, como se de alguma maneira pudesse sentir a sua presença a seu lado. – E como é que uma mãe, um pai ou sei lá que infeliz entrega a chave de um carro importado, hidramático, nas mãos de um moleque, um irresponsável de vinte e dois anos de idade!

– O senhor tem toda razão... Eu sei... – concordava Caian, achando que Sílvio falava com ele, que Sílvio o estava vendo a seu lado.

Neste momento, uma jovem chegou ao *trailer*. Ela trazia um menininho com o joelho ralado, ainda chorando pelo tombo.

– O senhor teria aí um gelo? – ela pediu ao vendedor.

– Chi... Infelizmente tô sem nada, dona... Acabei de colocar as formas para gelar...

– Se você não se importar, pode passar a lata de cerveja – ofereceu Sílvio, sensibilizado.

Caian ficou olhando.

– Puxa, muito obrigada – a moça aceitou de imediato. – Ele tropeçou numa pedra, sem querer... Está doendo muito, filho?

O menino fez que sim com a cabeça, ainda chorando.

– Pois é... Vim aqui para me encontrar com uma amiga enfermeira, que veio saber de um emprego, agora olha só que estrago... – ela tentou limpar a perninha do menino com um guardanapo.

– Tome, dona – disse o homem do *trailer*, estendendo um copo com água e um pedaço de sabão de coco. – É bom a senhora lavar o ferimento antes de colocar gelado.

Ficaram todos entretidos por um tempo com o curativo. Sem querer, Sílvio começou a lembrar todas as vezes em que fizera curativos nas perninhas das meninas. Em instantes, para espanto de todos, ele caiu num pranto convulsivo.

De imediato, Caian afastou-se envergonhado. Estava se sentindo muito culpado em ver um homem como Sílvio chorando daquele jeito.

– Meu Deus... O que houve com você? – perguntou a jovem mãe.

Na medida em que ele ia explicando, ela olhava para ele e tinha a sensação de que o conhecia de algum lugar, mas não sabia de onde.

– Caramba, que barra! – ela comentou, depois de ouvir toda a história. – Mas... como é que se chamam as suas filhas? Eu tenho a impressão de que eu te conheço de algum lugar!

– Ana Patrícia e Ana Teresa. São gêmeas – respondeu ele.

– Ana Patrícia e Ana Teresa? Gêmeas? – repetiu a jovem, como se aqueles nomes também lhe fossem familiares.

– Minha esposa é que tem um nome esquisito, um nome de rainha, na concepção da mãe dela... O nome dela é...

– Grace Margareth! – disse a moça, antes que ele pudesse terminar. – E você, se não me engano, deve ser o Sílvio, não é mesmo?

– Sim – ele olhou para ela assustado. – Mas como...

– Pode parecer incrível, mas eu sou prima da sua mulher. Nós nos vimos pela última vez no seu casamento... Meu nome é Thalita, você não deve se...

– Thalita? Filha do Hermínio, irmão do meu sogro? – Sílvio associou de imediato.

– Eu mesma! Meu Deus, que mundo pequeno!

– Ela fala sempre muito de você! – lembrou ele.

– Eu preciso ver a minha prima! Coitada! Com toda certeza, não deve ter sido por acaso que nós nos encontramos... – ela imaginou. – Será que eu posso ir lá em cima e...

– Claro, claro! Nossa, eu nem sei como agradecer por você estar aqui... Mas eu tenho a impressão de que eles não deixam entrar crianças no hospital. Você não quer deixar o menino aqui comigo?

Thalita hesitou.

– Eu não posso ir com você? – pediu o menino.

– Acho que seria melhor você ficar. Até porque a tia Valéria deve sair lá de dentro a qualquer momento e preciso que ela veja você e me espere. Você faria isto, Samir?

Samir pensou por alguns instantes e fez que sim com a cabeça. Era um menino extremamente bondoso.

Caian, enquanto isso, era barrado na porta do hospital por dois homens vestidos como guardas.

– O amigo nos desculpe, mas não podemos deixá-lo entrar neste hospital nas condições em que se encontra.

– Como não podem me deixar entrar? Eu acabo de sair daí de dentro! Fiquem sabendo que o meu pai é muito rico e a minha namorada...

– Infelizmente, não vai ser possível – o guarda foi firme.

– Eu vou entrar! – gritou Caian.

Os guardas não disseram nada. Mas era como se na frente da entrada houvesse agora um escudo, parecido com a que havia em torno de Ana Teresa, uma redoma impossível de ser atravessada. Por diversas vezes Caian se atirou contra ela, mas não conseguiu passar. O mais estranho era que as pessoas continuavam entrando e saindo do hospital como se nada estivesse acontecendo.

Uma senhora negra, de aspecto gentil, aproximou-se:

– Meu filho... Você não está bem... Não gostaria de me acompanhar a um local onde poderá receber tratamento adequado?

Caian a xingou de muitos nomes feios. Não estava interessado em tratamentos. Queria entrar. Ficou ainda mais aborrecido quando viu que ela entrou no hospital, depois de cumprimentar os guardas. Não estava entendendo nada. Será que os guardas o teriam deixado entrar se ele tivesse aceitado a ajuda dela? Por que então ela não disse claramente que iria ajudá-lo a entrar, em vez de vir com aquela conversa de "local onde poderá receber tratamento adequado?"

Ainda xingando a senhora, com muita raiva, Caian saiu andando zangado em direção ao *trailer*. Apalpou os bolsos, em busca do celular, mas não encontrou nada.

– Droga! – reclamou, sentindo-se cada vez mais aborrecido e irritado.

Sílvio estava um pouco afastado, sentado em uma mesinha com Samir, ajudando-o com o enorme cachorro quente que acabara de comprar para ele. Caian, porém, só tinha olhos para a latinha de cerveja quase vazia que Sílvio deixara sobre o balcão.

– Me dê uma cerveja! – gritou para o homem do *trailer*.

Mas o homem continuou lavando louça como se não houvesse ninguém no balcão.

– Me dê uma cerveja, droga! – insistiu Caian, sentindo cada vez mais raiva.

O homem continuou na mesma.

– Eu quero uma cerveja! – berrou Caian.

– Você já pensou que existem outras formas de beber cerveja? – ele ouviu dizer uma voz atrás de si.

– Como assim? – virou-se de um susto. – Quem é você?

– Pode me chamar de Pouca Telha – o homem estendeu-lhe a mão, abrindo um sorriso de muitos dentes faltando.

– Com licença, posso entrar? – bateu Thalita, delicadamente, no quarto onde Ana Teresa e Mag se encontravam.
– Pois não? – Mag limpou os olhos depressa, não a reconheceu de imediato.
– Será que é aqui que tem uma moça que sabe contar a história da "neve que meus pezinhos prende"?
Mag demorou alguns instantes para decodificar mentalmente o que acabara de ouvir. Abriu então um largo sorriso emocionado. Só havia outra pessoa no mundo, além de Maria, que conhecia aquela história.
– Thalita! Como você está diferente!
Era de doze anos a diferença de idade entre as duas. Mesmo assim, como Mag era filha única, adorava quando tinha outra criança para brincar, principalmente a Thalita, sua priminha de Aiuruoca que de vez em quando vinha visitá-la com os pais. Gostava de pegá-la no colo, de brincar de mamãe e filhinha, contar para ela as mesmas histórias que Maria contava.
Não existia coisa melhor no mundo do que sair de mãos dadas com Thalita pelas ruas, sentar em um restaurante com os tios, comer uma *pizza* com bastante *ketchup* ou uma porção de batatas fritas. Era a sensação de família que ela nunca tinha a oportunidade de vivenciar com os próprios pais.
– Meu Deus, faz tanto tempo! – observou Thalita, como se compartilhasse suas mesmas recordações. – Que saudades da Maria!
– Você acredita que eu tinha acabado de rezar para ela, pedindo que mandasse alguém para me ajudar? – confessou Mag.
Thalita se aproximou respeitosamente do leito onde dormia Ana Teresa.
– É tão bonita... Parece com você... – ela fez um carinho no rosto da jovem.
Ana Teresa suspirou como se pudesse sentir a sua presença.
– Acho que ela está começando a acordar! Graças a Deus! – comemorou Mag.
– E a outra? – quis saber Thalita.
– Ah, Thalita... Mal posso esperar pela hora de ficar um pouquinho com ela na UTI... – ela enxugou uma lágrima no cantinho do olho. – Só Deus sabe como ela vai ficar... Só Deus sabe...

Em seu quarto, que era na verdade uma espécie de cubículo na UTI, separado dos outros leitos apenas por diáfanas cortinas verde-água, Ana Patrícia abriu os olhos e não identificou de imediato onde estava. Saiu da cama de mansinho, tocou o chão bem de leve. Era estranho. Embora estivesse descalça e o piso fosse de cerâmica, não sentiu nenhuma friagem. Era como se pisasse em nuvens, como se o chão fosse etéreo.

Estava confusa. Não sabia direito se tivera um pesadelo ou se tudo aquilo de fato acontecera. Caian bêbado, Ana Teresa passando mal, o carro atravessando a mureta do viaduto, a batida, a queda até a praia... Será que fora real?

Provavelmente sim, pensou consigo. Sem sombra de dúvida, estava agora em um hospital. Vieram-lhe à mente as imagens de Pedro e Caian no quarto de Ana Teresa. Seu coração se enterneceu à lembrança do contato com as mãos de Pedro. Sim, estava agora se lembrando. Devia mesmo ser um hospital. Era isto. Estavam todos no hospital. Olhou para si e percebeu que estava pelada dentro de imenso camisolão aberto nas costas.

– Minhas roupas! Onde estão minhas roupas? Será que o Pedro me viu assim?

Virou-se para trás à procura de um guarda-roupa e ficou preocupada com as máquinas. Tantas máquinas fazendo barulho... Curvas verdes que iam e vinham, pequenos números... O que quereriam dizer? De súbito, olhou para a cama e... gelou! Havia alguém ali deitado.

– Ahhhhh!!!! – ela soltou um grito de pavor.

Era impossível, não havia explicação possível. Ela sabia que havia acabado de levantar-se dali. Como outra pessoa poderia, em tão pouco tempo, ter ocupado seu lugar? Foi andando devagar para trás. A intenção era encontrar uma porta, sair dali o quanto antes. Contudo, foi colhida por nova surpresa. De repente, sem nada sentir, se viu no corredor, atemorizada. Como chegara até ali? Por onde passara? Era o mesmo corredor onde, horas atrás, havia encontrado Pedro. E Pedro? Onde estaria Pedro? Olhou para frente e percebeu que uma maca com uma pessoa em cima vinha andando depressa em sua direção. Não havia como e nem para onde se desviar.

– Ahhhhh! – ela gritou de novo, tapando os olhos com as mãos.

Ficou esperando pela dor da maca atravessando-a, mas nada aconteceu. Foi abrindo lentamente os dedos das mãos e os olhos por entre os dedos e percebeu que a maca já a tinha ultrapassado. Embora não soubesse explicar como, não se haviam esbarrado. Algo de muito estranho estava acontecendo.

Uma senhora chorava na porta do quarto onde a maca havia entrado. UTI, estava escrito no alto da entrada, formada por duas portas, dessas que se abrem com um empurrão. Por um instante, Ana Patrícia teve a sensação de que fora de lá que ela havia saído. Mas como? Se ela estava agora ali, de pé? Não, com toda certeza, ela não saíra da UTI. Não havia por que ela ter estado na UTI.

Olhou para a senhora que continuava chorando na entrada. Não compreendia como, mas, só de olhar para ela, podia ouvir o que estava pensando. "Meu filho, Senhor, é meu filho... Tão jovem e já portador de uma doença tão grave... Cura meu filho, Senhor, não deixe que ele seja devorado pelo câncer..."

Ana Patrícia sentiu um calafrio percorrendo-lhe a espinha, ao visualizar a situação do rapaz. Ela podia ver os pensamentos que saíam da mente daquela senhora.

"Minha mãe. Preciso avisar minha mãe", foi o pensamento que instantaneamente lhe passou pela cabeça. Sentiu então uma vontade imensa de chegar até o apartamento onde moravam e uma sensação como se uma ventania de repente a arrebatasse dali. Num átimo, Ana Patrícia se viu dentro do apartamento onde morava. Andou pela casa e percebeu que efetivamente, alguma coisa havia acontecido ali. No quarto da mãe, sempre impecavelmente arrumado, a cama estava por fazer. Havia roupas por toda parte, como se ela houvesse esvaziado uma gaveta inteira no chão a procura de algo.

Caminhou mais alguns passos e encontrou no banheiro uma garrafa de bebida aberta ao lado de um copo quebrado. Havia bebida entornada por toda a pia, um forte cheiro de álcool. Certamente, coisa do pai, ela logo imaginou. "Mas beber no banheiro?", perguntou-se. "Ele nunca fez isto antes!"

Ao lado da cama havia catálogos espalhados, e também um papelzinho, onde estava anotado, com uma letra que se parecia muito com a da mãe, porém exagerada e disforme. Parecia um endereço, mas não dava para entender direito o que estava escrito.

– Hospital! – Ana Patrícia finalmente conseguiu decifrar a primeira palavra. – Eles foram para um hospital e... Eu estava no hospital! Mas... Como é que foi que eu vim parar aqui? O que será que está acontecendo?

Imediatamente, Ana Patrícia lembrou-se da entrada da UTI, da maca, do acidente, de Pedro. Sentiu de novo um calafrio.

– Caramba! Será que... – ela teve medo de continuar.

Lembrou-se então do corpo que vira no quarto do hospital, no momento em que se levantara.

– Ana Teresa! – deduziu, ainda sem noção da realidade. – Será que era minha irmã? Preciso voltar para lá! – decidiu.

Caminhou em direção à saída do apartamento. Quando percebeu, estava novamente diante da porta de um quarto de hospital. A porta estava entreaberta e ela podia ouvir a voz da mãe conversando com alguém lá dentro. Entrou, sem atentar muito para a maneira como continuava atravessando os corpos físicos, e percebeu que o quarto estava cheio.

Ana Teresa continuava deitada na cama, dormindo profundamente; a mãe conversava baixinho com uma moça jovem. Ao lado delas estavam de pé duas senhoras, uma escura, com as duas mãos pousadas sobre os ombros da mãe, e

42 | LYGIA BARBIÉRE

outra clara, que parecia estar acompanhando a jovem. Delas saía uma espécie de luz azulada; parecia que todo o corpo delas estava envolto naquela luz.

– Não era este quarto! Não... A pessoa que eu vi deitada não era Ana Teresa... E quem serão estas mulheres consolando a minha mãe? Por que essa luz em torno delas?

A senhora clara sorriu para ela, de maneira terna. Num *flash*, Ana Patrícia lembrou de tê-la visto numa foto, em um porta-retratos antigo que ficava no quarto de sua mãe, mas... Ela se lembrou de ter ouvido sua mãe dizer que essa senhora havia morrido há alguns anos... A outra também lhe era estranhamente familiar, também já a tinha visto em algum lugar... O penteado, o sorriso... "Caramba!", Ana Patrícia assustou-se com as próprias deduções. Seria ela a Maria, de quem sua mãe tanto falava?

As duas mulheres sorriram para ela, como se estivessem felizes por ela as ter reconhecido. Ana Patrícia sentiu um arrepio de medo. Era muito estranho estar diante de pessoas que ela tinha certeza de que já haviam morrido. Olhou para si mesma e percebeu que ela também estava envolta em uma estranha luz, de tonalidade ocre.

– Fique calma! Existem muitas coisas sobre as quais precisamos conversar – disse Maria, estendendo-lhe as mãos num convite para que viesse com ela.

No TRAILER, CAIAN, ainda nervoso, contava sua sina para Pouca Telha, que ouvia atento a sua história, com certo ar de desconfiança. Era nítida a diferença social entre os dois. Pouca Telha era negro, tinha a aparência de um ajudante de obras, uma pessoa muito simples que sequer usava sapatos. Vestia apenas uma calça de algodão, curta e sem bainha. O peito nu, cheio de marcas, fazia lembrar os antigos escravos do tempo do império.

Caian não estava muito preocupado com isto. Em seu desespero, queria apenas falar com alguém. Estava confuso e magoado, ainda não sabia como contar aos pais que destruíra o carro em um acidente. Até agora, ainda não estava claro em sua cabeça se a namorada tinha sido internada por causa do acidente ou da bebedeira da noite anterior.

De qualquer forma, sentia-se muito culpado por Ana Teresa estar agora hospitalizada. Era tão grande a sua sensação de culpa que ele acreditava que todas as pessoas o estivessem ignorando como uma maneira de penalizá-lo por seus atos.

– Agora você vê? – tentou disfarçar as próprias emoções, fazendo-se de vítima. – Primeiro, aqueles enfermeiros arrogantes não me deixam entrar para ver a minha namorada! Agora, este aí se recusa a me vender uma cerveja! Tudo isso depois de passar pelo maior sufoco. Até agora ainda nem telefonei para os meus pais! Falando nisso... – ele voltou a apertar nervosamente os bolsos. – Meu celular! Onde será que eu perdi meu celular? – a todo instante ele repetia as mesmas frases.

– Deixa disso, cara! Quem é que precisa dessas porcarias? – Pouca Telha, já cansado daquela mesma ladainha, tentou mudar o rumo da prosa – Um tempo atrás, não tinha nada desses aparelhos. Afinal, você já decidiu o que quer fazer primeiro?

– Como assim? – Caian não entendeu.

– Quer beber ou ver a namorada, *porcaramba*?

– *Porcaramba*? – novamente Caian não entendeu.

De repente teve a sensação de que já tinha ouvido antes aquela expressão, mas não se lembrava direito quando, nem como. Será que tinha mesmo?

– Ah, esse é meu jeito mesmo. De vez em quando, eu misturo as palavras. Em vez de dizer porcaria e caramba, digo *porcaramba*. Tem algum problema?

– Não... problema nenhum... – disfarçou Caian, interessado no que ele tinha para dizer. – Mas o que era mesmo que você estava me perguntando?

– Perguntei se você estava disposto a beber ou preferia ver a namorada, clareou?

Caian pensou por alguns instantes. Um lado dele queria muito voltar para perto de Ana Teresa, saber como ela estava, tentar consertar as coisas com os pais dela. Todavia, estava tão nervoso, tão ansioso, que uma cerveja era tudo o que ele mais desejava. Naquele momento, imaginava a cerveja como um remédio, o único capaz de fazê-lo relaxar depois de tanta tensão, de ajudá-lo a ponderar melhor sobre as necessárias decisões a tomar, como se isso fosse possível.

– Quero uma cerveja – respondeu convicto. – Quero muito uma cerveja!

– Demorou! Vem comigo – convidou o operário.

Atravessaram a rua e entraram em um botequim pé-sujo, que recendia a álcool. Caian teve a sensação de estar entrando dentro de um copo; sentiu-se levemente inebriado só de sentir o cheiro. Não era para menos. Embora não fosse nem meio-dia ainda, estava apinhado de homens tomando tragos, mal havia espaço para passar. Em toda a sua vida, Caian nunca tinha visto um botequim tão cheio assim. Alguns homens tomavam cerveja, outros conhaque, outros até uísque de categoria duvidosa. Mas a grande maioria tomava cachaça pura. Era uma energia pesada. Após poucos instantes, o próprio Caian não se sentiu bem lá dentro.

– Daqui a pouco o menino melhora! Já escolheu o que vai querer? – disse Pouca Telha, como se lesse seus pensamentos.

Caian continuava olhando o ambiente intrigado. Reparou que havia, em média, dois ou três homens para cada copo. Cada vez mais chocado, observou ainda que nem todos eles bebiam da maneira convencional. Uma parte dos homens que lotavam o bar pareciam incapazes de levar os drinques até os lábios. Em vez de levantarem os copos, como era usual, pareciam beber através das mesas, do balcão e até mesmo dos braços e corpos dos beberrões à volta deles, numa operação sinistra e grotesca. Ficavam ali, em roda, como que sugando, aspirando a bebida daquela maneira.

– Existem várias formas de absorvermos o álcool – explicou o operário que o ciceroneava. – Uma delas é, como o menino bem observou, puxar para dentro todo o odor que sai da bebida, sugar mesmo todo o álcool! Daí o camarada não fica bêbado direito! Paga vários tragos e nem reclama! – ele soltou uma gargalhada descontrolada e altíssima, parecia até uma descarga enguiçada, que não parava mais de rir.

Alguns homens olharam para ele com a fisionomia fechada e ele rapidamente se recompôs. Caian estava começando a sentir muito medo daquele lugar.

Observou uma fila de cinco homens de horrível aspecto que estavam atrás de um rapaz que bebia no balcão. Ele pediu um copo de pinga e algo muito estranho aconteceu. O primeiro dos homens que estava na fila se aproximou de maneira a quase colar-se ao rapaz. Em menos de um segundo, ele desapareceu e Caian notou que se formou uma espécie de irradiação escura em torno do rapaz que bebia. O rapaz virou o copo de um só gole. Instantes, depois, a sombra se descolou e novamente o estranho indivíduo reapareceu, embriagado e feliz. O processo se repetiu por mais quatro vezes, até que não restasse na fila mais nenhum daqueles homens de aspecto esquisito. Por sua vez, o rapaz no balcão continuava firme, nem parecia que havia tomado cinco copos de pinga. Notava-se nele apenas uma leve alteração.

– Me vê mais um! – pediu ao atendente.

– Este agora é para ele! – Pouca Telha disse com ironia. – Afinal de contas, todas as pessoas têm direito de alimentar o seu vício, não é mesmo? – ele soltou de novo aquela risada sinistra e desequilibrada.

Por causa disso, os dois tornaram-se o centro das atenções no bar.

– Mas... por que é que essa gente não pode beber como todo mundo bebe? – estranhou Caian, falando baixinho, incomodado com os muitos olhares sobre eles.

– A gente querendo ser legal com o cara e ele achando que sabe tudo... Vai lá, então... Bebe, otário! Se *paturra* aí como quiser!

– *Paturra*? Não será empanturra? – Caian corrigiu sem maldade.

– Ah, não enche o saco! – ele o empurrou com toda força em direção ao balcão.

Caian não entendeu por que foi parar do outro lado, aos pés do atendente. E estranhou mais ainda quando se levantou e literalmente atravessou o balcão com a cabeça e o corpo, indo parar novamente do outro lado com um único passo.

Os muitos olhares agora pareciam rir-se dele, junto com o operário, que não fazia nenhuma questão em disfarçar sua gargalhada. Caian sentia-se o centro das atenções. Constrangido, ajeitou-se, batendo as mãos sobre a roupa imunda.

Só então observou que tinha os braços muito feridos. Ainda sangravam. Sentiu dor. Caminhou com dificuldade até o outro lado do balcão, tentando desviar-se dos olhares, e pediu com gentileza:

– Uma cerveja, por favor...

Houve um estardalhar de risadas. O bar inteiro veio abaixo, como se alguém tivesse acabado de contar uma piada muito engraçada. Caian não entendeu. Alguns dos homens, contudo, sequer se abalaram, justamente aqueles que bebiam normalmente, levando o copo até a boca. Encorajado pela postura séria daqueles homens, que até pareciam calados em sua defesa, Caian repetiu o pedido com educação, sentindo cada vez mais urgente sua necessidade de beber.

– Amigo, uma cerveja, por favor!

Desta vez, o estardalhaço foi maior ainda. Um dos homens chegava a chorar de tanto rir.

– Amigo... – repetia ele, às gargalhadas.

Pouca Telha agora não mais ria e nem dizia nada. Apenas o observava à distância, fazendo um sinal negativo com a cabeça. E o homem do balcão, exatamente igual ao do *trailer*, não dava a menor atenção a Caian.

– Sai uma cerva! – gritou um homem truculento, de músculos inchados de tão fortes, dando um soco no balcão.

Junto dele havia mais três homens, com o mesmo perfil dos que anteriormente haviam feito fila atrás do bebedor de cachaça. O funcionário imediatamente abriu uma garrafa gelada sobre o balcão. Caian chegou a salivar com o barulho da tampinha sendo aberta. O homem musculoso puxou para si a cerveja, encheu um copo e o virou de um só gole!

– Ei! Espera aí! Eu pedi primeiro!

– Algum problema, meu chapa? – um dos homens do truculento grupo partiu para cima dele.

Assustado, Caian então percebeu que os outros dois que acompanhavam o que pedira a cerveja estavam agora como que montados sobre ele, absorvendo as emanações alcoólicas que lhe saíam do cérebro e do próprio hálito. Como se, a cada vez que ele virasse um copo, uma sombra em torno dele se abrisse ao meio e os outros dois tivessem acesso ao álcool. Era como se o próprio homem fosse o copo.

– Por... po... problema nenhum – respondeu assustado, dando um passo para trás.

– Ah, bem – respondeu o homem, virando-se para também usufruir de sua parte. – Estou com sede! Pede mais! – gritou ao ouvido do que encomendara a cerveja, ao mesmo tempo em que lhe enfiava a mão na altura da goela e amassava alguma coisa lá dentro, de modo a provocar uma sensação de garganta seca no outro.

– Desce mais uma! – o outro lhe captou a ordem de imediato.

– Va... va... vamos embora daqui – Caian pediu ao operário, sentindo-se muito assustado com tudo aquilo.

– Na-na-ni-na-não! – um dos fortões pulou diante deles. – Então o rapazinho está cheio de álcool e ainda reclama?

– Co... co... como assim? – tornou Caian, amedrontado.

A essas alturas, porém, havia já muitos homens em torno dele. O cerco foi se fechando, todos queriam sugar-lhe as emanações alcoólicas de que ainda estava impregnado. Caian sentiu tanto pavor que tonteou.

– Ana Teresa... Ana Teresa, me ajude... – gritou, antes de desmaiar ali no meio.

9

ANA TERESA DESPERTOU de repente, muito assustada.

– O Caian, mãe... Cadê o Caian? – perguntou, de pronto, os olhos esbugalhados de tanto pavor.

Só então percebeu que estava em um quarto de hospital. Já era noite. Mag estava sozinha com ela. Thalita já tinha ido embora e Sílvio acabara de sair para ir ver Ana Patrícia. Era horário de visitas na UTI.

– Por que eu vim para o hospital? – Ana Teresa quis saber, ainda nervosa.

– Filha, fica calma – Mag correu para o lado dela. – Está tudo bem. Vocês sofreram um acidente, mas já está tudo bem.

– O Caian está bem? Ai, mãe, graças a Deus. Você não imagina o pesadelo horrível que eu tive... Peraí! Você falou em acidente?

Mag não sabia como dar a ela a notícia, queria ao menos ter uma noção do que a filha se lembrava.

– O que foi que você sonhou, filha?

– Um pesadelo, mãe. Primeiro sonhei com um acidente... Um acidente horrível: a gente despencava do alto de um viaduto... – ela começou a chorar, ainda impressionada com as imagens do acidente que guardara na lembrança. Mas espere... Por que foi que eu vim para cá? Foi este o acidente que você disse que aconteceu? – perguntou, ainda confusa.

Lágrimas também escorriam dos olhos de Mag, sentada a seu lado. Ela apertava a mão da filha, sem saber o que dizer.

– Mais ou menos, filha. Mas me conte primeiro sobre o seu sonho...

– Eu estava deitada em uma cama como esta... – ela olhou em volta observando o quarto rapidamente – um lugar como este aqui... Daí eu ouvia o Caian gritando por mim lá embaixo, um grito desesperado. Ele estava todo machucado... Daí, de repente, eu também estava lá embaixo, de camisola, sem sapatos... Eu ia seguindo os gritos dele... Quando eu olhei, havia um bando de homens esquisitos, horríveis, tirando o Caian desmaiado de dentro de um botequim... Então, eu saía correndo atrás deles, mas aí uma senhora me segurava pelo braço. Eu acho que era a Maria, mãe...

Mag não disse nada. "Seria possível?", cogitou em silêncio.

47

48 | LYGIA BARBIÉRE

– Ela olhou para mim e... um negócio superesquisito, mãe. Ela olhava e eu entendia exatamente o que ela dizia: "Ana Teresa, você não pode ir com eles. É muito perigoso. Precisa voltar para o hospital." Eu a abraçava e começava a chorar. Daí eu acordei aqui – ela olhou mais uma vez em torno. – Mãe, o que aconteceu de verdade no acidente?

Sentia ainda muitas dores de cabeça.

– Bem... – ensaiou Mag.

Ana Teresa reviu, de relance, a cena em que passava mal na boate.

– Mãe... Eu... Olha, ontem... Ontem, eu bebi... Bebi muito, mãe. Acho que foi por isso que eu vim parar aqui... Você me desculpa? Eu... Eu só fiz isto por-que... Espera aí! E o acidente? Houve mesmo um acidente?

– Filha, coisas muito graves aconteceram por causa da bebedeira de vocês...

– Como assim, coisas muito graves?... Eu sei que é horrível a pessoa vir parar no hospital por causa de bebida e... a Ana Patrícia! Ela voltou para casa com o Pedro? – ela tentava se lembrar, mas não conseguia.

– Na verdade... Na verdade, vocês estavam todos juntos – Mag disse por fim.

– Todos juntos? Como assim? – Ana Teresa sentiu um calafrio.

– Aquele sonho que você teve... – ela tentou dizer, mas interrompeu-se com medo de seguir adiante. – Olha, eu acho melhor você tomar um banho, jantar... Depois, mais tarde, o médico ficou de passar aqui para conversar com você – Mag achou melhor adiar.

– Não, espere – ela sentou na cama de uma vez. – O que você quis dizer quando começou a falar do sonho? Ai! – ela sentiu repuxar a agulha que a ligava ao tubo de soro.

– Saiu o soro? – Mag apressou-se em verificar.

– Não – respondeu a moça, deitando-se de novo. – Responde, mãe!

– Ana Teresa, eu...

Sílvio, enquanto isso, procurava palavras para conversar com Ana Patrícia, no curto horário de visitas noturno da UTI. Ela continuava em coma. Sílvio se-gurava-lhe a mão direita, angustiado com o pregador cheio de fios que estava fincado no dedo indicador da jovem. Era um instrumento de marcar a pressão, ele sabia disso. Mas ficava sempre com a sensação de que aquilo a estava ma-chucando; o dedo estava até arroxeado e ferido.

– Filha, eu quero dizer que você sempre foi muito importante para mim... Que eu preciso muito que você acorde e... – ele não conseguiu terminar o que estava dizendo, embargado pelo choro preso na garganta.

Abaixou a cabeça, sentido. Lágrimas molharam a mãozinha da filha.

– Você também sempre foi muito importante para mim, papai – ela disse de repente.

Sílvio levou um susto. Olhou para a filha e percebeu que ela também olhava para ele. A sensação era a mesma da primeira vez que a vira na maternidade: uma alegria tão profunda que escorria pelos olhos.

– Minha filha! – ele a abraçou por entre os fios das máquinas que sinalizavam compassadamente como uma grande orquestra.

Sim, naquele momento para Sílvio toda aquela UTI havia se transformado em uma grande orquestra. A grande orquestra da vida. Do celular, ligou para que Mag viesse depressa.

Mag aproveitou o momento para fugir do assunto. Deixou Ana Teresa com a enfermeira e correu para a UTI, no andar de cima. Sílvio queria descer em seguida, para ver a outra filha, mas ela o aconselhou a esperar um pouco para que descessem juntos.

– Sabe, mamãe, enquanto estive desacordada, compreendi muitas coisas que não sei ainda te explicar. O Pedro e o Caian se foram, não é mesmo? – Ana Patrícia disse, depois de longo abraço comovido.

Mag ficou constrangida. Havia acabado de fugir do assunto e sem querer caíra nele de novo. O que dizer para Ana Patrícia? Não sabia nem como perguntar como a filha havia sido informada sobre o fato. Será que Sílvio havia contado? Será que ela se lembrava?

– Procure descansar agora, filhota. Depois, quando você for transferida para o quarto, a gente conversa melhor sobre isto, está bem? – novamente ela optou por desconversar.

O enfermeiro fez sinal avisando que faltavam apenas cinco minutos para que o horário de visitas fosse encerrado.

– Mas ela acabou de acordar! – ainda tentou argumentar com ele, desejando ganhar mais alguns minutos ao lado da filha.

– O médico de plantão já foi avisado. Se a senhora quiser, poderá conversar com ele depois – informou o enfermeiro, profissional. – Se o seu esposo for entrar de novo, é melhor que entre logo. Depois das sete e vinte não podemos deixar entrar mais ninguém.

– Pode ir, mamãe! Eu vou ficar bem – disse Ana Patrícia, como se compreendesse toda sua angústia.

Abraçaram-se mais uma vez e Mag saiu, ainda enxugando as lágrimas, para que Sílvio também pudesse se despedir. Trocaram um rápido olhar e ele entrou, ansioso. Mag ficou ainda alguns instantes parada na porta da UTI, olhando a filha de longe. Era maravilhoso poder vê-la viva.

Apesar de tudo o que acontecera, parecia tranquila. Até o tom de voz estava diferente. Não havia o menor traço de revolta, nem parecia mais a Ana Patrícia estourada de sempre.

– É comum, depois de uma experiência traumática acompanhada de coma, as pessoas retornarem modificadas, muitas vezes até relatando experiências sobrenaturais, como o encontro com parentes mortos e coisas do gênero. Mas a ciência acredita que tudo isso é uma decorrência da falta de oxigenação cerebral. É provável que, com o passar das horas, ela retome sua natural personalidade – explicou-lhe o médico, que acabava de chegar.

Mag teve vontade de perguntar também sobre Ana Teresa. Sobre como faria para dar a ela a notícia, se existia uma forma correta para contar à outra filha o que acontecera. Mas ele estava apressado para entrar na UTI. Havia ainda muitas outras pessoas diante da porta querendo fazer-lhe perguntas.

– Sabe, pai... – dizia Ana Patrícia, enquanto isso.

Ela falava devagar, como se estivesse sob efeito de alguma anestesia, embora nada lhe houvesse sido aplicado:

– Quando eu sair daqui... quero estudar muito.

– Mas você sempre foi tão estudiosa, minha filha – observou Sílvio.

– Agora é diferente... Quero ser útil...

Sílvio sentiu um nó na garganta:

– Depois a gente pensa sobre isso, não é mesmo? – desconversou.

Ele não estava tão atento quanto a esposa sobre as mudanças de personalidade da filha. Sua preocupação era outra. Como dizer a ela que ela talvez saísse paralítica daquele hospital, que sua vida estaria para sempre limitada se isto fosse verdade? E a menina ali, fazendo planos.

– Pai... Eu estou te achando estranho... Tem alguma coisa... que você não quer me dizer? – ela perguntou com doçura.

Até o jeito de Ana Patrícia perguntar estava diferente. No coração de Sílvio, isto era uma decorrência da fragilidade dela que viera à tona com o acidente. Olhava para a filha e via-a como se ela tivesse quatro anos, cheia de cataporas, deitada na caminha e olhando para ele. Tinha sido tão forte a catapora das gêmeas... Sílvio lembrava desse tempo e sentia uma vontade maior ainda de proteger as filhas. Só que agora não estava mais diante de uma doença virótica e passageira. Era tão imensa a sua ansiedade que o tempo todo ele tinha vontade de chorar.

– Não estou sentindo minhas pernas... Por que, pai?

Sílvio ficou estatelado. Não sabia o que dizer. A verdade era que, mesmo depois de todas as explicações que recebera do médico, imaginava que ela talvez pudesse acordar e retomar naturalmente os movimentos. Mas não era isto o que estava acontecendo. Havia, de fato, uma sequela.

– Minha filha vai ou não vai ficar paralítica? – ele inquiriu mais uma vez o médico, tão logo este saiu da UTI.

– Senhor, infelizmente não há como antecipar um diagnóstico. Procure pensar positivo. Se os exames mostrassem que houve um rompimento violento, se ela tivesse perdido duas vértebras e um pedaço da medula, aí, sim, seria irreversível. O senhor preferia ter esta certeza do que esperar para ver a capacidade de regeneração de sua filha? Dê tempo ao tempo! – procurou ainda incentivá-lo, antes de retomar seu trabalho. – Agora, se me dá licença...

Novamente Sílvio precisou descer para fumar um cigarro. Mag, enquanto isso, já estava de volta ao quarto de Ana Teresa.

– Mãe, diz a verdade! – intimou a jovem, sentindo o peito quase amassado de tão dolorido. – O Caian está aqui no hospital?

– Não. Ele não está – Sílvio respondeu, entrando no quarto.

Mag olhou para ele preocupada.

– Não vai nem ao menos dar um abraço no seu pai? – ele se aproximou do leito da filha.

– Ele está em outro hospital? – insistiu Ana Teresa.

Não parecia interessada em manifestações de carinho. Queria respostas. Sílvio trocou rápido olhar com a esposa, esforçando-se muito para controlar a irritação.

– Filha, eu ainda não tinha te visto depois que você acordou. Quero dizer que...

– Ele está ou não está em outro hospital? – Ana Teresa insistiu.

– O importante é que você... – Sílvio tentou continuar.

– Está ou não está? – ela quase gritou.

– Você vai ter de se conformar, droga! – Sílvio explodiu.

Ana Teresa tapou o rosto com a mão que não estava no soro, sentindo-se devorada por aquela horrível suspeita que, a essas alturas, já era quase uma certeza.

– Mãe... – ela disse com a mão tapando os olhos –, mãe, o Caian tá vivo ainda? Diz a verdade, mãe!

– Não, filha, ele não está – disse Mag, chorando.

Sílvio saiu do quarto.

"O VENTO É o mesmo; mas sua resposta é diferente, em cada folha. Somente a árvore seca fica imóvel, entre borboletas e pássaros". Desde o momento em que descera no elevador do hospital, Thalita não conseguia mais tirar aquela frase da cabeça. A frase chegou por acaso, como quem não quer nada, quase como se alguém a tivesse soprado ao ouvido. Será? O fato é que ela tinha a sensação de que conhecia aquelas palavras, mas não conseguia se lembrar de onde, em que livro as lera algum dia.

Sua intuição dizia que eram de Cecília Meireles. Mas por que teriam se repetido de uma maneira tão mágica? Que mensagem havia ali que, ela, Thalita, estava precisando receber? Seriam mesmo de Cecília Meireles?

Enquanto podava as folhas de sua enorme samambaia, recompunha mentalmente cada detalhe do seu dia. A ideia de levar Samir ao zoológico em seu dia de folga, justamente quando Valéria havia combinado entregar seu currículo no hospital ali perto, o tombo do menino, o encontro com Sílvio bem na porta do hospital, a notícia do acidente das meninas, o emocionante reencontro com Mag... Será que tudo aquilo acontecera por acaso? E a frase?

Em menos de duas horas, havia se encontrado duas vezes com aqueles mesmos versos. Afinal seriam versos? Pela posição em que estavam escritos, parecia que sim.

Estava descendo no elevador do hospital, quando entrou uma senhora e, do livro que ela carregava, caiu um marcador. Thalita abaixou-se para pegá-lo e as palavras vieram-lhe ao encontro dos olhos. Imediatamente teve vontade de perguntar de quem eram, mas o elevador chegou ao andar térreo, a senhora saiu apressada e Thalita acabou por perdê-la de vista. A segunda vez... Ah, era quase inacreditável a maneira como aquelas mesmas palavras foram cair de novo em suas mãos.

Valéria a aguardava na saída do hospital ao lado de Samir. Sílvio tinha acabado de subir.

– Que coisa, menina, estou pasma! Como é que você foi justamente encontrar aquela sua prima, de quem você tanto falava... – comentou a amiga, enquanto caminhavam para o ponto de ônibus.

– Pois é... Sabe que o tempo todo eu tinha a sensação de que foi a minha mãe que me trouxe aqui, só para eu dar uma força para ela?... E você, conseguiu o emprego? – ela acenou para o ônibus que vinha passando.

Valéria estalou a língua nos dentes a expressar seu desencanto, antes de subir a escada para entrar no ônibus:

– Nada... Quadro completo... Aquelas coisas. Disseram que estão só fazendo uma pré-seleção de currículos para quando aparecer alguma vaga. Sei lá, acho que não foram com a minha cara.

– Tia Valéria sempre fala isso! – opinou Samir, passando por baixo da roleta.

– E você está ficando muito metido, viu?

– Está vendo? – cutucou Thalita. – Até o Samir já te conhece. Que mania você tem de achar que ninguém vai com a sua cara. Você é linda, simpática, ótima enfermeira...

– Obrigada pela parte dos elogios – respondeu Valéria, pegando seu troco.

Thalita se sentou em um banco com Samir. Valéria sentou de lado no banco da frente, para que pudessem continuar conversando. O ônibus estava vazio.

– Menina, parece que nada anda na minha vida... Não consigo emprego... Nem namorado...

– Emprego você tem! – atalhou Thalita.

– Ah, ter, eu tenho, mas você sabe que eu não aguento mais essa história de trabalhar de madrugada, de plantão de ambulância, gente acidentada... Queria uma coisa mais *light*, sabe? – desabafou Valéria.

– Pelo menos você ainda trabalha na sua área... E eu que sou vendedora de butique? Mas não estou reclamando, não. Sabe o que eu acho? Sempre que a gente fica presa num lugar e não consegue sair é porque tem alguma coisa que a gente ainda não aprendeu...

– Você e seus misticismos! – brincou Valéria.

– Falando nisso, sabe que eu estou pensando até agora numa frase que eu li por acaso quando estava no elevador? – comentou Thalita.

– Você é muito impressionável! Pegou um papel no chão e já fica logo imaginando que era uma mensagem dos deuses para você!

Mas Thalita tinha a certeza de que não havia sido por acaso que lera aquelas palavras. Percebia que havia nelas um significado profundo, embora, de momento, não soubesse decifrar. Será que não eram de Cecília Meireles, ela insistia, desde então, em perguntar-se. Gostava tanto de Cecília Meireles...

– Quer saber? Vou anotar no meu celular para não esquecer – disse ela, já tirando o celular da bolsa.

Já estavam cruzando a padaria que ficava na esquina do edifício, quando, numa freada brusca, o telefone celular escapuliu das mãos de Thalita e espatifou-se no chão. Desolada, ela percebeu um minúsculo papelzinho dobrado, no meio das peças. Foi uma correria conseguir juntar tudo, o papelzinho acabou vindo junto.

Só na calçada, depois de remontar o celular, percebeu que havia perdido o chip de seu celular. E que o papelzinho continuava na mão de Valéria, junto com a tampinha da bateria. Thalita decidiu abri-lo. Quase caiu para trás. Eram exatamente as mesmas palavras, a mesma frase, escrita agora com letra gorda e bem desenhada. Parecia mentira; até Valéria ficou impressionada com a coincidência.

Ainda entretida com os versos, Thalita regava agora as plantinhas defronte à janela, quando o telefone tocou. Valéria tinha ido ao cinema com Samir para aproveitar sua noite de folga. Enxugou depressa as mãos na calça *jeans* e atendeu. Era uma ligação do irmão, que vivia na Indonésia.

– Ramon? Não acredito! Aconteceu alguma coisa?

Tinha dezoito anos e vivia em Jacarta por conta de um intercâmbio estudantil. Há meses não se falavam. Além de continuarem de certa forma estremecidos desde a morte da mãe de Thalita, eram muito caras as ligações telefônicas do Brasil para a Indonésia e vice-versa. Naquele sábado à noite, porém, Ramon tinha algo de muito importante a dizer:

– Estou ligando com um cartão, não tenho muito tempo. Preciso que você localize o papai, com urgência – disse nervoso.

– O quê? Você ficou louco? Então não está cansado de saber que eu não falo com o papai há quase sete anos? – ela reagiu, quase irritada. – Aliás, pelo que me lembro, você sequer se despediu de mim antes de viajar...

– Thalita, é urgente! Eu sinto que alguma coisa de muito ruim, de muito grave mesmo, está acontecendo com ele – insistiu Ramon.

– Era só o que me faltava! – estourou Thalita. – Então você me telefona da Indonésia para...

– Thalita, por favor, é muito importante! – interrompeu o irmão. – Eu não ligaria se não fosse!

– E por que você não liga direto para ele, ora essa? – ela não conseguia entender.

– Eu tentei, Thalita. Estou tentando desde cedo. Na verdade, faz uns três dias que estou tentando... Mas ninguém atende. Estou muito preocupado, ele pode ter bebido e...

Thalita apertou a alça do regador num gesto nervoso e fechou os olhos antes de interrompê-lo, como se fizesse um esforço enorme para não perder a calma:

– Você quer que eu soletre a resposta para ser bem clara? – ela tentou forçar um tom de calma forçado, um tom quase didático antes de prosseguir: – Ene... a... ó... til...

– Thalita, ele passou muito mal na semana passada, escute! – perseverou o irmão.

– Ah, é? E o que foi que ele teve? Mais um coma alcoólico? – ela não pôde conter a ironia.

– Não! Teve um enfarte fulminante, bateu com o carro e quase morreu!

Fez-se um breve silêncio entre os dois quando ele disse isso. Thalita estremeceu com a notícia, não pôde deixar de pensar no acidente das meninas de Mag. Mas não quis dar o braço a torcer. Imediatamente, a frase voltou-lhe à mente, como se tudo estivesse interligado. Somente a árvore seca... Não, ela não era uma árvore seca... E que resposta era aquela que o irmão queria dela agora, com toda a ventania que parecia interessado em promover em sua vida? Thalita respirou fundo, procurando recompor-se. Ramon voltou à carga:

– Escute: desde ontem estou tentando, mas ninguém atende lá em Aiuruoca – insistiu novamente. – Eu sei que você ainda tem contato com pessoas de lá. Tente saber alguma notícia... Sei lá, eu estou com uma intuição muito esquisita... O cartão está quase acabando... Prometa que você vai ao menos tentar, Thalita, por favor...

– Está certo, Ramon. Eu não tenho mais nenhum contato com ninguém de lá, mas vou ver o que é que dá para fazer – ela cedeu, embora ainda engasgada, sentindo mesmo a impressão de que estava sendo a pessoa mais idiota do mundo por abrir aquela brecha. – Mas... e se eu conseguir? – titubeou. – Se tiver realmente acontecido alguma coisa com ele, o que é que eu faço? Você tem algum número para onde eu possa ligar? Ramon? Ramon? Você está me ouvindo?

A ligação caiu antes que ele pudesse responder. Thalita desabou no sofá, arrasada. E agora? Ligava ou não ligava? Ramon era mesmo de morte!

Thalita não ligou. Em compensação, a noite inteira não conseguiu pregar o olho. Depois de falar com Ramon, começara também a sentir que algo de errado estava acontecendo com o pai.

– Só pode ser coisa da minha cabeça. Eu tenho é que deixar de ser tão influenciável! – brigou consigo mesma, enquanto mexia o leite morno que preparara para tentar dormir um pouco.

Eram duas horas da madrugada. Valéria e Samir, ambos com o nariz entupido por causa do ar condicionado do cinema, roncavam tão alto que ela podia ouvir da cozinha.

Longe dali, Hermínio, o pai, se divertia bebendo com a nova namorada.

– Quer dizer então que você me acha atraente? – com a voz já um tanto quanto embotada pela bebida, ele perguntou.

Hermínio era seu nome de batismo, mas, em Aiuruoca, onde vivia, há muito tempo ele era conhecido como Hefesto, o deus ferreiro. Estava já de tal maneira integrado ao apelido, que ninguém, à exceção dos filhos, sequer se lembrava de que ele se chamava Hermínio. Tal qual o deus Hefesto da mitologia grega, era, de fato, serralheiro habilidoso, famoso por seu trabalho em toda a região.

– Ah, *Festo...* – a jovem a seu lado fingiu derreter-se, antes de virar, de uma só vez, o copo cheio de cerveja a sua frente. – O que eu gosto mesmo é dessa sua masculinidade! – disse, à boca entreaberta num esgar sensual.

Enlouquecido, Hefesto puxou-a pelos cabelos e beijou-a de maneira sufocante.

Perto dali, no fundo do bar, na ruela que ficava defronte e nas janelas das casinhas que se abriam para a praça, como era comum nas cidades do interior, todos comentavam o espetáculo dos dois. A jovem, que se chamava Ely e beirava os quarenta anos, já era conhecida por suas investidas. Era uma mulher feia, de feições grosseiras e olhos tortos. O corpo nem era lá essas coisas, mas ela tinha um quê de atraente que ninguém conseguia explicar. Pelo corte das roupas, apertadíssimas, já dava para notar sua essência vulgar.

Hefesto, porém, de tão embriagado pela bebida e pelo olhar provocante de Ely, parecia nem notar nada disso. Ao contrário, só conseguia pensar o quanto ele, viúvo, de sessenta e dois anos, era um cara formidável para atrair uma garota como

Ely, que, aliás, tinha idade para ser filha dele, embora sua filha mais velha tivesse apenas vinte e seis. Ou seriam vinte e cinco? Não se lembrava mais ao certo.

Havia três dias que os dois viviam uma tórrida e intensa aventura, regada a muito uísque, muita cachaça e muita cerveja.

– Nossa... Vamos parar com isso que todo mundo está olhando – ela se recompôs, antes de fazer sinal para que o garçom trouxesse mais cerveja.

– E quando é que nós vamos fazer aquela nossa viagem para conhecer todo o Nordeste? – ele perguntou, secando o restinho que ainda havia no copo. – Estive vendo o preço das passagens e, se você quiser, podemos ir na semana que vem...

– Jura? – disse ela animada. – Ai, só que eu antes preciso resolver um probleminha... – ela mudou o tom, de maneira a expressar melancolia e tristeza.

– Ah, meu coração... Não gosto de ver você tristinha assim... Ainda é o problema das meninas?

– Pois então! – ela bateu na mesa com a mão em figa. – Não é que o safado do meu ex-marido se recusa a mandar os dois meses de pensão atrasada que ele está me devendo? E o pior de tudo isso é que a minha irmã está enlouquecida lá em Minduri! Ela tem de pagar a mensalidade das meninas, já foi até chamada na escola pela diretora! Você já pensou que vergonha estão passando as minhas filhas? – ela abaixou a cabeça e fez um olhar de profundo desgosto.

Hefesto, apesar de tudo, era um homem bom. Olhou para ela e pensou que tinha de fazer alguma coisa. Efetivamente, já estava meio tonto, as ideias estavam confusas. Bastante confusas. Parecia mesmo que mil vozes se misturavam em sua cabeça, cada uma dizendo uma coisa.

– E quanto é que você está devendo na escola, meu coração? – perguntou, como que subitamente decidido, já puxando a carteira do bolso.

– Como assim, quanto é, *Festo*? – ela se fez de boba.

– De quanto você precisa, para acertar tudo com a tal diretora? – perguntou, com seu jeito rude, já esticando na mesa a folha de cheque a ser preenchida.

– Ai, *Festo*, é muito dinheiro, eu não posso aceitar...

Ele preencheu o cheque em silêncio, enquanto o garçom abria nova garrafa de cerveja e enchia os copos dos dois.

– Opa! Até agora *ocê* não deu conta que eu não gosto de cerveja com colarinho? – Ely reclamou com o garçom, substituindo a voz doce e melosa por um tom grosseiro, quase agressivo.

– Desculpe, senhora, eu... eu posso trocar o copo, se a senhora quiser, eu... – o rapaz ficou nervoso.

– Que trocar cerveja que nada! Chispa daqui! – disse Hefesto, tirando-lhe o copo das mãos e bebendo-o de um só gole. – E na volta me traga uma caipirinha de vodca!– ele virou-se para ela entregando-lhe o cheque. – Você acha que isso dá? Não quero mais essa história de você viver ligando para esse seu ex-marido ordinário!

58 | Lygia Barbiére

Ely tomou nas mãos o cheque e ficou tão surpresa que nem sabia o que dizer. Pelo seu olhar de espanto, dava para ver que era uma quantia bastante alta, bem maior do que a que ela estava esperando. A voz voltou a ser doce e melodiosa:

– Ô meu amor... Não precisava...

*

* *

No Rio de Janeiro, enquanto isso, Thalita chorava no sofá, segurando uma foto do pai que guardava escondida na carteira. Por sua cabeça, passavam todos os momentos difíceis que vivera ao lado do pai, todas as bebedeiras de Hermínio, o dia em que ele a expulsara de casa, aos dezenove anos, porque estava grávida de Samir. Desde então, ela jamais voltara a conversar com o pai. Samir ia completar seis anos no final daquele mês.

Em todo este tempo, Thalita chegara a ver o pai, apenas de relance, no dia do velório da mãe, dona Leda. Mas uma vizinha veio lá de dentro correndo, disse que ele já tinha avisado que iria matá-la, se ela tivesse a ousadia de aparecer para o enterro. E foi tanta gente que correu para tirá-la de lá que Thalita teve mesmo de ir embora, carregando mais esta mágoa do pai. E o irmão ainda tinha a coragem de pedir que ela ligasse para saber notícias do infeliz... No fundo, no fundo, porém, ela sofria, porque não conseguia deixar de gostar do pai. Desde menina, temia muito que algo de ruim lhe acontecesse por causa da bebida; sentia pena e raiva dele ao mesmo tempo.

Mas raiva mesmo Thalita sentia era de si própria, por continuar gostando dele, e até se preocupando com ele, ainda que de uma maneira torta. Ainda pensava se devia ou não ligar para dona Mercedes, a vizinha de Aiuruoca de quem ela guardava o telefone, quando Samir apareceu na sala morrendo de sono.

– Mãe, você não vem dormir?

Thalita enxugou os olhos depressa, para que o filho não percebesse que ela andara chorando. Instantes depois chegava Valéria, também preocupada.

– Por que você não liga de uma vez?

– Ai, Valéria! – Thalita estava muito angustiada. – O pior de tudo é que eu também estou sentindo uma coisa muito estranha aqui no meu peito. Será que eu estou impressionada?

– Então liga, ora essa!

– A esta hora? – argumentou Thalita.

– Ligar para onde, gente? – Samir não conseguia entender.

– Nada, não, querido – Thalita o acolheu nos braços com carinho. – Depois a mamãe explica tudo para você. Agora vamos todos dormir que já é muito tarde... – e, num último olhar para Valéria: – Amanhã eu resolvo isso.

A Ferro e Flores | 59

*

* *

Em Aiuruoca, Hefesto saboreava o último gole de sua caipirinha de vodca. Ely continuava olhando para o cheque com ar deslumbrado. Já passava das três da madrugada, o bar estava vazio, os garçons pareciam estar esperando apenas que eles se retirassem para poderem ir embora.

– Você tem uma assinatura tão bonita, *Festo*...

– Você acha? – ele esticou os olhos, vaidoso, querendo ver a própria assinatura.

– Este 'H'... faz uma curva tão... Como é que *ocê* faz essa curva? – interessou-se Ely.

De tão vaidoso, Hefesto nem se deu conta do perigo que corria. Chamou o garçom, pediu folhas de papel e, em instantes, explicava a Ely, nos mínimos detalhes, todas as curvas da sua assinatura.

– Está vendo? É basicamente um 'H' e o sobrenome: Dallambert. Do 'T' final sai este risco que vai encaixar lá em cima do 'H'.

– Deixa eu tentar? – pediu ela, animada, tal qual uma criança que acaba de aprender um novo jogo.

Hefesto deixou. Ficou igualzinho. Um pouco tremido, por causa de bebida, mas igualzinho nas mínimas curvas. A única coisa que ela não percebeu, talvez até pelo nível de embriaguez em que já se encontrava, foi o detalhe do nome Hermínio embaixo da assinatura. Na cabeça de Ely, o 'H' era de Hefesto.

– Quer saber? – disse vitoriosa, após mais um gole de cerveja. – Eu vou depositar este cheque num banco! Vou abrir uma conta só para depositar este cheque!

– Que bobagem! Só para isto? Você vai pagar taxa à toa! – argumentou Hefesto, cada vez mais tonto.

– Ah... Mas eu sempre quis ter uma conta no banco... o único problema é esse negócio de senha! – ela reclamou aborrecida.

– Como esse negócio de senha? – Hefesto não entendeu.

– Ah, esses números que eles pedem para a gente escolher. Eu não consigo, Festo! Como é que eu vou saber que número? – ela deu mais uma bicadinha na cerveja, mas parecia que estava agora tentando diminuir a bebida, como se de repente ansiasse por ficar mais lúcida.

– Muito simples. É só você escolher uma data qualquer – ele respondeu com a voz trôpega.

– Mas eles falam que a gente não pode colocar data... – ela argumentou ardilosa.

– Não pode é colocar data óbvia, como dia do aniversário ou data de emissão da carteira de identidade. Número de identidade e CPF também não é bom. Eu coloquei o dia em que eu conheci a minha mulher – ele entregou sem pensar.

60 | Lygia Barbiére

– Nossa, que romântico, Festo... Nunca ouvi uma coisa tão linda... Você devia ser um ótimo marido, não é? – ela novamente o seduziu pela vaidade.

– Eu? Ah!... Não sei...

A referência à ex-mulher, contudo, despertava-lhe um sentimento de culpa, aumentando-lhe ainda mais a confusão mental. Era como se ela estivesse ali ao lado, e ele não queria que ela o visse assim, namorando com Ely.

– Deve ser difícil lembrar dela, não é mesmo? – interferiu Ely, percebendo que ele havia se distanciado. – Que dia foi que você conheceu sua mulher?

– 14 de julho de 1969... – ele respondeu com a voz embargada, sem sequer atinar para o fato de estar, com isso, entregando sua senha bancária.

A lembrança da esposa o emocionava. Sobretudo quando ele estava embriagado. Não exatamente por uma questão de amor, mas porque, no íntimo, ele se sentia ainda muito culpado pela relação familiar tumultuosa que vivera nos últimos anos. De alguma maneira, embora culpasse sempre a filha pelo desenlace da esposa, ele também se sentia um pouco culpado pela doença dela, que se deixara consumir rapidamente por um câncer justamente depois que a filha saíra de casa, expulsa por ele. Angustiado com estes pensamentos, que naquele momento julgou decorrentes da grande quantidade de álcool ingerido, pediu licença e foi ao banheiro recompor-se. Não era de seu feitio emocionar-se diante de uma mulher.

Levantou apressado, nem percebeu haver deixado a carteira em cima da mesa, junto com os papéis onde brincara com Ely, ensinando-lhe sua assinatura. Chegou ao banheiro tão tonto e indisposto, tão fragilizado por aquela súbita lembrança da esposa que sentiu um mal-estar abdominal. Era um banheiro recém-construído, onde a parede ainda era de tijolos aparentes.

Foi com extrema agonia que Hefesto sentiu de repente uma dor na perna. Não entendia por que, mas, em segundos, ele foi perdendo a força, a ponto de não conseguir impulsionar o movimento para levantar-se. Por mais que ele tentasse comandar com a mente, as pernas não se mexiam. Olhou para o buraco na parede e pensou que talvez, com os braços, pudesse apoiar-se ali até conseguir levantar-se, mas, para surpresa ainda maior, percebeu então que seus braços também não mais se mexiam. Estava sentado no vaso, em humilhante situação, completamente imobilizado, sem coragem sequer para gritar por socorro.

Do lado de fora, enquanto isso, o último garçom entregava na mesa a conta da noite, num sinal educado de que era hora de fechar. Ely abriu a carteira dele com a desculpa de pagar a conta. Depois, enquanto o garçom ia até lá dentro para buscar o troco, colocou rapidamente a carteira na bolsa, juntou os papéis que estavam em cima da mesa, e deixou o bar sorrateiramente, sem tomar sequer o último gole de cerveja que lhe restara no copo.

Naquela noite, como Ana Teresa tivesse sido novamente sedada e Ana Patrícia permanecesse ainda na UTI, o médico aconselhou a Mag e Sílvio para que fossem passar a noite em casa.

– É bom que descansem um pouco. Não vai ser nada fácil quando elas tiverem alta. Vocês dois vão precisar ter muita estrutura para poder enfrentar todos os problemas que ainda vão aparecer. Podem ir. A equipe de enfermeiros da UTI é excelente e o andar de Ana Teresa está vazio. Podem ter certeza de que elas não vão passar nenhuma necessidade – garantiu o médico.

A princípio, Mag ficou um pouco receosa. Não queria mais, de maneira alguma, sair de perto das filhas. Contudo, Sílvio insistiu tanto e ela estava tão cansada que acabou cedendo. Talvez fosse importante conversar um pouco com ele sobre tudo o que estava acontecendo na vida deles, traçar planos futuros, enfim, encontrar uma meta a seguir dentro do possível.

Ela se arrependeu no minuto em que entraram no carro. Sílvio colocou seu CD dos Beatles como se nada tivesse acontecido, aumentou o volume e pisou no acelerador. Mag ficou com tanta dor de cabeça que mal tinha forças para abrir a boca e pedir para abaixar o volume. Sentiu ódio dele. Como podia ser tão insensível? Em sua mágoa, contudo, ela também não podia compreender que aquela era a forma que ele tinha de extravasar sua dor. Também não teve como perceber que, no exato minuto em que ela sentiu ódio do marido, uma sombra escura se fez presente no veículo, seguindo com eles no banco de trás.

Entraram em casa como dois colegas de pensão. A sombra escura entrou junto e ficou perambulando pela casa. Sílvio trancou-se no banheiro. Mag foi ver o quarto das meninas. Acabou entrando primeiro no de Ana Teresa e chorou vendo as fotos no mural. Lá estavam Pedro e Caian. Era difícil pensar que nunca mais iria vê-los. Pedro frequentava a casa desde garoto; era colega das meninas desde o jardim de infância. Caian, por sua vez, tinha aquele seu jeito de garoto simpático-sedutor, adorava comer as tortas de banana que ela preparava especialmente para ele. E como seria a vida, daqui para frente, sem Caian e sem tortas de banana? Sem Pedro ensinando física para as meninas madrugada adentro? Era um menino tão inteligente... Pensou na mãe de Pedro que há

61

tanto tempo conhecia, na mãe de Caian que ela nem conhecia direito. Como estariam as duas àquela hora?

Resolveu tomar um suco de limão para tentar parar de chorar. Já previa que começaria tudo de novo quando entrasse no quarto de Ana Patrícia e se deparasse com suas fotos no balé, suas fotos no *jazz*, suas fotos na patinação no gelo. Como é que a filha iria se conformar se nunca mais pudesse dançar, se nunca mais pudesse ao menos ficar de pé? Não seria melhor desmontar os murais antes que elas chegassem? Mas será que fazer isso não seria como tentar apagar o passado das duas, queimar todos os momentos felizes no mesmo incêndio do carro acidentado? Será que ela tinha o direito de fazer isto?

Entrou na cozinha e deu com Sílvio tirando uma cerveja, da geladeira. A sombra estava ao lado dele.

– Não acredito que você possa pensar em beber numa hora dessas! – ela não pôde segurar.

Tantos dramas na cabeça dela e ele bebendo cerveja, como se o mundo fosse uma grande comemoração.

– E o que você quer que eu faça? – ele perguntou, indiferente, abrindo a garrafa. – Que sente na cama e vá ver novela com você? Será que você não entende que eu também estou sofrendo? – ele pegou a garrafa, um copo e seguiu em direção à varanda da sala. Duas novas sombras apareceram. Duas foram junto com Sílvio, a outra foi atrás de Mag.

Mag achou melhor não dizer mais nada. Tomou seu banho, arrumou o quarto, vestiu sua camisola. Depois, sentou-se na cama e abriu uma imensa caixa de costuras, toda bagunçada. Desde o hospital, não sabia por que, estava morrendo de vontade de arrumar aquela caixa. "Melhor pensar um pouco sobre os murais", decidiu, com medo de tomar qualquer atitude precipitada. Parada diante dela, a sombra apenas a observava.

Passou horas entre alfinetes, agulhas, botões, tesouras e linhas emaranhadas. Tantas linhas emaranhadas... Algumas eram impossíveis de desembaraçar. Outras, foi preciso cortar. Muitas tiveram mesmo de ser jogadas fora. "Um bolo de linhas desperdiçadas", ela lembrou-se de Maria dizendo, quando era menina e arrumavam juntas aquela mesma caixa. Quando estava tudo pronto, Mag sentiu um alívio.

Abriu o armário e pegou uma pilha de roupas que estava esperando por pequenos consertos. Buraquinhos para fechar, botões caídos, pedaços de bainhas, rendinhas soltas para pregar. Enquanto fazia tudo isso, sem querer ia recosturando a própria vida.

Teria de providenciar, com urgência, uma psicóloga para cada menina. No caso de Ana Patrícia, a questão ainda era mais complicada. Era preciso comprar uma cadeira de rodas, pois, de qualquer forma, ela ficaria imobilizada por um tempo, fora isso que ela entendera o médico falar. Por sorte, o apartamento era antigo e tinha a porta de entrada grande o suficiente para que passasse uma cadeira, mas a porta do quarto talvez tivesse de ser reformada...

– Meu Deus! Será que ela vai precisar de fraldas?

Ela soltou a linha para chorar. O médico dissera que talvez sua filha voltasse a usar fraldas, que talvez não pudesse mais controlar o aparelho urinário! Se isso acontecesse, talvez ela não pudesse mais ter filhos! Respirou fundo e deu mais alguns pontos. O médico falara também em hidroterapia. Era preciso ligar para a ABBR, a Associação Brasileira Beneficente de Reabilitação, para saber dos horários. Ana Patrícia teria de fazer também sessões de fisioterapia, de eletroestimulação e tomar muita vitamina para favorecer a cicatrização e a regeneração dos neurônios. E a escola? Como ficaria a escola ao longo desse tempo? Justo agora que ela estava tão animada para fazer o vestibular...

E o dinheiro? Como fariam para pagar tudo aquilo? Há tempos Sílvio vivia endividado. Não sabia direito como e onde ele gastava tanto. Recebia um bom salário na empresa em que ele trabalhava como advogado. Mas nunca tinha dinheiro para nada, estava sempre reclamando. Como fariam agora com tantas despesas? A sombra prestava atenção a cada um de seus pensamentos, fazendo movimentos com a cabeça, como que profundamente interessada no que ouvia.

Mag tinha vergonha de contar isso aos pais. Se contasse, aliás, tinha a sensação de que Sílvio seria capaz de estrangulá-la. Era um homem muito orgulhoso, não admitia que ela aceitasse qualquer ajuda dos pais. Não fosse, porém, a mesada que ela recebia escondido do Tarquínio, não teriam nem como pagar o cursinho das meninas. É claro que Sílvio desconfiava, ela tinha certeza disso. Mas nunca tocara no assunto. Continuava até hoje dando a ela a mesma quantia, o mesmo dinheiro para as despesas que dava dez, quinze anos atrás, quando as filhas ainda estavam no curso fundamental. O mesmo dinheiro que não dava para nada...

Olhou para o telefone e percebeu que havia um recado piscando na secretária eletrônica:

– Alô, Grace Margareth? Aqui é sua mãe... – disse Lally com sua voz afetada. – Ligue para mim quando chegar. Não se preocupe com as despesas do hospital. Vou falar com seu pai e ele vai arcar com tudo o que não puder ser coberto pelo plano de saúde. Se quiser me ligar, estarei em casa até as cinco da tarde. Depois, vou sair para um chá beneficente na casa de Kakazinha de Berro Branco. Pode ligar para o celular se quiser. Um beijinho, tchau, tchau!

– Chá beneficente... – suspirou Mag.

Desligou a secretária e chorou de novo por algum tempo. Não sabia explicar direito porque estava chorando. A sombra sentou-se ao lado dela. Quanto mais se aproximava, mais Mag chorava, sentindo-se uma vítima enfraquecida. Era uma dor tão funda, tão misturada, pior que as linhas da caixa...

– Não se entregue! Leia uma mensagem! – gritou uma voz que parecia vir de dentro dela, que Mag, contudo, sabia que não era dela.

64 | Lygia Barbiére

Ainda assim, abriu a gaveta do criado-mudo e tirou lá de dentro um livrinho antigo e surrado. *Minutos de sabedoria*,[1] estava escrito na capa, em letras douradas quase apagadas pelo tempo. Mag gostava muito daquele livrinho, que um dia lhe fora dado por uma professora, freira, ainda nos tempos de escola.

"Enquanto você espera pelo céu, não se esqueça de que a terra está esperando por você. Mantenha seus pés fixos no chão, mas eleve sua cabeça para o céu. Ajude a estrada que você palmilha, tornando-a mais confortável para todos aqueles que lhe seguem os passos. Dê trabalho a seus braços, leve consolo aos aflitos, enxugue as lágrimas dos que choram... Você não poderá caminhar sozinho. Ajude a todos os que caminham a seu lado para o mesmo objetivo: a perfeição", dizia a página aberta ao acaso.

Fechou o livro e respirou fundo. "Me ajuda, meu Deus, me ajuda", pensou com firmeza e sinceridade. No mesmo instante, uma luz invisível a olhos comum brilhou em torno dela e a sombra, como que incomodada com isso, saiu rapidamente do quarto.

Mag experimentou uma sensação de alívio e leveza, quase como se um peso houvesse sido retirado de cima dela. Limpou os olhos, o nariz e voltou para suas costuras. Seus pensamentos iam agora em outra direção. Se ao menos soubesse fazer vestidos, costurar de verdade... Queria muito encontrar uma maneira de não precisar mais do dinheiro dos pais. E nem do dinheiro do Sílvio. Na verdade, chegara a cursar o magistério, mas Sílvio jamais a deixara trabalhar como professora. Não gostava que a esposa trabalhasse fora de casa.

"Não gostava era de gastar dinheiro com empregada", Mag pensou ressentida, fazendo com que a luz em torno dela perdesse um pouco do brilho. Desde que haviam se casado, Sílvio nunca admitira empregadas. Dizia que tiravam a intimidade do casal. Não permitira nem que Mag tivesse uma babá quando as meninas nasceram. Consequentemente, ela sempre tivera de fazer tudo dentro de casa.

Agora que as gêmeas já estavam crescidas, Mag já tinha tudo sob controle; as duas até que ajudavam bastante em tudo. Mas por muito tempo passou apertada. Seus pais nunca entenderam o porquê daquela opção. Ela também nunca fez questão de explicar. Até porque nunca falava muito sobre sua vida com eles. Eram quase estranhos, apesar dos vínculos de parentesco. Veio de novo a vontade de chorar, mas, desta vez, Mag resistiu.

Como tudo na vida sempre tem seu lado bom, acabara por se descobrir uma excelente cozinheira. Tinha a mão certa para os temperos, a intuição exata para o ponto de qualquer massa. Gostava tanto de cozinhar que, nos bons tempos, quando ainda viajavam de vez em quando, descrevia lugares e situações pelos pratos experimentados. O delicioso *matambre* que comera em Buenos Aires, os tomates recheados que comera no restaurante em Friburgo, o pato com laranjas que saboreara na casa de uma amiga em Angra dos Reis.

---

[1] Pastorino, Carlos Torres. *Minutos de sabedoria*. Petrópolis, Vozes, 19ª edição, 1983.

A Ferro e Flores | 65

A luz voltou a brilhar em torno de sua figura, com máxima intensidade. "Por onde andaria esta Mag que há tanto tempo ninguém mais via?", ela, por um instante, se perguntou, pensativa. Ultimamente, o máximo que fazia era um macarrãozinho cabelo de anjo para comer sozinha, quando estava com preguiça de descer para almoçar no restaurante a quilo. Era até uma ironia. Ela, exímia cozinheira, comendo todos os dias em um restaurantezinho mixuruca de comida a quilo. As meninas estavam sempre para a rua, viviam de regime. Sílvio almoçava no serviço durante toda a semana. À noite todos lanchavam frutas e sanduíches, nos finais de semana ela e Sílvio comiam juntos na comida a quilo. Mag estava enjoada daquela comida, de toda aquela rotina.

Enquanto costurava botões nas camisas de Sílvio, ela se perguntava o que foi que acontecera com a vida dela que agora mais parecia um prato requentado de comida a quilo. Era tão apaixonada por Sílvio quando se casaram... E não foi por falta de aviso que ela se casou. Toda a família, todos os amigos sabiam o quanto ele gostava de um copo, todos fizeram questão de avisá-la antes que marcasse a data. Mas Mag insistiu. Achava que, com o tempo, com amor e dedicação, ela poderia mudá-lo. Ledo engano. Na prática, ele continuava o mesmo. Ela foi quem se perdeu de si mesma.

Por isso entendia tanto Ana Teresa, embora no íntimo temesse que ela acabasse seguindo o mesmo destino. Diversas vezes tentara se aproximar e dizer isso a ela, mas em todas elas, Ana Teresa se esquivara. Como ela mesma no passado, parecia não querer ouvir o que era óbvio. Em sua angústia, acabava sempre conversando com Ana Patrícia, que, por sua vez, fazia questão de dizer textualmente à irmã tudo aquilo que ela não gostava de ouvir. E foram tantas as brigas entre as duas por causa disso, que, com o tempo, Mag passou a evitar comentar até com Ana Patrícia sobre seus receios.

E pensar que elas poderiam também estar mortas agora por causa do alcoolismo de Caian... Quantas vezes, ela, Mag, não correra o mesmo risco? Deixou as agulhas de lado, fechou os olhos e fez uma prece. Agradeceu a Deus pela vida das filhas, por ela própria estar ali.

– Quem sabe, meu Deus, tudo isso não aconteceu para jogar uma luz sobre o Sílvio, para mostrar a ele que já é hora de tomar um caminho diferente? Quem sabe não sou eu quem precisa mudar depois de tudo? – refletiu, depois da prece. – Mas o quê, meu Deus, o que é que eu faço para mudar?

Sílvio, enquanto isso, saboreava bebidas na varanda. Já havia esvaziado duas garrafas de cerveja, tomava agora uma taça de vinho tinto. Tinha urgência em se embebedar. Não queria pensar em nada, não queria sentir nada, queria ficar bem. Quanto mais ele bebia, mais tinha a sensação de estar quase bem. Mas nunca que chegava o estado tão almejado. Ao contrário, a cada gole efetivamente aumentavam a dor e o vazio que ele sentia no peito.

66 | Lygia Barbiére

Uma imagem teimosa não lhe saía da cabeça: Caian tomando um copo de uísque a seu lado, enquanto assistiam a um jogo de basquete pela tv a cabo. Era como uma foto animada impressa em sua mente, uma recordação insistente que não parava de se repetir. Sentada no braço da poltrona, ao lado do pai, Ana Teresa até sorria, mas tinha uma tristeza funda no olhar. Será que, de alguma maneira, ela intuía tudo isto?

Fazia apenas duas semanas que tinham vivido aquela cena. Parece que fora exatamente naquele dia que os dois terminaram tudo, Sílvio não tinha certeza direito. Lembrava-se apenas de Mag comentando qualquer coisa a respeito. Mas agora não fazia muita diferença. Estavam os dois mortos. Caian e a filha dele que nunca mais conseguiria sorrir, nunca mais iria amar ninguém. Mas ele não podia, não queria mais se aprofundar nesta reflexão. Não tinha estrutura para isto. E então bebeu mais. As sombras estavam todas reunidas em volta dele. Não apenas as três que haviam estado na cozinha, mas muitas outras. Todas de mãos dadas, formando uma roda em torno dele.

Sílvio tinha uma tendência a pensamentos depressivos, julgava tudo sob sua perspectiva sombria. Na verdade, pensava nele, na tristeza dele, e transferia isso para as outras pessoas, como se todo mundo fosse igual a ele. Sílvio se julgava uma pessoa profundamente infeliz e injustiçada. Achava que Deus era um pai injusto, pois privilegiava pessoas vazias, como o sogro e Lally (ele sequer conseguia chamá-la de sogra), e que um homem honesto e trabalhador como ele tinha de ser mais valorizado.

Ao contrário, na sua visão ressentida com a divindade, toda a sua vida era um despenhadeiro sem fim. Não conseguia nunca ser promovido no trabalho, tinha uma mulher que não lhe dava a mínima, mal se importava com ele, uma filha irresponsável, que quase morrera por namorar com outro irresponsável (que bebia com ele, mas isto não vinha ao caso no momento de sua revolta profunda) e a outra... coitadinha. Além de sempre ter sido a mais feia das duas (Sílvio tinha esta cisma), a mais problemática das gêmeas, agora era paralítica.

No derrotismo, na estreiteza de raciocínio dele em seu momento de crise, era como se Ana Patrícia estivesse morta, a diferença era mínima.

Pensava e bebia compulsivamente, como se cada gole estivesse necessariamente ligado a um pensamento e vice-versa. Como se em cada gole estivesse escondida uma possibilidade de solução para todos os problemas que ele nunca encontrava, em mais um sorteio que nunca saía para ele. De tão obcecado em sua dependência, criara para si um mundo imaginário, de sentimentos desfocados, onde tudo era muito pior do que a realidade, onde ele era sempre e invariavelmente uma vítima da humanidade.

Sua vontade agora era novamente a de acender um cigarro, sentia raiva de si mesmo por não ter comprado logo um maço no hospital, em vez de cigarros avulsos. Não tinha ideia da quantidade de mentes doentes que ele mesmo alimentava e que também o alimentavam naquela permanente troca de dependências e negatividades. Talvez ficasse mesmo assustado se pudesse perceber as cerca de dez entidades de dantesco aspecto que, naquele momento, bebiam junto com ele na varanda.

– Por que você não se separa de sua mulher? – uma delas lhe sugeria a seu ouvido. – Está na cara que ela não gosta mais de você!

– Você ficaria sozinho, poderia beber quanto quisesse, quando quisesse! – dizia outra. – Onde já se viu, um homem trabalhar do jeito como você trabalha e precisar ficar dando satisfações para a mulher toda vez que sente vontade de tomar um copo de cerveja para relaxar?

– Seria livre para namorar quem você quisesse... – instigou uma terceira, que acabava de chegar. – Você precisava de uma mulher bacana a seu lado! Uma mulher bacana e boacana! – gargalhou da própria piada.

Parecia ser o líder de todas aquelas entidades, que imediatamente se calaram numa espécie de reverência a sua chegada. Era Pouca Telha.

LEDA ESTAVA NERVOSA. Sentada na pequena pracinha de Aiuruoca, onde vivera tantos momentos importantes de sua última encarnação, ela esforçava-se para reencontrar o equilíbrio. Embora fosse já um espírito, trazendo na bagagem muitas e muitas horas de estudo e dedicação, havia momentos em que se sentia fraquejar. Graças a seu merecimento, decorrente de todas as provas vencidas na Terra com sucesso e, acima de tudo, dos incontáveis atos de bondade e amor que praticara quando encarnada, conseguira, depois de anos de súplica, a oportunidade de prestar auxílio ao marido doente de alcoolismo. Contudo, como agora demonstrava, mesmo a despeito de toda evolução conquistada, ainda não dispunha de condições emocionais para realizar sozinha uma empreitada de tamanho porte. Sentada a seu lado, Maria ouvia suas angústias e procurava confortá-la.

– É muito mais difícil que eu pensava, Maria! No momento em que vi aquela mulher se enroscando nele como uma cobra venenosa, pensei que fosse enlouquecer! E ainda teve a ousadia de perguntar para ele sobre o dia em que nos conhecemos! – desabafava, ainda tensa.

Velhas conhecidas da Terra, por estarem ambas ligadas a um mesmo grupo familiar, haviam se reencontrado na espiritualidade, onde descobriram que era muito maior do que imaginavam a afinidade que as unia. Faziam agora parte de um mesmo grupo de trabalhos e estudos que realizava suas primeiras experiências na crosta. Era um grupo grande que, à semelhança do Al-Anon, que reúne na Terra os familiares de alcoolistas, congregava espíritos desencarnados ciosos de auxiliar parentes direta ou indiretamente prejudicados pela dependência do álcool. Com a diferença de que compreendiam exatamente o porquê de estarem envolvidos com este tipo de questão.

– Leda, procure manter a calma. Você sabe que ela não fez isto com nenhuma intenção de afrontá a você. Ao contrário, tinha até outros objetivos, bem mais terrenos e imediatos. Você não pode ficar deste jeito! Lembre-se de que ela também é alguém que necessita de auxílio. Em vez de condená-la, procure ajudá-la com orações, compreendê-la em sua triste situação. É assim que Jesus e os espíritos superiores sempre fizeram e fazem ainda hoje conosco! – lembrou Maria.

– Sem sombra de dúvida, você aprendeu muito mais do que eu no mundo espiritual... Fiquei impressionada com a calma com que coordenou o socorro das meninas, com a maneira como conseguiu pacificar os pensamentos de Mag. Mas eu ainda não consigo ser como você! O sangue me ferve. É como se eu ainda tivesse um corpo carnal, material, sabe? – ela ficou triste por alguns instantes. – Tive ímpetos de bater nela!!! – confessou, chocada com as próprias reações.

Na verdade, estava triste com ela mesma. Pela sua incapacidade de ser como Maria. Não compreendia ainda que ninguém evolui aos saltos. E pensar que, quando implorou para integrar aquela caravana de socorro do grupo, ela tinha certeza de que estava pronta para a tarefa, de que poderia vencer a prova com facilidade...

– Quando a gente está distante, nas colônias espirituais, tem a sensação de que os sentimentos se pacificaram. A gente acha que não encara mais as situações e as pessoas da mesma maneira que antes, que a compreensão e o aprendizado amainaram as nossas emoções. Mas na hora 'H'...

– É exatamente isso o que os mentores nos explicam sobre a questão da reencarnação. Quando no mundo espiritual, inspirados por nossos estudos, somos capazes de nos compadecer até mesmo de nosso pior inimigo e pedimos para voltar à Terra junto com ele, o mais próximo possível, na esperança de reconciliação. Na prática, porém, o incessante contato com seres a quem um dia odiamos constitui prova terrível, sob a qual, mesmo tendo tomado a boa resolução de retornar junto àqueles outrora detestados, o espírito, não raro, sucumbe, se não tem ainda bastante forte a vontade. São mil nadas que funcionam como mil picadas de alfinetes e acabam por ferir. E isso porque, uma vez reencarnado, a gente não se lembra de nada referente a nosso passado em outras vidas. Já imaginou se não tivéssemos a bênção do esquecimento? – observou Maria, recordando seus estudos do *Evangelho segundo o espiritismo*.

– Reencarnar ao lado de certas pessoas? Nunca! Jamais! Em tempo algum! – destemperou-se Leda. – Sabe o que mais me dói, Maria? – ela falava e as lágrimas pulavam-lhe dos olhos como pequenas estrelas. – Eu não consigo amar essa mulher! Não consigo sentir por ela um só grãozinho de simpatia!

– Comece então se esforçando para não chamá-la de "essa mulher"! – sugeriu Maria, compreensiva. – É preciso revestir conscientemente as palavras com os sentimentos que queremos vibrar. Cuidado! Para que não precise viver toda uma experiência ao lado dela, trate, antes disso, de transformar suas emoções. De uma forma ou de outra, você vai ter de aprender a amá-la. Ninguém pode evoluir com o coração cheio de mágoas e ressentimentos. O ódio prende as pessoas umas às outras pelo pensamento fixo, pela obsessão de vingança.

– Tem razão... – concordou Leda, sentindo-se envergonhada. – Vou fazer o possível para chamá-la de... – ela quase engasgou antes de dizer – irmã Ely. Assim não me perco de meus objetivos...

– Também não precisa exagerar! – brincou Maria.

– Não é questão de exagero, mas de fixar a meta. Eu preciso aprender a pensar nela desta forma – explicou Leda.

– Assim é que se fala! – disse outro espírito que surgiu de repente.

– Doutor Eustaquiano! – as duas comemoraram surpresas.

Era um homem de cabelos inteiramente brancos, a barba curta, também branca, e roupas brancas como as dos médicos comuns.

– Então achou que iríamos deixá-la entregue aos próprios cuidados?

Leda sentiu-se como nos tempos em que ficava corada na Terra. Era ele o mentor do grupo que ambas frequentavam na colônia. O modelo, o exemplo e também o protetor de todos os que ali se reuniam com a mesma finalidade. E só agora, diante dele, Leda percebia o quanto fora teimosa e até mesmo presunçosa. Havia insistido muitíssimo com todos os orientadores que tinha condições de resolver tudo sozinha, tendo, a muito custo, concordado apenas com a eventual companhia de Maria, já que ambas trabalhariam muito próximas, cada qual com sua meta.

– É impressionante como em poucos segundos a gente percebe o quanto ainda é frágil – admitiu Leda.

– Um segundo modifica a eternidade – lembrou Maria.

– O importante é que de tudo se tira uma lição – concluiu o doutor Eustaquiano. – O reconhecimento de nossos próprios limites é lição importantíssima, que nossa amiga aprendeu com rapidez e humildade.

Ele era sempre assim. Mesmo nas situações mais complicadas, conseguia dar um jeito de destacar o lado positivo dos acontecimentos, levando os outros a uma atitude saudável de otimismo e autoestima. Jamais perdia muito tempo enfatizando situações e sentimentos negativos.

– Aliás, só falta agora apresentar os outros membros da equipe escolhidos para ajudá-la na tarefa – ele disse.

– Outros membros da equipe? – Leda sorriu grata e surpresa.

– Sérgio!

– Toya!

– Sati!

Leda foi dizendo o nome de cada um deles à medida que iam se fazendo visíveis a seus olhos, cada qual sentado na parte alta de um banco da praça. O tempo todo estavam ali, ela apenas não havia percebido.

Tinham todos a aparência bastante jovem. Também membros do mesmo grupo que Maria e Leda frequentavam, cada qual tinha sua história familiar ligada ao alcoolismo. Apenas Sati, um oriental muito simpático, que sorria o tempo todo, já havia antes participado de uma atividade socorrista envolvendo alcoolistas, integrando outra equipe do grupo principal. Nenhum deles, contudo, estava apto a realizar atendimentos sozinho. Estavam ali ainda em fase de aprendizado e aprimoramento; do sucesso da operação em que estavam envolvidas Leda e Maria dependeria o planejamento de novas ações do grupo, possivelmente para atender aos parentes de Sérgio, carinhosamente chamado por todos de Serginho, Toya, a bela jovem de ar espanhol, e Sati. Ou mesmo de outros membros do grupo, dependendo tal decisão de critérios de merecimento e necessidade a serem avaliados pelo mentor e pelos orientadores no momento oportuno.

– Lembrem-se: cada de um de vocês tem virtudes e defeitos diferentes, tendo sido escolhidos para que se complementem, trabalhando unidos e coesos como os dedos de uma mesma mão – destacou Eustaquiano. – Pensem sempre no próximo a quem estiverem ajudando, seja ele um membro da equipe espiritual ou um ente encarnado, como alguém muito querido, algum dos familiares de vocês, uma pessoa que merece o máximo de carinho e atenção. Não julguem. Apenas amparem. E nunca se esqueçam de que existem inúmeros irmãos esperando apenas por um mínimo deslize, um pequeno melindre de vocês para colocar a perder todo o trabalho arduamente realizado.

Ficaram todos muito sérios, refletindo preocupados sobre as observações do mentor.

– Doutor, o senhor vai ficar conosco o tempo todo? – quis saber Maria.

Eustaquiano sorriu bem-humorado e caloroso:

– Vou e não vou! – respondeu. – Não posso abandonar minhas tarefas na colônia das Jangadas para acompanhá-los diretamente o tempo todo. Mas estarei ligado a vocês mentalmente. Basta pensarem em mim que, se eu não puder atender de imediato às solicitações, alguém virá em meu lugar. Em momento algum devem se sentir inseguros ou desamparados. Pensem sempre que Deus é o grande mentor de toda esta operação. Tudo acontece no momento certo e de acordo com a vontade d'Ele.

– É... – suspirou Serginho, ainda reflexivo. – E por falar em momento certo, e agora? Por onde começamos?

– Sim, precisamos ainda terminar os serviços da primeira etapa da libertação de Hermínio – Leda retomou o tom apreensivo.

– O que estão esperando? Vamos até lá! – decidiu Eustaquiano.

Hermínio continuava preso no banheiro, sentado no vaso, sem coragem de gritar por socorro. Os braços e pernas continuavam sem responder a seu comando. Não tinha condições de dar sequer um impulso para tentar mudar de posição. O bar estava trancado com porta de ferro, os garçons cansados nem perceberam que ele não havia saído do banheiro.

Unido em pensamento e vontade, o grupo de espíritos fez de tudo para sugerir-lhe a ideia de usar a voz para pedir auxílio, mas a mente de Hermínio parecia tomada por outro grupo de espíritos obsessores que lhe insuflavam o orgulho de modo a não permitir que ele pedisse ajuda, como parte de todo um projeto de vingança que ora concretizavam.

Vendo-os, o grupo de Leda imediatamente lembrou-se das advertências de Eustaquiano. No instante seguinte, passavam a olhar a cena com maior dose de compaixão.

Havia cerca de dez espíritos desencarnados, quase todos bêbados, dividindo com Hermínio o pequeno espaço do banheirinho em obras, em clima de galhofa. Era de tocar o coração o estado deplorável dessas entidades. Cada qual parecia ligado ao encarnado por pequenos fios que se perdiam dentro de seu cérebro confuso e alcoolizado. Ele parecia mesmo um bonequinho, um marionete, a quem incentivavam pensamentos de derrota, depressão e desânimo.

Em torno de suas pernas e braços paralisados, havia placas escuras e gosmentas, resultado não só dos efeitos do álcool sobre o seu perispírito, mas sobretudo das energias permutadas pelos longos anos de intenso intercâmbio entre Hermínio e aquelas entidades.

– Não se penalizem demais! Lembrem-se de que é pelas suas tendências que o homem atrai os espíritos – grifou Eustaquiano, trazendo a equipe de volta ao equilíbrio.

– Meu Deus! Mas ele está muito fraco! Quase nem conseguimos mais distinguir as emanações do fluido vital em torno dele... – Leda observou consternada. – E nós não podemos fazer nada para tirá-lo desta situação... – novamente ela quase se desesperou.

– Estamos fazendo, irmã. Estamos fazendo. Entretanto, todo trabalho bem feito demanda tempo e paciência. Não temos como desembaralhar de um sopro fios que há tantos anos vêm sendo trançados e embolados – explicou o mentor.

Além de costureira, Leda fora exímia bordadeira na última encarnação. Muitas vezes, por pressa e descuido, deixara que suas linhas se emaranhassem. Compreendia perfeitamente o que Eustaquiano quisera dizer:

– Lembro de uma ocasião em que fiquei mais de uma semana só por conta das linhas – admitiu.

– Isto porque eram linhas. Existem situações criadas pelos encarnados que levam séculos para ser desatadas. Sendo assim, mantenhamos a serenidade. Não seria nem prudente de nossa parte uma inadvertida aproximação neste momento – sintetizou Eustaquiano. – Vamos tentar uma aproximação por outros meios.

Depois de uma rápida reunião do grupo, foi determinado que Sati e Toya iriam procurar as pessoas que trabalhavam no bar. Na medida do possível, Eustaquiano procurava deixar com que seguissem sua própria linha de raciocínio, de maneira a exercitarem a capacidade de iniciativa e também o aprendizado com os próprios erros.

Assim, esquecendo-se do que haviam acabado de ouvir, os socorristas optaram por se dividir e cada qual foi cumprir sua parte no plano que juntos haviam concebido.

Toya ficou com o dono do bar. Ele estava desligado do corpo através do sono físico. Usando seus conhecimentos, ela conectou-se ao cérebro dele para descobrir onde estava seu espírito e foi atrás dele, disposta a convencê-lo do que ela queria.

– Senhor, por favor! É uma emergência! O senhor precisa voltar depressa ao bar! – tentou dizer, colocando-se à sua frente.

Só que ele estava numa festa muito sensual com espíritos afins e não se mostrou nada interessado no que ela tinha a dizer.

– Ô gatinha linda, você não quer dançar aqui com a gente? – sugeriu, sensual, ao ouvido dela.

– Você deixou ligada a chapa de fritar hambúrgueres ! Vai pegar fogo no bar! Você vai perder tudo! – ela ousou uma última estratégia para tentar convencê-lo.

Era, porém, tão distante o padrão vibracional entre eles que parecia que Toya falava-lhe a um ouvido e a mensagem imediatamente se escoava pelo outro. Pior do que isso, ela percebeu que estava cercada de espíritos que olhavam para ela como se fosse uma iguaria. Assustada, pensou em Eustaquiano.

"Mude o padrão vibracional! Não tenha medo deles!", ele sugeriu-lhe, em pensamentos. Toya seguiu a sugestão. Olhou para aquelas entidades e sentiu-se compungida por sua situação. "Senhor Deus, tenha piedade destes espíritos; ilumine-os para que também consigam progredir", pensou com amor. Quando deu por si, havia saído daquele local de pesadas vibrações. Estava de novo na praça de Aiuruoca.

"A ação dos espíritos do bem deve ser sempre regulada de maneira a não tolher o livre-arbítrio de ninguém. Não podemos forçar ninguém a fazer nada, muito menos com mentiras", Eustaquiano advertiu-a pelo pensamento, enquanto ela se concentrava em oração, buscando o reequilíbrio de suas forças.

Sati, enquanto isso, também lutava para fazer com que o garçom, que também tinha a chave, se lembrasse de que Hermínio não saíra do banheiro.

– Banheiro... Você está com muita vontade de ir ao banheiro – sugeria, numa difícil tentativa de forçar um raciocínio de associação que, contudo, também não dava muito resultado.

Em espírito, o empregado, que há pouco se separara da mulher depois de ser flagrado com outra, só conseguia andar atrás dela implorando para que o desculpasse. Enquanto seu corpo físico repousava, andava atrás do espírito da mulher. Não via mais nada, nem ninguém a sua frente, nenhum outro assunto o interessava. Tornara-se um prisioneiro de seus sentimentos de culpa e arrependimento.

Serginho, por sua vez, tentava fazer com que dona Mercedes, a antiga vizinha de Hermínio, percebesse que ele não havia voltado para casa. Num primeiro momento, tentou apelar para seu suposto bom coração. "Ele está precisando de ajuda... Alguém precisa muito de seu auxílio!"

74 | LYGIA BARBIÉRE

Contudo, dona Mercedes não ofereceu a menor sintonia diante de seus apelos. Serginho olhou em volta e compreendeu um pouco melhor seu jeito de ser. A casa era repleta de revistas falando sobre a vida de atores, perto da janela havia um binóculo, junto à mesa de jantar um caderninho, onde, para a total surpresa daquele espírito, estavam anotados comentários e peculiaridades de várias pessoas da vizinhança.

Ele parou ao lado de seu corpo adormecido e tentou nova estratégia. Queria que ela se preocupasse, que abrisse a janela e visse que o bar já estava fechado, que sentisse vontade de ligar para o dono do bar para saber do vizinho, como era tão de seu feitio fazer. Havia, no entanto, outra característica ainda mais forte que prendia a atenção da interpelada naquele momento.

Dona Mercedes era uma pessoa muito gulosa. Imaginava-se em um concurso de bolos, experimentando as mais deliciosas receitas. Em sua suculenta volúpia, mal conseguia captar os apelos de Serginho. Todos os seus sentidos encontravam-se voltados para os bolos que ainda lhe faltava provar.

– É... Já dizia Jesus: "onde está o vosso tesouro, aí está também o vosso coração" – lamentou ele, lembrando-se de uma passagem evangélica.

Serginho não era o único a tentar mobilizar dona Mercedes. Parada ao lado de Thalita, ainda acordada até aquela hora, Maria também fazia de tudo para que a jovem acolhesse a ideia de acordar a antiga vizinha de Aiuruoca para pedir notícias do pai. Mas ela também não captou seus pensamentos. Sintonizada em outra frequência, presa à lembrança de todas as mágoas de sua infância, era como um rádio quebrado, impossível de acessar.

"Talvez a Leda tivesse mais condição de conectar-se com os pensamentos da filha, mas não quis sair de jeito nenhum de perto do marido..." – Maria lamentou.

Leda, enquanto isso, rondava, apreensiva, as imediações do bar. Por nada no mundo sairia dali. Sentia-se quase culpada por Hermínio estar naquela situação. Não podia compreender no momento que certas situações limites são importantes para que o espírito possa reavaliar seus rumos e opções. Pensava, porém, apenas na degradante condição física daquele que um dia fora seu esposo, em como a acusaria caso um dia viesse a descobrir que ela, de alguma maneira, contribuíra para que ele ficasse naquele estado. A verdade é que Leda sentia-se ainda como a antiga esposa encarnada. Tão cheia de medos a ponto de até se esquecer de valorizar, em sua angústia profunda, a nobre oportunidade que ora se oferecia.

Entre idas e vindas, percebeu, por acaso, um trabalhador rural que se encaminhava para sua lida diária, na panha de café de uma fazenda nas imediações. Ele sentia terrível dor de barriga, mas estava constrangido de abaixar-se em um canto qualquer no meio da rua. Leda captou seus pensamentos:

– Pule o muro atrás do bar. Tem um banheiro lá dentro – inadvertidamente sugeriu.

O rapaz também captou sua sugestão de imediato. Pulou o muro e, vendo a porta fechada do banheirinho no quintal, atravessou-a de um só golpe, também por sugestão dela.

Levou um susto quando deu com Hermínio quase desmaiado no vaso.

– O... o... senhor está passando bem? – perguntou nervoso.

Hermínio não respondeu nada. Ainda assim, Leda abriu imenso sorriso, chegou mesmo a fechar as duas mãos em sinal de viva para comemorar sua difícil vitória.

– Agora você vai até a delegacia, pedir ajuda. Vai dizer que vinha passando pela rua e ouviu um homem gritando por socorro e só por isso pulou o muro – ela novamente instruiu o rapaz, quase aliviada.

De tão empolgada, não reparou, contudo, em um pequeno e crucial detalhe. Não fosse, aliás, a chegada de Maria, ela não teria entendido porque o trabalhador falava e falava, mas o delegado não prestava a menor atenção ao que ele dizia. Era como se não estivesse ali.

– Ele é um desencarnado! – observou Maria.

– Como assim? Como você sabe? – Leda não entendeu.

Estava acostumada a reconhecer espíritos em estado de perturbação que se caracterizassem por uma maneira andrajosa de se vestir, um certo ar de loucura e insanidade, nem sempre se apresentavam de corpo inteiro. Alguns tinham o olhar excessivamente esbugalhado, outros pareciam transtornados, ou excessivamente obcecados por algo, como os que observara no banheiro ao lado de Hermínio. Não atentara, contudo, para a imensa população de espíritos de aspecto comum que transitavam livremente pelas casas e ruas da cidade, exatamente como ela, Maria e os outros da equipe.

– Como é que se deu conta disso, Maria? – insistiu, ainda pasma com a constatação. – Ele arrombou a porta! – argumentou pensativa.

– Arrombou ou atravessou? – ponderou Maria.

Leda ficou confusa. Lembrando agora, não tinha mais tanta certeza.

– Mas... Como é que ele estava com dor de barriga? Sim, porque ele chegou a pular o muro para ir ao banheiro! – observou Leda.

– Se ele não sabe nem que desencarnou, como teria consciência de que não tem mais necessidades fisiológicas comuns aos que continuam no plano físico? – interferiu Eustaquiano, chegando junto a elas.

Toya, Sati e Serginho os acompanhavam cabisbaixos.

– O que mais me impressiona é que vocês não estão tão despreparados quanto demonstram – comentou o mentor. – Só me pergunto como se deixaram levar a tal ponto pela ansiedade. Além de agirem isoladamente, o que os deixa bem mais vulneráveis do que se agissem em grupo, todos insistiram em interpelar diretamente os encarnados, sugerindo-lhes o que gostariam que fizessem. Esqueceram, no entanto, que em todos os casos poderiam contar com uma valiosa colaboração, que certamente evitaria muitos problemas. Alguém sabe a quem estou me referindo? – perguntou ao grupo.

Ficaram todos pensativos por alguns instantes. Além da vergonha por haver falhado na tarefa, sentiam-se bastante angustiados porque, afinal, o problema ainda não tinha sido resolvido e Hermínio continuava no banheiro.

– O espírito protetor? – arriscou Sati.

– Como disse, vocês não se encontram tão despreparados quanto demonstram. Sem trocadilhos, diria que faltou um pouco de presença de espírito. É isto o que a ansiedade faz com as pessoas. Retira-as de dentro do presente, projetando-as no depois e, com isto, elas perdem a oportunidade de se sintonizarem no agora com o real e o possível. Nenhum de vocês se lembrou de pedir auxílio ao anjo da guarda dos envolvidos, esquecendo-se de que são eles os principais intermediários entre os encarnados e os desencarnados. Sua relação é como a de um pai junto aos filhos: sempre podem se fazer ouvir, embora caiba ao protegido a decisão de seguir ou não suas recomendações. Mas eles conhecem seus tutelados e sabem exatamente o que fazer para chamar-lhes a atenção.

– E se tivéssemos recorrido a algum médium para transmitir o recado? – aventou Maria.

– Seria outra possibilidade. Mas até mesmo para falar com um médium, podemos contar com a colaboração do espírito protetor.

– O que sugere então que façamos agora? Hermínio continua trancado no banheiro! – Leda continuava agoniada.

– Você tem certeza disto? – Eustaquiano perguntou bem-humorado.

Neste instante, todos tiveram sua atenção voltada para a gritaria que vinha do bar e se viraram para ver a cena:

– Para onde estão me levando? Eu não tenho nada! Quero ir para casa! – gritava Hermínio enquanto os enfermeiros do hospital cuidadosamente o colocavam na ambulância, sob os olhares assustados do dono do bar, da vizinha Mercedes e de quase toda a população da pequena Aiuruoca, que se aglomerava nas janelas para acompanhar o inusitado espetáculo.

Os CORREDORES DO hospital pareciam não ter fim aos assustados olhos de Hefesto. O susto fora tamanho que suspendera até o efeito da bebedeira. Agonizara no banheiro por quase seis horas até ser encontrado. Durante aquelas horas intermináveis e obscuras, não conseguira pensar em muita coisa. Apenas que precisava sair dali, embora não tivesse coragem para pedir ajuda. As ideias estavam confusas pela grande quantidade de álcool no organismo; não conseguia entender por que seus braços e pernas não lhe obedeciam ao comando. Nunca antes lhe ocorrera nada parecido. A cabeça e o pescoço mexiam-se normalmente, mas os membros pareciam congelados como se houvesse atravessado uma grande nevasca. E Ely? Onde estaria? Por que não fora até o banheiro verificar se ele precisava de algo?

– Para onde estão me levando? – perguntava, impaciente, ao enfermeiro que o empurrava na maca.

– O senhor precisa fazer alguns exames – respondeu, por fim, o rapaz sem muito interesse. Na verdade, o enfermeiro sentia profundo desprezo por todos os que chegavam ao hospital por consumo excessivo de álcool.

– Não quero fazer exames. Quero ir para casa! – respondeu nervoso.

– Se o senhor quiser tentar... – o enfermeiro respondeu como quem responde a uma criança. – Eu, no seu lugar, não faria isso. Um tombo da maca pode deixá-lo muito machucado, complicar ainda mais sua situação...

Disse isso no momento em que estacionava a maca diante da porta que dava acesso à sala de exames especiais. Por ser ainda muito cedo, toda aquela ala do hospital estava deserta e mal iluminada.

Hefesto continuava tenso e apreensivo. Com toda certeza, nada daquilo poderia estar acontecendo de verdade. Não havia nenhuma razão para isto, repetia para si. Ao mesmo tempo, tinha a sensação de que alguém se ria dele. Sim, alguém, muito perto, que ele não conseguia alcançar com o olhar estava rindo sem parar. Hefesto sentia que era dele que a pessoa estava rindo.

Esticou os olhos num esforço supremo para despertar, mas tudo continuava do mesmo jeito. A risada, as pernas imóveis, os braços mortos. Não, não era um sonho, constatou decepcionado. "Mas alguma hora isto vai ter de acabar", prometeu a si mesmo. "Não posso ter ficado paralítico. Não fiz nada que pu-

78 | Lygia Barbiére

desse me deixar paralítico... Por que será que não consigo me mexer? E essa pessoa que não para de rir?"

– O senhor vai ter que ter um pouquinho de paciência, porque o técnico que opera a máquina de tomografia até agora não foi localizado – disse o enfermeiro, já empurrando a maca ladeira acima de novo. – O médico de plantão está realizando uma cirurgia de emergência, mas o senhor não se preocupe, porque nós já conseguimos falar com um de nossos neurologistas. Ele está vindo de Juiz de Fora para cá.

– Mas de Juiz de Fora para cá são trezentos quilômetros... – raciocinou Hefesto. – Vai demorar no mínimo umas três horas para... Ei! Para onde está me levando?

Horas mais tarde, após toda uma série de exames demorados e desagradáveis, Hermínio sentia-se só e angustiado. Até então ninguém lhe explicara o que estava acontecendo... sentia profunda necessidade de fumar e de beber.

– Quero ir embora para casa – disse ao enfermeiro que acabara de entrar no quarto.

– Ainda não – respondeu o rapaz, um pouco mais simpático do que das outras vezes.

Entraram mais dois para ajudar a colocá-lo na maca. Seria preciso ir até outra cidade próxima para realizar o exame de tomografia computadorizada do crânio. O aparelho do hospital destinado a este tipo de exame estava em reparos e o neurologista não podia medicá-lo antes de ter acesso ao exame. Hermínio não suportou a explicação:

– Eu não vou a lugar nenhum! Me tirem daqui! Um cigarro! Eu quero um cigarro! – gritava, nervoso, enquanto o enfermeiro o empurrava na máquina.

Na sala de exames, os médicos conversavam a seu respeito:

– Talvez seja necessário removê-lo para outro hospital para fazer também uma ressonância magnética – disse o neurologista, examinando as imagens, antes mesmo do laudo do especialista. – Desconfio de um quadro de polineuropatia alcoólica... Mas antes vamos tentar uma eletroneuromiografia, aqui mesmo, com a minha aparelhagem.

– Acho delicado transportá-lo daqui, por enquanto – respondeu o clínico pensativo. – O paciente está desnutrido e desidratado. Além da polineurite, apresenta um quadro de pneumonia e suspeitas de pancreatite, não sabemos ainda se aguda ou crônica. Fora isto, seu fígado encontra-se muito dilatado. Só de examiná-lo, já dá para perceber que há um quadro de hepatite alcoólica. E há ainda suspeitas de infecção urinária, sem contar a possibilidade de uma crise de abstinência. Enfim, o caso requer muitos cuidados...

– Ele está também com conjuntivite – disse o enfermeiro, entrando na sala.

– É normal. Seu organismo encontra-se num processo de fraqueza generalizada, tornando-o susceptível a todo tipo de infecção.

– E agora, o que é que eu faço, doutor? Ponho de novo na ambulância? – perguntou o enfermeiro.

– Não... Leve-o para minha sala lá embaixo. Quero ver primeiro o que aparece na eletroneuromiografia – disse o neurologista. – Ele tem parentes? Precisamos de alguém que se responsabilize pelo paciente. Principalmente se for necessária a remoção – acrescentou preocupado.

– A recepcionista está desde cedo ligando para uma moça, que ele disse ser a namorada dele, mas até agora não conseguiu localizá-la. Parece que ele tem um filho que está na Indonésia, uma filha que mora no Rio e também um irmão. Ele não mencionou nenhum deles, mas uma das enfermeiras conhece a família e nos deu estas informações – relatou o clínico, que estava encerrando seu plantão.

– Pois, então, quando passar pela recepção, diga à secretária para que localize essa moça e o tio, o mais rápido possível. A presença deles aqui no hospital é de vital importância! – grifou o neurologista.

SENTADA NA PONTINHA da cama, em meio ao monte de roupas que parecia não caber de jeito nenhum dentro da mala enorme e já lotada, Thalita elevou os cabelos da testa num gesto agoniado.

– Quer saber? Não vou levar nada disto! – ela começou a tirar tudo da mala de uma só vez.

Por trás da indecisão sobre o que levar, estava a dúvida se devia ou não atender ao inusitado chamado de Aiuruoca.

Por sorte, a vizinha do terceiro andar, mãe do Rafael, que era um coleguinha de escola de Samir, convidara-o para ir ao clube de manhã cedo, quando ela recebera o telefonema do hospital.

O clube era no final da rua. Samir adorava ir para lá com o amigo. Assim, Thalita ao menos tinha algum tempo para tentar colocar as ideias em ordem.

– Tem certeza de que você vai mesmo? – Valéria perguntou, do canto da porta, preocupada com a amiga.

– Ah, Val, eu... – Thalita estava tão abalada emocionalmente que nem conseguia achar o que dizer. – O médico disse que o estado dele é muito grave... Na verdade, eu acho que não tenho outra opção... – ela começou de novo a colocar algumas roupas na mala. – Ai, meu Deus, sinceramente eu não sei o que é que eu faço...

– Por que você não liga para o seu irmão? – sugeriu Valéria.

– Ligar para onde, se ele nem me deixou um telefone? E você acha que ele viria da Indonésia para socorrer o papai?

– É... pelo que você sempre me contou, acho que não... Mas e o seu trabalho? E o concurso que você ia fazer esta semana para a oficina de atores da TV Belíssima? – Valéria novamente argumentou. – Você não pode jogar toda a sua vida para o alto por causa de uma pessoa que já te fez sofrer tanto... Será que seu pai merece isto de você?

A pergunta ficou um tempo pairando no ar. Thalita caminhou em círculos, segurando a pequena pilha de roupas que estava prestes a recolocar na mala. Era como se procurasse por uma resposta escondida em algum lugar do quarto. O que mais a angustiava era que as argumentações de Valéria eram as mesmas que lhe passavam pela mente.

80

A FERRO E FLORES | 81

– Eu falei para o médico que iria! Não tenho como voltar atrás. É meu pai, você entende? Eu não posso simplesmente lavar as mãos e deixar tudo pra lá! – ela colocou as roupas na mala.

– Mas é uma loucura sair daqui assim, largar tudo desse jeito! – insistiu Valéria.

– Eu não vou pedir demissão da loja, só vou pedir uns dias. Tenho um monte de folgas para tirar, há mais de um ano que não tiro férias! Mas também... – ela fez uma pausa, como que tomando outro rumo em seus pensamentos –, se eles quiserem descontar, que descontem! Ah, sei lá como é que eu vou fazer. Na verdade, nem sei quanto tempo vou precisar ficar lá em Aiuruoca! Ai, Valéria, o que é que eu faço? – ela se sentou de novo na cama, com ar desanimado. – Por que não consigo arrumar esta mala de jeito nenhum?

Valéria carinhosamente tirou o casaquinho que ela agora segurava nas mãos, dobrou-o com cuidado, depois ajeitou as roupas que estavam na mala.

Thalita continuava sentada na cama, o ar prostrado, como que perdido em algum lugar do passado. Parecia mesmo uma dessas atrizes de cinema, de tão bonita. Tinha uns olhos castanhos profundos, torneados por grandes cílios, a pele muito branca e os lábios bem marcados, dando a impressão de que estava sempre de batom, embora raramente usasse qualquer tipo de maquiagem. Os cabelos eram castanhos, bem escuros, quase pretos, cacheados e compridos, dando-lhe um ar de anjo barroco. As duas tinham a mesma idade: vinte e cinco anos.

Valéria também era uma jovem muito bonita, embora tivessem tipos bem diferentes. O rosto amendoado, os cabelos castanho-claros, com alguns fios de tom acobreado, um pouco mais curtos que os de Thalita, os olhos de um cinza-azulado muito diferente e especial.

Samir não parecia filho de nenhuma das duas. Tinha a pele morena, um tipo árabe herdado do pai. Mas era também um menino muito bonito, sobretudo pela delicadeza de seus sentimentos, que em toda parte o faziam conhecido por sua extrema bondade para com todas as pessoas.

– E o Samir?

– Está lá no clube... – respondeu Thalita, na dúvida se levava também o outro casaco que tinha nas mãos.

– Que ele está no clube, eu sei! Eu vi quando ele saiu! Estou perguntando se ele vai com você para Aiuruoca! – Valéria a trouxe de volta à realidade.

– Ah! – fez Thalita. – Ele vai comigo, claro! Conversei com ele enquanto você desceu para comprar pão, ele ficou animadíssimo. No fundo, ele sempre morreu de vontade de conhecer o avô... – ela agora tirava de novo várias roupas da mala.

– Afinal de contas, que mal lhe pergunte, para quê você está levando tanta roupa? – Valéria achou por bem perguntar.

– Ai... – Thalita deu um longo suspiro. – Sabe que eu não sei?... – ela se afastou um pouco para olhar a mala de longe. – Na verdade, não sei quanto tempo vamos precisar passar em Aiuruoca...

– Você já disse isso! Thalita, estou começando a achar que você ficou lesada com essa história! E a escola do Samir? Como é que ele vai perder tanto tempo de aula, justo agora que está quase aprendendo a ler?

– Eu pensei nisto, também, mas cheguei à conclusão de que ele não vai perder o que ele já aprendeu... Logo, aqui ou lá, ele vai voltar para a escola e...

– Aqui ou lá? Você vai matriculá-lo em Aiuruoca, Thalita? – Valéria se espantou mais ainda. – Mas então você está pensando em ficar lá de vez? Caramba! Como é que eu vou fazer para pagar o aluguel?

As duas moravam juntas desde os dezenove anos. Conheceram-se na faculdade de enfermagem e tiveram uma empatia imediata. Na época, Thalita já estava grávida e vivia numa pensão muito simples, no centro da cidade. Valéria, que também era de fora (ela era natural de Miguel Pereira, no estado do Rio), dividia um apartamento com um grupo de amigas que, contudo, não estavam se acertando entre si. Por sorte, justo naquela mesma época, uma tia de Valéria ofereceu para elas o aluguel do apartamento do Leme por um preço bastante acessível. Decidiram então criar uma nova república, só das duas. Thalita teve o bebê e acabou largando a faculdade para trabalhar. Só muito tempo depois descobriu que seu grande sonho era ser atriz.

– Não é só por causa do aluguel, Thalita, é óbvio que não! Claro que eu posso encontrar outra amiga para dividir comigo as despesas do apartamento, embora tenha certeza de que jamais vou encontrar uma irmã como você! – ponderou Valéria, com os olhos cheios de água. – Só estou preocupada é com você! Acho que está se precipitando um pouco nesta sua decisão de se entregar por inteiro às necessidades do seu pai! E se tudo não passar de um alarme falso? Se você for para lá com essa mala enorme e ele não quiser nem te ver? Se não estiver nem um pouco interessado em parar de beber?

– Você não está entendendo, Valéria! Ele vai morrer se eu não for para lá cuidar dele! O médico disse que o estado dele é mórbido! – Thalita argumentou com veemência. – Aliás, já era para eu estar lá!

– É mesmo... Esqueci que você tinha um jatinho estacionado na cobertura... – Valéria brincou. – Aiuruoca é logo ali...

Thalita não respondeu. Não conseguia parar de pensar no estranho depoimento que ouvira de dona Mercedes, a antiga vizinha de Aiuruoca, que até hoje morava na casa ao lado da de seu pai. Quase no mesmo instante em que desligou a ligação do hospital, dona Mercedes telefonou para explicar porque tinha dado o telefone de Thalita para o hospital:

"Thalita, você nem pode imaginar! Seu pai passou a noite trancado num bar com uma vagabunda. De manhã cedo, encontraram o pobre, sem sentidos, caído no banheiro nos fundos do bar! O Quinzinho da padaria disse que ele tinha quebrado as duas pernas, mal podia se mexer, os braços estavam todos machucados... E a dona Didica, da mercearia, disse que ele entrou no hospital gritando por você... Ah, filha, eu acho que você tem que vir para cá o mais depressa possível! O Efrainzinho, filho do Efraim do açougue e que trabalha de enfermeiro no hospital, estava saindo do plantão na hora em que ele chegou e disse que o estado dele é horrível!".

Fazia quase duas horas que ela desligara o telefone, mas suas palavras não lhe saíam da cabeça. Quem seria a tal mulher?

– E se eu for para lá e der de cara com a tal vagabunda, Valéria, o que é que faço? – desabafou com a amiga, parando de novo de arrumar a mala. – Sabe do que eu tenho medo? Qualquer hora, uma mulher dessas mata ele, Val! Ele é bobo! Cai na conversa de qualquer vigarista!

– Por que é que você não liga primeiro para o hospital para saber mais detalhes do estado dele? Às vezes foi só um porre como os que ele costuma tomar sempre. Quem sabe a vizinha não está exagerando? – sugeriu Valéria.

Thalita pensou por alguns instantes. Parecia longe dali.

– Sabe o que é? A essas alturas do campeonato, eu acho que preciso ir até lá para ver com os meus próprios olhos o que foi que aconteceu com o meu pai. É tudo tão esquisito... Aquele telefonema do Ramon, a noite toda eu sentindo aquela intuição estranha... Não. Não deve ser por acaso... – ela explicou, mais para si mesma do que para Valéria.

"Somente a árvore seca fica imóvel entre borboletas e pássaros". A frase veio-lhe de novo à mente.

– E a frase, Val! Tem tudo a ver com este momento maluco que eu estou vivendo! Não...

Ela retirou um sapato da mala. Parecia finalmente ter conseguido reunir todas as coisas que desejava levar.

– Eu tenho que ir lá, não tem outro jeito! – decidiu mais uma vez. – Se a tal vigarista estiver lá com ele, eu volto para casa, pronto. Pelo menos, eu volto tranquila com a minha consciência.

– Tá – concordou Valéria. – E quando é que você vai?

Thalita respirou fundo, pensativa, e foi até a janela, embora não enxergasse nada que estivesse do outro lado do vidro. De novo percebia-se que ela não estava tão segura na sua decisão.

– Ai, Valéria, eu não sei! Acho que hoje, amanhã... Sei lá, minha cabeça está muito confusa. É... Acho que vou só amanhã, só tem ônibus para Caxambu às oito da noite, até chegar lá e fazer a baldeação, vou chegar muito tarde em Aiuruoca – ela levava em conta que não havia transporte direto para sua cidade natal; era preciso ir primeiro para Caxambu. – Não, não quero chegar ao hospital de madrugada com o Samir... É... Acho que vou amanhã cedo... Até porque ainda não arrumei nada do Samir!

Fez-se um breve silêncio no quarto. Thalita voltou a olhar para a mala e para a amiga a seu lado.

– E precisa mesmo levar toda essa roupa? – novamente Valéria não teve como deixar de observar.

Thalita olhou para a amiga com olhos súplices.

– Preciso que você me ajude a enfiar esse monte de roupas dentro dessa mala minúscula!... Ah, puxa vida, não tenha tanta raiva do meu pai! Pense nele como um daqueles pacientes que você transporta na ambulância... Você teria coragem de abandoná-lo à própria sorte?

Valéria chegou a abrir a boca para continuar argumentando, mas, pela determinação com que Thalita empurrava as roupas para dentro da mala, compreendeu que seria inútil continuar discutindo. De mais a mais, Thalita tocara no seu ponto fraco. Valéria era enfermeira de uma ambulância de pronto-atendimento. Sua vida era lidar com pessoas em estado gravíssimo e, nesses momentos, se esquecia de tudo, até de si mesma para salvar a vida dessas pessoas.

– Mala minúscula? Tá! – Valéria enxugou a lágrima que lhe fugira do canto do olho esquerdo e encarou Thalita com o risinho cínico que lhe era característico.

A campainha tocou de maneira insistente. Era Samir, que chegava do clube.

– Já está tudo pronto para a gente ir conhecer o meu avô? Quando é que a gente vai? – ele chegou da rua afobado e ficou ainda mais afoito ao ver pronta a mala da mãe.

Thalita e Valéria se olharam num comentário silencioso. Era incrível como o menino estava fascinado para conhecer aquele avô, mesmo sabendo de todas as dificuldades por que a mãe havia passado por causa dele. "Seria mesmo prudente levá-lo?", ambas se perguntaram. Efetivamente, não havia muita escolha. Valéria trabalharia naquela noite, seu plantão era de 24 horas; o menino não tinha com quem ficar.

– Hein, mãe? Quando é que a gente vai?– Samir a puxou pela blusa.

– Não sei, Samir. Acho que amanhã cedo – Thalita respondeu evasiva.

Ela ainda estava confusa, em busca de uma resposta dentro dela mesma. O menino continuava encarando-a com um olhar interrogativo.

– Ai, não, você também não... Eu... – ela foi interrompida pelo barulho do telefone sem fio que tocava no meio das roupas que havia deixado empilhadas em cima da cama. – Droga... – foi jogando tudo no chão até conseguir encontrá-lo. – Alô? Tia Lally? – ela olhou para Valéria num misto de susto e surpresa. – Aconteceu alguma coisa com as meninas? Sim... Ah, que bom! Comigo? Claro!... Posso, posso sim... Mas... Sobre quê exatamente a senhora gostaria de conversar? É que eu estou com um probleminha com o meu pai e... Ah, tá... Tudo bem. Então a senhora já sabe... Sobre isto mesmo que a senhora quer conversar? Bem... – ela olhou incrédula para Valéria. – Se é assim, então eu vou... Sei, sei onde é... Certo, então até mais tarde. Outro para a senhora...

Desligou o telefone e ficou sentada na cama, segurando o queixo com a mão, numa expressão admirada.

– Sua tia? – quis saber Valéria.

– É! – Thalita parecia ainda um tanto quanto apatetada com o que ouvira. – Aquela que é casada com o irmão do meu pai, o tio Tarquínio, sabe? A mãe da minha prima que eu encontrei no hospital...

– Mas ela nunca ligou para você! Houve alguma coisa com as meninas? – Valéria também se preocupou.

– Não... Parece que uma delas vai ter alta ainda hoje... Quero até ver se ligo para a Mag antes de viajar... – Thalita pensou alto.

– E o que é que a sua tia queria? – insistiu Samir, sempre prestando atenção a tudo.

– Pois é! Disse que tem um assunto importantíssimo para tratar comigo, quer que eu vá na casa dela para conversar...

– Agora? – estranhou Valéria. – Onde é que ela mora?

– Em Copacabana, quase na divisão com Ipanema – explicou Thalita, já pegando uma blusa que restara no armário. – Ela disse que é um assunto do meu extremo interesse – lembrou, entre cismada e curiosa. – Que eu não vou me arrepender de ir até lá...

– Eu vou com você! – Samir foi logo dizendo.

– Claro, Samir... – Thalita respondeu distante, ainda olhando para as roupas na mala.

– Mas você não vai conseguir voltar! O trânsito agora mesmo vai fechar! Esqueceu que hoje vai ter um super *show* na praia? Com a regência do maestro Isaac Karabtchevsky!

– Não se preocupa não... – disse, puxando Samir pelo braço – A gente volta andando... Vamos para o banho, rapaz?

Bateu a porta do banheiro e continuou matutando. O que será que a tia Lally queria com ela, depois de tantos anos? Por que será que insistira tanto em falar com ela naquele dia? Será que sabia mesmo do estado do pai? Será que sabia que ela estava de partida para Aiuruoca? No telefone, ela fizera questão de dizer que tinha uma proposta irrecusável.

16

"Ou se tem chuva e não se tem sol,
"Ou se tem sol e não se tem chuva!
"Ou se calça a luva e não se põe o anel,
"Ou se põe o anel e não se calça a luva!
"Quem sobe nos ares não fica no chão,
"Quem fica no chão não sobe nos ares.
"É uma grande pena que não se possa
"Estar ao mesmo tempo nos dois lugares!"[2] – Thalita ia recitando pelas ruas, com seu sorriso menino, puxando Samir pela mão.

Era incrível a capacidade que ela tinha de sublimar todas as suas preocupações, transformar suas angústias em pura e fresca alegria sempre que estava com o filho. Era como se, por amor a ele, ela sempre encontrasse uma forma de superar tudo.

– O que é isso, mãe? – Samir não compreendeu de imediato.

– Poesia, filho! "Ou isto ou aquilo", de Cecília Meireles. São meus versos favoritos, você nunca ouviu antes? – respondeu Thalita, no auge de sua inspiração.

Ainda sentia-se sob o efeito do encontro casual com as supostas palavras de Cecília Meirelles. Quase como uma ventania, os versos da árvore fizeram emergir de dentro dela toda uma força poética, toda uma nostalgia da infância, toda uma saudade que ela não sabia explicar direito. Uma saudade que parecia ter aumentado ainda mais depois do encontro com a prima. Pensando bem, todo aquele sentimento tinha a ver também com a possibilidade de pisar de novo em Aiuruoca, com as imagens da cidade que ela tinha guardadas dentro dela, com todas as lembranças que necessariamente viriam 'de brinde' junto com a viagem.

– E onde é que eu ia ouvir isto, mãe? – Samir a chamou de volta à realidade, em sua natural prepotência de quem está prestes a completar seis anos de idade e pensa que conhece tudo sobre o mundo.

---

[2] Trecho do poema "Ou Isto ou Aquilo". In: Meireles, Cecília. Ou isto ou aquilo. Rio de Janeiro, Nova Fronteira, 2002, p. 38.

A FERRO E FLORES | 87

– Isto, não. Ou Isto ou Aquilo! – brincou Thalita.

– Para, mãe! – ele olhou para os lados, zangado, preocupado se alguém estava vendo.

Estavam chegando ao ponto do ônibus. Havia apenas uma mendiga cochilando sob a marquise e um jovem com uma mochila nas costas, de ar displicente e tranquilo.

– Na escola, ora essa. Onde mais? E eu que pensei que as escolas do Rio eram melhores que as de Aiuruoca, onde eu estudei... – continuou Thalita, sempre um pouco nostálgica, embora bem humorada.

– Ah, mãe! Na minha escola a gente aprende coisa de computador – explicou Samir, achando muito mais importante.

– Ah, claro. Imaginei mesmo... Sabia que tem poesia no computador também? – rebateu Thalita, sem perder a pose. – Falando nisto, sabe que você me deu uma boa ideia? – ela disse, pensando de novo nos versos que haviam iniciado todo aquele capítulo de sua vida.

– Como assim? – Samir não compreendeu.

– Vou procurar na *internet*, claro! Deve ter todos os versos na *internet*! – ela disse.

– É... Até que é interessante esse negócio de poesia – ele ficou lembrando os versos que a mãe acabara de recitar. – Você sabe outra?

– "Havia a viola da vila.

A viola e o violão.

Do vilão era a viola.

E da Olívia o violão."[3] – empolgou-se Thalita.

– O quê? Legal! Fala de novo? – pediu Samir.

– Agora não dá. O ônibus chegou!

– Esperem! – o rapazinho de mochila nas costas correu até eles com uma filipeta nas mãos. – Vai ser hoje, às cinco da tarde, na praça Serzedelo Correia.

Thalita pegou rapidamente o papel das mãos do rapaz e entrou no ônibus pela porta da frente, enquanto Samir corria para entrar pela porta de trás, como era de costume.

Havia muitos motoristas camaradas que os deixavam fazer isto, para que o garoto não precisasse pagar passagem mesmo quando não era dia de escola.

Samir estava radiante. Adorava andar de ônibus, ainda mais quando a mãe estava assim alegre.

– A gente vai, mãe? – perguntou, logo que ela, ainda conferindo as moedas que recebera de troco, chegou ao banco onde ele estava sentado.

– Vai aonde, Violão do vilão? – ela perguntou, enquanto colocava as moedas dentro de uma pequena bolsinha.

---

[3] Trecho do poema "O violão e o vilão". *In*: Meireles, Cecília. *Ou isto ou aquilo*. Rio de Janeiro, Nova Fronteira, 2002, p. 85.

– No espetáculo que o moço falou! Cadê o papel? – ele esticou os olhos para dentro da bolsa da mãe.

– Está aqui, cara de manga com pitanga! – ela entregou para ele a pequena filipeta rosa.

– E o que é que está escrito, cara de tatu azedo? – ele também quis entrar na brincadeira.

– Leia, ora essa! Você não disse que está quase lendo?

– O pa... pa... pássa... ro, o pássaro e... o pa... la...

– 'Lh' faz 'Lha'! – corrigiu Thalita.

– Pa... lha... co!

– Palhaco? – estranhou ela.

– Não! Palhaço. O pássaro e o palhaço! – Samir leu orgulhoso, devolvendo à mãe a filipeta.

– Muito bem... Está escrito aqui que vai ser uma peça beneficente, onde serão recolhidas doações para as crianças do Hospital Menino Jesus, especializado no tratamento de doenças pulmonares. Interessante... Vamos ver se dá tempo para a gente ir!

– Então a gente vai? – empolgou-se o menino.

– Vamos ver se dá – prometeu a mãe.

– E o que é beneficente? – ele continuava intrigado.

Estava na fase de tudo perguntar, tudo querer saber.

– Ah, beneficente é uma coisa que serve para beneficiar, sabe como?

Samir não entendeu:

– Mais ou menos. Como assim beneficiar? – ele insistiu.

– Ai, Samir... Beneficiar é ajudar, fazer o bem... Num espetáculo beneficente, todo o dinheiro arrecadado é doado para uma determinada causa ou instituição, entendeu agora? – ela ficava ansiosa com as perguntas dele.

– Sei... Mas... Mãe, o que é espetáculo?

– Ai, meu Deus do Céu! Espetáculo é *show*, apresentação! Pode ser de música, de teatro, de dança...

– Ah, sei. E o de hoje deve ser um teatro, não é? Com este nome! Você gostou deste nome, mãe?

Samir era todo conversado. Magrelinho, com suas bermudas compridas e sua camiseta listrada, até parecia um bonequinho falante. Tinha olhos tão pretos como duas jabuticabas.

Ainda conversavam sobre o espetáculo, quando Thalita de repente deu um pulo:

– É aqui! – disse puxando apressadamente a campainha.

A casa de tia Lally ficava bem na divisa entre Copacabana e Ipanema, só que numa rua por onde os ônibus não costumavam subir. Era preciso descer na esquina anterior, onde os ônibus entravam, e seguir até a rua seguinte, que era mais ou menos longa.

A Ferro e Flores | 89

– Você já veio aqui antes, mãe? – Samir quis saber.

– Já. Há muito tempo atrás. E você também.

– Eu? – estranhou Samir. – E como é que eu não me lembro?

– Porque ainda estava na minha barriga.

– Que legal! E por que é que você nunca mais voltou aqui?

Os olhos de Thalita rapidamente se encheram de lágrimas quando ele perguntou isto. Na verdade, tinha ido até lá pedir ajuda aos tios, na época em que o pai a expulsara de casa. Sabia que o tio Tarquínio, que era irmão do pai, tinha muitos apartamentos no Rio. Queria que ele emprestasse um pequenininho para ela, enquanto não fosse possível arrumar um emprego, ou mesmo que ele a convidasse para ficar lá até que as coisas melhorassem. Contudo, ao contrário do que ela imaginava, os tios a receberam com muita frieza. Tio Tarquínio sequer viera até a sala para recebê-la; ficou o tempo todo trancado no quarto, enquanto ela estava lá. Tia Lally, sempre amável de uma maneira forçada, foi quem explicou que eles infelizmente não podiam fazer nada por ela, que o marido não queria arrumar confusão com o irmão, muito menos interferir na maneira como ele educava os filhos. Contudo, para não deixá-la desamparada em momento tão delicado, o tio preenchera um cheque para ela, que poderia usá-lo da maneira como achasse melhor.

– O que for mais conveniente para você, se é que me entende – Thalita ainda se lembrava até hoje das palavras dela.

Por um instante, naquele dia, Thalita teve a sensação de que a tia estivesse sugerindo que ela fizesse um aborto e chegou a sentir seu rosto queimar de tanta indignação. Contudo, esforçando-se ao máximo para ser equilibrada, ela ponderou que aquele dinheiro poderia ser muito útil. Com ele, ela podia pagar adiantado o aluguel de três meses da pensão onde estava alojada. Foi pensando nisso que Thalita passou por cima do orgulho e aceitou o cheque. Prometeu a si mesma, contudo, que jamais voltaria àquela casa, a não ser que tivesse dinheiro para restituir-lhes, com juros, todo o valor que estavam então lhe emprestando.

A verdade, porém, é que nunca sobrara dinheiro sequer para pagar a quantia emprestada.

– Hein, mãe? Por que você nunca mais voltou aqui? – insistiu Samir, depois de muitos minutos de passos rápidos sem nenhuma resposta.

– Um dia eu te explico – desconversou Thalita. – Chegamos!

Era um prédio antigo e baixinho, desses que a portaria tem cheiro de passado, um cheiro de talco misturado com mofo, na definição de Samir.

Tia Lally morava em um apartamento duplo, formado pela junção de dois apartamentos, e que, por isto, ocupava todo o andar. O porteiro os anunciou pelo interfone e lá de cima veio a ordem de que podiam subir.

– Fiquem à vontade! Dona Lally já está vindo agorinha mesmo! – disse a empregada de sotaque nordestino, depois de conduzi-los a imenso salão, cheio de móveis antigos, com o mesmo cheiro da portaria.

Era Jacira, que até nos domingos trabalhava, por exigência da patroa. Em compensação, seu salário era o triplo do que estavam acostumadas a ganhar as empregadas comuns.

– A senhora aceita uma água, um cafezinho, um refresquinho bem refrescante? – perguntou, simpática, com seu jeito peculiar.

Foram, contudo, interrompidos por um sussurro alto, que vinha detrás da cortina.

– Manhê! Eu quero refresco!

A empregada enxugou as mãos no avental, nervosa, olhou para os lados para ver se não vinha ninguém e foi depressa até a cortina, de onde tirou pelas orelhas um menino, aparentemente da mesma idade de Samir.

– Já não te disse que não quero você aqui na sala? – ela ralhou baixinho com ele.

– Ô, mãe! Só tava olhando na janela um pouquinho... – choramingou o garoto, começando a tossir.

– Se dona Lally pega você aqui, eu nem sei o que acontece comigo! Já para dentro!

O menino trocou um olhar simpático com Samir, depois seguiu em direção à cozinha, tossindo.

– E vê se tosse baixo, que é para não incomodar! – a empregada ralhou com ele, zangada, antes de mudar o tom para dirigir-se a Thalita. – A senhora me desculpe a indelicadeza... Ele veio comigo hoje porque eu não tinha com quem deixar, mas menino dessa idade, a senhora sabe como é que é, não é mesmo? A senhora, pelo amor de Deus, não diga a dona Lally que...

Nesse momento, Lally veio lá de dentro, toda envolta em um roupão cor-de--rosa, cheio de plumas no decote. Parecia uma vedete reclusa. A pele era esticadíssima, o pescoço, porém, denunciava que ela já não era mais tão moça quanto se esforçava para parecer. Os cabelos, aliás, muito escuros e fortemente cacheados em formato de bobs, mostravam que ela havia acabado de desenrolá-los.

– Você não repare, Thalita querida, mas eu estava começando a me preparar para uma recepção importantérrima a que terei de ir hoje à noite – e olhando para Samir – Nossa... Mas este é o seu menino? Não imaginei que já estivesse desse tamanho... Pode ir para dentro Jacira! Está esperando o quê, criatura?

– Nadinha não, senhora! Somente a resposta se a moça e o menino vão querer água, café, suco ou alguma coisa...

– Não, obrigada, Jacira. Pode ir tranquila... – Thalita sorriu cúmplice para ela.

A empregada saiu apressada. Lally deu profundo suspiro e deixou-se cair na poltrona tipo *chaise longue* que ficava ao lado da janela.

– Ai... Uma amolação lidar com essa gente que não sabe o seu lugar... E olha que já vai fazer mais de dez anos que essa moça está aqui comigo...

Thalita sorriu, sem graça, sem saber o que dizer. Samir, a seu lado, estava duro como um boneco de pau.

– Pois é – Lally voltou ao sorriso forçado. – Quer dizer então que este é o seu principezinho?

– A senhora já foi *miss*? – Samir soltou de repente, sem conseguir se conter. Lembrara-se de um programa que ele vira na televisão, onde antigas *misses* apareciam com um roupão como aquele.

– Samir! – Thalita ralhou depressa, apertando-lhe o bracinho.

– Deixe, querida... Quer dizer então que você me achou bonita, principezinho? Sua pele era tão esticada que qualquer movimento dos lábios dava-lhe um ar forçado. Mas havia, de fato, gostado do 'elogio'.

O menino fez que sim com a cabeça, tolhido pelo aperto da mãe.

– Pois então! Também gostei de você! – continuou Lally. – Mas, como você deve estar até agora se perguntando, Thalita, chamei, ou melhor, eu e seu tio, que acabou de me telefonar da fazenda, chamamos você aqui por causa do seu pai. Querida! Estamos arrasadíssimos com o que aconteceu com ele – ela levou as duas mãos ao peito para expressar sua afetada consternação.

Thalita pigarreou confusa, à procura do que dizer:

– Hum... hum... Mas, é... Como é que a senhora soube?

– Ah, filha, ligaram do hospital para cá, você acredita? Achei até que tivesse sido você que tivesse dado o telefone daqui... – havia certo descontentamento nesta observação.

– Não, senhora! Eu, desde aquela vez... – Thalita estava tão constrangida que mal conseguia dizer alguma coisa.

– Mas, enfim. Eu e seu tio conversamos longamente sobre o assunto. Tarquínio já esteve, inclusive, no hospital, mas seu pai havia sido levado para fazer alguns exames noutra cidade... Assim, decidimos que, tendo em vista a situação dele...

– Como assim ele foi levado para fazer exames em outra cidade? – Thalita a interrompeu, preocupada.

Na verdade, ela não sabia muitos detalhes sobre a real situação de seu pai. Tudo o que lhe fora informado pelo telefonema que recebera do hospital era que seu estado de saúde inspirava muitos cuidados, que ele não poderia, pelo menos por enquanto, voltar para casa sozinho. Haveria ainda mais alguns detalhes, sobre os quais conversariam pessoalmente. Não lhe disseram nada sobre uma possível transferência para outro hospital. Ela explicou tudo isto à tia. Sentia-se agora muito culpada por não ter ido ainda para Aiuruoca.

– A grande questão, minha querida, e não sei por que o médico não disse nada a você ainda, é que seu pai se transformou, digamos assim, num enorme repolho, se é que você me entende... – esclareceu Lally.

– Um repolho? Como assim um repolho? – Thalita não conseguia compreender.

– Tem bruxa lá em Aiuruoca, mãe? – Samir deduziu assustado.

– Psssiu! Fica quieto! – ralhou Thalita.

– Ora, querida, seu pai não anda mais! Não anda e nem mexe mais um dedo sequer! Falei com o médico hoje e ele me informou que o Hermínio está completamente paralisado em cima de uma cama. Só consegue mexer a cabeça e o pescoço!

– A senhora tem certeza disso? – inquietou-se Thalita. – Mas então a situação é muito mais grave do que eu estava pensando...

– Grave não, querida, gravíssima! E eu ainda não lhe contei a pior parte. Eles ligaram para a minha casa esta manhã porque além de ter se transformado em um vegetal...

– Espere um momento, tia Lally! O fato de meu pai não poder mexer mais os braços e nem as pernas não quer dizer que ele tenha se transformado em um vegetal! Afinal, ele ainda pensa, a mente dele funciona, quem sabe não tem jeito de...

– Jeito como, minha filha, se ele não tinha sequer uma carteira, um centavo sequer no bolso quando deu entrada no hospital? Ele diz que tem, né? – ela disse, com certa ironia, – mas o fato é que eles exigiam um depósito para que fossem tomadas as necessárias providências e seu tio já cuidou de tudo.

Thalita ficou pasma por alguns instantes.

– Mas meu pai juntou dinheiro a vida inteira! Tinha aplicações e...

– Pois é, meu bem. Não se sabe ao certo o que aconteceu, mas ele chegou ao hospital literalmente sem lenço e sem documentos.

– Meu Deus... – Thalita levou as duas mãos à cabeça, desarvorada.

Será que ele tinha mesmo perdido todo o dinheiro? Será que não tinha apenas deixado a carteira e os documentos em casa quando saíra para beber? E se os tivesse esquecido no bar ou no banheiro onde fora encontrado? Tio Tarquínio certamente não iria querer passar pela humilhação de ir até lá perguntar... Como ela faria para pagar todos os exames do pai se o dinheiro dela mal dava para arcar com as despesas? E os medicamentos de que ele iria necessitar? E a conta do hospital? Não! De qualquer forma era preciso ir até lá para descobrir o que fora feito do dinheiro do pai! Como que adivinhando cada um de seus pensamentos, Lally novamente a interrompeu:

– Foi exatamente por isto que eu chamei você aqui. Eu e seu tio estamos dispostos a ajudá-los nesta situação.

Thalita arregalou os olhos surpresa. Sentia-se profundamente só e carente diante dos acontecimentos que haviam sacudido sua vida nos últimos dias. Tudo o que ela queria era que alguém lhe estendesse a mão e dissesse: vou te ajudar! "Será que havia se enganado a respeito dessa tia tão estranha?", pensou, sentindo como se em seu coração se abrisse um espaço enorme para ser ocupado por aquela família até então distante.

– Justamente agora estamos partindo para uma viagem importantíssima para a Europa. Seu tio tem muitos compromissos agendados, ai... – ela suspirou, cansada. – Não temos como adiar...

Thalita, com os olhos fixos na tia, sentiu fecharem-se um pouco as portas imensas que haviam se aberto em seu coração. "Como tinham coragem de viajar num momento em que Mag e as meninas precisavam tanto de apoio?", não pôde deixar de pensar.

– Mas então... – tentou concatenar algum raciocínio.

– Vamos deixar tudo pago. As despesas hospitalares, os medicamentos, tudo, tudo, tudo. Quero que tenha a certeza de que nada, absolutamente nada vai faltar a seu pai...

– Mas... e quando sair do hospital? Como iremos fazer se ele...

Lally novamente não deixou que ela terminasse a pergunta:

– Pensamos também sobre isto e decidimos que a melhor coisa é você continuar morando aqui no Rio. Ai, estou com sede... – ela lançou mão de um pequeno sininho que havia na mesa ao lado: – Jacira!

– Sim senhora, madame! – Jacira surgiu imediatamente na porta da cozinha batendo continência.

– De onde tirou agora esta presepada? Ou senhora ou madame, escolha um e pronto! – protestou Lally. – Traga um copo de água, por gentileza. Um só, não. Dois, que estou morrendo de sede! Você aceita? – perguntou à sobrinha.

– Aceito! – concordou Thalita, ansiosa.

Fizeram-se alguns instantes de silêncio, entre o pedido de água e a chegada dos copos. Samir aproveitou para ir até a janela ver o movimento e encontrou-se com o filho de Jacira novamente escondido atrás da cortina.

– Pssst! – pediu ele.

Thalita só conseguia ouvir a última frase que havia sido dita pela tia, a se repetir na sua cabeça: decidimos que a melhor coisa é *vocês* continuarem morando aqui no Rio... "O que será que ela queria dizer com *vocês*?", se perguntava curiosa.

– Pois então – retomou Lally, após beber os dois copos de água –, o médico falou que a água é importantíssima para manter a juventude das células, você não vai beber a sua?

– Hã? – só então Thalita percebeu Jacira, parada com a bandeja à sua frente. Ela bebeu a água rapidamente.

– Mas a senhora ia dizendo... – incentivou a tia a continuar.

Em seus sentimentos, ainda buscava meios de adequar Lally à imagem de uma tia sensata, boa, verdadeiramente preocupada com sua situação. Queria muito que a tia fosse essa pessoa, tão diferente da que outrora se fixara em suas recordações. Mas era só pensar na situação da prima que a tentativa de criar aquela imagem logo caía por terra.

– Ah, pois é. Eu e seu tio decidimos que o melhor seria que você ficasse morando no Rio – ela disse diferente desta vez.

– Mas... e quanto ao meu pai? – Thalita não entendeu de imediato.

94 | LYGIA BARBIÉRE

– Você e ele, é claro. Você é a pessoa ideal para cuidar dele, não resta a menor dúvida.

– Mas a senhora sabe que eu e ele não nos falamos há algum tempo, não sabe? – Thalita tentou situar-se.

– Águas passadas, minha filha. Os tempos agora são outros. Uma filha não pode abandonar um pai nessas condições!

– Eu sei disso, tia, tanto que estava decidida a ir para Aiuruoca amanhã para...

– Bom, indo direto aos fatos, o que eu quero propor para vocês é que venham morar em um dos nossos apartamentos do Flamengo.

Thalita arregalou outra vez os olhos.

– No Flamengo?

– É. Precisamente no mesmo edifício onde mora a minha filha, Grace Margareth – sintetizou Lally. – Já soube que vocês duas estiveram juntas ontem, não é mesmo? Você não pode imaginar como minha filha ficou feliz com esse reencontro...

– É, aconteceu por acaso, mas... É um prédio muito chique, um prédio de pessoas de classe alta – observou Thalita, ainda pasma com o oferecimento.

– Eu mesma morei nesse apartamento, no passado, posso assegurar de que é um ótimo imóvel! E não precisa se preocupar com o condomínio. É tudo por nossa conta. Seria esta a nossa contribuição para o tratamento e a recuperação do Hermínio. O que você acha?

Thalita estava confusa. Por mais que se esforçasse para ver aquilo como um oferecimento generoso dos tios, sentia que havia algo de errado no ar. Como dizia sempre sua mãe, citando um velho ditado popular, "muita esmola, o santo desconfia". O tio, de cujo rosto, aliás, ela mal se lembrava, nunca fora assim tão ligado ao pai. Por que então havia se tornado subitamente tão preocupado e generoso com o futuro deles? Pelo que a Lally dissera, o tio passara no hospital, mas não tinha qualquer intenção de voltar. Faltava alguma peça naquele quebra-cabeças! A resposta veio logo em seguida:

– Na verdade, em troca de tudo isto, eu e seu tio queríamos apenas um favorzinho seu... – ensaiou Lally.

– Um... favorzinho? – estranhou Thalita.

– É que, bem, há algum tempo nossa filha Grace Margareth distanciou-se muito de nós... Não sabemos por que ela se zangou conosco, vive afastada, não telefona e nem atende telefonemas... Eu e seu tio estamos por demais preocupados com tudo o que aconteceu com as meninas; queríamos que você, já que ficará morando tão perto, tentasse dar algum apoio para ela com este problema, entende? Principalmente neste período em que estaremos na Europa...

Era incrível. De alguma maneira, ela parecia preocupada com a filha. Mas falava de uma maneira tão formal, tão desprovida de emoção que era como se estivesse falando de outra pessoa qualquer. Sem contar que Mag era filha única! Como é que uma mãe abandonava uma filha naquela situação para acompanhar o marido numa viagem de negócios à Europa? Será que já não tinham dinheiro suficiente? Não poderiam se dedicar um mínimo à filha e às netas? É claro que Thalita, mesmo sem morar no apartamento ao lado, iria dar todo o apoio possível à prima. Nem precisava pedir. Era estranho, contudo, que Lally fizesse questão de pagar pela sua ajuda. Pior: de negociar o seu auxílio à prima como se ela não fosse fazer isto sem receber algo em troca. E, ainda por cima, se livrava assim de qualquer responsabilidade com relação a Hermínio. Dava o apartamento para eles morarem e pronto. Thalita que se virasse.

– Então a senhora quer que, em troca do apartamento, eu cuide da Mag, do meu pai, do meu filho e das suas netas também? – tentou sintetizar.

Thalita estava chocada. Não lhe havia passado pela cabeça a hipótese de que o pai estivesse paralítico e inválido como a tia dissera. Pensara mesmo na possibilidade de passar algum tempo em Aiuruoca, até que ele se recuperasse, mas jamais em trazê-lo para o Rio para morar com ela sob o mesmo teto!

Ao mesmo tempo, quase exatamente como acontecera da outra vez em que estivera na casa dos tios, ela não tinha escolha. Já que a situação se apresentava daquela forma, ela precisava, de fato, de um lugar onde morar com o pai no Rio de Janeiro. Aqui tinha um emprego, o filho já estava na escola, havia ainda os amigos, o concurso, toda a carreira na área de teatro com que ela havia sonhado a vida toda. Efetivamente, não havia como colocar o pai para morar no apartamento do Leme, ainda mais inválido como ele se encontrava. Seria mesmo muito bom se ela pudesse morar com ele em um apartamento grande no Flamengo. Mas será que ele iria aceitar esta situação? E se ela, simplesmente, o colocasse em um asilo, lá em Aiuruoca mesmo? Thalita sentiu um aperto profundo no peito quando pensou nisto. Será que ela teria a coragem para interná-lo em um asilo?

– Tia, sinceramente, eu não tenho uma resposta para lhe dar agora. Estou muito em dúvida – admitiu por fim. – Será que a senhora não poderia me dar um tempo para pensar?

– Mas pensar em quê, criatura, se eu e seu tio já...

Antes que Lally pudesse terminar a frase, ouviu-se um barulho de cristal se espatifando no chão. As duas imediatamente olharam em direção às janelas, sob as quais havia várias mesinhas adornadas com objetos raros, porcelanas e cristais trazidos dos mais variados lugares do mundo. Só então perceberam que ambas as cortinas encontravam-se estranhamente enroladas. Alguém começou a tossir dentro de uma delas.

– Meu vaso das Filipinas! – lamentou Lally, consternada, tomando nas mãos um dos cacos de cristal com a máxima delicadeza.

Uma das cortinas neste momento se desenrolou e surgiu Samir, cabisbaixo e envergonhado:

– Fui eu... Foi tudo culpa minha... – ele forçou a tosse, como se fosse ele quem estivesse tossindo antes.

– Samir! – exclamou Thalita, sem saber o que fazer.

Só ela percebeu que, nesse momento, a cortina do outro lado como que subitamente perdeu o conteúdo interno que a mantinha enrolada e um pequeno vulto esgueirou-se em direção à porta da cozinha. Thalita compreendeu tudo, mas não disse nada. Lally continuava agachada no chão, com a mão cheia de cacos minúsculos, completamente desnorteada com o que acontecera.

– Tia Lally, nem sei como me desculpar... – ela olhou muito séria para Samir.

– Imperdoável... imperdoável... – ela repetia sem parar.

Parecia mesmo que ficara um tanto quanto enlouquecida.

– Olhe, meu irmão está na Indonésia – lembrou Thalita, tentando encontrar uma solução. – Quem sabe ele não encontra um vaso semelhante? Depois a senhora me explica direitinho e...

– Preciso ficar sozinha! Vá! Outra hora nós conversamos! – despachou Lally.

Thalita e Samir, de mãos trêmulas e geladas, saíram o mais depressa possível.

Desceram a pé a avenida Nossa Senhora de Copacabana. Thalita caminhava depressa, mas tão depressa que o menino mal conseguia acompanhar seus passos. Estava sufocada com tudo o que acontecera. Sua vontade era de sentar no chão e chorar até anoitecer. Sentia-se tão só e desamparada... Mas ela sabia que não podia fazer isto no meio da rua, e muito menos na frente de uma criança. Por isto, andava cada vez mais depressa, como se assim pudesse fugir dos próprios sentimentos e emoções.

A vergonha pelo vaso, a raiva do menino que quebrara o vaso no lugar de seu filho, a hipocrisia da tia, a angústia pelo próximo encontro com o pai, o desespero pela situação dele, o rancor por precisar de ajuda daqueles tios esquisitos, a indignação pela proposta que recebera. E o irmão, lá longe, que em nada podia ajudá-la. Tudo isto se misturava numa cólera tão grande que Thalita tinha a sensação de que ia voar em poucos instantes. A essas alturas, os dois corriam pela rua. Foi quando Samir tropeçou numa pedra solta da calçada e caiu no chão. Thalita quase foi junto com ele.

Só então se deu conta do quanto estava correndo.

– Filho, meu Deus... Está doendo? – ela preocupou-se ao ver o joelhinho sangrando, bem em cima do machucado do dia anterior.

O menino apenas a abraçou num choro sentido:

– Desculpe, mãe! Eu não fiz por mal. Na verdade, não fui eu...

– Eu sei... Foi o outro menino, não foi? – ela perguntou carinhosa, enxugando as lágrimas dele.

– Foi, mãe. Foi o Ariovaldo, filho da Jacira – confessou Samir, ainda em prantos. – Mas... se você sabia, por que ficou com raiva de mim? – ele estranhou.

– Não, eu não estava com raiva de você, filho... É que... – ela percebeu que haviam atravessado Copacabana quase inteira. Estavam na esquina da rua Siqueira Campos, quase em frente à praça Serzedelo Correia.

– Veja, filho! – ela apontou para a praça movimentada.

– O pássaro e o palhaço! – exclamou Samir, esquecendo-se até da dor.

Em poucos instantes, estavam na praça. Perto do parquinho, havia uma estranha e colorida tenda, muitas crianças e adultos sentados em volta..

Era como se imenso baú, cheio de histórias, houvesse sido aberto bem no meio de tudo. Ao fundo, ouvia-se uma música espanhola, num ritmo puladinho e folclórico, acompanhado por um acordeão tão gostoso que dava até vontade de dançar.

Thalita e Samir foram se aproximando devagar. Faltando poucos passos para chegar, foram parados por dois palhaços, coloridos e sorridentes. Eles seguravam uma corda estendida, cada qual numa ponta. Para passar por ali, a pessoa precisava dar uma contribuição simbólica que valia como ingresso para o espetáculo. Podia ser de qualquer valor, até mesmo uma pequenina moeda. Thalita deu cinco reais e os palhaços cerimoniosamente abaixaram a corda para que pudessem passar.

A essas alturas, diante da tenda, outro palhaço, que mais parecia um desses coringas de baralho, com seus sapatos de pontas enormes e seu chapéu de Arlequim, tomou nas mãos o violão para animar a garotada.

– Vamos treinar agora alguns refrões, que é para a gente cantar junto na hora do espetáculo – anunciou, entre um acorde e outro. – Estão todos prontos?

– Sim!!! – responderam as crianças.

– Então lá vai – disse o Arlequim, entre os acordes ritmados de seu violão. – Pinga a pia, pia o pinto. Pia o pinto, a pipa pia... Agora eu quero ouvir!

E foi aquele tal de gente trocando palavras de lugar, todo mundo rindo.

– Eu ouvi Pinga Pinto? Pinta pinto? Pinta pia? Pinto pinga? Olha lá, hein? Avisamos aos senhores papais que há um banheiro público montado logo ali, bem ao lado da estátua! – divertia-se o Arlequim.

Thalita e Samir também riam. As crianças repetiam, ou melhor, tentavam repetir, extasiadas com a dificuldade da brincadeira. Nem os adultos conseguiam dizer de primeira. A alegria foi como que contagiando toda a plateia naquele exercício.

– E agora, distinto público, uma explicação!

– To-to-ró-to-ró-tó-tó! – outro palhaço tocou uma corneta.

Um homem vestido de médico saiu de dentro da tenda de lenços. Embora vestido de médico, não era um médico como outro qualquer. Tinha um nariz de palhaço. Além disto, usava enorme estetoscópio pendurado e tinha uma rosa vermelha no bolso da camisa branca. Seus dois olhos eram pintados como se fossem dois sóis, com enormes cílios em volta, e usava ainda os lábios aumentados, pintados de batom quase tão vermelho quanto a rosa. Apesar do aspecto alegre e divertido, ele tinha um olhar profundo, que transmitia segurança e seriedade. Mais do que isso, seu olhar passava uma sensação de profunda compreensão de todas as misérias humanas. Era um autêntico palhaço.

Seu sotaque era levemente europeu, levemente latino, não dava para identificar de imediato de que país ele vinha, sobretudo porque falava correta e fluentemente o português:

– Somos participantes de um grupo de auxílio às crianças carentes portadoras de doenças pulmonares graves atendidas pelo Hospital Menino Jesus e estamos aqui para alertar a população sobre uma doença em especial, que vem afetando muita gente e que precisa ser descoberta pela família o quanto antes para que a criança possa ser tratada. Alguém aqui já ouviu falar da fibrose cística?

Toda a plateia prestava atenção. Muitas pessoas cochichavam entre si, a grande maioria nunca tinha ouvido falar no assunto.

– A fibrose cística é uma doença que hoje afeta cerca de um milhão e meio de pessoas no Brasil. Para descobrir se uma pessoa tem esta doença, é necessário que prestemos muita atenção aos sintomas. Os principais são tosse seca, pneumonias repetidas, secreções, diarreias constantes e transpiração excessivamente salgada. É um suor diferente. A gente olha para a criança e percebe aqueles caminhozinhos brancos na testa, como se ela tivesse acabado de sair do mar. A fibrose cística é uma doença que mata, mas, quando tratada corretamente, pode prolongar e muito a vida das pessoas! Portanto, se algum dos senhores conhece alguém com estes sintomas, faça com que essa pessoa procure um médico o mais rápido possível.

Ele tirou de seu enorme bolso uma porção de pétalas de rosa e as jogou em direção ao público. – Senhoras e senhores, muito obrigado!

Em instantes, o espetáculo começava.

Era como um teatro de marionetes. Com a diferença de que as marionetes eram pessoas vestidas como marionetes, mexendo-se como marionetes, todas elas com um nariz de palhaço.

Uma historinha simples. Um palhaço vivia de fazer palhaçadas aqui e acolá, sempre acompanhado por um passarinho, a quem ele invariavelmente enxotava, achando que ele atrapalhava o seu espetáculo. Mas o passarinho era completamente apaixonado pelo palhaço, que muito o ajudara quando ele caiu do ninho, ainda filhote. Por causa disto, não o abandonava de jeito nenhum. Até que, um dia, o palhaço, que era orgulhoso mas não era mau, caiu no chão, levou o maior escorregão. No tombo, quebrou as duas pernas e ficou impedido de fazer espetáculos. Os outros palhaços, seus concorrentes, zombaram dele até não poder mais. Ele ficou triste e sozinho, sentindo-se abandonado e esquecido pelo mundo. O passarinho, a quem ele sempre enxotara, foi o único verdadeiro amigo que lhe restou. E, graças a esta dedicada amizade, ele conseguiu ficar bom. Transformou o pássaro em seu ajudante e voltou a fazer seus espetáculos, para tristeza e inveja dos outros palhaços.

Thalita, que já chegara até ali com o coração em pandarecos, deixou-se sensibilizar profundamente por aquela história e seus coloridos bonecos. Identificou-se com o passarinho, pensou no pai e foi entrando de tal maneira na história e a história nela que não conseguiu segurar mais o choro. Antes do desfecho feliz, deixou Samir entre as outras crianças e foi chorar lá na pracinha dos fundos, em um banquinho recuado de onde se via, através das grades, os atores se arrumando para entrar em cena. Abaixou a cabeça e deixou sair todo aquele choro sufocado.

Thalita soluçava tanto que nem percebeu os aplausos das crianças quando a peça acabou, nem o acordeão anunciando a nova história que iria começar, nem mesmo o vulto que parou a seu lado.

– Não fique assim... Você talvez não tenha percebido que o passarinho tinha um par de asas e poderia voar quando ele quisesse – disse, com uma voz máscula e agradável.

Thalita reconheceu o sotaque do palhaço médico que introduzira o espetáculo. Levantou os olhos vermelhos num susto. Olhou nos olhos dele e encontrou-se de novo com aquele olhar de profunda compreensão. Percebeu que era um jovem bonito, cujo rosto ela não conhecia, mas que lhe parecia extremamente familiar. Ou será que o conhecia?

– Desculpe, eu... – tentou dizer sem graça, limpando os olhos depressa.

– Por que se desculpa? – ele sentou-se a seu lado. – Se não soubesse que existe uma razão muito triste para fazê-la chorar, diria que fica até bonita assim com os olhos molhados. Uma beleza humana, estou sendo claro?

Por ser estrangeiro, ele sempre ficava em dúvida se as pessoas entendiam o que ele estava tentando dizer.

Thalita esboçou um leve sorriso, um leve mexer de lábios chorosos que não era propriamente um sorriso.

– E como sabe que estou triste? – ousou perguntar.

– Bem, imagino que uma pessoa alegre não choraria deste jeito, não é mesmo? – deduziu o palhaço. – A menos que um inseto terrível tenha picado seu olho, foi isso?

Ela deixou escapar um sorriso um pouco mais alegre. Ele se aproximou de seus olhos e ambos sentiram uma sensação estranha, uma proximidade, um carinho, um sentimento impossível de descrever. Havia uma natural e espontânea troca de energia entre eles. Era como se efetivamente já se conhecessem há muito, muito tempo.

– Tem razão – ela disse baixinho, tentando fugir daquele olhar. – Eu estou triste.

Ele sacou do bolso da camisa a rosa vermelha de caule bem curto e fez uma mesura:

– Muito prazer! Domenico!

Thalita arregalou levemente os olhos, surpresa com o gesto. Era engraçado aquele homem vestido de palhaço dizendo-lhe palavras tão gentis.

– Tome! As flores sempre nos ensinam lições... – ele furou, sem querer, o dedo em um espinho que restara no pequeno caule, no momento em que lhe entregava a flor.

A Ferro e Flores | 101

– Seu dedo! Está sangrando! – observou Thalita, sem saber se agradecia a rosa ou se socorria o dedo dele.

– Não é nada! – disse ele, levando o dedo à boca. – Isto quer dizer que nenhuma beleza, nenhum sentimento intenso e modificador acontece sem a presença da dor.

– Deixa eu ver se ficou algum espinho... – Thalita, com cuidado, tomou a mão dele para examinar.

Uma onda de calor atravessou seu corpo, fazendo seu coração bater mais rápido. Ela soltou depressa a mão dele, assustada com sua própria reação.

– Não... não foi nada – disse.

Ele continuava olhando para ela e sorrindo. Parecia hipnotizado pela figura dela.

– É... obrigada pela rosa, já ia esquecendo de agradecer – ela retribuiu o sorriso, ainda um pouco envergonhada.

– Toda a vez que sentir vontade de chorar, pense nas flores, cuide de flores – ele apontou para um arbusto de hibiscos cor-de-rosa, inteiramente florido.

– Já viu coisa mais linda do que as flores? A gente arranca uma flor e a árvore continua sorrindo, não interrompe sua missão por causa da dor. As plantas são o maior exemplo que eu conheço de generosidade – ele observou.

– Sabe que eu nunca tinha pensado sobre isto? – confessou Thalita, admirando também o arbusto cor-de-rosa.

– Foi minha avó quem me ensinou esta verdade, quando eu ainda era *niño*, quer dizer, menino – ele corrigiu depressa. – Ao longo de minha vida, muitas vezes eu chorei e sorri no ombro de flores, por isto sempre carrego comigo uma flor como esta que dei a você...

Os dois olharam para a rosa que Thalita tinha nas mãos. Sem querer, seus olhos novamente se encontraram no silêncio que veio imediatamente depois.

– Estou até agora impressionada... Como foi que você me viu sair chorando no meio daquele monte de gente? – ela comentou, desviando o olhar.

– Na verdade, eu já estava observando você desde muito antes de você começar a chorar – ele confessou.

– Você? – ela ficou surpresa.

– Sim. O tempo todo estava atrás dos panos, acompanhando o espetáculo – ele apontou para o lugar onde ficara dentro da tenda. – Vi nos seus olhos o momento em que se identificou com a história, vi quando seu envolvimento cresceu e me preocupei quando você se levantou de repente... Não sei lhe dizer por que, mas, desde que você chegou com o menino, não consegui parar de olhar para você... Ele, por acaso, é portador de fribrose cística? – ele deduziu.

– Meu filho! Preciso voltar – ela disse, já se levantando e enxugando os olhos apressadamente.

O palhaço olhou para a tenda e viu também que, do outro lado da grade, outro palhaço lhe fazia um sinal. Era seu momento de entrar em cena. Olharam-se de maneira terna e cada qual correu em uma direção.

Ao voltar para o meio da plateia, com sua rosa na mão, Thalita sentia-se outra pessoa, quase uma criança levada. Seu riso era mais bonito, mais jovial, mais profundo. O tempo todo parecia que ela morava dentro dos olhos do palhaço médico, que não deixava de olhar para ela nem mesmo enquanto lutava com outro personagem vestido de ratinho, em meio à gargalhada geral da garotada.

Os dois ainda se olhavam e sorriam quando veio, de repente, a imensa tempestade. Uma chuva forte de gotas gordas, enormes, acompanhada de trovoadas assustadoras. O céu ficou cinza chumbo, a praça escureceu de repente. Toda a plateia saiu correndo, em busca de um local onde se abrigar. Foi a maior confusão. Em poucos instantes, a pequena marquise no canto da praça ficou lotada. Thalita atravessou a praça inteira com o menino no colo, para se esconder do outro lado da rua.

O tempo todo, ela esticava os olhos, tentando entender o que fora feito dos artistas e de sua tenda improvisada, mas não conseguia enxergar muita coisa; a chuva era tão forte que turvava as imagens.

Quarenta e cinco minutos depois, quando o aguaceiro finalmente passou, não havia mais nem vestígios da alegre caravana. A praça estava deserta e molhada.

– Vamos embora, mãe! O que é que você está procurando? – tentou entender Samir, quando Thalita voltou a entrar no parque.

– Nada, filho. Estava só olhando e... – ela percebeu que havia perdido a rosa no meio da confusão.

Olharam mais uma vez para o local do espetáculo, agora vazio. Ambos experimentaram um sentimento de gratidão misturada com tristeza, enquanto caminhavam em direção aos portões da pracinha.

– Você viu que legal o nome deles, mãe? – lembrou Samir, enquanto se desviavam das poças d'água.

Thalita ainda olhava para o chão, numa esperança remota de ainda encontrar sua rosa.

– Não. Sabe que nem prestei a atenção nisso? Os palhaços disseram o nome deles? – perguntou distraída.

– O nome de cada palhaço, não. Mas eles falaram que faziam parte de dois grupos, que estavam misturados lá na praça: os "Jubilosos Bufões" e o "Tem Gargalhada na Corda", não é muito legal, mãe?

Thalita sorriu.

– É, é engraçado mesmo...

– Mãe, posso perguntar uma coisa?

– Pode, filho! – seu coração bateu assustado, com medo que Samir tivesse visto sua conversa com o palhaço.

– Você vai aceitar aquele negócio que a tia Lally ofereceu? A gente vai trazer o meu avô para vir morar aqui com a gente?

Thalita ficou em silêncio por alguns instantes. Ela olhou para o banco onde, momentos atrás, havia se sentado para chorar. Reviu a figura de Domenico parada a seu lado. Lembrou-se também da frase que encontrara no ônibus: "Apenas a árvore seca fica imóvel entre borboletas e pássaros". Parecia até que tudo estava ligado. Sim, talvez fosse interessante conviver com a prima de quem há tantos anos se distanciara. Talvez até pudesse ajudar em alguma coisa, independentemente dos audaciosos planejamentos da tia. E por que não fazer a sua parte, o melhor que pudesse? Pensou então na peça que acabara de assistir, no passarinho que tanto a cativara, na frase que ouvira do palhaço: "o passarinho tinha um par de asas e poderia voar quando ele quisesse". Tão especial aquele palhaço...

– Mãe, você ainda não me respondeu... – reclamou Samir.

– Ah, desculpa, filho... É que eu estava pensando... Quer saber de uma coisa? – ela disse, no momento em que cruzavam os portões em direção à rua. – Amanhã nós vamos para Aiuruoca! Não sei se já vai dar para trazer o seu avô, mas o importante é que eu já cheguei a uma conclusão. Eu quero cuidar dele, eu vou trazer o seu avô para perto de nós.

– Puxa!Então você vai aceitar o apartamento da tia Lally? A gente vai se mudar para o Flamengo? – alegrou-se Samir.

– Sim! – respondeu Thalita, convicta.

– E a tia Valéria? – preocupou-se Samir.

– Ela vai com a gente, claro!

– Mas e se ela não quiser?

– A gente dá um jeito de convencê-la – prometeu Thalita.

Samir apertou a mão da mãe que estava trançada na sua. Como se quisesse passar para ela, com aquele aperto, o quanto ele a admirava por sua decisão. Thalita sentiu seu carinho e também ficou contente. Nem percebeu que, do outro lado da pracinha, parado no portão oposto, Domenico, com rosto ainda borrado pela pressa com que havia tirado a maquiagem, procurava por ela.

Seguiu com o filho em direção ao Leme, desta vez pela praia. A essas alturas, o calçadão já estava lotado de gente por causa do concerto de música clássica que estava prestes a começar. De longe dava para ouvir os músicos afinando seus instrumentos, dedilhando trechos de uma peça de Mahler.

18

Domenico ainda procurava Thalita por entre as pessoas anônimas que cruzavam a praça Serzedelo Correia em passos de domingo, quando, de repente, quase por acaso, identificou um vulto conhecido do outro lado da praça e correu até ele. Era Miguel. Haviam se conhecido no último encontro que este tivera com seu orientador. Domenico era o estrangeiro que estava na mesa. Soubera no dia seguinte por seu amigo professor, que era também seu vizinho de porta, do que ocorrera com o irmão de Miguel e ficara verdadeiramente consternado com o acontecido.

Acidentes como aquele sempre o deixavam sensibilizado. Tanto que, num primeiro momento, chegara a pensar em telefonar para Miguel para dizer-lhe algumas palavras. Depois, porém, pensara melhor e chegara à conclusão de que seria uma invasão de privacidade fazer isto. Até porque, por mais que Domenico houvesse ficado sensibilizado com a situação, os dois efetivamente mal se conheciam. Agora, no entanto, o destino o colocava bem diante dele.

– Você não imagina o quanto eu desejei encontrar você para dizer-lhe algumas palavras! – exclamou, aproximando-se simpático e tocando de leve o ombro de Miguel.

O irmão de Pedro estava tão fora de si que a princípio não deu pelo que acontecia. "Quem seria aquela pessoa?", ele se perguntava confuso. Não tinha mais o mesmo brilho no olhar com que defendera suas ideias naquele dia na mesa, parecia que todo ele havia se apagado em suas olheiras profundas.

– Não se lembra de mim? Sou muito amigo do professor Renato, da faculdade. Estava junto com ele no dia em que...

– Ah... – Miguel compreendeu depressa.

"Pelo que percebo, seu papel talvez fosse o de alertar as pessoas para que tivessem um maior cuidado ao fazer suas escolhas", ele se lembrou do outro dizendo. Que poderia ele saber? Será que aquele doido sabia do que tinha acontecido? Será que ainda assim continuaria achando, entre um chope e outro, que bebida é apenas uma questão de bom senso?

Não disse nenhuma palavra. Seu olhar indignado, contudo, parecia dizer tudo o que ele estava pensando.

A Ferro e Flores | 105

– Eu soube do que aconteceu e... – insistiu Domenico.

– Soube? Então, se me dá licença, eu estou precisando ficar sozinho – desconversou Miguel.

– Compreendo. Mas, mesmo assim, eu gostaria de lhe dizer algumas palavras.Talvez não imagine, mas...

– O que afinal aconteceu com você? – cortou Miguel, irritado, querendo constrangê-lo. – Por que seu rosto está todo manchado desse jeito?

Domenico levou as duas mãos ao rosto.

– Está muito manchado? – preocupou-se. – É que tirei depressa a roupa de palhaço e...

– Roupa de palhaço? – Miguel não entendeu.

"O cara então é a manifestação exata de seus pensamentos: um palhaço!", pensou, numa ironia sentida.

– Na verdade sou pediatra, mas nas horas vagas me visto como palhaço para arrecadar fundos para um hospital muito carente onde trabalho... Mas é um pouco sobre isto que eu gostaria de conversar com você. Será que tem um pouquinho de tempo?

O aspecto, a dor estampada no rosto de Miguel faziam com que Domenico sentisse uma vontade muito grande de retê-lo por algum tempo. Queria muito ajudar de alguma forma.

Miguel, por sua vez, ficou parado, olhando para ele, sem saber o que dizer. A explicação sobre o trabalho de Domenico de certa maneira o desarmara, fazendo-o olhar para ele de outra maneira, mas, ainda assim, ele estava muito confuso em suas emoções. Não tinha cabeça para conversar com ninguém, mal entendia o que as outras pessoas falavam.

– A gente pode sentar em algum lugar para fazer um lanche... Eu estou com fome, você não? – insistiu Domenico.

Miguel olhou para ele ainda sem entender direito o porquê de tanto interesse.

– Vamos! – insistiu Domenico.

– Bem... – titubeou Miguel, que na verdade estava sem rumo. – Desde que você não me convide para tomar uma cerveja...

– Claro que não! – Domenico segurou seu braço com amizade. – Venha, conheço um lugar aqui perto.

Era pequena a diferença de idade entre os dois. Domenico tinha trinta e cinco anos, Miguel, trinta e dois. Todavia, tanto um quanto o outro aparentavam um pouco mais.

Entraram em um restaurante comprido. Na frente havia um balcão com doces, biscoitos e salgados, mas Domenico achou melhor sentarem-se no fundo, onde havia mesas e garçons. Miguel não queria nada, mas mesmo assim pediu um *capuccino* com torradas para dois.

– Você deve estar achando esquisito que um estranho faça tanta questão de conversar com você em um momento como este. – Domenico quebrou o silêncio, depois que o garçom serviu os cafés.

– Na verdade eu sou espírita, acredito na vida após a morte, na ideia de que as pessoas vêm ao mundo para cumprirem tarefas com um tempo mais ou menos determinado, mas sinceramente não consigo aceitar o que aconteceu com o meu irmão! – Miguel respondeu – Foi um erro! Não podia ter acontecido!

Via-se que estava baratinado pela morte do irmão, confuso em seus próprios conceitos. Depois de dizer isto, escondeu o rosto entre as mãos, num choro discreto.

Domenico deixou que chorasse. O tempo todo olhava para ele com um sentimento de profunda identificação.

– Eu compreendo exatamente o que você está sentindo – disse por fim. – Talvez até mais do que você imagina... Não sei se você sabe, mas eu sou natural de Valência, na Espanha...

– Não sei nem o seu nome... – disse Miguel, sem levantar a cabeça.

– Eu me chamo Domenico. Domenico Andreas. Mas isto não é o mais importante. O importante é que um dia eu também já senti esta mesma dor que você está agora sentindo e só por isto estou aqui.

Miguel levantou a cabeça e olhou para ele com espanto.

– Eu era casado, recém-formado na profissão, tinha uma vida feliz. Meu filho iria completar cinco anos, estávamos às voltas com os preparativos para um festinha para ele numa dessas... casas de festas, é assim mesmo que se diz? – continuou Domenico.

Miguel fez que sim com a cabeça. Ouvia interessado o relato.

– A festa seria em Madri, nós morávamos em Madri naquela época. Então, de repente, estávamos lá ajudando com os balões quando minha mulher percebeu que havia esquecido a roupa do menino, uma roupa de astronauta. Meu filho era louco por um astronauta de um desenho animado, que seria o tema da comemoração. A festa já estava praticamente pronta, havia garçons, organizadores, muita gente trabalhando. O menino começou a chorar por causa da roupa e ela decidiu pegar um táxi até em casa para buscar. O tempo todo parecia que algo me dizia que eles não deviam ir. Mas ela insistiu, o menino queria, porque queria ir junto com ela, era agarradíssimo com a mãe. Justo naquele dia, meu carro havia quebrado. O mecânico da oficina ficara de levá-lo para mim mais tarde, quando estivesse pronto, lá mesmo, na casa de festas. Eu cheguei a pensar em pegar o táxi junto com eles, mas minha mulher insistiu para que eu ficasse, que tomasse conta dos preparativos da festa. Então o chefe dos garçons ofereceu-se para levá-los em seu próprio carro e nós aceitamos.

Ele fez uma pausa. Era-lhe custoso relembrar tudo aquilo. Miguel esperava pacientemente, não tinha coragem de perguntar nada.

A Ferro e Flores | 107

– Logo na esquina eles sofreram um acidente. O carro chocou-se contra um poste, minha mulher e meu filho foram jogados para fora. Morreram na hora.

– E o motorista ficou vivo? – Miguel não pôde se conter.

– Sim. – respondeu Domenico.

Cada qual tomou um gole de café como que para apaziguar a angústia implícita no relato.

– Na verdade, estou te contando toda esta história para que compreenda que coisas tristes também acontecem com outras pessoas. Que sua dor é enorme, mas não é a maior do mundo, você me entende?

Agora era Miguel quem olhava para ele penalizado. Tentava imaginar como aquele homem havia sobrevivido a tanta dor e ainda conseguia vestir-se de palhaço para alegrar crianças, para ajudar crianças doentes. Podia perceber agora os traços fundos sulcados em torno de seus olhos como marcas daquela tragédia. Não fosse por isto, podia-se até dizer que era um homem comum, sem maiores complicações, um homem solteiro de boa aparência, beirando os quarenta anos de idade. Miguel ficou por algum tempo pensando naquela triste história e em sua própria história também. Será que os homens comuns eram aqueles que viviam a vida sem maiores complicações, ou os que, como ele e Domenico Andreas, passavam por momentos de grande dor e amargura?

– Dentro da filosofia espírita – ele tentou expressar suas reflexões – acredita-se que todas estas grandes dores, estas grandes amarguras que sucedem ao homem, aparentemente sem uma causa determinante, são provas pelas quais ele e também os seus entes queridos envolvidos necessitam passar com uma finalidade evolutiva. Nem a sua mulher, nem você e nem mesmo o motorista jamais iriam poder imaginar que aquele acidente iria acontecer. Estavam ali por mero acaso, entre aspas. Não havia o menor indício de que isto pudesse acontecer e, mesmo assim, aconteceu. Na minha concepção, é isto o que os espíritas definem como uma prova, algo que a pessoa, por alguma razão que agora não sabemos, precisava passar. Mas, no caso do meu irmão, tudo é muito diferente. A meu ver, ele não tinha que desencarnar naquela hora. Só desencarnou porque foi imprudente, porque um cara mais imprudente ainda tomou todas e achou que podia dirigir! – argumentou sentido.

Domenico não concordou.

– Não sou espírita. Para dizer a verdade, nem tenho direito uma religião. Leio muito sobre todas as filosofias e religiões e, a partir disso, crio minha própria maneira de enxergar as coisas, sem me prender a nenhuma doutrina específica. Mas acho que ninguém morre de uma maneira trágica por acaso. Sempre existem lições que as pessoas em volta aprendem por causa daquela morte inesperada, coisas que precisavam vir à tona e que acabaram tomando impulso naquele acontecimento trágico – observou. – Sinceramente, tenho minhas dúvidas se os acontecimentos, mesmo os mais irrefletidos, são de alguma maneira previstos por uma força maior que não os determina, mas nem por isso deixa de inspirar os homens para que tirem algo de bom, de importante e de indispensável do acontecido – ponderou ainda.

– Mas como, cara! Meu irmão tinha o carro dele! Sabia de todos os riscos, de todos os malefícios decorrentes do fato de uma pessoa dirigir alcoolizada! Eu mesmo conversei sobre isto com ele pelo menos uma centena de vezes! E mesmo assim ele optou por deixar para trás o carro dele para vir de carona com uma pessoa bêbada! – protestou Miguel.

– Nem todas as razões são óbvias, nem tudo é matemática, é isso que eu estou tentando lhe mostrar desde aquele outro dia! Não dá para radicalizar e...

– Você só fala isto porque o tal chefe dos garçons não estava bêbado quando bateu o carro com sua mulher e seu filho! – exaltou-se Miguel.

– Quem disse a você que ele não estava?

Fez-se um profundo silêncio. Ficaram os dois remexendo o resto de café em suas xícaras. Foi o próprio Domenico quem retomou a palavra:

– Dias depois, eu fiquei sabendo que ele havia tomado duas ou três doses de uísque antes de se oferecer para levar a minha esposa. Claro que eu senti ódio dele na época, claro que eu quis culpá-lo por tudo!

– Quis? Então não culpa mais? – Miguel observou pasmo.

– Não. Porque eu tenho a certeza de que ele não tinha a menor noção de que sua atitude podia dar no que deu. Queria apenas ser gentil. Ele próprio não tinha consciência de que era uma pessoa doente, de que estava colocando em risco a vida das outras pessoas. Por isto é que eu lhe digo. Não temos como proibir nenhuma pessoa de beber ou de fazer o que quer que seja! A única coisa que podemos fazer é conscientizar as pessoas sobre os limites, o bom senso e a própria doença do alcoolismo!

Miguel abriu a boca para argumentar, mas não conseguiu achar o que dizer. Eram tantos absurdos juntos, não sabia nem por onde começar.

– Muito me admira o fato de você, com tudo isto, ainda continuar bebendo de vez em quando. Como consegue? Não lhe dói a consciência? – questionou, sem intenção de ser agressivo.

– Por que doeria a minha consciência? Não fui eu quem matou a minha esposa e o meu filho. Eu jamais dirigi bêbado! Eu só posso me responsabilizar pelos meus próprios atos. Quanto aos outros, o máximo que eu posso fazer é trabalhar para conscientizá-los dos riscos de sua própria liberdade de escolha – rebateu Domenico.

– E o seu exemplo? Não conta nada? Por que você acha que as crianças começam a beber? Você trabalha com crianças!

Domenico desta vez não respondeu nada. Com a ponta dos dedos, amassou uma torrada contra o prato como se amassasse o próprio cérebro, em busca de uma resposta.

– Talvez você tenha razão. Nunca refleti sob este aspecto... Preciso pensar sobre isto...

– Mas, afinal, por que escolheu o Brasil para continuar sua vida? – Miguel tentou amenizar a discussão.

Sentia que havia sido talvez um pouco mais agressivo do que gostaria. Não queria perder a amizade de Domenico, cuja solidariedade ele agora reconhecia. Se, no início da conversa, ele sentia desprezo pelo médico, depois de tudo que ouvira, sua avaliação havia se modificado completamente. Em seu íntimo, ele passara a admirar tanto o outro que até ponderava sobre seu ponto de vista, embora não pudesse admitir isto de imediato.

Mostrando que não guardara ressentimentos, Domenico então contou que viera ao Brasil por acaso – novamente os acasos – atraído por uma foto do Cristo Redentor, logo depois da tragédia, numa tentativa desesperada de distrair a mente dos naturais questionamentos. Chegando aqui, porém, descobriu que não existia no mundo beleza ou paisagem capaz de fazê-lo parar de pensar na mulher e no filhinho.

– Sinceramente, já pensava em acabar com a minha própria vida para fugir de tanta dor, quando, certa tarde, almoçando num restaurante em Ipanema, sentei-me ao lado de um grupo de médicos que conversavam sobre fibrose cística. Se falassem sobre qualquer outro assunto, acho que eu não teria sequer a minha atenção despertada. Mas era a mesma doença que eu vinha estudando há anos. Dias depois, eu voltei à Espanha para buscar todo o meu material e logo iniciava um estágio aqui no Brasil. No ano seguinte, formamos o grupo com palhaços e teatro de rua. De tudo isto, devo lhe dizer que aprendi que o trabalho, todo tipo de trabalho, mas principalmente o trabalho com ideal, o trabalho que nos faz sentir úteis, o trabalho visando o bem de nossos semelhantes é a única forma de superar todas as dores – sintetizou ele, com os olhos reluzentes. – E é isso o que eu quero fazer pelo resto dos meus dias! – acrescentou, num sorriso ainda borrado da pintura da tarde.

Saíram do restaurante como dois velhos amigos. Miguel sentia-se um tanto quanto melhor, menos revoltado, mais reflexivo. Alguma coisa dentro dele havia mudado; não sentia mais ódio de Caian, embora a raiva ainda fosse muito grande. Alguma compreensão, que ele agora ainda não sabia definir com palavras, havia se instalado em seus sentimentos, mas talvez não fosse ainda o bastante.

– E, depois de tudo, você nunca mais se interessou por nenhuma mulher? – perguntou Miguel. – Nunca mais teve vontade de se casar novamente?

Domenico respirou fundo e deu um longo suspiro antes de responder.

– É engraçado. Faz oito anos que eu estou morando no Rio. Neste tempo, nunca, jamais, eu consegui enxergar qualquer mulher no meu caminho. Mas, precisamente hoje, eu conheci uma pessoa que mexeu comigo.

110 | Lygia Barbiére

– Hoje? – surpreendeu-se Miguel.

– Pois é. Ainda há pouco. Eu estava procurando por ela quando vi você passar... – Domenico comentou com certa nostalgia. – Não sei se algum dia eu vou vê-la de novo... Mas... escute! – ele parou para ouvir a melodia que reverberava por todo o bairro de Copacabana. – É a "Sinfonia dos Mil", a sinfonia número oito, em mi bemol maior, de Gustav Mahler! Li no jornal que são quase setecentos músicos, regidos por Issac Karabtchevsky.

– Eu não posso, eu... – titubeou Miguel.

– Deixe de pensar em coisas tristes. Nós precisamos ir até lá! É Mahler! – sentenciou Domenico.

19

– *Silanan relongi* – pediu Ramon, nervoso, em *bahasa indonésia*, que era como se designava a língua nacional.

Há quase seis meses morando em Jacarta, ele já sabia da existência de vários dialetos falados na região, mas sabia também que, nas emergências, todos ali falavam *bahasa indonésia*. Mas não parecia ser o caso do rapaz em questão, que olhava para ele como se ele fosse um habitante de Marte. Era um balinês baixinho – todos os balineses eram muito baixos –, trabalhava como motorista na casa de seus pais adotivos, embora fosse, na verdade, primo de sua mãe adotiva. Chamava-se Nyoman, que, conforme haviam lhe explicado, em Bali queria dizer segundo filho. A despeito de Ramon estar quase explodindo de nervoso e ansiedade, Nyoman continuava olhando-o sorridente e inabalável, incapaz de compreender qualquer tipo de ira ocidental.

– *Repeat, please!* – Ramon tentou o inglês. – Fale de novo que eu não entendi nada! – e até mesmo o português.

Mas o rapaz continuava olhando para ele sorridente. Parecia mesmo que estava rindo dele, a despeito de toda sua angústia. De fato, a pronúncia de Ramon ainda não era das melhores, as pessoas mais simples do povo demonstravam grande dificuldade para entender o que ele estava dizendo. Principalmente quando ficava nervoso e misturava *bahasa* com inglês e português. Mas não era só isto. O olhar de Nyoman dizia que, mais do que não conseguir compreender as palavras, ele não conseguia compreender a reação de Ramon.

– *Silanan relongi, please*, droga! – insistiu o brasileiro, cada vez mais estressado.

Havia saído da escola para dar uma volta no bairro, como sempre costumava fazer em seu horário de almoço para espairecer as ideias depois de uma manhã cansativa de aulas, quando, de repente, fora surpreendido por Nyoman andando atrás dele e repetindo coisas sem nexo, frases que ele não conseguia entender de jeito nenhum.

– *Ada kecelakaan* – repetiu, por fim o empregado. – *Jantung* – disse, mostrando o coração. – *Ayah*.

Ramon finalmente compreendeu que algo acontecera a seu pai. *Ayah* era pai, disto ele tinha certeza. E *jantung* era coração, ele conseguiu entender. *Ada*

112 | Lygia Barbiére

kecelakaan. As palavras foram lentamente tomando sentido em suas ideias, como que mastigadas por algum neurônio mais displicente. Agora compreendia. Estava escrito em seu *phrase book*, o livrinho de frases que ele sempre carregava consigo. *Ada kecelakaan* queria dizer que aconteceu um acidente. Acontecera um acidente com seu pai. "Será que era isto o que o empregado tentava dizer? Mas com qual pai?", ele ficou ainda mais nervoso e tenso.

Saiu correndo desesperado. Estavam bem próximos à rua em que moravam os pais adotivos do rapaz, os pais responsáveis por ele naquela experiência de intercâmbio. Nyoman veio atrás. Apesar de seu jeito estranho, parecia sempre disposto a ajudar, o que aliás era uma característica de todo o povo daquela região. Corria atrás de Ramon, dizendo muitas palavras que ele não conseguia entender. Provavelmente em balinês, que era sua língua nativa. Mas não havia tempo para ficar tentando decifrar as coisas que Nyoman dizia. Ramon tinha urgência de chegar em casa.

Jacarta era uma cidade grande em desordenado crescimento. Lembrava levemente São Paulo, com suas ruas amplas, bem largas, planejadas e bem organizadas, com bastantes prédios e viadutos. Tinha também um ar acinzentado como a capital paulista. Ao redor das ruas principais enormes, porém, tudo era confuso e bagunçado. De repente, fazia-se uma curva e caía-se em ruas pequeníssimas, ruas que não tinham sequer um nome. Era numa dessas ruelas que vivia a família de Ramon na Indonésia.

Enquanto corria, ele ia se lembrando de toda a trajetória que o trouxera até ali.

Ramon vivia na Indonésia graças a um intercâmbio entre clubes beneficentes com sedes no mundo inteiro. Mas ninguém, no sul de Minas, entendeu quando ele colocou a Indonésia como sua primeira opção na prova de seleção para o intercâmbio e, menos ainda, quando, depois de obter o primeiro lugar na classificação geral, podendo escolher entre todas as cidades do mundo, ele optou por Jacarta, a capital indonésia. Como, porém, não era possível, pelo regulamento do intercâmbio, passar todo o tempo em uma mesma casa na mesma cidade, ele escolheu Bali, Bantung, Makassarnees e Sulawese como possíveis opções.

Era de um ano o programa de intercâmbio escolhido por Ramon. A rigor, deveria passar três meses em casas e cidades diferentes, contudo, como na prática havia poucas opções de associados disponíveis na região, ficou decidido que passaria seis meses em Jacarta e seis meses em Bali.

Desde menino, ele sempre se sentira atraído pela cultura indonésia, seus costumes, suas línguas. Afinal, pensava ele, que graça tinha escolher um lugar que todo mundo conhecia, um lugar que toda hora passava na novela das oito?

Para realizar seu sonho, Ramon precisou contar com a ajuda do pai. Hermínio – ou Hefesto, como todos o chamavam em Aiuruoca – era conhecido por seu jeito seguro de ser, sua dificuldade de dar ou emprestar dinheiro para qualquer pessoa, principalmente para os filhos. Mas, para a surpresa de Ramon, tão logo saíra o resultado do concurso, ele aceitara de pronto colaborar. É que ficara muito orgulhoso por seu filho, um filho de ferreiro, o filho de um homem que andava sempre todo sujo de preto, ter tirado o primeiro lugar numa colocação de um concurso para ir estudar do outro lado do mundo.

Fora assim que ele fizera a leitura de tudo. Depois de expulsar a filha de casa, jamais Hefesto sentira um orgulho, uma alegria tão grande. Por isto, nem se importara em tirar dinheiro de suas economias para pagar os quinhentos dólares de taxa para o clube beneficente, mais os quase três mil dólares de passagem (ida e volta tiveram de ser pagas e marcadas com antecedência). Só reclamara um pouco ao ser informado da obrigação de ter de pagar ainda um seguro saúde de trezentos dólares, com validade de um ano, já que era o tempo que estava previsto para a estadia de Ramon na Indonésia, e ainda um depósito de mais quinhentos dólares para emergências, que seria devolvido depois, caso não fosse utilizado. Mesmo não gostando, mesmo não concordando, Hefesto pagou tudo.

Antes de viajar, Ramon ainda havia pleiteado para que o pai lhe desse um celular. Mas Hermínio disse não. Assim já era demais. Até porque, quem é que iria ficar pagando ligação do outro lado do mundo para Aiuruoca? Isso não. Se nem ele, Hermínio, tinha celular! Se Ramon quisesse, que fizesse ligações a cobrar para o telefone fixo da casa. Como de hábito, Ramon não discutiu.

Apesar de não concordar também com as razões por que o pai expulsara a irmã grávida de casa, Ramon nunca o questionou sobre isto. Talvez fosse essa uma das grandes mágoas de Thalita. Da mesma forma, Ramon jamais questionou o pai sobre suas intermináveis bebedeiras; nem mesmo quando a mãe ficou doente, ele criou qualquer tipo de polêmica. Thalita dizia que o irmão era sempre ausente, omisso e indiferente.

Mas não era verdade. Ramon era apenas calado, na dele, dessas pessoas que não gostam de entrar em brigas porque simplesmente não sabem direito nem como defender a si próprias. Tinha sempre a sensação de que, se abrisse a boca para brigar por alguma coisa, iria sempre perder os limites, falar mais do que devia, agredir mais do que o esperado. E, obviamente, acabar se prejudicando.

Neste ponto, a viagem vinha lhe fazendo muito bem. Ele, que sempre fora uma pessoa tão reservada, estava aprendendo a se virar em *outro* idioma, a se relacionar com outras pessoas e até mesmo conhecendo melhor suas próprias qualidades e limitações.

Ao contrário do que muita gente imaginava no Brasil, o fato de ser fechado não significava que ele fosse uma pessoa emocionalmente seca, sem sentimentos. Sentia, sim, e muito. Tornar-se uma pessoa fechada, contudo, fora a única saída que encontrara para sobreviver aos sofrimentos da infância. Às constantes bebedeiras do pai, às brigas entre os pais, aos desentendimentos do pai com a irmã, que sempre fora o oposto dele em matéria de defender seus direitos.

E como ele, que durante tantos anos se vira tão pequenininho diante daquilo tudo, iria dizer alguma coisa?

O tempo passou e a sensação de pequeno continuou. Não no tamanho, porque se tornara um rapaz bem alto. Mas uma sensação interna de impotência, de inferioridade que, por mais que se esforçasse, ele não conseguia diminuir. O fato de passar naquele concurso fora sua primeira vitória neste sentido, a primeira vez em que ele não se sentiu diminuído, menor que os outros. E, neste dia, Ramon amou profundamente o pai, a despeito de tudo o que ele tinha feito antes com a família, pelo simples fato de ele reconhecer, de ficar orgulhoso por aquela vitória que era tão importante para ele e até se dispor a ajudá-lo a conquistar seu sonho.

Com o pai da Indonésia, ele tivera outro aprendizado. Um aprendizado de companheirismo, de liderança, de todo um papel diferente que o pai biológico nunca representara em sua vida. Chamava-se Li Hua, mas todos o conheciam como Li *laoshi*, que queria dizer Li professor. Entre os chineses, era comum adicionar-se, após o sobrenome, o cargo ou a profissão da pessoa. Li, na verdade, era o sobrenome, mas os chineses sempre diziam seus sobrenomes à frente dos nomes. Ele ensinara a Ramon que somente é permitido o tratamento direto pelo nome pelos mais velhos, pelos professores, por pessoas hierarquicamente superiores ou então muito íntimas.

Com efeito, a mulher de Li era uma das poucas pessoas a chamá-lo de Hua. Ela se chamava Hiri (pronunciava-se 'Riri', com os dois erres fracos) e era natural de Jacarta, tendo se convertido ao islamismo depois de casar-se com Li. Ele era um chinês muçulmano, descendente de comerciantes árabes e persas que chegaram no noroeste e sudeste da China por volta do século sete.

Em Jacarta, Li era professor universitário e diretor de uma escola. Ramon ficava fascinado com a maneira como ele se dedicava ao estudo. Não apenas ao ato pessoal de estudar, como meio de aprimorar-se em suas funções, mas principalmente no que se refere ao incentivo que ele dava às filhas e a todos os estudantes da escola para que vencessem suas próprias limitações e conseguissem sempre um pouco mais do que era esperado. Era realmente uma pessoa admirável. Tinha ótimo relacionamento com a esposa e com as filhas, todos os alunos e professores da escola gostavam muito dele também. Até mesmo Nyoman, o primo da esposa que trabalhava para a família como motorista, ele estava sempre incentivando a estudar, a ler, embora o rapaz não parecesse nem um pouco preocupado com isto.

Por muitas vezes, Ramon se pegara pensando em como seria diferente a vida dele e até mesmo a vida da irmã se Hefesto fosse uma pessoa como Li *laoshi*. Não queria julgá-lo nem desejar para o pai uma posição intelectual superior à que tinha. Ramon queria apenas que ele fosse mais feliz. Que fosse uma pessoa de mais garra diante da vida, mais alegre, mais intensa e vibrante, uma pessoa que tivesse uma chama mais viva em seu interior e até conseguisse passar isto para os filhos. Ramon tinha um imenso carinho pelo pai, mas não sentia nele esta chama que podia sentir no professor Li. Talvez ele próprio, Ramon, não tivesse também esta chama, posto que mal conseguia expressar para as pessoas mais próximas o quanto eram importantes.

Parou a poucos metros da casa e respirou fundo. Agora não havia mais jeito. O pai estava morto, ele tinha quase certeza disto. Há dias que estava intuindo que algo de errado estava prestes a acontecer com ele. Mas era tarde. Precisava se preparar para receber a triste notícia. "Será que fora Thalita quem houvera ligado para avisar?", ele se perguntava, lembrando da discussão que haviam tido ao telefone. O coração batia disparado. Em parte por causa da corrida, mas, sobretudo, por causa da emoção, da ansiedade que ele estava sentindo. Olhou para trás e percebeu que Nyoman vinha correndo lá atrás.

– *Photo?* – um morador de Jacarta aproximou-se com uma câmara, querendo tirar uma foto com Ramon.

Era muito comum isto acontecer, Ramon era tido como uma pessoa linda entre os habitantes de Jacarta, quase todos donos de uma beleza peculiar, não muito valorizada entre eles próprios, com o nariz bem arredondado, um tanto quanto desproporcional ao rosto. Pelo menos uma vez por semana era cercado por jovens, às vezes até por famílias inteiras, querendo tirar fotos ou mesmo pedindo autógrafos. Sobretudo quando descobriam ser ele um brasileiro.

– *Tolong, bukan sekarang* – por favor, agora não, pediu em *bahasa*.

Só então, voltou-se para a casa e percebeu algo de estranho. Estava cheia, havia muitas pessoas entrando e saindo. A porta estava aberta e, lá de dentro, vinha um estranho canto, que mais parecia uma ladainha.

O que será que quereria dizer aquilo?

Não, certamente, não era por causa de seu pai Hermínio. Todas aquelas pessoas não estariam lá por causa dele... Mas então... Cruzou a porta e deparou-se com a terrível surpresa: Li Hua estava morto. Amparadas pelos parentes, Hiri e as três filhas choravam, resignada e silenciosamente como mandava a tradição.

O conselheiro do clube beneficente já estava lá para dar seu apoio a Ramon. Chamava-se Hermes Guilhermon, brasileiro há anos radicado em Jacarta. Não deixava também de ser uma espécie de pai adotivo, o "pai maior", como brincavam os intercambistas. Era ele o principal responsável pelo bem-estar do rapaz, uma espécie de intermediário do intercambista no país estranho.

O rapaz sentiu-se aliviado com sua presença. Era agradável ter alguém com quem falar português em momentos difíceis como aquele. Além disso, Ramon também gostava muito de Guilhermon.

Foi o conselheiro quem o informou sobre como as coisas haviam acontecido. Li tivera um enfarte fulminante durante o almoço, seu rosto caíra sobre um prato de *Coto Makasar*, que era uma sopa cinza, feita de intestino de vaca.

116 | LYGIA BARBIÉRE

Ramon sentiu um arrepio ao pensar nisto. Tinha verdadeira ojeriza daquele prato que, para ele, era pior do que carne de fígado, pior até do que os miolos de boi que sua mãe o obrigava a comer quando criança.

Olhava para as três moças, filhas de Li e de Hiri, todas elas mais velhas do que ele, e não sabia o que dizer. Só pelos minutos de incerteza por que passara, ele tinha a perfeita compreensão de que era horrível perder o pai assim de repente. Só não conseguia entender como Nyoman conseguira lhe dar uma notícia destas de maneira tão calma. "E como Li fora cair justamente sobre um prato de *Coto Makasar*?", imaginava, penalizado.

Li *laoshi* estava morto. Ainda há pouco o encontrara na escola. Ele chegara a insistir para que fosse com ele almoçar.

– Não há outra divindade senão Deus, e Muhammad é Profeta de Deus – dizia a esposa Hiri.

Deveriam ter sido estas suas últimas palavras, conforme as regras do funeral islâmico. Todavia, na impossibilidade de cumprir com o mandamento, sua esposa agora as dizia por ele.

O corpo nu do professor estava deitado no chão sobre um monte de gelo, coberto apenas e completamente por um fino lençol. Ramon e Nyoman estavam parados a seu lado. Em seu inglês-balinês, de sotaque acentuado, onde toda letra 'f' invariavelmente era pronunciada como se fosse um 'P', Nyoman explicava que Li seria velado durante sete dias e sete noites ou até que a família aguentasse.

– Como assim? – Ramon não entendeu.

– Nem sempre o corpo pode ser conservado por sete dias, Ramon entende?

– E se não der mais? – quis saber o brasileiro.

– Neste caso, a família enterra, depois continua rezando. Todo muçulmano é enterrado sem caixão – acrescentou Nyoman. – Ao chegar ao cemitério, o cadáver deverá ser lavado três vezes, com cânfora e ervas, e envolto apenas em uma mortalha de algodão ou linho puro. Depois, deverá ser colocado na sepultura de lado, direto no chão, com a face direita do rosto na terra, como se estivesse olhando para Meca – explicou o balinês.

– Depois de acabada a lavagem, o morto deverá ser enxuto com um pano, ter suas unhas limpas e cortadas curtas, ter perfumadas a barba, os cabelos, os sovacos, as orelhas e ainda todas as partes que, durante a prostração das orações, costumava encostar no chão: a testa, o nariz, as mãos, os joelhos e os pés – complementou Guilhermon.

Nyoman acrescentou ainda que tudo isto acontecia porque os muçulmanos acreditavam na ressurreição do corpo no dia do Juízo Final. Toda a cerimônia de lavagem, conhecida como *ghusi*, teria como objetivo obter para o corpo o mesmo estado de pureza que a alma.

– Algumas famílias chegam a contratar os *mullahs* para fazer as orações que o falecido talvez tenha esquecido de fazer, e também para jejuar por eles. Além disso, quando a família tiver imposto religioso atrasado, deverá ser pago imediatamente para garantir que o morto tenha passagem tranquila para o outro mundo – ele disse ainda.

– Você fala como se fizesse parte de outra religião... – estranhou Ramon, que até então imaginava que toda a família tivesse a mesma crença.

– E faço. Minha família segue tradição hinduísta, como quase todas as famílias de Bali. Aqui, aliás, cada qual tem sua religião.

Ramon sabia que a religião era muito importante para os indonésios, tanto que vinha escrita na carteira de identidade das pessoas. Só não sabia os detalhes sobre a maneira como cada tradição se despedia daqueles que haviam se despojado do corpo de carne, nem que na mesma família poderiam conviver religiões diferentes como se fossem dialetos.

Sempre ajudado pelo conselheiro do clube beneficente, Nyoman explicou-lhe então que, para os hindus, a morte não é o contrário da vida, como creem muitos ocidentais:

– O hinduísmo ensina que progredimos por meio dos renascimentos e reencarnações, ou seja, temos oportunidades de nos melhorarmos, de nos tornarmos mais dignos. A meta hinduísta é alcançar *moksha*, a libertação espiritual que encerra o eterno ciclo do morrer e renascer.

Nyoman explicou ainda que todos os hindus são cremados, sendo que, para muitos fiéis, o ritual da cremação representa o "último sacrifício" da alma. Ao contrário dos muçulmanos, os hindus não enterram seus mortos. Quem conduz a cerimônia, que sempre ocorre na beira de um rio, geralmente é o filho mais velho, que circula em volta da pira funerária no sentido horário antes de atear fogo às cinzas. E, após a cremação, durante onze dias a família do morto realiza rituais, como a oferta diária de arroz ao finado.

– Os hindus acreditam ser este o tempo que a alma demora para alcançar os céus, o que só ocorreria no décimo segundo dia – complementou o funcionário da embaixada.

– Que coisa mais louca... E pensar que culturas tão diferentes convivem juntas numa mesma cidade, às vezes até numa mesma casa – observou Ramon, fascinado com o que ouvia.

– Isto é porque você ainda não ouviu falar sobre os cristãos animistas, descendentes do povo toraja – lembrou o senhor Guilhermon – Eles têm no funeral a sua mais importante comemoração. O corpo não é enterrado imediatamente. Logo após a morte, o defunto é embalsamado e guardado em casinhas de madeira especiais, construídas ao lado da casa das pessoas para este fim. O corpo fica ali por dois anos ou mais, o tempo todo recebendo comida três vezes ao dia. Eles tentam tratar o morto como vivo até o funeral ocorrer.

– Que coisa! Mas por que isso? Por que não sepultam logo a pessoa? – estranhou Ramon.

118 | Lygia Barbiére

– Porque eles esperam até conseguir juntar dinheiro para pagar o que chamam de um enterro digno. Para isto, os parentes fazem reuniões com familiares e amigos, anotam tudo em um caderno para devolver depois. Para você ter uma ideia, um funeral gasta, no mínimo, entre vinte e vinte e cinco búfalos e trinta porcos selvagens. Eles são cozidos durante a festa, no bambu, e servidos acompanhados de água, café ou chá. A pessoa então é cremada e suas cinzas são jogadas no alto de árvores antigas, por sobre montanhas ou pedras, que às vezes são talhadas depois com a fisionomia do morto. Quanto mais alta for a pedra, mais importante é a pessoa, sendo que cada região tem um jeito especial de enterrar as cinzas.

– Caramba! E existem desses caras, esses animistas por aqui? – Ramon quis saber.

– Sim. Eles estão por toda parte, porém encontram-se mais concentrados na ilha de Sulawese. Em Jacarta existem muçulmanos, que formam a grande maioria da população local, mas também animistas, budistas e hindus.

Por muitas horas, naquela noite que parecia interminável, Ramon ficou pensando nos diferentes rituais, em como a Indonésia sepultava seus mortos de maneiras tão distintas, embora, enquanto vivos, todos convivessem juntos. Pensava também em seu pai biológico. No quanto gostaria agora de vê-lo, de abraçá-lo, senti-lo vivo a seu lado. Todos aqueles rituais citados haviam deixado nele uma sensação um pouco depressiva de que, de uma forma ou de outra, todos se vão.

Estava, de fato, muito triste pela partida de Li Hua. E, como estaria agora seu pai Hermínio? Será que estaria bem? Por que, afinal, tivera tantas estranhas intuições nos dias que recentemente haviam se passado? Será que tinha alguma coisa a ver com a morte próxima de Li, se é que isto era possível, ou será que, efetivamente, seu pai de verdade também estava passando por alguma dificuldade? Pior que, agora, no meio do velório, Ramon nem tinha como ligar para a casa da irmã para saber qualquer notícia.

– Me admira o Ramon, que fez todo aquele escarcéu na minha cabeça e depois nem liga para saber notícia! – desabafou Thalita, no momento em que descia do ônibus, em Caxambu. – Também, se nem celular eu tenho mais... – ela se lembrou do aparelho quebrado. Havia minuciosamente calculado os horários da baldeação para não precisar ficar esperando na rodoviária. Seria preciso descer no trevo de Aiuruoca e pegar uma carona até o centro da cidade, mas isto era mil vezes melhor do que esperar mais duas horas pela linha que fazia o trajeto direto.

– Puxa, foi tudo tão simples... Podia perfeitamente ter trazido o Samir – ela pensou, enquanto acomodava sua bagagem nas prateleiras do alto do ônibus.

Na última hora, por extrema insistência de Valéria, acabara decidindo deixar Samir, mas, naquele momento, estava quase arrependida por ter vindo sem o filho. Sentia como se ela tivesse deixado um pedaço dela no Rio. "Mas Valéria tem razão", pensou consigo, "ele ainda é muito pequeno para ficar entrando em hospital. Ainda mais que nem sei qual será a reação do meu pai..."

O mais difícil e doloroso fora convencer o menino, que queria, de qualquer jeito, ir com a mãe para conhecer o avô. Mas então Valéria tivera a brilhante ideia de pedir ajuda à vizinha, mãe do Rafael, e tudo se resolvera magicamente. Samir dormiria na casa do amigo todos os dias em que Valéria estivesse de plantão na ambulância. Seria melhor para ele, e para Thalita também.

Estava tão agoniada... Uma preocupação que se misturava com saudade, raiva, tristeza, esperança e desolação. Às vezes sentia ódio do pai, outras horas ficava pensando na situação dele, caído em um banheiro, sem poder se mexer, e sentia-se tomada por uma profunda piedade. Queria tanto poder ajudá-lo... A vida toda fora esse seu grande sonho.

Lembrava-se de si mesma bem pequenina ainda, sentada na cozinha, vendo-o preparar aperitivos para tomar antes do almoço. A garrafa da bebida de que ele gostava tinha no rótulo uns piratas coloridos que ela adorava ficar olhando. Mas, mesmo gostando do desenho, ela ficava apreensiva, porque sabia que, depois que o papai tomasse o líquido da garrafa dos piratas, ficava sempre muito bravo e brigava muito com a mãe. Desde aquela época, Thalita pedia a ele para que não bebesse.

120 | Lygia Barbiére

Os dois, no entanto, tinham uma ligação tão forte que, mesmo quando o pai estava bêbado, mesmo quando brigava com a mãe, ela não conseguia deixar de gostar dele. "Como poderia ser isso possível?", havia se perguntado mais de mil vezes ao longo de sua adolescência. Jamais conseguira encontrar resposta. Na época, muitas vezes chegara mesmo a achar, por influência do pai, que era a mãe a implicante, que era por causa dela, e não da garrafa dos piratas, que ele ficava nervoso.

Com o passar dos anos, porém, ela foi compreendendo que sua mãe não tinha culpa de nada e começou a sentir raiva dele por maltratá-la tanto nos finais de semana. Ele dizia coisas horríveis para ela, que chorava à mesa. Às vezes, ele ainda tinha a coragem de avançar nela, completamente bêbado. Nessas ocasiões, ninguém conseguia almoçar direito. A comida voltava inteirinha para a cozinha, do mesmo jeito como viera para a mesa. Até Ramon, que era bem pequenininho nesta época, ficava nervoso e sem comer quando eles brigavam. Ou então comiam, e a comida ficava engasgada, como se a angústia e a vontade de chorar presas na garganta não a deixassem passar.

Em muitas ocasiões, ela, a mãe e o irmão ficavam muito tempo chorando abraçados depois que o pai se levantava da mesa e apagava na cama.

Quanto mais os anos passavam, mais as coisas se complicavam. Thalita adolescente muitas vezes chegara a enfrentar o pai, dizendo-lhe coisas que ninguém tinha coragem. O pai, contudo, quando bebia, se tornava uma pessoa perversa, capaz de vencer qualquer briga. Sabia onde estavam os pontos fracos da família, principalmente os de Thalita, e fazia com que ela se sentisse a pior das piores pessoas do mundo cada vez que ela o enfrentava. Era como se ele tivesse espiões invisíveis, o tempo todo informando-o de tudo, às vezes até inventando coisas que não aconteciam. No final das contas, ela era sempre a grande prejudicada. O pai a colocava semanas inteiras de castigo por sua ousadia.

Ela enxugou as lágrimas que a essa altura escorriam-lhe dos olhos. Carregava muitos traumas da infância e da adolescência, não podia sequer se lembrar que logo começava a chorar. Pensou então em Domenico, o palhaço de Copacabana, e começou a rir sozinha. Tão gentil aquele palhaço... "nenhuma beleza, nenhum sentimento intenso e modificador acontece sem a presença da dor", ela se lembrou.

"Que sentimento intenso e modificador teria acontecido com ela depois de tão doloroso convívio com o pai?", perguntou mentalmente a si mesma. Ao contrário, sentia-se uma pessoa mais amarga, uma pessoa madura antes do tempo por ter sido obrigada a conviver tantos anos com toda aquela dor. Será que existiria alguma beleza nisso?

Novamente ela pensou no irmão. Era até engraçado. Ele era o queridinho, o bom filho, o felizardo que ganhara do pai até mesmo uma passagem para ir estudar na Indonésia, enquanto ela fora expulsa de casa aos dezenove anos porque estava grávida, não tivera sequer o direito de despedir-se da mãe no dia de sua morte. E, no entanto, era ela quem estava agora ali, pronta para cuidar dele pelo tempo que fosse necessário, era com ela que ele iria morar quando saísse do hospital. "Meu Deus... Será que eu vou dar conta? "Você talvez não tenha percebido que o passarinho tinha um par de asas e poderia voar quando ele quisesse", ela se lembrou novamente do palhaço dizendo.

Em sua ansiedade e angústia, nem percebeu, sequer por uma leve intuição, que a mãe o tempo todo estava a seu lado, acarinhando-lhe os cabelos, esforçando-se por transmitir à filha sentimentos de força e de coragem.

– Perdoe seu irmão... Ele não tem culpa... Ele também carrega tantos problemas por causa daquela época, minha filha... – dizia-lhe mentalmente. – Faça sua parte. Não tenha medo, eu estou com você. Tenho uma equipe inteira aqui comigo, só para ajudar você... Não tenha medo. Desta vez nós vamos conseguir! – prometeu Leda.

Thalita sentiu como se um pouquinho de esperança de repente surgisse em seu coração e rapidamente se espalhasse pelo corpo todo. "Gente... E se eu conseguir? E se o papai, com isso tudo, realmente parar de beber?"

A seu lado, Leda, procurava mentalmente transmitir-lhe cenas felizes, de Hermínio brincando com Samir, de uma imensa amizade entre os dois, ela, o pai e o filho de mãos dadas, formando uma família. Thalita visualizava todas estas imagens, pensando que fossem suas. Novamente ela se comoveu. "Seria possível que isso viesse a acontecer um dia?", pensou, sentindo-se inteiramente tomada por uma emoção muito forte.

O ônibus parou no trevo para que ela descesse com sua pesada mala. Depositou-a no chão e ficou olhando para aquela paisagem, aquele silêncio verde cortado pelo barulho dos pássaros. Estava deserta a estrada que ia dar em Aiuruoca. Leda colocou seu braço sobre as costas da filha e olhou, junto com ela, para aquela paisagem tão conhecida. Thalita sentiu seus olhos novamente se encherem de água. Sentia uma saudade tão funda, tão doída da mãe. "Como seria difícil entrar em Aiuruoca e não encontrá-la!", pensou por um instante.

– Que bobagem! – disse Leda. – Eu não estou lá porque estou aqui com você!

Olhou para a estrada e viu uma jovem andando com um balde cheinho de copos-de-leite enormes. Era comum na região as pessoas saírem pelas estradas vendendo copos-de-leite naquela época. Thalita mais uma vez se lembrou de Domenico: "Toda a vez que sentir vontade de chorar, pense nas flores, cuide de flores."

Comprou uma dúzia de copos-de-leite e abraçou-os como se abraçasse a própria mãe. Então sorriu e se sentiu melhor, como se a energia das flores houvesse passado para ela, naquele abraço. Tomou suas flores, puxou a alça da mala e saiu andando devagar pela estrada. Parecia até cena de filme. Thalita andando por aquela estrada deserta, os cabelos ao vento, puxando a mala de rodinhas de um lado e uma braçada de copos-de-leite do outro.

– Só eu mesmo ... – pensou, rindo de si mesma, enquanto acenava, pedindo carona para uma caminhonete blazer que acabava de virar no trevo.

122 | LYGIA BARBIÉRE

Para sua sorte, era um médico que estava indo justamente para o hospital. Thalita se apresentou e logo ficou sabendo que ele era angiologista e tinha conhecimento do estado de seu pai.

– Pelo que pude constatar, o quadro de seu pai é bastante delicado – ele comentou, enquanto dirigia. – Ele chegou ao hospital com pneumonia, hepatite alcoólica, infecção de rins e pancreatite. Quando saí de lá, os colegas estavam realizando alguns exames para descobrir se a pancreatite era aguda ou crônica.

– Qual a diferença, doutor? – Thalita perguntou preocupada, querendo inteirar-se da dimensão do problema.

– A pancreatite é uma condição clínica na qual o pâncreas, que é um órgão atrás do estômago, fica inflamado. O pâncreas produz enzimas que ajudam na digestão de proteínas e carboidratos. Além disto, o órgão possui células especializadas na produção de insulina e glucagon. A pancreatite aguda é mais grave pela intensidade da inflamação, porém, quando possível de ser tratada, é bem melhor do que a pancreatite crônica, que requer cuidados pelo resto da vida – ele explicou.

– Mas minha tia me disse que ele não estava andando, que não conseguia mexer nem as pernas e nem os braços, isso também tem a ver com a pancreatite? – Thalita tentou associar os fatos.

– Não exatamente. Na verdade, me parece que todos os problemas do seu pai estão ligados, na medida em que todos são decorrentes de um consumo excessivo de álcool – ponderou o médico com delicadeza.– Faz muito tempo que ele bebe?

– Hi, doutor, desde que eu me entendo por gente... Mas então quer dizer que os próprios médicos já constataram esta questão do álcool? Vocês já disseram a ele? – antecipou-se Thalita.

Ficava feliz sempre que alguém de fora percebia o que a vida toda ela soubera. Era quase como uma confirmação de que ela não era louca, de que o problema existia de verdade e não só na sua cabeça, como sempre dizia seu pai. Tudo o que ela queria era que ele tivesse consciência de seu problema e começasse a se tratar. Apenas isso. Ao contrário, porém, ele sempre fizera questão de negar que tivesse qualquer sintoma da doença do alcoolismo, dizia que era normal uma pessoa beber quatro ou cinco doses de uísque todos os dias em lugar de tomar tranquilizantes para dormir.

– Não sei se alguém disse isso a ele. Eu pessoalmente não disse nada porque, no estado em que ele chegou ao hospital, dificilmente compreenderia qualquer argumentação. Mas acredito que o neurologista tenha conversado com ele, sim – imaginou o médico.

– Mas... – ela ficou um pouco desapontada com a explicação. – E as pernas, essa questão da imobilidade dele? O senhor ainda não me explicou por que... – Thalita sem querer se interrompeu antes de terminar a frase.

A FERRO E FLORES | 123

Tinha o olhar fixo no pequeno coreto da praça. Estavam entrando em Aiuruo-ca, de frente para a antiga Igreja Matriz de Nossa Senhora da Conceição. Numa fração de segundos, Thalita rodou os olhos por toda a praça, constatou cada casi-nha que mudara de cor. O coreto também fora pintado! Ela se deteve no casarão. O imenso casarão onde havia crescido tinha agora uma porta onde funcionava uma lojinha de artesanato. Será que seu pai tinha alugado? O restante das portas e janelas estava fechado, o canteiro de gerânios de que sua mãe tanto cuidava estava completamente seco. Ela sentiu seus olhos se encherem de água.

– Não fique assim, filha. Não dê tanta importância às pequenas coisas... Um dia, se for o caso, você planta os gerânios de novo, mas não é por causa deles que você está aqui – disse sua mãe, sentada a seu lado no banco da blazer.

– Pois é – prosseguiu o médico, continuando normalmente a subir a rua, sem atentar para suas reações –, como eu ia dizendo, a questão da paralisia do seu pai está ligada aos sintomas de uma neuropatia alcoólica. Trata-se de um distúrbio que envolve o funcionamento reduzido dos nervos em consequência de dano resultante do consumo habitual de álcool, como meu colega neurologista, o dou-tor Júlio Marjofran, terá oportunidade de explicar melhor à senhora...

A essas alturas, a caminhonete já estava estacionada na frente do hospital. Thalita desceu do carro devagar, sem conseguir deixar de olhar para tudo a seu redor. Thalita percebeu quando o livro caiu a seus pés. Parecia um livro antigo. Tinha uma capa rosa escura, sem muitos detalhes, as letras eram cheias de ro-cocós. "Nosso Lar", estava escrito no alto.[4]

– Acho que este livro é seu – disse, pegando o volume no chão e devolven-do-o ao médico.

– Ah, não... É um livro espírita; na verdade, foi uma paciente que me deu, mas não gosto muito dessas coisas... Se quiser, pode levar para você – ele disse, sem dar muita importância.

Thalita não entendeu direito. Será que ele não gostava de ler? Ou era algu-ma coisa referente ao conteúdo do livro de que ele não gostava?

– Vou querer sim, muito obrigada – disse, já segurando e livro e os copos--de-leite numa mesma braçada.

O médico entrou rapidamente e Thalita ficou ainda algum tempo parada na porta do hospital. Olhando de fora, dava para perceber que fora reformado.

O coração batia acelerado. A recepcionista informara-lhe, por alto, que sua presença já era esperada. "Será que o pai sabia que viria?", ela se perguntou, enquanto verificava os números no alto das portas. Hermínio estava no 208.

---

[4] Xavier, Francisco Cândido / André Luiz (espírito). *Nosso Lar*. Rio de Janeiro, FEB, 1998, 48ª ed., cap. 26, p. 143.

21

ANA TERESA CHEGOU de mansinho. Tinha certeza de que receberia alta naquele dia. Vestiu uma das roupas que a mãe deixara no armário, penteou os cabelos e caminhou pelo corredor. Antes de ir embora, queria ver como estava a irmã. Era uma sensação estranha, quase como voltar ao mundo depois de uma longa temporada de ausência. Quanto tempo? Não saberia dizer. Dentro dela, parecia que muito tempo havia se passado.

A porta estava entreaberta, ela foi entrando. Mal pôde acreditar no que viu. Sentada, ao lado da irmã estava dona Rute, a mãe de Pedro. Ana Patrícia dormia. Rute estava de costas para a porta. Ana Teresa ficou tensa, não sabia ainda se queria encontrar com ela. Estava tudo ainda tão confuso em sua mente. Ana Patrícia mexeu-se no leito.

– Como é que você está, querida? Sua mãe está lá embaixo na administração, foi resolver alguns detalhes sobre a alta de sua irmã e me pediu que ficasse um pouco aqui com você – disse dona Rute, ao ver que Patrícia abria os olhos.

Ana Teresa entrou depressa no banheiro. Nenhuma das duas notou.

– A minha irmã vai sair do hospital? – perguntou Ana Patrícia, ainda atônita.

Não tinha certeza se estava acordada ou sonhando com aquela cena. Era tão improvável, tão irreal que dona Rute estivesse ali a seu lado, depois de tudo o que acontecera... "Quantos dias será que fazia desde o acidente?", ela também se perguntava em silêncio.

– Ao que tudo indica, Ana Teresa vai ter alta amanhã de manhã.

– Amanhã? – Ana Teresa arregalou os olhos diante do espelho do banheiro. – Mas como só amanhã? Eu já estou pronta!

– E ela está bem? – preocupou-se Ana Patrícia.

– Pelo que sua mãe me disse, ninguém sabe ao certo. Fisicamente sim. Com a graça de Deus, ela não sofreu nenhuma sequela do acidente. Mas parece que anda tendo algumas reações estranhas, está deprimida, revoltada...

"Deprimida? Revoltada? Mas eu estou ótima! Só não quero tomar mais remédios!" Ana Teresa protestou, indignada.

– Mas isso é normal – continuou Rute. – Se até eu estou tomando remédios...

Ela falava com tanta calma, tanto carinho. Devia beirar mais ou menos uns sessenta e poucos anos de idade; Pedro era um filho temporão. "Como é que ela pode estar aqui agora, nessa tranquilidade toda, conversando com Ana Patrícia como se nada tivesse acontecido?", Ana Teresa se perguntava.

"Eu vou fugir daqui. Não vou mais voltar para aquele quarto", de dentro do banheiro, Ana Teresa decidiu. – Ah, não vou mesmo – ela disse baixo. Ninguém a ouviu.

Ana Patrícia olhou para Rute e seus olhos encheram-se de água. Não sabia o que dizer.

– Ô, minha querida, minha querida... – disse dona Rute, enxugando-lhe as lágrimas que caíam dos olhos. – Sei que deve ser muito difícil a sua situação... E que deve também estar muito preocupada com sua irmã...

– Não é por mim, e nem por ela que eu estou chorando... – disse, por fim. – É pela senhora, pelo... – ela não conseguiu terminar a frase.

"Imagina se ela ia chorar por mim!" – debochou Ana Teresa.

– Vamos fazer um trato? – pediu Rute. – Você não chora e eu também não. Do contrário, eu vou acabar me lembrando do Pedro e eu não posso fazer isso agora, porque, apesar de tudo, a vida continua, não é mesmo?

"Gente, olha só isso! Para elas não aconteceu nada!" Ana Teresa estava cada vez mais indignada.

– Desculpe, dona Rute, eu não queria que nada disso tivesse acontecido... Se não fosse por minha causa, o Pedro talvez...

– Desculpar de quê, minha filha? – dona Rute não a deixou terminar. – Não é verdade o que está tentando dizer. Você não tem que ficar se desculpando, meu amor. De nada. Deus sabe o que faz, eu tenho certeza disso.

– Como assim? – Ana Patrícia não entendeu.

Do banheiro, Ana Teresa prestava atenção.

– Era um menino muito especial, um menino muito bom... – continuou dona Rute.

– Era, era sim... Amigo de todo mundo – disse Ana Patrícia, sem conseguir evitar que as lágrimas continuassem a descer-lhe dos olhos.

Ana Teresa também se lembrou do amigo e por um instante ficou triste.

– E sabe de mais uma coisa? Eu vou te contar um segredo – disse dona Rute. – O meu Pedro era apaixonado por você! Eu tenho certeza de que, lá onde ele está, se ele pudesse, ia telefonar e pedir: mãe, vai lá visitar a Pata!

"De mim, ninguém se lembra" – Ana Teresa comentou, com certa amargura.

Ana Patrícia abriu a boca, mas novamente ficou sem palavras. Seria verdade o que dona Rute estava dizendo? Não, não podia ser! A vida toda ela fora apaixonada por Pedro, mas tinha certeza de que ele gostava da irmã! Um sorriso escapou-lhe dos lábios, o primeiro sorriso desde o acidente.

126 | Lygia Barbiére

– Sim, filha – dona Rute continuou, como se pudesse ouvir seus pensamentos. – A vida inteira foi de você que ele gostou... Eu vivia dizendo para ele que você também gostava dele... Mas, sabe como é que era o Pedro... Morria de vergonha de dizer as coisas...

"É mentira! Era de mim que ele gostava!" – Ana Teresa irritou-se. "Só falta agora ela dizer que o Caian também era apaixonado por ela!"

Ana Patrícia fechou os olhos, emocionada. Aos poucos, vieram-lhe à mente todos os momentos que passara ao lado de Pedro na noite do acidente, o último encontro no hospital.

– Se eu contar uma coisa para a senhora, será que a senhora acredita? – ela perguntou.

– Claro, meu bem. Por que eu iria duvidar de você?

– É que são coisas estranhas... Coisas de espíritos, a senhora entende?

– Então você se esqueceu de que eu sou espírita há mais de trinta anos? Aliás, não fosse isso, não sei se teria conseguido enfrentar a situação com a mesma serenidade.

Ana Patrícia parou um pouco, como se buscando no pensamento lembranças e fatos do passado. Ana Teresa também pensava. Será que fazia mesmo alguma diferença?

Muitas e muitas vezes, Pedro as chamara para conhecer o centro espírita onde a mãe trabalhava, mas elas nunca quiseram ir. Ele fazia parte de um grupo de jovens espíritas, vivia contando histórias sobre madrugadas em que saíam às ruas distribuindo sopa para os mendigos. O pessoal da turma achava verdadeiramente surreal essa história de sair por aí de madrugada, distribuindo sopa para mendigos! Alguns até faziam piadinhas por conta disso.

Mas Pedro não ligava. Jamais ficava pregando na cabeça de ninguém. Não falava sobre suas histórias para se mostrar melhor, nem superior aos outros. Respeitava as religiões e as convicções de todo mundo. De espiritismo mesmo, ele só falava quando alguém perguntava.

Agora que ele não estava mais na Terra, Ana Patrícia se arrependia de não ter perguntado mais sobre aquelas coisas, de não ter ido junto com ele ao tal centro e até mesmo por não ter participado de nenhuma sopa da madrugada. Por que será que só agora todas aquelas coisas pareciam fazer sentido?

Sim, para Ana Patrícia tudo fazia sentido. Aos poucos, ela foi contando para dona Rute cada detalhe de seu último encontro com Pedro.

– A senhora acredita que ele tenha morrido e depois, em espírito, tenha chamado os guardas para nos socorrer e ficado aqui até ter certeza de que a gente estava bem?

Dona Rute enxugou os olhos, emocionada com a narrativa.

– Agora sou eu que estou chorando... – ela riu de si própria. – Pelo que eu conheço do Pedro, ele faria tudo isso sim.

Ana Teresa não registrou a explicação. Reteve apenas a informação de que Pedro, heroicamente, tinha feito algo para salvá-las, o que a irritou ainda mais.

– Sinceramente, dona Rute? Não consigo entender como a senhora pode estar assim tão calma, me dizendo tudo isto! Se eu não soubesse o quanto a senhora era ligada a ele...

Dona Rute respirou fundo antes de responder. Parecia que o tempo todo ela lutava para vencer a si mesma, para não esmorecer diante da dor. Era um esforço muito grande e a menina percebia isto.

– Sabe, filha – disse, com imenso carinho –, eu não posso faltar ao meu filho nesta hora tão necessária. Você já imaginou como ele ficaria se eu me desesperasse? Sim, porque não deve ter sido nada fácil toda esta situação que ele vivenciou...

"É como se só ele tivesse vivenciado alguma coisa!", novamente Ana Teresa se irritou.

À medida que Rute falava, as lágrimas escorriam dos olhos de Ana Teresa. Não era propriamente um choro. Ela não sacudia os ombros, não franzia os lábios, respirava normalmente. Era, porém, como se a tristeza saísse naturalmente de dentro dela, junto com aquelas lágrimas. Rute, por sua vez, continuava a refletir sobre a atitude do filho:

– Fico imaginando o quanto ele pensou, o quanto ele se esforçou para vencer os impulsos mais egoístas, os impulsos naturais que todo mundo tem. Ele podia ter ido embora, não podia? Mas ele não foi. Ele deixou o carro dele para trás para ser leal aos amigos. Eu tenho certeza absoluta, por tudo o que sempre conversei com ele, por todas as recomendações que o Miguel sempre dava para ele, que o Pedro sabia exatamente todos os riscos que ele estava correndo. Ele não era um menino bobo, um rapaz inconsequente. E mesmo assim ele foi... Confesso a você que muitas vezes eu fico me perguntando, me questionando até que ponto o meu filho foi imaturo. E até mesmo irresponsável por seguir a cabeça de um menino como Caian.

Neste ponto da narrativa, Ana Teresa não conseguiu mais se conter.

– Não foi nada disso, não aconteceu nada assim! O Pedro não era melhor do que o Caian! – ela saiu do banheiro descontrolada.

– Ana Teresa? – Ana Patrícia e Rute disseram surpresas.

– Estou cansada de ouvir como o Pedro foi um herói, como eu e o Caian fomos inconsequentes! A gente se amava, vocês entenderam? Se amava muito! Por isso eu bebi, por isso nós voltamos! Agora, se o Pedro resolveu entrar no carro para mostrar como ele era legal, daí eu já não tenho nada com isso, eu..

– Ana Teresa! – protestou a irmã.

– Querida, acho que você ainda está precisando de repouso. Sua mãe sabe que...

– Eu não vou fazer repouso droga nenhuma! Eu estou ótima. Ótima, entenderam? Aliás, já estou até de saída. Só não vou deixar que vocês e nem ninguém fique falando mal do meu namorado, dizendo que o Pedro era melhor do que ele! – disse, do alto de seu desequilíbrio.

Já ia saindo do quarto quando deu de cara com a mãe, que vinha chegando.

– Então você está aí, filha. Que susto você me deu!

Ana Patrícia e dona Rute se olharam apreensivas.

– Estou e não estou. Já fui! – Ana Teresa saiu como um raio.

– Ana Teresa! Ana Teresa! Espere! – Mag foi atrás dela.

Ana Patrícia e dona Rute ficaram um tempo em silêncio, tristes com a cena.

– Ela ainda está muito perturbada, coitadinha – dona Rute disse finalmente.

– Eu estou chocada, dona Rute... – desabafou Ana Patrícia. – Meu Deus! Ela não podia falar desse jeito com a senhora!... É claro que a culpa foi toda do Caian – ela ficou um tempo relembrando. – Mas por que a senhora disse que o Pedro foi imaturo?

– Querida, vamos deixar essa discussão para outra hora. Não viu como ficou a sua irmã? – tentou desconversar dona Rute.

– Não, dona Rute. Eu quero muito entender. Por que a senhora disse isso? O que o Pedro poderia ter feito? Ele queria ajudar, a gente só queria ajudar! No estado em que ela estava... No estado em que o Caian estava!

– Ah, minha filha.... Ajudar não é correr risco desnecessariamente – tentou explicar dona Rute.

– Mas o que então a gente podia fazer? Deixar que os dois fossem sozinhos para casa, naquele estado? – não havia um tom agressivo em sua voz.

– Filha, eu penso que o Pedro poderia ter brigado com o rapaz para tomar dele a chave, sumido com a chave, furado o pneu, sei lá. Podia ter feito qualquer coisa, menos entrar no carro – ela soltou um suspiro. – Só que ele não fez. Então eu penso que, se ele foi, é porque ele sentiu dentro dele que tinha de ir. E se ele sentiu isso dentro dele, é porque realmente existia uma razão maior para que ele fosse. Ainda que fosse apenas para ele aprender a enxergar que precisamos nos portar no mundo com mais maturidade... – ela explicou.

– E a senhora não se sente nem um pouco revoltada por causa disso? – perguntou Ana Patrícia.

– Revoltada não, filha. Talvez um pouco perplexa. Fico querendo entender as razões do Pedro, as razões divinas... Mas acho que o meu papel, como mãe, como espírito amigo do Pedro, é compreender isso, sem me revoltar – ela enxugou as lágrimas, num gesto decidido. – Deus não erra, minha filha. Tudo nesta vida tem uma razão, uma finalidade que muitas vezes escapa à nossa compreensão imediata. Se eu ficar aqui questionando os desígnios divinos, achando que eu, se fosse Deus, teria feito tudo acontecer diferente, só vou prejudicar ao Pedro e a mim mesma com esta postura. Só fico triste por a sua irmã não poder ainda...

– Mas a senhora acha que tudo isto, o acidente, a morte do Pedro, tudo isto estava de alguma maneira previsto por Deus? – interrompeu Ana Patrícia.

– Sinceramente, eu não sei, filha. O que eu sei é que atraímos para nós as experiências necessárias ao nosso adiantamento, as provas pelas quais o nosso espírito precisa passar para consolidar o seu estágio evolutivo. Se o Pedro atraiu para si, para nós, esta prova, é porque todos nós, por alguma razão, necessitávamos passar por ela...

– A senhora fala como se ele não tivesse morrido, como se fôssemos encontrá-lo de novo a qualquer momento... – observou Ana Patrícia, visivelmente impressionada com a explicação.

Em seu íntimo, ela também se perguntava até que ponto fora um erro os dois terem entrado no carro aquela noite. Mas nunca havia pensado que talvez precisasse daquela experiência por alguma razão. Será que precisava? Sua cabeça também estava ainda tão confusa que ela não conseguia encontrar nenhuma resposta.

– Querida, Pedro não morreu e não vai morrer nunca, porque somos seres eternos. Ele não deixou de existir, simplesmente mudou de plano, como você mesma pôde constatar. Na verdade, foi você, em espírito, quem se encontrou com ele, espírito, nos corredores deste hospital. O corpo é apenas uma veste, um uniforme de que necessitamos para ir à escola aprender e do qual devemos cuidar bem de modo a aproveitarmos o máximo possível a temporada na Terra. Para o espírito, as diversas existências corporais transitórias e passageiras são apenas fases, períodos, dias de sua vida espírita, que é a vida normal.

Ana Patrícia sentia-se cada vez mais confusa:

– Se é assim, pode ser então que a gente nunca mais encontre o Pedro como Pedro? Se ele continuar mesmo essa trajetória como espírito de que a senhora falou, pode ser que logo reencarne como outra pessoa, pode ser que, no dia em que a gente voltar para esse tal mundo espiritual, ele não esteja mais lá! A senhora não fica triste com isso?

– Não fico porque eu não penso nisto. Sei que, quando chegar esse momento, quando eu efetivamente voltar a ser apenas espírito, eu vou compreender muitas coisas que agora não compreendo. Procuro não me inquietar por antecipação, centrar meu pensamento no fato de que, agora, neste instante, Pedro é Pedro. E, como Pedro, ele precisa da minha força, de meu incentivo, da minha paz para poder se recuperar de toda esta prova difícil que, por alguma razão, ele optou por viver. Quanto menos eu chorar, quanto mais eu conseguir pensar no Pedro e não na minha dor, dizer para ele, com os meus pensamentos, que eu desejo verdadeiramente que ele esteja bem, mais depressa eu sei que ele vai se recuperar – ela garantiu, respirando fundo como que secando as próprias lágrimas com aquela postura.

Ana Patrícia pensou por alguns instantes no que acabara de ouvir. Nunca ninguém lhe dissera nada parecido, mas lhe estava sendo muito confortadora aquela linha de raciocínio.

– Mas a senhora acha que ele pode sentir o que a gente sente aqui? Que o fato de a gente chorar pode afetá-lo de alguma forma? – quis entender melhor.

– Eu não acho, querida. Eu tenho certeza. Quando somos muito ligados a uma pessoa, os laços não se cortam, as mentes ficam ligadas.

– Mas... se é assim... então o que é que aconteceu com o Caian, dona Rute? Por que nós o vimos naquele estado, no quarto da minha irmã? Por que ele não respondia quando falávamos com ele?

Dona Rute pensou um pouco, antes de responder. Não queria dizer isto à menina, mas pensava nos pais de Caian que estavam vivendo uma situação muito parecida com a do filho. Pareciam completamente perdidos, sem consciência de muita coisa. Por diversas vezes havia telefonado para falar com eles, depois do acidente, mas em nenhuma delas eles quiseram atender. Naquela manhã, por sinal, a empregada dissera que os dois haviam viajado e que não voltariam antes de dois meses. Dona Rute, contudo, ouvira vozes ao lado do telefone, instruindo a empregada. Parecia que não queriam falar com ninguém, que não queriam ouvir ninguém.

– Acredito, Aninha, que ele também estivesse tão preocupado quanto o Pedro, embora não tivesse as mesmas condições de ajudar – ela respondeu por fim. – O consumo excessivo de álcool aliado às condições do acidente e à própria reação dos pais, que certamente ficaram muito desesperados diante do que aconteceu, tudo isso deve ter causado nele uma grande confusão mental, um sentimento de culpa que o impede de receber qualquer ajuda por enquanto.

– O tempo todo ele não saía do lado da minha irmã! Eu vi, dona Rute – pela primeira vez na vida Ana Patrícia se comovia com algum fato relativo a Caian. – Coitado! Será que ele está, até agora, ao lado da Ana Teresa? – ela imaginou, preocupada. – Será por isso que ela está assim, tão desequilibrada?

– Bem, querida, sinceramente, acredito que não. Todos nós temos proteções. A espiritualidade não permitiria que ele permanecesse ao lado de sua irmã no estado de perturbação em que certamente se encontra – esclareceu dona Rute. – Mas cada caso é um caso. Eu tenho mesmo me esforçado muito para tentar imaginar o que pode estar acontecendo com ele neste momento, mas também não consegui ainda chegar a uma conclusão.

– E não tem nada que possamos fazer para ajudá-lo, dona Rute? – insistiu Ana Patrícia, naquele momento esquecida de suas próprias necessidades.

– Tem, sim, querida. Nós podemos orar por ele. Você não imagina o poder que a oração pode ter sobre um espírito nessas condições. Sim, nós vamos orar muito por ele!

– Mas... Como é que a gente ora? Como podemos fazer uma oração do jeito como a senhora falou? Só sei rezar o "Pai Nosso" e a "Ave Maria", será que adianta?

– Ah, querida, adianta se você fizer estas orações pensando nele. Não se prenda a frases decoradas. Deixe sair as palavras do seu coração! Você pode até

A Ferro e Flores | 131

fazer um "Pai Nosso" ou uma "Ave Maria", mas sem se preocupar com a ordem exata das frases. Vá dizendo-as do jeito como você entende, como você sente. Faça a sua "Ave Maria" como se estivesse conversando com a mãe de Jesus, imaginando-a acolhendo o Caian no colo, com todo carinho. O importante é que você transmita para ele, através da sua vibração amorosa, a certeza de que alguém se importa com ele. Isso vai despertar nele uma vontade de melhorar, uma sensação de que ele não é uma pessoa ruim. Força e coragem! É isto o que você precisa transmitir para ele!

Mag entrou no quarto em silêncio. As duas mães se abraçaram sem nada verbalizar. Era um momento forte para ambas; imaginava cada qual o sofrimento da outra, com imenso respeito. Mag sentia-se profundamente grata pela visita.

– Obrigada! – disse, com os olhos molhados.

– Ela melhorou? – perguntou Rute.

– Acho que vai ter de ficar mais alguns dias – Mag respondeu sofrida.

Em seguida, Mag acompanhou Rute até lá embaixo. Sozinha no quarto, Ana Patrícia lembrava as palavras de Rute: "Então eu penso que, se ele foi, é porque ele sentiu dentro dele que tinha de ir. E se ele sentiu isso dentro dele, é porque realmente existia uma razão maior para que ele fosse... Ainda que fosse apenas para ele aprender a enxergar que precisamos nos portar no mundo com mais maturidade... Deus não erra, minha filha." Pensou então nas suas pernas. Sabia que havia um lençol cobrindo-a, mas não conseguia, de maneira alguma, senti-lo sobre seu corpo. Será que existia também alguma razão para que ela perdesse o movimento das pernas? Será que alguma coisa poderia mudar em uma semana?

Lembrava-se agora do médico dizendo que ela talvez pudesse andar daqui a algum tempo, que seus nervos podiam vir a se regenerar. Ana Patrícia, contudo, não sentia isso dentro dela mesma. Era como se, de alguma maneira, toda aquela experiência já estivesse inscrita em algum lugar dentro de seu cérebro, prevista no seu inconsciente. "Será que existiria alguma razão na sabedoria divina para que precisasse ficar paralítica? Será que seria para sempre?", refletia, sem, contudo, se sentir revoltada.

A conversa com Rute a deixara tranquila. Por um instante, ela teve uma sensação de total aceitação e resignação, como se tudo estivesse em seu devido lugar.

– Que oração é essa que a Rute ficou de trazer para você? – Mag entrou no quarto sem que ela percebesse.

– Hã? Ah... É uma oração para eu rezar pelo Caian, pedindo a Deus para que ele não fique numa situação de sofrimento.

– Que coisa... – respondeu Mag, cansada.

Ela também não sabia nada sobre espiritismo, mas também trazia dentro de si a certeza de que Caian não estava bem. Nem ele, nem Ana Teresa. Mag não sabia ainda como iria fazer com ela depois que estivessem em casa. Se no hospital já estava dando um trabalhão...

Ana Patrícia, por sua vez, pensava em Pedro. Sentia que Pedro continuava amando-a em algum lugar. "Mas onde?", ela se perguntava. "Onde estaria Pedro numa hora dessas? Será que existia hospital no mundo dos espíritos? Será que continuava andando por aí, preocupado com Caian?" Se ao menos ela soubesse alguma notícia dele, talvez conseguisse reunir mais forças para sair daquela cama e continuar o seu caminho, ainda que numa cadeira de rodas.

– Posso entrar?

Thalita chegou ao quarto 208 com a enorme mala, o livro e a braçada de copos-de-leite. Suas mãos estavam frias, todo o seu corpo tremia.

Ninguém respondeu. Entrou devagar e percebeu que o pai dormia. Foi até a cama e ficou olhando para ele.

Ele tinha o aspecto bastante envelhecido. Aos sessenta e dois anos, aparentava quase oitenta. Thalita sentiu-se tomada por uma comoção profunda. Apesar de tantos anos sem vê-lo, de todas as brigas e desentendimentos, ela ainda o amava tanto... Olhando-o assim tão fragilizado, ela tinha certeza disto.

Depositou devagar seu buquê de flores sobre a mesa de alimentação, junto à parede, e postou-se de novo ao lado ele. As lágrimas que lhe escorriam dos olhos sem querer caíram sobre os olhos dele, no momento em que ela delicadamente beijava-lhe a testa. Ele acordou, mas não a reconheceu de imediato.

– Quem é você? Como entrou aqui na minha casa? – perguntou assustado. Estava confuso, não sabia direito onde estava.

– Papai, eu... – tentou dizer Thalita.

– Pai? Você me chamou de pai? – ele ficou agressivo. – Pois fique sabendo que eu não tenho filha! Nenhuma filha! A filha que eu tinha morreu! Aliás, eu quero ir embora daqui! – ele inclinou-se, tentando sair da cama, embora seus membros não se mexessem.

Thalita notou que havia ainda alguma mobilidade em seus braços, o suficiente para que ele pudesse dar um impulso com os ombros e cair da cama de uma só vez. Ela correu a chamar um enfermeiro, que veio depressa.

– Estou preocupada que ele caia dali. Vi quando ele deu impulso e quase virou – ela explicou ao enfermeiro.

– É... – disse o rapaz, muito sério e compenetrado, enquanto o ajeitava na cama – parece que ele está começando a recuperar a mobilidade dos braços...

– Que recuperando coisa nenhuma! Eu não tenho nada! Me traga um cigarro! – gritou autoritário.

– Cigarro... sei! – disse o rapaz, verificando o soro. – Já, já... – ele virou-se para Thalita. – A senhora é filha dele?

– Já disse que eu não tenho filha, droga! – gritou Hermínio. – Ai! Você está me espetando! – ele reclamou quando o enfermeiro reaplicou a agulha do soro que havia escapulido da veia com o movimento.

– Sou... Sou sim... – Thalita respondeu assustada, morrendo de vontade de chorar. – Acho que vou até lá fora procurar o doutor Marjofran... – disse, já saindo nervosa.

– Vai, coisa ruim dos infernos! Sai logo daqui que eu não gosto de estranhos na minha casa! – Hermínio ficou lá xingando. – E você trate de me soltar daqui que eu não fiz nada para estar amarrado! – gritou com o enfermeiro.

Ele não sabia quem era ela; estava em pleno delírio por abstinência alcoólica. Mas Thalita não tinha noção disso. Estava arrasada quando entrou na sala do médico.

– Dona Thalita, eu posso imaginar como a senhora se sente. Contudo, devo lhe assegurar que o seu pai não tem a menor noção do que está dizendo. Provavelmente, ele nem reconheceu a senhora. A pessoa que tem o hábito de beber com frequência fica transtornada pela falta do álcool, produzindo o que chamamos de síndrome de abstinência – explicou o médico, muito atencioso.

– Mas o que é exatamente essa síndrome de abstinência? – ela quis entender.

– A questão é que o álcool é um depressor do sistema nervoso central, o tempo todo atua de maneira a provocar uma desorganização geral da transmissão dos impulsos nas membranas excitáveis, em toda a atividade dos neurônios e no próprio tecido nervoso do indivíduo, que fica deteriorado. Após o desaparecimento do álcool no organismo, o que leva somente algumas horas, de tão acostumado ao consumo constante, ocorre o que chamamos de "efeito rebote". Ou seja, o indivíduo apresenta um quadro oposto ao produzido pelo álcool, com ansiedade, tremores, inquietação, etc. Na realidade, a maior parte das pessoas dependentes de álcool apresenta muitos desses sintomas de abstinência durante todo o tempo. Essas pessoas acordam irritadas, nervosas, inquietas, ansiosas, com tremores nas mãos, fraqueza, náusea, aumento dos batimentos cardíacos e da pressão arterial, suor excessivo.

– Há muito tempo que meu pai sempre acordava desse jeito. Ficava assim todo o tempo em que não estava bebendo. Minha mãe achava até que ele tinha mal de Parkinson, de tanto que tremia... – lembrou Thalita.

– Exatamente. O indivíduo, então, bebe para aliviar esses sintomas. Ele pensa que o álcool o ajuda a controlar os sintomas, quando, na verdade, é o álcool quem os provoca. E aí entra num ciclo vicioso.

– E quando a pessoa para, doutor?

– É exatamente o caso do seu pai. Quando a pessoa para, os sintomas pioram muito, podendo produzir tipos distintos de complicação, que vão desde as convulsões até o chamado *delirium tremens* e a alucinose alcoólica, que, por sua vez, pode vir a evoluir para um quadro de psicose orgânica.

Thalita sentiu segurança no médico. Parecia realmente uma pessoa muito estudiosa, que entendia muito sobre o que falava. O outro médico que lhe dera carona também parecia uma pessoa bastante competente. Não se lembrava de tê-los visto antes, nos tempos em que ainda vivia em Aiuruoca.

– Mas então é melhor que a pessoa continue bebendo? – perguntou confusa.

– De maneira alguma. Estes sintomas de que estou falando fazem parte do processo de desintoxicação e tendem a não mais se repetir quando a pessoa para definitivamente de beber.

– Mas sempre ouvi dizer que uma pessoa pode morrer com esse negócio de *delirium tremens*! – ela se lembrou, preocupada.

– Infelizmente, isto acontece, sim. Há risco de morte entre cinco e dez por cento dos casos, mas este risco diminui bastante se a pessoa estiver internada em um hospital, onde todo tratamento, à base de cuidados gerais e de calmantes, pode ser feito. Até agora, o seu pai não apresentou um quadro de *delirium tremens* – garantiu o médico. – O que não significa, contudo, que ainda não possa apresentar. Vai depender do nível de dependência e de intoxicação dele.

Thalita ficou pensativa. De novo era ela quem ficava trêmula naquele momento, embora não bebesse nunca.

– Mas o que é exatamente esse *delirium tremens*, doutor?

– O *delirium tremens* é um quadro grave em que a pessoa apresenta tremor intenso no corpo todo, associado à confusão mental, com desorientação no tempo e no espaço. Ela não sabe onde está, nem dia, nem hora exatos. Tem também alucinações visuais, auditivas e táteis, vê, escuta e sente coisas que não existem. São muito comuns os relatos sobre bichinhos nestes quadros. Alguns veem o quarto tomado por insetos, outros os veem por todo o corpo, como se antecipassem a própria decomposição. É sempre um quadro horrível, bastante dramático para o paciente e seus familiares.

– E quanto tempo dura isto, doutor?

– Normalmente, de cinco a sete dias, mas cada caso é um caso. O ideal, no caso de seu pai, tão logo sejam debeladas as infecções mais graves, seria a transferência para uma clínica de desintoxicação com acompanhamento psiquiátrico.

Thalita deixou a sala do doutor Marjofran um tanto quanto transtornada. Ele não podia mais se estender, havia muitos pacientes aguardando o atendimento. Ela não sabia ao certo o que fazer. É claro que a vida toda sonhara com a internação do pai numa clínica como a que recomendara o médico, mas ela sabia que eram caríssimas essas clínicas. Como iria fazer para pagar este tipo de tratamento? Será que poderia lançar mão das economias do próprio Hermínio para este fim?

– Filha, viva um dia de cada vez! – sugeriu Leda ao seu ouvido. – Não queira antecipar as coisas. O importante é que o primeiro passo foi dado! Seu pai está internado em um hospital. De hoje em diante ele vai começar a se tratar!

Thalita suspirou a este pensamento. De fato, o pai já estava internado, já estava sendo medicado. A vida inteira ele se negara a fazer qualquer tipo de tratamento. Agora, não tinha como fugir. Se nem andar ele podia! Sim, talvez aquele fosse o dia mais feliz de sua vida. Daquele dia em diante, o pai nunca mais voltaria a beber. Ela não iria deixar!

Entrou no quarto bem devagar. Ele dormia de novo. Sentou-se no sofazinho de acompanhantes e ficou ali bem quieta, olhando para ele. Como roncava! O tempo todo agitava o braço, na região dos cotovelos, mostrando que, mesmo dormindo, não estava satisfeito com o soro.

Voltaram-lhe à mente todas as explicações médicas recebidas. Estava tão doente o seu pai... E pensar que tudo aquilo era uma doença voluntária, escolhida por ele mesmo... Uma leve revolta começou a passar-lhe pela cabeça. A mãe morrera de câncer, não tivera opção. O pai, contudo, cultivara a própria doença. Estava ali, se deteriorando vivo, porque bebera demais a vida toda, porque voluntariamente ingerira excesso de álcool.

– Não é bem assim, filha... As pessoas não bebem só porque querem... O alcoolismo é uma doença, é como uma droga. Uma droga muito perigosa, porque é incentivada pela própria sociedade. Quando o indivíduo vê, já está dependente.

– Mas, então, nenhuma pessoa deveria beber nunca – imaginou Thalita, achando que todos os pensamentos vinham dela mesma, sem perceber que conversava mentalmente com a mãe.

– De fato, não. O álcool é exatamente como qualquer droga. Ninguém sabe, antes de usar, se tem ou não predisposição para se viciar. E, quando tem... O álcool é, acima de tudo, uma fraqueza humana, uma tentação em que as pessoas caem. Muitas e muitas vezes, os inimigos invisíveis se aproveitam dessa fraqueza, dessa mínima fresta de invigilância para se instalarem ao lado da pessoa. Daí para diante, os problemas só se acumulam – explicou Leda.

Thalita absorveu algumas das ideias da mãe como se fossem suas. Olhava para o pai e se recordava de todas as complicações que lhe haviam sido explicadas pelos médicos. Ele poderia morrer a qualquer momento por causa da pancreatite ou mesmo por causa de uma crise de *delirium tremens*. Não, ela não queria que ele morresse!

Lembrou-se então do dia em que fora com a mãe até um médium que jogava cartas e búzios em São Lourenço, e este dissera que seu pai estava com os dias contados, que tinha já o organismo todo podre por dentro, de tanto álcool. Na época, Thalita estava zangada com o pai, mas mesmo assim passou a noite em claro, rogando a Deus, em prantos, para que não o levasse. No dia seguinte, ligou para uma casa espírita que fabricava remédios de homeopatia gratuitamente e deu o nome do pai.

Não era exatamente uma espírita. Mas gostava de ler sobre tudo o que se referia ao espiritismo e recorria aos espíritas sempre que necessitava, embora jamais houvesse efetivamente assistido a alguma palestra ou reunião espírita.

A Ferro e Flores | 137

Naquela época, durante dois meses, sob intensa marcação, ela conseguiu que Hermínio tomasse os medicamentos conforme fora prescrito e também a água sulfurosa do parque de Caxambu, que lhe fora recomendada na mesma receita mediúnica. Mas não deu muito resultado. Ele continuou bebendo do mesmo jeito.

No final das contas, a mãe acabou morrendo primeiro. Thalita ficou muito triste ao fazer esta constatação. Será que desta vez o pai iria mesmo tomar jeito?

– Filha, aquele médium de São Lourenço não estava de todo errado. O estado do seu pai é realmente grave. Não foi por culpa dele que eu desencarnei antes. Foi por minha própria culpa. Fui eu quem me magoei excessivamente com as coisas, fui eu que não soube vivenciar com equilíbrio as situações por que precisava passar. Tome cuidado, minha filha, para você não fazer a mesma coisa com você mesma... Não cultive rancores, cultive amor, começando por você mesma...

Thalita olhou para si e percebeu o quanto estava exausta. Havia viajado quase o dia inteiro; até agora não tomara sequer um banho. Precisava comer alguma coisa, mas seu corpo estava tão cansado que, só de pensar em sair dali, ela tinha vontade de chorar.

– Levante, filha! Tome seu banho; a água vai te revigorar.

Com efeito, ela se sentiu bem melhor depois do banho. Estava enxugando os cabelos quando a funcionária da copa apareceu com uma bandeja coberta, perguntando se o acompanhante iria querer jantar.

– Mas... e ele? Será que não é melhor acordá-lo para jantar? – imaginou.

– Não se preocupe com isso! Pelo que consta na minha ficha, ele está de dieta zero por causa da pancreatite. Melhor deixá-lo dormir – sugeriu a mocinha, já saindo do quarto.

– Mas... ele não vai comer nada? – preocupou-se Thalita.

– Ordens médicas. E coma logo, enquanto está quente! – brincou a enfermeira, apressada, porém simpática.

– Ah... Então este é o meu jantar – compreendeu Thalita, enquanto a porta se fechava.

Hermínio acordou.

– Thalita, estou com sede! – bradou ele.

– Claro, claro, pai – ela deixou o jantar no sofazinho e correu a buscar água, feliz por ele a ter reconhecido.

Tinha os cabelos ainda embaraçados, mal tivera tempo de penteá-los.

– Que aconteceu com seus cabelos? – o pai olhou para ela, enquanto ela o segurava pela cabeça para que pudesse beber a água. – Estão queimados, horríveis! – ele disse, sem nenhuma compaixão. – Aliás, você está horrível!

Leda percebeu assustada que não era propriamente ele quem falava. Havia *outro* deitado ao lado dele, quase acoplado a Hermínio. Thalita continuava dando água ao pai, sem nada perceber. Estava sentida com o comentário. Era

138 | Lygia Barbiére

desajeitada a posição, a cabeça dele tremia muito quando ela tentava sustentá-lo pelo pescoço. A água acabou entornando.

– Veja só o que você fez, droga! – ele se zangou.

Ela notou que ele inteiro estava tremendo. Era um tremor estranho, quase convulsivo, parecia até que ele estava com febre.

– Você está com frio, pai?

– Frio nenhum! Tire essa coberta molhada de cima de mim! – ele exasperou-se. – Me dê o meu copo.

Thalita, confusa, levou até ele de novo o copo com água.

– Não é este copo que eu quero. É o outro – ele indicava com a cabeça como se houvesse um copo em outro lugar.

Suas mãos não se moviam, mas ele tinha a sensação de que as esticava para pegar o copo. Leda percebeu que o outro era quem esticava as mãos. Ele não a via, mas talvez fosse melhor pedir reforços. Ela começou a chamar mentalmente por sua equipe.

Thalita, enquanto isto, olhava em torno, procurando, mas não conseguia entender o que o pai estava querendo.

– Pega logo! Pegue o meu copo de uísque! Ali! Na cadeira! Junto com a garrafa!

Não havia nenhum copo de uísque, mas ele via uma garrafa e um copo em cima de uma cadeira. Que Thalita também não conseguia enxergar. Leda, porém, percebia que havia de fato uma cadeira, uma garrafa e um copo cheio de uísque que haviam sido ali deixados por alguém.

Thalita começou a desconfiar que o pai estivesse tendo uma alucinação. Achou que podia fazer de conta que estava pegando o copo, para contentá-lo.

– Tome, pai. Está aqui – disse, estendendo-lhe um copo imaginário.

Hermínio quis empurrá-la com força, mas os braços não obedeciam a seu comando. Cuspiu de lado com ódio!

– Você deixe de brincadeira comigo que não sou moleque! Me dê o copo!

Thalita olhou assustada para porta, que acabara de ser aberta. Achou que fosse de novo a mocinha da copa ou qualquer outro enfermeiro. Mas não entrou ninguém. Entretanto, a porta se abriu e permaneceu aberta como se alguém a tivesse empurrado.

De seu canto no quarto, Leda observava a cena assustada. O quarto estava cheio de espíritos barulhentos, de horrível aspecto, todos em torno do leito de Hermínio, gritando:

– Bebida! Queremos bebida!

Na cama, o espírito deitado junto a Hermínio parecia feliz em vê-los. Tinha a aparência pálida e amarelada, seu aspecto era o de alguém muito doente.

Thalita ainda não imaginava a longa noite que teria pela frente. O tempo todo ela se lembrava, apreensiva, do médico dizendo que muitas pessoas não conseguiam superar o período de crise de abstinência.

Naquela noite, dona Rute chorou por longo tempo, antes de adormecer. A despeito de todas as palavras consoladoras que dissera a Ana Patrícia no hospital, ela sentia saudades incontroláveis de Pedro.

Quando finalmente pegou no sono, depois de muitas preces, se viu chorando diante de um mar imenso. Ela sabia que Pedro estava do outro lado e, aos prantos, gritava por ele:

– Pedro! Por que você teve de ir embora, meu filho? Por quê? Eu não queria ficar aqui sozinha sem você!

Pedro então veio lá de longe, costeando o mar por um caminho estreito, um caminho gramado igual a caminho de roça. Não era mais um rapaz, e sim um menino de oito ou nove anos de idade. Quando chegou, estava chorando também.

– Onde você estava, meu filho? Como não enxerguei antes este caminho por onde você veio? – disse a mãe num apertado e saudoso abraço.

Pedro, porém, não dizia nada. As lágrimas desciam de seu rosto sem parar. Sempre em silêncio, ele a pegou pela mão e os dois seguiram pelo mesmo caminho até chegarem a um enorme e verdejante gramado. Lá no fundo, havia uma casa de madeira, toda florida em volta.

Sempre segurando a mãe pela mão, Pedro empurrou a porta e entrou. Era um salão sem fim, inteiramente inundado de luz. Muita luz. Raios de luz brilhando, luz dourada, luz prateada, luz por toda parte. A princípio, Rute sentiu-se ofuscada com a luz; demorou um tempo para conseguir enxergar direito.

Só então reparou que Pedro estava deitado em uma cama de madeira, bem próximo à porta, olhando para ela e sorrindo. Era um imenso berçário. Por toda parte havia crianças brincando. Todas de nove anos para baixo, vestidas de branco. A maioria estava ocupada em desmanchar rosas brancas de pétalas enormes. O chão estava coberto de pétalas. De sua caminha, Pedro sorria para ela e as crianças o cobriam de pétalas.

De repente, porém, ela olhou e viu um grupo de jovens se aproximando. Todos vestiam também roupas brancas, conheciam cada criança pelo nome. Rute voltou-se para a cama de madeira em frente à porta, mas Pedro não estava mais lá. Olhou de novo para o grupo de jovens e viu que ele agora estava entre eles, sorrindo, cercado por muitas crianças. Rute teve a sensação de que eles cuidavam das crianças. Ou seriam as crianças que cuidavam dos jovens?

Pedro tomou nos braços um menino pequeno e ficou parado, diante da porta, sorrindo para ela. Seria mesmo Pedro? Ou seria Miguel segurando Pedro no colo? Rute não conseguiu chegar a uma conclusão. Os dois eram tão parecidos... A porta foi se fechando devagar, Rute ainda continuava vendo a imagem do rapaz sorrindo, com a criança no colo, olhando para ela. Parecia Miguel, mas ela olhava para ele e via Pedro. Em seu silêncio, era como se ele dissesse: "não se preocupe, mãezinha. Está tudo bem..." Sim, era Pedro. Só podia ser...

Rute não chorou mais. Sorriu uma última vez para a porta, já fechada e seguiu pelo longo caminho de volta.

Quando, de madrugada, abriu os olhos e acendeu a luz para certificar-se de onde estava, deu com a rosa seca caída a seus pés, bem ao lado dos chinelos. Tomou-a nas mãos com carinho e logo a reconheceu. Era uma antiga rosa branca que ganhara de Pedro em remoto dia das mães.

– É... Provavelmente deve ter caído do meu Evangelho na hora em que me deitei... – deduziu, com o coração alegre.

No fundo de si mesma, guardava a certeza de que fora Pedro quem, de alguma maneira, a derrubara ali de propósito. Rute sorriu a esta ideia. Bebeu um copo d'água e voltou a seus travesseiros, disposta a dormir mais um pouco.

Hermínio estava agitadíssimo. Todo o seu corpo tremia, sobretudo na área central. Até mesmo as pernas e braços paralisados tremiam involuntariamente. De cabeça baixa, Leda e sua equipe mantinham-se em prece.

Ainda descabelada, sem conseguir sequer pendurar a toalha em algum lugar, Thalita, nervosa, tentava acalmá-lo. Ela não podia ver, mas, a seu lado, o bando de espíritos se divertia estimulando glândulas na garganta de Hermínio para que ele sentisse ainda mais sede e vontade de beber.

– Água! Me traga mais água! – ele pedia, desesperado.

Ela trazia, ele se entornava todo, mas a sede não passava.

– Vou ter de chamar o enfermeiro, papai. Você se molhou todo... – disse Thalita, passando a toalha pelo camisolão molhado dele.

Ela apertou a campainha atrás da cama para que um enfermeiro viesse.

– Me ajude aqui! – ele pedia agitado. – Preciso pegar uma coisa que deixei no banheiro.

– Não, papai! Você não deixou nada no banheiro; eu já chamei o enfermeiro e...

– Mas eu preciso fazer xixi, droga! – ele continuava nervoso e agitado.

– Papai, você está de fralda e... – Thalita tentou dizer.

– Pois então tire! Eu não quero usar esta porcaria!

– Papai, eu não posso e...

Ele se mexeu tanto na cama, tentando girar o tronco para um lado e para o outro que a fralda acabou se abrindo e ele fez xixi por entre as cobertas.

– Papai! – Thalita não sabia o que fazer.

Em instantes, uma nova enfermeira, que iniciava seu plantão, entrava no quarto.

– Muito prazer, Isaura. Estou vendo que o senhor andou fazendo bobagens... – ela foi trocando as fraldas de Hermínio sem muita cerimônia, completamente acostumada com seu ofício.

Thalita, envergonhada, tentou explicar o que tinha acontecido, mas ele começou a dizer palavrões. Isaura foi firme com ele:

– Escute aqui, senhor! Eu estou trocando agora a sua fralda e os seus lençóis! Mas não vou voltar aqui se o senhor fizer isto de novo, ouviu bem?

Hermínio não respondeu. A seu lado, Leda também estava tensa.

– Procure ficar calma, minha irmã! Deste jeito só vai piorar a situação da sua filha – comentou Serginho.

– Mas eles são muitos! Tenho medo de que ataquem também a minha filha! – argumentou Leda, sem tirar os olhos do bando que se divertia com a bronca de Isaura.

– Tudo que precisamos, neste momento, é manter Thalita em equilíbrio. Se ela estiver com a sintonia elevada, nada do que eles façam poderá atingi-la – voltou a explicar Serginho.

– Sim – interferiu Maria – não temos como socorrê-los todos de imediato. Vamos observar para estudar a melhor forma de atuação.

Alheios a sua presença, os espíritos em torno de Hermínio falavam com ele diretamente, de maneira a comandar seus gestos e pensamentos.

"Beber... Quero beber", pensava Hermínio. Mas ele sabia que não adiantaria pedir ajuda à filha. Era preciso encontrar um meio de sair dali. "Você deve irritá-la! Tirá-la do sério!", provocava um dos espíritos. "Você está com muita vontade de fazer xixi", dizia outro. Com efeito, de novo Hermínio se agitou tanto que acabou molhando todo o lençol.

Ao longo de menos de uma hora, a mesma situação se repetiu três vezes. Na terceira, Isaura tomou uma decisão:

– Eu avisei, não avisei? – ela disse brava, olhando para ele. Depois abriu a porta e chamou pelo outro enfermeiro: – Laerte, venha cá! Vamos ter de amarrar o paciente.

Hermínio ficou louco. Urrava como um bicho. Não queria, de jeito nenhum, se deixar amarrar. Não dispunha de muitas opções de movimento, mas o tronco parecia dotado da força de dez homens.

Laerte aplicou-lhe uma injeção calmante e ele pareceu apagar por alguns instantes. Depois, ele e Isaura amarraram Hermínio no colchão e nas grades da cama. O tórax, os dois pulsos e até mesmo os tornozelos, para que não pudesse tentar nenhum tipo de impulso.

Thalita sentou-se no sofazinho e começou a pentear os cabelos. Era tão horrível olhar para o pai amarrado daquela maneira... Nem reparara quando a moça da cozinha entrara e retirara o jantar no meio da confusão; sua barriga doía de fome. Pensou então em chamar de novo a moça e pedir ao menos umas torradinhas com chá, mas, exatamente no momento em que ela chegou até a porta, Hermínio acordou de novo. Estava ainda mais agitado, parecia até que a injeção tinha feito o efeito oposto.

– Me tirem daqui! Depressa! Uma faca! Preciso sair debaixo deste motor!

Thalita lembrou do acidente que Ramon lhe contara e pensou que ele poderia estar pensando que estava ainda preso nas ferragens do carro.

– Calma, papai! Está tudo bem! Nós estamos em um hospital – ela tentou explicar.

A Ferro e Flores | 143

De fato, os espíritos projetavam na mente dele imagens do acidente; tentavam incitar suas forças para que ele saísse dali. Hermínio podia vê-los em seu delírio. Era como se estivessem todos em volta dele na hora do acidente, pessoas olhando-o preso em meio às ferragens.

– Depressa! Chamem os bombeiros! Nós precisamos sair daqui! – dizia ele, de uma maneira sussurrada que era de causar dó.

Leda e sua equipe procuravam vibrar em torno deles, emitindo sentimentos de amor. Tais sentimentos, contudo, não conseguiam ultrapassar a barreira escura que os rodeava.

Os espíritos trevosos rolavam no chão de tanto dar gargalhadas. "Agora você precisa beber para se acalmar! Foi muito traumático o acidente", diziam--lhe em pensamentos, aguçando-lhe o paladar. Um deles, porém, parecia mais nervoso do que os demais:

– Preciso beber! Preciso beber de verdade!

Era o que estava deitado na cama junto com Hermínio; tremia e passava mal junto com ele. Era como se fossem gêmeos xifópagos, de tão colados estavam um no outro.

– Olha, eu já te dei água, já fiz tudo o que eu podia – Thalita falou ao pai com autoridade. – Agora eu vou arrumar a minha cama porque estou precisando pelo menos me deitar um pouquinho. Viajei o dia todo, não estou aguentando mais!

Enquanto ela arrumava a cama, ele gritava:

– Me solte daqui! Me dê água! Estou com sede! Quero fazer xixi!

Ela já estava ficando louca com aquilo. Parou tudo e encheu mais um copo com água.

– Espere! – ela se lembrou que tinha um canudinho na bolsa.

A estratégia deu certo. O pai conseguiu tomar melhor a água. Entretanto, não se acalmou:

– Eu quero fazer xixi!

– Não precisa! Você está de fralda!

– Mas eu não quero saber de fralda!

– Papai, não tem jeito! Você precisa colaborar... Vai passar, está bem? – ela tentou fazer um carinho no rosto dele, mas ele foi agressivo, desviou o rosto.

Thalita, nervosa, resolveu andar um pouco pelo corredor do hospital. Estava uma pilha, não sabia mais o que fazer. Apertava os dedos, empurrava os cabelos para trás, levava as unhas à boca. O que faria numa situação daquelas?

No quarto, os espíritos trevosos discutiam a seu respeito.

– Não podemos deixar que ela consiga o que está querendo – disse um deles, que parecia o mais altivo de todos.

– Sim! Ele é nosso! Ninguém pode afastá-lo de nós! – gritou outro.

– Além disso, não podemos deixar Hefesto desse jeito. Ele está passando muito mal, precisa urgentemente de álcool... Temos de conseguir álcool para Hefesto!

144 | Lygia Barbiére

Eles se referiam agora ao 'duplo' de Hermínio. Chocada, Leda percebeu que o apelido que há tantos anos acompanhava seu marido era, na verdade, o nome daquele outro que estava literalmente grudado nele.

Saíram em bando pelo corredor. Thalita levou de repente um escorregão. Só não se machucou mais porque estava sob o amparo espiritual de Leda e sua equipe.

– Você precisa de ajuda? – a enfermeira Isaura veio depressa em seu socorro, trazida por Serginho.

– Não... Foi só um tombo. Não está doendo nada não – ela se justificou, embora sentisse o pulso e o dorso interno da mão queimando de dor. – Acho que só estou um pouco cansada...

– Você está suando frio! Deve estar com a pressão baixa – Isaura constatou.

– Mande ela embora! Que vá se cuidar em outro lugar, longe daqui! – gritou um espírito ao lado de Isaura.

Ela, contudo, não lhe registrou a influência. Sintonizava-se melhor com a equipe de Leda, devido ao teor e à qualidade de seus pensamentos.

– Fique calma! É só uma crise de abstinência. Já estamos acostumados com isso – disse o enfermeiro Laerte, passando com uma injeção numa bandeja prateada.

– Tem certeza? – Thalita estava confusa.

– Se ele não melhorar, você me chama, que eu vou falar com a médica para dar outra injeção nele...

Às três horas da manhã, Hermínio já tinha tomado duas injeções e continuava cada vez mais agitado. O bando de espíritos se mantinha em torno do leito, ocupado em transferir suas energias para o outro doente, o qual, ainda assim, parecia agonizar pela falta de álcool.

Exausto, o bando de espíritos desceu para procurar algo de beber nas imediações. Restou apenas o que estava acamado junto com Hermínio.

– Gente, o meu pai vai ter um treco se continuar desse jeito – Thalita pensou alto.

Hermínio ouviu e aproveitou a dica.

– É verdade... Eu vou morrer por sua culpa! Veja! Meu coração está disparado! Thalita ficou apreensiva. Realmente o coração dele estava disparado.

– Ô, minha filhinha, eu gosto tanto de você... – ele disse, no momento em que ela retirava a mão do coração dele.

Thalita não esperava. Subiu de repente aquela vontade de chorar, mas ela se segurou. Abraçou o pai com força.

– Ô, meu pai... Eu também gosto tanto de você... Não queria nunca que você tivesse chegado a esta situação... Mas agora que chegou, precisamos cuidar de você. Você precisa colaborar...

– Está bem, filha, está bem...

Ele agora parecia lúcido de todo, o mesmo olhar do pai querido da infância que Thalita guardava na memória. Foi ficando cada vez mais difícil segurar o choro, as lágrimas pulavam-lhe dos olhos como se a própria emoção as impulsionasse.

– Você quer mais um pouco de água? – ela tentou disfarçar.

– Não é justo deixar o seu pai, que sempre foi tão seu amigo, amarrado desse jeito... – ele pediu com doçura.

– Está bem, papai. Eu vou pedir para te desamarrarem. Mas você vai me prometer que vai ficar bonzinho, que não vai fazer xixi no lençol e nem tentar mais nenhuma bobagem, está bem? – ela cedeu, vencida por aquele apelo.

– Está certo, filha. Só quero dormir um pouco. Desse jeito, eu não posso... Me dê aquela água que você me ofereceu, por favor...

Thalita mal podia acreditar no que ouvia. Era como se uma mágica de repente o tivesse afetado, transformando-o em um menino bonzinho. Leda também estava emocionada, achando que Hermínio finalmente voltara a seu normal, que passara o efeito da abstinência alcoólica. Os demais espíritos de sua equipe, no entanto, sabiam que eles voltariam a qualquer momento; o tempo todo estavam atentos ao espírito que permanecera ao lado de Hermínio, o qual parecia bastante esperto. Sobretudo, eles percebiam que as emanações que saíam de Hermínio quando ele falava não correspondiam à forçada doçura que ele se esforçava por imprimir à voz. Sua vibração era a de alguém muito irritado, cheio de ódio dentro de si.

– O que será que eles estão tramando? – Serginho também estava atento. – Cuidado! Não o desamarre – ele sugeriu a Thalita, incentivado pelo olhar de Maria.

A jovem, porém, não lhe deu ouvidos. Sentia-se como a garotinha que havia tirado dez na escola e acabara de ser elogiada pelo pai exigente. O contato com ele era algo tão profundo que agora ela era puramente um ser emocional, um feixe de impulsos que inconscientemente se movia, deslocado no tempo e no espaço. Thalita corria pelo hospital como se corresse pelo quintal de casa na infância.

– Laerte, por favor... Solte o papai! Ele está bem, estou com muita pena dele! – ela pediu, sincera.

Laerte olhou para ela, desconfiado, ciente do que estava acontecendo, clinicamente falando. Acostumado a lidar com alcoolistas em crise, sabia que eles eram capazes de tudo para conseguir o que queriam.

– Você vai se arrepender – ele avisou. – Mas, se quiser, eu solto. Tenho certeza de que não vai dar nem meia hora e você vai estar aqui me pedindo para amarrá-lo de novo.

Thalita insistiu. Queria muito dar uma chance ao pai; estava realmente se sentindo mal com ele amarrado daquele jeito.

Laerte entrou no quarto um tanto quanto contrariado e fez o que ela estava pedindo. O quarto, a essas alturas, já estava cheio de novo.

– Engraçado... Estou sentindo um cheiro de álcool aqui – observou Laerte.

– Não... Não estou sentindo nada – disse Thalita, depois de aspirar profundamente.

Um dos espíritos aproximou-se de Hermínio e soprou em sua boca um bafo muito forte de cachaça. Hermínio, de imediato, se reanimou, seu organismo sentiu ainda mais vontade de beber. E de fazer xixi.

Assim que Laerte saiu, ele novamente começou a agitar-se na cama.

– Papai, não faça isso! – Thalita o segurou.

– Me solta, sua vaca! – ele gritou com tanta força que ela se sentiu tonta e caiu sentada no sofá.

– Você vai ver! – ela o desfiou. – Eu vou mandar amarrá-lo de novo!

– Thalita, não! – gritou Leda. – Não entre na sintonia dele!

Imediatamente, dois espíritos sentaram ao lado dela, um de cada lado, e começaram a sussurrar coisas ao seu ouvido:

– Ele é um ingrato! – dizia um.

– Não merece seu sacrifício! – dizia outro.

– Deixe-o para lá! – reiterava o primeiro.

– Você tem tanta coisa para cuidar na sua vida... – redarguiu o outro.

Leda e sua equipe também tentavam falar com ela, inspirando-lhe pensamentos de amor e compaixão, mas Thalita parecia fixada nas palavras do bando ligado ao álcool. Sentia-se magoada e, quanto mais aumentava sua mágoa, mais nitidamente ela ouvia as sugestões dos espíritos que agora a cercavam.

Novamente Hermínio girava na cama como um frango de padaria, para um lado e para o outro, completamente transtornado.

Thalita, morrendo de raiva, levantou do sofá, disposta a pegar sua mala e deixar o hospital.

Foi neste instante que Leda, afoita, se colocou em sua frente. Estava tão nervosa que, sem querer, deixou-se contaminar pela vibração da filha e os espíritos trevosos a viram.

– Quem é você? O que faz aqui? – eles a cercaram, ameaçadores.

– Leda, venha! – ela ouviu a voz de Toya e desapareceu como que por encanto.

Eustaquiano apareceu no quarto. Aguardou um pouco, enquanto os espíritos trevosos procuravam por Leda. Quando eles se afastaram um pouco mais de Thalita, que a essas alturas segurava sua mala junto à porta, ele se aproximou dela e disse:

– Você esqueceu seu livro!

Ela olhou para trás, com a sensação de que havia esquecido algo: deu com o buquê de copos-de-leite e começou a chorar.

– Não sinta pena de si mesma, vamos! Você é forte! Não pode se deixar vencer por um doente! – Serginho veio também em seu socorro.

– O livro! Você esqueceu seu livro! – repetiu Eustaquiano.

Sentindo-se um pouco mais fortalecida, Thalita apoiou a mala no chão e voltou alguns passos para pegar o livro que continuava fechado sobre a mesinha com rodas encostada na parede.

– Abra-o! – sugeriu Eustaquiano.

Era tão forte, tão intensa a vibração de luz que dele provinha que os espíritos trevosos, ainda ocupados em descobrir o paradeiro de Leda, sentiram algo estranho no ar.

– Opa! – disse o que parecia ser o líder entre deles. – Estou sentindo que eles estão por aqui! Ela só pode ser do bando deles!

– Eles quem? – um dos homens do grupo não entendeu.

– Ora, quem! Os estraga-prazeres! Os espíritos do bem, seu idiota! Eu tenho certeza de que eles estão por aqui! – retrucou o líder.

– Então é melhor a gente cair fora! – disse outro.

– É! Vamos por aí procurar mais cachaça! – concordou o líder.

Deixaram o quarto em grande arruaça. Ficou apenas, como sempre, o que permanecia deitado ao lado de Hermínio. Os dois gritavam ao mesmo tempo, xingavam os enfermeiros, Thalita e o hospital.

Eustaquiano tinha agora as duas mãos espalmadas sobre Thalita. Transferia-lhe energias através de um passe. Ela sentiu-se aliviada em seu cansaço, em sua vontade de chorar e sentou no sofazinho com o livro na mão.

– Quer saber de uma coisa? – ela disse, ainda sob a influência das energias salutares de Eustaquiano. – Já que eu não posso dormir, eu vou ler.

– Leia em voz alta! – sugeriu Serginho.

– Sim. Vou ler para você – ela disse, olhando para o pai.

Hermínio continuou falando, mas era como se ela não o ouvisse. Abriu o livro e viu-se diante do capítulo 1, intitulado "Nas zonas inferiores".

"Eu guardava a impressão de haver perdido a ideia de tempo. A noção de espaço esvaíra-se-me de há muito. Estava convicto de não mais pertencer ao número dos encarnados no mundo e, no entanto, meus pulmões respiravam a longos haustos. Desde quando tornara-me joguete de forças irresistíveis? Impossível esclarecer".

A narrativa foi aos poucos envolvendo Hermínio e seu companheiro, atiçando-lhes a curiosidade à medida que se identificavam com as sensações descritas. Aos poucos, eles foram silenciando para ouvir o que Thalita dizia.

Era a história de André Luiz, espírito atormentado que se descobre vivo depois de morto. Da sofrida análise dessa constatação, ele passa, então, ao arrependimento e à conscientização sobre tudo o que havia feito em sua última existência terrestre. Jovem frívolo e mimado, formara-se em medicina, construíra um lar, uma família, mas jamais desenvolvera os germes da virtude que o Senhor da vida colocara-lhe na alma. Ao contrário, sufocara-os, criminosamente, no desejo incessante e incontido de bem-estar. Então, atormentado por sentimentos de fome e sede, vagando por espaços escorregadios na treva espessa, aviltado por vozes insistentes que o incomodam chamando-o de suicida, ele pede ajuda a Deus com humildade e, uma vez socorrido, vem a descobrir que efetivamente foi um suicida, como esclarece-lhe o médico que dele cuida:

"– Talvez o amigo não tenha ponderado bastante. O organismo espiritual apresenta em si mesmo a história completa das ações praticadas no mundo. [...] Já observou como seu fígado foi maltratado pela sua própria ação; que os rins foram esquecidos, com terrível menosprezo às dádivas sagradas? [...] Os órgãos do corpo físico possuem incalculáveis reservas, segundo os desígnios do Senhor. O meu amigo, no entanto, iludiu excelentes oportunidades, esperdiçando patrimônios preciosos da experiência física. A longa tarefa que lhe foi confiada pelos maiores da espiritualidade superior foi reduzida a meras tentativas de trabalho que não se consumou. Todo o aparelho gástrico foi destruído à custa dos excessos de alimentação e de bebidas alcoólicas, aparentemente sem importância. Devorou-lhe a sífilis energias essenciais. Como vê, o suicídio é incontestável".

Thalita olhou de relance e percebeu que o pai dormia. Havia lido quase quatro capítulos inteiros. Sentia-se refeita, após a leitura. Marcou o livro devagar com um pedacinho de papel que encontrou sobre a mesinha de cabeceira e aproximou-se do pai. Ela não podia notar, mas o espírito que estava deitado a seu lado, quase superposto a ele, dormia também.

– Sabe – ela disse, ainda inspirada pelas energias de Eustaquiano. – Tudo o que eu não queria, pai, era que você chegasse ao outro lado da vida depauperado, alcoolizado, tonto, doente...

De fato, ela já tinha ouvido muitas vezes dizer o quanto é horrível o despertar de uma pessoa que bebe, o quanto esses espíritos ficam prisioneiros da bebida por largos e longos anos.

– Tudo o que eu queria era que você melhorasse aqui, para, no dia em que tivesse de ir embora, pudesse ir em outras condições... – ela continuou sussurrando ao lado dele.

Disse isso com infinito carinho. Depois, enxugou a lágrima que lhe escorrera dos olhos, encostou no sofazinho e apagou também.

– Nem sei como agradecer! – Leda disse a Eustaquiano, depois que tudo se acalmou.

– Mais importante do que agradecer, é esforçar-se por manter o próprio equilíbrio em situações como esta – observou o mentor.

– Mas... e este espírito? Não temos como desgrudá-lo de Hermínio? – ela observou preocupada.

– Há que se ter muito cuidado. É comum, em situações como esta, o encarnado perecer quando o obsessor é levado, tal a força dos laços fluídicos que os unem; um se alimenta da energia do outro, em processo de total simbiose – esclareceu Eustaquiano.

A FERRO E FLORES | 149

– Mas então isso significa que não há alternativas de cura para nosso amigo Hermínio? – Sati não entendeu.

– Nossa única alternativa é conseguir tratar os dois, simultaneamente – analisou o mentor.

– Engraçado... A fisionomia dele não me é estranha – comentou Leda.

– É possível que, quando você se lembrar de onde o conhece, o próprio Hermínio seja beneficiado por suas recordações – previu Eustaquiano.

– Como assim? – Leda ficou curiosa.

– Tudo tem seu tempo certo – desconversou o mentor. – Falando nisto, é hora do despertar de um velho companheiro de nossa equipe que acaba de voltar para o mundo espiritual. Algum de vocês vem comigo?

Pedro estava sentando na cama, saboreando um delicioso caldo revigorante, quando alguém bateu à porta. Diferentemente do que sua mãe vira em sonhos, estava em um quarto de hospital. Não era um local todo branco como os hospitais da Terra. Ao contrário, tudo ali parecia transmitir vida e alegria.

Só se sabia que aquilo era um hospital porque nos quartos havia leitos onde espíritos convalesciam. O quarto de Pedro era lilás. Nas paredes havia quadros pendurados, na mesinha sob a janela destacava-se um lindo vaso de flores coloridas que faziam lembrar orquídeas bailarinas, chuvas-de-ouro nos mais variados e inimagináveis tons. Pedro, contudo, estava sério e reflexivo.

A porta se abriu e entrou uma moça ruiva, vestida de cor-de-rosa claro. Era uma roupa diferente. Nem uma túnica diáfana como costumam imaginar os encarnados, nem um vestido propriamente dito. Tinha um corte peculiar e uma aparência confortável. A moça, por sua vez, não era uma mulher convencional. Tinha a aparência de uns trinta e poucos anos, talvez quarenta, o olhar era de uma jovem de vinte. Toda ela parecia dotada de uma beleza incomum, clara, quase translúcida, numa figura agradável de se ver, que inspirava conforto ao coração.

– Posso entrar? – pediu, delicada.

– Claro! – respondeu Pedro, hipnotizado por sua figura.

Era como se ele a conhecesse de algum lugar, mas não sabia dizer precisamente de onde. Sentia, no entanto, dentro dele, estar diante de alguém muito querido, que o conhecia profundamente. Ela carregava imenso pacote embrulhado para presente. Estendeu-o a ele, num gesto suave, emoldurado por enorme sorriso:

– Para mim? – estranhou Pedro.

– Sim – disse ela sorrindo.

Pedro abriu o pacote. Continuava sério. Com cuidado, tirou de dentro uma antiga foto sua ao lado de Ana Patrícia. Era uma foto tirada quando ambos estavam no jardim de infância, os dois vestidos para dançar sua primeira quadrilha na festa junina da escola.

– Como... Como pode? Como é que esta foto veio parar aqui? – perguntou, sensibilizado. – A gente não deixa tudo na Terra quando vem para cá?

A Ferro e Flores | 151

Já havia sido informado de onde estava. Por ser um espírito muito esforça-do, cuja estada no mundo físico fora sempre voltada para o trabalho no bem e ligada a estudos sobre espiritismo, compreendia tudo com relativa facilidade, embora, na prática, ainda não estivesse completamente familiarizado com a maneira como as coisas funcionavam no mundo espiritual.

Fazia muito pouco tempo que despertara. Ainda não tivera como adaptar-se à nova realidade. Ao mesmo tempo, dentro dele, tinha a sensação de uma tristeza presa na garganta, algo de errado que ele ainda não conseguia definir direito.

– A mãe levou para ela algumas fotos da infância, para distraí-la no hospital, e esta, em especial, a fez pensar em você. Aliás, foi dona Rute quem ensinou a ela como fazer para enviar estas coisas. Ana Patrícia é ótima aluna. O amor que sente por você faz com que aprenda tudo com rapidez e facilidade – explicou a simpá-tica jovem, percebendo os pensamentos de angústia que voltavam a envolvê-lo.

Novamente Pedro teve sua atenção voltada para aquela delicada figura. Sua voz também lhe era tão familiar... Pedro sentia-se profundamente à vontade na presença dela.

Olhou para a foto e começou a chorar. Sentiu muitas saudades de Ana Patrí-cia, imaginou o carinho com que sua mãe havia explicado aquelas coisas para ela. Só de pensar na mãe, sentia uma dor tão funda no peito...

– Mas veja! Tem muitas outras coisas aí dentro dessa caixa! O pessoal do ministério das comunicações do hospital juntou tudo enquanto você dormia – insistiu a jovem cuidadosa, sempre preocupada em evitar que ele se deprimisse com aqueles pensamentos.

Pedro enxugou os olhos e esforçou-se para voltar a olhar para dentro da cai-xa. O tempo todo, continuava com a sensação de estar ali com alguém muito conhecido, alguém que sabia exatamente o que ele pensava e sentia. Será que ela sabia dizer o que o estava angustiando tanto? Achou melhor perguntar depois.

Foi tirando as coisas da caixa bem devagar. Havia muitas cartas ali dentro. Cartas e bilhetes. Muitos da mãe e de Ana Patrícia. Para sua surpresa, traziam todos mensagens e pensamentos otimistas, embora o tempo todo ele se sentis-se tocado por uma profunda melancolia.

"Filho, tenho profundo orgulho da maneira vitoriosa como atravessou os dias em sua última encarnação. A vida continua. Não se detenha em pensa-mentos tristes de saudade. O tempo passa tão depressa... quando menos espe-rar, estaremos juntos novamente", dizia dona Rute.

– São pensamentos, muitas vezes extraídos de preces dirigidas a você. Te-mos neste hospital uma equipe de trabalhadores incumbida em copiá-los para nossos internos – explicou a jovem.

Como que contagiado pela força daquele bilhete, aos poucos Pedro foi ad-quirindo um pouco mais de ânimo.

– Veja isto! – ele mostrou.

152 | LYGIA BARBIÉRE

Era uma cartinha de Ana Patrícia, escrita no papel perfumado que ele havia dado para ela há algum tempo:

"Querido amigo:

"Nem sei dizer do tamanho da saudade que já estou sentindo de você. Mas devo dizer que são muito maiores, infinitamente maiores o sentimento de gratidão e a alegria de poder ter convivido tantos anos com uma pessoa como você.

"Sabe, Pedro, talvez as pessoas digam que você foi embora muito cedo, que tinha apenas dezoito anos e, em parte, eu também acho isso. Mas, por outro lado, foi tão grande a quantidade de coisas que eu aprendi com você ao longo deste tempo, que é quase como se você tivesse partido com oitenta e um anos.

"Você ajudou tantas pessoas... Colegas de escola, mendigos de rua, para todo mundo você sempre tinha uma palavra de conforto e de carinho.

"Tomara um dia eu consiga ficar, um pouquinho que seja, parecida com você.

"Sua mãe me explicou como são as coisas aí desse lado para onde você foi. Eu tenho certeza de que existem espíritos, porque encontrei você no hospital depois que o seu corpo já tinha morrido, você se lembra?

Neste momento da carta, Pedro parou e encarou a jovem que lhe trouxera a caixa. Tinha uma vaga lembrança de tê-la visto no hospital, mas não conseguia se recordar exatamente onde, nem como.

"Não se preocupe com isso agora. Leia sua carta", ela parecia dizer-lhe com seu sorriso. Pedro continuou a leitura:

"Sua mãe me explicou muitas coisas e decidi então pegar este papel e escrever para você. Ela me ensinou também a pedir aos bons espíritos para levarem até você a minha carta, ou os meus pensamentos, sei lá, ainda não entendi direito como estas coisas funcionam, mas mesmo assim estou tentando.

"Quero dizer que desejo que você acorde aí desse lado muito forte, muito bem, cercado de amigos legais, mais legais do que os que você tinha na Terra. Porque você merece. E, aliás, eu tenho certeza de que logo vai estar aí todo atarefado, cheio de coisas para fazer, de pessoas para ajudar, bem do jeito como você gosta.

"Quero dizer também que eu te amo.

"Então é isso. Fica com Deus e não desanime. No que depender de mim, vou estar sempre fazendo o possível para mentalizar coisas boas para você.

"Mais uma vez, obrigada por tudo...

"Um beijo, com muito carinho da amiga de sempre,

"Ana Patrícia."

Ele passou alguns instantes chorando, com a carta apertada contra o peito.

– Por que eu tive que vir? – perguntou, com os olhos molhados, encarando os olhos da jovem. Eram olhos verde-escuros, pareciam dois lagos ensolarados olhando para ele.

– Já era minha hora de vir? – emendou outra pergunta no lago imenso daqueles olhos compreensivos.

A Ferro e Flores | 153

Ela permaneceu em silêncio por algum tempo, apenas olhando para ele. Só então ele percebeu que não precisava mais abrir a boca para dizer nada. Não era o sorriso, eram os olhos. Os olhos dela falavam com ele sem nenhum ruído: "Você achava que não devia vir?"

A pergunta ficou um tempo pairando na mente de Pedro. Será que não era ainda sua hora de vir? Não sabia de imediato o que responder. Algo lhe dizia que ele talvez pudesse estar ainda entre os seus. Começou a se lembrar dos acontecimentos que antecederam o momento de seu desencarne na Terra. A sensação que tinha era de que estava tudo ali, boiando nos olhos dela. Reviu a angústia de Ana Patrícia, o total desequilíbrio de Caian, a fragilidade de Ana Teresa.

Não, ele não poderia ter deixado os amigos em um momento como aquele. Talvez outra pessoa tivesse força física para pegar Caian e enfiá-lo no fusca, ou em outro carro. Ou mesmo para obrigá-lo a pegar o cinto de segurança ou a entregar seu carro para que ele, Pedro, pudesse dirigir. Mas Pedro não conseguia visualizar nenhuma dessas situações como algo possível de acontecer. Simplesmente porque não era de sua natureza agir assim com nenhuma pessoa.

Podia também ter deixado Ana Teresa ir sozinha com Caian, ter convencido Ana Patrícia a não entrar no carro. Mas nada disso combinava com tudo o que ele havia aprendido no centro em todos os anos que frequentara a evangelização. Será?

Pensava agora que se sentia muito melhor por ter podido vir em lugar de Ana Teresa ou de Ana Patrícia. Não sentia dor nem revolta por estar ali. Apenas saudades dos que deixara na Terra. Não, não era um sentimento de paz e nem de tranquilidade. Será que alguém teria necessariamente de desencarnar naquela noite?

Olhou de novo para o ser luminoso à sua frente.

"Sinto que eu tinha uma tarefa importante a fazer. Não sei direito qual era; estou um pouco confuso, mas acho que eu não cumpri essa tarefa", ele disse, apreensivo.

"Não pense nisso agora. No momento certo, você terá acesso a todas as respostas de que necessita", disse ela.

– E se o que eu precisava fazer vier a prejudicar de alguma maneira as outras pessoas por que eu não o fiz? E se eu voltar à Terra assim mesmo, desencarnado, para tentar fazer o que ficou faltando? – ele estava tão nervoso que, sem perceber, deixou de comunicar-se à maneira dos espíritos e voltou a falar normalmente.

– Como vai fazer algo que nem sabe o que é? Procure pacificar sua mente – aconselhou a jovem.

– Mas eu sinto que não fiz nada de bom, que eu não aproveitei meu tempo como deveria, que desperdicei completamente a oportunidade. Por que me sinto assim? – perguntou ele.

– Não é verdade. Veja na caixa – a doce jovem convidou com o olhar.

Pedro encontrou agora bilhetes de vários amigos do centro que costumava frequentar e até mesmo de algumas pessoas que ele jamais imaginara que se preocupariam em dizer-lhe alguma coisa, como o de uma menina que um dia fora sua aluninha de evangelização em um projeto desenvolvido pela casa espírita, voltado para uma comunidade muito carente nos arredores. Ela dizia:

"Tio Pedro:

"Fiquei sabendo do acidente que aconteceu com você e fiquei muito triste. Mas depois me lembrei que você tinha me ensinado que o nosso espírito é como um papel fininho que fica dentro do corpo de carne. Desejo que o seu espírito possa estar brilhando no mundo dos espíritos e ajudando muitas crianças como um dia você me ajudou!

"De uma coisa você pode ter certeza: nunca, nunca na minha vida, ainda que eu esteja passando por muitas dificuldades, eu vou beber para resolver os meus problemas. Deus vai me dar forças para enfrentar os meus problemas. Afinal, foi para isso que eu vim na Terra, não foi?

"Aprendi muitas coisas com você. Obrigada por tudo!

"Assinado: Martinha."

Pedro chorou muito ao ler esta mensagem.

– Sabe – ele comentou, recompondo-se –, não sei bem se foi esta noite, perdi um pouco a noção do tempo, depois que cheguei aqui. Mas eu tive um sonho com a minha mãe, um sonho onde apareciam muitas crianças. Como posso ter sonhado se eu estava dormindo aqui no hospital? Como posso ter saído do corpo em espírito, se agora eu sou apenas espírito?

– Aí é que você se engana. Você não é este corpo. Como na Terra, ele é só uma vestimenta que você usa para se manifestar. A única diferença é que a vestimenta aqui é mais etérea, digamos assim... Quase como o papel fino que você usou para explicar à menina a diferença entre corpo de carne e corpo espiritual – lembrou a jovem. – A expressão já diz tudo: corpo espiritual.

– Quer dizer então que o meu espírito pode ter ido encontrar a minha mãe, enquanto meu corpo espiritual dormia neste hospital?

– Perfeitamente.

Pedro queria ainda conversar muitas coisas sobre o período que estivera em repouso, mas a conversa foi interrompida por novas batidas na porta. Desta vez era um jovem magro e alto, também sorridente. Aparentava mais ou menos a mesma idade de Pedro.

– Você se lembra de mim? – perguntou, olhando para Pedro.

Ele não lembrava, mas também não sabia como dizer isso ao rapaz.

– É que, quando eu desencarnei, ainda era um menino – esclareceu ele, percebendo sua dificuldade. – Na verdade, você não me conhece, nunca me viu enquanto estive na Terra. Morri assassinado numa rua próxima a sua casa...

Pedro imediatamente se recordou do fato. Um menino de rua, brutalmente assassinado de madrugada, sob uma marquise. Tinha a mesma idade que ele, na época: dez anos. Pedro ficou tão sensibilizado que, desde então, todas as vezes que passava por aquela rua, mesmo que fosse pelo outro lado, fazia preces pelo menino.

– É Chiquito o seu nome, não é? – perguntou, admirado com o tamanho do menino agora.

– Sim. Sou eu mesmo. Vim aqui para agradecer suas preces. Você não tem ideia do quanto me ajudou com elas. Tanto que agora estou aqui, trabalhando nesta colônia! Não imagina o lugar onde eu estava quando você orava por mim... Mas... – ele ficou constrangido em falar do seu passado – agora preciso ir. Outra hora nós conversamos! Mais uma vez, obrigado!

Por um bom tempo, suas palavras ainda continuaram como que reverberando no quarto depois que ele saiu. Pedro tinha a sensação de que cobertores cor-de-rosa, todos feitos de pétalas de flores, o envolviam agora como carapaças de proteção.

– Essas cartas... o menino... é estranho, sinto como se tudo isso tivesse me alimentado... Nem sei como explicar! – ele desabafou, emocionado.

– Nem sempre os encarnados dispõem da compreensão dos parentes e amigos que mandaram os recados para você. Em alguns casos, temos de fazer o impossível para evitar que cheguem aos internos os recados enviados pela família. São recados dolorosos e revoltados, mensagens inconformadas que só pioram o estado de quem acaba de despertar no mundo espiritual. Como o corpo espiritual é tão delicado e sutil, uma emoção muito forte pode causar até dores físicas. Já vi até casos de queimaduras perispirituais decorrentes de cartas assim – explicou sua jovem companheira.

Pedro olhou agradecido para os papéis abertos sobre a cama. Ainda havia muitas cartas e bilhetes para serem lidos. Ele fechou os olhos e tocou-os no fundo da caixa. Surpreso, percebeu que, só de tocá-los, podia sentir a emanação que provinha de cada um deles. Era como se, ao simples contato dos dedos, pudesse enxergar e ouvir a pessoa.

– Que coisa... – comentou, admirado. – Peraí! Quem é essa pessoa? – ele trouxe para fora da caixa um bilhete.

"Pedro, estamos felizes que tenha retornado ao nosso convívio. Não desanime. O caminho é longo, precisamos cair e levantar muitas vezes até que possamos atingir verdadeiramente o nosso intento. Conte conosco! Assinado: amigos do grupo Feupanon."

A letra, o jeito de escrever, tudo lhe era extremamente familiar. Embora o bilhete fosse assinado por um grupo, ele sabia que tinha sido escrito por uma pessoa e que ele conhecia bem esta pessoa. Não conseguia, contudo, visualizar sua imagem e nem ouvir a sua voz, como ocorria com os outros bilhetes. Olhou para a jovem com olhos súplices; a repetição daquela situação o deixava ansioso:

– Quem é esta pessoa? O que é o grupo Feupanon? Por que está acontecendo isto de novo? Eu também sinto que conheço você! Por que não me lembro direito das coisas? Não era para eu lembrar de tudo depois que chegasse aqui? Me conte! De onde eu conheço você?

A jovem não teve tempo de responder. Naquele mesmo instante a porta se abriu e diante dele surgiram Eustaquiano, Sati, Serginho e Maria. Um a um, eles o abraçaram efusivamente.

De novo Pedro teve aquela sensação estranha. Sentia, sabia que conhecia muito bem aquelas pessoas, mas não sabia, não conseguia se lembrar de onde. Não era de nenhum deles o bilhete, embora algo lhe dissesse que tudo estava interligado. Em volta do leito onde se mantinha deitado, os espíritos sorriam, vibrando em favor de sua recuperação.

– E então? Como se sente? – Eustaquiano perguntou.

– Bem... Só estou um pouco confuso – ele tentou disfarçar.

Na verdade, mesmo tendo a intuição de que os conhecia, não se sentia tão à vontade em expressar-se como ficara na presença da jovem a seu lado.

– Muitas vezes eu acho que sei de coisas que por hora não consigo lembrar... É uma sensação estranha. Eu conheço o senhor! Sei que o senhor também me conhece. Tenho quase a impressão de que há poucos dias nos vimos! Mas não me recordo de nada além desta vaga impressão – ele desabafou um tanto quanto agoniado.

– Por hora, o importante é que saiba que está entre amigos. Em breve, quando retornar às aulas e ao convívio do grupo, os fatos irão pouco a pouco se fazendo mais claros na lembrança – elucidou Eustaquiano.

"Feupanon". A palavra voltou com força na cabeça de Pedro.

– O que é Feupanon? – ele perguntou ao grupo.

– É melhor que não se preocupe com estas coisas por enquanto. No momento certo, você encontrará todas as respostas que procura – aconselhou Eustaquiano.

A despeito de toda a dúvida, toda a confusão de Pedro, suas palavras irradiavam-lhe uma vibração de segurança e paz.

– O importante é que saiba que pode contar conosco! – complementou Sati.

– E que amamos você, ainda que por enquanto não se lembre de nós! – acrescentou Maria.

Novamente Pedro se impacientou. Ela tinha uma energia, uma presença tão forte. Ele conhecia aquela emanação, fazia pouco tempo que se sentira envolvido por aquela força. Sem querer, ele se lembrou do acidente.

– Não, não pense nisso agora – pediu Eustaquiano. – Desvie sua mente dessas imagens.

Pedro logo compreendeu e obedeceu. Fixou seu pensamento na carta que recebera da menininha. Mas logo o bilhete misterioso também voltou-lhe à mente.

– O que é Feupanon? – insistiu. – Eu conheço essa sigla! É alguma coisa muito importante para mim, eu sei!

– Procure descansar – aconselhou Eustaquiano, sem entrar em detalhes.

Atônito, Pedro então sentiu novamente a força do abraço de cada um dos membros da equipe ali reunidos. Levantou os olhos e percebeu que haviam feito um círculo e oravam todos agora em torno dele. Em instantes, dormia.

– Você acha que ele vai se lembrar rápido? – Sati perguntou a Eustaquiano no momento em que deixavam o quarto.

26

– Quer dizer então que o fígado dele não tem nada? – Thalita, assustada, perguntou à hepatologista que estava cuidando do caso.

Era uma moça jovem, muito atenciosa. Vinha de Juiz de Fora uma vez por semana para atender aos pacientes de Aiuruoca, por puro idealismo. Afinal, fora naquele hospital que ela fizera seu primeiro estágio de residência. Chamava-se doutora Sabina Dantas. Thalita logo se identificou com ela.

– Eu falei que ele não tem cirrose, mas daí a não ter nada é uma longa distância – explicou Sabina bem humorada. – Na verdade, a hepatite alcoólica, quando não tratada, pode se transformar em cirrose ou até mesmo em câncer no fígado. Além de que, cerca de oitenta por cento do fígado dele já foi lesado com a hepatite alcoólica. O que nos resta agora é tentar fazer o máximo para que ele possa viver bem com os vinte por cento que restaram.

– Mas o que é exatamente essa doença, essa hepatite alcoólica? – Thalita quis saber.

– Toda hepatite é uma inflamação do fígado. No caso, pela ingestão repetitiva de grandes quantidades de bebida, pode evoluir para cronicidade, ou seja, uma inflamação que sempre volta, ou, como disse antes, para a própria cirrose, que é o endurecimento definitivo dos tecidos do fígado, se a exposição ao agente causador persistir.

– E qual a diferença entre a hepatite alcoólica e a cirrose? – perguntou Thalita.

– A diferença está no grau da lesão hepática. É sempre bom lembrar que a quantidade de álcool capaz de causar lesão hepática varia de indivíduo para indivíduo. Ou seja, aqueles que 'aguentam' maiores quantidades de álcool antes de ficarem bêbados são fortes candidatos à doença. Para certas pessoas, contudo, doses bem menores também podem acabar provocando a doença.

– A que doença especificamente você se refere? – Thalita não entendeu.

– Bem, o álcool pode causar três tipos de lesão hepática – detalhou a médica: – o acúmulo de gordura, ou fígado gorduroso, a inflamação, que é a hepatite alcoólica, e a formação de nódulos que bloqueiam a circulação sanguínea. A cirrose faz com que o fígado produza tecido de cicatrização no lugar das células saudáveis que morrem. Com isso, ele deixa de desempenhar suas funções normais, como produzir a bile, auxiliar na manutenção dos níveis normais de açúcar no sangue, produzir proteínas, metabolizar o colesterol, o álcool e alguns medicamentos, entre outras. Qualquer um destes problemas afeta o funcionamento do fígado – explicou a doutora.

– E com relação ao meu pai, o que faremos?

– Por hora, ele vai precisar ficar alguns dias sem se alimentar por causa da pancreatite. Na verdade, ficamos em uma situação delicada, porque ele se encontra muito desnutrido. O álcool fornece calorias, porém suas calorias são destituídas de nutrientes essenciais. Com isto, diminui o apetite e causa má absorção dos nutrientes devido aos seus efeitos tóxicos sobre o intestino e o pâncreas. Consequentemente, os indivíduos que consomem bebidas alcoólicas diariamente sem alimentar-se adequadamente tornam-se desnutridos. A questão, porém, é que, por causa da severidade da inflamação no pâncreas, mesmo estando desnutrido, ele vai precisar passar uns dias sem comer ou beber nada, para diminuir a quantidade de enzimas que o órgão produz.

– E quanto tempo ele vai ter de passar sem comer nada? – Thalita estava assustada com o quadro.

– Não se preocupe. A maioria das pessoas tratadas com sucção nasogástrica, que é feita através de um tubo que entra pelo nariz e vai até o estômago para remover fluidos, paralelamente à aplicação de fluidos intravenosos, revela um quadro de melhora em até três dias.

Thalita ficou ainda mais horrorizada com a descrição. Sabina explicou ainda que tudo o que ela havia passado naquela noite era na verdade o resultado da primeira crise de abstinência experimentada por seu pai e que uma injeção de outro medicamento, diferente do que ele havia tomado de madrugada, já estava sendo preparada:

– Estou pensando em interná-lo na UTI esta tarde. São muito fortes os remédios que ele está tomando, assim, ele poderá ficar o tempo todo em observação. Até para o caso da crise dele evoluir. É muito delicado este estado em que ele se encontra. Estamos querendo evitar que ele entre em *delirium tremens* para que não corra risco de morte – ela foi bem clara.

– É... eu sei... O outro médico me explicou – Thalita respondeu triste.

Passou no quarto do pai, que continuava aos gritos, protestando contra as mãos amarradas. Por ordem do psiquiatra, que estivera de manhã cedo no quarto conversando com Hermínio, os enfermeiros agora o haviam amarrado de forma diferente, colocando uma bola de algodão na palma da mão e envolvendo-a com gaze até formar uma "luvinha de boxe". O artifício, contudo, só servira para deixar o pai de Thalita ainda mais agitado e nervoso.

– Thalita, pegue uma tesoura, filha! Preciso tirar isto daqui! Pode ser uma gilete! Veja no banheiro se não tem uma gilete!

Falava com ela como quem fala a um colega de cárcere, um sequestrado pedindo ajuda a alguém que estivesse em sua mesma situação. Às vezes aos sussurros, às vezes aos berros.

160 | Lygia Barbiére

Enquanto ele gritava, dois enfermeiros lutavam para dar banho nele em cima da cama, com o auxílio de uma bacia.

– Quem deixou estes homens entrarem aqui no meu apartamento? Isto é um absurdo! Thalita, mande trocar a fechadura! Você precisa fazer isto imediatamente!

Thalita deu um suspiro profundo. Estava tão cansada que não tinha forças nem para chorar mais. Abriu a gavetinha do criado mudo e pegou lá dentro as chaves do pai. Era um chaveiro tão velho que ainda trazia as fotos desbotadas dela e do irmão Ramon nos tempos do jardim de infância. Sentiu saudades do irmão. Onde andaria Ramon? Ela simplesmente não tinha como falar com ele, constatou, triste.

Precisava ir até sua antiga casa para procurar uns documentos do pai que estavam sendo pedidos no hospital e também para tentar descansar um pouco. Afinal de contas, ainda era sua casa, apesar de tudo. Quem sabe lá pudesse encontrar algum telefone de contato com o irmão?

– Bom, papai... Fica com Deus... Mais tarde eu volto para saber de você – ela despediu-se, beijando-o levemente na testa.

– Que Deus coisa nenhuma! Eu quero meu uísque! Sua traidora! É por sua culpa que eu estou aqui – ele gritou, contorcendo ao máximo o tronco para que os enfermeiros não o tocassem.

Thalita já estava de saída, o coração apertado por mais aquele ataque, quando, de repente, olhou para o pai e viu uma coisa muito estranha. A fisionomia dele estava diferente. Sim, era como se houvesse outra fisionomia colada por cima do rosto dele, *outro* rosto de traços diferentes.

– O que é que está me olhando desse jeito? – ele se irritou ao se ver observado.

– Procure ficar calmo, seu Hermínio – pediu um dos enfermeiros, com as mãos cheias de sabão.

– Hermínio, coisa nenhuma! Meu nome é Hefesto, ouviu bem?

Thalita pegou sua mala e seu livro e abriu a porta para ir embora. Chegou a pensar em levar os copos-de-leite, já que, em seguida, o pai seria transferido para a UTI. Mas achou melhor deixá-las para que o quarto, até os últimos minutos, não perdesse aquele mínimo toque de alegria. Nesse momento, ela olhou para as flores e percebeu que estavam um pouco murchas. Seria capaz de jurar que, quando ela descera para falar com a hepatologista, elas não estavam assim. Mas agora estavam. Tudo aquilo era muito estranho.

Caminhou pelas ruas como se pisasse pela primeira vez em Aiuruoca. Logo que se mudara para o Rio, estranhara muito a maneira impessoal como as pessoas se tratavam em uma cidade grande. Ninguém perguntava se havia melhorado do resfriado, ninguém lhe dava bom dia no ponto do ônibus. Os vizinhos no elevador eram lacônicos e monossilábicos; quando falavam alguma coisa era para reclamar do calor. Ou da chuva.

A Ferro e Flores | 161

Agora era ela quem se sentia diferente em Aiuruoca. Como se, de alguma maneira, naqueles seis anos houvesse incorporado o jeito fechado e reservado dos habitantes da cidade grande. Algumas pessoas a olhavam, como se a conhecessem, mas ninguém a cumprimentava. "Será que estou tão diferente assim?", pensava consigo, sem muita vontade também de cumprimentar. Há tanto tempo que ela não pisava naquelas ruas de paralelepípedo... Se fosse possível, queria poder ir até a cachoeira do Matutu, antes de ir embora. E foi descendo a rua lembrando os nomes das casas comerciais. Tudo continuava igual. A "Casa de Couros com Reforma de Selas e Seus Pertences", a lanchonete, o açougue, a butique que ela adorava quando adolescente, a confecção em cujo letreiro estava escrito "a campeã dos preços baixos"! Parecia até que o tempo não havia passado em Aiuruoca. Por falar nisto, talvez não tivesse mais um emprego na volta para o Rio... Será? Andava tão difícil o seu relacionamento com a gerente nos últimos tempos. Se faltar já era ruim, faltar logo depois das férias era pior ainda! Mas o que é que ela iria fazer naquela situação?

Parou respeitosamente na porta da igreja e fez o sinal da cruz. Ali tinha sido batizada, assistira aulas de catecismo e fizera a primeira comunhão. Mas não tinha mais uma religião. Gostava de ler coisas sobre espiritismo, adorava ver novelas sobre esses temas na televisão. Mas também não era espírita, nem mesmo simpatizante. Conhecia muito pouco sobre o assunto. O livro *Nosso Lar* fora o primeiro que tivera a oportunidade de ler sobre esse universo.

Ia andando e pensando que grande coincidência fora ganhar o livro do médico, e depois encontrar nele a história de um homem que desperdiçara seu tempo na Terra por causa da bebida. E, ainda por cima, achar de ler essa história justamente no momento em que seu pai vivia uma crise de abstinência por causa do álcool. Será que tudo aquilo acontecera mesmo por acaso? Será que existiam espíritos governando a vida das pessoas, fazendo com que as coisas acontecessem? Se existissem, a mãe, a essas alturas, certamente estaria perto dela!

De novo caminhando a seu lado, Leda sorriu a este pensamento.

– É claro, filha. Amor de mãe não termina com a morte do corpo. Ao contrário, agora estou mais perto do que antes. Estamos ligadas pelo pensamento! – ela disse.

Thalita, de alguma maneira, sentiu sua presença e se emocionou. Estavam agora na porta de casa. A lojinha que ela vira no caminho para o hospital estava fechada, provavelmente por causa da hora do almoço. As janelas da casa de dona Mercedes também estavam fechadas. Thalita achou melhor assim. Não estava mesmo com vontade de conversar.

Abriu a porta e teve uma surpresa. A casa estava, nos mínimos detalhes, exatamente na mesma posição em que Leda a deixara. Os quadros, a mesa, os arranjos de flores, os paninhos de crochê sob os arranjos de flores. Quase podia ouvir tocando na antiga vitrola o disco de Edith Piaf de que sua mãe tanto gostava, a música estava como que impregnada nas paredes. *"Non, rien de rien, non, je ne regrette rien..."*, eu não me arrependo de nada, dizia a letra. Caminhou até o aparelho de som e viu que o disco também estava lá, bastante empoeirado, no mesmo lugar de antes, ao lado da foto de casamento de seus pais. Será que a mãe também não se arrependia de nada? Nem mesmo de ter se casado com Hermínio?

Thalita colocou o disco na antiga vitrola e deixou que a música de verdade inundasse suas memórias. Tão bonita sua mãe...

Do lado de fora da casa, sem que ela suspeitasse, Leda passava mal. Toya, Sati e Serginho a socorriam.

– É uma sensação muito dolorosa, não posso entrar aí... Uma emoção tão forte que parece até que vai estourar todo o meu ser... Eu não consigo me controlar... São muitas lembranças, está doendo demais... Estou arrependida por não ter ajudado mais a minha filha, por não ter brigado mais com o pai dela quando ele a expulsou de casa... eu podia ter ajudado mais, devia ter saído junto com ela... Ainda o vejo aqui, nesta porta, escorraçando a pobrezinha na frente de todos! – ela chorava compulsivamente.

Sati e Toya, postados atrás dela, procuravam acalmá-la através de um passe fluídico.

– Tudo isto é passado, Leda. O passado ficou. Aproveita a oportunidade que o agora melhor lhe oferece de construir um futuro mais feliz – Serginho tentava acalmá-la.

– Como aproveitar o agora? Você sabe que eu não tenho mais agora. Sou um espírito desencarnado, não posso mais abraçar meus filhos!

– Você sabe que isto não é verdade. Não só pode abraçar seus filhos como efetivamente pode ajudá-los com sua força. Imagino, contudo, que não é isso o que está acontecendo neste momento... Já pensou como está sua filha com esta sua crise de desequilíbrio? – continuou Serginho.

Leda calou-se de repente, como tomada de um susto. Pôde então perceber os soluços altíssimos da filha que vinham lá de dentro.

– Meu Deus! – ela enxugou depressa as lágrimas. – Eu não queria...

– Presente irmã! Pense no agora! – Serginho de novo chamou sua atenção.

– O que eu faço para que ela não fique assim? – Leda se corrigiu depressa.

– Envie-lhe pensamentos de amor! Fortaleça-a com seu pensamento, já que não pode entrar junto com ela – ensinou-lhe o amigo.

Leda fechou os olhos em prece e mentalizou o quanto amava Thalita. Mais do que isto, ela rogou a Deus, com todas as suas forças, a mesma oração que aprendera a fazer para si sempre que estava em desequilíbrio no mundo espiritual: "Ama minha filha, Senhor!"

Imediatamente, Thalita sentiu como se novo ar entrasse dentro dela, preenchendo suas dores. Ela se acalmou. Desligou a vitrola. A música, no entanto, continuava tocando em sua mente; era impossível detê-la. Foi até o quarto dos pais. Desta vez, porém, nem teve como se emocionar. O susto foi maior. Havia roupas do pai espalhadas por toda parte, e até mesmo um batom e um sutiã de mulher esquecidos no chão.

– Com toda a certeza, isto não era de minha mãe! – bufou, indignada, tomando-os nas mãos para jogá-los no lixo.

Leda já estava de novo a seu lado. Ao ouvir a observação da filha, enchera-se de coragem e entrara na casa sem pensar em mais nada.

– Cuidado para não passar para sua filha e nem se deixar de novo impregnar pelos sentimentos ruins que cultiva pela dona desse batom – Serginho a instruiu.

Leda respirou fundo, tentando controlar suas emoções.

– É apenas um ser humano, apenas um ser humano... – repetia para si. – Preciso ter compaixão.

– Lembre-se de que foi por intermédio dela que seu marido conseguiu receber o socorro de que tanto necessitava – destacou Serginho. – Não fosse ela, nós jamais o teríamos convencido da necessidade de um tratamento urgente!

– Tem razão – concordou Leda. – Querendo ou não, ela foi o instrumento de que a Providência Divina se utilizou para abrir meu caminho na difícil tarefa que assumi!

– Então agora ajude sua filha a não se fixar nesse batom e fazer o que precisa ser feito.

– Filha, as bebidas! Você precisa tirar todas as bebidas da casa! – Leda sussurrou ao seu ouvido.

– Sim, as bebidas! – Thalita captou de imediato. – Preciso dar um jeito de tirar toda bebida daqui para o caso dele precisar voltar para cá em algum momento!

Toya e Sati, que observavam a cena de longe, não puderam deixar de comentar:

– Por que você mesmo não fala com ela, Serginho?

– Na verdade, Leda precisa destes vários exercícios para poder se aprimorar como espírito. O exercício de vencer a dor, o egoísmo e o orgulho em prol de uma causa maior, o exercício de conviver com a família encarnada sem se desequilibrar, o exercício de tentar ajudar o marido a vencer a dependência, completando assim o resgate que não pôde ser encerrado enquanto estava no corpo físico. Além de que, a sintonia das duas é imediata, vocês já repararam? Por mais que eu me esforçasse, jamais conseguiria ser ouvido tão integralmente como acontece com as duas! – explicou Serginho.

De longe eles puderam observar que o protetor de Thalita trabalhava junto com elas, em total sintonia.

– Perfeito... É impressionante como a espiritualidade maior sempre pensa em tudo... – observou Sati.

– Pois é. Falando nisso, é hora de cuidarmos da segunda parte do plano! – convidou Toya, desaparecendo em seguida com Sati.

164 | LYGIA BARBIÉRE

Thalita, a essas alturas, já havia arrumado todo o quarto do pai, tendo deixado separadas todas as roupas que precisavam ser lavadas, e agora corria a casa em busca das bebidas de Hermínio. Ficou chocada ao perceber que havia garrafas por toda parte, de todos os tipos de bebida. No armário de pratos da sala, no armário de roupas, entre as panelas da cozinha, em todas as prateleiras da geladeira.

O dado mais curioso é que não havia lá sequer uma bolacha, uma comida guardada, uma torrada, uma fruta, nada em matéria de alimento. Apenas água e bebidas alcoólicas.

Thalita foi juntando garrafas, juntando garrafas, quando viu, a cozinha estava cheia, mal havia espaço para passar.

– E agora? O que é que eu faço com isto? – ela se perguntou, no meio de tudo. – Se alguém me visse aqui, diria que vou dar uma festa. E que festa!

– Jogue fora, minha filha! Não dê esse veneno para mais ninguém! – pediu Leda.

– Quer saber? Vou jogar tudo fora! – decidiu Thalita.

Abriu a pia e começou a jogar tudo pelo ralo. Uma por uma, até não sobrar mais nenhuma gota.

Levou quase duas horas nessa tarefa de limpeza. Em seguida, pegou um enorme saco de lixo que encontrou na varanda dos fundos e encheu-o com as garrafas. Foram necessários três, quatro, cinco sacos daquele para colocar tudo.

Depois de tudo lavado e guardado, Thalita estava faminta.

– Preciso comer alguma coisa! – disse para si. – E não há de ser aqui, certamente! – ela riu sozinha. – Mas antes preciso dar uma varrida nesta casa!

De longe, alguns espíritos barbudos e maltrapilhos a observavam descontentes. Mas era tão forte a energia, a alegria e a disposição que emanavam de Thalita que eles não conseguiam se aproximar.

A casa quase brilhava de tão limpa quando ela terminou todo o trabalho. Ela só estranhou não encontrar nem a carteira, nem os documentos do pai depois de toda a faxina. E, tampouco, nenhuma referência a qualquer telefone ou endereço de Ramon.

– Quer saber? Depois eu procuro! – combinou consigo própria.

Pegou sua bolsinha de níqueis e já ia saindo para fazer um lanche na padaria ali perto, quando foi surpreendida pela chegada de seu tio. Ele estava se preparando para bater na porta no exato momento em que ela a abriu.

– Acho que precisamos conversar – disse ele.

Fizeram juntos um lanche na padaria. Apesar de rico, Tarquínio era uma pessoa muito simples. Comeram um sanduíche de mortadela com suco de laranja; o pãozinho havia acabado de sair.

– Se sua tia Lally me pega aqui, acho que pede o divórcio na mesma hora – ele brincou.

Estava acabando de vir do hospital, onde havia sido informado de toda a situação do irmão.

– Tenho estado lá todos os dias, desde que ele foi internado. Só não subi porque não gosto de vê-lo naquele estado – ele comentou, depois de terminar seu sanduíche.

Thalita contou a ele sobre o oferecimento de Lally, omitindo, é claro, as exigências que a tia fizera em troca.

– Eu acho, realmente, minha filha, que esta é a melhor solução.

Thalita ficou emocionada quando o ouviu chamar de "minha filha". O tio, que por sinal era seu padrinho de batismo, era uma pessoa tão fechada, dificilmente alguém o ouvia dizer algo tão caloroso. Via-se, porém, que a hospitalização do irmão com tantas doenças causadas pelo alcoolismo havia mexido com ele.

– Estive pensando, Thalita – ele continuou –, e estive também conversando longamente com o psiquiatra que o atendeu esta manhã. Acho que, antes de ir para o Rio com você, seu pai precisa ser internado em uma clínica de desintoxicação. Do contrário, pelo nível de comprometimento que ele já tem com a dependência, ele não conseguirá levar a cabo a determinação de não voltar a beber. Você concorda comigo?

Thalita olhava para ele, deslumbrada, sem saber nem o que dizer. Era como se finalmente houvesse encontrado o pai que a vida inteira havia procurado. E ele vinha a ser justamente o irmão de seu pai, que aparecia para ajudá-la a cuidar dele.

– É... O senhor já tem alguma clínica em mente?

– Sim. Estou pensando em mandá-lo para uma ótima que tem no interior de São Paulo. Você concorda?

– Claro, claro! O que o senhor decidir, eu assino embaixo – concordou Thalita.

Tarquínio ainda fez questão de garantir que ela não precisava se preocupar com nenhuma despesa. Ele mesmo cuidaria de tudo. E ainda insistiu para que ela voltasse logo para o Rio:

– Você não pode deixar seu menino sozinho por muito tempo. De mais a mais, seu pai vai sair da UTI direto para a clínica, não vai precisar de você. Pode ir tranquila que eu cuido de tudo.

Thalita ficou reticente. Concordou com o tio, mas, assim que ele saiu, decidiu voltar ao hospital. Precisava ver o pai mais uma vez antes de partir. Talvez nem partisse, estava muito angustiada.

Entrou no quarto e encontrou a faxineira fazendo a limpeza. A cama estava vazia, os lençóis embolados num canto, os copos-de-leite na lata de lixo. Thalita sentiu uma coisa muito ruim.

– O que aconteceu com ele? – perguntou, os olhos cheios d'água.

– Ele quem? – a moça não entendeu a pergunta.

– Meu pai! Ele estava aqui hoje cedo, a médica me disse que talvez ele fosse para a UTI no final da tarde, mas...

– Hi, minha filha... Não sei de nada. Eu, aqui, só faço limpar. Acho melhor perguntar lá na recepção... Vou ficar te devendo esta... – ela levou as mãos à testa para enxugar o suor. – Mas que calor, hein!

Hermínio já havia, de fato, sido transferido para a UTI, em São Lourenço.

Thalita voltou para casa triste. Recolheu as roupas do pai que já haviam secado, improvisou no banheiro um varal para pendurar as que não estavam secas. Depois, foi preparar a pequena malinha que o tio lhe havia pedido. Algumas mudas de roupa de Hermínio, um creme de barbear, uma escova de dentes, alguns sabonetes. Mas nada de objetos cortantes. Na clínica, certamente eles deveriam ter um aparelho de barbear para os internos. Perfumes também não eram recomendados, segundo o tio. E nem desodorantes líquidos. Muitas pessoas em crise acabavam ingerindo o conteúdo dos vidros.

Novamente a casa parecia impregnada pela música da mãe.

– Se pelo menos eu tivesse um desses aparelhos de som antigos... – suspirou, com vontade de levar consigo o LP.

– Abra a gavetinha do criado – Leda sugeriu-lhe ao ouvido.

Thalita abriu. Para sua surpresa, entre pilhas velhas, pedaços de barbantes e cotocos de velas, havia um CD, ainda embrulhado com plástico.

– Ganhei de Ramon! – explicou Leda.

Era a trilha sonora original do filme "Babe, um porquinho na cidade". Quando encarnada, Leda havia ficado encantada com o filme, sobretudo porque a trilha incluía a música *"Non, je ne regrette rien"* na voz de Edith Piaf.

– Que coisa! Tem a música da mamãe! Parece até que alguém ouviu meus pensamentos! – admirou-se Thalita. – Tadinha, nem chegou a abrir...

– Leve para você, filha! – sugeriu Leda.

– É... – respondeu Thalita, sem perceber que respondia. – Vou levar, sim. O CD e a foto do casamento – disse, voltando na sala para pegar o porta-retratos. – Tão bonita esta foto dos dois...

Leda ficou triste. Tão triste que Eustaquiano apareceu a seu lado, preocupado com seu desalento.

– Existe alguma chance dele realmente ficar bom? – ela perguntou, desanimada.

– Você sabe que todos nós somos destinados à perfeição – ponderou o mentor.

– Estou falando em termos imediatos... Você sabe... Quando eu pedi para interferir, quando foi autorizada pelos nossos maiores a nossa operação de emergência, a previsão era de que Hermínio viesse a desencarnar quase que concomitantemente ao afastamento do obsessor... Mas agora, olhando de perto, percebo que pai e filha ainda têm muito a aprender um com o outro, que faltou muita coisa... É pensando nisto que eu pergunto: é mesmo irreversível o próximo desencarne de Hermínio?

– Querida irmã, em momento algum foi dito que era irreversível o desencarne de seu antigo esposo. Apenas quisemos que soubesse que era muito grande

A Ferro e Flores | 167

a possibilidade dele vir a desencarnar com o afastamento do obsessor, tendo em vista o processo simbiótico de permuta de energias que se estabeleceu entre os dois. Todavia, nada no mundo físico é irreversível; sempre existem meios de adiar e até mesmo de modificar situações aparentemente impossíveis de serem modificadas. Para que isto aconteça, é necessário contar com precioso agente, que só depende dos encarnados, que é a vontade consciente. Sem ela, nada acontece. Não basta, contudo, que apenas um dos envolvidos na questão empregue toda a força de sua vontade. Ambos devem querer.

– Mas então não cabe só à minha filha a firme decisão em tirar o pai deste caminho? – insistiu Leda.

– Tratamentos deste tipo são bastante difíceis. Para que sejam efetivamente bem sucedidos é necessário que o encarnado empenhado na cura do doente possua uma conduta moral superior e também que seja dotado de uma habilidade afetuosa fora do comum. Thalita há que ter um preparo espiritual e emocional para entender e amar tanto o hóspede estranho e invisível, quanto o hospedeiro impertinente e desgastante. O tempo todo ela deverá influenciá-los com seu exemplo e sua abnegação. Mas, ainda assim, o resultado só será satisfatório se, uma vez influenciados por ela, os dois, obsessor e obsediado predispuserem-se à renovação, à possibilidade de mudança e ao desejo de lutar por ela – explicou o mentor.

– E você acha que Thalita pode conseguir? – novamente Leda se preocupou.

– Faça a sua parte e deixe que Deus faça o resto. Jamais uma tarefa é dada a alguém que não reúna condições para realizá-la. Pode até ser que a pessoa ache que não dispõe de condições e não queira realizar a tarefa. Mas, se ela recebe nas mãos tal incumbência, é porque com certeza dispõe dos meios de sair-se bem. Em outras palavras, é preciso, acima de tudo, querer para que as coisas aconteçam – finalizou Eustaquiano.

Naquela noite, quando entrou no ônibus em Caxambu, Thalita se lembrou de cada instante que passara em Aiuruoca. Tinha a sensação de que havia passado todo aquele tempo junto da mãe, embora imaginasse ser isto impossível. A sensação, contudo, era muito forte. A ponto de ela sentir vontade de chorar, como se novamente deixasse Leda em Aiuruoca.

– Não fique assim, querida – Leda beijou-lhe a testa com ternura. – Vou precisar ficar junto do seu pai, por enquanto, mas vou estar sempre perto de você também. Jamais eu vou estar longe de você, minha filha!

Thalita lembrou-se também do pai e sentiu um aperto no peito. Era incrível, mas, apesar de tudo, depois de passar tantas horas ao lado dele, ela já estava sentindo saudades. Pensava em Hermínio como um filhinho doente, alguém que necessitava de seus carinhos e seus cuidados. "E se ele acordar, meu Deus, e sentir a minha falta? E se ele morrer, se ele chegar ao ponto extremo da crise?"

Alheio a suas dúvidas, o motorista ligou o ônibus e partiu da rodoviária.

– *ALLAH AKBAR!* – Deus é o Maior, dizia o dirigente muçulmano, de pé à frente de todos os presentes, dispostos em três fileiras atrás dele.

Todos ergueram suas mãos depois que ele disse isto pela quarta vez. Ramon acompanhava os movimentos, embora não entendesse direito o que estavam dizendo. Era o reitor da faculdade, oportunamente escolhido pelo próprio falecido para esta função, quem desempenhava o papel principal no ritual, liderando os demais. Ele passou ainda um bom tempo citando muitos trechos, provavelmente versículos do Corão, que Ramon desconhecia por completo. Abraão e Maomé foram as únicas palavras que ele compreendera ao longo de toda a cerimônia.

– *Assalamu Alaikum Warahmatullah* – disse o reitor, finalizando, enfim, a oração funeral.

– O que quer dizer isto? – Ramon não se conteve e perguntou a Guilhermon.

– Também não compreendo direito todos os termos que eles usam. Se não me engano é uma espécie de fórmula de encerramento; sempre que eles dizem isto, a oração do funeral está acabada.

De fato, houve um certo dispersar de pessoas após este pronunciamento. O dia amanhecia em Jacarta. (A diferença de fuso horário entre a Indonésia e o Brasil é de 11 horas.) Após algum tempo, várias pessoas se juntaram e iniciou-se uma sussurrada discussão, que logo ganharia ênfases mais exaltadas.

Segundo explicou Guilhermon, a família estava dividida, já que, enquanto a esposa fazia questão de velar o corpo por sete dias, conforme a tradição mais antiga, outros membros defendiam que o morto deveria ser enterrado em até 24 horas após o seu falecimento, de preferência antes do pôr do sol. Além disso, a família discutia se Li Hua, por ser chinês e muçulmano, deveria ser enterrado em um cemitério chinês ou muçulmano. Enquanto isso, outra parte da família discutia a respeito do almoço que deveria ser oferecido após o sepultamento. A tradição, segundo Guilhermon explicou a Ramon, determina que todos os participantes devem almoçar ou jantar juntos logo após o enterro.

– Isto é feito para que o morto não tenha que fazer a sua primeira 'refeição' após a morte sozinho. Nesta ocasião, é muito comum que os ricos, ou membros das famílias que tenham meios para fazer isto, ofereçam comida aos pobres. Supostamente, estas doações elevam o *status* do morto no outro mundo – explicou o conselheiro.

– Eles acreditam que, quando todos os parentes se encontrem a uma distância de quarenta passos do túmulo, os dois anjos, Munkir e Nakir, aparecem para revelar ao morto o destino que o espera – acrescentou Nyoman para que o conselheiro traduzisse para Ramon.

– Fazem tudo isto, mas não podem evitar que a pessoa morra, quando chega a hora... – observou Ramon, pensativo. – Que coisa... Ainda agorinha o Li estava vivo, me perguntando sobre os deveres da escola e, no entanto...

– Tem um ditado farsi, que é uma língua persa iraniana, que diz que a morte é um camelo que dorme atrás de todas as portas – disse o embaixador brasileiro. – Ramon? – ele percebeu que o rapaz estava longe.

De fato, Ramon estava a muitas milhas dali. Não conseguia parar de pensar na irmã e no pai. Sentia dentro de si uma urgência de estar perto deles, uma saudade como nunca antes sentira desde que chegara à Indonésia. Era como se toda aquela cerimônia fúnebre houvesse de alguma maneira despertada a ideia de morte guardada dentro dele. E se ele morresse de repente, como acontecera ao professor Li, e nunca mais voltasse a ver a família? E se o pai morresse de repente, no Brasil, e ele nunca mais pudesse voltar a vê-lo? O que afinal acontecera? Será que de fato houve alguma coisa?

– Bom, Ramon, eu agora preciso ir... Espero que tenha paciência com este momento difícil por que sua família indonésia está passando. Não deixa também de ser um aprendizado, não é mesmo? – Guilhermon interrompeu seus pensamentos. – E não se esqueça de que, daqui a menos de um mês, você se muda para Bali! Desta vez para uma família hinduísta!

– Escute... E se eu precisasse, de repente, voltar para o Brasil? – ensaiou Ramon. – Se acontecesse algo com alguém da minha família e...

– A qualquer momento, sempre é possível voltar atrás. Contudo, você deve levar em conta que assumiu um compromisso com o nosso clube beneficente e que voltar antes do tempo seria uma quebra neste compromisso. Acredito que isto poderia dificultar bastante a sua vida, caso optasse por um segundo intercâmbio, mais adiante.

– Quer dizer então que eu teria de ter dinheiro para pagar outra passagem? – precipitou-se Ramon.

– Não propriamente. Os intercâmbios são feitos a partir de acordos prévios com as agências de viagens. É muito difícil, quase impossível alterar qualquer data. Mas não chega a ser necessário comprar outro bilhete de passagem. Em geral, nestes casos, o intercambista tem de pagar apenas uma taxa extra de cem dólares.

– Apenas cem dólares??! – Ramon quase caiu de susto.

– Mas... você não está pensando em ir embora, está? – estranhou o conselheiro.

– Sei lá... Esse negócio aí todo mexeu um pouco comigo... Fiquei pensando no meu pai... – ele desabafou finalmente.

– Olhe, Ramon, tudo isto que você está sentindo é normal, está inclusive previsto no regulamento. O primeiro momento é de euforia, tudo é novo e diferente, mas um tempo depois vem a saudade. Sabemos que é difícil conviver com ela, principalmente em momentos como este. Mas pense que, se chegou até aqui, é porque vai conseguir. Aceite o apoio dos amigos, procure ficar disponível para conhecer sempre outras pessoas e lugares. Talvez você não acredite, mas a fase seguinte é o contrário desta. Vai chegar o momento em que vai estar próximo o seu dia de voltar e você não vai mais querer ir. Acontece com todos os estudantes! – contou Guilhermon. – Agora, uma coisa importante: você está procurando um trabalho voluntário em que se engajar? É muito bom para o intercambista participar de alguma atividade vinculada ao bem.

– É... até hoje não tive tempo de pensar nisto... O que, por exemplo, eu poderia fazer? – ele mostrou-se interessado.

– A lista é grande. Você poderia ajudar em escolas, dando aulas de música, de português ou qualquer outra coisa que saiba fazer bem...

Ramon abaixou a cabeça, triste. Por muitas vezes Li Hua havia feito esta proposta, mas ele sempre pedia que esperasse mais um pouco, até que dominasse melhor a língua.

– Pode também ajudar nas campanhas de vacinação – sugeriu Guilhermon. – No próximo sábado teremos uma!

– É... Eu vou pensar direitinho, depois falo com você. Queria alguma coisa que eu pudesse continuar fazendo em Bali, depois da mudança – ele continuava com um tom de voz derrotado, como se estivesse sem esperanças.

– Não fique pensando em coisas que você não quer que aconteça. Os hinduístas e budistas dizem que isto acaba atraindo para você o que não deseja. De mais a mais, se tivesse acontecido alguma coisa com a sua família no Brasil, certamente a esta hora você já estaria sabendo... Seu pai e sua irmã não têm os contatos daqui?

– É, meu pai tem... Disse que guarda na carteira, para não perder. Mas acho que a minha irmã não... Falo muito pouco com ela...

– Mas ela não tem um *e-mail* ou coisa parecida? – estranhou Guilhermon.

– Tem e não tem. O único contato eletrônico dela que eu tenho é da loja em que ela trabalha, mas ela não gosta que eu escreva para lá, porque não tem acesso direto ao computador – explicou Ramon.

– Então peça a ela para cadastrar um endereço eletrônico em qualquer um desses provedores gratuitos. Ela pode ir a uma livraria, a um *cyber*-café ou mesmo na casa de um amigo que tenha um computador e acessar sua caixa de mensagem. Acho que assim ficaria bem mais fácil para vocês – sugeriu Guilhermon.

A Ferro e Flores | 171

Ramon fez que sim com a cabeça. Já tinha pensado em tudo aquilo, mas seu coração continuava dizendo que havia algo de errado. Pior de tudo era que ele estava sem dinheiro para ligar novamente para o Rio. Desde a noite em que falara com Thalita, tentara diversas vezes ligar para a casa dela, mas nunca ninguém atendia. Tentara também fazer ligações para o celular dela, mas sempre acabava esbarrando com a mensagem eletrônica que dizia "este celular encontra-se desligado ou fora de área". Agora estava sem dinheiro e sem cartão para ligações telefônicas. Para piorar, só depois de chegar lá ele descobrira que na Indonésia não havia serviço de ligação a cobrar para o Brasil.

Todo mês recebia cinquenta dólares de mesada da instituição beneficente que o trouxera para gastar com suas necessidades. A família onde estivesse hospedado deveria arcar apenas com os custos de escola, transporte e alimentação, quando ele quisesse comer em casa. Mas nem sempre isto era possível, e cinquenta dólares era pouco para alguém que precisa comer na rua quase todos os dias. Sabendo disto, o pai sempre mandava para ele um pouco mais. Antes de ir para a Indonésia, Hermínio dera-lhe um cartão do banco onde tinha conta, os dois tinham uma combinação de que todo dia 1º ele poderia sacar de lá uma quantia equivalente a cem dólares.

Contudo, ainda faltavam alguns dias para a data combinada, Ramon não queria sacar dinheiro sem antes falar com o pai. Como não era exatamente um rapaz previdente, havia queimado todas as suas economias com a compra de uma mochila que ele estava querendo e agora chegara ao ponto em que não tinha mais nada nem para almoçar no dia seguinte. Aliás, fora por isto que ele começara a tentar ligar para o pai, tendo estranhado demais o fato de nunca encontrá-lo em casa.

– Será que... – ele ensaiou envergonhado – será que não haveria assim... uma possibilidade de eu fazer um telefonema amanhã na sede do clube? É que estou muito preocupado e...

– Bem, amanhã você passa lá, está bem? – despediu-se Guilhermon.

Depois que ele foi embora, Ramon ainda ficou um tempo pensando na possibilidade de conseguir um empréstimo com algum amigo da escola. Afinal, o dia 1º estava próximo, não demoraria nem um mês para pagar. Contudo, havia um item no regulamento que proibia qualquer tipo de empréstimo por parte dos intercambistas.

Havia cinco coisas que eram terminantemente proibidas dentro das regras do intercâmbio: dirigir, beber, usar drogas, envolver-se em compromissos sérios com alguém (sexo nem pensar) e contrair dívidas. Ramon tinha muito medo do que poderia acontecer no caso de violação de qualquer uma dessas proibições.

Segundo fora informado, logo ao chegar à Indonésia, todas estas proibições visavam evitar confusões maiores para o intercambista. A direção era por uma questão de segurança própria, levando em consideração também o fato de ele não dispor de um seguro para cobertura de sinistro, no caso de batidas. Valia, portanto, para qualquer veículo motorizado. No caso da bebida e das drogas, as razões eram óbvias, como também no caso das dívidas. E a proibição de estabelecer relacionamento amoroso 'firme', por sua vez, visava evitar consequências perigosas, como gravidez e aids.

Voltou para seu lugar e continuou velando o corpo de Li Hua, enquanto a família discutia. Ainda era difícil para ele participar de qualquer cerimônia funeral. Lembrava-se muito do horrível dia em que ele tivera de acompanhar o enterro da própria mãe. Sentia tantas saudades dela...

– Não fique assim, querido. Eu estou sempre por perto – ele se sentiu como que invadido por aquele pensamento, quase como se pudesse ouvir a voz da mãe dentro de si mesmo. – É só precisarem de mim que depressa corro para perto de cada um, tão rápida quanto a própria eletricidade. Sem distâncias, sem fadigas. Ainda que não me possam ver, é importante que saibam que os elos que na Terra nos ligavam não se espedaçaram com a morte do corpo. Não era o invólucro, mas o espírito, a forte amizade entre nossos espíritos o que nos unia!

Chegou a olhar para os lados, procurando pela mãe, de tão nítida fora a voz que ele ouvira. Mas não havia ninguém. Apenas os parentes e amigos do finado professor Li.

28

Três meses se passaram. Jacira estava que não cabia em si de tanto contentamento. No dia seguinte, Ana Patrícia finalmente voltava para casa. Tanto tempo a pobrezinha passara no hospital... Era mesmo de comover qualquer pessoa o esforço, a presença de espírito daquela menina. Jamais, durante todo o tempo que passara no hospital, ninguém a vira reclamando de alguma coisa. Ao contrário, ela é que ainda colocava os outros para cima com as suas frases de otimismo:

– Olha, Jacira – ela disse, quando a empregada da avó foi visitá-la pela primeira vez –, às vezes eu fico pensando que talvez eu nunca mais possa andar, dançar, fazer balé, enfim, todas essas coisas que as pessoas precisam das pernas para realizar, sabe? Daí eu fico um pouco triste. Mas então eu penso no Pedro, meu amigo. Jacira, ele deu a vida dele para que eu pudesse estar aqui agora, ainda que com este problema nas pernas! Eu tenho uma vida inteira pela frente! Talvez muitos anos, talvez poucos, isto ninguém sabe. Mas o importante é que, no tempo que eu tiver, posso fazer muitas coisas, aprender, ajudar... Jacira, viver é maravilhoso! Você também não acha que viver é muito mais importante que as pernas?

Jacira passou muitos dias pensando naquela frase. Na frase, na Ana Patrícia, nas pernas de Ana Patrícia, nas pernas dela, Jacira. A cada passo que dava, ficava pensando como era fantástico, como era maravilhoso a pessoa poder andar por aí. Descer do ônibus e sair andando, subir o morro onde ela morava, fazer compras no supermercado, limpar as casas de suas patroas! Tanta coisa que ela fazia andando e, não fosse por Ana Patrícia, ela nunca teria nem reparado nisto.

Jacira agora tinha duas patroas. Na verdade, três, porque dona Lally não chegou a despedi-la quando foi para a Europa viajar com o marido. Que coisa... Jacira até hoje não conseguia se conformar como é que uma avó podia ir para a Europa passear com tanta coisa acontecendo na vida da filha, das netas! Ela, que era pobre, nem que ganhasse na loteria, nunca que iria fazer uma coisa dessas com o filho!

Pelo menos, dona Lally lhe dera a oportunidade de trabalhar nas casas de Mag e Thalita. Isto ela tinha de reconhecer. Lally até que fora generosa neste sentido. Na verdade, ela cedera Jacira para a filha, para que a ajudasse no período de adaptação das meninas enquanto ela estivesse viajando. Contudo, depois que a prima se mudou para o apartamento ao lado, Mag acabou combinando

173

com Jacira para que fosse um dia na casa de cada uma. Nem era muito trabalho. Jacira só dava uma mãozinha e cuidava da limpeza. E nem precisava ir aos domingos! Jacira, que há tanto tempo não sabia nem o que era um domingo, andava se sentindo uma madame! Até à praia tinha ido com Ariovaldo!

Duro ia ser quando tivesse de dizer para dona Lally que não queria mais voltar para a 'mansão'. Era assim que Jacira chamava o apartamento de Lally e Tarquínio. Trabalhava para eles fazia já muitos anos. As gêmeas ainda eram meninas quando ela começou. E, desde sempre, ela sentia uma simpatia muito grande por Mag e sua família. Talvez por trabalhar tão próxima de Lally e Tarquínio, por conhecer bem o jeito deles, ela compreendesse tão bem os sentimentos de Mag.

Lá no seu íntimo, ela até gostava de dona Lally, depois de tantos anos de casa. Mas certamente não a admirava tanto quanto a Mag, sempre tão simples e batalhadora, tão humana que, mesmo passando por tudo o que estava passando, ainda vivia preocupada com os problemas da prima.

– Ai, coitada da Thalita – Jacira suspirou, limpando as cascas de batata da pia. – Sabe lá o que é conviver com um pai paralítico de tudo, que não mexe um dedo e ainda passa o tempo todo reclamando de tudo, só querendo morrer? E olha que nem falar direito com ela ele fala! Só abre a boca para dizer desaforos, precisa ver só! Deus que me perdoe, mas eu não aguentava isto não... Não aguentava nem um dia! – ela fez o sinal da cruz e foi tirar o ovo que estava cozinhando na água fervendo.

Foi quando o menino veio com aquela pergunta:

– Mãe, Jacira se escreve com 'G' ou com 'J'?

O susto foi tão grande que Jacira deixou até um ovo cair no chão. Justo aquele que não tinha cozinhado direito. Foi gema para todo lado, aquela lambança.

– Mas que meleca! Você com essa mania de ficar perguntando acaba me atrasando a vida! – disfarçou, nervosa, já correndo com o pano para limpar o chão.

Mas não era por causa do ovo nem da sujeira que ela estava nervosa. Era por causa do menino, que insistia em ficar amolando com aquelas perguntas.

– Mãe, você não respondeu – insistiu o garoto, o lápis na mão esperando para escrever no papel.

– Ora, não me amole! – Jacira saiu depressa para o tanque, apertando os olhos com força para conseguir segurar aquela vontade horrível de chorar.

O menino ficou sentado diante do caderno, sem entender o porquê de tanta zanga. Queria só saber direito como se escrevia o nome da mãe para poder fazer seu dever de casa. Que mal será que havia nisso? Tinha seis anos e o nome igualzinho ao do pai. Jacira tinha uma raiva danada disto. Ariovaldo Silva dos Santos Filho, aquele miserável tinha tido o desplante de colocar. Saíra de casa com a ordem de escrever Ariovaldo Costa de Araújo dos Santos, que ela não queria deixar de colocar nenhum sobrenome dela no nome do filho. Mas o safado colocou o nome dele inteirinho no menino, como se só da família dele o garoto fizesse parte.

– Para quinze dias depois sumir no mundo e nunca mais voltar – Jacira resmungou, espremendo o pano no tanque com raiva.

Mas agora não tinha mais jeito. Tinha sido registrado e pronto. Só de vingança, ela então evitava dizer o nome dele. Era só menino. Achava que assim ia acabar conseguindo esquecer o maldito do pai.

– É... Pobre também tem *pobrema*... – resmungou de novo, enquanto limpava a mesa, sob o olhar confuso do menino, que agora tossia sem parar. – E como tem!

Pior de tudo é que logo nos primeiros meses ela nem tinha ficado sabendo que o filho havia sido registrado daquele jeito. Era essa a sua maior mágoa. O pai lhe entregara o documento do menino e ela guardara sem desconfiar de nada. Só no dia em que o menino teve uma crise horrível de bronquite, a essas alturas já com seis meses de idade, é que ela descobriu, no hospital, que o filho não tinha o nome que ela pensava que tinha. Que vergonha, Jacira não gostava nem de se lembrar desse dia.

A grande questão é que Jacira tinha um probleminha, um defeitinho à toa, como fazia questão de dizer a si mesma, um segredinho que ela não gostava de contar para ninguém. Jacira não sabia ler. Por causa disso, muitas vezes em sua vida fora enganada, passada para trás, impedida de manifestar seus direitos de cidadã, como costumava ouvir nas campanhas políticas que passavam na televisão.

– Para com essa tosse, menino, que já está me dando nos nervo! – pediu da cozinha.

O segundo sonho da vida de Jacira, depois de sair da casa de Lally para ir trabalhar na casa de Mag, era fazer uma denúncia. Denúncia mesmo, destas que a gente vê nas novelas, no telejornal da noite, para todo lado. Ver uma coisa errada, chamar a imprensa e botar a boca no mundo!

"Mas botar a boca no mundo como, se eu não sei nem escrever?", Jacira vivia se perguntando sentida. Entrava no supermercado, via aquele monte de peitos de frangos expostos, sem nenhuma proteção e não podia fazer nada. Tanta coisa errada que ela via e não podia fazer nada...

– Ah, se eu soubesse ler, eu ia denunciar tudo! – dizia sempre. – Ariovaldo? – ela estranhou o silêncio.

– Estou no banheiro, mãe! – gritou ele, voltando a tossir.

– Dor de barriga de novo! – Jacira constatou. – Uma hora destas eu vou ter que levar você no médico, para ver essa tosse e essa dor de barriga. Onde já se viu?

Voltou para a pequena cozinha e para os seus pensamentos. E o pior de tudo é que ela nunca que iria ter a coragem de contar para Mag, nem para Thalita aquele seu segredinho. "É claro que elas não vão querer uma empregada *analfabera*!", pensava consigo, toda preocupada. Dona Lally nunca havia desconfiado de nada. Graças a Deus, ficava muito pouco tempo em casa, Jacira sempre dava um jeito de bater na porta da empregada da vizinha para "tirar suas dúvidas" sobre as receitas que ela pedia para preparar. "Mas, na casa de Mag, a vizinha é Thalita! Como é que eu vou fazer quando elas me pedirem para preparar alguma coisa?", pensava em silêncio, enquanto lavava as panelas. "Preciso depressa fazer amizade com alguma outra empregada do prédio..."

– Mãe, você não vai ver o meu dever de casa? – parado agora a seu lado, com o caderninho aberto nas mãos, o pequeno Ariovaldo aumentou ainda mais a sua angústia.

Jacira, porém, não se deu por rogada. Enxugou as mãos no vestido e tomou o caderno, como se pudesse entender tudo o que estava ali escrito.

– Certo, certo, certo... – mentiu, sem olhar para o menino.

– Escrevi seu nome com 'G', era assim mesmo? – insistiu Ariovaldo.

– Você que vai para a escola e eu que tenho que te dizer o que está certo? Tem mais é que quebrar a cabeça para descobrir as coisas! – ralhou Jacira, devolvendo o caderno. – Agora trate de comer sua janta que já passa da hora de deitar!

Efetivamente, fora com muito sacrifício que ela conseguira colocá-lo na escola. Muito custo, sim. Porque era preciso levantar às quatro da manhã para deixar o menino na casa da cunhada, que ficava lá do outro lado do bairro, depois viajar mais duas horas para poder chegar na Zona Sul antes das oito.

Era a cunhada quem levava Ariovaldo para escola, depois ia buscá-lo. Por conta disto, ela precisava deixar uma parte do salário na casa do irmão. Não que a cunhada estivesse cobrando para ficar cuidando do menino enquanto ela trabalhava, o irmão sempre fazia questão de dizer. Eles, porém, também tinham três filhos pequenos para cuidar, a despesa aumentava por causa do Ariovaldo.

Jacira ficava muito ressentida com isto, contudo não tinha outra alternativa. Era aceitar o combinado ou deixar o filho "analfabero" para o resto da vida, que nem ela. E esta era a única coisa que ela não aceitava de jeito nenhum. A vida inteira ela tinha se esforçado muito para que ele nem desconfiasse que ela nunca havia pisado numa escola.

Além da vergonha que sentia de dizer isto a qualquer pessoa, pensava que o garoto poderia ficar desestimulado se soubesse que a mãe não tinha estudo. Só não imaginava, até por nunca ter tido a oportunidade de frequentar uma escola, que seria alvo de tantas perguntas quando o menino começasse a aprender. E que a sua decisão de esconder a verdade ainda ia acabar gerando mais problemas para ela mesma.

– Mãe, quando você estudava também fazia essa confusão de letras? – o menino perguntou, já deitado no colchonete quase em frente ao fogão.

– Como assim confusão de letras? – Jacira esforçou-se para entender.

– É mãe... Esse negócio de 'X', 'Ch'... Ou então de 'G' e 'J'... Como é que você descobriu que seu nome era com 'G' e não com 'J'? – veio de novo a pergunta.

– Quer saber? Vamos dormir que já é tarde. Amanhã a gente conversa – Jacira entrou na cama e cobriu-se depressa com o lençol.

Horas depois, o menino roncava pesado e ela ainda continuava se virando de um lado para o outro, angustiada com aquilo. Tirou o plástico com documentos que ficava escondido no travesseiro e ficou olhando para a carteira de trabalho, sem conseguir chegar a uma conclusão. "Afinal de contas, Jacira se escreve com 'G' ou com 'J'? Como será que a gente sabe qual que é o 'G', qual que é o 'J'?", se perguntava em silêncio. Ela precisava, de qualquer jeito descobrir aquela resposta, antes que fosse tarde demais. "Mas como?", ainda questionou, antes de levantar-se para dar o xarope do menino, que agora tossia sem parar. "Com que letra será que começa 'xarope'?"

29

"Por que ninguém vai me ajudar? Eu sou muito estúpida, eu sou muito esperta; eles não me entenderão. Eu estou sozinha; eles me odiarão; não há tempo suficiente; é muito difícil me ajudar", gritava pelo apartamento a voz de Alanis Morissette na canção *Excuses*.

Ana Teresa ouvia-a o dia inteiro. A cantora, a canção, o mesmo CD que tocava no carro no instante do acidente. Às vezes alto, tomando conta da casa como se seu grito sufocado estivesse contido naquelas letras, outras vezes com fones de ouvidos, tão assustadoramente alto que dava para perceber a música só de entrar no quarto.

Mag já não sabia mais o que fazer. Se, por um lado, entendia que aquela era a maneira que a filha encontrara para extravasar sua dor, por outro, já não aguentava mais ouvir aquelas mesmas canções, começava mesmo a se sentir contagiada pela tristeza da jovem. Fazia três meses que ela não ia a escola, que não atendia telefones, que não abria as janelas do quarto e nem falava com ninguém, que mal penteava os cabelos. Só vivia no escuro, de roupas pretas, imersa em sua profunda revolta e tristeza.

– Ana Teresa! Ana Teresa! – ela bateu na porta do quarto. Jacira aguardava a seu lado, com um balde e uma vassoura, pronta para a limpeza. A menina não respondeu nada. Apenas desligou a música.

– Não fique chateada... Não é que eu queira te incomodar... – insistiu Mag, do outro lado da porta. – É só hoje... É que sua irmã vai chegar, sabe? Queria que a casa ficasse mais leve, limpa...

Novamente o silêncio. Ana Teresa não queria conversa.

– Filha... Abra só um pouquinho... Deixa a Jacira fazer uma limpeza nesse quarto... Tem quase uma semana que a gente não entra aí...

Ana Teresa colocou a música alta de novo: "Estas desculpas, como elas têm me servido tão bem. Elas têm me mantido segura, elas têm me mantido presa, elas têm me mantido trancada dentro da minha célula", dizia a letra. Era sua resposta.

– Ai, meu Deus, Jacira! Eu queria não entender nada de inglês, não entender nada do que ela está me dizendo com essa música! – Mag disse de olhos fechados, num esforço enorme para se conter, as lágrimas já queimando por dentro das pálpebras.

178

Jacira fez uma cara de "não entendi nada".

– E você sabe todos esses inglês que essa música está dizendo? – perguntou, admirada. – E o que é que ela está dizendo?

– Deixa, Jacira – respondeu Mag, num suspiro. – Deixa para lá...

– A que horas a Ana Patrícia chega? – perguntou Jacira.

– Só no fim da tarde... O Sílvio vai trazê-la... – respondeu Mag, ainda triste, olhando para a porta fechada do quarto de Ana Teresa.

Às vezes sentia vontade de arrombar aquela porta, abrir as cortinas e pentear o cabelo da filha à força, cuidar dela do jeito como fazia quando ainda eram pequenas. Só não fazia isto porque não tinha exatamente a certeza se adiantaria. De mais a mais, sabia que a jovem estava sofrendo. "Será que sofreria para sempre?", muitas vezes se perguntava. Se ela ao menos aceitasse o auxílio de uma psicóloga, como tantas vezes já lhe fora oferecido...

– Ah, mas eu tenho certeza de que as duas vão adorar o jantar que nós preparamos para elas! – Jacira tentou animá-la.

– Nossa! E eu ainda tenho de fazer os pastéis de Belém que eu prometi para a Ana Patrícia! – Mag se lembrou. – Mas antes vem cá para você ver uma coisa! – disse, puxando Jacira em direção ao quarto da filha prestes a chegar.

O quarto havia sido todo redecorado. Era quase como se a jovem tivesse nascido de novo. Quebraram paredes, trocaram portas, enfim, tudo foi modificado com o intuito de ampliar o espaço interno e facilitar a locomoção de Ana Patrícia na cadeira de rodas. Como toque final, Mag e Thalita trabalharam em uma parede esponjada bem em frente ao novo espaço da cama. Tudo em tons de verde misturado a um amarelo bem clarinho, dava a sensação de um jardim de Monet.

Toda aquela reforma, no entanto, só serviu para deixar Ana Teresa ainda mais irritada. Odiava a casa cheia de operários trabalhando. Nas últimas semanas não saíra do quarto sequer para comer. E quando Mag perguntou se ela não gostaria de aproveitar para também fazer uma pequena reforma em seu quarto, ela ficou ainda mais irritada. De jeito nenhum mudaria sequer um alfinete de posição!

– Ao menos aqui dentro, tudo vai ser sempre do mesmo jeito como era antes! – chegou a dizer à mãe, desaforada, como se Mag tivesse alguma culpa. – Nada vai mudar, entendeu? Nada!

Desde aquele dia, Ana Teresa passou a não deixar mais que fizessem sequer a limpeza do quarto.

– Ficou lindo, dona Mag! Parece até aqueles papéis de parede do quarto do seu Hermínio! – observou Jacira encantada, trazendo Mag de volta ao presente.

– Papel de parede? Que nada! Foi a Thalita que fez!

– Ah, foi é? – admirou-se Jacira. – Mas é tão perfeito! Tudo lá é tão bonitinho, não é? Mas não reparei que era parede pintada, não. Também, o seu Hermínio nem deixa a gente entrar direito no quarto! Parece até que tem *plicância* comigo!

– Implicância, Jacira. Implicância – corrigiu Mag.

De fato, sozinha, Thalita havia pintado a casa inteira. Dentro do possível, também havia preparado tudo, nos mínimos detalhes, para receber o pai. A princípio, não tinha a certeza ainda se ele também usaria uma cadeira de rodas, se continuaria ainda por muito tempo paralisado do jeito como o vira no hospital. De qualquer forma, mandou instalar barras de apoio nos corredores, por todo o banheiro e até na cozinha.

Pela inusitada coincidência de situações, ela e a prima se ajudavam muito. Uma tinha uma ideia e logo passava para a outra; viviam as duas pensando nas necessidades de alguém que não pode mais se locomover como antes.

– É... Thalita é muito caprichosa... – refletiu Mag. – Coitada! Ficou aqui no domingo até de madrugada, só me ajudando a preparar o quarto da Patrícia... Na casa dela foi a mesma coisa. Thalita ficou um final de semana inteiro pintando o apartamento, antes da chegada do pai. Ela mesma, sozinha! É tão danada que inventou de estudar as cores, querendo transmitir boas vibrações até pelas paredes! Mas o meu tio...

A grande dificuldade era mesmo Hermínio. Fazia pouco mais de duas semanas que ele chegara da clínica, mas os dois não se entendiam de jeito nenhum. Chegara deitado em uma maca, acompanhado de um enfermeiro contratado por Tarquínio, por intermédio da própria clínica, o qual deveria acompanhá-lo por dois ou três meses, ao longo de seu período de adaptação. Hermínio, contudo, odiava o enfermeiro.

Aliás, não só o enfermeiro como tudo o que dizia respeito a sua nova situação; passava os dias deitado, xingando a tudo e a todos.

Thalita se ressentia muito com isso, mais ainda por não ter podido acompanhá-lo no período em que ele estava na clínica. Tarquínio fora verdadeiramente um anjo da guarda para ambos, cuidando e providenciando tudo mesmo depois de já ter viajado para a Europa. Telefonava de lá para a clínica e tomava as devidas providências. Só que, com isto, Thalita não sabia agora as etapas pelas quais o pai havia passado. Havia conversado algumas vezes, por telefone, com médicos que o acompanhavam na clínica e que a inteiraram sobre o seu quadro clínico, mas não acompanhara de perto todo o processo. Além disto, como a clínica ficava em outro estado e o hospital em que ele se internara inicialmente em um terceiro, Thalita não tinha a quem recorrer em um caso de emergência. Simplesmente o recebera dentro de casa após o período de desintoxicação, mas não sabia direito nem o que faria com ele no período seguinte.

Para piorar, Hermínio chegara mais bravo do que nunca, a despeito de toda a sua fragilidade física, era quase um leão dentro do corpo de um macaquinho ferido.

– Eu falei para ela uma porção de vezes, mas Thalita estava tão desnorteada com os preparativos para a chegada dele, que eu acho que nem registrava direito o que eu estava dizendo. Não é só uma questão de assumir a responsabilidade de cuidar de um pai doente, em recuperação. Não basta pintar as paredes,

A FERRO E FLORES | 181

nem enfeitar a casa toda com flores e rendinhas. É preciso aprender como lidar com ele, conhecer bem as dores típicas, os remédios, as crises, saber o que fazer em cada situação – lembrou Mag, preocupada com a prima.

– Hi, coitada mesmo, dona Mag! Não é para falar, não, mas acho que não adiantou muito esse tal estudo das cores. Muito sinceramente mesmo, o apartamento ficou muito lindo, mas acho que, se o seu tio pudesse, ele jogava lama em tudo! – imaginou Jacira, fazendo o sinal da cruz em seguida.

Toda vez que ela falava de Hermínio, fazia logo o sinal da cruz.

– Para quê isto, Jacira? – Mag não se conteve.

– É como se ele tivesse o coisa ruim dentro dele! – ela explicou baixinho.

– Não é, Jacira! É que ele fica muito revoltado com essa coisa de não poder se mexer – tentou justificar Mag.

– Ah, dona Mag, sinceramente, muito sinceramente mesmo, eu não gosto daquele homem. Se não fosse pela senhora e pela dona Thalita, que são pessoas muito bacanas, não sei se eu ficava trabalhando lá não... Tenho até medo de passar por aquele quarto!

– É... – observou Mag, sem querer se aprofundar muito no assunto.

Ela sabia que Jacira não estava de todo errada. Embora o tio a tratasse muitíssimo bem – ele, aliás, fazia questão de dizer o tempo todo que Mag era a filha que ele queria ter –, ela sentia-se contrafeita com a situação, sobretudo quando ele humilhava a prima na frente dela. Era verdadeiramente um bicho de tão grosseiro.

Desde que ele chegara da clínica, Thalita não tivera mais um minuto sequer de sossego. Hermínio estava sempre nervoso, agitado, ansioso, isto quando não estava ameaçando suicídio. Por macabra ironia, queria matar-se por não poder mover-se, mas, justamente por não poder mover-se não tinha como concretizar seu intento, o que não tornava menos constrangedoras suas incansáveis tentativas de convencer as pessoas de que poderiam tomar por ele esta iniciativa.

– Não vai abrir o gás? Pois vocês vão ver! Vou desencapar o fio da tomada; amanhã, quando entrarem aqui vão me encontrar roxinho! Vocês podem escolher. Ou morro azul de gás ou então roxo de choque!

O fato, porém, era que, mesmo quando não estava discursando sobre seu irrevogável direito de dispor sobre a própria vida, mostrava-se sempre uma pessoa arrogante e desagradável.

– E aquele enfermeiro, Mag? Você vai me desculpar, mas aquele rapaz parece até um espantalho, não tem nenhuma *inirciativa* – observou Jacira.

– Iniciativa, você quer dizer – corrigiu Mag. – É, aquele rapaz é mesmo um pouco esquisito... Jerônimo, o nome dele... Sabe que tem horas em que eu até me esqueço que ele está ali? É tão calado que parece até que fica invisível! – brincou Mag. – Ah, Jacira, mas quer saber? Ruim com ele, pior sem ele. Já pensou se a Thalita ainda tivesse que dar banho e comida na boca do tio Hermínio? Hi, acho que os dois já estão brigando de novo!

182 | Lygia Barbiére

Hermínio gritava tão alto com a filha que era possível ouvi-los como se estivessem no próprio apartamento de Mag.

– Eu quero, sim, saber o que foi que você fez com o meu dinheiro! Com as minhas economias, entendeu bem?

Thalita tinha o olhar distante, como se procurasse um meio de fazer o pai entender que ela nada tinha a ver com isto. Sentado na poltrona, Jerônimo folheava uma revista como se nada estivesse acontecendo.

– Procure ficar calma, não se altere com ele! – dizia Sati, ao lado de Thalita.

– Sim, querida. Não é ele quem está fazendo isto, procure ter paciência – pedia Leda.

Thalita pensou na mãe e seus olhos se encheram de lágrimas. Ultimamente, vinha pensando tanto nela...

– Papai, veja se você consegue entender o que eu estou querendo lhe explicar... – ela tentou de novo.

– Não me chame de pai! Eu sou seu prisioneiro, mas não sou seu pai! – bradou ele.

Samir apareceu no cantinho da porta e ficou olhando, de soslaio, o que estava acontecendo.

– E tire esse menino daqui! – Hermínio gritou nervoso. – Me ajeite aqui na cama! Minhas costas estão doendo! – ordenou em seguida ao enfermeiro.

Jerônimo obedeceu. Thalita, enquanto isto, foi até a porta pedir ao filho que esperasse um pouquinho na sala.

– Está uma porcaria! Nem para ajeitar os travesseiros você serve! – bradou Hermínio.

Em silêncio, Thalita voltou para dentro do quarto e tentou, ela mesma, ajeitar um pouco melhor os travesseiros do pai. Embora triste, fazia tudo sempre com muito carinho. Ele pareceu se acalmar um pouco depois que ela mudou a posição dos travesseiros.

– E esse buldogue? Quem é que está pagando? Não é com o meu dinheiro que vocês estão pagando esse idiota! – ele protestou aborrecido.

Thalita olhou envergonhada para o enfermeiro, mas ele já estava de novo entretido com a revista, como se nada acontecesse a seu redor.

– Olhe, papai, todas as nossas despesas, desde que você estava na clínica, foram pagas pelo seu irmão, o tio Tarquínio – ela começou de novo.

– Não tinha necessidade disto! Eu nunca pedi nada a ele! Aliás, nunca pedi nada a ninguém! – resmungou o pai amuado.

– Eu sei, disto, papai. E disse, inclusive, ao tio Tarquínio que, a partir deste mês, nós pagaríamos todas as suas despesas com a sua aposentadoria. Acontece, porém, que, quando estive em Aiuruoca, eu não achei nenhum documento, nenhum cartão de banco seu. Pretendia, inclusive...

A Ferro e Flores | 183

– Como não achou? Estava tudo lá! – vociferou Hermínio, completamente esquecido da última noite que passara ao lado de Ely. – Deixo tudo na gavetinha do criado! Você que não olhou direito! Ou então pegou e...

Thalita não deixou que ele continuasse:

– Acontece que, ontem, a dona Mercedes, nossa vizinha, me telefonou de Aiuruoca. Ela disse que esteve um homem de uma loja de móveis na casa dela, com um cheque seu, dizendo que já tinha apresentado duas vezes no banco e não tinha fundos.

– Cheque sem fundos? Loja de móveis? Mas eu não comprei móvel nenhum! E jamais dei um cheque sem fundos em toda a minha vida! – protestou Hermínio. – Era só o que me faltava!

– Foi o que eu falei. Mas o vendedor disse para a dona Mercedes que foi a sua esposa quem comprou... Uma mobília de quarto completa – ela sentiu um nó na garganta ao dizer isto.

– Minha esposa? – Hermínio respondeu incrédulo.

– É... Ele até descreveu como ela era e...

– A sua mãe? Mas como se...

– Não, papai... Não era a minha mãe... – Thalita afirmou sem graça.

– Não sou seu pai! – ele gritou.

– Desculpe, eu me esqueci. De qualquer forma, não era a minha mãe... O senhor não tinha, por acaso... Uma namorada? – ela arriscou.

Se pudesse dispor de sua mobilidade normal, Hermínio teria avançado na filha, de tão indignado. Como não podia, porém, ficou boquiaberto, ainda procurando o pior impropério para jogar contra ela, quando, súbito, foi surpreendido por uma série de imagens que lhe vieram à mente. Eustaquiano estava atrás dele e, de alguma forma, estimulava-lhe a parte do cérebro responsável por essas lembranças. Hermínio deparou-se com a imagem de Ely e toda uma série de cenas tórridas que haviam vivido juntos.

– Ela não teria coragem de fazer uma coisa destas! – disse alto, sem querer.

– Ela quem, papai? – Thalita perguntou paciente.

– Ninguém. Ligue para o banco para saber o que está acontecendo.

– Eu já liguei – disse Thalita.

– Com ordem de quem? – ele se irritou. – Eu ainda não estou morto, embora bem que preferisse estar!

– O gerente pediu que eu fosse até lá para conversar, levando uma procuração sua para poder resolver eventuais problemas – continuou Thalita.

– Procuração minha? Mas espere aí! Que problemas? Eu tenho muito dinheiro nas minhas aplicações!

– Pois o gerente disse que infelizmente não pode informar nada pelo telefone. E nem para qualquer pessoa que não tenha uma procuração sua. Aliás, parece que outra pessoa também esteve no banco com uma procuração sua –

ela prosseguiu. – O único detalhe é que na procuração estava escrito Hefesto, ao invés de Hermínio, e aí eles desconfiaram...

– Outra pessoa? Procuração minha? – Hermínio estava começando a suar frio.

– Pois é, papai. Desculpe, Hermínio – ela corrigiu antes que ele protestasse.

– Eu só posso resolver qualquer coisa para o senhor se o senhor me autorizar judicialmente a fazer isto, através de uma procuração.

Hermínio quis dar impulso para tentar se levantar da cama. Todos os dias tentava fazer isto, achando que sua imobilidade poderia desaparecer a qualquer momento. Queria mostrar a ela que não precisava dela e nem de ninguém para nada, que poderia resolver todos os seus problemas sozinho, como, aliás, sempre fizera. Mas não conseguiu mover nada senão os músculos do rosto, numa careta. Thalita percebeu seu esforço.

– Bem, o senhor pense direitinho. De qualquer maneira, hoje já é sexta--feira, não dá para resolver mais nada. Só posso ir à agência de Caxambu na segunda-feira, se eu conseguir mais uma folga na loja.

Thalita bem que precisava daquela folga para descansar. Desde a decisão de trazer o pai para o apartamento do Flamengo, nunca mais sobrara tempo sequer para uma volta no quarteirão. Trabalhava todos os dias na loja de nove às quatro, isto quando a gerente não pedia para que cobrisse a folga de alguma colega no horário noturno. Na volta para casa, era aquele drama mexicano, todas as noites o pai fazendo ameaças e exigências, xingando a tudo e a todos ao invés de agradecer. E ainda era preciso fazer as tarefas da escola com Samir. Muitas vezes ela se perguntava por quanto tempo seria capaz de aguentar tudo aquilo. Era justamente no que pensava agora, enquanto encostava o dedo nos vasinhos de planta que ficavam na janela do quarto dele, para ver se estavam molhados.

– Isto aqui parece até um velório! – implicou Hermínio, vendo que ela mexia nos vasinhos. – Samambaia no teto, flor para todo lado! Nem parece um quarto!

– Faço isto para tentar tornar um pouco mais agradável o ambiente em que o senhor vive... – respondeu Thalita.

– O problema é que você é sempre muito exagerada! – ele protestou aborrecido.

Thalita ficou quieta. Já ia saindo do quarto, quando ele deu a ordem:

– Chame um funcionário do cartório e peça para vir até aqui fazer a tal procuração. E mande vir logo! Porque semana que vem eu não quero estar mais aqui!

Thalita sentia suas duas pernas tremendo quando tocou a campainha no apartamento da prima, segurando Samir pela mão. Era sempre assim. Ela enfrentava o pai com a máxima calma e assertividade. Contudo, quando saía do quarto, sentia-se um bagaço, um fiapo de gente tremendo sobre os sapatos.

– Mamãe, porque você estava brigando com o vovô desta vez? – Samir perguntou.

– Ah, filho... Se Deus quiser, se Deus me ajudar, logo, logo, tudo isto vai mudar... – ela respondeu, com a voz já embargada de tanta vontade de chorar.

A Ferro e Flores | 185

– Mas ajudar como, mãe? – ele perguntou. – Você acha que um dia o meu avô vai gostar de mim?

Thalita abaixou-se para abraçar o filho. "Não fique assim... Você talvez não tenha percebido que o passarinho tinha um par de asas e poderia voar quando ele quisesse", mais uma vez ela se lembrou da voz agradável do palhaço Domenico.

– Não sei, filho. Preciso pensar num prazo. Um prazo máximo para a gente continuar passando por isto. Se o seu avô não melhorar até o final desse prazo...

Mag abriu a porta e deu com os dois abraçados. Thalita nem chegou a terminar a frase. Mag olhou para ela e entendeu tudo. Os dois entraram. Thalita contou à prima o que acontecera dessa vez.

– Mas você acha que a tal mulher levou tudo o que ele tinha? – Mag perguntou, depois de acomodar Samir na cozinha, diante de um pratinho cheio de pastéis de Belém que acabara de tirar do forno.

– Não tenho como saber! Só indo lá para ver...

– Será que a mulher assaltou o seu Hermínio e ele esqueceu de tudo? – cogitou Jacira, sempre antenada com o que estava sendo discutido.

– Não propriamente um assalto a mão armada, como você está pensando, Jacira, mas, de alguma forma, ela roubou o meu pai, sim... Nossa! Que delícia! Foi você mesma quem fez? – admirou-se Thalita, provando um dos pastéis.

– Foi... Fiz para a Ana Patrícia. As duas adoravam quando eram pequenas e...

– Peraí! Mas como é que uma pessoa rouba tudo da outra sem ser com revólver? – Jacira não conseguia entender.

– Que coisa, Jacira! – ralhou Mag.

– Desculpa, Mag! Mas é que eu preciso entender! Antes de ficar assim, o seu pai sabia escrever? Quer dizer, era ele mesmo quem escrevia o nome dele nas coisas do banco?

– Como assim, Jacira? – Thalita não entendeu.

– Para quê você quer saber disto tudo, Jacira? – incomodou-se Mag.

– Claro que o meu vô sabe escrever o nome dele! – interferiu Samir.

– É... – Jacira seguiu para lavar algumas roupas, pensativa.

Andava muito preocupada com esta coisa de não saber escrever, embora não tivesse coragem de falar abertamente sobre o assunto. Queria entender direito tudo de ruim que pode acontecer com uma pessoa "analfabera", para que não acontecesse com ela também. Justo agora que ela estava querendo abrir uma conta no banco para guardar suas economias. Será que podia?

Mag e Thalita nem atinaram para o real motivo de sua preocupação.

– Gente! Mas estão realmente uma coisa de louco estes seus pasteizinhos. Pasteizinhos ou empadinhas? – Thalita ficou na dúvida.

– É uma massa folhada; os portugueses é que chamam de pastel, não sei bem por quê. Eu fiz também para a Ana Teresa, logo que ela chegou do hospital. Mas sabe que ela nem tocou? Não liga para mais nada, nem sei como essa menina fica de pé. As roupas dela estão enormes, Thalita! Ela simplesmente não come! – desabafou Mag.

– Dê tempo ao tempo... Ela vai melhorar... Eu, pelo menos, repito esta mesma frase lá em casa umas dez vezes por dia... – observou Thalita. – Nossa! Prima, você cozinha muito bem! – ela comentou, lambendo o cantinho dos lábios com a ponta da língua. – Por que você não procura um psicólogo para conversar melhor sobre isto? Quem sabe uma pessoa assim mais capacitada pode te dar uma orientação melhor sobre como agir num caso como o da Ana Teresa. Acho que ela levou um choque muito grande...

– Eu também acho, mas o Sílvio não aceita de jeito nenhum. Diz que não acredita em psicólogos, que a gente já está gastando mais do que podia – Mag colocou duas xícaras na mesa e serviu café para as duas. – Agora, se a Ana Teresa quisesse ir, eu juro que dava um jeito! Nem que tivesse de vender salgadinhos na praia para pagar! Quer refrigerante Samir?

O menino fez que sim com a cabeça.

– Eu fico até com vergonha... O seu pai me ajudando tanto e você dizendo uma coisa dessas... – comentou Thalita.

– Que nada. O meu pai te ajuda porque ele pode. E só não me ajuda mais porque eu não deixo – disse Mag.

– Mãe, posso ir lá para casa ver televisão? – pediu Samir.

– Pode, filho. Só não coloca muito alto que é para não incomodar o seu avô, tá? Qualquer coisa, você corre aqui para me chamar!

Samir saiu voando como uma bala. Na verdade, não gostava de ficar muito tempo longe do avô; vivia sempre preocupado com ele, mesmo a despeito de sua agressividade. Diversas vezes, Thalita o pegara escondido no cantinho da porta do quarto de Hermínio, tomando conta dele.

– Eu não entendo isto... O Sílvio não deixa você procurar um psicólogo, você não quer ajuda do seu pai...

– Ah, Thalita... Mesmo não querendo, meu pai me ajuda muito nas despesas. O Sílvio é muito difícil. Sabe que até hoje eu nem acredito que ele me deixou ficar com a Jacira!

– Eu é que não acredito como é que você consegue ficar casada com um homem assim! – Thalita deixou escapar.

A música alta de Ana Teresa novamente invadiu a cozinha.

– Ai, não aguento mais isto! Ana Teresa, por favor, abaixe! – Mag gritou em direção ao corredor.

– Tenta não ouvir, desconectar do som... – disse Thalita.

– Você nem imagina como tem sido bom para mim ter você sempre por perto. Acho que só agora percebi o quanto a vida inteira eu precisei de uma irmã! – disse Mag, recolhendo as xícaras.

A Ferro e Flores | 187

– Eu sinto a mesma coisa. – disse Thalita, recolhendo os pratos. – Foi mesmo muito bom vir morar perto de você. A única coisa que está me preocupando é a Valéria.

– Até hoje vocês não encontraram uma pessoa para dividir com ela o apartamento? – perguntou Mag, lavando a louça.

– Até hoje! – suspirou Thalita. – Ela não fala nada, mas eu sei que está sendo difícil para ela pagar o aluguel sozinha! Me sinto um pouco traidora por deixá-la nessa situação!

– Mas por que ela não veio para cá com você? – perguntou Mag. – Com o dinheiro que ela usa para pagar o aluguel, pode te ajudar com as despesas de supermercado, pagar as contas, sei lá... Abaixa isso, Teresa! – ela deixou a pia correndo água para ir gritar de novo para o corredor.

– Calma, prima! Quanto mais você gritar, eu acho que é pior... – Thalita a levou de volta para a pia.

– É... Tem razão... – respirou Mag, tomando um pano para enxugar a louça. – Mas você estava falando sobre a sua amiga e...

– Pois é. Eu fiz de tudo para convencê-la a vir, mas ela não quer. Anda com medo de perder o emprego, diz que não quer ficar sendo mais uma pessoa pendurada na generosidade dos teus pais...

– Eles não são generosos. Apenas ajudam materialmente e caem fora... – desabafou Mag, com certa amargura. – Teresa! Abaixa essa música! – gritou de novo para fora do corredor. – Ai, Thalita... Tem horas em que eu me sinto tão sozinha, tão desprotegida!

Thalita fez um carinho nos cabelos da prima.

– Não é assim. Eu estou aqui, esqueceu? Seu pai não é tão indiferente assim. Ele se preocupa com você! Sabe, ele foi tão especial para mim nestes meses... Nunca na minha vida o meu pai fez por mim nem um terço do que o seu fez nestes meses... Ele não pagou simplesmente a clínica. Foi até lá visitar o meu pai um monte de vezes. É verdade que ele tem lá aquele jeito dele, caladão, quase que faz tudo sem ninguém perceber. Mas no fundo eu sinto que ele é uma pessoa boa. Comigo, lá em Aiuruoca, ele foi até afetivo...

– É, o papai é um pouco diferente... Mas dona Lally o domina completamente... Falando nisso, e o Ramon deu notícias?

– Até hoje nada. Às vezes fico tão angustiada com isso também... Será que não aconteceu nada com ele? – desabafou Thalita.

– Ele sabe algum número seu?

– Pior que não. Até hoje estou sem celular; naquela confusão perdi o *chip*, não consegui recuperar o número. Disseram que tenho que abrir um processo. Sinceramente, nem tenho tempo. Além disso, depois que eu saí do apartamento, a Valéria ainda resolveu mandar desligar o telefone fixo. A loja fez a mesma coisa, você acredita? Ou seja, ele nem tem como me ligar...

Ah... também não sei se ia fazer alguma diferença se eu falasse com ele – ela observou, triste. – Só fico preocupada com ele... No fundo eu gosto muito mesmo...

– E o tio Hermínio, nem pergunta por ele? – quis saber Mag.

– Sabe que não? Será que ele esqueceu que tem outro filho? Pior que eu fico até com medo de comentar alguma coisa. E se ele quiser saber alguma notícia? Se cismar que eu tenho que conseguir notícias, como é que eu faço?

– Se ele ao menos se lembrasse o nome da instituição que providenciou o intercâmbio – refletiu Mag. – Mas não fica assim não... – Mag tentou consolá-la. – Se alguma coisa de ruim acontecesse, tenho certeza de que você logo ficaria sabendo.

Foram até lá dentro verificar se não estava faltando nenhum detalhe no quarto de Ana Patrícia.

– Nossa, o dia hoje está demorando a passar, não é? – Mag ajeitou, ansiosa, pela enésima vez, os travesseiros em cima da cama. – Ai, meu Deus, o que é que eu faço para fazer essa menina abaixar esse som?

Thalita estava pensativa. Tinha os olhos fixos no palhacinho que Mag colocara na estante para enfeitar. "As flores sempre nos ensinam lições. Toda a vez que sentir vontade de chorar, pense nas flores, cuide de flores", ela ouviu mais uma vez aquela voz falando para ela.

– Flores! Estão faltando flores, você não acha? – sugeriu de um rompante.

"Você é sempre muito exagerada!", ela lembrou-se do pai dizendo e quis voltar atrás:

– Quer dizer...

– Será que ainda dá tempo de comprar? Tem uma floricultura aqui perto! – Mag gostou da sugestão.

– Eu vou lá! Você fica aqui esperando – ela decidiu. – A Valéria ficou de passar no final da tarde. Se ela ou o Samir aparecerem...

Alguém bateu na porta. Os dois apartamentos, que ficavam lado a lado, estavam com as portas entreabertas. Correram até lá e deram com dois imensos buquês de lírios alaranjados.

– A nossa paciente já chegou? – perguntou o rapaz que surgiu por trás dos buquês, num sorriso sincero de dentes perfeitos.

– Miguel! – ela virou-se para a prima. – Deixa eu te apresentar: este aqui é o Miguel, irmão do Pedro e...

Não queria dizer "do Pedro, que morreu no acidente". Miguel entendeu e veio em seu socorro. Parecia recuperado do choque.

– Amigo das meninas! – ele disse, olhando de uma maneira muito profunda dentro dos olhos de Thalita. – Ana Patrícia já chegou?

Nisso, ouviram barulho no corredor. O elevador estava subindo.

– Acho que está chegando – Mag deduziu ansiosa.

Chegaram todos juntos. Sílvio estava completamente enrolado com a cadeira da filha e Valéria, com sua prática, os ajudara a subir.

– Ela chegou! Ela chegou! – Mag foi correndo ao encontro deles, seguida por Jacira.

Deu para ver nos olhos de Valéria como ela ficou encantada com Miguel. Ana Patrícia também abriu imenso sorriso ao vê-lo com aqueles dois buquês imensos. Ele era a cara de Pedro, embora fosse mais de dez anos mais velho.

Do canto do corredor que dava para a sala, Ana Teresa observava a tudo com muita tristeza. Era a primeira vez que reencontraria a irmã depois da briga no hospital.

30

– Q<small>UEM ME</small> prendeu aqui? Tirem-me daqui! Eu não fiz nada! Quero sair daqui! – gritava Caian, em meio à imensa escuridão que o rodeava.

Era uma caverna suja e fétida, tão escura que ele mal conseguia enxergar o próprio corpo. Tinha as duas mãos e os dois pés amarrados em algo que parecia uma espécie de argola de ferro. Presas à parede de terra possivelmente por uma corrente (ele não podia enxergar o que era exatamente), ficavam uma pouco mais alta do que a sua cabeça e a outra, bem rente ao chão, na altura mesmo dos pés, de maneira que todo o seu corpo fazia um arco em relação à parede. Caian não sabia como havia chegado ali, nem quem o havia amarrado daquele jeito. Trazia as ideias ainda confusas, tudo o que lembrava era de estar bebendo na boate com Ana Teresa, da namorada passando mal por causa da bebida.

Mesmo sem enxergar, ele podia sentir que a caverna estava cheia de pequenos bichinhos, ratos e morcegos. Eles andavam sem parar em torno do local onde ele se encontrava; às vezes Caian sentia até mordiscarem-lhe a pele. Só não se aproximavam mais por causa dos gritos que ele emitia. Era preciso falar o tempo todo para que não viessem.

– Alguém me tire daqui! Eu não aguento mais ficar aqui! – ele insistia, em seu desespero.

Pior de tudo era que, mesmo com todo aquele desespero, em meio a toda aquela situação angustiosa e desesperante, Caian sentia muita vontade de beber, sua boca chegava a salivar de vontade de tomar uma cerveja gelada. Parecia até que ele iria morrer se não bebesse. Todo o seu organismo pedia um mísero golinho de cerveja gelada. Mas beber como, se ele sequer conseguia mover-se?

A sensação interna era a pior possível. Sentia-se irritado, tomado por uma raiva maior do que tudo, insatisfeito consigo e com o mundo. Gritava então nomes horríveis, blasfemava palavrões inomináveis.

Em determinado momento, teve a impressão de que alguém entrara na caverna. Esqueceu-se dos ratos e ficou em silêncio para tentar descobrir quem era. Mas nada. Ele sabia que estava ali, atrás dele, quase podia ouvir a respiração, mas a pessoa não dizia nada, sequer se mexia.

Começou então a ter a sensação de que alguém derramava bebida sobre todo o seu corpo; a cerveja gelada lavava-o por inteiro, com roupa e tudo, saía de dentro dele! De sua desagradável posição, Caian contorcia-se inteiro, girando a cabeça para os lados, como podia, abrindo a boca para tentar tomar ao menos uma gotinha. A cerveja, contudo, escorria apenas do peito para baixo; ele não conseguia sequer uma gotícula.

– Preciso beber... Só um pouquinho – choramingava, exausto.

Por muitas e muitas ocasiões, esta situação se repetiu. Outras vezes, ele tinha a sensação de estar amarrado a imensa garrafa, borbulhando cerveja como se houvesse acabado de ser sacudida. Novamente, contudo, não conseguia encontrar posição para encostar ao menos a pontinha da língua no líquido que escorria bem diante dele.

Sentia então coisas geladas esgueirando-se por sobre o seu corpo, coisas geladas e pegajosas. "Seriam sapos? Lagartixas?", desesperava-se, lembrando-se de suas aulas de anatomia. Todo o seu corpo parecia gelado como se ele tivesse morto. E ele tinha pavor de gente morta!

– Alguém me tire daqui! – gritava, alucinado. – Ana Teresa! Onde está você? Me ajuda, gata! Me ajuda!

Às vezes, depois de muito gritar, ele conseguia ouvir uma voz feminina, que dizia: "Senhor, digna-te de lançar um olhar de bondade sobre aqueles que ainda se encontram na treva da ignorância e te desconhecem, particularmente sobre o Caian. Bons espíritos, me ajudem a fazê-lo compreender que ele não pode ficar para sempre nessa situação."

Era uma voz parecida com a de Ana Teresa, ele sabia que conhecia bem aquela voz. Mas estava tão confuso que não conseguia ter certeza. "Caian, volta para Deus o teu olhar; dirige por um instante o teu pensamento a Ele e um raio, uma faísca da divina luz virá para te iluminar", continuava a voz assim mesmo.

– Raio? Faísca? Que história é essa? – respondeu Caian desconfiado.

"Diz conosco estas simples palavras: Senhor, eu me arrependo, perdoa-me", prosseguiu a prece. "Tenta se arrepender e fazer o bem, ao invés de fazer o mal, pensar coisas boas em vez de sentir raiva ou pensar em vícios. Você vai ver que logo a misericórdia divina descerá sobre o seu espírito, e um bem-estar indizível substituirá as angústias do teu coração. Se conseguir dar um passo no caminho, o resto te parecerá fácil de percorrer", insistiu Ana Patrícia, numa interpretação pessoal da prece pelos espíritos endurecidos contida em *O evangelho segundo o espiritismo*.

A este ponto, contudo, da oração, Caian se revoltou e começou a blasfemar contra aquelas palavras que vinham não sabia de onde:

– Que bem-estar indizível! Chega! Estão debochando de mim, é? Maldito seja quem esteja zombando de mim nesta situação! Como é que eu vou dar um passo se não consigo nem me mexer!

O mais estranho era que aquela voz era mesmo muito parecida com a de Ana Teresa, mas ele sabia que não era ela. "Mas, claro! Era da irmã dela! Como não havia pensado nisso antes?" Ana Patrícia nunca tinha gostado dele, por isso agora ironizava-o! Mas como é que a voz dela podia chegar até ali? "Será que ele estava no subterrâneo da boate e Ana Patrícia no andar de cima?", chegou a cogitar. Quanto mais tentava entender o que se passava, mais confuso e perturbado ficava.

– Não quero saber de bem-estar indizível nem de passo no caminho, nem dessa porcaria de misericórdia divina! Não preciso de misericórdia divina! Preciso é de cerveja! Faço qualquer coisa por uma cerveja! – gritou, ouvindo sua voz ecoar por toda a caverna.

– Por que você não falou isso antes? – perguntou uma voz masculina ao lado de Caian. – Há tempos que eu esperava por esse pedido.

– Quem é você? Como entrou aqui? – estranhou Caian.

– As pessoas me chamam de Pouca Tinta – respondeu o homem.

– Espere aí! – ele se lembrou de repente. – Eu já ouvi isto antes! Não era Pouca Telha?

Vieram-lhe à mente todas as cenas que ele vivera ao lado de Pouca Telha até desmaiar no bar.

– Por que me prendeu aqui? Por que deixou que eles me atacassem? – perguntou zangado.

– Infelizmente, ou felizmente no que se refere à minha parte, eu não sou quem você está pensando, embora nossos apelidos se pareçam. Aliás, tenho até um probleminha com esse outro que prendeu você aqui... – declarou reticente.

– Sei... – respondeu Caian. – Como é mesmo o seu nome?

– Pouca Tinta – repetiu o outro. – Ainda está disposto a fazer qualquer coisa por uma cerveja? – perguntou, um tanto quanto irônico.

Na cabeça de Caian só passou a imagem da garrafa suada de tão gelada, a espuma branca descendo, o barulho do gás se desprendendo.

– Claro! – respondeu depressa. – Mas você vai me tirar daqui?

Na escuridão, Caian percebeu que saía uma espécie de raio vermelho dos olhos do homem parado a seu lado. Em instantes, ele estava de pé a seu lado, com os pés e mãos desamarrados.

– Depressa, antes que o outro chegue. Vou rir muito quando ele descobrir! Mentalize o local onde você mais gosta de beber!

Caian pensou no pequeno boteco que havia perto do cursinho. Em uma fração de segundos se viu lá dentro com seu acompanhante. Só então descobriu porque ele se chamava Pouca Tinta. Era um homem literalmente desbotado, o corpo todo tomado por algo que lembrava um vitiligo. Sentaram-se à mesa junto com um senhor que saboreava sozinho uma cerveja.

A Ferro e Flores | 193

– Agora preste atenção! – disse Pouca Tinta. – Vou te ensinar a beber do jeito inteligente. Assim, você vai poder sugar álcool e energia ao mesmo tempo! – disse, tirando do bolso uma espécie de canudinho mais gordo do que o habitual.

– Como assim, álcool e energia ao mesmo tempo? – estranhou Caian.

– Ora, você já olhou para você mesmo? Mais parece um morto-vivo, sem cor, sem substância! Precisa de um pouco de fluido vital.

– Fluido o quê? – Caian não entendeu.

O outro, porém, não respondeu. Em vez disso, postou-se diante do senhor e aproximou o canudinho da barriga dele, cerca de dois ou três dedos abaixo do umbigo. E então, sugou com toda a sua força.

Imediatamente, o senhor desfaleceu por cima da mesa. Pouca Tinta, em compensação, ganhou uma coloração mais intensa, mais vistosa, pareceu mesmo ganhar corpo depois da operação.

– Está vendo – disse com forte bafo alcoólico. – Assim me alimento duplamente. Mas não era bem isso o que eu queria beber – disse, aproximando-se de um homem de óculos, que estava de pé no balcão, tomando cerveja com alguns rapazes. Caian imediatamente reconheceu o professor de matemática e alguns de seus colegas de classe.

– E aí, gente, beleza? – disse, aproximando-se dos amigos, momentaneamente, esquecendo-se até do companheiro que o trouxera até ali.

Ninguém, contudo, respondeu. Caian ficou sentido:

– Qual é, galera? Não se lembram mais de mim?

Ele percebeu então que Pouca Tinta apoiou o braço no ombro do professor, como se fossem velhos amigos, e disse algo a seu ouvido.

– Hoje estou com vontade de beber uma cachaça da boa. Besourão! – ele chamou o atendente do balcão. – Dê para mim uma dose daquela dali! – disse, apontando a mesma garrafa para a qual Pouca Tinta estava apontando.

– Que foi que deu no senhor hoje? – disse Besourão, enquanto virava a cachaça no pequeno copinho. – Nunca bebeu cachaça antes...

– Deu vontade! – disse o professor, virando de um só gole o copinho.

Parado a seu lado, porém, Caian pôde observar que Pouca Tinta estava coladinho no professor, e teve mesmo a sensação de que ele jogou o líquido na boca de Pouca Tinta e não na sua.

– Ah... – fez Pouca Tinta, satisfeito com o gosto da bebida.

– Por que eles não falam comigo? – quis saber Caian, aborrecido. – Conheço todos! Cansei de beber com eles aqui neste mesmo bar!

– Se conhece, então o que está esperando? – disse Pouca Tinta, lhe entregando o canudo. – Já lhe ensinei como se faz, agora é com você.

– Mas... – novamente Caian estava confuso e assustado com a maneira como aqueles homens estranhos bebiam.

– Coragem, garoto!

Caian estava de fato ardendo de vontade de beber. Como que hipnotizado pelos copos a sua frente, ficou um tempo olhando para os rapazes que haviam sido seus antigos colegas, até que a cerveja acabou.

– Boa é aquela cerveja do comercial da moça bonita – pensou Caian, aguando de vontade de pedir uma.

Um dos rapazes captou seu pensamento e repetiu para Besourão suas mesmas palavras.

– Traz uma para nós! – acrescentou.

Caian estava começando a descobrir o que era sintonia. Por que será que aquele rapaz, que se chamava Tião, escutara seu pensamento e os outros não? Num ímpeto de coragem, aproximou-se dele com o canudo e fez exatamente como Pouca Tinta havia ensinado. Tião estava justamente virando um copo de cerveja. Caian sugou com tanta força, tanta vontade, que o rapaz desmaiou com o copo na boca.

– Muito bem! Vejo que aprendeu rápido a lição! Mas não precisa exagerar! – advertiu Pouca Tinta.

Caian ficou assustado. Só então percebeu que Tião havia desmaiado pela mesma razão do senhor na mesa; até então não havia atinado que o homem havia apagado justamente por causa da "operação Pouca Tinta". Caian ficou preocupado com o amigo:

– O que foi que eu fiz? Por que foi que ele desmaiou? – perguntou, sem nem se dar conta do quanto estava mais disposto e, sobretudo, do gosto de cerveja na boca.

– Sinta o gosto! Aprecie! – convidou Pouca Tinta.

Caian mexeu a língua dentro da boca e sentiu o gosto da cerveja se desprendendo da saliva. Que delícia! Imediatamente se esqueceu de tudo. Do amigo desmaiado, dos colegas que não o viam, do senhor apagado na mesa.

– Quero mais! – pediu.

Desta vez, porém, não utilizou o canudinho. Foi apenas se aproximando, do jeito como Pouca Tinta já havia lhe ensinado. Em menos de uma hora, já estava bastante alterado. Foi quando ouviu, por acaso, alguém falar seu nome entre os rapazes:

– Cara, nessas horas, eu me lembro do Caian!

Estava de pé ao lado de outro colega, enquanto o professor e o restante do grupo faziam de tudo para reanimar o Tião.

– Como assim, eu me lembro do Caian? – ele protestou. – O cara não fala comigo e...

– Sabe que desde aquele acidente, eu até hoje fico meio cabreiro toda vez que entro aqui para beber? – confessou o outro.

A Ferro e Flores | 195

– Pois é, *brother*! Fiquei superabalado. Um cara novo... Nunca tinha perdido um amigo assim! Até hoje o pessoal da minha sala tá meio *down* por causa disso... E olha que ele nem era da minha turma!

– Como assim, "nunca tinha perdido um amigo"? – Caian não conseguia entender.

Os meninos, contudo, continuavam a conversa. Ele achou melhor não perder nenhum detalhe.

– Foi excesso de álcool, claro que foi – dizia um.

– Na autoescola eles explicaram que, com a antiga lei, se o cara dirigisse sob a influência de álcool, em nível superior a seis decigramas por litro de sangue, ou de qualquer substância entorpecente, isso já era considerado uma infração gravíssima e a pessoa teria que pagar uma multa superalta, multiplicada por cinco, se não me engano, e a habilitação ficava suspensa.

– Agora a coisa apertou. Se antes dava para tomar dois copos de cerveja e dirigir, agora, mais do que zero de álcool é infração gravíssima, com multa de quase mil reais e suspensão do direito de dirigir por um ano! – comentou um terceiro.

– Parece que, enquanto se aguardam as regulamentações, haverá tolerância de dois decigramas de álcool – lembrou o outro.

– E o que são dois decigramas? Se o cara comer um bombom de licor, já não passa no bafômetro!

– Entender esses percentuais aí que eles falam é muito complicado – observou Besourão, lavando alguns copos.

– Tinha era que vir escrito no copo! – brincou um estudante.

A conversa foi ficando interessante e o grupo foi novamente aumentando. Tião, o rapaz que desmaiara, estava agora bebendo litros de água mineral por determinação do professor. Caian continuava atento à conversa.

– Li numa revista que três doses de uísque dão mais ou menos uma concentração de oito decigramas numa pessoa com sessenta quilos – acrescentou um dos rapazes que voltara para o grupo.

– Pois então! O Caian deve ter tomado muito mais do que isso! Fiquei sabendo que fizeram exames no corpo dele e deu que ele estava com uma concentração de álcool equivalente a 2,97 gramas por litro de sangue ! – repetiu o que iniciara a conversa.

– Como assim, exames no corpo dele? – perguntou Caian olhando para o próprio corpo. – Isso é mentira. Eu não fiz exame nenhum. Ninguém me examinou.

– Cara, é por isso que eu sempre volto para casa de táxi quando eu bebo. Como nunca dá para saber o quanto eu vou beber, melhor não dirigir! – disse um dos que haviam começado a conversa.

Nesse ponto, Caian já nem ouvia mais o que eles diziam.

– Ana Teresa! – era esse seu pensamento fixo. – Ela deve saber me explicar o que está acontecendo! Preciso falar com ela!

– Vamos? – convidou Pouca Tinta.

– Sai fora, cara! – gritou Caian, nervoso. – Eu preciso ver como está minha garota!

Pensou nisso com tanta determinação, tanta força que, quando viu, estava diante da porta do apartamento dela.

31

ANA TERESA ESTAVA prostrada num canto do quarto, olhando desolada para o buquê de lírios sobre sua cama. Lírios cor-de-abóbora. Apenas recebera-os das mãos de Miguel e correra para o quarto. Sabia, pelo barulho, que Ana Patrícia estava lá fora, andando pela casa com sua cadeira de rodas. Mas não tinha coragem de olhar para a irmã. Não queria vê-la na cadeira de rodas. Por isso correra.

Lírios cor-de-abóbora. Ela continuava a olhar fixamente para as flores. Antigamente, ela os achava tão bonitos... Agora, no entanto, não estava disposta a colocá-los na água. Mesmo porque, para fazer isso, seria necessário ir até a cozinha, pegar um vaso, encher de água. Ana Teresa não queria ter todo esse trabalho, passar na frente de todo mundo. Melhor deixar as flores ali mesmo, sobre a cama, morrendo naturalmente. Iam morrer mesmo, não é verdade?

Lírios cor-de-abóbora. No passado, gostava de ir com a mãe a um supermercado perto de casa, onde sempre os encontrava nas sextas-feiras. Gostava de enfeitar toda a casa às sextas, que era o dia em que Caian costumava vir buscá-la para sair. Às vezes ficava para jantar, às vezes gostava de tomar um copo de uísque na sala com o pai dela. Ana Teresa pensava em todos esses dias e não entendia por que havia continuado viva. Para quê continuar viva se não existiam mais as sextas? Olhava para os lírios e sentia que, para ela, eles não tinham mais a menor importância. Melhor que morressem mesmo. Nada mais tinha importância para ela. Ligou a música bem alta no aparelhinho portátil e levou os fones aos ouvidos. Novamente a Alanis Morissette.

Alguém bateu à porta. Ana Teresa não respondeu. Fingiu que não tinha ouvido. Mas ouviu. Sentiu a vibração da porta batendo. Não estava a fim de conversar com ninguém. A porta, no entanto, se abriu mesmo assim. Ela havia se esquecido de trancá-la. Deu um pulo para segurá-la, o aparelhinho até caiu no chão, mas então deparou-se com a irmã e emudeceu. O aparelho ficou caído no chão.

Ana Patrícia estava incrivelmente bonita. Os longos cabelos presos em uma trança lateral, o olhar iluminado, a cadeira dourada. Bem que Ana Teresa ouvira os pais comentando qualquer coisa sobre pintar uma cadeira. Ficara bem bonita. Mas não deixava de ser uma cadeira. E o que era pior: trazia com ela todas aquelas culpas e lembranças.

197

198 | LYGIA BARBIÉRE

– Fiquei esperando que você fosse me visitar – disse Ana Patrícia, quebrando o silêncio.

– É... Eu não fui – Teresa respondeu cabisbaixa. – Quer dizer...

– Não estou chateada com você. Na verdade, senti muito a sua falta no hospital... Você está bem? – continuou Patrícia.

– O que você acha? – Ana Teresa perguntou muito séria, abaixando para pegar o som e desligando-o em seguida.

– Olhe, Teresa, eu conversei muito com a dona Rute, no tempo em que estava no hospital, e descobri que...

– Não quero te ofender, mas não me interessam as tuas descobertas. Passou meu tempo de descobrir coisas... Sinceramente, nem no seu lugar eu gostaria de estar – disse, seca. – Não é possível que você vá querer me convencer de que é bom, de que é maravilhoso estar numa cadeira de rodas para sempre!

Ana Patrícia respirou fundo. Não disse nada por um tempo. As duas continuaram se olhando na porta do quarto. Era como se estivessem se vendo pela primeira vez.

– Acho uma pena que você pense assim. Em todo caso, se um dia quiser conversar, você sabe onde me encontrar – Ana Patrícia disse, por fim, antes de virar-se em direção ao final do corredor, onde ficava o quarto.

Ana Teresa bateu a porta. Mas não ligou a música desta vez. Jogou-se na poltrona e ficou olhando para o vazio. Lágrimas desciam de seus olhos. Tomou os lírios com violência e enfiou-os, de cabeça para baixo, na lata do lixo.

Mag entrou no quarto de Ana Patrícia com os lírios dela dentro de um vaso com água, tal como havia pedido. Ela também estava chorando, sentada na cadeira, de costas para a porta.

– Filha! Você não gostou do quarto? – deixou o vaso sobre a escrivaninha e correu até ela preocupada.

– Não, mãe... Gostei muito... Só não gostei de ver Ana Teresa deste jeito... Ela está tão esquisita! Nem parece a mesma pessoa! Mãe, eu estou nesta cadeira, mas fiquei com pena dela! Ela está muito pior do que eu, não está? Eu fraturei a coluna, mas parece que ela fraturou a alma!

Parado na porta do quarto, Sílvio pensou em entrar e dizer alguma coisa. Mas não sabia o que dizer. Achou melhor seguir em direção a seu quarto para tomar um banho. Estava muito cansado naquele dia.

– Tão gentil a Valéria, não é mãe? – Ana Patrícia limpou os olhos, no esforço de recompor-se. – E o Miguel e a Thalita, para onde eles foram?

– Eles ficaram constrangidos quando a sua irmã saiu correndo daquele jeito – explicou Mag.

– Que coisa impressionante... – comentou Ana Patrícia. – Sabe que eu nunca tinha reparado como o Miguel é parecido com o Pedro, mãe?

– Falando nisso, eu preciso ir até lá fora ver o que foi que aconteceu com eles. Será que entraram no apartamento de Thalita? – ela saiu se perguntando.

Caian, enquanto isso, continuava parado diante da porta do apartamento, sem saber se devia ou não devia entrar. Estava confuso, não sabia direito como tinha ido parar ali sem passar por nenhuma rua. Simplesmente desejara e, num piscar de olhos, ali estava. Será que estava mesmo? Eliminou todas as suas dúvidas no momento em que Mag abriu a porta. Caian levou um susto, não sabia o que dizer.

– Vocês não vão ficar aí parados o resto da noite, vão? – ela disse, simpática.

Caian sentiu que não era com ele. Olhou para trás e percebeu que havia pessoas conversando diante de outra porta aberta. Era com eles que Mag falava, simplesmente o havia ignorado.

– Nossa! Senti um arrepio – observou Valéria, de alguma maneira pressentindo a presença de Caian ali tão perto.

– Vai ver é porque estamos no meio de uma corrente de ar – disse Miguel.

– Não sei... De repente senti uma tristeza, um arrepio, não sei...

– Vamos entrar um pouquinho! – insistiu Mag.

Caian continuava confuso. Será que ela estava falando com ele também? Mag costumava ser fria quando ele brigava com Ana Teresa, mas no fundo ele sabia que ela gostava dele.

– Tem torta de banana hoje, sogrinha? – brincou, como antes fazia.

Mag não respondeu. Mas naquele momento, sem saber por que, ela sentiu na boca uma vontade de comer torta de banana e pensou em Caian com o coração apertado.

As pessoas entraram e Caian continuou parado na porta, esperando que ela o convidasse.

– Jacira, você faz um ovinho com arroz para o Samir e para o papai? – ele ouviu uma das moças falando lá dentro do apartamento. – Pergunte também ao Jerônimo se ele quer.

Naquele minuto, Caian percebeu que estava morrendo de fome. Em instantes, outra pessoa saía lá de dentro apressada e entrava no outro apartamento. Novamente passou por ele como se nem existisse. Caian ficou triste. Estranho aquelas duas portas abertas, pensou, olhando para um lado e para o outro. Olhou mais uma vez para a porta do apartamento de Mag e resolveu entrar. Atravessou a sala, chegou até o corredor que dava para o quarto das meninas e foi andando. Ninguém falou nada.

"Será que estou invisível?", ele se perguntou sem acreditar que realmente estivesse. "Tudo bem. Depois a gente resolve isso", prometeu a si próprio, imaginando que poderia conversar com a família de Ana Teresa depois que fizesse as pazes com ela. Caian carregava um imenso sentimento de culpa, tinha certeza de que ela estava chateada com ele. Parou bem em frente à porta do quarto da namorada, respirou fundo e entrou. Era como se não houvesse porta. Mas, a essas alturas, ele também não atentou para esse detalhe.

Ana Teresa estava encolhida como um bichinho, na poltrona ao lado da cama. Caian ficou preocupado. Seria mesmo ela? Sim, aquele era o quarto de Ana Teresa, ele estava na casa de Ana Teresa. Disso ele não tinha a menor dúvida. Contudo, ela estava tão esquisita, os olhos tão inchados, parecia até outra pessoa, de tão magra e abatida. "Seria ela mesma?", ele se perguntou novamente. Foi até ela tirar a dúvida. No que se aproximaram, porém, Caian sentiu-se tomado por uma emoção tão forte que não mais titubeou. Só podia ser Ana Teresa.

– Gata, o que é que foi que aconteceu? É por minha causa que você está assim? – perguntou, com medo de magoá-la se a tocasse.

Ana Teresa nada respondia. Começou a pensar em Caian com muitas saudades e as lágrimas começaram a descer.

– Olha, me desculpe... Eu não devia ter bebido daquele jeito... Eu prometo a você que nunca...

Nesse momento, voltaram em sua mente as palavras dos meninos no bar: "Deve ter sido um excesso de velocidade e bebida. Fiquei superabalado. Um cara novo... Nunca tinha perdido um amigo assim!"

– Não! Não foi! – ele gritou, tapando os dois olhos com as mãos.

Em sua mente começaram a vir as imagens do acidente, a discussão com Pedro na porta da boate, Ana Teresa passando mal, tudo misturado. Tinha sido na porta da boate ou no estacionamento que ele discutira com Pedro?

– Não! Não aconteceu nada! Eu estou aqui! Pronto!

Novamente ele encarou Ana Teresa. Ela continuava com o olhar perdido, triste no máximo grau.

– Olha, gata, vamos passar uma borracha nisso tudo?

Ela continuava na mesma, chorando sem parar. Pegou na mesinha um porta-retratos com a foto de Caian e apertou-o contra o peito.

– Para com isso, Ana! – ele pediu. – Eu estou aqui! Por que não me abraça?

Novamente as frases dos rapazes voltaram-lhe à cabeça: "Cara, nessas horas, eu me lembro do Caian!" "Fizeram exames no corpo dele e deu que estava com uma concentração de álcool equivalente a 2,97 gramas por litro de sangue!"

O que afinal ele quis dizer com "fizeram exames no meu corpo?", ele se perguntava agitado.

– Eu estou aqui! Eu estou aqui! – repetia, o tempo todo, como se tentasse se convencer de algo que não queria admitir.

Pensou então naqueles homens bebendo no bar, na maneira estranha como ele tinha bebido. Por que não podia beber no copo como todo mundo? Por que os garçons nunca o atendiam? Por que ninguém mais falava com ele, nem mesmo Ana Teresa? Alguma coisa de muito estranho estava acontecendo.

De novo veio a vontade de beber; estava muito ansioso com tudo aquilo. A sede de álcool era mais forte do que a própria fome. Olhou para Ana Teresa e lembrou-se do que quase havia acabado de prometer.

A Ferro e Flores | 201

– Ah, de que adianta se ela nem quer saber de falar comigo?

Este pensamento aumentou-lhe ainda mais a vontade de beber. Precisava beber porque estava chateado. E porque estava confuso. E porque os amigos ficavam inventando aquele monte de coisas sobre ele.

Voltou de novo a imagem do carro desabando pela pedreira por sobre a praia. Não queria pensar mais naquilo. Resolveu ir até a sala para ver se encontrava alguma bebida de Sílvio.

Encontrou Thalita, Miguel e Valéria conversando no sofá. Não sabia quem eram aquelas pessoas. Pensando bem, sabia sim. Aquele não era o irmão mais velho de Pedro? Sabia que ele era jornalista e que trabalhava para uma revista semanal superfamosa. Mas... O que será que estava fazendo ali? Ele sentiu um mal-estar, uma sensação de culpa ao pensar em Pedro. Por que será que os dois haviam discutido no estacionamento da boate? Não conseguia se lembrar direito. Provavelmente devia ter sido por causa da Ana Teresa. Pedro vivia fazendo gentilezas para Ana Teresa e ele ficava irado com isso.

Olhando de novo, ele tinha a sensação de que era o próprio Pedro quem estava ali. Será que o tempo tinha passado e Pedro estava mais velho? E ele, o que acontecera com ele? Será que tinha envelhecido também? Será que Ana Teresa estava abatida assim porque também tinha ficado mais velha? O que afinal acontecera com o tempo? E aquelas duas ali? Quem eram? O pensamento dava nós na cabeça de Caian.

Avistou então o litro de uísque que ficava sobre uma mesinha, próxima à varanda, junto com outras bebidas destiladas. Suspirou fundo. Que alívio. Decidiu ir até lá. Cruzou a sala como se isso fosse a coisa mais normal do mundo e cumprimentou as pessoas como se estivesse ali como antes sempre estava, visitando a namorada.

– Boa noite, tudo bem?

Ninguém respondeu. Mas ele nem pensou nisto. Estava diante das bebidas. Era isso o que ele queria, o que mais precisava naquele momento. Esticou a mão para pegar um copo, mas a mão atravessou o copo como se fosse mera ilusão ótica.

– De novo, não, droga! – disse, já perdendo a paciência.

Tentou novamente, e muitas vezes até ficar muito irritado. Será que era o copo que não existia ou será que era ele quem estava com algum problema?

Outra vez lembrou-se do bar e da maneira como aquelas duas estranhas figuras o tinham ensinado a beber. Olhou para os lados. Os três continuavam distraídos. Tentou então encostar a boca na garrafa, para ver se conseguia extrair dela alguma coisa. Todavia, ela estava fechada e nem mesmo o odor ele conseguia sentir. E quanto mais olhava para o uísque, mais desesperado Caian ia ficando.

Por fim, resolveu prestar atenção à conversa para ver se conseguia influenciar alguma pessoa a beber. A solução seria beber junto com a pessoa, aspirando os odores do jeito como lhe havia sido ensinado. Pelo menos até descobrir o que é que estava acontecendo com ele.

Parou do lado de Miguel e disse:

– Você está com muita vontade de beber uísque.

Miguel, porém, não manifestou a mínima reação.

– Você está com muita vontade de beber uísque – ele insistiu.

Repetiu muitas vezes, mas em nenhuma delas Miguel deu qualquer sinal de registrar seu apelo.

– Também! Vou eu querer tentar justamente aquele banana do Pedro! Banana, você é um banana, ouviu? – xingou, despeitado.

Miguel defendia a nova lei de trânsito sobre o consumo de álcool. Caian ficou ainda mais irritado. De novo aquela conversa:

– Para vocês terem uma ideia, estou fazendo uma matéria especial sobre isso e apurei que, por ano, morrem 35 mil motoristas e passageiros no país. 35 mil pessoas! A maior parte dos acidentes graves envolve jovens de dezoito a vinte e nove anos, quase sempre pelo consumo abusivo de álcool – dizia o jornalista.

– E eu não sei disso? Em todo plantão, principalmente os de sexta e sábado à noite, a gente recolhe jovens acidentados por causa disso. É uma coisa horrível, vocês não podem imaginar!

Caian já começava a sentir coceiras com aquela conversa. Angustiado, reparou que de Valéria saíam umas emanações estranhas, como se em torno dela houvesse um feixe energético, uma tênue linhazinha luminosa que aumentava toda a vez que ela olhava para o Miguel.

– Que maneiro, cara! O que será isso? – pensou consigo.

– Sabe, uma coisa que eu nunca entendi direito é este negócio de concentração de álcool por litros de sangue – observou Thalita.

Caian percebeu que agora era a luzinha de Miguel que parecia dilatar-se enquanto ele sorria para aquela jovem. A outra moça parecia, de alguma forma, ter percebido isso. Sua luzinha em volta do corpo ficou subitamente reduzida e escurecida antes que ela começasse a falar:

– É a quantidade de álcool que fica no sangue, depois que a pessoa bebe. Para você ter uma ideia, cada 22 decigramas que a pessoa beba, mais ou menos o teor alcoólico de um copo de chope, demora uma hora para ser metabolizado pelo organismo – observou Valéria.

– Exatamente! – empolgou-se Miguel, que havia passado a manhã inteira lendo sobre aquele assunto. – O detalhe é que, enquanto o fígado não dá conta de metabolizar o álcool extra, as moléculas continuam circulando pelo corpo e agindo no sistema nervoso central.

– A pessoa pode até tomar vinte latinhas de cerveja sem se intoxicar. Mas, para isso, vai ter de tomar uma latinha a cada hora, e só terminar a última no final de vinte horas! – complementou Valéria.

– O ideal, que ninguém faz, seria a pessoa esperar uma hora após cada latinha de cerveja, cada chope ou cálice de vinho, comer alguma coisa nesse tempo, e só depois tomar outra, para não agredir ao organismo – explicou Miguel. – Se bem que o organismo de um alcoolista funciona completamente diferente do de uma pessoa normal...

Caian observou que, nesse momento, a luzinha dela e de Miguel pareciam até duas chamas, brilhando na mesma altura e na mesma intensidade. Toda aquela conversa, no entanto, só estava aumentando a sua vontade de beber.

– Gente! Uísque! Vamos tomar uísque! – insistiu agora ao lado de Valéria.

– Nossa... De repente veio aquela sensação desagradável de novo – comentou Valéria, angustiada.

Embora não quisesse ouvir nada daquilo, Caian também não conseguia parar de ouvir. Parecia mesmo que sua mente havia ficado presa, de algum modo engastalhada naquele diálogo desagradável. Como assim o organismo do alcoolista funciona completamente diferente? Ele não ficava tonto com duas latinhas, nunca ficara. Será que o organismo dele também funcionava de forma diferente?

"Fizeram exames no corpo dele e deu que estava com uma concentração de álcool equivalente a 2,97 gramas por litro de sangue! Fizeram exames no corpo dele e deu que estava com uma concentração de álcool equivalente a 2,97 gramas por litro de sangue!", a frase não parava de se repetir na sua cabeça.

– O problema é que o que os jovens querem, hoje em dia, é justamente se embebedar o mais rápido possível – observou Valéria.

– E pensar que o meu irmão nunca bebeu nada e acabou morrendo por causa de outro, que bebeu demais... Sabem, até hoje é tão estranho pensar nisso! – desabafou Miguel.

– Pedro! – alarmou-se Caian.

Ainda há pouco ele havia se lembrado da briga, na porta da boate. "Pedro queria era o cinto de segurança!", ele se lembrou de repente. – Mas... – de novo ficou na dúvida. – Será que eu não peguei? Será que este aí é mesmo o irmão do Pedro e não ele?"

– Não! Pedro não morreu! Não! – gritou alto, com raiva de todos.

Ficou tão enlouquecido que novamente saiu andando pela casa. Ia passando pelo quarto de Ana Patrícia quando chamou-lhe a atenção uma voz de criança e ele resolveu parar para descobrir de quem era. Olhou de relance e viu Samir, sentadinho na cama, olhando deslumbrado para... Peraí! Aquela ali não era a Ana Teresa? Ana Patrícia estava tão diferente que ele confundiu as duas. Efetivamente, ela estava muito mais parecida com a namorada de Caian do que aquela outra magrela que ele tinha visto chorando no quarto. Será que aquela outra era a Ana Patrícia? Mas é claro! Só podia ser! Por isso ela não falara com ele!

Aproximou-se um pouco mais, porém se deteve bem antes de chegar perto, horrorizado. Ela estava sentada em uma cadeira de rodas! Caian levou outro susto. Ele chegou um pouco mais perto, querendo ter certeza do que via. Mag estava atrás da filha, penteando-lhe os cabelos.

– Tem certeza de que você comeu bem? – ela perguntou ao menino.

– Hum, hum... A Jacira ficou lá, dando comida para o meu avô... É legal andar neste negócio, Ana Patrícia? – Samir não pôde mais se conter, em sua sinceridade infantil.

– Ana Patrícia? – Caian ficou confuso. – Mas afinal aquela era Ana Teresa ou Ana Patrícia? Por que é que ele não conseguia mais ter certeza de nada? Era como se seus olhos estivessem bêbados, como se as imagens das pessoas se misturassem em suas retinas. Primeiro Pedro e o irmão dele, agora Ana Teresa e Ana Patrícia. Quem seria quem, afinal?

– Bom, legal exatamente não é. Tem uma hora que a gente fica com muita vontade de levantar e sair andando, sabe como? – ela explicou docemente a Samir.

Não havia revolta em sua voz.

– Mas... Você não consegue?... Não fica de pé, de jeito nenhum?

– Hummm... – ela pensou um pouco antes de responder, cuidadosa para não criar no menino uma imagem excessivamente negativa do problema. – Na verdade, por enquanto não. Os médicos só vão poder me dar uma resposta se eu vou ou não poder fazer isto logo, daqui a mais alguns meses... Mas eu estou feliz mesmo assim – ela apertou as mãos da mãe e olhou para ela de modo caloroso. – Estou feliz por poder estar aqui!

– Você não gostava de andar? – estranhou Samir.

– Não é que eu não gostasse, mas é que eu podia ter morrido, sabe? Estou feliz por poder ficar mais um pouco com a minha mãe, com a minha família... Em conhecer você...

Caian saiu do quarto transtornado. Pedro morto, Ana Patrícia paralítica... Ou será que aquela era Ana Teresa? E aquela outra, então? Quem era? Por que sentira uma emoção tão forte quando estava a seu lado? O que teria acontecido? O que, afinal, estaria acontecendo? "Meu irmão nunca bebeu nada e acabou morrendo por causa de outro, que bebeu demais", ele se lembrou de Miguel dizendo. Será que era ele o outro que bebeu demais? Será que fora por causa dele que Pedro morrera e que Ana Patrícia agora estava paralítica? Mas... E ele? O que será que acontecera com ele? Será que...

Foi quando avistou de novo Pouca Telha no final do corredor.

– Ora, ora... – ele disse, sarcástico. – Quem é vivo sempre aparece!

Caian entrou depressa no quarto de Ana Teresa.

Ramon estava deslumbrado com Bali. Sem sombra de dúvida, aquele era o local mais bonito que já havia conhecido em toda sua vida, possivelmente até o local mais bonito do mundo inteiro. Não era à toa que a ilha era conhecida como "a manhã do mundo" e "a morada dos deuses". Tudo lá era pitoresco e belo, os balineses pareciam dotados de um senso estético inato, natural, que se refletia em todas as construções.

Bali tinha cores. O azul do mar, o vermelho das bananeiras, o colorido dos trajes, dos panos, das mulheres, véus e turbantes que enchiam as ruas, flores de lótus exuberantes, verdes e vastas plantações de arroz, cultivado em platôs para aproveitar as condições acidentadas do solo. Como se não bastasse, a cidade vivia toda decorada em reverência aos muitos deuses cultuados. O ano novo era comemorado a cada 210 dias; Bali estava sempre em festa por causa de algum deus.

E o perfume? Bali tinha cheiro. Os cheiros da própria natureza, as frutas doces das oferendas dedicadas às muitas divindades do hinduísmo preponderante, estrategicamente colocadas nas calçadas, em frente a todas as lojas e casas; a fumaça exótica dos incensos queimando ininterruptamente por toda parte.

Cheiros e sons. Bali tinha um som característico. Um vento leve que cantava em sinos por toda parte pendurados, numa imensa orquestra de pedras, madeiras e metais, tilintando, tintilando, tilintando entre hinos sagrados entoados a cada esquina.

Os vulcões, porém, também eram sinônimo de Bali. Placas tectônicas, terremotos, maremotos, vulcões. Havia os extintos, os ativos, os adormecidos, os inativos que voltaram a entrar em erupção subitamente, como o Kintamani, em cujas imediações os guias turísticos costumam enterrar ovos para que cozinhem no próprio vapor do solo a qualquer hora do dia. A ilha em si, segundo afirmavam os velhos manuscritos, havia nascido de uma erupção vulcânica.

Mas os balineses jamais pareciam preocupados com isso. Em geral, assim como Nyoman, o primo da esposa de Li Hua, que Ramon conhecera em Jacarta, todas os nativos de Bali eram pessoas muito felizes e alegres, estavam sempre sorrindo, não se estressavam por nada. Pessoas tão simples que, ao nascer,

206 | LYGIA BARBIÉRE

todos recebiam o mesmo nome. Fosse homem ou mulher, o primeiro filho era sempre Wayan, o segundo, Made, o terceiro, Nyoman, e o quarto, Ketur. Houvesse um quinto, a lista se repetia. Por causa disso, era comum que muitos tivessem apelidos ou então que fossem conhecidos pelo sobrenome.

E pensar que a despeito de todas as belezas naturais e da enorme generosidade do povo local, a ilha era um local extremamente pobre, em muitos vilarejos ainda desprovida de esgoto e de água encanada, onde o salário mínimo era de trinta dólares.

Em vez de se sentir revoltado, porém, o povo balinês reverenciava as grandes montanhas, consideradas como lar dos deuses, a natureza e todas as coisas criadas pelas divindades. Para eles, a vida nada mais era do que um eterno ciclo de nascimentos e renascimentos, que, por isso mesmo, deveria ser vivida com muita devoção e arte, num crescente espiritual. Não era o hinduísmo como o da Índia, mas um hinduísmo próprio, proveniente da mistura de preceitos hindus e budistas, uma religião única no mundo.

Se todos os balineses pareciam purificados e até mesmo pacificados pela crença nas muitas divindades hindus – acreditava-se por toda parte que os próprios deuses e espíritos podiam ser pacificados com as oferendas diárias –, não era exatamente assim que Ramon se sentia em meio a toda aquela exuberância.

Ramon experimentava o rancor. Embora encantado com tudo o que via a sua volta, vivia sempre muito magoado com o descaso com que se sentia tratado pela família brasileira. Não se sentia balinês, nem brasileiro, nem nada. Apenas um intercambista esquecido na Indonésia, que não tinha dinheiro nem para comprar um aparelho de telefone celular.

Desde a morte de Li Hua, a despeito de toda a sua ansiedade em saber notícias do pai, não voltara mais a falar com a irmã. Conseguira ligar ainda uma vez para o antigo telefone, onde foi informado, possivelmente por uma faxineira, que o pai estava em uma clínica e que a irmã havia se mudado. A ligação, contudo, estava muito ruim, Ramon sequer conseguira entender direito a explicação. Em nenhum momento imaginou que a irmã não tivesse o seu número e só por isso não houvesse retornado a ligação; e muito menos que estivesse passando por muitas dificuldades para cuidar sozinha do pai.

Na prática, havia imenso vazio entre eles, um vazio que só crescera ao longo de tantos anos de afastamento e que agora era difícil preencher de uma hora para outra. Ambos haviam se acostumado a ter de se virar sozinhos nas situações.

A grande questão, contudo, era que Ramon não estava ressentido apenas pela parte afetiva. Desde que o pai fora internado no hospital, nunca mais lhe fora enviado um centavo sequer. Ao fim do primeiro mês, já desesperado e endividado, chegara ao ponto de tentar entrar na conta do pai, mesmo sem a sua autorização, e constatara que não havia nenhum saldo disponível.

A Ferro e Flores | 207

Como de hábito, Ramon imediatamente culpou a irmã. Achou que ela tivesse retirado todo o dinheiro da conta de propósito para que ele não mais tivesse acesso a nada, que houvesse se apoderado de tudo levianamente com a desculpa de estar cuidando do pai. Em nenhum momento pensou que os cinquenta dólares que recebia de mesada do clube e que ele achava insuficientes para suas necessidades eram quase o dobro do que recebia um trabalhador balinês comum.

E assim, de equívoco em equívoco, seu ódio foi só crescendo. Não passeava na ilha apreciando-lhe as belezas, odores e cores. Ao contrário, amaldiçoava a tudo e a todos por não poder comprar nada do que queria, apesar de tudo em Bali ser inacreditavelmente barato, principalmente os eletrônicos com que ele sempre sonhara. Além disso, ele detestava ser obrigado a almoçar todos os dias a comida apimentada de seus pais adotivos locais, por quem, aliás, ele não sentia a menor simpatia.

Ketur (ele) e Made (ela) eram pessoas muito simples, religiosas e exigentes também. Faziam questão de ser informadas sobre cada passo de Ramon de casa até a escola e da escola para casa; eram rigorosos com os horários e com as companhias. Ramon não podia sair com nenhum amigo ou amiga sem antes apresentá-lo a seus pais adotivos. Ainda que fossem brasileiros. Aliás, era aconselhável que ele não restringisse sua convivência exclusivamente a grupos de brasileiros, que ampliasse seus laços de amizade com jovens de todas as nações. Eram regras do Clube. Made e Ketur faziam questão de que todas as regras fossem cumpridas nos mínimos detalhes.

Por todos esses motivos, embora reconhecesse estar num paraíso, Ramon sentia-se como um vulcão adormecido prestes a entrar em atividade. Andava irritado com as regras do clube, com as regras de casa, queria poder jogar tudo para o espaço e viver a sua vida como bem entendesse.

Naquela noite, depois de duas semanas de economias e de muitos estudos para poder merecer de seus pais a autorização para comemorar com os colegas o aniversário de uma colega de classe, Ramon se viu em mais um cenário de filme. Era um vilarejo de pescadores, todo iluminado com velas e lampiões, com diversos restaurantes à beira-mar que serviam peixes e frutos do mar fresquinhos. Ficava numa praia chamada Jimbaran.

Ramon e a aniversariante, que se chamava Cynthia, por sinal uma intercambista venezuelana, estavam no maior clima. Além de envolvidos pela atmosfera romântica do local, estavam ambos carentes e, ainda por cima, falavam línguas parecidas, o que facilitava bastante a comunicação. Era, contudo, proibido aos intercambistas qualquer tipo de relacionamento amoroso, sendo este um dos cinco 'dont's', o que significava em hipótese alguma.

Conversa vai, conversa vem, Ramon já pensava em um jeito de driblar a proibição, quem sabe levando a garota para um barco nas imediações, quando foi surpreendido por mais uma limitação. Vários de seus colegas de classe pediram drinques exóticos de aparência deliciosa. Contudo, todos os drinques continham álcool. Ele e Cynthia eram também proibidos de ingerir qualquer tipo de bebida alcoólica.

Talvez outra mesa de jovens nas mesmas condições tivesse feito vista grossa para os intercambistas, mas Cynthia, justamente a garota por quem ele se sentia apaixonado naquela noite, foi radical:

– Se não podemos, não podemos. Vamos ver no cardápio se não há algum drinque sem álcool – disse a ele em espanhol.

Ramon ficou tão contrariado que resolveu levantar para dar uma volta. Era óbvio que ela nunca iria ferir o regulamento para ficar com ele, ainda que fosse apenas por uma noite. Para piorar, nem beber escondido ele podia, pois tinha a certeza de que Made o obrigaria a abrir a boca assim que entrasse em casa para verificar se não estava com hálito de bebida.

Caminhava no escuro, por entre os barcos, sob a luz das velas das mesas dos restaurantes, sentindo-se a mais infeliz das criaturas. Ao fundo, tocava a canção *Frog Dance* – Dança dos sapos, de um CD chamado "*The Exotic Sound of Bali and Sounda*", que Ramon estava doido para comprar. Pensava que precisava pelo menos economizar um pouco de dinheiro para comprar alguns CDs antes de voltar, quando, de repente ouviu uma voz, em português, chamando por ele:

– Ramon! Não acredito! Que surpresa boa encontrar você por aqui! – disse o rapaz, bem mais velho do que ele, batendo em suas costas em inesperado abraço.

Era Marconi, o pai de Samir. Ramon estremeceu. Há muito tempo comentava-se em Aiuruoca que Marconi andava pelo mundo envolvido em negócios escusos.

— Precisamos fazer alguma coisa! Não podemos deixar que os dois se aproximem!
Parada ao lado de Ramon, Leda estava muito apreensiva. Toya procurava acalmá-la:
— Leda, estamos fazendo o possível. Tudo o que é possível! Só que seu filho está fechado às nossas influências. Ele tem livre-arbítrio. Podemos sugerir, mas jamais obrigar uma pessoa a pensar de determinada maneira.
— Mas este é um caso de emergência! Este rapaz é muito perigoso e... Vejam! Eu não posso acreditar! Aquele homem! Eu o vi no hospital em torno do leito de Hermínio! Tenho certeza de que o vi!
Era um espírito magrelo, de ar desleixado. Vestia calça e camisa sociais, contudo seu aspecto era de alguém que virou a noite na rua depois do trabalho. Ele cochichou qualquer coisa ao ouvido de Marconi.
— Estou me lembrando... Foi ele quem chamou os outros para beber quando percebeu que estávamos no quarto... Pelas emanações, dá para perceber que é um espírito endurecido.[5] Mas preste muita atenção, Leda: esses espíritos nunca se aproximam gratuitamente das pessoas... — alertou Toya.
— Será que existe alguma ligação? — cogitou Leda. — Será que tem alguma coisa a ver com os obsessores de Hermínio o encontro de meu filho com Marconi?
— Não se esqueça de que este rapaz a quem você tanto abomina vem a ser pai biológico de seu neto — disse Eustaquiano, surgindo ao lado das duas. — Certamente, não foi o acaso quem criou laços entre ele e sua família...
— Ai, meu Deus... Mais um devedor... — angustiou-se Leda. — Não vejo a hora de poder rever meu passado para compreender o porquê de tantas ligações doentias...

---

[5] De acordo com *O evangelho segundo o espiritismo* (Kardec, Allan. feb, 1944, cap. 28, item 75), os maus espíritos são aqueles que ainda não foram tocados de arrependimento; que se deleitam no mal e nenhum pesar por isto sentem; que são insensíveis às reprimendas, repelem a prece e muitas vezes blasfemam em nome de Deus. São essas almas que Kardec chama de endurecidas, as quais, após a morte se vingam nos homens dos sofrimentos que suportaram e perseguem com o seu ódio aqueles que lhes fizeram mal durante a vida, quer obsediando-os, quer exercendo sobre eles qualquer influência funesta.

210 | LYGIA BARBIÉRE

– Uma parte você já sabe – lembrou Eustaquiano.

– Sim, eu sei que um dia também fui uma alcoólatra. Só não imaginava que havia prejudicado tantas pessoas com meu vício...

– Em outro momento conversaremos melhor sobre isso. Por hora procedamos ao socorro de emergência.

– Então vai nos ajudar? – os olhos de Leda brilharam de esperança.

Marconi e Ramon conversavam animadamente sobre a vida em Bali. Marconi conhecia bem a ilha, já havia estado lá pelo menos uma dezena de vezes. Parecia não ter nenhum tipo de problema financeiro.

– Ramon! – Cynthia o chamou de longe. – A comida já chegou! Você não vem? – ela perguntou em espanhol.

– Acho que tenho de voltar para a mesa – disse Ramon.

– Claro, claro, você está com seu grupo de amigos, eu compreendo. Mas é uma pena. Poderíamos combinar outro dia. Em Nusa Dua, que é uma praia aqui perto, tem um restaurante maravilhoso com excelente comida do mar. E na rua Legian tem uma cerveja, mas uma cerveja que é algo que não existe em nenhum outro lugar do mundo!

Ramon ficou confuso. Não sabia como dizer que não poderia sair com ninguém sem que seus pais adotivos conhecessem antes a pessoa e dessem sua autorização. E muito menos que ele não podia beber em hipótese alguma. A boca chegava a salivar de tanta vontade de experimentar a tal cerveja; fazia muito tempo que ele não bebia.

– Bem... – enrolou-se, querendo encontrar uma maneira de aceitar o convite.

– Escute, porque não deixa esta turma de garotos aí e vem comigo agora experimentar a cerveja? – Marconi o tentou.

– Ramon! – Cynthia insistiu.

Toya estava agora ao lado dela.

– Pode levar sua gata, se quiser – insistiu Marconi.

– É difícil... Ela é muito careta, sabe como? – comentou Ramon.

Marconi gostou da explicação, sentiu firmeza no jeito do irmão de Thalita.

– Então, cara... Vamos colocar a conversa em dia!... De quebra, você ainda me dá notícias da sua irmã. Sabe que às vezes até sinto saudades?

Ramon não gostou do comentário. Jamais tinha aprovado o que ele fizera com Thalita. Contudo, estava tão chateado com ela que não sabia se ela merecia tanta consideração.

– Ela ia morrer de raiva se soubesse que você saiu com o Marconi em Bali! – o espírito falou a seu lado.

Ramon imaginou que não seria nada mau uma vingancinha contra Thalita. Por que não aceitar o convite? Ninguém do Clube iria descobrir... O único problema era que ele não podia gastar muito dinheiro.

O espírito obsessor de novo sussurrou algo ao ouvido de Marconi:

– Não se preocupe com dinheiro. É tudo por minha conta! Vai ser uma noitada das boas!

Ramon estava quase convicto de que a ideia era ótima. Afinal, os pais adotivos já haviam autorizado a sua saída naquela noite. Que delícia! Um chopinho gelado com frutos do mar, e ainda por cima sem pagar nada! O único problema era aquela mania que Made tinha de cheirar seu hálito na volta para casa.

– Você pode fumar um cigarro mentolado depois. Não há nada no regulamento que proíba que o filho adotivo fume! – sugeriu o obsessor.

– É... – Ramon pensou em silêncio, achando que a ideia fosse sua. Mas... e a questão do horário?

– Você acha que tem jeito de você me deixar em casa antes de meia noite? – perguntou.

Marconi consultou o relógio. Ainda eram oito e meia.

– Mas é claro que sim!

– Agora! – disse Eustaquiano.

Leda abaixou-se diante do filho e encostou sua boca em seu plexo solar, logo abaixo do tórax. Após aspirar com força, soprou imediatamente com igual intensidade, retirando-se dali em seguida, na companhia de Eustaquiano.

A reação foi imediata. Ramon sentiu de repente uma dor no estômago, em instantes contorcia-se em espasmos. Marconi gritou por ajuda, o bar inteiro veio em socorro de Ramon, que começou então a vomitar.

Marconi guardou no bolso o papelzinho que Ramon lhe dera com seu número de telefone e endereço, e saiu de fininho. Não era muito afeito àquele tipo de confusão, ainda mais quando havia tanta gente envolvida.

– Vai que ainda inventam que fui eu que dei alguma coisa para ele... – comentou, quando já dava partida no carro, um modelo importado, locado na própria ilha.

Dentro do restaurante, Ramon era agora acometido por uma forte diarreia. Vários colegas de classe entraram com ele no banheiro, faziam de tudo para amenizar-lhe o mal súbito.

– Só pode ter sido aquele *satey-satey*, o espetinho de porco com pasta de amendoim que eu comi no almoço – justificava Ramon, enojado.

Não muito longe dali, Leda, Toya e Eustaquiano também observavam a cena.

– Coitadinho... Será que eu exagerei? – Leda perguntou preocupada.

– Ao contrário. Acho que os efeitos foram melhores do que o esperado. Ramon agora vai ter de ficar uns dias em casa, de molho, Made será muito carinhosa com ele. Sem dúvida, uma ótima oportunidade para repensar suas metas aqui em Bali.

– A única coisa que me preocupa é que Marconi ficou com o telefone dele – lamentou Leda.

– De uma coisa você pode ter certeza, Leda. Os espíritos encarnados só se defrontam com a perseguição dos maus, dos obsessores, enquanto estes não os encontram suficientemente fortes para resistir-lhes às sugestões. Só há aproximação quando há afinidade. Encontrando resistência, eles o abandonam, certos da inutilidade de seus esforços – ponderou Eustaquiano.

– Então quer dizer que você nunca mais o viu? – perguntou Miguel.

Ele, Valéria e Thalita haviam saído para comer uma pizza naquele sábado à noite. Era dia da folga de Jerônimo, mas Jacira concordara em ficar com Hermínio para que ela pudesse sair um pouco. Ela e Ariovaldo. Samir adorara a ideia. Passara a tarde escolhendo jogos e carrinhos para brincar com o novo amigo.

Ainda assim, a todo momento Thalita ficava preocupada, querendo ligar para casa para saber se estava tudo bem.

– Desculpe, estava distraída, não ouvi o que você perguntou – ela desculpou-se com Miguel. – Será que não era melhor ligar de novo? – perguntou baixinho à Valéria.

– Bem, amiga, se quiser eu te empresto outra vez o celular. Pode usar à vontade. Mas acho que você já está exagerando um pouquinho.

Thalita pegou das mãos dela o celular e ficou pensando um tempo.

– Tem razão... Não tem nem uma hora que eu liguei – disse, devolvendo o aparelho. Deve estar tudo bem...

Ela olhou para Miguel e viu que ele também olhava para ela.

– Ai, desculpa, Miguel! Juro que não vou mais interromper você! Ao longo das quase quatro horas que passaram juntos, haviam falado sobre os mais variados assuntos, desde dramas familiares recentes até as mais incríveis reportagens de Miguel e os mais inusitados resgates realizados pela equipe de Valéria. Era realmente incrível a empatia entre os três. No momento, Miguel parecia especialmente interessado em descobrir se não havia mais nenhuma possibilidade dela um dia vir a reatar com Marconi.

– Com o Marconi? – Thalita até deixou cair o sorvete. – De maneira alguma! – ela fez sinal para que o garçom trouxesse um paninho para limpar sua saia. – Sabe que eu nem sei por onde ele anda? Obrigada! – disse, pegando o paninho na mão do garçom. – Na verdade, a última vez em que eu vi o Marconi foi no dia em que fui embora de Aiuruoca – comentou, com naturalidade, enquanto limpava a saia. – Ele sabia que eu estava grávida, mas desde o princípio não tomou nenhuma posição. Em momento nenhum disse se queria ou se não queria a criança. Ficou na dele, sabe como é?

214 | LYGIA BARBIÉRE

Ela colocou o pano no cantinho da mesa.

– Vai ver nem se lembra que você disse a ele que estava grávida – disse Valéria, irônica, também experimentando seu sorvete.

Ela não estava conseguindo disfarçar o quanto se sentia incomodada quando Miguel voltava o assunto e os olhos para Thalita daquele jeito.

– É impossível um homem esquecer uma coisa dessas! – garantiu Miguel.

– Você acha mesmo? – perguntou Thalita.

– Eu jamais esqueceria! – novamente ele garantiu. – Mas... vocês nem ao menos namoravam?

– Ah... – ela fez uma pausa para tomar mais uma colherzinha de sorvete.

Miguel acompanhava cada um de seus gestos, bandeirosamente apaixonado por ela. Valéria, irritada, levantou-se para ir ao toalete.

– Namorar, exatamente, a gente nunca namorou – Thalita continuou, fugindo dos olhos dele. – A gente ficava junto em todas as festas, todas as ocasiões possíveis e imagináveis. Eu era louca por ele e, por isso, aceitava essa situação. Talvez até porque vivesse sempre muito carente, em função dos problemas lá de casa. Mas depois, fiquei sabendo que ele vivia contando vantagem entre os outros meninos, só porque ficou comigo um monte de vezes. Que ódio! – ela fez uma careta. – Nossa, mas sabe que agora, só de pensar nele, me deu um negócio esquisito... Acho que deve ser por causa do meu irmão... Há dias que eu não consigo parar de pensar no meu irmão...

Miguel sorriu e olhou para ela de uma forma protetora:

– Já lhe prometi que eu vou descobrir o telefone do seu irmão na Indonésia. Pode demorar um pouco, mas eu consigo!

– Puxa, eu nem sei como te agradecer...

– Então me conte mais sobre suas histórias em Aiuruoca. Eu estava adorando! – ele pediu.

– Ah, eu já falei demais. Fale agora você. Vai dizer que também nunca teve uma paixão?

– Sabe que eu quase não vivi essas coisas de adolescente? Para dizer a verdade, dificilmente ficava com alguma menina. Desde garoto, vivia sempre preocupado em estudar, escrever trabalhos... Passava as noites de sábado em casa batendo textos na máquina de escrever, você acredita? Acho que a grande paixão da minha vida até hoje foi minha máquina de escrever! – ele confessou divertido.

– Ah, eu acho muito legal esse seu idealismo, esse dom de repórter que você traz com você. Porque você é essencialmente um repórter! O jeito de perguntar, de comentar os assuntos, de mencionar as pesquisas! Você nunca pensou em trabalhar para a TV Belíssima?

– Você não é a primeira pessoa que me faz esta pergunta. Dizem que eu tenho pose de repórter de televisão – ele divertiu-se. – Mas eu prefiro o anonimato. Escrever matérias de madrugada, no meu canto, ser só um nome publicado na revista. Mas não gosto de aparecer mais do que isto. Sou meio tímido...

– Pois o meu sonho era ser atriz. Recentemente até estava me preparando para um concurso. Queria entrar para a oficina de atores da tv Belíssima. Mas aí veio o meu pai, a mudança e todo um processo de adaptação bastante difícil para todos nós e eu acabei tendo de colocar o meu sonho na gaveta mais uma vez. Na verdade, desde que eu fiquei grávida do Samir, eu tive de abrir mão de quase todos... – Thalita considerou, reflexiva.

– Mas você nunca se arrependeu de ter tido o Samir... – observou Valéria, voltando para sua cadeira.

– Claro que não! Samir é tudo para mim, é meu amigão... Sabia que o nome dele significa companheiro? – ela comentou com olhos brilhantes. – Ele foi a melhor coisa, a maior alegria, o maior presente que Deus colocou na minha vida! – ela fez uma pausa para mudar o tom de voz. – Mas se hoje eu tivesse uma filha adolescente, eu iria conversar muito, mas muito com ela para que jamais caísse na conversa de um cara como o Marconi! Ai como eu fui burra!

Disse isso de uma maneira tão enfática, tão aborrecida consigo mesma que Miguel e Valéria tiveram de rir de sua irritação.

– Adolescência... Você é pouco mais que uma adolescente! Que mal lhe pergunte, quantos anos você tem? – perguntou Miguel.

Ele parecia cada vez mais impressionado por ela. E Valéria mais doída com isso.

– Nós duas temos vinte e cinco – respondeu ela. – E você?

– Eu? Fiz trinta e dois no início do ano – confessou Miguel.

– Ai, gente! Por que é que eu não paro de sentir que tem alguma coisa errada acontecendo lá em casa? – suspirou Thalita, angustiada.

– Quer o celular? – Miguel e Valéria ofereceram ao mesmo tempo.

Enquanto isso, na casa de Mag e Sílvio, Caian continuava achando que estava 'escondido' no quarto de Ana Teresa. Permanecia deitado embaixo da cama, enquanto Ana Teresa, sentada ao computador, diante de uma foto dos dois ampliada na tela, ouvia as mesmas músicas que gostavam de ouvir quando namoravam.

Em princípio, Caian estava irritado, agitado, não conseguia se conformar que aquele tal Pouca Telha estivesse ali, de novo, em seu encalço. Não entendia como havia podido entrar na casa se nunca antes o vira por lá. "O que, afinal, quer comigo?", pensava, indignado, lembrando-se daquela horrível caverna onde supostamente o havia amarrado. E o outro cara que o desamarrara, onde estaria? Quanto mais se preocupava, mais aumentava sua vontade de beber.

Aos poucos, porém, Caian foi se deixando envolver pela música. Lembrou-se do dia em que conhecera Ana Teresa, dos namoros na porta da escola, das jujubas que comprava para ela, dos beijos embaixo da árvore no pátio, do primeiro filme que viram juntos no cinema.

Se fosse dado a uma pessoa comum entrar no quarto e observar os pensamentos, veria que os dois encontravam-se em total sintonia, como se naquele momento assistissem de novo juntos ao mesmo filme.

Até que Ana Teresa, sem querer, começou a se lembrar da noite do acidente. Caian sentiu um estremecimento quando se viu de novo com ela na pista de dança. Alguma coisa nele dizia que aquilo não ia acabar bem, embora não se lembrasse direito de nada. As imagens, contudo, continuavam passando na sua cabeça como que impulsionadas pelas anteriores. E a sequência prosseguiu até o momento em que ele trouxe a primeira cerveja para a namorada.

– Que vontade de tomar aquela cerveja! – Caian pensou, tenso.

Ana Teresa levantou da cadeira. Também se sentia dominada pela mesma vontade. Havia ficado tão bem naquele dia, por que não ficaria de novo? Precisava tanto ficar bem...

Por um estranho fenômeno, que também não sabia explicar, Caian ouviu seus pensamentos e ficou enlouquecido.

– Isso, Ana! Precisamos tomar uma cerveja juntos! Você vai ver como tudo vai ficar bem, como vamos conseguir fazer as pazes novamente... Só estamos precisando relaxar um pouquinho, estamos paranoicos com tudo o que aconteceu – pensou Caian, embora não soubesse dizer a que exatamente estava se referindo com "tudo o que aconteceu".

Ana Teresa, por sua vez, lembrou de Caian perguntando na boate:

– Você se importa se eu comprar mais uma cerveja para nós?

Novamente fez que não com a cabeça e sorriu como se pudesse vê-lo a sua frente. Ele saiu debaixo da cama e beijou-lhe as mãos, satisfeito, exatamente como havia feito na noite do acidente, e os dois se afastaram em direção à sala.

"Não faça isso!", outra voz de repente falou na cabeça dele. Ou teria sido na cabeça dela? "Você sabe, você sempre soube que a bebida não resolve os problemas de ninguém", insistiu. Ana Teresa olhou assustada para trás, procurando de onde vinha aquela voz. Caian vasculhou o corredor procurando por seus inimigos. Ela lembrou da mãe, mas o corredor estava vazio. Deu devagar um passo para trás e percebeu que Mag e Ana Patrícia estavam conversando no outro quarto. Os dois seguiram adiante.

"Não foi nada", Ana Teresa pensou. "Eu é que, desde que vim do hospital, ando cismada com essas vozes estranhas", disse a si mesma, sentindo uma vontade cada vez mais forte de beber.

"Não beba, Ana Teresa, não beba! Lembre-se do que você mesma dizia ao seu namorado quando ele bebia!", a voz de novo insistiu, no momento em que ela se viu diante da imensa sala. "Vamos, Ana, vamos tomar pelo menos uma cerveja!", pedia Caian a seu lado. Ana Teresa sentia-se em meio a um duelo de pensamentos opostos.

Olhou para a varanda e viu que Sílvio estava lá fora bebendo. Naquele momento, ela sentiu como se compreendesse todas as vezes em que o pai havia bebido. Sentiu mesmo que aquela era a coisa certa a se fazer num momento como aquele.

– Você se importa se eu tomar um copo de cerveja junto com você? – disse, abrindo a porta da varanda, já com o copo na mão.

Sílvio olhou para ela surpreso. "Será que eu devo? Será que vai ser bom para ela beber do jeito que anda deprimida?", depressa um pensamento de censura passou-lhe pela cabeça.

Os diversos 'amigos' a seu lado, porém, logo se encarregaram de dissuadi-lo de qualquer preocupação:

– O que é isso, camarada? Numa situação dessas, a bebida só pode ajudar! Vai até fazer bem para ela! – disse um deles ao seu ouvido.

– Claro, filha! – ele respondeu, enchendo o copo de Ana Teresa. – Sente-se aqui comigo! – convidou, mostrando a cadeira vazia, sentindo-se até um pouco orgulhoso por a filha haver saído do quarto desejando beber na sua companhia.

O sorriso no rosto de Caian desmanchou quando ele percebeu que Pouca Telha estava sentado naquela mesma cadeira. Ele se levantou, numa reverência, para que a moça pudesse sentar. Em seguida, olhou para Caian e disse, com um olhar enigmático:

– Sabe que não é uma má ideia?

– Não! – gritou Caian. – Isso não! Afaste-se dela!

ARIOVALDO E SAMIR brincavam no corredor de carregar bolinhas de gude num caminhãozinho quando, de repente, Hermínio chamou:
– Ei, garoto! Venha cá!
Samir foi, mas desconfiado. Nunca antes o avô havia chamado por ele. Todas as tardes, enquanto a mãe não chegava do trabalho, era ele quem ficava tomando conta de Hermínio. Mag ficava com ele na parte da manhã. Ou então Valéria, ou então Jacira, dependendo do dia. Mas, na parte da tarde, embora houvesse sempre uma das três na retaguarda, era Samir quem se sentia responsável pelo avô. Jerônimo não contava. Samir não ia muito com a cara dele.

Não que ficasse o tempo todo junto do avô, até porque Hermínio sequer permitia que ele entrasse no quarto. Chegava da escola, almoçava, depois ficava na sala, fazendo seus deveres de casa. Ou então vendo desenhos na TV. O tempo todo atento ao que acontecia no quarto. De vez em quando, ia até lá e olhava, do cantinho da porta, para checar se estava tudo bem. Aquele esquisito do Jerônimo estava sempre lendo revistas, Samir tinha certeza de que ele não cuidava direito do avô.

Quase sempre, ou Hermínio estava roncando, ou então olhando para o teto, com cara de muito contrariado. Samir não entendia por que o avô olhava tanto para o teto. Ainda assim, fazia um pigarro para que percebesse que ele estava na porta e perguntava solícito:
– O senhor quer que eu traga água, café ou suco de limão?
A resposta do avô era sempre a mesma:
– Não amole, garoto!
Um tempo depois, porém, como se soubesse que Samir continuava na porta, ele dizia lá de dentro:
– Peça a sua tia para me trazer água e café. E também um daqueles doces gostosos que ela sempre faz.
Imediatamente, Jerônimo se levantava e ia providenciar o pedido. Samir ficava morrendo de raiva, pois sentia como se o enfermeiro estivesse roubando o seu papel.

Naquela noite, porém, foi diferente. Pela primeira vez, em quase dois meses, foi o avô quem chamou por ele.

A Ferro e Flores | 219

– O senhor... me chamou? – perguntou, ressabiado, ainda sem coragem de entrar no quarto. – Está... sentindo alguma coisa?

– Entra aí – disse Hermínio.

Samir entrou e ficou cabisbaixo, olhando para o avô com o rabo do olho. Ariovaldo veio atrás, ficou na porta querendo ver o que ia acontecer.

– Queria olhar para você – disse Hermínio. – Você também queria olhar para mim, não queria?

Samir fez que sim com a cabeça. Foi, aos poucos, levantando os olhos, até que os dois puderam se encarar frontalmente pela primeira vez. Os olhos de Hermínio se encheram de lágrimas.

– Sabe que você é bem bonito? – ele disse.

Samir abriu um sorriso, fazendo o possível para manter os olhos sérios. Sempre ficava assim em situações que o faziam sentir muita vergonha.

– Quer dizer então que o senhor não tem raiva de mim? – perguntou, com aquele mesmo olhar.

Hermínio ficou em silêncio por alguns instantes. Parecia longe dali, procurando alguma coisa no teto.

– Ai, porcaria! De novo esta coceira! – ele esfregou as costas contra o lençol com muita dificuldade.

– O senhor não consegue se coçar? – perguntou Samir, sem entender porque ele se esfregava daquele jeito na cama.

– Droga... Minhas mãos não se mexem. É como se meus braços estivessem congelados do cotovelo para baixo e as pernas, do joelho para baixo... Fica tudo formigando, uma irritação. Todo dia isso... Esta coceira nas costas, esta queimação na batata da perna... Por que é que eu não morro de uma vez?

Hermínio estava transtornado. Parecia até um bicho se esfregando na cama daquele jeito. Samir correu até a sala para chamar Jacira, mas ela estava cochilando diante da televisão. Ariovaldo veio atrás dele. Estavam os dois já de pijaminha. Samir olhou para Jacira, depois para Ariovaldo, na dúvida sobre o que fazer.

– Quer que eu acorde a minha mãe? – Ariovaldo perguntou.

– Não precisa – Samir decidiu depressa.

Correu até seu quarto e buscou uma pequena mãozinha sustentada por longo cabo. Ariovaldo veio atrás.

– O que é isso? – perguntou curioso.

– Um coçador. Depois eu lhe mostro – disse Samir, já correndo de volta para o quarto do avô.

Ariovaldo continuou parado na porta do quarto, prestando atenção ao que acontecia lá dentro.

– Olhe! – disse ao avô como quem traz um presente. – Quer tentar?

– Ponha aqui, no meu dente! – pediu Hermínio.

220 | Lygia Barbiére

Samir obedeceu. Ficou ali do lado, vendo o avô se contorcendo com o coçador na boca. Mas era inútil. Não dava para alcançar as costas de jeito nenhum, a coceira era bem no meio. Samir foi se aproximando devagar, até que tocou no avô bem de leve e correu sua própria mãozinha até o local da coceira:

– É aqui? Deixa eu coçar para o senhor...

Hermínio deixou. Chegou a fechar os olhos de alívio. Samir ficou ali. Coçando e coçando, as mãozinhas trêmulas, porém firmes.

– Há muito tempo que o senhor sente isto... esta *coçação*?

– Não sei direito... Lembro que houve um tempo em que eu não sentia nada, nem formigamento – ele respondeu de olhos fechados, aproveitando o coçar. – Era como se eu não tivesse pé... E nem mão... Não sentia nada...

– Mas por que o senhor ficava assim? – perguntou Samir.

– Pode parar – disse Hermínio. – Já melhorei.

Samir continuou a seu lado, sem saber direito o que fazia agora. Pegou o coçador que ficara sobre a cama e deu dois passos para trás. Talvez fosse melhor ir agora.

– Deixe aí. Às vezes pode ser útil – disse Hermínio.

Sempre com um ar um tanto quanto amedrontado, Samir deu um passo para frente e, passando seu braço por entre as grades, colocou depressa o coçador ao lado do braço do avô. Fez isso e deu novo passo para trás. Devia ser chato dormir numa cama de grades com aquela idade, pensou consigo.

– Eu não tenho raiva de você. Alguém, por acaso, disse a você que eu tenho? – perguntou Hermínio, vendo que o menino o olhava na cama com um olhar um tanto quanto assustado.

Ele tinha uma voz grave, parecia que estava sempre zangado. Samir fez que não com a cabeça.

– Pois, se disse, falou mentira. Eu não tenho raiva de você. Só da sua mãe.

– E por que é que o senhor tem raiva da minha mãe? – Samir se aproximou de novo mais um pouco.

Era tão mágico e ao mesmo tempo tão triste poder olhar para aquele avô deitado naquela cama de grades que mais parecia um berço gigante. Um berço feio, não parecia muito confortável. Sua mãe falou que era uma cama de hospital.

Ele tinha uns olhos tão bonitos, olhos iguais aos da mãe. De uma cor mel esverdeada, grandes e sombrios como uma lagoa na floresta.

Hermínio não respondeu à pergunta do neto. Parecia também inebriado em olhar para Samir de perto pela primeira vez. Tinha cabelos tão perfumosos e uma fisionomia tão doce... Nunca imaginara que ele fosse tão doce.

– Por que o senhor é tão triste? – Samir ousou nova pergunta. – Por que vive falando que... – não teve coragem de terminar a frase.

– Você não ficaria triste se estivesse na minha situação? – Hermínio devolveu a pergunta.

A Ferro e Flores | 221

Samir fez que não com a cabeça.

– Não? – estranhou Hermínio. – Então não percebe que eu agora sou só uma cabeça sobre um corpo morto? Eu não me levanto como você faz. Acordo todos os dias, às sete e meia da manhã, porque há muitos anos me acostumei a despertar a essa hora, mas não posso fazer nada. Um tempo depois, sua mãe vem aqui me trazer o café e vira um pouco o meu corpo para um lado. Três horas mais tarde, vem a empregada, ou então a Mag, e me vira para o outro lado, e assim, o dia inteiro, me dão comida na boca e viram meu corpo para um lado e para o outro. O tempo todo com aquele buldogue me olhando. Meu corpo, aliás, só sobrevive graças a um monte de cremes, de uma danada de uma sonda, que é como um canudinho de plástico bem grosso que me ajuda a urinar.

– Dói? – perguntou Samir.

– Na verdade eu não sinto mais muita coisa. É como se o meu corpo fosse um carro enguiçado, um carro velho que não serve mais para nada.

– Eu não acho isso – disse Samir.

– E como não acha? Para que serve uma pessoa como eu?

Samir aproximou-se. Com a pontinha dos dedos fez um carinho no rosto de Hermínio, depois delicadamente deu-lhe um beijo no rosto. Hermínio ficou hipnotizado com aquele carinho, não esperava nunca que o menino tivesse esta atitude.

– Serve para ser avô! Sabe que eu sempre quis ter um avô? – ele dizia e continuava a fazer carinho no rosto do avô. – Não faz mal que o senhor não possa andar, nem me ensinar a soltar pipa, nem me ajudar a subir numa árvore, que eu mesmo já aprendi a subir sozinho. O importante é que eu posso conversar com o senhor, fazer carinho no senhor... Não é um avô de retrato que já morreu! É um avô de verdade!

Lágrimas sem querer escorreram dos olhos de Hermínio. Lembrou-se do próprio avô e sentiu saudades da infância. Pequenininha, lá dentro dele, surgiu uma vontade de ser avô. Ia dizer mais alguma coisa quando ouviu uma tosse na porta. Uma tosse nervosa e intermitente que não parava mais de tossir.

– Quem está aí? – gritou, voltando a adquirir seu tom nervoso e impaciente.

– É o Ariovaldo, vô – disse Samir.

– Não me chame de vô que eu não sou seu vô – ele respondeu, ríspido. – E tire logo esse menino daqui que eu não gosto de gente tossindo no meu quarto!

Samir foi saindo depressa, um pouco assustado com aquela reação. Estava quase chegando na porta quando voltou-se para perguntar:

– O senhor não quer uma água, um café, um suco de limão?

– Não. Não quero nada – respondeu Hermínio, sem perceber quebrando seu padrão usual de resposta.

Samir já estava no corredor ao lado de Ariovaldo, que não parava de tossir, quando ouviu Hermínio dizer:

222 | Lygia Barbiére

– Se pudesse querer alguma coisa, queria fumar um último cigarro antes de morrer!

Em instantes, Thalita entrava em casa e encontrava os dois na cozinha com Jacira. Ariovaldo ainda não parara de tossir. Jacira, nervosa, tentava fazer com que ele tomasse uma água com açúcar.

– Ele sempre tosse assim, Jacira? – Thalita quis saber.

– Desde bebezinho – disse ela. – Tem épocas que melhora, épocas que piora.

– Você tinha que levar ele num médico para ver essa tosse – Thalita ficou preocupada.

– Hi! Sinceramente, muito sinceramente mesmo, eu já levei esse menino no médico umas duzentas vezes! – exagerou Jacira.

– E o que é que eles dizem? – insistiu Thalita.

– Às vezes dizem que é pneumonia, outras que é bronquite. Sei que volta e meia o menino tem que ser internado e aí é aquele monte de remédio, de xarope e não sei mais o quê – reclamou Jacira.

A tosse finalmente acalmou e todos foram deitar. Thalita passou pelo quarto do pai para levar-lhe os remédios da noite. Ele não disse nada. Apenas abriu a boca para que ela lhe desse a água e os remédios e fechou os olhos, como se quisesse dormir.

– Mãe – Samir perguntou, quando os dois também já estavam deitados. – Por que é que o meu avô ficou assim desse jeito?

– Ah, filho... Seu avô teve uma neuropatia, uma doença nos nervos causada pelo consumo muito grande de bebida. Sabe, é através dos nervos que o cérebro da gente manda a ordem para os músculos se movimentarem. Quando os nervos estão afetados, o cérebro manda a ordem, mas os músculos não obedecem. Por isso o seu avô não consegue andar, nem mexer direito os braços e nem os dedos.

– Mas ele vai ficar assim para sempre, mãe? – Samir preocupou-se.

– Olha, filho, eu conversei bastante com vários médicos e eles me disseram que é um processo que varia de pessoa para pessoa. A gente não sabe o quanto o álcool já danificou os nervos do seu avô, mas todos eles acreditam que ele ainda pode vir a recuperar os movimentos. O mais importante para que isso aconteça é ele comer uma dieta rica em vitamina B e fazer bastantes exercícios para fortalecer os músculos – explicou Thalita. – Mas o seu avô simplesmente se recusa a fazer os exercícios, nem sei se vale a pena chamar um fisioterapeuta, como eu estava pensando...

– Como assim, mãe? O que é uma dieta rica em vitamina B? – Samir não entendeu.

– A questão, Samir, é que, quando a pessoa bebe muito, o álcool parece que mata a fome dela. Só que o álcool é um alimento muito ruim, porque não possui proteínas, nem vitaminas, nem nada de bom para o organismo. E ainda faz com que o nosso corpo deixe de absorver todo tipo de vitamina B, que é justamente a vitamina fundamental para a manutenção dos nervos. Daí a pessoa precisa repor estas vitaminas urgentemente, através de comprimidos, mas principalmente através da alimentação, para que seus músculos consigam voltar a funcionar normalmente – continuou Thalita.

– E quais os alimentos que contêm essa vitamina, mãe? – Samir se interessou em saber.

– Tem por exemplo o brócolis, a soja, o iogurte, a acerola, a banana, a graviola...

– E como é que você sabe?

– Ah, quando seu avô estava na clínica, eu andei lendo sobre isso – explicou Thalita. – Mas de que adianta... Nem suco ele aceita! A única coisa que o seu avô pede, o dia inteiro, é café!

– Eu sei... Mas pode deixar, mãe, que agora eu vou lhe ajudar – ele prometeu.

– Como assim, filho?

Samir não queria ainda contar a ela sobre o acontecido naquela noite. Sentia que o avô queria que guardasse segredo sobre aquele "início de amizade".

– Você vai ver... – disse o menino, convicto, já se ajeitando na cama para dormir. – E cigarro, mãe? Cigarro pode?

– De jeito nenhum! Cigarro só piora tudo, meu filho! Seu avô não deve mais fumar de jeito nenhum! Mas por que é que você está perguntando isto...

– Que pena... – foi tudo o que Samir conseguiu dizer.

Estava mesmo morrendo de sono.

Depois que ele dormiu, Thalita ficou pensando sobre a noite que passara ao lado de Miguel e Valéria. Há tanto tempo não saía... Há quanto tempo não ria! Sentia até um alívio no peito, uma leveza diferente. Miguel era uma pessoa muito agradável. Ela percebia que ele olhava para ela de uma maneira diferente, mas não sentia nada por ele. Ou será que sentia? Não. Apenas a alegria de encontrar alguém que se preocupava com os mesmos assuntos que ela, que entendia sobre alcoolismo. Um amigo, quem sabe?

Virou para o lado e continuou a pensar. Estava preocupada também com Valéria. Ela estava tão esquisita desde o dia em que conheceram Miguel na casa de Mag... Naquela tarde, quando Valéria passou na loja com Samir para visitá-la e Thalita contou que Miguel tinha ligado para chamá-las para uma pizza, Valéria tinha ficado completamente fora do seu normal. O tempo todo preocupada com que roupa ia, acabou comprando um vestido novo no crediário, mesmo estando apertada. Tudo isso antes de saber se Jacira ia ou não poder ficar com Hermínio e Samir para que elas pudessem sair. Será que, se Thalita não tivesse podido ir, Valéria teria saído sozinha com Miguel?

Talvez fosse melhor não investir muito nessa amizade com Miguel... E se Valéria estivesse apaixonada por ele?

Thalita ouviu um barulho forte. Vinha do quarto do pai, ela tinha certeza. Pulou da cama e correu até lá.

36

LEDA SAIU CEDO da casa onde vivia no mundo espiritual. Não conseguia parar de sorrir. Após uma longa reunião com Eustaquiano e outros mentores da colônia das Jangadas, obtivera finalmente autorização para ir até outra colônia, em busca de um auxílio muito especial. Ela tinha muita esperança de que esse auxílio pudesse realmente fazer diferença no trabalho de socorro que lutava para realizar na Terra.

Atravessou o Jardim dos Marrecos de Seda, famoso pelo imenso lago onde nadavam marrecos de penugem cintilante. Era tão reconfortador vê-los caminhando pela grama verde... Leda tinha verdadeira loucura por patos, marrecos, gansos, paturis, todas as aves de pescoço sinuoso e pés espalmados. Olhava para eles e tinha a sensação de senhores distintos caminhando, senhores antigos de terno e polainas; chegava mesmo a imaginá-los de cartola, consultando o relógio dourado de bolso.

Com esta imagem na cabeça, chegou sorrindo ao portal da colônia, onde dois homens vestidos como militares a esperavam prestimosos.

– Vejo que a irmã é bastante pontual – disse um deles, abrindo-lhe a porta do veículo onde iriam viajar.

Era uma espécie de van de *design* moderno, que mais parecia um pequeno foguete cinza e prateado.

– Eu nem tinha como me atrasar! Se soubessem o quanto aguardei por este momento... – disse Leda, satisfeita. – Ai... Eu nem acredito que estou indo conhecer o seu Abel! – suspirou, acomodando-se no carro.

Tão logo o veículo começou a mover-se, um bando de aves de corpo volumoso passou a acompanhá-lo a curta distância, produzindo ruídos característicos. Tinham uma coloração peculiar, um cinza-azulado, levemente arroxeado, que fazia com que de relance eles se confundissem com as nuvens do céu.

– São cisnes? – Leda tentou deduzir.

– Não exatamente – disse o militar que lhe abrira a porta do veículo. – Imagino que a irmã não os conhecesse porque não são aves comuns nesta região. Na verdade, eles vieram conosco.

– Como a irmã deve saber, a colônia a que nos dirigimos está situada em uma área de vibrações bastante densas dada a condição dos que são ali socorridos. Sendo assim, nos é de imensa valia a colaboração destas aves, a que deno-

224

minamos de íbis-viajores. Elas devoram as formas mentais odiosas e perversas que porventura surjam em nosso caminho – complementou o outro militar, percebendo sua admiração.

Mas não era simplesmente uma questão de curiosidade. Era quase como o que os encarnados chamam de sensação *dejà vu*. Leda tinha a certeza de que já tinha visto uma caravana como aquela e até mesmo ouvido tal explicação. Íbis-viajores...

– A irmã provavelmente já se encontrou com esta descrição no livro *Nosso lar*, de André Luiz. Muitos encarnados leem este livro na Terra, outros só vêm a conhecê-lo durante seu processo de readaptação ao mundo espiritual – disse o primeiro militar, lendo seus pensamentos.

– Isto! Eu o conheci aqui, numa aula especial onde cada cena é mostrada numa tela gigantesca. Por isso tive a sensação de estar vivendo-a novamente. Minha filha está lendo este livro na Terra! – ela comentou.

Em instantes, começavam a adentrar a região umbralina onde ficava a colônia de socorro para a qual se dirigiam. Pela janela, Leda pôde observar o escurecimento da atmosfera ao redor, tal como se a nave houvesse penetrado numa nuvem escura. Os pássaros prosseguiam grasnando de sua maneira singular, mas Leda não podia vê-los. O movimento era tão rápido que não dava para distinguir muita coisa. Ela experimentou uma sensação de peso e sufocação.

– Cuidado, irmã. Enquanto sobrevoamos esta região, é importante que mantenha os pensamentos elevados. Não tente imaginar o que acontece lá embaixo – alertou o segundo militar.

Na parte da frente do carro havia um motorista, mas este mantinha-se como que isolado do restante do veículo, concentrado em sua tarefa.

Leda compreendeu que o momento exigia concentração de todos. Fechou os olhos e manteve-se em atitude de prece até perceber que a nave havia como que entrado em outra concentração atmosférica. Tempo comparável a muitos minutos na Terra havia se passado.

Leda olhou pela janela e percebeu que estavam agora diante do que parecia uma fortaleza, cercada de muralhas e soldados armados por toda parte. A van parou na porta e o motorista apresentou-se aos soldados que faziam a guarda, sendo logo em seguida autorizada a entrar.

A nave agora andava pelo chão como automóvel comum. Deslumbrada, Leda se viu então diante de imenso e perfumado campo de eucaliptos que parecia não ter fim. Em seguida, abriu-se imenso campo de hortênsias lilases, outro de alfaces, outro de chicórias, mais outro ainda de couves-flores gigantes, e outro de imensas roseiras peroladas, cujas flores eram cinco vezes maiores do que as que as pessoas estão acostumadas a ver na Terra; tudo tão equilibradamente organizado que até fazia lembrar aqueles jardins de imperadores japoneses.

– São todos eles plantados por irmãos que aqui vêm para estágios. Como parte de uma terapia, plantam árvores de todas as espécies. Flores, frutos,

226 | LYGIA BARBIÉRE

grãos, folhas, tudo é plantado e cultivado pelos autores da ideia do plantio – explicou o militar sentado a seu lado.

– Que coisa linda... Por fora das muralhas não dá para imaginar o quanto é gigantesco este parque... E quanta gente!

Havia dezenas, centenas de pessoas envolvidas nos trabalhos de plantio. Todos homens e todos fardados.

– Por que todos se vestem como militares? O tempo todo tenho a sensação de estar dentro de um forte! – observou Leda.

– Toda esta colônia é na verdade uma espécie de área militar no mundo espiritual. Nela recebemos diariamente centenas de almas que, quando encarnadas, se adaptaram de tal forma à disciplina militar no mundo terrestre que dificilmente conseguiriam viver em condições diferentes. Especificamente nesta parte, recebemos todos os dias militares que se tornaram prisioneiros do alcoolismo enquanto encarnados, mas que já se encontram conscientes de sua doença e firmemente dispostos a vencê-la. Eles colaboram conosco na vigilância e ao mesmo tempo se beneficiam, se reforçam, formando aqui suas companhias de serviço à medida que vão se tratando, como é o caso do cabo Abel, a quem a irmã veio visitar – explicou o primeiro militar.

Leda lembrava-se bem desse detalhe, era precisamente por causa disto que estava ali. Logo ao entrar para o grupo Feupanon, havia estudado minuciosamente a obra *O despertar de um alcoólatra*,[6] do espírito Abel Salvador. Ficara tão impressionada com o relato das missões de socorro desenvolvidas por aqueles irmãos que, desde então, passara a desejar ardentemente poder um dia conhecer aquele espírito tão humilde e perseverante, pedir a ele para que ajudasse seu marido antes que este viesse a desencarnar e passar pelo mesmo sofrimento pelo qual o cabo Abel havia padecido no mundo espiritual por mais de trinta anos terrestres. Por esse motivo, ela agora mal cabia em si de tanta felicidade, apesar de estar atravessando uma área marcada pelo sofrimento de inúmeros irmãos que lutam para se livrarem da dependência da bebida.

– São todos tão jovens... – ela comentou, observando a fisionomia dos militares que ia vendo pelo caminho.

– Na verdade, tal aspecto também faz parte do tratamento a que aqui são submetidos. Logo ao entrar aqui no parque, todos nós voltamos ao passado a fim de que possamos reviver o período de nossa iniciação nas dependências. O objetivo é favorecer a desintoxicação do organismo fluídico através de uma terapia renovadora que nos leve ao raciocínio esclarecedor. Se não for assim, tratamos, mas não nos curamos, pois, de tempos em tempos, voltam as reações viciosas – voltou a esclarecer o segundo militar.

---

[6] Salvador, Maria Rodrigues / Salvador, Abel (espírito). *O despertar de um alcoólatra*. Uberaba, LEEPP, 2005.

Mais do que o parque vistoso, chamava a atenção a quantidade de pássaros ali existentes. Havia-os de todos os tipos, todas as cores, e até mesmo de raças e espécies jamais vistas na Terra. Leda sentia-se comovida. Jamais estivera antes naquela colônia, mas sabia, por experiência própria, o quanto era difícil o processo ao qual o militar se referia. Pensou então em Caian, o jovem alvo das preocupações de sua amiga Maria, e sentiu necessidade de perguntar:

– Mas e aqueles que desencarnam muito jovens por causa do álcool, também podem vir para este parque se tratar?

– Irmã, tudo no mundo espiritual é questão de sintonia. Os espíritos sempre são atraídos para os locais que estão de acordo com suas aspirações mentais, seus hábitos e costumes arraigados, suas crenças e atitudes enquanto encarnados, o que abre a cada espírito individual uma imensa gama de possibilidades. Especificamente nesta colônia, porém, os jovens que logo cedo se envolvem com o álcool e desencarnam por suas consequências são tratados em outra área, não se misturam aos antigos bebedores, já que os danos causados ao organismo são de outra amplitude – esclareceu o outro militar.

– Atenção! – avisou o rádio do carro. – Os estagiários de número quinze mil e um até vinte mil serão recepcionados nos portões laterais que dão acesso às plantações de eucaliptos.

Leda ficou boquiaberta.

– Quinze mil e um a vinte mil? – perguntou, admirada. – Mas é muito mais gente do que eu imaginava!

– Estes são apenas os novos estagiários que estão chegando para tratamento – informou o militar a seu lado. – A irmã não faz ideia da quantidade de espíritos já residentes na colônia e das equipes envolvidas em todas as etapas do trabalho desta colônia de socorro.

Leda nem teve como comentar muita coisa. Haviam acabado de chegar à área onde ficavam as moradias dos internos.

Imensas porteiras luminosas separavam estas áreas urbanas das áreas agrícolas propriamente ditas. Na parte agrícola, a área residencial era composta por uma série de cabanas isoladas, de aspecto muito simples. Ficavam espalhadas em meio às plantações, cada qual arrumada com tanto capricho que dava gosto ficar olhando. Leda lembrou-se das casinhas na roça que conhecera em Aiuruoca. Foi quando a viatura parou e ela percebeu que haviam chegado a seu destino.

Abel a esperava na porta de sua residência. Era uma casinha modesta, com uma varanda em volta. O que mais chamava a atenção, porém, era a quantidade de flores espalhadas. Elas estavam por toda parte. Em vasos de cachos pendentes pendurados na varanda, em torno da casa, em pequeninos canteiros nas janelas, e até mesmo em antigas latinhas e garrafas de bebida espalhadas pelo chão. De cada qual saíam flores mais belas, mais inigualáveis em seu colorido, mais singelas em sua delicadeza. Significativa quantidade de pássaros voava em bandos em torno daquela verdadeira floresta de flores, sugando-lhes o néctar com euforia, piando e cantando em total harmonia.

Leda lembrou-se dos cenários que vira em Bali, quando estivera na Terra visitando o filho, e pensou nos sininhos que tocavam ininterruptamente por toda parte. Na casa de Abel, eram os pássaros os mensageiros do vento.

– Abel! – ela disse emocionada. – Que enorme alegria conhecê-lo! Depois de tudo o que me foi explicado, porém, imaginava encontrá-lo mais jovem – ela observou, diante do sorriso maduro de seu gentil anfitrião.

Não era um sorriso alegre. Apesar de ser notório que ele estava muito satisfeito com a visita, havia um traço de tristeza em seu olhar, um sentimento profundo que de imediato tocou o coração de Leda.

– O cabo Abel já se encontra aqui há muitos e muitos anos. Não é mais um hóspede, mas importante servidor de nossa colônia que muito nos auxilia com seu trabalho e seu exemplo – explicou um dos militares.

– Grande bobagem. Ele só diz isso porque passou uns tempos aqui como meu estagiário, não é mesmo, Tecelão? Mas a verdade é que somos todos pássaros coloridos, enfermos da alma lutando contra certos impulsos, aos quais muitas vezes queremos reagir e não conseguimos. E assim, dia após dia, com fé em Deus e a ajuda dos pássaros nossos amigos, vamos buscando esta adaptação pelo lado bom de nossos espíritos – disse ele, num sorriso agora humilde, que não era nem triste e nem alegre. – Mas a que devo a honra da visita desta benfeitora que tanto iluminou o meu lar com suas preces?

Leda ficou tão envergonhada que chegou a sentir suas bochechas queimarem como nos tempos em que vivia na Terra.

– Eu? – disse constrangida.

– E como não? Saiba que todas as vezes que pensou em mim com carinho, desejando-me sucesso nesta luta tão difícil, enviou-me preces que chegaram até aqui como velas ardentes, enchendo meu lar e meu coração de luzes e bênçãos!

Novamente Leda enrubesceu sem saber o que dizer. Efetivamente, quando lera, com o grupo de estudos, o livro de Abel, ficara tão vivamente emocionada por sua luta, que todas as noites orava por ele, pedindo a Deus que o fortalecesse naquele caminho de auxílio ao próximo e regeneração. Sim, talvez fosse por conhecer tanto a história de Abel que ela o visse com aquela tristeza nos olhos. Mas ele não era triste, não podia ser triste depois de desenvolver um trabalho tão formidável naquela colônia.

Eram tantos os grupos de socorro comandados por Abel que todas as paredes de sua casa eram tomadas por imensos quadros, semelhantes aos quadros-negros da Terra, onde se via escrito o nome dos grupamentos, cada qual com o nome de um pássaro, e as missões em que estavam envolvidos. A letra era miudíssima para possibilitar a escrita de tantos nomes, havia pássaros ali denominados de que ela jamais ouvira falar.

A Ferro e Flores | 229

– Aceita um chá de eucalipto? – Abel surpreendeu-a com uma xícara perfumada e fumegante.

Leda aceitou. Parecia uma criança envergonhada, inteiramente tomada pela emoção, buscando as palavras, sem saber o que dizer. Ao mesmo tempo, o chá era tão saboroso, parecia dotado de uma substância que de imediato foi fortalecendo-a.

– Aqui trabalhamos muito com plantas medicinais. Todas elas são utilizadas em prol da saúde. E é cada coisa que a gente descobre! O néctar das plantações canavieiras, por exemplo, tem potencial medicinal para o organismo intoxicado, principalmente pelo álcool, que vem desta mesma planta. A ervilha tem um poder inacreditável de recomposição energética; também o milho ajuda muito no trabalho com dependentes, sobretudo porque provoca alegria aos olhos de quem vê – explicou Abel.

– É uma pena os médicos da Terra não poderem ter acesso a estas informações – imaginou Leda.

– E como não podem? Muitos médicos naturalistas do plano espiritual fazem seus estudos aqui e acoplam com os laboratórios da crosta, trabalhando com os facultativos encarnados nas descobertas de novos medicamentos – informou Abel.

– E pensar que todo este tratamento se baseia em flores, pássaros, plantas medicinais, contato com a natureza – observou Leda, olhando em torno maravilhada.

– É o que sempre recomendo aos grupos para os quais dou assistência: verde, flores e pássaros. Digo a eles: conversem com os pássaros, eles nos entendem; encham suas casas de flores, elas nos acalmam. Tudo o que é verde nos fortalece! Mas sabe de uma coisa, Leda? Os pássaros, o verde e as flores, tudo isto são apenas recursos para nos ajudar a mudar o padrão de nossos pensamentos. O importante mesmo é o pensamento. Quando estamos envoltos em bons pensamentos, podemos vencer qualquer desafio, podemos servir em qualquer lavoura do bem.

Ele percebeu que Leda se emocionou ao ouvir suas palavras. Sentiu também que ela estava por demais preocupada com seus entes queridos.

– Em que exatamente eu posso ajudá-la? – perguntou com gentileza.

Embora Leda continuasse a achar que ele escondia no olhar um pouco de tristeza, percebia agora que era ele um espírito resplandecente, como se o tempo todo uma chama brilhasse em torno de sua figura.

Timidamente, Leda contou-lhe então toda a história de seu marido encarnado, a oportunidade de renovação que ora experimentava, os bandos que ora o cercavam, a dificuldade de Hermínio em enxergar a bênção que lhe estava sendo concedida. Abel ouviu tudo com profunda atenção.

– Bem, querida Leda, devo alertá-la que não é fácil o que está me pedindo. Como sabe, depois de chegar ao mundo espiritual, passei mais de trinta anos vagando, desesperado, entre delírios convulsivos e crises de identidade, o tempo todo obcecado pela ideia de beber. Mesmo depois de socorrido nas áreas de tratamento, tive várias crises de abstinência e até mesmo algumas recaídas, tendo sofrido amargamente depois de cada uma delas. Confesso a você que, mesmo depois de todas as vitórias conquistadas, ainda hoje tremo só de pensar que a qualquer momento posso ser acometido por outra destas vontades incontroláveis.

– Mas com toda esta luz conquistada, não imagino que o irmão possa ter qualquer possibilidade de recaída – duvidou Leda.

– Pois é justamente quando nos sentimos fortes e inatingíveis que nos tornamos mais vulneráveis. A força nasce do reconhecimento de nossas próprias fraquezas. O tempo todo preciso ter consciência de meus pontos fracos para que não venha a falir por causa deles – disse ele.

– Mas será que toda esta consciência não faz de você uma pessoa triste? – considerou finalmente Leda, tomando mais um gole de chá.

Abel ficou por alguns instantes reflexivo. Serviu-se ele próprio de um pouco de chá e, só depois de tomar daquela infusão fortalecedora, respondeu:

– Em meio a tantas lutas, minhas próprias e de outros a quem acompanhei de perto, aprendi que nos libertamos quando queremos e só então começamos o nosso trabalho de reação contra o pensamento do álcool, que se fixa em nossa mente como uma erva daninha mesmo depois do desencarne. Contudo, sempre fica uma sequela. Em parte, porque o organismo espiritual também fica condicionado pelo uso contínuo do álcool e demora muito tempo para se acostumar a viver sem ele. Mas também porque é muito dolorosa a consciência do quanto fomos fracos, do quanto erramos e fizemos pessoas sofrerem em nome da dependência. Penso que só mergulhando noutra existência para esta tristeza ir aos poucos se dissipando. É como se fosse uma intoxicação moral causada pelo álcool – desabafou ele com sinceridade.

Um bando de pássaros das mais diferentes espécies havia se juntado em torno de Leda; parecia até que ouviam a explicação junto com ela. Ao mesmo tempo, tinha-se a impressão de que estavam ali também para protegê-la, para abrir-lhe as janelas da mente de modo a que compreendesse o que estava sendo explicado. O canto variado que vinha lá de fora trazia uma paz, um sentimento profundo de volta às origens, de ligação profunda entre os seres e a natureza.

– Mas não é da noite para o dia que nasce todo este aprendizado. Precisamos compreender a negação como um dos estágios da doença – continuou Abel. – O indivíduo nega, nega até o dia em que não consegue mais enganar a si mesmo. Ele começa a perceber a diferença entre os estágios de sobriedade e os momentos de recaída, a valorizar sua capacidade de discernimento e lucidez nos períodos em que o cérebro não se encontra embotado pelo álcool. A partir deste momento, as recaídas passam a ser acompanhadas de enormes, imensos, avassaladores sentimentos de culpa; o indivíduo compreende que existe nele um

A Ferro e Flores | 231

lado fraco que o leva para onde não quer, passa a querer ajuda para conseguir vencer suas próprias tendências. É precisamente aí que se dá o início do processo de cura. Às vezes isto acontece no mundo físico, outras vezes só no plano espiritual, como foi o meu caso. E, mesmo assim, só depois de muito tempo.

Leda refletia sobre a explicação. Compreendia que não se tratava de uma questão puramente teórica. Ela própria um dia já vivenciara aquela mesma situação:

– Um processo que se inicia com a consciência da dependência e se alonga às vezes por centenas de anos, conforme o nível de comprometimento do espírito. Sabe, Abel, faço parte do grupo dos familiares, ex-usuários e protetores anônimos, o Feupanon. Como diz o nome, é um grupo formado por familiares de alcoolistas encarnados, tal como os grupos de apoio que existem no mundo terrestre. Todavia, a diferença entre nós é que, uma vez no mundo espiritual, adquirimos a consciência do porquê necessitávamos passar pela prova do "alcoolismo por parentesco". Quase todos chegamos aqui em frangalhos devido ao sofrimento experimentado ao lado de nossos entes queridos portadores desta doença. Às vezes revoltados, outras vezes vitimizados, a maioria com um sentimento íntimo de mágoa contra a própria divindade, como se Deus houvesse sido injusto conosco por nos ter colocado ao lado de casos tão difíceis. Aos poucos, porém, somos levados a compreender que existia uma razão para que houvéssemos sido colocados naquela família, naquela situação, naquela dor. Olhamos para nosso passado e descobrimos que um dia fomos nós os alcoolistas, quando não os incentivadores da dependência daquela pessoa que tanto nos fez sofrer na última existência. Só então compreendemos a grandeza da tarefa de que estávamos incumbidos, tarefa esta que muitas vezes foi pedida por nós mesmos no intuito de reescrever todo um passado de erros – ela explicou, comovida. – Sabe, Abel, compreendi que vivemos, eu, você, minha filha e meu marido alcoolista, estágios diferentes de uma mesma doença.

– Mas você ainda sente vontade de beber? – perguntou Abel, trazendo à tona suas mais íntimas preocupações.

Leda compreendeu o que ele estava sentindo.

– Não, de maneira alguma. Graças a Deus, toda compulsão um dia passa. A gente aprende a pensar diferente e, com isso, redirecionar os impulsos de nossa mente. É como você acabou de me dizer com outras palavras: pensamento é tudo. Quando adquirimos realmente a compreensão profunda de nossa situação, esta consciência não desaparece com o esquecimento que vem junto com a reencarnação. Fica arraigada, impressa dentro de nós como um conhecimento, uma certeza, algo que ninguém pode tirar de nós. Para você ter uma ideia, na última encarnação eu não conseguia beber nem água mineral com gás. Era como se meu corpo tivesse uma espécie de alergia, de prevenção a tudo que não fosse água pura, natural.

– Mas então você se encontra em estágio muito avançado, quase uma missionária lutando para ajudar aqueles que estão passando pelo que um dia você passou – considerou Abel.

– Aí é que você se engana. Como disse, tenho consciência de que sou ainda uma alcoólica em recuperação. Não tenho mais vontade de beber, mas carrego comigo as sequelas de meu passado de desregramentos. Como diz uma frase de Emmanuel de que gosto muito, "a festa desequilibrante é véspera de laborioso reparo".[7] Embora livre da compulsão já há duas existências, acabei padecendo de um câncer no fígado. Em parte porque trazia comigo ainda uma fragilidade neste órgão, decorrente dos muitos abusos em vidas pregressas. Mas em parte também porque me dei ao luxo de colecionar mágoas e ressentimentos, verdadeiros venenos da alma que acabaram sendo direcionados para o meu ponto mais vulnerável – contou Leda, sincera.

A conversa foi interrompida por um rapaz, magro e sisudo, que entrou na sala apreensivo e segredou qualquer coisa ao ouvido de Abel.

– Preciso realizar um socorro de emergência, minha irmã. Alguém encontra-se caído no campo dos eucaliptos, possivelmente um dos estagiários que acaba de chegar.

Leda sorriu, encantada com a beleza do trabalho de Abel, com o empenho com que o realizava.

– Devo isto aos pássaros – ele disse, enquanto se aprontava para sair, calçando suas botas. – Um dia, já desanimado com a minha dificuldade de responder a qualquer tratamento, deitei no chão, no meio de um gramado e fiquei conversando com eles. Pedia para que me dessem álcool, pensava que pudessem trazer sem ninguém perceber. Várias vezes fiz isso. Até que, cansado de tanto sofrer, eu disse: "Pássaro-Preto, traga para mim, através de seu canto, a paz de que eu preciso; sei que ela existe, mas não consigo encontrá-la". Instantes depois, um canário cantou, um bem-te-vi também, um rouxinol, um colibri, uma patativa.

Leda ouvia atenta à narrativa, enquanto ele caminhava pela casa a procura de algo. Os pássaros o seguia.

– Todos se aproximaram de mim, cada um com a sua melodia suave, como se falassem: cante a sua melodia também, meu irmão, abra o seu coração! Então foram todos pousando sobre meu corpo; senti que cada um tocava meu rosto, me beijava à sua maneira singela de saudar. Fiquei inteirinho coberto de pássaros e veio sobre todos o pássaro-preto, garboso, forte, elegante. Pousou sobre minha boca e nela colocou o néctar de amor. "Você pediu e eu trouxe, junto aos irmãos, tudo o de que sua alma vai necessitar agora: fluidos de coragem para caminhar", ele me disse com seu canto.

---

[7] Xavier, Francisco Cândido / Emmanuel (espírito). *Vinha de luz*. FEB, 1994, 13ª ed., cap. 162, p. 340.

A FERRO E FLORES | 233

Abel fez uma pausa. Parou diante de várias garrafinhas semelhantes às garrafinhas de cerveja *one way* que são vendidas na Terra. Estavam guardadas debaixo da pia que ficava no canto da sala. Estavam todas cheias de um líquido amarelado que também lembrava cerveja.

– Não se assuste, irmã. Não é o que você está pensando. É um medicamento que usamos aqui, feito de água magnetizada e bagaço de cana.

– Bagaço de cana? – estranhou Leda.

– Isso mesmo. O que sobra do fabrico da aguardente. Juntamos com as folhas e os brotos e criamos então um complexo com as dosagens fluídicas de cada organismo dependente. Como dizia o rapaz desta colônia que um dia descobriu esta fórmula, veneno é que cura veneno!

Abel ficou alguns instantes parado com os olhos brilhantes como se revisse cada detalhe de sua história.

– E foi assim que eu me levantei. Foi assim que eu tive a ideia de criar os bandos de pássaros socorristas, foi assim que eu me tornei o Pássaro-Preto e consegui melhorar. Trocando a compulsão do álcool pela compulsão de ajudar os caídos. Não se preocupe com seu marido. No que depender da Companhia dos Pássaros, faremos tudo o que estiver ao nosso alcance para ajudá-lo! – ele despediu-se. – E não se esqueça nunca – disse, já se afastando: – Ame aquele que está em sofrimento, errando ou acertando. Dê a ele o seu apoio, o seu amor, a sua compreensão, mesmo que ele não retribua, mesmo que ele não entenda nada agora. Um dia ele vai conseguir melhorar!

Uma equipe de seis homens o esperava lá fora. Leda ficou parada na porta, entre flores e pássaros, olhando enquanto ele se afastava, por entre as plantações, cantando com sua equipe. Parecia mesmo um bando de pássaros.[8]

---

[8] Todos os relatos sobre a colônia de recuperação foram extraídos do livro *O despertar de um alcoólatra* (Uberaba, LEEPP, 2005), onde o espírito Abel Salvador, homenageado neste capítulo, narra sua experiência pessoal através da psicografia de Maria Rodrigues Salvador.

37

— Sinto que algo não muito bom está acontecendo agora com meus amigos na Terra. Estou pensando demais no Caian e na Ana Teresa... Será que está tudo bem com eles? — Pedro perguntou à jovem que sempre o acompanhava.

Era a mesma que lhe trouxera a caixa de cartas, fotografias e vibrações enviadas pelos amigos da Terra. Chamava-se Norine, ele agora já sabia. Passava a maior parte do tempo ao lado de Pedro e a cada dia parecia mais imensa a afinidade entre os dois. Muito diferente de uma atração carnal, era um sentimento de amizade, de companheirismo, tão sólido e profundo que Pedro até então ainda não conseguira identificar de onde vinha, embora tivesse a certeza de que os dois se conheciam há muito, muito tempo.

Pedro estava quase plenamente recuperado. Recebera autorização médica para longas caminhadas no jardim, como a que agora estava fazendo ao lado de Norine, e já dispunha de uma listagem de cursos a fazer no mundo espiritual, a qual avaliava com muito cuidado, tentando escolher com o máximo de calma e equilíbrio aqueles que lhe eram mais indicados no momento.

Havia desde cursos básicos sobre alimentação e volitação até temas mais profundos, como autoconhecimento e potencialização das virtudes adquiridas. Mas nenhum deles parecia ser exatamente o que ele queria.

A despeito de todas as agradáveis perspectivas que tinha diante de si, Pedro continuava preso, em pensamentos, aos problemas dos que lhe haviam sido caros na Terra, ao sentimento de angústia por não ter feito algo que deveria. Sentia-se na obrigação moral de continuar auxiliando aos amigos.

— Você já fez o que estava ao seu alcance... — ponderou Norine.

Pedro, contudo, estava tão ansioso com a forte intuição negativa que vinha sentindo que nem a deixou continuar a frase:

— É isto o que eu não consigo entender nas pessoas... — ele olhou para ela e tentou corrigir. — Nos espíritos, sei lá. Todo mundo valoriza muito essa coisa de limite. Eu vim até aqui porque eu só podia vir até aqui. Eu fiz o que pude, o que me era possível. Desde encarnado, eu vivo escutando as pessoas dizendo isso. Eu não penso assim. Acho que, enquanto existe alguém de quem a gente gosta muito envolvido na questão, não existem limites. Eu não fiz tudo o que podia porque eu ainda posso fazer alguma coisa!

– Você deve levar em consideração que até mesmo os espíritos protetores precisam respeitar certos limites. Nem sempre se trata de um limite seu. Às vezes o limite está na outra pessoa, na evolução da outra pessoa, na necessidade de aprendizado – ponderou Norine.

– Taí outra coisa que eu não consigo entender. Esse negócio de espírito protetor, de anjo da guarda, como a gente diz lá na Terra. Como um espírito protetor consegue deixar o seu protegido à mercê de outros espíritos que lhe queiram fazer mal? Por que tantas pessoas se envolvem com o álcool, com as drogas e tantos outros vícios na Terra? O anjo da guarda da pessoa não faz nada?

Norine olhou para ele com muita ternura antes de responder.

– É o que eu estava acabando de dizer a você. Tudo depende da vontade da pessoa, os anjos da guarda precisam respeitar isso. Pode acontecer dos maus espíritos se unirem para fazer mal a uma pessoa, para neutralizar a ação dos bons. Mas, se quiser, o protegido dará toda a força a seu protetor. O que não pode é o espírito protetor entrar em desequilíbrio por causa dos erros de seu protegido – respondeu ela.

– Mas não será por não poder lutar contra espíritos malévolos que um espírito protetor deixa que o seu protegido siga um caminho errado na vida? – insistiu Pedro.

Ele parecia mesmo magoado com os espíritos protetores. Norine, contudo, compreendia suas observações com o mesmo amor que uma mãe instrui uma criança quando esta faz um juízo errado a respeito de algo.

– Pedro, não é porque não possa, mas porque não quer. E não quer, porque das provas sempre sai o protegido mais instruído e perfeito.

– Então o anjo deixa a pessoa se arrebentar porque assim ela aprende? – Pedro deduziu indignado.

– Não é bem isso – esclareceu Norine. – Um protetor assiste sempre o seu protegido com seus conselhos, conversa com ele o tempo todo através de bons pensamentos que lhe inspira, mas que, infelizmente, quase nunca são atendidos. A fraqueza, o descuido e o orgulho do homem são o que empresta força aos maus espíritos, cujo poder todo advém do fato do encarnado não lhes opor resistência. Ao contrário, muitos preferem ouvir as sugestões dos maus espíritos do que as de seus protetores, que, creia você, muitas vezes ficam consternados com as situações, mas não podem fazer nada porque é da natureza de um protetor respeitar o livre-arbítrio de seu protegido. Um espírito que não consegue aceitar esse limite não está apto ainda a desempenhar esse papel.

– Lá vem você de novo com os limites! Eu não posso deixar os meus amigos caírem numa cilada porque eles querem! Se eu estou vendo que é uma cilada, tenho obrigação de prevenir! – reiterou Pedro.

– Prevenir, sim, mas não amarrar a pessoa para que não faça o que você sabe que não está certo. Talvez a pessoa precise da lição para aprender, é mais importante que ela aprenda por si só do que ela deixe de fazer algo porque você disse a ela para não fazer. Ou porque você disse algo para deixá-la com medo. Ela pode até não fazer na hora, mas, se não compreende intimamente que está errado, logo vai aparecer outra oportunidade e ela vai fazer – garantiu Norine.

O tempo todo, apesar da agitação de Pedro, ela não se alterava, não se irritava com as suas observações nem aumentava o tom de voz, falava doce e meigamente como se conversasse sobre flores.

– Eu não penso assim – ele disse, reflexivo, com os olhos fixos no pequeno riacho que passava por ali.

– Porque talvez fosse esta a lição que você precisava aprender com tudo o que passou. E que talvez não tenha aprendido ainda...

– Quer dizer então que eu desencarnei antes da hora? – ele deduziu apressadamente.

Precisava muito encontrar aquela resposta, mas até aquele momento ainda não conseguira chegar a uma conclusão a respeito.

– Não é uma questão de hora certa para o desencarne, mas de aproveitamento das lições! Acho que você não está pronto ainda para auxiliar seus amigos. Mas não porque desencarnou prematuramente ou porque efetivamente faça muito pouco tempo que você deixou a Terra. Mas principalmente porque você ainda não assimilou a lição vivenciada – Norine explicitou com calma.

Pedro ficou alguns instantes meditando sobre suas palavras. Havia alguma coisa, um detalhe naquilo tudo que parecia fortalecer todas as suas teorias, e ele estava tão obcecado com esse detalhe que mal conseguia dar o devido valor às observações de Norine.

– Você vê, no meu caso, por exemplo... O meu anjo da guarda não fez nada para impedir que eu entrasse no carro! – desabafou por fim.

– Não fez ou foi você quem decidiu que deveria entrar no carro, como você mesmo concluiu no outro dia?

– E os protetores de Caian? Das meninas? Onde estavam naquela hora? Por que eu tive de ir sozinho procurar aqueles policiais?

– Como pode ter tanta certeza de que foi sua mesmo a ideia de procurar os policiais?

– Eu fui até o hospital! Eu já estava morto!

– Porque você quis! De mais a mais, não estava fazendo uma coisa errada, estava ajudando os seus amigos. Seu protetor o estava apoiando o tempo todo!

– Mas como estava apoiando, se até hoje eu não o vi? Quanto tempo tem que eu cheguei aqui? Até hoje eu não...

Só neste momento, Pedro olhou para os dois olhos verdes de Norine. Eles o encaravam de uma maneira tão amorosa e profunda. Nada do que ele dissesse afetava a intensidade amorosa daquele olhar e parecia ser esta a grande virtude daquele espírito. A capacidade de cuidar de Pedro sem se deixar abalar em seu equilíbrio por nada do que ele fizesse ou dissesse. Naquele momento, Pedro viu nela a enfermeira que o retirou do quarto de Ana Patrícia e compreendeu tudo. Norine estivera com ele o tempo todo. Um frio cortou-lhe o peito e ele experimentou grande vergonha.

— Então... — ele não conseguiu reunir as palavras.

— Sim, querido. Sou eu. Só não lhe contei isso antes porque achei que não era a hora... — ela segurou as mãos dele num gesto de carinho.

— Me desculpe — ele pediu, sincero, beijando-lhe as mãos. — Se você tivesse me contado... Sei lá... Acho que teria conseguido pensar de uma maneira diferente...

— Será? — ela questionou docemente.

Pedro fechou os olhos e ficou um tempo concentrado, segurando as mãos dela, envergonhado de tudo o que dissera. Ainda repensava todas as suas ponderações quando sentiu-se invadido por um apelo desesperado de Ana Patrícia:

— Pedro, me ajude! Só você pode me ajudar!

Surpreso com aquele apelo que lhe chegara tão claro, ele foi lentamente soltando a mão de Norine, concentrando-se o máximo possível para tentar ouvir mais alguma coisa. Foi então que viu a imagem de Ana Teresa, bebendo junto com o pai e cercada por muitos homens.

— Pedro, não faça isto! — Norine interferiu depressa. — Não se concentre tanto, você ainda não está preparado! — ela pediu.

Pedro, contudo, estava como que hipnotizado por aquela cena. Viu Caian discutindo com um daqueles homens, em péssimo aspecto; Ana Patrícia, paralítica, chorando diante da porta da varanda. Em instantes, ele também adentrava o apartamento de Mag e Sílvio.

Caído no chão do quarto, Hermínio blasfemava contra tudo e contra todos:
– Não chegue perto de mim! Não me toque! Eu me levanto sozinho!
Não tinha condições nem de se arrastar até o beiral da cama.
– Mas, papai... – Thalita tentou argumentar. – Onde é que o senhor queria ir? Por que não me chamou? – ela foi se aproximando devagar.
– Era só o que me faltava. Eu, burro velho, precisar chamar alguém para me levar ao banheiro! E não me chame de pai, que não sou seu pai!
– Mas o senhor sabia que hoje era folga do enfermeiro... – ela agachou-se ao lado dele e percebeu que precisava de ajuda. – E que não pode ir ao banheiro sozinho...
– Já disse que não quero mais esse buldogue me espionando! Não preciso de ninguém para tomar conta de mim!
Estava todo urinado, mas falava como se fosse um rei de cetro e coroa. Sempre arrogante e irônico. Thalita não fez nenhum comentário. Sua preocupação era que ele tivesse quebrado alguma coisa no tombo.
– Jacira! Me ajude aqui!
– É a mesma coisa que chamar um caju! Essa empregada é a pessoa mais burra que eu já conheci! – protestou Hermínio.
Jacira, que já estava na porta, escutando tudo de fora com os meninos, foi logo entrando.
– É, mas quando não tem ninguém em casa é o caju aqui que... – ela se interrompeu ao deparar com a cena. – Minha santa Zita, padroeira das domésticas! Bem que eu estava desconfiada! O dia inteirinho ele não pediu nem uma vez para... Vou já lá dentro pegar um pano!
– Não, Jacira! Me ajude aqui! Eu queria primeiro tentar colocá-lo na cama, trocar esse pijama... Depois a gente cuida do chão... Você devia ter me falado que ele não quis fazer xixi... Nem sei como conseguiu se segurar por todo esse tempo! Meu pai tem incontinência urinária!
– Segurou foi nada, Thalita! A cama está que é um mijo só! – comentou Jacira, arrancando os lençóis. – Vai ter que trocar tudo.

– Não bastasse o buldogue, eu tenho agora duas fiscais sanitárias! – retrucou Hermínio.

– Vamos colocá-lo na poltrona – decidiu Thalita. – Está doendo, pai?

Ela o segurava pelas costas, enquanto Jacira amparava suas pernas, num esforço conjunto para levantá-lo dali.

– Não! Eu não sinto nada... aiiiii! – ele deu um urro de dor.

– Acho melhor ligar para o médico! – decidiu Thalita, ao vê-lo na poltrona com aquela careta de quem está sentindo muita dor. – Para qual deles eu ligo?

– Eu não preciso de médico! – ele protestou sem desfazer a careta. – Só quero um antiinflamatório!

– O remédio, meu Deus! – Thalita lembrou-se de repente. – Você deu a ele o remédio das onze horas?

– Você não falou nada que era para dar – justificou Jacira.

– Mas eu falei que era para olhar a lista de remédios na geladeira! Corre na cozinha e busca a caixa do *Pernaflex B15!* – pediu Thalita nervosa. – Eu vou buscar o caderninho com os telefones dos médicos!

Jacira entrou na cozinha e ficou andando de um lado para o outro que nem barata tonta. Não imaginava que ia dar tanta confusão por ela não ter dado o remédio, tinha esquecido mesmo de olhar a tal lista. Será que ele tinha feito aquele monte de xixi por causa disto? E agora? Havia uma cesta de plástico imensa que ficava em cima da geladeira, cheia de caixas de remédios dentro. Qual deles seria o tal *"pernaflecha"* que Thalita queria?

Já começava a rezar para santa Zita desesperada quando deu com os dois meninos, Ariovaldo e Samir, sentados na mesa da cozinha, olhando para ela com ar de quem não está entendendo nada.

– Samir, depressa, lê para mim o que é que está escrito aqui! – ela mostrou a ele uma caixa qualquer.

– Não está conseguindo ler, mãe? – estranhou Ariovaldo.

– Ah... fiquei tão nervosa que a minha vista deu de embaralhar tudo – disfarçou Jacira.

– Car-bo-nex de si-li – soletrava Samir.

– Não é esse! Leia este aqui! – Jacira trocou rapidamente a caixa.

Em silêncio, Ariovaldo levantou e foi mexer nas outras caixas que Jacira espalhara sobre a pia.

– Jacira! Depressa! – Thalita gritou lá de dentro.

– É este aqui! – disse Ariovaldo, com a caixa do *Pernaflex* na mão.

– Você tem certeza? – perguntou Jacira, já correndo com a caixa.

*

* *

No apartamento ao lado, Caian e Pouca Telha continuavam olhando fixamente um para o outro, em silencioso embate. Parada diante da varanda, Ana Patrícia, aos prantos, condenava o pai por sua atitude.

– Mãe... – chorava ela, descontrolada. – Vem aqui, mãe...

Mag, contudo, estava no banho e não podia ouvi-la.

– Não é nada disso do que você está pensando, eu não.. – tentava justificar Sílvio.

– Você só pode estar louco, não tem outra explicação – chorava Ana Patrícia.

Atrás dela estava Pedro, chocado e surpreso, tentando ainda entender o que de fato acontecia. Sentia-se, porém, um pouco perturbado com a sua nova capacidade de enxergar encarnados e desencarnados ao mesmo tempo. A varanda estava lotada de outros jovens, seres desencarnados e deformados pelo uso do álcool e de outras drogas. O tempo todo saíam deles imagens mentais que eram imediatamente percebidas pelas mentes de Ana Teresa e do pai. Cada vez mais surpreso, Pedro observou que o que ele pensava também era imediatamente percebido por Ana Patrícia.

– Você acha certo deixar que ela siga por esse caminho? – inquiriu a jovem, olhando fundo nos olhos do pai.

– Você acha certo deixar que ela siga por esse caminho? – repetiu Caian para Pouca Telha.

Só então Pedro percebeu que Caian também estava suscetível a sua influência. "Será que ele pode me ver?", ele se perguntou, confuso.

– A mim pouco importa. Meu objetivo é que vocês todos sofram – o espírito deu de ombros para Caian.

Ao redor dele, os demais desencarnados continuavam a beber em clima de bagunça e galhofa. Parecia mesmo que havia uma grande festa na varanda. Sentada no cantinho, de olhos fechados, Ana Teresa sentia o álcool lentamente subindo a seu cérebro e apreciava a sensação de se sentir mais leve e relaxada. Não queria pensar em mais nada. Apenas deliciar-se com aquela efêmera sensação de "não-angústia".

Parado na porta da varanda entre as duas filhas, quase como alguém situado entre dois mundos, Sílvio olhava fixamente para Ana Teresa que, de olhos fechados, saboreava mais um gole da cerveja em suas mãos. Ana Patrícia continuava à espera de uma resposta, encarando-os pelo outro lado do vidro.

– Não sei por que tanta preocupação. Ela está bem, saiu finalmente do quarto! Ou você e sua mãe prefeririam que ela passasse o resto da vida trancada lá dentro? – ele disse, por fim, desviando do olhar da filha paralítica, enquanto enchia novamente o próprio copo. – Não sei o que vocês veem demais nas pessoas relaxarem um pouco de vez em quando! – disse, voltando para sua cadeira.

– Ela não está bem! – protestou Caian, angustiado em meio à balbúrdia. – Tudo que ela quer é sair de si, se embebedar, perder o controle... Veja os olhos dela! – observava preocupado.

A Ferro e Flores | 241

Pouca Telha não lhe dava a mínima. Continuava bebendo junto com Sílvio como se Caian não estivesse ali.

– Por que, afinal, deseja tanto o nosso mal? – Caian irritou-se. – O que foi que fizemos para que tivesse tanta raiva de nós? Olhe para ela! Teresa não gosta disso!

– Interessante como até bem pouco tempo atrás, até poucas horas, eu diria, você não pensava assim... Falando nisso, não aceita um trago? – disse, bem-humorado, oferecendo a cerveja no copo de Sílvio.

Caian chegou a sentir espasmos na garganta de tanta vontade de beber. Olhou para a namorada, no entanto, e sentiu que precisava salvá-la. Não, ele não podia beber. Não podia querer. Em sua mente, vozes se misturavam, incitando-o do contrário.

"Só um golinho". "Você vai ficar melhor até para discutir". "Uma cerveja. Uma cervejinha." "Você precisa tomar." "Seu organismo deseja". "Ahhhhhh..." "Cerveja gelada é muito bom". "CER-VE-JA". "Não é álcool, você não é alcoólatra. É só cerveja. CER-VE-JA".

Caian tapou os dois ouvidos com as mãos, desnorteado. Aquelas vozes pareciam lentamente hipnotizá-lo. Com muito esforço, Caian olhava para Ana Teresa, cada vez mais tonta, e se esforçava muito para resistir. Sentia que, se ele cedesse, Pouca Telha tomaria conta da namorada. Caian tremia por inteiro. Não sabia se era de frio, de medo ou de vontade de beber. Enroscou-se todo e deitou no chão, para ver se conseguia parar de tremer. Mas a tremedeira tomava conta dele. E as vozes não paravam, cada vez mais convidativas. E ele resistia, enroscado sobre si mesmo, cada vez mais propenso a ceder. Do canto onde estava, podia ouvir a voz de Pouca Telha, gargalhando com aqueles espíritos.

E a voz insistia: "CER-VE-JA. CER-VE-JA." Desesperado, Caian levantou os olhos, pronto a ceder, quando foi surpreendido por uma voz mais forte, uma voz feminina que parecia ecoar dentro de seu corpo.

"Pai Nosso que estais no céu. Pai Nosso que a todos perdoa. Pai Nosso que nunca nos abandona. Pai Nosso que nos protege. Pai Nosso que está aqui, conosco, agora, neste momento. Pai Nosso, por favor, escuta a minha voz. Proteja o meu pai, proteja a minha irmã, proteja o Caian que deve estar precisando tanto de ajuda neste momento".

Caian olhou imediatamente para o vidro da varanda que dava para a sala e percebeu que Ana Patrícia não estava mais ali. De onde viria aquela voz? A prece, no entanto, continuou, cada vez mais intensa, ecoando forte dentro dele.

"Afasta da mente dele, Senhor, toda e qualquer vontade de beber. Mostra a ele que, onde ele está, ele não precisa mais de bebida, que ninguém precisa de bebida para ficar bem."

Era outra voz. Uma voz masculina, por sinal. Aquelas palavras pareciam dotadas de um poder especial mais forte até do que as frases que, instantes atrás, quase o haviam hipnotizado. Pouco a pouco ele foi sentindo o corpo parar de tremer e a vontade irresistível de beber foi como que se dissolvendo em meio àquela prece.

Caian olhou para os lados e percebeu que os espíritos continuavam em sua festa particular. Nada daquilo, porém, conseguia chamar-lhe a atenção. "Não, Ana Teresa não está ali entre eles", ele pensou, fechando os olhos ao vê-la bebendo mais um copo de cerveja. "Deve ser alguma artimanha, alguma coisa que eles inventaram para me dominar. Ela não está ali. Eu estou ouvindo a voz dela", imaginou, achando que a prece só poderia estar vindo da namorada. Mas... e a outra voz?

Resolveu ir até lá dentro para averiguar. Ao tentar sair, sentiu como se fios o prendessem à varanda, como se uma espécie de teia de aranha impedisse sua passagem. Mas era tão forte a vontade que ele sentia de ir até a voz que os fios não puderam detê-lo.

Saiu da varanda e caminhou pela casa, o tempo todo guiado por aquela voz. De novo a voz feminina, que falava cada vez mais forte dentro dele.

"Senhor, não deixe Caian padecer mais. Ele não pode mais padecer, ele precisa de ajuda", dizia a prece. A cada palavra proferida, um facho de luz se acendia no corredor, iluminando o caminho de Caian até o quarto de Ana Patrícia. Mas ele já não sabia mais por onde ia. Estava de tal maneira sensibilizado por aquelas palavras, por aquela intensa luz, que apenas seguia pelo corredor como um autômato.

Só ao chegar à porta do quarto de Ana Patrícia pôde perceber, por causa da cadeira de rodas, que ela não era Ana Teresa. Pedro estava a seu lado e também uma entidade de muita luz, mas Caian não podia vê-los.

– Não se aproximem dela! – Pedro subitamente se fez visível.

Estava com medo. Era horrível o aspecto das entidades que vinham junto com o amigo, o próprio Caian estava muito diferente. Pedro queria proteger Ana Patrícia.

– Caian, cuidado! – Pedro insistiu, vendo que elas o cercavam.

A energia do medo era tão forte que alterou seu padrão vibratório. Caian levou um susto ao vê-lo:

– Então... você não morreu, como disseram! Eu não te matei! – deduziu, eufórico. – Espera aí! Mas você está me vendo? Por que só você consegue me ver?

Pedro não sabia o que dizer. "Você ainda não está preparado", ele se lembrou de Norine. Até porque, Caian não estava sozinho.

– Qual é, cara? – uma das entidades o ameaçou.

– O que é que tá pegando? – outra o enfrentou.

Em silêncio, Ana Patrícia continuava sua oração:

"Luz, Senhor... Ilumina o Caian para que ele compreenda tudo o que precisa compreender neste momento..." Pedro concentrou-se na mesma oração.

As entidades de aspecto deformado deram um passo para trás. Caian, porém, permaneceu no quarto.

– Mas... Por que oram por mim? Por que ela faz isso? – ele perguntou, lembrando-se do quanto Ana Patrícia era hostil com ele até tempos atrás. – Por que está dizendo isso? O que é que eu tenho que compreender? Pedro? Onde está você?

Novamente os padrões haviam se diferenciado e Caian não podia mais ver o amigo. Pouca Telha entrou no quarto e acercou-se dele como a dizer: vem! Caian deu um passo, hesitou por alguns instantes sentindo nascer de novo dentro dele a antiga vontade de beber. Pouca Telha abraçou-se a ele, como um velho amigo:

– Pensei que fosse trocar de namorada... – ele observou, enchendo o ar com seu bafo de álcool. – Ou você não se importa mais que ela beba conosco?

– Não! – Caian gritou confuso.

De longe ele ouviu a porta do outro quarto bater e, em seguida, os soluços de Ana Teresa lá dentro. Sílvio e Mag estavam discutindo na sala.

– Ana Teresa! Preciso fazer alguma coisa! – ele encaminhou-se para o quarto da namorada.

Angustiado, Pedro percebeu que as outras entidades o acompanhavam. Batucavam em um tambor como quem segue um bloco de carnaval. Embora os encarnados nada ouvissem, a vibração das batidas causava grande perturbação na casa. Ana Patrícia chorava novamente, Mag e Sílvio discutiam cada vez mais alto.

– Pedro, não! Você não está preparado, pode ser perigoso!

Pedro sentiu como se Norine dissesse de novo, dentro dele mesmo. Pensou por alguns instantes mas a perturbação local era muito intensa. Como se, de alguma forma, de novo se repetisse a situação do acidente. Atender aos apelos de Norine era como ver seus amigos dentro de um incêndio e não fazer nada para ajudá-los. Num impulso, Pedro foi atrás de Caian.

Na Indonésia, Ramon acabava de fechar negócio com Marconi.

– Quer dizer então que só preciso entregar um desses comprimidos para as pessoas que me disserem a senha?

– E pegar o dinheiro, é claro. Não se esqueça de que dez por cento de toda a renda apurada serão seus. Dinheiro limpinho para você gastar como, quanto e onde quiser. Já pensou, malandro? – ele deu um tapa amistoso nas costas de Ramon antes de continuar. – Toda sexta, a gente se encontra aqui para eu pegar a minha parte. Mas fique esperto! Se por acaso algum dia te pegarem, você nunca me viu. Lembre-se de que, da mesma maneira como eu estou agora te ajudando, eu posso ferrar com a tua vida, entendeu bem?

Ramon hesitou por alguns instantes antes de pegar o pacote que Marconi lhe estendia. Por uma razão que não sabia explicar, ele começou a ver dentro da mente a frase do regulamento do clube de intercâmbio, que dizia: "Não use drogas, a não ser que sejam sob prescrição médica". Fechava e abria os olhos, mas a frase não parava de se repetir, como se alguém a estivesse projetando dentro de sua cabeça.

– Você parece tenso – observou Marconi. – Experimente um dos comprimidos, é cortesia da casa – ele riu, tirando um envelope do bolso.

Ramon pegou das mãos dele o comprimido, ainda confuso, e colocou no próprio bolso.

– Mas... e se me pegarem? O que acontece? – ele novamente se mostrou hesitante.

– Claro que nunca vão pegar. Você não é um cara descolado? Pelo menos era, quando eu te conheci no Brasil.

– Mas você disse que...

– Esquece o que eu disse. Não tem nada a ver. Só falei porque os caras mandam a gente dizer isso para todo mundo. É mais um lance de prevenir, sabe qual é? Mas não esquenta a cabeça. Apenas faça do modo como eu te ensinei. Você não vai aliciar ninguém. Todos os nossos clientes são fixos, já fazem uso do *barato* há muito tempo. Tanto que todos conhecem a senha. A única coisa que você vai fazer é vender para quem já compra, sacou? Apenas atender a uma

A Ferro e Flores | 245

demanda... E, é claro, melhorar o teu lado aqui na Indonésia. Você não falou que estava super a fim de comprar um celular, uns CDs e mais um monte de coisas? Pois então... Agora você está podendo, cara! – bateu a mão na mão de Ramon, num cumprimento típico de surfistas.

Em seguida, olhou para os lados, preocupado.

– Agora o melhor é sair fora, meu camarada. Não é bom que alguém veja a gente junto... E muito cuidado com o pacote!

Ramon esperou até que o carro dele arrancasse e só então colocou nas costas a mochila com o pacote dentro, conforme o combinado. Estava em uma praia escura e deserta, bem próxima ao restaurante onde havia reencontrado Marconi.

O coração batia descompassado. Parecia até que ele já havia tomado alguma coisa. Mas era só nervoso. Estava quase na hora que ele havia dito aos pais que chegaria em casa.Tinha faltado ao curso de línguas para encontrar Marconi.

– Jogue tudo isso no mar e peça ao seu conselheiro para mudar de cidade. Não volte a ver esse rapaz!

Ele sentiu de repente uma voz dizer a seu ouvido. Olhou para todos os lados, gelado, mas não havia ninguém. Apenas alguns pescadores lá na frente, preparando o barco para sair.

– É tudo coisa da minha cabeça – pensou, nervoso, tocando na mochila e sentindo o volume do pacote lá dentro. – Até porque, por aqui é muito difícil alguém falar português. Nem tomei o negócio e já estou imaginando coisas...

Estava verdadeiramente dividido. Por um lado, sentia-se sozinho e desamparado, decepcionado com o pai e com a irmã por terem-no esquecido daquela forma em plena Indonésia. Por outro, lembrava-se da mãe, do padre da igreja onde um dia aprendera catecismo, de todas as aulas que tivera na escola sobre drogas.

– Eu não vou fazer isso por muito tempo. É só este pacote – prometeu, tirando do bolso o comprimido. – Só este aqui... Preciso ver como é que é... se é maldade vender isto para alguém...

Ramon abriu o comprimido. No centro havia um coração desenhado. Tinha uma aparência tão pura... Ao mesmo tempo, dava uma sensação de alta tecnologia. Era bonito. Ele nunca tinha visto um comprimido assim. Jamais em sua vida ele havia usado alguma droga. Mas aquilo não parecia uma droga. Não, com toda certeza, não podia fazer mal. Era apenas um comprimido, ainda pensou antes de engoli-lo. O que será que causa isto?

Nos primeiros minutos, não aconteceu nada. Ramon seguiu para casa, um pouco menos preocupado. Ainda era preciso andar algumas quadras para pegar a condução. Pensando bem, alguma coisa tinha acontecido. Ele não estava mais com tanto medo. Era bom mesmo o negócio. Entrou no ônibus, satisfeito. Sim, sentia-se muito satisfeito, quase orgulhoso de si próprio. Aliás, ele, que sempre tinha uma sensação de que era um rapaz feio, estava se sentindo até bonito naquele dia. "Será que já estava antes do comprimido?", ele não sabia dizer. Não, não estava fazendo efeito nenhum. Era apenas uma coisa que tirava um pouco da insegurança e da ansiedade das pessoas. Nada mais que isso.

Sentou-se no último banco do ônibus, junto à janela, e ficou se lembrando do dia em que chegara na Indonésia. Não tinha ido direto para Jacarta. O avião pousou primeiro em Bali. Incrível a sensação no momento do pouso. Por toda parte se viam campos de plantação de arroz, às vezes em nível, casinhas tradicionais feitas de madeira, palmeiras e bananeiras. Muitas bananeiras.

Em meio a toda essa paisagem tropical, porém, Bali era laranja. O aeroporto por fora era laranja, todos os templos hindus e construções típicas tinham o mesmo tom. O aeroporto era bem pequeno e abafado, apesar do ar condicionado. Por toda parte havia estátuas hindus, meio balinesas, todas trabalhadas. Tudo muito antigo, artesanal, coisas entalhadas na parede.

Naquele dia, Ramon sentiu como se estivesse chegando em outro mundo. Havia muita gente. Algumas mulheres de veuzinho, mas a grande maioria era de gringos, que eles chamavam de *bule* (pronuncia-se bulè). Estrangeiros e policiais. Eles também estavam por toda parte. Usavam uniformes verde-musgo e quepes, a grande maioria não andava armada. Mas eram feios e sérios, falavam inglês como se mastigassem pedras: *Stop!*

Ramon olhou em torno e começou a suar frio. Um desses policiais estava parado bem no ponto do ônibus. Por um instante teve a sensação de que ele olhava para ele, que ia entrar no ônibus para revistá-lo.

Mas o ônibus andou e não aconteceu nada. Ramon começou a sentir uma coisa estranha, suava muito na testa e nas mãos. O coração também batia estranho, mas não era mais uma coisa de medo, de paranoia. Sentia-se feliz e bem-humorado, tinha vontade de dançar. As lembranças continuaram a passar em sua cabeça, como se estivesse vendo um filme. O filme da sua vida.

Reviu toda a família de Li Hua, lembrou do barulho das mesquitas de madrugada e começou a rir. Às quatro e meia da madrugada abria o horário de rezas nas mesquitas em Jacarta. Havia uma mesquita em cada esquina, todas anunciavam, embora os cantos não acontecessem ao mesmo tempo. Ficava aquele canto ecoando. Era impossível alguém conseguir dormir com aquele barulho. Mesmo assim, Ramon não se irritava. Gostava de ouvir as palavras. Na maioria das mesquitas, eles cantavam em árabe. Naquela época ele quase não conhecia nenhuma palavra em *bahasa*, e muito menos em árabe. *Inchalá... assalamaleikon...* ficava ressoando pelas ruas. Tão bonitas as palavras em árabe...

E os dias de jejum então? Durante o mês de *Ramadan*, todos os muçulmanos jejuavam. Ramon não sabia o que era *Ramadan*, mas entendia que era uma época parecida com a época de Natal dos cristãos.

Nesse período, os muçulmanos não podiam brigar, falar mal de ninguém, nem se estressar de nenhuma forma. Os balineses nunca se estressavam, mas os moradores de Jacarta eram muito diferentes. Segundo lhe explicara uma de suas irmãs adotivas, eles deveriam esforçar-se o máximo para sentir-se como uma pessoa que passa fome, refletir e pedir perdão pelo mal feito a si mesmos e aos outros. Para isso, das cinco da manhã até as seis da tarde, não podiam comer nada, nem beber água.

Para não atrapalhar o ritual, muitos restaurantes costumavam cobrir suas janelas com panos para que os muçulmanos não vissem outras pessoas comendo. Na escola, Ramon entrava debaixo da mesa para comer seu sanduíche. O mais engraçado é que, se durante o dia todo os muçulmanos não comiam nada, após as 18 horas, eles comiam "de arrebentar". Chegavam ao ponto de acordar para comer às duas horas da manhã, porque depois que o sol nascesse não poderiam mais. Passavam a madrugada comendo e o resto do dia sonolentos.

Ramon ria até não poder mais lembrando disto. Lágrimas caiam-lhe dos olhos de tanto que ele ria, pessoas no ônibus olhavam para ele.

Ele percebeu e foi, aos poucos, tentando se recompor. Continuava suando em bicas, o coração disparado. Respirou fundo e começou a se lembrar dos banheiros.

Para rezar, todos os muçulmanos tinham de lavar os pés, o rosto, os ouvidos, assoar o nariz e lavar as mãos. Os banheiros, contudo, eram a coisa mais esquisita do mundo.

Neles havia um quadrado, mais ou menos de um metro por um metro, que ficava cheio de água fria. A água lá era muito cara, eles têm muito mar, mas não têm água doce. A privada é uma louça no chão com um buraco e, ao lado, ou tem um chuveirinho, ou então, o que é bem mais comum, outro quadrado pequeno, com água. A pessoa se limpa sempre com a mão esquerda, pois a direita é usada para comer e tocar os objetos.

Não existe papel higiênico nas casas, as pessoas não usam. O papel higiênico, na verdade, não é caro. Só que eles não estão acostumados e, por isso, não compram. Só costuma ser encontrado em casa de indonésio que já morou no exterior, ou então em um *shopping* só de lojas de marca europeia. Ramon era freguês assíduo nos tempos em que recebia dinheiro do pai.

Em Bali, tudo era diferente; o constante e intenso fluxo de turistas aos poucos ia modificando os hábitos locais. Pensando bem, Ramon aprendera muito mais na temporada que passara em Jacarta do que agora, em Bali. Nem *bahasa* ele usava mais fora da escola; em Bali todo mundo falava "inglês de pedra".

E Nyoman, por onde andaria?, Ramon pensou saudoso, lembrando-se do primo de Hiri. A bem da verdade, fora muito mais feliz em Jacarta. Era, sim, uma cidade com cerca de 18 milhões de habitantes em sua área metropolitana e cinzenta, em nada comparável ao paraíso de Bali. Bali, contudo, tinha uma atmosfera diferente, uma coisa de transgressão no ar. Tal como Marconi, a maioria dos estrangeiros ali tinha um jeito de meio louco, de maloqueiro. Não os balineses, mas os *bulès*. Ele sabia que os indonésios mesmo, em sua grande maioria, não consomem drogas.

Ramon pensou nisso e se lembrou do conteúdo da mochila que carregava sobre as pernas. Teve a nítida sensação de que todos os passageiros que o olhavam sabiam o que ela continha, que havia mesmo policiais escondidos no fundo do ônibus só para observá-lo. Estava se sentindo estranho, agitado, havia alguma coisa de errado. Ficou tão angustiado que resolveu descer dois pontos antes. A camisa chegava a quase grudar no corpo, de tão suada.

No minuto em que desceu do ônibus, sentiu como se o comprimido estivesse enfim fazendo efeito. Sentiu-se tomado por tal euforia que começou a cantar e dançar pelo meio da rua. Chuviscava fininho e Ramon dançava como um Gary Cooper descontextualizado, esquecido do pânico que há pouco o dominara, e até mesmo da perigosa carga que levava na mochila.

De súbito, alguém o tocou no ombro.

– *Ada bumbu apa saja?*

Era a senha. Livremente traduzida do *bahasa* para o português, queria dizer algo como: que sabores você tem?

Ramon estremeceu. A jovem que o tocara era Cynthia, a intercambista venezuelana de sua mesma turma na escola. Ramon ficou confuso, não conseguia entender se ela dissera a senha por acaso ou se realmente sabia que ele estava com "a coisa". Mas não era possível, Cynthia sempre lhe parecera tão careta... Como poderia saber o que ele carregava na mochila que Marconi lhe dera? E se ela, por acaso, não soubesse mesmo a senha, se fosse mesmo uma coincidência? O que quereria dizer com "que sabores você tem"? Todas as perguntas passavam-lhe ao mesmo tempo pela cabeça, parecia mesmo que algum mecanismo acelerador havia sido detonado lá dentro. Só então Ramon se deu conta de que talvez o comprimido já estivesse fazendo efeito.

– *What flavours do you have?* – ela repetiu, agora em inglês, segurando nas mãos uma nota de dez dólares.

Era óbvio que ela sabia, óbvio que queria comprar droga. Trêmulo e cada vez mais suado, Ramon puxou da mochila uma cartela com dois comprimidos e entregou a ela, que sorriu ao ver que ele havia compreendido a mensagem.

– Estou indo agora para uma balada em uma supercasa de música e dança! Quer vir comigo? – ela perguntou sensual, levando à boca um comprimido.

– Eu... queria, mas... – Ramon titubeou.

Pensava nos pais adotivos que o esperavam em casa, na bronca que já ia levar por estar atrasado, na possibilidade de Made revistar sua mochila quando entrasse. Decididamente, não estava com a menor vontade de aturar aqueles balineses naquela noite. Todo o seu corpo tinha necessidade de dançar, de pular, de encostar-se em outros corpos. Olhou para Cynthia e não pôde deixar de observar o quanto estava bonita com aquela roupa molhada.

– Seu pais deixaram? – ele perguntou curioso.

– Ah... Eu me entendo com eles... – disse ela, prendendo os cabelos no alto da nuca, já começando a sentir calor a despeito da chuva. – Talvez fosse melhor se nós saíssemos da chuva... – ela sugeriu.

– É mesmo! – sorriu Ramon.

No que ele sorriu, ela não se conteve e o agarrou ali mesmo, num longo beijo no meio da rua.

– Quer saber? – ele disse, depois do beijo, o coração aceleradíssimo. – Eu vou com você.

Saíram os dois correndo de mãos dadas, no meio da chuva. De longe, pareciam até um casalzinho de jovens apaixonados.

— Nunca mais ele vai poder andar, doutor? Por que os pés dele estão inchados desse jeito?

Thalita mal dava tempo de o médico respirar. Ela mesma mal conseguia respirar. Chegava a estar ofegante de tanta ansiedade, como se o ar fosse lhe faltar a qualquer momento.

Passara a madrugada em claro, ouvindo o pai gemendo e pedindo cigarros, ligando para todos os médicos que conhecia sem que nenhum deles atendesse a seu chamado. Para completar o caos, no dia seguinte, Jerônimo, o enfermeiro, não aparecera para trabalhar.

Só agora ela percebia que a prima estava certa. Não bastava assumir a responsabilidade de cuidar do pai em recuperação, se é que existia de fato alguma real possibilidade de recuperação naquela situação toda. Era preciso aprender como lidar com ele, conhecer bem as dores típicas, os remédios e as crises, saber o que fazer em cada situação. Fora realmente uma louca em trazê-lo para casa sem antes ter montado uma equipe de médicos para cuidar dele no Rio de Janeiro.

— Em primeiro lugar, acho que a senhora precisa se acalmar. Do contrário, será a senhora quem, em breve, terá de dar entrada em algum hospital... — o médico observou.

Quieto na cama, com o olhar de uma criança levada, Hermínio não dizia nada, apenas ouvia, enquanto o médico o examinava.

— Ah, doutor... Se o senhor soubesse o quanto é complicada a minha situação... Foi meu tio quem cuidou de tudo, sabe? A internação da clínica, o acompanhamento médico e os exames enquanto ele estava lá... Eu e meu pai passamos muitos anos brigados, eu não tinha como fazer este acompanhamento, porque ele não admitia nem que eu fosse visitá-lo na clínica... E eu também não tinha estrutura... — admitiu Thalita. — Mas eu tenho aqui todos os exames que foram feitos no período em que ele esteve internado na clínica e no hospital — ela estendeu ao médico um enorme envelope cheio de exames.

O médico abriu o envelope no canto da cama e foi analisando cada exame, enquanto conversava com ela:

A Ferro e Flores | 251

– Compreendo... Casos como este são bastante comuns na doença dele... Há muitos que não têm nem para onde ir quando saem da clínica. São literalmente abandonados pela família que, de tão machucada, muitas vezes não compreende que o alcoolismo é uma doença... – explicou, gentil, ainda verificando os exames.

– Acontece, doutor, que eu não sou um alcoólatra! Ela inventa tudo isso! Tanto que não bebo nada desde o dia em que me internaram no hospital! – Hermínio não aguentou.

– O senhor está vendo, doutor? – Thalita olhou para o pai com vontade de estrangulá-lo.

– Você fica quieta! Eu também tenho direito de falar, ora essa! Falando nisso, você já providenciou o documento do banco?

– Como é que eu podia providenciar, papai? Você me pediu isso na sexta-feira à noite! Hoje é domingo!

Era como se, de alguma maneira, se sentisse culpada por não ter conseguido fazer o que ele havia lhe pedido.

– Mas ontem à noite saiu com as amigas que eu sei! – retrucou Hermínio.

– E desde quando cartório abre sábado à noite, papai? – Thalita quase estourou.

– Eu não sou...

– Já sei. O senhor não é meu pai! – completou ela.

O médico fez sinal para que ficasse calma. Sem dizer nenhuma palavra, ele voltou a apalpar alguns pontos na perna de Hermínio.

– O senhor está vendo, doutor? Tudo isto só porque eu disse que eu não sou um alcoólatra. Não sei por que é que ela quer tanto que eu seja! Aproveite para informá-la que eu não vou ficar aqui por muito tempo! – esbravejou Hermínio.

– O senhor tem sentido alguma coisa nas pernas, um pouco de dormência, de queimação? – perguntou o médico, agora examinando-o com um martelinho.

Ele dava pequenas batidinhas no joelho de Hermínio, mas ele quase não expressava nenhuma reação.

– Os nervos dele quase não respondem ao estímulo – constatou.

– Tenho tido, sim. Muita queimação e muita dormência nos últimos dias – respondeu Hermínio.

– Como eu imaginava... Olhe, entendo o que o senhor está dizendo – ele voltou a dirigir-se ao paciente. – É realmente desagradável a gente sair do conforto da nossa casa e ter de ficar em outro local, e ainda por cima sob os cuidados de outra pessoa, não é verdade? – tentou ser simpático, enquanto auscultava-lhe o coração.

Chamava-se doutor Silvestre Violla. Era neurologista, ortopedista e clínico geral, especialista no tratamento de dependentes químicos. Thalita chegara até ele por recomendação do doutor Júlio Marjofran, o neurologista de Juiz de Fora que atendera Hermínio enquanto ele estava no hospital, em Aiuruoca.

252 | LYGIA BARBIÉRE

Conseguira contatá-lo às sete da manhã de domingo, logo depois de falar com o doutor Júlio, e ele a atendera prontamente. Só por este ato, ela já lhe seria grata pelo resto da vida.

– E aquele menino bonito que eu estou vendo lá na porta, por acaso é seu neto? – ele, sem querer, entregou Samir, que logo saiu correndo.

– Não, senhor. Eu não tenho netos. Nem filhos – respondeu Hermínio, muito sério.

– Compreendo... Todavia, senhor Hermínio, lamento informá-lo, mas o senhor realmente vai precisar passar uma temporada ao lado destas pessoas. O senhor, conforme atestam os exames, tem mesmo uma polineuropatia alcoólica e vai precisar de muitos cuidados para poder voltar a andar e se mexer como antes. Aí, sim, o senhor vai poder voltar para a sua casa...

– Como assim polineuropatia alcoólica? Eu já disse ao senhor que eu não bebo! Quer dizer, beber, eu bebia, sim, mas só socialmente, como todo mundo faz... Agora tem mais de... – ele tentou lembrar, mas não conseguiu. – Quanto tempo faz que eu cheguei daquele hospital? – perguntou a Thalita, ríspido.

– Não se preocupe com isto agora – desconversou o médico. – E nem a senhora. A desorientação de tempo e espaço também faz parte do quadro. Agora, o que o senhor vai precisar é de muitos exercícios de fisioterapia. Mas eu tenho a impressão de que todo este quadro pode regredir bastante. Afinal, o seu Hermínio me parece uma pessoa muito inteligente, muito sagaz nos seus raciocínios, não é mesmo?

Hermínio sorriu vaidoso. Thalita observou que era a primeira vez que ele não falava em suicídio.

– O senhor conhece algum fisioterapeuta, doutor? – ela se animou.

– Conheço. Vou deixar com a senhora o cartãozinho de um que é de minha inteira confiança. Ele trabalha, inclusive, com técnicas de acupuntura, que oferecem resultados excelentes nestes casos. Eu vou mandar espetar o senhor, seu Hermínio. Tudo bem? – ele brincou.

Hermínio deu de ombros.

– Já que o senhor não se importa, eu vou passar também uma injeção de vitaminas, para o senhor tomar três vezes por semana. É uma injeção um pouco cara, mas, pela experiência que venho tendo com outros pacientes, o resultado é fora de série. O senhor concorda, seu Hermínio?

– É para diminuir a dormência, doutor? – imaginou Thalita, já preocupada com todos os gastos excedentes que teriam.

– A senhora tocou em uma questão importante. O fato de seu pai estar tendo dormências é um ótimo sinal. Significa que os nervos dele, de alguma forma, estão despertando. Antes ele não sentia nada, tinha perdido completamente a sensibilidade das pernas e braços, não é mesmo? – disse, enquanto escrevia a receita. – Por outro lado, isto indica também que ele precisa se movimentar um pouco mais. A dormência também é uma decorrência dele passar muito tempo na mesma posição. O senhor tem alguma coisa contra sentar-se meia hora por dia em uma cadeira de rodas?

– E ele pode, doutor? – estranhou Thalita.

– Não só pode como deve. A cadeira vai aliviar bastante a coluna dele e impedir que outros problemas apareçam.

– Eu me recuso a usar uma coisa dessa! – protestou Hermínio. – Não sou um deficiente físico! Prefiro morrer! Aliás, esta vida que estou levando...

– Que bobagem é esta, senhor Hermínio? O senhor é uma pessoa de uma dignidade tão grande que pode usar até muletas que as outras pessoas jamais vão deixar de respeitá-lo – observou o médico.

Hermínio gostou do elogio. E Thalita gostou de ver como aquele médico sabia lidar com ele.

– Agradeço pelo elogio. O senhor também me parece uma pessoa bastante sensata. Mas, mesmo assim, doutor, eu não gostaria de usar esse negócio – Hermínio rebateu com elegância.

– Pense bem, seu Hermínio. É a sua liberdade que está em jogo!Com a cadeira e os exercícios de fisioterapia, logo o senhor vai poder até dar umas voltas na praia, ver as moças de biquíni, tomar uma água de coco geladinha...

– Confesso que trocaria tudo isto por uma cervejinha – ele deixou escapar.

– Primeiro o senhor precisa ficar bom. Depois a gente discute sobre isso – desconversou o médico.

Na sala, enquanto fazia o cheque para pagar a consulta, Thalita questionou aquela resposta.

– Então o senhor acha que em algum momento o meu pai vai poder voltar a beber?

– De maneira alguma. O ideal é que ele jamais volte a beber. Todavia, dado o seu estado de revolta, não podemos bater de frente com ele. Até porque não sabemos até que ponto o cérebro dele está comprometido, em que nível de racionalidade ele está operando. A longo prazo, o consumo contínuo de grandes doses de álcool prejudica bastante a função de memória e a capacidade de raciocínio da pessoa – explicou o médico, tranquilo.

– Foi exatamente o que me disseram na clínica. Imagine que lá havia toda uma série de atividades físicas, palestras e até mesmo grupos de reunião dos Alcoólicos Anônimos, mas meu pai não pôde participar de nada. Acharam que ele não tinha condições de assimilar. Por isto, seu tratamento teve de ficar restrito à parte de desintoxicação pura e simplesmente – lamentou a jovem.

– É, seria muito bom se ele pudesse frequentar grupos de reunião dos Alcoólicos Anônimos, seguir os doze passos e levar adiante essa filosofia, passando-a para outras pessoas. Dificilmente o indivíduo consegue vencer a compulsão pela bebida sem o apoio desse tripé, que possibilita a reformulação espiritual e

254 | LYGIA BARBIÉRE

a conscientização da doença. Mas, pela idade do seu pai e pelo nível aparente de comprometimento dele, realmente fica tudo um pouco mais complicado...

– É verdade que o alcoolismo pode causar até cegueira? – Thalita se lembrou de ter lido sobre isto recentemente.

– Sim. A cegueira é uma das possíveis complicações neurológicas do alcoolismo. O nervo óptico, responsável pela visão, também pode ser afetado por neurite, resultando em prejuízos progressivos para a vista, até a cegueira total. Mas felizmente seu pai não chegou a estes extremos.

– Ah, doutor... Penso que tudo seria mais fácil se meu pai não fosse tão teimoso... – desabafou Thalita.

– Evite discutir sobre qualquer assunto. A senhora não tem mais que discutir com ele. Agora é a senhora quem dá as cartas. Do contrário, acaba dando armas para que ele possa manipulá-la. Faça o que for possível, da melhor maneira possível. Confie na sua capacidade de agir, não tente ser uma pessoa que a senhora não é, só para agradá-lo. Seja firme! – aconselhou o médico.

– Mas... E se ele não quiser mesmo a cadeira de rodas? – Thalita estava preocupada com isto.

– Não pergunte se ele quer, não argumente com ele o quanto seria bom se aceitasse. Simplesmente providencie a cadeira e coloque-a à disposição dele. Se a senhora não pedir, eu tenho certeza de que, mais dia, menos dia, ele vai usar a cadeira – garantiu ele.

– E o senhor acha que eu devo então comprar uma cadeira? – só então ela destacou a folha preenchida do talão de cheques.

– Não, alugue uma! – ele tirou da carteira mais um cartão. – Eu conheço esta casa que aluga, mas existem várias. Veja qual é a mais conveniente para a senhora. Falando nisso, seria bom se a senhora também procurasse um grupo de ajuda.

– Grupo de ajuda, eu? Como assim? – ela entregou-lhe o cheque.

– Sim, existem os grupos Al-Anon, de auxílio aos familiares de alcoolistas. Certamente tem um aqui nesta região. Querendo, posso tentar descobrir o endereço para a senhora – ele disse, entregando a ela o recibo do pagamento.

Depois que ele foi embora, Thalita ficou longo tempo pensando. Será que o problema estava nela? Será que era ela quem necessitava mudar alguma coisa no seu comportamento para que as coisas corressem de modo diferente? "Somente a árvore seca fica imóvel, entre borboletas e pássaros", depois de tantos meses, ela voltou a se lembrar do poema. Mas o que fazer exatamente?

Pela janela viu quando Sílvio atravessou a rua junto com o doutor Violla e entrou no botequim que ficava em frente ao prédio. Lembrou-se da prima. Era ainda tão moça...Thalita não conseguia entender. Por que tantas pessoas precisavam beber desse jeito? E por que tantas pessoas se sentiam obrigadas a viver nesse suplício?

– Como assim, provas voluntárias? – perguntou Ana Patrícia.
– Provas voluntárias são todas aquelas que a pessoa escolhe antes de nascer – explicou dona Rute.

A pedido de Ana Patrícia, ela tinha vindo naquele domingo para iniciar o estudo do *Evangelho* na casa das gêmeas. Quem não gostou nada da ideia foi Pouca Telha. Sabia que tais estudos sempre costumavam ser assistidos pelos espíritos do bem e temia que a presença deles na casa pudesse embaraçar os seus planos. Do lado de fora do quarto, ele orientava as entidades sob seu comando:

– A ordem é atrapalhar ao máximo. Se conseguirem causar uma briga, melhor ainda. Temos que desestruturar as armadilhas deles, impedir que continuem a realizar esta palhaçada aqui dentro, entenderam bem?

– E quanto aos dois? – outra entidade perguntou, referindo-se a Pedro e Caian. – E se eles quiserem entrar no quarto onde elas estão?

Continuavam os dois na casa. Caian querendo proteger Ana Teresa, Pedro querendo encontrar uma forma de ajudar a todos. Caian não conseguira mais voltar a ver Pedro. Embora as demais entidades também não pudessem vê-lo, sabiam que ele ainda estava ali.

– Sabe que me deu uma boa ideia? Já sei exatamente o que fazer para ele aparecer... Então nós o capturamos e acabamos logo com essa história de amiguinho bonzinho! – riu Pouca Telha. – Ótima ideia!

– Como assim? – a outra entidade não entendeu.

Pouca Telha, porém, não lhe deu atenção. Em vez disso, encaminhou-se para o quarto de Ana Teresa e disse a Caian:

– É melhor que não saia daí por enquanto. A tal de dona Rute está aí do lado enchendo de bobagens a cabeça das outras duas. Aquele seu amiguinho está lá do lado delas e eu não quero você perto dele, entendeu bem?

Estava obviamente blefando. Em todos os sentidos.

– Dona Rute? Pedro? – Caian despertou de repente.

Estava deitado ao lado de Ana Teresa, vendo uma caixa de fotos. Caian ficou impaciente. Precisava muito falar com Pedro. Se ele estava lá com a mãe dele, era mais uma prova de que...

256 | Lygia Barbiére

Em instantes, como queria Pouca Telha, ele também entrava no quarto. Mas onde estaria Pedro?

Estava, de fato, próximo à mãe dele, tal como imaginara Pouca Telha, mas Caian naquele momento, assim como as demais entidades em estado de perturbação, não conseguia vê-lo. Auxiliado pelas entidades de luz ali presentes, por sua vez invisíveis aos olhos de Pedro, este conseguia manter um padrão vibratório um pouco mais elevado. Sentia saudades da mãe, mas sentia também muitas saudades daqueles momentos de estudo e queria muito prestar atenção. Caian também teve sua atenção despertada para a pergunta de Mag:

– Quer dizer então que, antes de começar nova existência corporal, o espírito tem consciência, pode prever o que lhe sucederá no curso da vida terrena? – quis saber Mag.

Sobre a cama estava *O evangelho segundo o espiritismo*, ainda aberto no capítulo "Bem-Aventurados os Aflitos", que elas haviam acabado de consultar.[9]

– Nem sempre – respondeu Rute. – Com base em tudo o que já li até hoje, diria que, em grande parte dos casos, a pessoa não tem como participar dessa escolha. Por inexperiência ou mesmo por imaturidade. Nestes casos, Deus e os bons espíritos planejam o caminho para ele. Pode acontecer também de uma prova ser imposta a um espírito quando este, pela sua inferioridade ou má vontade, não se mostra apto a compreender o que lhe seria mais útil. São as chamadas provas compulsórias – explicou Rute, virando agora as páginas de seu exemplar de *O livro dos espíritos* à procura de algo.

Sem se dar conta exatamente de como e nem por que isto acontecia, Caian e os espíritos que haviam entrado no quarto por ordem de Pouca Telha começaram a ficar interessados no assunto. Sem perder o estado de alerta, foram, aos poucos, se sentando também para ouvir.

– Mas então, quando um espírito nasce entre pessoas de má vida, entre pessoas viciadas, isto é uma prova compulsória, uma prova que foi imposta a ele como um castigo por algo de errado que ele cometeu no passado?

– Também nem sempre, Ana Patrícia. Antes de mais nada, é preciso compreender que a lei de Deus não é uma lei de culpa e castigo, mas uma lei de aprendizado. Tudo é planejado para que o espírito acerte e aprenda aquilo de que necessita – destacou Rute.

Em seu canto, Pedro recordava de seus tempos de aprendizado no centro. Tudo, a presença da mãe, o assunto, as lembranças pareciam contribuir para que ele se sentisse tomado por uma forte nostalgia. Ainda assim, ouvia a tudo com muita atenção, querendo encontrar respostas para suas próprias questões. Caian também continuava atento.

– Mas um espírito pode pedir para nascer nesta ou naquela família, escolher as dificuldades por que terá de passar? – Mag queria entender.

---

[9] Kardec, Allan. *O evangelho segundo o espiritismo*, cap. v, it. 26.

A Ferro e Flores | 257

– Tudo vai depender da evolução do espírito. Quanto mais evoluído for, mais ele participará da escolha das provas. Um espírito que fracassou em seu intento evolutivo de outras encarnações pode pedir para nascer sujeito às mesmas provações que o fizeram falir para testar sua perseverança nas boas resoluções. Para isso, é importante que ele seja posto num meio onde possa sofrer a prova que pediu. Para lutar contra o instinto do roubo, por exemplo, é preciso que ele se ache em contato com gente dada à prática de roubar. Do contrário, como poderá ele avaliar se venceu ou não esta sua tendência?

– Se fez sofrer por causa da bebida, pode pedir para conviver com alcoólatras? – deduziu Mag, pensando em seu próprio caso.

– Perfeitamente... – ela ficou pensativa, lembrando-se do marido.

– Mas como é que uma pessoa consegue pedir no mundo espiritual para passar por situações horríveis? Não consigo me imaginar, por exemplo, pedindo a Deus para passar por todas as dificuldades que nossa família está vivendo – desabafou Mag.

"Tudo isso é bobagem. É óbvio que ninguém escolheria viver esta situação de filme de terror que eu estou vivendo", Caian pensou consigo, já se preparando para sair dali. Contudo, quando já estava na porta, ele sentiu vontade de ficar mais um pouco para ouvir a explicação de Rute.

– No mundo espiritual, temos uma visão muito diferente da que temos aqui – disse ela. – É como se o espírito pudesse enxergar as coisas sob ângulos novos, em um contexto que ultrapassa as dimensões a que estamos acostumados. Muitas vezes, a pessoa que agora lhe incomoda com seus hábitos foi induzida a esses mesmos hábitos por você, em outras vidas – complementou, intuída pelos mentores ali presentes. Mostrou então o trecho que acabara de localizar em *O livro dos espíritos*:

"O próprio espírito escolhe as provas a que deseja submeter-se para apressar o seu adiantamento, isto é, escolhe os meios de adiantar-se e tais provas estão sempre em relação com as faltas que lhe cumpre expiar. Em geral, da natureza das provas que a pessoa experimenta e por suas tendências instintivas, dá para se ter uma vaga ideia do que foi e do que fez no passado."[10]

– Quer dizer então que, se vivo sempre cercada de histórias ligadas ao consumo excessivo de álcool, isso pode indicar que, em outras vidas eu já fui uma consumidora inveterada de álcool? – novamente deduziu Mag.

– É possível, mas não existe uma regra absoluta. O mais correto é a gente observar as nossas tendências. São elas que vão indicar o que em nós precisa ser mudado para que não venhamos a sofrer depois. O segredo para evitar o sofrimento consiste em corrigir o que enxergamos que precisa ser corrigido em nós antes que a lei do retorno nos atinja – ponderou Rute.

– Mas eu odeio álcool nesta vida! Isto não indica que eu não tenho nenhuma tendência ao alcoolismo?

---

[10] *Idem*, cap. VII, pergunta 399 e texto explicativo.

– Talvez. Mas seu pavor pode ser também um indício de que um dia a bebida já lhe fez mal. Você agora a abomina, porque compreende intimamente o quanto o álcool pode atrasar a vida de uma pessoa, em todos os sentidos, quando mal utilizado.

– Eu não aguento mais ouvir isso! – Caian novamente se levantou irritado. Foi neste momento que ele voltou a ver Pedro, do outro lado do quarto. Ele chorava. Segurou a mão da mãe e beijou-a sentido. Estava tão triste que Caian nem conseguiu dizer nada. Sentou-se novamente. Pela primeira vez, desde o acidente, pensou na mãe. Onde estaria? O que estaria pensando sobre ele, que não voltava para casa?

– Mas, espera aí! Quando participa desta escolha das provas, o espírito planeja nos mínimos detalhes tudo o que vai acontecer aqui na Terra? – quis entender Ana Patrícia.

– Não, querida – respondeu Rute. – Segundo nos diz *O livro dos espíritos*, escolhemos na erraticidade apenas o gênero das provações, o tipo de problemas com que teremos de nos defrontar para testar até que ponto realmente modificamos nossa maneira de ser. As particularidades correm por conta das próprias ações da pessoa, do livre-arbítrio e...

– Como assim, testar até que ponto realmente modificamos nossa maneira de ser? – Ana Patrícia não pôde compreender.

– Uma coisa é eu compreender, no mundo espiritual, onde todas as minhas capacidades de percepção estão dilatadas, onde posso estudar detalhadamente as consequências de minhas imperfeições, onde o próprio convívio com seres mais elevados me influencia na capacidade de análise e na tomada de decisões. Outra coisa é estar na Terra, cercada por outros seres que têm as mesmas fraquezas que um dia me fizeram falir e por outros tantos fatores que despertam em mim as mesmas antigas tendências. Só saberei até que ponto a lição aprendida foi verdadeiramente fixada dentro de mim quando puder passar pelas mesmas situações e conseguir agir, pensar e sentir de maneira diversa.

Caian refletia. Será que tinha alguma coisa a ver com esse mundo espiritual essa capacidade que ele agora experimentava de ver todos aqueles outros seres deformados?

– Então a prova é como se fosse um teste, pelo qual a gente precisa passar para ver ser realmente aprendeu – sintetizou Ana Patrícia.

– Exatamente! – animou-se Rute. – A função da prova não é castigar, mas simplesmente aferir até que ponto... – ela se interrompeu ao ver que Mag estava distante. – Você está conseguindo acompanhar o raciocínio Mag?

Fazia já algum tempo que ela se mantinha em silêncio, virando e desvirando nervosamente as páginas do capítulo do *Evangelho* que estava sendo estudado, como se procurasse alguma resposta ou informação específica que ali não estivesse muito clara. Parado agora a seu lado, Pedro estava curioso em saber o que ela tanto procurava, novamente querendo ajudar.

A Ferro e Flores | 259

– A senhora acha que o acidente... quer dizer – Mag tentou expressar sua dúvida, fechando de uma só vez o exemplar. – É... é...

– Sim, o acidente! Fale mais sobre o acidente! – pediu Caian.

Pedro também deu um passou para trás. Os dois se olharam. Caian estava desconfiado, não entendia como ele podia aparecer e sumir daquela maneira.

Rute e Ana Patrícia aguardavam curiosas a continuação da pergunta.

– Quer dizer então que o que aconteceu com Ana Patrícia... A iniciativa de Ana Patrícia e Pedro... de entrarem no carro junto com Ana Teresa e Caian, mesmo sabendo que ele não tinha condições de dirigir... A senhora acha que isso poderia ser considerado como uma prova voluntária? – finalmente Mag conseguiu expressar sua dúvida.

– Por que eu não entendo nada do que ela está dizendo? – impacientou-se Caian.

"Seria aquela uma prova que ele mesmo havia previamente escolhido?", Pedro por sua vez se perguntava, fazendo sua a mesma dúvida de Mag. "Não, não podia ser..." – ele mesmo calculou. "Do contrário, eu não estaria aqui, agora, nesta situação de profundo sofrimento, não me sentiria tão responsável, tão culpado pela morte de Caian e pelo que acontecera a Ana Patrícia. Que vergonha!", pensava consigo. Tivera acesso a tantos conhecimentos e, no entanto, não conseguira evitar o sofrimento dos amigos; a mãe e o irmão certamente também agora sofriam por causa dele.

– Me desculpe, mãezinha... Eu não queria fazer você sofrer... – disse Pedro.

Rute sentiu sua presença, sentiu também as saudades que Caian começava a sentir da família... Uma emoção tão forte que Rute se desequilibrou.

– Cuidado com a sintonia! Não deixe vir a amargura! – tentou alertar seu mentor.

Rute, contudo, não conseguia mais sentir dentro dela as palavras dele, e nem dos outros mentores de luz ali presentes. Era como se houvesse se formado uma redoma de vidro em torno dela. Só conseguia pensar nas palavras que sempre ouvia de Miguel, que Pedro não deveria ter morrido da maneira como morreu. Era um pensamento tão forte, tão intenso que bloqueava todos os seus canais de comunicação, criando formas escuras em torno dela.

Era a oportunidade que os espíritos inferiores esperavam.

– Não, querida, eu não penso assim – Rute continuou por fim. – Confesso que passei vários dias, muitos dias mesmo, pensando sobre esta sua mesma hipótese, lendo e procurando nos livros algo que justificasse, que dignificasse, que laureasse a iniciativa deles ao entrarem no carro naquelas condições.

– Isso! Era isso mesmo o que eu estava fazendo neste momento! – disse Mag, aliviada. – Ainda bem que saiu este capítulo! Se a senhora olhar aqui – ela abriu novamente o livro na página que havia decorado de cabeça, – vai ver que...

– Contudo – continuou Rute, desmanchando sem querer o sorriso daquela outra mãe –, meu filho Miguel tanto insistiu comigo em suas argumentações que hoje tendo a pensar que não foi, não pode ter sido uma prova voluntária o que aconteceu com eles.

– Não? – estranhou Mag. – Mas a senhora mesma acabou de dizer que não temos como saber se...

– Não, querida – a forte amargura a dissociava das ideias que ela mesma acabara de defender. – Cheguei à conclusão de que realmente foi um erro a atitude deles – reconheceu Rute, cada vez mais triste, repetindo, sem querer, as palavras que sempre ouvia de Miguel.

– Um erro? – Mag não pôde concordar de imediato.

– Não foi por mal, mamãe – dizia Pedro, angustiado, a seu lado. – Eu só queria ajudar! Estar do lado da Ana Patrícia se alguma coisa acontecesse!

Sua perturbação o deixava agora visível aos olhos de todos os outros espíritos perturbados ali presentes.

Lágrimas escorriam dos olhos de Ana Patrícia.

– Está vendo! – pulou Caian, instigado por seus companheiros. – A culpa não foi minha! Ele mesmo está dizendo!

– Você se esforça tanto para ajudar o seu amigo e é isso o que ele pensa de você – provocou sutilmente Pouca Telha, surgindo agora ao lado de Pedro.

– Espera aí, cara! – Pedro irritou-se. – Eu não fui culpado de nada! Muito pelo contrário!

– Como assim, muito pelo contrário? Você fala como se tivesse salvado a minha vida! – rebateu Caian.

– Eu estou aqui para ajudar você! – afirmou Pedro.

– Ajudar? Pois se nem a sua vida você salvou! – Caian respondeu agressivo, sem pensar no que estava dizendo.

Os espíritos deliravam com a discussão. Estavam atingindo os seus objetivos. Rute sentiu-se mal com aquela vibração, fez um gesto pedindo alguns segundos.

– Mas como assim? Os dois se sacrificaram para tentar salvar a vida de Caian e de Ana Teresa! – insistiu Mag.

– Mas como tentar salvar, Mag? Como é que o Pedro, lá no banco de trás, iria segurar o volante para que o carro não batesse? Como é que a Ana Patrícia, que nem sabia dirigir, ia poder controlar o carro no momento do acidente? Querida – ela olhou para Ana Patrícia com olhos que pareciam suplicar para que a jovem a desculpasse por dizer a verdade –, você não pode imaginar o quanto dói em mim chegar a esta conclusão, concordando com o Miguel, mas você e o Pedro...

Ela se interrompeu e fechou os olhos, tomada pela dor profunda que sentia a cada vez que se obrigava àquela constatação.

– Fomos, fomos sim. Fomos muito imaturos. Irresponsáveis mesmo em pensar desse jeito – Ana Patrícia completou, limpando os olhos. – A senhora tem toda razão.

Estava tão inspirada pelos mentores ali presentes que nem se dava conta do teor das palavras que estava dizendo. Em volta dela irradiava uma tênue luz, só perceptível aos espíritos.

– A senhora tem toda razão – repetiu ela. – Contudo, talvez isso não seja agora o mais importante.

– Como tem toda razão? – protestou Mag, também exaltada pela emoção. – Quem somos nós para avaliar o pensamento de Deus? Só Deus pode julgar a verdadeira intenção das pessoas!

– Mãe! Isso agora não é o mais importante! – ela voltou a dizer.

– Como não é o mais importante? Está escrito aqui no *Evangelho* – ela apontou o trecho que tanto a sensibilizara, passando a lê-lo em voz alta:

– "Desde que no ato não entre a intenção de buscar a morte, não há suicídio, e sim, apenas, devotamento e abnegação". Está falando aqui justamente de um homem que se expõe a um perigo iminente para salvar a vida de um de seus semelhantes, sabendo de antemão que sucumbirá![11] O *Evangelho* diz ser louvável um sacrifício assim!

– Mas em nenhum momento eu achei que eu fosse morrer! – Pedro e Ana Patrícia disseram juntos, embora sem o perceber.

– Vocês não sabiam – Rute usou o plural sem querer. – Contudo, o que pode, efetivamente, fazer uma pessoa que entra no carro juntamente com um motorista bêbado? Pisar no pedal junto com ele? Desligar a chave de repente? Só as autoescolas têm carros com pedais dos dois lados! O Miguel tem razão, eu não tenho como discordar disso!

Embora desde o princípio ela tivesse conseguido demonstrar um equilíbrio até certo ponto inesperado, agora, sem perceber, deixava transparecer o quanto o acidente ainda estava mal resolvido dentro dela, o quanto ainda buscava, assim como Mag, uma explicação plausível para o que acontecera.

– Mas então o que é que eles iriam fazer? Deixar Caian e Ana Teresa saírem sozinhos de carro, naquele estado? – defendeu Mag, já com lágrimas escorrendo dos olhos.

As três choravam. Ficaram alguns instantes em silêncio, cada qual com seus pensamentos e suas lágrimas. O tempo todo, embora não pudessem perceber, eram amparadas pela espiritualidade com passes calmantes e de refazimento.

– Mãe... – Ana Patrícia disse por fim. – Eu podia ter fugido com a chave do carro, arrastado a minha irmã dali, dado até um soco na cara do Caian! Eu tinha um telefone celular e cheguei a pensar em ligar para você, eu devia ter ligado! Mas eu simplesmente entrei no carro!

– Filha, por favor, você não tem que se culpar de nada... – Mag angustiou-se por ela estar revivendo aquele momento tão doloroso.

Em seu íntimo, já se arrependia por ter concordado em participar daquele estudo, por ter ousado abrir a boca para fazer a pergunta fatídica que dera margem a toda aquela discussão.

---

[11] *Idem*, item 30.

Pouca Telha esfregou as mãos satisfeito, estava disposto a iniciar nova onda de discussões. Mais uma vez, porém, iluminada pelos benfeitores ali presentes, Ana Patrícia surpreendeu a todos:

– Não, mãe. Se eu não fizer isso, se eu não arcar com as responsabilidades de meus próprios atos, vou passar o resto da vida morrendo de pena de mim mesma, por estar agora presa a uma cadeira de rodas! Sabe, dona Rute, desde aquele dia em que conversamos no hospital, eu fiquei pensando muito sobre isso. Foi muito bom para mim refletir um pouco, entender que eu precisava mudar a minha maneira de enxergar os fatos. Ainda me dói muito saber que eu talvez tenha ficado paralítica para sempre! Por outro lado, eu entendi que também posso encarar isso agora como uma tarefa... Isso é o mais importante.

– Uma tarefa? – Mag e Rute não entenderam de imediato.

– Eu errei, mãe, sei lá, eu acho que eu errei, mas posso agora tentar evitar, com o meu exemplo, que outras pessoas cometam o mesmo erro!

– Mas como você vai fazer isso, filha? – Mag só queria protegê-la.

– Diga que é bobagem! Expulse aquela outra daqui! Foi ela quem provocou tudo isso! – Pouca Telha tentou sugerir.

Ninguém ali, contudo, parecia ouvir mais suas sugestões, nem mesmo os espíritos que ele usualmente comandava. Tinham todos o pensamento fixo em Ana Patrícia. Ela parecia ter adquirido uma nova força.

– Olha, mãe, eu acabei de decidir que eu não vou mudar de escola. Não tenho necessidade de frequentar uma escola especial. Eu já estou no cursinho, me preparando para o vestibular. Vou, sim, fazer todos aqueles exercícios na ABBR que o médico recomendou, entrar para a hidroginástica, cuidar ao máximo para levar minha vida com uma qualidade legal. Mas não vou me esconder das pessoas, dos meus amigos, de ninguém. Estou pensando em aceitar o convite que a diretora me fez...

– Convite? – Mag e Rute novamente ficaram surpresas.

– Eu não vou mais ouvir essas baboseiras – Pouca Telha saiu do quarto. Alguns espíritos se retiraram com ele, mas não todos.

– É, ela ligou para o hospital, antes de eu voltar para casa – explicou Ana Patrícia. – Me convidou para pensar em um programa de prevenção contra o uso abusivo de álcool entre os jovens. Eu achei tudo muito estranho na hora, fiquei de pensar. Estava tão na dúvida que nem comentei nada com ninguém. Mas agora, depois de toda esta conversa, eu decidi. Estou muito a fim de participar desse projeto! Se eu não fizer isto, não vai adiantar de nada ter passado por tudo o que eu passei!

Mag a abraçou comovida:

– Filha, você pode até ter errado, mas não sabe o quanto está agora me ensinando com o seu exemplo, o quanto eu me orgulho de você! – disse, com os olhos cheios d'água.

Novamente o ar em torno de Rute se alterou. Estava também emocionada. Só que agora de uma maneira diferente. Não havia mais manchas escuras em

A FERRO E FLORES | 263

torno dela; de novo conseguia captar a influência dos bons espíritos ali presentes. "Será que havia então alguma finalidade naquele acidente?", voltava a cogitar consigo.

– É... Sem querer, Ana Patrícia me fez lembrar agora de um texto que eu li esta semana e que dizia que, mais do que acertar, é importante a gente buscar as lições que existem por trás de cada erro. Aprender, apesar dos erros, aprender com os nossos erros e com os erros alheios. Só assim poderemos um dia nos tornar pessoas melhores – ela observou.

Mais interessante, pensava consigo, era que fora até lá com o objetivo de alimentar o espírito de Ana Patrícia com o estudo do *Evangelho* e, no entanto, era ela quem agora se sentia alimentada pelas palavras daquela jovem tão corajosa. "Será que havia, afinal, para mim, Rute, alguma lição positiva em todo aquele horrível acidente?", ela, pela primeira vez, meditou.

Com os pensamentos elevados, encerraram a reunião com sentida prece, invocando as bênçãos divinas para todos.

Entre os espíritos que continuavam no quarto, também era muito grande a comoção. Se, por um lado, o comentário inicial de dona Rute fizera com que todos ficassem exaltados, a visão que Ana Patrícia conseguira atingir trouxe também para aqueles espíritos um bafejar de esperança, de crescimento, de dignidade.

Em determinado momento da prece, um facho intenso de luz desceu sobre o ambiente e, como se chegasse por uma escada, embutida naquela luz, toda uma equipe de médicos espirituais adentrou o local e pôs-se a socorrer os necessitados com a ajuda dos mentores ali presentes. Alguns, no entanto, embora emocionados, ainda não conseguiam perceber a presença daqueles seres luminosos:

– Eu não morri! – gritava Caian, nervoso, sentindo-se novamente invadido pelas cenas do acidente, que incessantemente projetavam-se em sua mente.
– Eu não aceito o que vocês estão dizendo, não é verdade! A culpa não foi minha! Tire as mãos de mim! – ele protestou, empurrando forte o enfermeiro que tentava se aproximar.

Muito triste pelo amigo e por ele mesmo, Pedro também se retraiu quando um dos médicos foi conversar com ele:

– Não fique assim... Erros e acertos são apenas estacas que norteiam a caminhada rumo à evolução – o médico tentou confortá-lo. – De qualquer forma, nem sempre aquilo que os encarnados consideram como um erro...

– Eu sei que errei – respondeu Pedro, aos prantos, interrompendo-o. – Eu não queria ter errado... Só que, agora, eu preciso consertar o meu erro... – ele ainda estava fixado nas palavras da mãe, frustrado por perceber o quanto a tinha decepcionado.

– Não se precipite, Pedro, você não está equilibrado o suficiente para fazer nada agora. Pense que, no momento certo, você terá a oportunidade de... – insistiu o médico.

Pedro, contudo, não o deixou terminar a frase. Olhou para Caian, debatendo-se para soltar-se dos enfermeiros e mais uma vez sentiu-se responsável pelo amigo estar naquele estado. Ele não podia ter permitido que dirigisse. Era tão grande o seu sentimento de culpa, que ele não se sentia digno do auxílio de espíritos de luz. Saiu do quarto antes mesmo que Rute terminasse a prece. Foi de novo atrás de Caian, que, mais uma vez, só conseguia pensar em beber como único meio de aplacar sua intensa dor.

"Veja a beleza. A vida não é feita apenas de defeitos, falhas e tristezas. Há beleza até nas pequenas coisas. Esforce-se por enxergar a beleza que a vida tem. Toda beleza que você admira é um ponto de paz que nasce em você. Esse ponto de paz encobre o seu estado de aborrecimento e desperta a alegria. Saiba viver. Em tudo, admire a beleza. Sua vida tem a beleza que nela você vê",[12] Thalita leu antes de entrar no ônibus.

Estava, contudo, tão ansiosa que não conseguiu captar muita coisa. Guardou depressa na bolsa o livrinho de mensagens e entregou seu bilhete de passagem ao funcionário da empresa.

Ainda faltavam mais de seis horas para chegar em Aiuruoca, calculou, enquanto se sentava na poltrona. Abriu de novo a bolsa. Era preciso escolher outro livro para ler no caminho. Trouxera um livro teórico sobre o alcoolismo e outro que ganhara de presente de Miguel, do doutor Dráuzio Varella.

– Tão gentil o Miguel... – comentou enternecida.

Dera-lhe o livro junto com um CD, que dissera "achar a cara dela". Adriana Mezzadri era o nome da cantora. "Sei não que não era isto o que Miguel queria dizer, mas não é que realmente se parece comigo?", constatou, enquanto abria a embalagem. "Será que ele havia reparado nisso?"

Colocou o CD no pequeno aparelhinho portátil e acomodou-se melhor na poltrona. O ônibus partia.

Como já estivesse com ele nas mãos, escolheu o livro do doutor Dráuzio para começar. O título era sugestivo, quase poético: *Borboletas da alma*.[13] Thalita pensou de novo em Miguel. Era realmente uma pessoa muito especial. Ele lhe dissera que havia lá alguns capítulos sobre alcoolismo e dependência química muito interessantes.

Vivia agora uma fase de ler tudo o que lhe fosse possível sobre o assunto. Queria entender o pai, se possível curá-lo com suas leituras. Sabia ser pretensiosa ingenuidade de sua parte um pensamento como este, mas, no fundo,

---

[12] Lopes, Lourival. *Sementes de felicidade*. Brasília, Otimismo, 1993, cap. 3, p. 17.
[13] Varella, Dráuzio. *Borboletas da alma*. Organização Guimarães, Maria. São Paulo, Companhia das Letras, 2006.

tinha mesmo muita esperança de conseguir fazer algo por ele a partir de um minucioso estudo da doença. A única coisa que realmente a preocupava era o alerta que recebera do doutor Violla. Segundo ele, sem o programa dos doze passos, acrescido de constante prática da prece e da meditação, ficava muito difícil para o indivíduo vencer a compulsão pela bebida.

Thalita ficava triste e angustiada sempre que pensava nisso. Como iria convencer o pai de que tinha necessidade daquilo tudo, se ele sequer admitia que se falasse na palavra alcoólatra perto dele? Precisava agora urgentemente encomendar alguma coisa sobre os tais doze passos, que ela não conhecia. E também ligar para o doutor Violla para saber sobre os grupos Al-Anon. Em meio a tantos afazeres para tornar possível aquela viagem, acabara até se esquecendo de fazer isso.

Uma semana havia se passado desde a visita do doutor Violla. Nesse meio tempo agravara-se um pouco mais a situação do pai no banco. O próprio gerente telefonara pedindo a presença de Hermínio para a negociação de algumas dívidas, depois de conseguir o número com dona Mercedes. Tudo precisava ser tratado pessoalmente.

Por sorte, Hermínio se comportara bem durante todo o tempo em que o funcionário do cartório estivera no apartamento, lavrando a procuração. Assim que ele virou as costas, no entanto, já viera logo com o velho jargão: "Não me chame de pai que eu não sou seu pai!" Por que será que ele fazia tanta questão de magoá-la o tempo todo? Será que tinha mesmo tanta raiva dela assim? Embora bancasse sempre a durona, Thalita se importava e muito com isto, sobretudo quando ele enxotava seu filho da porta do quarto.

"Como é que aquele menino podia gostar tanto daquele avô?", ela mesma não sabia responder. Não sabia dizer nem mesmo o porquê do amor que ela própria sentia por ele. Será que sentia? A cada dia mais ela percebia que sim. Um amor imenso de raízes tuberosas como as de uma árvore centenária. Mas que desaparecia como uma nuvem a cada vez que ele a magoava com suas palavras agressivas. Será que desaparecia?

Ela lembrou-se do irmão. Hermínio nunca falava em Ramon, sequer perguntava por ele. Thalita tinha medo de tocar no assunto. Não conseguia imaginar qual seria a reação do pai se soubesse que ele jamais voltara a ligar para saber notícias naquele tempo todo. Por que será que nunca mais dera notícias? Se até o gerente conseguira o telefone do apartamento... Poderia ao menos ter escrito uma carta! Ou será que nem o antigo endereço dela ele sabia? Decerto deveria estar bem. Com toda certeza, muito melhor do que ela. Por que será que ela se sentia tão magoada toda vez que pensava no irmão?

Thalita continuava confusa com relação aos próprios sentimentos. Prestou atenção à letra da música que agora tocava e pensou de novo em Miguel. Era uma canção em espanhol, mas dava para compreender que falava sobre uma amizade que tomava proporções de romance. "Sou como uma lua cheia que, para te ver sorrir, permanece uma semana a mais; dou voltas no mundo inteiro; para te ver sorrir, espero toda uma eternidade", dizia mais ou menos a letra.

Thalita não pôde deixar de sorrir ouvindo aquilo. Miguel... A dor de ambos por causa do alcoolismo parecia criar um elo cada vez mais forte entre eles. Miguel telefonava todos os dias, Thalita sabia que podia contar com ele a qualquer hora. Era extremamente agradável esta sensação depois de tantos anos desprotegida, mas ela não sabia ainda ao certo o que sentia por ele. Com toda a certeza, uma amizade muito forte.

Valéria é quem andava cada dia mais esquisita... Desde o sábado da pizza, não voltara mais a procurá-la. Thalita deixara uma porção de recados na secretária eletrônica, mas ela não retornara nenhum. Será que estava aborrecida por não ter conseguido ainda uma pessoa para dividir o apartamento do Leme? Thalita fazia uma força imensa para pensar que era isso, mas em seu íntimo algo lhe dizia que o problema era Miguel.

"E se, em algum momento, eu quiser namorar Miguel?", pela primeira vez cogitou. Imediatamente, porém, começou a tocar outra música e Thalita pensou em Domenico. Era muito diferente a sensação que ela sentia quando pensava em Domenico. Uma coisa intensa e quente parecia emergir das profundezas dela mesma junto com a música: "Sinto que te conheço faz tempo; de outro milênio, de outro céu; diga-me se me recordas ainda..." Era como se ela estivesse apaixonada por ele, como se sempre houvesse sido apaixonada por ele. Mas como poderia estar apaixonada por alguém que efetivamente ela nem conhecia? Ainda por cima, um palhaço de circo!

Até hoje não se esquecera de nenhuma palavra que ouvira dele. Pareciam mesmo palavras mágicas, a nortear sua vida em todos os momentos. Como um estranho podia ser tão forte assim na vida de alguém?

Racionalmente era tão mais seguro o amor que Miguel lhe oferecia... Como ela podia dedicar seus melhores sentimentos a uma pessoa que ela não iria sequer ver de novo nunca mais na sua vida? Desligou a música e abriu o livro diante de si. Melhor estudar sobre o alcoolismo do que ficar pensando bobagens. Foi direto na página que havia sido previamente marcada por Miguel. Falava sobre compulsões comportamentais.

"Para o cérebro, toda recompensa é bem-vinda, venha ela da experiência vivida ou de uma droga ilícita. Sempre que os neurônios dos centros encarregados de reconhecer recompensas são estimulados repetidamente por substâncias químicas ou vivências que confiram sensação de prazer, existe risco de um cérebro vulnerável tornar-se dependente delas e desenvolver uma compulsão. Por isso tanta gente bebe, fuma, cheira cocaína, perde casa em jogo de baralho, come demais, faz sexo sem parar, compra o que não pode pagar e levanta peso compulsivamente nas academias. [...] Para o organismo, em princípio, tudo o que traz bem-estar é bom e deve ser perpetuado".[14]

---

[14] *Idem*, p. 294.

Que coisa curiosa, pensou Thalita. Quer dizer então que tudo é uma questão de perpetuar uma sensação de prazer? Ora, mas associar a bebida à droga é uma coisa comum. Mas comparar o hábito de beber com o ato de jogar, de comer e até mesmo com o de comprar demais, isto ela nunca havia escutado antes. Seria possível?

Nem bem começou a ler, porém, sentiu-se enjoada com o balanço do ônibus nas curvas e foi obrigada a guardar o livro. Só então se deu conta de que já estavam na serra de acesso ao sul de Minas.

Estava tão ansiosa que, quanto mais pensava, mais enjoada ficava, como se tantas preocupações fossem, pouco a pouco, intoxicando-lhe o organismo. As poucas letras do pequeno trecho lido do livro se embaralhavam como se houvessem ficado presas em sua retina. Compulsões comportamentais. Alcoolismo em mulheres. Dopamina. Distúrbios psiquiátricos. Neuropatia alcoólica. Os conceitos também se misturavam em sua cabeça. "Será que eu vou dar conta de aprender sobre tudo isso?", ela se perguntava, sentindo profundo mal-estar.

"Não seja tão ansiosa. Nem sempre o modo como planejamos é o melhor para as coisas acontecerem. Deixe espaço para que o universo se manifeste. Viva um dia de cada vez", ela sentiu como se alguém a seu lado dissesse.

Olhou para trás, mas não havia ninguém, apenas um senhor que roncava em uma poltrona distante. Na frente do ônibus, as pessoas conversavam, ouvia-se aquele barulho de vozes misturadas, sacos de plástico sendo remexidos, biscoitos de polvilho sendo mastigados.

Thalita procurou respirar fundo, fechar os olhos para não ver as curvas, não ouvir o barulho, não imaginar o cheiro do biscoito. Desde menina, ela tinha a sensação de que eram os olhos que causavam os enjoos. Mas, mesmo de olhos fechados, o enjoo crescia. De súbito, o ônibus parou.

Um carro na frente, trafegando normalmente, havia sem querer lançado uma pedra do asfalto no vidro, que se estilhaçara por inteiro. Todos os passageiros desceram, o motorista saiu andando pela estrada, procurando um local onde o seu celular funcionasse para poder pedir auxílio.

Pelo que as pessoas comentavam, seria preciso vir outro ônibus de Volta Redonda, onde ficava a garagem da empresa. Era interessante como, nas ocasiões de problema, sempre havia alguém que já tinha passado por situação semelhante, Thalita observou, ouvindo os relatos.

Ao menos, o enjoo passou. Olhou para os outros passageiros e viu que todos conversavam tranquilamente na beira da estrada. É. Pensando bem, não havia mesmo motivos para ficar tensa.

Respirou fundo e percebeu como era agradável o ar da montanha. Era uma sensação boa olhar para aquele verde imenso. Do outro lado, havia uma colina inteira repleta de hortênsias.

– Que coisa linda! – exclamou maravilhada.

– Leve uma muda! É fácil de plantar! – ela ouviu dizer a seu lado.

A Ferro e Flores | 269

Olhou para trás e deu com o homem simples de camisa vermelha e boné, segurando nas mãos um galho de hortênsias. As flores eram de um azul intenso, agrupadas em maravilhoso e imenso buquê. Thalita não entendeu de imediato.

– Atravessei a estrada e peguei esta muda para mim, mas pode ficar se quiser. Eu sou jardineiro, não sabe? – ele sorriu com simplicidade, já tirando do bolso o cigarrinho de palha com a outra mão.

– Puxa... Muito obrigada! – Thalita retribuiu o sorriso, tomando nas mãos o buquê com muito cuidado.

– O segredo é lascar o galho, não pode quebrar. Depois, é só a senhora enterrar um tanto assim – ele mostrou o tamanho com a mão, – uns dez centímetros mais ou menos. Ela gosta de sol e umidade no pé. Se puser na sombra, não dá flor – explicou, atencioso.

– Puxa... Mas... A gente enterra assim mesmo? O galho inteiro, com flor e tudo?

– Não! – o homem deu uma pitada no cigarro, antes de responder. – O ideal é esperar secar. Daí a senhora tira as flores e corta a pontinha verde do galho, bem na diagonal e faz a muda do jeito como eu expliquei. Na roça, a gente planta de sete em sete, em ziguezague, sabe como? Mas, para plantar em casa, pode ser desse jeito mesmo. Pode plantar primeiro no vaso, depois passar para a terra – explicou ele, pitando sempre o cigarrinho nos intervalos entre as frases.

– Sei... não estou indo para casa... Será que ela aguenta quanto tempo? – Thalita preocupou-se.

– Ah, não tem problema não. Isso aí aguenta uns dois dias, até mais – garantiu ele.

Thalita ficou um tempo olhando enternecida para aquele buquê azul.

– O senhor sabe, o meu pai adora hortênsias! – comentou, já pensando no sol que batia na janela do quarto do pai. – Acho que ele vai ficar feliz se eu conseguir mesmo plantar esta aqui. Quer dizer, acho que vai né?

Uma certa tristeza se imprimiu em sua voz; ela se lembrou do dia em que o pai reclamou do exagero de plantas no quarto.

– A senhora ficou triste? – o jardineiro reparou. – Olhe, se não quiser, não precisa levar...

– Não... – Thalita se recompôs num lindo sorriso. – Eu adorei... Como é mesmo o nome do senhor?

– José.

Ele atravessou rapidamente a estrada para pegar outra muda. Thalita ficou olhando. Desta vez, voltou apenas com uma pequena estaquinha, ainda guardando o canivete.

– Esta aqui eu vou levar para mim – explicou, colocando a muda dentro de um saquinho plástico que estava no chão. – A senhora sabe, há uns anos atrás eu passei por aqui e nem enxerguei estas hortênsias...

– Eu também desci a serra estes dias e nem percebi... – confessou Thalita.

270 | LYGIA BARBIÉRE

– Tudo é a cabeça da gente, não é mesmo?

– É... Ando mesmo muito atarantada... Meu pai está doente e eu estou cuidando dele... – ela deixou escapar.

– É coisa grave?

– Olha, é e não é... Quer dizer, na verdade eu já nem sei direito... Meu pai tem problema de alcoolismo – ela confessou, um tanto quanto constrangida.

Ficaram um tempo em silêncio. Seu José acendeu de novo o cigarrinho que havia se apagado e ficou pitando mais um pouco.

– Fica assim não, dona – ele quebrou de novo o silêncio. – Eu também já vivi esse problema que a senhora está falando – ele quebrou de novo o silêncio.

– É mesmo? – Thalita mal podia crer no que ouvia.

Com sua simplicidade, José narrou-lhe toda a sua história. Para espanto ainda maior de Thalita, foi ele mesmo quem percebeu que a bebida estava atrapalhando sua vida.

– A senhora sabe? Comecei a notar que eu andava fraco. Às vezes acordava com as pernas e as mãos tremendo; não melhorava enquanto não tomasse uma dose. Comecei a achar que aquilo não estava certo. Bem, pensar eu pensava, mas não conseguia parar. Porque o organismo estava acostumado. Às vezes perdia até serviço porque chegava tonto. Só a doutora não me dispensava nunca. Mesmo quando eu estava tonto. De tanto ela falar, eu comecei a modificar meu pensamento...

– A doutora? – Thalita não entendeu direito.

– É. Uma médica. Eu gosto muito dela; faz muitos anos que eu cuido do jardim dela. Então ela não falava nada, daqui a pouco vinha com um café, um pãozinho quentinho e dizia: "Seu Zé, o senhor precisa parar com isso! O senhor está destruindo a sua saúde." Falava com tanto carinho, que eu ficava o dia inteiro com aquilo na cabeça.

De novo Thalita pensou no pai. Era verdade que ela enchia o quarto dele de flores, que preparara a casa toda como se fosse uma casinha de bonecas para recebê-lo da maneira mais aconchegante possível. Não conseguia, contudo, falar com ele com essa doçura que o seu José havia mencionado. Era como se sempre houvesse algo engasgado na sua voz, como se escorresse sempre um pouco de mágoa de seus comentários.

– Daí chegou uma época em que eu conheci um moço que me ofereceu se eu queria passar uns dias numa clínica. Eu fui. Eu e mais um camarada meu – continuou José.

– Era uma clínica de tratamento? – quis saber Thalita.

– Era e não era. Ficava lá pelo meio do mato, no fim de uma estrada de terra, aqui mesmo, nesta região. Era como se fosse um sítio. No fundo tinha uma cachoeira bem grande; as pessoas chegavam e jogavam lá o maço de cigarros, o pacote de fumo ou até mesmo alguma garrafa de bebida que tivessem trazido.

– Que coisa... Não era muito ecológico esse lugar – observou Thalita.

A Ferro e Flores | 271

– Pois é. O pior é que, quando chegava no dia seguinte, muita gente passava mal. Na falta da bebida e do cigarro, a pessoa fica com dor de cabeça, irritada, muitos sentem dor de estômago, no fígado... Porque, a senhora sabe, o organismo está acostumado...

– São as crises de abstinência – Thalita compreendeu de imediato. – Mas lá não tinha nenhum médico para cuidar das pessoas? Se a crise for muito forte, a pessoa pode até morrer – ela se lembrou do doutor Júlio explicando sobre o *delirium tremens.*

– Não tinha nada lá. Só o mato e a cachoeira, lugar para dormir e comida na mesa. Mas se a gente pedia um comprimido, eles diziam que não podia tomar nada. Fiquei quase louco.

– Mas não havia palestras? Grupos dos alcoólatras anônimos? Meditação e prece? – perguntou Thalita, lembrando-se agora do doutor Violla.

– Nada. Fazíamos prece na hora das refeições e antes de dormir. Só.

– E foi assim que o senhor ficou bom? – estranhou ela.

– Nada! No final do segundo dia, eu não aguentava mais. Chamei o meu colega e disse: eu vou embora daqui. E ele disse: eu vou contigo. Naquele noite mesmo, nós fugimos. Era uma hora da manhã, mais ou menos. A gente não tinha nem um tostão no bolso. Fomos andando. Por volta de sete horas, sete e meia, estávamos chegando no trevo.

– Meu Deus! – exclamou Thalita.

Ela imaginava que jamais seria capaz de andar tanto assim, muito menos numa estrada escura, ainda mais com o frio que devia estar fazendo! Neste meio tempo, o ônibus chegou. Os dois continuaram a conversa durante a viagem.

– Para a senhora ver como são as coisas! A gente ficou ali parado, querendo arrumar uma carona para acabar de chegar. Quando vê, para um caminhão com placa de Lambari. Ele deve ir pelo menos até São Lourenço, pensei. Quando cheguei lá para pedir se ele nos levava junto, o camarada estava tomando uma dose de cachaça e ofereceu.

– A essa hora da manhã? Para dirigir? – chocou-se Thalita.

– Parece até que Deus testa a gente, não é mesmo?

– E o senhor aceitou?

– Aí eu tive que aceitar, né? Eu, mais o meu companheiro, tomamos tudo junto com ele, que ainda pagou mais uma dose para cada um, na lojinha de queijo em frente. E então seguimos para São Lourenço. Lá eu tinha um primo, que era dono de um bar, e ainda tomei mais uma dose.

– Meu Deus... – Thalita sentia-se angustiada só de pensar.

– Depois o meu primo me emprestou dinheiro para a gente voltar para casa. Desde aquele dia, eu nunca mais bebi.

Thalita, a essas alturas, já não estava entendendo mais nada. Então ele tinha precisado fugir da clínica e beber mais não sei quantas doses para tomar aquela decisão? Será que era sério mesmo que ele nunca mais tinha bebido?

– Sabe, dona, na vida a pessoa acostuma com tudo. E desacostuma também. Se fizer uma coisa três vezes seguidas, já acostuma, e a mesma coisa para parar. Agora mesmo, estou tentando parar de fumar, mas só consegui ficar dois dias. Logo eu vou tentar de novo. Mas tem que ter o esforço, sem isto não tem jeito. E tem que ter ajuda de um médico também. E de Deus, porque sem Deus, ninguém é nada, não sabe? O médico me deu uns comprimidos para passar por aqueles dias mais difíceis, depois eu fui melhorando.O tempo todo eu rezava para Deus, pedindo que me ajudasse a largar do vício.

"Prece e meditação", pensou Thalita.

– E quanto tempo faz que o senhor não bebe mais? – ela perguntou.

– Ah, tem mais ou menos uns cinco anos. Mas acho que eu não vou recair mais não. Porque eu agora sei que a bebida não faz bem para ninguém. Vou à festa, batizado, baile, vou a qualquer lugar. Não tem problema se os outros estiverem bebendo. Eu tomo água, guaraná, não sinto vontade nenhuma de beber. Porque na minha cabeça eu coloquei que não gosto mais de bebida.

O ônibus chegou em Caxambu. Thalita se despediu de seu José e foi comprar sua passagem para Aiuruoca. O ônibus havia acabado de sair. Ela, porém, estava se sentindo tão tranquila depois daquela conversa, que nem se abalou. "Que coisa mágica é a vida", pensou, lembrando-se agora da mensagem que lera antes de entrar no ônibus.

Resolveu então dar uma volta pela cidade. O próximo ônibus só sairia às 18h20.

O passeio pelas ruas floridas de Caxambu era quase como uma volta à infância, ainda mais com aquele enorme buquê de hortênsias na mãos! Lembrou-se dos domingos em que o pai os levava para um passeio no Parque das Águas, dos tempos em que tudo o que ela mais gostava na vida era de andar de charrete ou no trenzinho que rodava pela cidade.

Caminhou até a praça e percebeu que muitas coisas haviam mudado desde que ela estivera em Caxambu pela última vez. O trenzinho e as charretes continuavam lá, mas a praça havia sido toda remodelada. Havia também um novo calçadão e muitas lojas com vitrines bonitas. Sentou-se em uma lanchonete com mesinhas na calçada e pediu uma empadinha com café. Era tão bom ser feliz, por que será que não conseguia fazer isso sempre?

Ainda passeava pela cidade, pensando se entrava ou não no parque para beber um pouco da água sulfurosa, quando deparou-se com um pôster que chamou sua atenção. Era o anúncio de um circo que ficaria apenas dois dias na cidade. Naquele momento, Thalita lembrou-se de todos os espetáculos de circo que assistira na infância, dos leões magros e famintos de que ela sempre morria de medo. Lembrou-se também do palhaço. Por que será que ela sempre pensava tanto nele? Sentiu então uma vontade imensa, quase incontrolável, de assistir ao espetáculo.

"Ah, no máximo às seis da tarde já vai ter terminado... Daí eu pego o ônibus já no meio do caminho, em frente ao circo mesmo, sete e pouco estou em Aiuruoca", decidiu, enquanto galopava na charrete que a levava até lá.

Só quando estava comprando o ingresso percebeu que havia algo mais naquele circo. "Com a participação dos Jubilosos Bufões", estava escrito no letreiro. Thalita estremeceu. Imediatamente lembrou-se de Samir e sentiu um aperto no peito. Mas não era só isso. Será que aquele circo tinha alguma ligação com o espetáculo que ela vira na rua? Não, não era possível... Seria muita coincidência.

Comprou o ingresso e entrou, com seu buquê de hortênsias, em meio às famílias de domingo e aos vendedores de balões e algodão-doce. O tempo todo tinha a sensação de estar penetrando em um espaço mágico, especial, quase um recorte de um antigo sonho da infância. A lona imensa, de uns 24 metros de diâmetro, toda decorada com luzinhas, fazia lembrar o formato de um castelo; todo o caminho que levava até o interior fora cuidadosamente decorado com pedrinhas e serragem, dando uma sensação de tempos muito antigos.

Thalita sentou-se com seu saco de pipocas salgadas e ficou olhando para os trapézios pendurados. Estava tudo escuro, mas o clima era de festa. No alto do picadeiro, uma banda tocava. Havia lá um teclado, um homem de fraque e cartola, um palhaço tocando corneta e outro tocando... sax! Tinha os olhos fechados, mas... Não, não era possível!

– Tia Mag, será que eu podia te pedir uma coisa? – perguntou Samir, no momento em que ela tirava da geladeira a bonita torta que preparara para o lanche.

Era um domingo; ela, Rute e Ana Patrícia tinham acabado de terminar o estudo do *Evangelho*. A reunião daquela tarde fora bem mais leve. A página falava sobre caridade.

– Claro, querido! Você não está gostando do canal de desenhos que eu escolhi para você? Quer escolher um filme? – imaginou Mag. – Espera só um instantinho que eu estou acabando de arrumar a mesa para o lanche e já vou lá no escritório resolver isso para você... Aliás, você não prefere lanchar primeiro e depois...

– Não é isso, tia! Sabe o que é? Eu ouvi, sem querer, vocês rezando o "Pai Nosso" lá no quarto da Ana Patrícia. Ela melhorou muito desde que a dona Rute começou a fazer oração junto com ela. Será que não dava para vocês fazerem um pouquinho de oração junto com o meu avô?

Mag ficou tão impressionada com o pedido que não sabia nem o que dizer:

– Bem, não sei se seu avô vai...

– Podemos sim, Samir. Vai ser um enorme prazer fazer isso – disse Rute, entrando na cozinha.

Ela vinha para saber se Mag precisava de alguma ajuda e, sem querer, acabara ouvindo o pedido do menino.

– Assim que terminarmos o lanche, pode ser? – sugeriu Mag.

– Claro que sim! – concordou Samir, animado.

Ele parecia um rapazinho em sua maneira educada de falar.

– Sabe que eu quase lhe convidei para participar do nosso estudo? – disse Rute, fazendo-lhe um carinho nos cabelos.

– Eu queria. Por que não me convidou? – ele perguntou, espontâneo.

– É que eu não sabia direito a religião da sua mãe – explicou Rute.

– Não se preocupa, não. A minha mãe também tem um livro espírita. É alguma coisa de lar; ela me mostrou no outro dia...

– *Nosso lar*, você quer dizer – corrigiu Mag, passando com a torta para a sala.

– Gente, mas este menino é impressionante! – observou Rute, indo atrás dela.

Samir seguia as duas, agora falando sem parar:

A Ferro e Flores | 275

– Sabe o que é, dona Rute? Eu ando muito preocupado com o meu avô. Tem horas em que ele fica mais bonzinho, é até legal comigo. Mas tem outras em que ele fica muito bravo. Diz até para a minha mãe que ela não é filha dele, já pensou? E no outro dia, o doutor Violla veio aqui e disse que ele precisa sentar um pouquinho na cadeira de rodas, mas ele não quer, de jeito nenhum. Ele não quer fazer nada para ficar bom!!! Nem comer comida com vitaminas! A minha mãe fica preocupada!

Dona Rute estava enternecida com a cena. Ele parecia tanto o seu Pedro quando era menino... Num átimo, lembrou-se do sonho que tivera com Pedro, da criança que ele segurava no colo e sentiu um arrepio. "Será que havia alguma ligação entre Samir e aquele menino?", perguntou-se em silêncio. Samir, enquanto isso, continuava falando. Estava agora sentado na mesa ao lado de Rute, concentradíssimo na conversa.

– Dona Rute! – ele chamou, vendo que ela estava com o pensamento distante.

– Desculpe, querido... Sem querer me lembrei de uma coisa. Mas o que era mesmo que você estava dizendo?

– Eu também estou mesmo muito preocupado com o meu avô. Ele está sempre pedindo cigarros. A senhora acha que, se eu desse um cigarro para ele, ele podia melhorar?

Mag e Rute se olharam chocadas.

– Eu acho que ele poderia até ficar contente, mas a saúde dele ia piorar muito – interferiu Ana Patrícia, que vinha chegando na sala com sua cadeira. – Vocês não acham a mesma coisa?

– Ele já tinha comentado isso antes, filha? – Mag quis saber.

Ela trocou rápido olhar com Samir, como a assegurar-lhe que o segredo continuaria guardado.

– Não! Só estou dizendo isso porque ouvi quando ele falou! – ela piscou discretamente para ele antes de se sentar a seu lado.

– Se a sua mãe escuta você dizendo isso, Samir! – comentou Mag, entrando agora com uma bandeja cheia de sanduíches quentinhos.

– É, Samir. A gente precisa tomar cuidado para não fazer o mal para outra pessoa pensando que está fazendo o bem – acrescentou Rute. – O cigarro faz muito mal para o organismo, e o seu avô já está com a saúde tão debilitada...

– Ele me pediu só um, coitado! Se ele já fumou a vida inteira, será que mais um vai fazer diferença? – o menino questionou pensativo.

– Samir! Ele falou com você? – admirou-se Mag. – Ele fala normalmente com você quando sua mãe não está em casa?

Samir ficou angustiado. Não queria que a mãe soubesse ainda de seu segredo. Tinha muito medo que ela dissesse alguma coisa e Hermínio nunca mais quisesse falar com ele.

– Não, tia... É que eu ouvi quando ele pediu para o enfermeiro e fiquei com muita pena dele – explicou desajeitado.

276 | LYGIA BARBIÉRE

Para seu espanto, Mag acreditou. Ela estava ciente de que o menino passava enorme parte do dia atrás da porta do quarto do avô, ouvindo tudo o que se passava lá dentro. Samir ficou morrendo de vergonha por dentro. Sabia que era muito feio mentir.

– Você não seja bobo de cair nesta conversa do seu avô, não, viu? Daqui a pouco ele vai estar pedindo uma dose de uísque e você também vai achar que uma dosezinha não faz mal! – alertou Mag, enquanto ia servindo as pessoas. – Você chamou a sua irmã, filha? – perguntou, esticando os olhos em direção ao corredor.

– Bati na porta, mas ela não respondeu nada – respondeu Ana Patrícia. – Não sei não, mãe, mas eu estou achando que ela vai a algum lugar. Ouvi quando ela saiu do banho agora há pouco.

– Não é possível. Ela nunca sai de casa. – asseverou Mag.

– Não liga nenhuma colega do cursinho para ela? – perguntou Rute.

– E ela atende ao telefone? – Mag deu um suspiro profundo.

– É, o caso dela parece bem complicado... Aliás, estou sentindo hoje uma energia estranha aqui no apartamento – comentou Rute.

– Como assim? – estranhou Ana Patrícia. – Tem algum espírito aqui?

Todos riram da maneira como ela falou, olhando assustada para todos os lados.

– Na verdade, espírito sempre tem. Afinal, cada um tem o seu protetor, não é mesmo? Fora isso, atraímos sempre outros seres de outras dimensões com os nossos pensamentos e atitudes.

– Como assim? – agora foi Samir quem ficou interessado.

– Na escola você não escolhe os seus amigos? – Rute comparou.

– Ah... Eu brinco mais com aqueles que gostam de brincar das mesmas coisas que eu. E quando eu falto à aula, só peço a apostila emprestada para aqueles que prestam a atenção do mesmo jeito que eu, para não copiar errado. Sabe que tem gente que escreve tudo errado na cruzadinha e nem presta atenção na correção da tia?

– Ele é muito fofo, não é? – Ana Patrícia não aguentou e sapecou-lhe um beijo no rosto.

– Não faz isso! – ele pediu, sério, limpando o beijo. – Eu sou homem!

Todas riram. Samir ficou todo sem graça. Rute veio em seu socorro, continuando a explicação.

– Pois então. Da mesma maneira como você escolhe os seus amigos pela afinidade, os espíritos também se aproximam das pessoas que gostam das mesmas coisas que eles. Estamos sempre profundamente ligados aos que se afinam conosco. Se você gosta de ajudar as outras pessoas, sempre vai ter perto de você amigos que também gostam de fazer isso, encarnados e desencarnados.

– A senhora quer dizer vivos e mortos? – interpretou Samir.

– Isto mesmo. Só que ninguém morre. Apenas saímos do corpo de carne, por isto os espíritas dizem desencarnados. E, uma vez desencarnados, conti-

A Ferro e Flores | 277

nuamos do mesmo jeito que éramos quando encarnados, gostando das mesmas coisas. Por isto, se você é revoltado, vive reclamando da vida e de tudo, também vai atrair para perto de você espíritos desse jeito. Sempre que nos desequilibramos, que ficamos fixados excessivamente em alguma coisa, automaticamente entramos em contato com as inteligências encarnadas ou desencarnadas em condições parecidas com as nossas.

– É mesmo! Já reparou que, sempre que a gente tem algum problema, encontra, por acaso, um monte de gente com problemas parecidos? – lembrou Ana Patrícia.

– Entendi... – disse Samir pensativo.

Passaram todos algum tempo em silêncio, cada qual mastigando seu lanche e pensando no que acabara de ser dito. De vez em quanto, Rute ou Ana Patrícia fazia um elogio, achando gostosos os alimentos, mas Samir continuava quieto. Estava por demais preocupado com a questão do cigarro do avô.

– Então quer dizer que, quando o meu avô fica querendo cigarro, ele atrai para junto dele outros espíritos que também querem a mesma coisa? – ele perguntou de repente. – Mas como é que os espíritos fumam?

Mag coçou a cabeça preocupada. "Como é que Rute iria arrumar jeito de responder todas aquelas coisas para o menino sem deixá-lo com medo?", pensava consigo. E o pior era que ele ia passar os próximos dias com ela, até que Thalita voltasse de Aiuruoca.

– Vocês não acham melhor a gente mudar de assunto? – sugeriu, como quem não quer nada.

– Não, tia. Agora eu preciso saber! Já pensou se a minha casa estiver cheia de espíritos?

– Fique calmo, Samir. Não vai aparecer nenhum espírito querendo cigarro na sua casa porque o seu avô não continua fumando. Olhe só, esses espíritos não são necessariamente maus. Apenas estão doentes. Você não vê como seu avô fica desesperado por causa da falta do cigarro? – comparou Rute.

– Do cigarro e da bebida também! – acrescentou Samir.

– Pois é. Agora você imagina: uma pessoa bebe e fuma a vida inteira, de repente ela desencarna e não tem mais onde comprar cigarro e nem bebida. Já imaginou como ela vai se sentir?

– Vai ficar desesperada que nem o meu avô! – Samir deduziu de imediato.

– Exatamente. Por isto precisamos ajudar o seu avô a se livrar desses vícios enquanto ele ainda está encarnado. Para não sofrer depois!

– Se você der um cigarro para ele, depois ele vai ter vontade de fumar outro, e mais outro... nunca que o organismo dele vai se acostumar a viver sem nenhum cigarro – explicou Ana Patrícia. – A pessoa, quando é viciada, destrói o organismo, mas não para de fumar.

– Mas, por que isso? – Samir quis saber.

278 | LYGIA BARBIÉRE

– Porque a nicotina do cigarro, assim como o álcool, é uma substância que causa dependência. O organismo da pessoa se acostuma com aquilo e fica pedindo mais – explicou Mag.

– Na verdade, não é só o organismo que pede. Quando a pessoa fuma muito ou bebe muito, ela cria em torno dela um grupo de espíritos desencarnados que sempre fazem isto junto com ela e também ficam pedindo quando ela não faz – complementou Rute.

– E como é que o espírito pede? – perguntou Samir.

– Ele fica falando do lado da pessoa até a pessoa pensar que aquilo é um pensamento dela, que é ela mesma quem está com vontade – esclareceu Rute.

– Caramba! Sinistro! Então o meu avô devia andar o tempo todo com um montão de espíritos!!! – imaginou o garoto. – Nossa, nós vamos ter que rezar muito para ele!

Todas riram. Era cômico o jeito como ele se apavorava. Instantes depois, estavam todos no apartamento ao lado. Ana Patrícia também foi. Samir se despediu logo que entraram na sala. Ele foi para a estante pegar a caixa onde guardava seus homenzinhos.

– Você não vai entrar conosco? – estranhou Rute.

– Melhor não. Ele ia me enxotar na hora! – ele disse, na maior tranquilidade, virando a caixa no chão. Parecia já acostumado ao jeito do avô.

– Se ele ficar irritado, aí é que não vai querer rezar de jeito nenhum... – ele ainda completou.

Mag, Rute e Ana Patrícia tocaram um olhar enternecido.

– Então eu vou ficar um pouquinho aqui com você, vendo seus brinquedos. – disse Rute, sentando-se na pontinha de uma poltrona ao lado do menino. – Quando estiver na hora, você me chama, está bem? – pediu a Mag.

A porta do quarto estava fechada:

– Posso entrar? – disse Mag, empurrando a porta.

Para sua surpresa, Hermínio estava sentado na cadeira, olhando para as plantas na janela, enquanto o enfermeiro folheava mais uma revista. Os dois tomaram um susto ao ouvir sua voz.

– Já não disse para não ir entrando, quando... – só então Hermínio percebeu que era Mag e não Thalita. – Querida! Que bom que veio – ele mudou completamente o tom de voz.

– Que bom que o senhor conseguiu se sentar na cadeira!

– Pelo menos para me colocar aqui sentado este traste serve! – observou, amargo, referindo-se ao enfermeiro. – Ah, mas estou sentindo muitas dores... – dramatizou.

O rapaz saiu do quarto para deixá-los mais à vontade.

– Não quer aproveitar para fazer um lanche? Eu trouxe algumas coisinhas – disse Mag, gentil.

A Ferro e Flores | 279

– Vai, vai! Chispa daqui! – Hermínio disse ao enfermeiro.

– Mas veja só, tio, justo hoje, que o senhor criou coragem e se sentou na cadeira, eu trouxe uma surpresa. O senhor se lembra da Ana Patrícia?

A jovem entrou em sua cadeira, toda sorridente. Hermínio ficou boquiaberto.

– Eu não sabia que ela... – ele abaixou o tom para perguntar só para Mag. – Já nasceu assim?

– Não, senhor, sofri um acidente, faz poucos dias – disse a jovem, abrindo novo sorriso. – Quer dizer, poucos meses...

– E você me diz isso assim? Não fica revoltada de usar essa coisa? – estranhou ele.

– Sabe que eu não fiquei? Cheguei à conclusão de que não iria adiantar nada ficar revoltada. Não ia mudar em nada a minha situação... – ela explicou. – E sabe? Nem é tão ruim. Todas as pessoas me dão muita atenção quando eu passo na rua, todo mundo quer ajudar... Algumas pessoas me chamam de cadeirante, não é muito legal?

– É... Se você gosta de fazer papel de vítima, então é uma festa! – ele percebeu que Mag o olhava de um jeito reprovador e tentou corrigir sua ironia a tempo. – Quando a gente é jovem, sempre acha tudo ótimo... Mas... e o Sílvio, como vai? Sabe que até hoje ele não veio me visitar?

– Ah... É que ele anda ocupado com muitos processos, qualquer hora dessas ele aparece – justificou Mag.

– Minhas costas estão doendo um pouco... Para quem gosta, é muito bom, mas este esporte é muito puxado para mim. Chamem o buldogue para me colocar de novo na cama!

– Quem? – Ana Patrícia não entendeu.

– Pode deixar que eu vou chamar, tio – Mag saiu depressa.

– Vocês não precisam sair não – ele disse a Ana Patrícia. – A presença da sua mãe é um bálsamo para mim... Sabe, eu daria tudo para que ela fosse minha filha! E ter uma família como a sua. Você tem uma irmã, não tem?

– Tenho, tenho sim – Ana Patrícia estava um pouco constrangida.

– Tem uma irmã, um pai... Espetacular, por sinal! Enfim, uma família como tem que ser! Ao passo que outras pessoas... – ele estava claramente se referindo a Thalita.

O enfermeiro entrou no quarto ainda mastigando um pedaço de sanduíche e colocou-o na cama. Mag veio em seguida, acompanhada de Rute.

– Tio, esta daqui é uma grande amiga! O nome dela é Rute e ...

Mag sentiu que Rute de repente havia ficado gelada. Não podia perceber, mas Eustaquiano estava ao lado dela. Ele fez um gesto como se tirasse algo da frente dos olhos dela. Foi justamente quando ela começou a passar mal.

– Você está bem Rute? – Mag ficou preocupada.

– Nada demais... Apenas uma queda de pressão – disfarçou ela.

280 | LYGIA BARBIÉRE

Via, porém, Hermínio diferente das outras pessoas no quarto. Abatido e pálido, mantinha-se ele unido a uma entidade em estado lastimável, em terríveis condições de inferioridade e de sofrimento. Tinha este ser a fisionomia que um dia Thalita vira no hospital de Aiuruoca misturada ao rosto do pai. Os dois pareciam visceralmente jungidos um ao outro, tal era a quantidade de fios tenuíssimos que mutuamente os entrelaçavam, desde o tórax até a cabeça. Pareciam dois prisioneiros de uma mesma rede fluídica. "Com toda certeza, a mente de cada um deles está sempre inundada de pensamentos do outro, todas as emoções e sentimentos devem ser permutados entre eles o tempo todo", imaginou Rute, avaliando o quadro, consternada.

Alheia a tudo o que se passava na mente e no campo de visão da amiga, Mag fez as apresentações.

– Este aqui é meu tio Her...

– Hefesto! Todos em Aiuruoca me chamam assim. O deus...

– ... ferreiro da mitologia grega – Rute completou. – O filho bastardo de Hera!

– O artista por excelência – preferiu ele.

Era incrível. A mente de ambos funcionava em total sintonia. Era como se Hefesto tivesse as ideias e Hermínio as processasse imediatamente através de seus circuitos cerebrais. Não dava nem para saber até que ponto Hermínio tinha consciência de que ele não era Hefesto. "Como havia se constituído tal simbiose?", Rute se perguntava em silêncio.

– Mas esta sua cadeira parece mesmo um trono! – Rute observou perspicaz. – O senhor sabia que a primeira obra de arte que Hefesto fez, depois de fundamentar sua grande oficina no monte Etna, foi um trono, que deu de presente a sua mãe?

Hermínio/Hefesto gostou da observação. Não conhecia tantos detalhes da mitologia, mas era vaidoso e imaginava que tudo o que se referia ao deus grego referia-se também a sua pessoa, o que o fazia sentir-se ainda mais importante e especial.

– Vejo que a senhora entende bastante de mitologia... Gosto de pessoas assim. Sabe, também sempre gostei muito de ler. Agora a senhora vê a minha situação. Estamos tendo um diálogo agradável, estou recebendo visitas agradáveis e não tenho um aperitivo, um uisquinho para oferecer a vocês... Com toda certeza, uma grosseria de minha parte! – ele quis testar o novo campo de ação.

Ana Patrícia ficou chocada com a observação:

– Mas nós não viemos aqui para beber! Aliás, eu nem bebo!

– Não sabia que o senhor gostava tanto de ler – observou Mag. – Querendo, tenho muitos livros lá em casa e...

– Não se preocupe com isto – desconversou ele. – Nesta situação, eu não tenho mais vontade de nada. Na verdade, tudo que eu queria era uma boa alma que me fizesse a gentileza de trazer um fio desencapado ligado numa tomada para eu colocar o dedo!

A Ferro e Flores | 281

– Na verdade, tio, nós viemos aqui para fazermos juntas uma prece para que o senhor melhore depressa – Mag se antecipou.

– Prece? – aquilo para Hermínio/Hefesto parecia grego.

– Sim, a prece alivia os ânimos, fortalece o espírito, dá mais coragem e resignação! – completou Rute, já abrindo o *Evangelho*.

– Resignação... A senhora sabe? Taí uma palavra de que eu não gosto. Nunca gostei! – comentou Hermínio.

O tom não era propriamente agressivo, mas perpassava certo sarcasmo.

– O senhor não gostaria de fazer conosco uma prece? – insistiu Rute.

– A senhora não me leve a mal. A conversa estava até muito boa. Mas esse negócio de prece... Vamos deixar para *outro* dia, está bem?

– É o senhor quem sabe – concordou Rute, fechando de novo o *Evangelho*.

– Tio, não custa nada... Deixa só a gente fazer um "Pai Nosso" e... – tentou insistir Ana Patrícia.

– Outro dia, está bem, Mag? Hoje eu não estou disposto – ele disse, fechando completamente a fisionomia.

A conversa foi interrompida quando Sílvio entrou no quarto como uma bala. Ele rescendia a álcool.

– Mag, você está sabendo que a Ana Teresa está pretendendo sair?

– Eu não falei? – disse Ana Patrícia.

A presença dele pareceu despertar algo em Hermínio, que logo se animou:

– Ô Sílvio! Que imenso prazer em vê-lo! Tinha mesmo acabado de perguntar por você! – cumprimentou o outro satisfeito, sentindo também o cheiro de álcool no ar.

Junto com ele vinham vários espíritos, talvez até alguns velhos conhecidos. Mas não dava para ter certeza de muita coisa. Os traços fisionômicos da maioria deles mais pareciam desenhos monstruosos. Rute sentiu-se tomada por um sentimento de profunda piedade por todos aqueles desventurados.

– Mas sair para onde? – perguntou Mag atarantada.

– Não sei direito. Ela me pediu dinheiro para o táxi; disse que ia a um *show* – respondeu Sílvio, sem nem dar atenção a Hermínio.

– E você deu? – indignou-se Mag.

Os espíritos pululavam em torno dela. "É um incompetente", diziam em sua cabeça. "Xinga ele, xinga! Como é que ele faz uma coisa dessas?" Quanto mais sua raiva aumentava, mais ela captava aqueles pensamentos como se fossem seus.

Da mesma maneira, os espíritos também provocavam Sílvio: "Quem ela pensa que é para falar assim com você?"

– Dei, ora essa! – ele respondeu agressivo. – Na hora não sabia o que fazer, mas achei melhor vir depressa falar com você.

– Ah, depois você achou melhor... – Mag continuava indignada, mal podia crer no que ouvia. – Você é um... – ela se conteve olhando para Rute. – Ela já saiu?

– Não, estava terminando de se aprontar e... ela... – Sílvio parecia um tanto quanto constrangido de dizer.

– Ela o quê, Sílvio? – Mag estava ao ponto de estrangulá-lo.

– Ela... entrou no quarto com uma latinha de cerveja – ele disse por fim.

– Mania de encher esta maldita geladeira de latinhas de cerveja! Eu vou até lá! – Mag decidiu num pulo.

Hermínio sentia-se cada vez mais instigado por aquela conversa; estava a ponto de pedir: traz uma para mim também! O detalhe da geladeira cheia não lhe passara despercebido. Ana Patrícia, por sua vez, observava a cena boquiaberta; mal reconhecia os próprios pais naquela horrível discussão. Queria ir atrás da mãe, descobrir o que de fato estava acontecendo, mas não tinha espaço nem para passar naquele quarto cheio de gente.

– Querida, vamos fazer uma prece em silêncio – sussurrou Rute, tocando em suas mãos.

Ana Patrícia concordou com a cabeça e fechou os olhos. Antes que elas começassem, porém, Rute teve sua atenção despertada para algo. Ana Patrícia abriu de novo os olhos. Não estava entendendo por que Rute demorava tanto a começar. Ela contudo parecia fora dali, os olhos parados olhando fixamente para a porta. A jovem, contudo, não conseguia ver o que Rute estava enxergando.

No canto da porta, uma sombra parecia se mover. Era Pouca Tinta. Ele sorriu para Hefesto e disse:

– Esta eu venci! Venham comigo, seus imbecis! – ele gritou para o lado de fora.

Rute olhou para a porta, abriu a boca de susto e caiu num acesso de pranto descontrolado.

— Será que ele está me vendo? — o espetáculo inteiro, Thalita se perguntava. Tinha a certeza de que era o mesmo palhaço que um dia conhecera em Copacabana. Havia momentos em que ele sorria e olhava tão profundamente para ela que ela achava que era impossível que ele também não a tivesse reconhecido. Mas era só ele se virar para o outro lado da plateia para ela novamente assegurar-se que tudo não passava de coisa de sua imaginação. Afinal, como iria reconhecê-la em meio à escura plateia, depois de tanto tempo?

— É claro que ele não se lembra de mim! Não tem como se lembrar! Quantas pessoas, quantas mulheres como eu será que já não viu em mais de três meses de espetáculos? — dizia a si própria, como a mãe que ralha com a filha sonhadora.

"E por que será que aquele se tornou tão importante para mim?", Thalita se perguntava, enquanto a jovem de guarda-chuva se equilibrava na corda quase invisível. Do outro lado da corda, vinha um palhaço de cartola e sanfona para encontrá-la. Não era Domenico. Ela não conseguia entender como um palhaço ligado a um grupo carioca, que se apresentava nas ruas para levantar fundos em prol de crianças doentes, fora aparecer tocando saxofone no picadeiro de um circo em Caxambu! Onde estaria ele agora?

E assim passou-se o primeiro saco de pipocas, o primeiro ato, o espetáculo inteiro... Como se o tempo todo ela duvidasse da possibilidade de ela própria estar ali, como se tudo não passasse de estranho sonho, que logo iria se dissolver ao contato das primeiras luzes da realidade. Era isto. Tudo não passava de um sonho, ela se convenceu, minutos antes de terminar o espetáculo. Domenico era apenas um sonho, não havia por que falar com ele.

Instantes depois, as luzes se acenderam, o público aplaudiu de pé e os atores voltaram ao palco de mãos dadas para agradecer. Por diversas vezes, Domenico procurou por Thalita na plateia, mas, exatamente como da outra vez, ela sumira no meio da multidão.

Já ia saindo da lona apressada, preocupada com a hora de seu ônibus para Aiuruoca, quando, de repente, deparou-se com uma barraquinha onde eram vendidos pequenos palhaços trapezistas, de braços atados por fino fio de lã vermelho. Thalita parou maravilhada, não conseguiu resistir:

283

– Vou levar este para o meu filho. Quanto é? – pediu, já remexendo a bolsa.

– Não é nada. É um presente meu para você – ela ouviu de repente a voz dizer atrás de si.

Olhou para o chão e reconheceu os sapatos. O coração disparou. De novo aquela voz... "E agora? O que fazer?", tentou pensar, segundos antes que ele inevitavelmente a encarasse com aqueles seus olhos fundos de palhaço. Ainda trazia nas mãos o sax:

– Então pensou que eu não fosse me lembrar de você?

Thalita não sabia o que dizer. Continuava remexendo na bolsa, em busca da carteira, como se procurasse as palavras lá dentro.

– Feche esta bolsa. Já disse que é um presente meu para você – insistiu ele, percebendo seu nervosismo.

– Bem... Se é assim... Então muito obrigada – ela disse, pegando o palhacinho das mãos do vendedor.

Este também parecia hipnotizado pela situação, mas logo teve sua atenção desviada para o monte de pessoas que saía do espetáculo e também se interessava pelos palhacinhos.

– Quanto custa?

– Tem de bolinhas amarelas?

Perguntas e pessoas começaram a se juntar em torno deles.

– Vamos sair daqui? – convidou Domenico, tocando de leve no braço dela.

Thalita estremeceu ao toque, sentiu-se arrepiar até o topo da cabeça. Um arrepio quente que, ao mesmo tempo, a fazia tremer por inteiro. Estava paralisada com a situação, como se até o seu cérebro houvesse parado de pensar de repente.

– Eu tenho de pegar o ônibus para Aiuruoca – ela se lembrou.

– Não. Você não pode fazer isso!

– Não posso? – ela não entendeu.

– Eu esperei tanto para revê-la... – disse Domenico.

Pararam de novo, os olhos nos olhos, sem saber o que dizer. A essas alturas, os dois já estavam no vasto pátio que ficava em volta do circo. De lá, dava para ver o outro lado da rua, cortada ao centro por um canal.

– O ônibus! – ela exclamou, fazendo menção de sair correndo.

Domenico, porém, a segurou pelo braço com força:

– Por favor, não vá. Eu estou de carro. Te levo em Aiuruoca, se você quiser. É para lá que você vai, não é? – ele quis certificar-se de que havia escutado direito.

– Sim, eu... – ela continuava perplexa.

– Por favor, diga que aceita jantar comigo. É só o tempo de eu trocar de roupa e...

– Mas é longe daqui!

– Não tem problema. Eu queria tanto conversar com você, saber um pouco mais sobre você...

A Ferro e Flores | 285

– Mas... – Thalita mal tinha forças para argumentar. Também queria tanto tudo isso...

– Se for o caso, eu me hospedo por lá. Tem um hotel que eu adoro, fica no... Pico do Papagaio! – ele conseguiu se lembrar, com certo sotaque.

– Você conhece o Pico do Papagaio? – ela se surpreendeu. Tinha o olhar de uma criança que vê um palhaço pela primeira vez. Isto deixava Domenico ainda mais fascinado por ela.

– Já estive lá algumas vezes. É um dos lugares mais bonitos desta região. E tem um cozinheiro... Que tal se nós fôssemos até lá para jantar? – ele teve a ideia de um rompante.

– Hoje? – Thalita não conseguia acreditar, tudo aquilo era completamente irreal.

– Depois eu deixo você onde tem de ir e volto para passar a noite no hotel. Você tem hora para chegar? – insistiu ele.

– A essas alturas, acho que não, mas... – respondeu Thalita, ainda confusa se devia ou não aceitar aquele convite.

Minutos depois, estavam dentro do carro de Domenico, indo para Aiuruoca. A estrada estava escura; de tempos em tempos era iluminada por queimas de fogos distantes, provavelmente por causa do jogo, que tinha acabado de terminar.

– Será que o Flamengo venceu? – Thalita imaginou.

– Sou tão desligado dessas coisas que nem tenho ideia de que times estavam jogando.

– Você não tem time? – estranhou Thalita.

– Não exatamente. Gosto do Flamengo, do Botafogo, mas, depois que vim morar no Brasil, por incrível que pareça, deixei de gostar de futebol – confessou ele.

– Realmente é incrível. Os homens de maneira geral são loucos por futebol! Mas de onde você veio?

– De Espanha. Morava em Madri, mas nasci em uma cidade chamada Valência, você conhece?

– Nunca saí do Brasil – confessou Thalita.

Do aparelho de CD vinha uma música que Thalita nunca tinha ouvido antes, mas que parecia em total sintonia com o que acontecia.

"Eu vivo este momento, sem nada esperar / Um passo em movimento, adiante eu vou chegar / Faço de cada instante, um dia a conquistar / Nova história, que me mostra a trajetória, eu não sei... / Fogos no ar, nessa luz vai nascer o olhar..."

– Que música bonita. Quem canta?

– Ah! Ganhei este CD de um amigo, parece que é uma cantora brasileira, que vive no Canadá... Seu nome é Leila Marim. Também gostei muito. Adoro música brasileira, principalmente este ritmo, que eles agora chamam de *world soul* – disse Domenico.

286 | Lygia Barbiére

O tempo todo Thalita tinha a sensação de que aquilo era um sonho, não podia ser real. Olhou para o banco de trás e percebeu que estava cheio de coisas do espetáculo. Domenico havia jogado tudo ali depressa, com medo de que ela não o esperasse. Ele ainda trazia o nariz vermelho pendurado no pescoço.

– Você já trabalhava como palhaço quando veio da Espanha?

– Não. Na verdade eu não sou propriamente um palhaço.

– Não? – estranhou Thalita.

– Sou médico.

– Médico? – ela jamais poderia ter imaginado.

– Mais especificamente pediatra. Mas tenho muitos amigos palhaços, que conheci no hospital. Eles fazem um trabalho maravilhoso junto às crianças doentes e suas famílias.

– Ah... Sei do que está falando. Já vi um filme sobre eles, realmente é um trabalho muito legal – localizou Thalita.

– Foi com eles que idealizei o projeto para arrecadar fundos para ajudar os pacientes muito carentes, do qual participam vários outros médicos solteiros como eu.

Thalita adorou o 'solteiro'.

– Casados nunca participam?

– Alguns até que sim, mas são poucos. Imagine um médico que já se dedica a semana inteira a seus pacientes ainda passar os finais de semana nas ruas, fazendo trabalho de ator... Uma esposa não suportaria!

– Ia entrar na peça com um rolo de macarrão para dar na cabeça do marido! – brincou Thalita.

Os dois riram imaginando a cena.

– Mas... qualquer pessoa pode trabalhar como palhaço? – ela ficou pensando com admiração.

– Não! Ser palhaço é coisa séria! Eu fiz vários cursos. Sabe que eu nunca pensei que eu fosse gostar tanto? Se pudesse, largava a medicina só para ser palhaço 24 horas por dia...

– E não pode?

– Acho que não. Não que eu seja muito especial... Mas é que tenho muitos pacientes pequenos que já se acostumaram comigo, eu sinto que preciso cuidar deles, você me entende?

– Entendo. Eu tenho um filho de seis anos. Ele é a maior riqueza da minha vida. Você nunca teve filhos?

– Tive – Domenico não quis se aprofundar no assunto. – Mas daí, como estava te contando, eu fui fazer um curso e acabei ficando muito amigo também do pessoal deste circo, onde acabamos de nos encontrar – explicou ele.

Thalita estava tão nervosa que nem reteve a informação sobre o filho.

– Deixa eu ver se eu entendi... Você trabalha como pediatra, nas ruas e no circo ao mesmo tempo?

– Não, menos! – ele riu. – Durante a semana trabalho normalmente como pediatra, no meu consultório e no hospital. Um final de semana a cada quinze dias, eu e minha equipe saímos para realizar o trabalho que você viu em Copacabana.

– E o circo?

– Ah, o circo foi uma brincadeira. Como toco saxofone e o saxofonista deste grupo estava doente, um amigo me pediu para fazer uma participação meio improvisada no espetáculo. Achei ótima a ideia de passar um final de semana em Caxambu e vim...

– Para Aiuruoca! – brincou Thalita.

Os dois riram. O carro atravessava agora um trecho de estrada de terra. O clima era leve e agradável. A lua estava enorme, o céu inteiro respingado de estrelas.

"A noite esconde as horas, pra nos deixar sentir suas memórias...", cantava a música.

"Puxa!... Pensar que a vida inteira eu morei aqui e nunca havia pisado neste lugar", Thalita pensou, no momento em que entravam no salão do restaurante, de enormes janelões de vidro, com vista para o Pico do Papagaio. Como estivesse de noite, porém, podiam avistar apenas uma enorme cachoeira, rasgando a escuridão com suas águas brancas. Todo o restaurante era iluminado por luz de velas; não havia luz elétrica no local.

Gentil, Domenico puxou a cadeira para que ela se sentasse. Todas as mesas eram enfeitadas com flores recém-colhidas. O dono era francês. Ele e Domenico pareciam se conhecer já há algum tempo.

– Que vinho você nos recomenda? – Domenico perguntou a ele.

E, virando-se rapidamente para ela:

– Esqueci de perguntar: você toma vinho?

Thalita estarreceu. Chegou a ficar gelada com a pergunta. Tempos atrás, diria que sim, sem o menor constrangimento. Ela até gostava de tomar um cálice de vez em quando, com amigos. Todavia, depois que o pai se mudara para a casa dela, ou melhor, que ambos se mudaram para o apartamento do tio, com tantos problemas decorrentes do alcoolismo, ela nunca mais tomara um gole sequer de nenhuma bebida que contivesse álcool. Tinha a sensação de que, se fizesse isso, perderia toda a moral para impedir que o pai voltasse a beber.

Um tanto quanto constrangida, ela tentou explicar sua situação a Domenico.

– Não seja por isto. Então hoje iremos tomar suco de limão! O meu amigo aqui faz um suco de limão especial, usando água mineral, folhas de melissa e hortelã, quer experimentar?

– Claro – Thalita respondeu aliviada.

Passaram algum tempo saboreando o delicioso *couvert* que o garçom trouxe para a mesa.

– Nossa, é maravilhoso este patê! – comentou ela.

– É feito de beterraba com queijo *brie*. Mas o Bernard não dá a receita de jeito nenhum! – explicou Domenico, provando seu suco que acabava de chegar.

– E a cor deste suco! Nunca vi nada igual! – ela disse, provando o seu.

– Mas que coisa incrível essa história do seu pai... Sabe, parece até que, de tempos para cá, eu venho sendo cercado por histórias assim... – ele comentou, lembrando-se de Miguel. – Falando nisso, preciso ligar para um amigo a quem não vejo já faz algum tempo...

– Histórias sobre alcoolismo? – perguntou Thalita.

– É. Imagina que este amigo perdeu o irmão em um acidente bárbaro! – comentou Domenico.

– Também conheço casos assim... – disse Thalita, triste. – Nossa, eu também precisava ligar para casa!

– Nem adianta tentar. Nenhum celular pega aqui nestas montanhas. Mas você pode ligar aqui da pousada; acho que eles têm um telefone fixo...

Ela se levantou para ir saber na recepção e voltou desolada.

– Você acredita que nem o telefone fixo deles está funcionando hoje? Parece que deu defeito no final de semana e só na segunda-feira podem vir consertar!

Ela ficou um tempo triste, mexendo nas migalhas na mesa.

– Faz muito tempo que o seu filho é doente? – Domenico ousou perguntar.

– Samir? Nada! Ele não é doente, não. Graças a Deus! – sorriu Thalita.

– Mas você estava tão preocupada em ligar para casa! Imaginei que...

– Não. Era só para saber notícias. Na verdade, minha maior preocupação neste momento não é com o Samir, mas com o meu pai – os olhos dela se encheram de lágrimas quando ela disse isto.

– Vamos fazer uma coisa? – propôs Domenico. – Não vamos falar sobre estes assuntos hoje à noite, está bem? Quer dizer – ele se deu conta de que poderia estar sendo grosseiro –, a menos que você queira... Nossa, como eu sou indelicado! Na verdade, só não gostaria de falar de coisas que a deixassem triste para que não desmanchasse nunca esse sorriso lindo, mas, se você quiser, se achar que precisa...

Thalita entendeu o que ele estava tentando dizer.

– Não se preocupe. Acho que tudo o que eu preciso é não pensar sobre isto. Nem que seja apenas por uma noite. Sabe, tem mais de três meses que eu não faço outra coisa senão falar sobre alcoolismo, me informar sobre alcoolismo...

– Então está combinado. Nada de álcool. Nem para beber, nem para pensar! – brincou Domenico, bem-humorado. – Mas... – ele se lembrou de repente de um fato distante. – Então não era por causa do menino... Era por causa do seu pai que você estava chorando naquele dia?

– Era. Mas acabamos de combinar que não iríamos falar deste assunto. Pelo menos esta noite! – lembrou ela. – Sabe, é como um trem. Se a gente puxa um vagão, vem outro, e mais outro, e...

– E a gente acaba atropelado por um trem em pleno Pico do Papagaio! – ele brincou, usando sua prática de palhaço. – Está certo – ele olhou para ela de um jeito terno. – É que nunca mais consegui esquecer suas lágrimas – ele tocou no rosto dela com o dorso dos dedos.

Thalita sentiu-se hipnotizada por aquele carinho.

– E eu... eu... nunca me esqueci de nenhuma das suas palavras – ela confessou.

Os dois sentiram uma atração tão intensa que, sem querer foram aproximando os lábios um do outro. No minuto exato em que iam se beijar, porém, o garçom apareceu:

– Já escolheram o que vão jantar?

Thalita e Domenico se recompuseram depressa. Escolheram a massa especial da casa, um *fettutine* cheio de iguarias, com creme de leite e queijo fresquinho, ralado na hora.

– Mas me fala mais um pouco sobre essa coisa do palhaço. Por que um palhaço? – ela sorriu, olhando ternamente para o nariz ainda pendurado no pescoço dele.

– Ah! Sempre me esqueço! – Domenico percebeu.

Ele se levantou da cadeira, virou-se de costas para ela e só então tirou o nariz do pescoço e o guardou no bolso, embrulhado num lenço.

– Por que fez isso? – Thalita perguntou, quando ele voltou.

– Isto o quê? – ele não entendeu de imediato a pergunta.

– O nariz... Por que tirou desse jeito?

– Ah! É uma regra que aprendi com os palhaços. O nariz é sagrado, é a máscara do palhaço. Nunca deve ser tirado na frente das pessoas. E nem ficar pendurado no pescoço! Se bem que, na verdade, eu devia era conversar com você o tempo todo usando o meu nariz – ele disse.

Seus olhos brilhavam quando ele falava com ela.

– Como assim? – agora foi Thalita quem não compreendeu.

– O nariz é o disfarce que menos disfarça, o que mais nos mostra como somos na essência. Porque o palhaço é aquele que não tem vergonha dos seus ridículos. Seu nariz é vermelho porque ele já chorou muito, já caiu muitas vezes de cara no chão. Suas calças e sapatos são grandes porque não lhe pertenciam. O palhaço é aquele que perdeu tudo, até mesmo a dignidade diante das outras pessoas. Mas só quem perdeu totalmente a dignidade para o sistema é que pode atingir outra condição de dignidade, que vai surgir de dentro dele mesmo a partir do momento em que ele aceitar suas fraquezas, aceitar sua condição de perdedor sem mágoas ou ressentimentos, sem autopiedade e sem culpar ninguém pelo seu fracasso. O palhaço se supera quando ri de si mesmo – filosofou Domenico.

– Que coisa mais linda. Onde você aprendeu tudo isso?

290 | LYGIA BARBIÉRE

– No primeiro curso que eu fiz sobre a arte do palhaço. Aliás, o mesmo em que eu conheci esse pessoal do circo.

– Por isso todo palhaço é triste? – deduziu Thalita.

– Não. O palhaço não é triste, é diferente.

– Como não, se você acabou de dizer que...

– Ele tem um olhar de profunda compreensão de todas as misérias humanas. Mas ele é feliz porque ele conhece a si mesmo. Como dizia o meu professor, o palhaço é feliz justamente por ser "o idiota", por não fazer parte do mundo das hipocrisias sociais, do mundo daqueles que se arrogam ser mais inteligentes e espertos do que os outros. O palhaço conhece todas as suas fragilidades e fraquezas, não é ninguém que aponta isso para ele. É ele mesmo quem mostra aos outros, se divertindo com isso, feliz por ser quem ele é. Da sua fraqueza, ele tira sua força.

– E por que então você disse que para falar comigo não precisava nem ter retirado o nariz?

– O nariz é apenas um código, como se, ao colocá-lo, eu pudesse ser quem realmente sou. Como se, ao esconder o nariz, eu revelasse o ser humano. O ser humano que não finge fala do que vê. Seja da barriga imensa de uma pessoa ou do bigode de outro. É como se com o nariz eu pudesse fazer e falar coisas que correria o risco de ser levado a sério se dissesse essas mesmas coisas sem ele.

– Isso quer dizer que você não me leva a sério? – brincou Thalita.

– Não – ele falou muito perto dela. – Isso quer dizer que eu levo você tão a sério que me permito me mostrar a você exatamente do jeito que eu sou, com todas as minhas fragilidades, humano, do jeito como você se mostra para mim...

Beijaram-se. A emoção era muito mais forte do que as palavras. Ela sorriu para ele após o beijo, um sorriso amplo e ao mesmo tempo delicado.

– Você tem lábios de flor... Sinceramente eu não entendo como é que a gente pode, de repente, sentir uma coisa tão forte por uma pessoa...

– Lábios de flor! De onde é que você foi tirar isso? – Thalita abriu mais um largo sorriso.

A comida chegava, fumegante. Vinha toda enfeitada por flores grandes, muito vistosas, vermelhas e amarelas. Domenico pegou uma e a levou até os lábios de Thalita.

– Prove!

– Mas... São comestíveis?

– Prove! – insistiu ele.

Thalita foi mordendo devagar, com cuidado.

– São amarguinhas, que delícia!

– Chamam-se capuchinhas! – esclareceu Domenico.

– Que coisa! Eu que moro aqui e você que...

A FERRO E FLORES | 291

Ele não a deixou terminar. Beijou-a novamente.

– Tem gente que diz que são boas para o coração – ele disse. – Só não imaginei que fossem tanto...

Após o jantar, ficaram ainda longo tempo na varanda, namorando e olhando as estrelas.

– Você ainda não me falou sobre esse buquê de hortênsias que carrega com você durante todo o tempo – observou Domenico.

– Não são lindas? – Thalita olhou com ternura para as flores a seu lado. – Seria bom se eu tivesse um vaso para colocá-las.

– Por que não disse antes?

Ele foi até lá dentro e voltou com um vidro de compota cheio d'água. Tomou as flores das mãos de Thalita e colocou-as lá dentro com cuidado.

– Na linguagem das flores, hortênsias significam amor constante – ele disse, entregando-lhe o vidro.

Thalita sorriu, tímida.

– Cada coisa, né? Quando que eu ia imaginar que justamente nesta viagem para Aiuruoca, que eu tanto relutei em fazer, eu ia ficar amiga de um jardineiro, ganhar um buquê de hortênsias azuis e ainda acabar encontrando você! – disse Thalita, abraçada a ele, olhando para seu buquê.

– E o que afinal você veio fazer em Aiuruoca? – ele perguntou, ajeitando um feixe de cabelos que caía sobre os olhos dela.

– Eu nasci aqui! – ela disse, colocando o pote sobre a mureta para abraçá-lo.

– Isto eu já sei. A menos que tenha vindo nascer de novo! – brincou ele.

– Bobo! Quis dizer que meu pai é daqui. Precisei vir para pegar alguns documentos na casa onde morávamos. Ai... – ela deixou sair um suspiro profundo. – Amanhã cedo preciso ir ao banco, em Caxambu...

– Mas por que em Caxambu?

– Antigamente não havia nenhum banco aqui na cidade, meu pai escolheu receber a aposentadoria dele por lá... Você não acredita. Não é que uma pessoa, provavelmente uma aventureira que meu pai arrumou por aí, deu de gastar o dinheiro dele? Pelo que entendi, zerou a conta, as economias, meu pai ficou devendo para o banco! Sei lá, o que eu preciso descobrir amanhã...

– E você vai ter de resolver tudo sozinha?

– Ai... – ela soltou novo suspiro. – Por isto estou angustiada...

– Vamos fazer uma coisa? Eu vou até o banco com você e...

– Não. Eu sei que você tem de trabalhar amanhã e...

– Não, eu não tenho de trabalhar amanhã. Não tenho nenhuma consulta marcada, só terça-feira eu vou ficar de plantão.

– Mas...

– Eu posso ir com você falar com o gerente, fazer-lhe companhia pelo menos!

Ela deu-lhe um rápido beijinho nos lábios.

– Você é lindo. Mas não precisa. Eu já conversei com o marido da minha prima, que é advogado, já sei mais ou menos o que é que eu tenho de falar. Acho que eu até prefiro ir sozinha. Iria ficar constrangida de falar brava com você me olhando.

Ele deu mais um beijinho nos lábios dela.

– Então fazemos assim. Eu vou até o parque de Caxambu buscar algumas águas para mim, enquanto isso você vai ao banco. Eu fico esperando até você sair, e então vamos embora juntos!

– Sabe que não seria uma má ideia? Assim chegaria mais cedo no Rio.

– E eu ficava logo sabendo como chegar onde você mora.

– Domenico, você não existe! Estou até começando a pensar na possibilidade de virar palhaça!

– Você? – sorriu ele.

– Pois fique sabendo que o sonho da minha vida era ser atriz! – contou ela.

– Fantástico! Todo este grupo que trabalha no hospital é formado por atores. Você só precisa ter claro que o trabalho é um pouco diferente. Enquanto as pessoas vão ao teatro para se divertir vendo os atores trabalharem, no grupo são os atores que vão até um hospital fazer teatro para pessoas que não estão felizes.

– Eu vou pensar com carinho nessa ideia. Mas sabe que eu estou gostando de verdade? – ela comentou.

– E eu de você – ele respondeu.

– Precisamos ir embora – ela disse, tomando nas mãos o pote com as hortênsias.

– Ah, não vai, não. Fica aqui comigo – ele pediu.

– Não, eu não posso. Ainda preciso procurar os documentos e...

– A essa hora? Amanhã a gente vai lá cedinho e procura!

– Mas, se eu chegar lá de carro com você, todo mundo vai falar! – ela preocupou-se, ainda marcada pelo passado.

– E se falarem, o que tem demais? – questionou Domenico. – Você, por acaso, está fazendo algo que não deveria ou não gostaria?

– Não!

– Você é casada? – insistiu ele, brincando.

– Claro que não!

– Então fica – pediu ele.

– É que... A gente não se conhece direito, eu...

Domenico ficou sério.

– Podemos dormir em quartos separados... Eu só queria ter certeza de que não vou perder mais você de vista... Pelo menos até amanhã...Você aceita?

Ela olhou para aqueles olhos profundos de palhaço e não teve como dizer não.

– Eu vi o Caian... O Caian e o Pedro... – Rute chorava, inconsolável.
– Procure ficar calma, dona Rute – pedia Valéria.
Por sorte, ela chegara justamente no momento da confusão. Tinha vindo para fazer uma surpresa a Thalita e Samir, contar a eles sobre seu novo emprego, e encontrara a casa naquele caos.
– Eles... ainda estão aqui? A senhora ainda está vendo alguma coisa? – quis saber Ana Patrícia.
– Não... Sumiu tudo de repente... Mas o estado deles era péssimo, minha filha... O Caian então... E o Pedro... – ela soluçava tanto que nem conseguia articular as frases.
– Olha, dona Rute, eu não entendo dessas coisas, mas acho que a senhora não deveria ficar fixada nesses pensamentos, podem até lhe fazer mal. A senhora tem pressão alta? – preocupou-se Valéria, tentando sentir-lhe os pulsos.
Rute, no entanto, não conseguia responder, mal tinha forças para controlar o próprio choro. No apartamento ao lado, Mag e Sílvio discutiam porque Ana Teresa já havia saído quando eles chegaram e ninguém sabia para onde ela fora. Brigavam tão alto que dava para ouvir do outro apartamento.
– Vamos rezar, dona Rute! Eu vou rezar, junto com a senhora! – ofereceu Samir.
Rute esforçou-se para se recompor ao vê-lo:
– Meu filhinho... Nem reparei que você estava aí...
Mas então lembrou-se de Pedro menino e chorou ainda mais.
– Ele tem razão, dona Rute... Vamos fazer uma prece – pediu Ana Patrícia.
– Afinal, foi para isso que nós viemos aqui, não foi?
Rute, porém, parecia dominada por uma sensação de profundo desespero.
– O meu Pedro... Eu não podia ter falado tudo aquilo dele no outro dia, não podia ter chegado àquela conclusão... Não foi culpa dele... Não foi... – ela desabafava, entre soluços.
A briga continuava feia no outro apartamento. Valéria olhou para Ana Patrícia, depois para Samir. O que iria fazer numa situação dessas? Era como se estivessem no meio de um tiroteio, havia desequilíbrio por toda parte. A sensação era horrível.

294 | Lygia Barbiére

– Não seria melhor medir primeiro a pressão dela? – sugeriu, já pensando se trouxera na bolsa algum remédio sublingual. – Thalita não tinha comprado um aparelho de pressão?

– Está lá dentro, no quarto do meu avô! – apontou Samir.

Valéria, Samir e Ana Patrícia trocaram um olhar desolado. Quem iria pegar? Lá dentro, Hermínio também gritava com o enfermeiro:

– Como não tem? Eu já disse que quero! Vai até a geladeira e me busca uma cerveja!

Ouviram então o estrondo de algo batendo contra um vidro, o barulho do vidro se quebrando. Instantes depois, o enfermeiro aparecia na sala, todo sujo de terra. O rosto ainda estava vermelho. Hermínio havia atirado nele o vasinho de violetas que estava sobre a mesa de cabeceira. Havia ainda pedaços de violeta espalhados por toda a roupa dele.

– Não sei como ele fez isto, mas eu estou cheio! Não aguento mais! Diga a dona Thalita que, no final da semana, eu volto para acertar as minhas contas!

Enfiou suas revistas em uma sacola de plástico e bateu a porta da rua com força. Valéria, Samir e Ana Patrícia nem tiveram como impedi-lo. Rute continuava chorando. Valéria fez menção de ir atrás do enfermeiro, mas Ana Patrícia a segurou pelo braço.

– Deixe. Se ele tiver de voltar, ele volta. Vamos fazer a prece.

Mesmo sem entender direito o que estava fazendo, de que serviria aquela prece a tais alturas do campeonato, Valéria concordou.

"Senhor Deus de amor e bondade... Senhor Jesus... Nem sei o que dizer, mas sei que Jesus falou que a gente podia pedir ajuda todas as vezes que estivesse em apuros. Nós estamos em apuros. Por favor, que venha uma equipe de bons espíritos para esta casa, que eles nos ajudem a acalmar toda esta situação... Que venha, senhor, alguém que possa nos ajudar! Enquanto isso, Pai celeste, fazei com que não se apodere de nós o desânimo, que a nossa fé não seja abalada. Obrigada. Assim seja."

À medida que ela foi fazendo a prece, Rute foi se acalmando, respirando fundo, controlando os soluços. Quando abriram os olhos, tudo era silêncio, parecia que um trator passara por ali, arrastando com ele tudo de ruim. Samir sorriu. Tocou a campainha.

– Deve ser o enfermeiro! – imaginou Valéria

– Deve ser a minha mãe! – Ana Patrícia disse ao mesmo tempo.

Era Miguel. Valéria teve vontade de ir embora dali, mas olhou para Samir e se sentiu na obrigação de ficar. Lembrou-se então que Ana Patrícia acabara de pedir, em sua prece, que Deus mandasse alguém para ajudar. Talvez fosse Miguel.

Em instantes, ela e Ana Patrícia o informaram de tudo o que estava acontecendo, na medida da compreensão delas, e ele tomou as rédeas da situação.

– Mamãe, eu posso imaginar o que a senhora deve ter visto, mas peço que a senhora faça um esforço para mudar o rumo dos seus pensamentos...

Ela já estava bem mais calma. Ainda assim, olhou para ele e seus olhos se encheram novamente de água, como se dissessem: "foi horrível"!

– Sim, eu sei que foi horrível. Mas vamos pensar que foi muito bom ter acontecido. Só quando a gente fica sabendo de alguma situação tem condições para fazer alguma coisa para mudar, não é mesmo? Agora continue respirando fundo e procure se sintonizar com os mentores nossos amigos. Para tudo tem uma razão, mãe. Se alguma coisa lhe foi mostrada, era porque a senhora tinha condições de fazer algo para ajudar... Vamos pedir a Deus que nos ilumine para que possamos entender o recado que precisava ser passado... Agradeça a Deus, mamãe. Sintonize-se na gratidão e não no desespero... Eu estou aqui com a senhora...

Valéria não queria, mas não havia como deixar de admirá-lo. Tão firme nas palavras, tão amoroso com a mãe. Miguel era um homem lindo e forte, em todos os sentidos. Ana Patrícia olhava para ele e via Pedro. Será que o Pedro iria se tornar um homem igual a Miguel se não tivesse... Opa! Ela sentiu como se algo a advertisse. Melhor mudar o rumo dos pensamentos, como Miguel dissera a Rute – ela conseguiu se controlar a tempo.

Samir veio da cozinha com uma caixinha de mate em saquinhos:

– Faz um para ela. É só colocar no microondas! – explicou.

Miguel sorriu para ele.

– Sabe que você é ainda mais bacana do que sua mãe tinha me dito? – comentou, batendo-lhe nas costas com carinho.

– Pode deixar que eu faço – ofereceu Valéria.

– Nossa, e o tio Hermínio? Por que será que ficou quieto de repente? – lembrou Ana Patrícia. – E a minha mãe, meu Deus... Será que não era melhor eu ir até lá?

– Fique calma – disse Miguel. – Eu vou lá dentro verificar o que aconteceu com o seu Hermínio, e então dou uma passada no apartamento para conversar com a sua mãe. Está bem assim?

– Aproveite e pegue no quarto o aparelho de pressão. Estou preocupada com a dona Rute – pediu Valéria, vindo da cozinha com o chá.

Nesse momento, os dois se olharam e trocaram uma energia diferente da que costumava fluir habitualmente entre eles. Era uma energia de gratidão, de admiração. Ele estava grato por ela estar ali ajudando-o naquele momento, ela, por ele ter chegado para ajudá-la. Sorriram, sem malícia.

Hermínio dormia, ainda sob o efeito de passes calmantes que recebera da equipe de Eustaquiano, quando Miguel entrou no quarto. Com cuidado, ele pegou o pano que ficava no banheirinho anexo e limpou a terra e o vidro esparramados pelo chão. Depois, pegou alguns jornais que estavam ao lado do sofazinho do quarto, um rolo de fita crepe que vira na parte baixa do criado-mudo e cobriu toda a parte quebrada da janela.

– É um perigo isto aqui para criança... – comentou baixinho, enquanto fazia o serviço.

296 | Lygia Barbiére

Olhou para Hermínio dormindo e se lembrou do livro que estava lendo. Chamava-se *Laudos espíritas da loucura* e descrevia vários casos de pacientes afetados por depressão, psicose maníaco-depressiva, esquizofrenia e obsessão que haviam sido atenuados pela terapia espiritual.[15] Um deles era justamente o de uma mulher alcoolista e psicótica que perdera o senso do ridículo e vivia falando sempre em morte, em matar a família e depois suicidar-se. O livro recomendava que, como primeiro passo, alguém deveria fazer leituras do *Evangelho* em voz alta perto dela, enquanto estivesse dormindo, para fortalecer-lhe o corpo espiritual. "As barreiras obsessivas deveriam ser destruídas aos poucos, pois a paciente estava bloqueada, como se os seus ouvidos fossem 'moucos', ele recordou a frase que mais lhe chamara a atenção no texto.[16]

Miguel olhou para o sofá e percebeu que a mãe havia esquecido ali o seu *Evangelho*. Não podia ser por acaso. Ele sabia que nada nos planos de Deus acontece por acaso. Tomou nas mãos o exemplar e, sentindo-se invadido por uma profunda coragem, abriu uma página e começou a ler baixinho para Hermínio:

– Pedi a luz que vos clareie o caminho e ela vos será dada; pedi forças para resistirdes ao mal e as tereis; pedi a assistência dos bons espíritos e eles virão acompanhar-vos e, como o anjo Tobias, vos guiarão.

– O que é isso? – gritou Hefesto, despertando de repente. – Quem é este louco que vem incomodar o meu descanso com estas palavras idiotas?

Hermínio, contudo, aparentemente continuava dormindo e Miguel prosseguiu em sua leitura:

– Pedi bons conselhos e eles não vos serão jamais recusados; batei à nossa porta e ela se vos abrirá...

– Que porta? Você é que deveria sair daqui o quanto antes. Ninguém lhe pediu ajuda, ninguém aqui precisa de sua ajuda! – protestava Hefesto, nervoso.

Aquelas palavras, no entanto, tinham sobre ele um estranho efeito sedativo, era como se lhe faltassem forças para dizer todos os impropérios que gostaria. E, o que era pior: ouvindo-as, ele tinha a sensação de que necessitava mesmo de ajuda, embora não quisesse, de forma alguma, admitir isto para si mesmo.

– Mas pedi sinceramente, com fé, confiança e fervor; apresentai-vos com humildade e arrogância, sem o que sereis abandonados às vossas próprias forças e as quedas que derdes serão o castigo do vosso orgulho. Tal o sentido das palavras: buscai e achareis; batei e abrir-se-vos-á.[17]

– Arrogância! Quem é arrogante aqui? Você que é arrogante! O que é que você faz pelas outras pessoas? – vociferou Hefesto.

Nesse momento, porém, como que por encanto, ele teve sua atenção voltada para as janelas que Miguel acabara de cobrir, para o chão varrido. Os dedos

---

[15] Palhano Jr., L. *et* Souza, Júlia Anália de. *Laudos espíritas da loucura*. Niterói, Lachâtre, 1997.
[16] *Idem*, p. 131.
[17] Kardec, Allan. *O evangelho segundo o espiritismo*. Rio de Janeiro, FEB, cap. 25, item 5.

de Miguel estavam cheios de pequenos cortes pelo serviço prestado. Hefesto sentiu-se engasgado por aquela visão, sentiu-se sem argumentos para prosseguir. Quem era aquele rapaz que ele nunca tinha visto? Por que fazia isso por alguém que ele nem conhecia? Não estivesse ele tão fortemente preso a Hermínio, iria atrás dele para algumas investigações. Melhor pensando, ia ordenar a um de seus comparsas que o seguisse e lhe trouxesse informações.

Alheio a todos os seus pensamentos, Miguel fechou o *Evangelho*.

– Que a paz de Jesus possa estar aqui com o senhor – disse, olhando para Hermínio com uma emoção muito sincera.

– Pare com isso! – gritou Hefesto. – Você pode ser muito bonzinho, mas está me irritando! Saia já daqui! Fora!

Miguel colocou novamente o *Evangelho* sobre o sofá e deixou o quarto.

Na sala, Rute tomava um mate quentinho ao lado de Mag; Ana Patrícia e Samir haviam entrado no outro apartamento para mexer no computador; Valéria lavava louças na cozinha. Miguel ficou feliz por perceber que a mãe já estava completamente reequilibrada:

– Querida, imagino que deve ser horrível o que está sentindo agora. Mas, efetivamente, o que podemos fazer de concreto? Nada. Ela saiu para ir a um *show*, depois de tomar uma lata de cerveja, em total estado de desequilíbrio, felizmente não foi de carro. Ela não levou o celular, você não sabe que *show* é esse, já ligou para todas as coleguinhas do cursinho, mas ninguém sabe do que se trata. Acho que a única coisa que podemos fazer por ela, neste momento, é orar, você concorda?

– Tem razão, Rute – disse Mag, com lágrimas nos olhos. – É que, só de pensar que eu posso perder a minha filha, eu fico...

– Então não pense – Miguel se abaixou a seu lado e segurou em suas mãos. – Tem certas coisas em que nem é bom a gente pensar. É até perigoso. O pensamento tem tanta força que pode até criar o que a gente não quer. Por isto, ao invés de imaginar tudo de ruim que pode vir a acontecer a sua filha, tente imaginar coisas boas, pensar nela como se estivesse envolvida por uma luz azul, protegida por seus pensamentos de mãe – sugeriu ele.

– Miguel, acho que já é um pouco tarde... Eu vou até o apartamento ao lado me despedir do Samir e da Ana Patrícia.

– Claro, mamãe. Na hora em que a senhora quiser, a gente vai – disse ele. – Está se sentindo mais calma, Mag?

– Estou e não estou. E ainda mais este problema agora do enfermeiro... – angustiou-se Mag.

– Não se preocupem. Eu fico aqui com ele esta noite – Valéria veio da cozinha, enxugando as mãos no avental.

Miguel olhou para ela e, pela primeira vez, percebeu que era uma moça muito bonita. E que pessoa bacana também, ele pensou.

– Mas você não tem plantão hoje? – perguntou Mag.

– Não... Eu inclusive mudei de emprego. Estou agora trabalhando com uma equipe de enfermeiros que faz plantões em festas de adolescentes.

– Como é que é? – Miguel se interessou.

– Virou rotina em festinhas de adolescentes de classe média. Uma ambulância fica parada na porta para socorrer os meninos que abusam da bebida alcoólica. Sabem que só ontem à noite nós socorremos 32 jovens? A maioria estava na faixa de dezoito a vinte e um anos, mas é impressionante a quantidade de meninos entre quinze e dezoito que bebem! – exclamou ela.

– Que coisa! Vou querer depois anotar esses dados para o meu trabalho – disse Miguel.

– E a procura pela ambulância é fora de série, inacreditável mesmo! Até o final deste ano, já estão agendadas quase todas as sextas e sábados – comentou Valéria.

Mag entrou na sala e ele subitamente mudou de assunto.

– Você sabe da Thalita? Ela já deu notícias? – Miguel parecia preocupado.

– Em Aiuruoca tem muito problema de telefones. Acho que ela só deve ligar amanhã, quando voltar para Caxambu – disse Mag. – Mas... aconteceu alguma coisa?

Valéria voltou para a cozinha, um pouco chateada. Não queria, estava lutando com ela mesma. Mas ficava triste sempre que percebia o interesse de Miguel por Thalita.

– Você sabe qual é o banco em que ela tem de ir? – insistiu Miguel.

– Sei. É o Banco Estilo, fica bem no centro de Caxambu. Mas... por que você quer saber?

– Eu acabo de vir da revista. Consegui entrar em contato com um correspondente nosso que está em Bali. Pedi a ele para que fosse até a embaixada tentar descobrir alguma coisa sobre o Ramon. Ele ficou de ligar para cá, será que tem problema?

– Imagine! Thalita vai ficar super satisfeita se ele conseguir! Pode ficar tranquilo. Vou pedir ao Samir para me avisar, se ele ligar.

– Ótimo. Assim vai ser menos uma coisa na cabeça dela... Sabe, Mag, fico tão preocupado em ver a Thalita sozinha, resolvendo tantos problemas... Estou pensando seriamente em ir até lá para buscá-la.

– Em Caxambu? – admirou-se Mag.

– É. Não é uma cidade pequena? É só eu chegar lá no horário em que o banco abre. Assim não corro o risco de perdê-la. O que você acha?

– Ah, Miguel, eu acho uma ótima ideia! Eu iria ficar muito feliz, se estivesse no lugar dela! – opinou Mag.

— Mamãe, até agora eu não entendi... Por que foi que a senhora entrou naquele desespero – Miguel perguntou mais tarde, quando já estavam em casa.

Rute, porém, não quis entrar em detalhes. Sentia-se ainda angustiada, embora não soubesse exatamente a causa. Na verdade, Pedro estava a seu lado. Não saíra de perto dela desde o momento em que ela o vira no quarto, mas isto não passava pela cabeça de Rute. Procurou narrar os fatos da forma mais resumida possível:

— Ah, meu filho, eu vi coisas horríveis naquele quarto. Você não pode imaginar... Acho que me desequilibrei quando... – estava sem coragem de ir em frente.

— A senhora viu Caian? – deduziu Miguel.

— Vi.

Ficaram os dois um tempo em silêncio. Miguel, com medo de perguntar e levá-la de novo a um estado de desequilíbrio; ela, com medo de que ele também se desnorteasse com a sua narrativa.

— Pedro estava com ele – Rute disse por fim.

— Pedro? – Miguel não esperava por este acréscimo. – E... e... como é que...

— Mal, meu filho... Nem sei dizer qual dos dois estava pior... Ambos pareciam tão transtornados... Não sei, Miguel, não sei o que me deu. Eu entrei num tal estado de desespero e desequilíbrio que, na mesma hora, deixei de enxergar. Há tanto tempo que isso não acontecia comigo... Muitas coisas estranhas vêm acontecendo comigo ultimamente...

Pedro agachou-se ao lado dela e começou a chorar. Rute também começou a sentir vontade de chorar.

— Eu não entendo, mamãe! Como é que o Pedro pode estar ainda com esse... – ele respirou fundo, fechou os olhos, fez o máximo possível para conter os próprios sentimentos. – Não. Eu não posso me desequilibrar. Estou há meses orando por esse rapaz, eu não posso sentir raiva dele – repetiu para si, de olhos fechados.

— Miguel, escute. O estado dos dois é muito grave, eu estou muito preocupada...

— O Caian está muito mal, mamãe, e a culpa é toda minha! Eu tinha de ter feito alguma coisa para evitar que ele entrasse no carro! – disse Pedro.

Rute sentiu sua vibração de desespero, mas não chegou a captar o que ele estava dizendo.

– Na verdade, estou me sentindo um pouco culpada... – ela explicou.

– Culpada, mamãe? Mas culpada de quê? – Miguel não entendeu.

– Não, mamãe! Você não tem culpa de nada, a culpa é toda minha – desesperou-se Pedro.

Rute contou a Miguel tudo o que se passara no Evangelho que fizera com Mag e Ana Patrícia na semana anterior. Das conclusões dele que haviam sido debatidas na ocasião, da reação revoltada de Mag.

– Não sei, meu filho. Hoje fiquei com a sensação de que a minha maneira de pensar deixou o Pedro em um estado pior do que já estava...

– Mas o que foi que fez com que a senhora achasse que o Pedro piorou por sua causa?

– Eu sei, Miguel, que, assim como eu, o Pedro também está buscando uma explicação para o que aconteceu. Eu conheço o Pedro! Sinto que isto está dificultando a adaptação dele ao mundo espiritual...

– Talvez seja importante, para a evolução dele como espírito, que ele avalie a situação sob este ponto de vista – ponderou Miguel.

Depois de ter passado tantos anos conversando com o irmão sobre os malefícios do álcool, sobre os perigos de se entrar no carro com uma pessoa alcoolizada e tantos outros pormenores relacionados, ele verdadeiramente achava que não havia outra explicação para o que acontecera senão uma grande irresponsabilidade do irmão.

– Me desculpe, Miguel – Pedro tentou se aproximar dele ao ouvir seus pensamentos, mas sentiu-se repelido pelo sentimento de mágoa que parecia reverberar do irmão naquele momento.

– Só que eu não tenho mais tanta certeza de que foi simplesmente uma imaturidade da parte dele – disse Rute.

– Não? – Miguel e Pedro perguntaram juntos.

– Mag tem razão! A gente não pode sair tirando conclusões. Só Deus pode avaliar a verdadeira intenção das pessoas. Só Ele pode pesar merecimento, causas, consequências; só Ele pode dizer se era ou não a hora. Eu, pessoalmente, penso que a única intenção do meu filho era ajudar. Mesmo sendo ingênuo, imaturo, inconsequente, ele não pode ser punido por isto! Ah, Miguel, se Deus não quisesse, ele não tinha desencarnado! Não tem um monte de gente que pula da janela, que se joga na frente do trem ou do metrô tentando o suicídio e não morre? Estou muito confusa com tudo isto, meu filho. Aliás, desde aquele dia fiquei pensando. No final das contas, será que não era para nós esta provação?

Pedro escutava atentamente a explicação. "Por que passei por tudo aquilo?", se perguntava, iluminado pelos mentores ali presentes. Que lição poderia retirar de todo aquele sofrimento? Será que Deus poderia ter evitado que ele desencarnasse? E, se poderia, por que não evitou? De tudo o que sua mãe dissera, uma frase específica ficara-lhe gravada na memória. "Só Deus pode avaliar a verdadeira intenção das pessoas". Naquele momento, ele começou a se perguntar: "Qual era minha verdadeira intenção? Qual é a minha verdadeira intenção?"

Miguel também ficou balançado com a argumentação de dona Rute. O fato é que, realmente, era muito difícil tirar conclusões se aquela era ou não uma prova necessária. Acabaram por chegar a um consenso de que, mesmo a despeito de toda a suposta inconsequência de Pedro e de toda a dor que sentiam, estavam aprendendo muito com tudo aquilo.

– Ah, mamãe... Sabe que, hoje à tarde, quando estava no quarto do pai de Thalita e vi o seu *Evangelho* em cima do sofá, eu pensei, eu tive a certeza de que nada nesta vida acontece por acaso... Será, mamãe, que tudo isto tinha de acontecer conosco, com a nossa família? Sinceramente, eu não consigo encontrar uma razão... Depois de tudo o que nós já passamos com o papai...

– Também tenho pensado muito sobre isso. Naquele mesmo estudo do *Evangelho* que gerou tanta polêmica, a Mag me fez uma pergunta que me deixou com a pulga atrás da orelha... Estávamos conversando sobre escolha das provas e ela cogitou se uma pessoa que tem na família o problema do alcoolismo pode ter sido alcoolista em outra vida. Naquele dia eu lembrei do seu pai; sem querer, acabei associando o caso dele com o caso do Pedro. Será, meu filho, que não temos, lá no passado, uma história de erros que nos levou a passar por estas duas provas?

Miguel ficou alguns instantes pensativo. Não havia, realmente, jamais cogitado naquela hipótese. Isto explicaria a verdadeira obsessão que ele tinha em prevenir as pessoas sobre os malefícios do álcool, a necessidade que ele sentia de escrever um trabalho sobre aquele assunto. "Será que, algum dia, em alguma vida passada, eu também fui um alcoólatra? Teria feito alguém sofrer por causa do vício ou induzido alguém a ele?", perguntou-se em silêncio.

– É, mãe... Mas por que o Pedro sacrificaria a própria vida só para morrer junto com um amigo alcoolista? Isto não entra na minha cabeça!

– Talvez alguém, algum dia, já tenha feito isto por ele... – aventou Rute, com o pensamento distante.

Mesmo sem certeza de nada, ambos se sentiam mais calmos só de refletir sobre aquela hipótese. Pedro também parecia mais calmo. Era como se a energia do lar onde tantos anos vivera de alguma maneira o ajudasse a refazer suas energias. Contudo, ele ainda se sentia muito culpado por causar tanto sofrimento àquelas pessoas a quem ele tanto amava. A mãe estava tão abatida, Miguel emagrecera quase dez quilos... Estavam diferentes. Por um instante, porém, Pedro chegou a achá-los mais bonitos. Tinham um olhar mais humano...

– Olha aqui, mamãe, veja o que eu encontrei no *Evangelho* – Miguel mostrou a ela a página do *Evangelho* que sempre ficava na sala, que ele abriu 'por acaso' enquanto conversavam.

– Ai, filho, falando nisto, você então trouxe o *Evangelho* que eu deixei lá no quarto do tio de Mag? – ela se lembrou de repente.

– Achei melhor deixar lá por enquanto. Pensei que a senhora não iria precisar dele – explicou ele. – Fiz mal? Que coisa incrível! – ele nem deu tempo para que ela pudesse responder. – Veja só o que eu acabo de encontrar! – disse, admirado.

Ele leu alto para a mãe:

"É uma horrenda desgraça, dizeis, ver cortado o fio de uma vida tão prenhe de esperanças! De que esperanças falais? Das da Terra, onde o liberto houvera podido brilhar, abrir caminho e enriquecer? Sempre essa visão estreita, incapaz de elevar-se acima da matéria. Sabeis qual teria sido a sorte dessa vida, ao vosso parecer tão cheia de esperanças? Quem vos diz que ela não seria saturada de amarguras? Desdenhais então das esperanças da vida futura ao ponto de lhe preferirdes as da vida efêmera que arrastais na Terra? Supondes então que mais vale uma posição elevada entre os homens, do que entre os espíritos bem-aventurados?"

– Escuta só isto, dona Rute! – ele chamou a atenção da mãe do modo carinhoso como sempre costumava fazer, antes de continuar a leitura:

"Vós, espíritas, porém, sabeis que a alma vive melhor quando desembaraçada do seu invólucro corpóreo. Mães, sabei que vossos filhos bem-amados estão perto de vós"... – Miguel se emocionou neste ponto, ficou com a voz embargada.

"Sim, estão muito perto; seus corpos fluídicos vos envolvem, seus pensamentos vos protegem, a lembrança que deles guardais os transporta de alegria, mas também as vossas dores desarrazoadas os afligem, porque denotam falta de fé e exprimem revolta contra a vontade de Deus."

Miguel parou a leitura e abaixou a cabeça para chorar. Pedro também chorava a seu lado.

– Não queria que a mamãe ficasse aflita... Queria protegê-la... Por que nem isto eu posso fazer? – dizia Pedro.

– Você vai poder! Só não pode ainda porque não superou seu momento de perturbação... – Norine se fez visível, de novo, a seu lado. – Não seja tão teimoso... Venha comigo... Você só precisa se recuperar para compreender tudo o que deseja, para ajudar a todos que gostaria...

Pedro olhou para ela, os olhos muito molhados, sentiu muita vontade de ir. O telefone tocou e ele estremeceu.

– Mag? Não é possível! Fique calma, estou indo agora para lá! – disse Miguel.

– O que aconteceu? – Rute perguntou preocupada.

– Uma colega de cursinho reconheceu Ana Teresa em um *show* especial da Alanis Morissette, parece que é uma coisa fechada, só para convidados da tv Belíssima.

A FERRO E FLORES | 303

– E como é que ela conseguiu o convite se ela nem sai de casa? – estranhou Rute.

– Bem, mamãe, isto eu não sei. O que eu sei é que ela está agora na porta da boate onde o *show* está acontecendo, lá na Barra da Tijuca, completamente bêbada! – disse Miguel, vestindo depressa uma camisa e uma calça por cima do pijama.

– Meu Deus! – exclamou Rute. – E o pai dela? Não tinha saído para procurá-la?

– Também está bêbado, caído no sofá de casa – lamentou Miguel. – Não tem outro jeito, mamãe, eu tenho de ir até lá!

– Eu também vou! – decidiu Pedro.

Olhou para trás e percebeu que Norine havia sumido.

– Não faça isso! Por favor, não faça isso! – gritava Caian ao ver Ana Teresa se embebedando.

Ela misturava estimulante com cerveja, do mesmo jeito como ele tantas vezes fizera enquanto a esperava na porta de festas e boates. Não era um ato consciente, nem mesmo intencional. Parado a seu lado, Pouca Tinta era quem a ia instruindo sobre o que fazer. Caian estava preso a uma corrente, quase uma coleira segurada por Pouca Tinta.

– Tire-me daqui! Você não tem o direito de me segurar assim!

– Para quê? Para você fugir de repente, igual àquele seu outro amiguinho? De agora em diante vai ficar preso, sim, igual a um *pit bull* – respondeu o obsessor. E, virando-se em seguida para Ana Teresa: – E você, docinho, já está se sentindo melhor para entrar na festa?

Caian sabia o tamanho da perturbação que aquilo causava.

– Por favor, Teca, não beba isto... Não beba mais nada, você já bebeu demais! – implorava, nervoso.

Pouca Tinta deu um empurrão na mão de Ana Teresa de maneira a que uma garrafa de cerveja *long neck* entornasse inteira sobre a figura de Caian. Ele se esforçou muito para resistir, mas acabou não aguentando. Jogou-se no chão como um cachorro de verdade, a boca aberta para tentar absorver o máximo de líquido possível.

– Otário... Assim está melhor – rosnou Pouca Tinta, com desprezo. – Eu, como não sou mais criança, queria era alguma coisa mais pesada, mais consistente – ele correu os olhos verificando as bebidas que havia à disposição.

Estavam diante da entrada de imenso estúdio da tv Belíssima. Havia muitas pessoas ali em torno, todos esperando por um convite de última hora. Corria um boato de que, em determinado momento do *show*, seria montado um telão do lado de fora para que o pessoal da emissora pudesse filmar o delírio da multidão de "não-convidados especiais".

– Libera aí, cara! Deixa logo a gente entrar – gritou um dos rapazes para o segurança.

– Monta logo esse telão! – gritou outro.

A Ferro e Flores | 305

Caian estava nervoso. Não propriamente por sua condição de algemado pelo pescoço, mas por Ana Teresa estar ali no meio. Não sabia ao certo que outros o viam. Tudo o que conseguira compreender era que muitos dos que estavam ali não tinham convite para entrar. Mas ele sabia que Ana Teresa tinha um convite na bolsa, imprimira-o da *internet*, verificara-o várias vezes antes de sair de casa. Por que então continuava lá fora, no meio daqueles malucos, com o convite guardado na bolsa?

Ana Teresa havia tido a sorte de ser sorteada em um concurso concorridíssimo realizado pela *internet* para assistir a um *show* fechado da Alanis Morissette, uma espécie de prévia só para atores e figurões da tv Belíssima. Acabara, no entanto, ficando na porta junto com o pessoal sem convite porque não tivera coragem de entrar.

Se, por um lado, ela queria muito assistir àquele *show*, por outro, tinha medo de não suportar na hora as saudades que sentiria de Caian, ouvindo todas aquelas músicas ao vivo. Por causa disto, começara bebendo uma cerveja em casa e acabou tomando mais três na porta da boate, até o ponto de se deixar dominar por aquela entidade.

– Vá até aquele rapaz com a garrafa na mão e peça um gole de uísque! – ordenou Pouca Tinta. – Ofereça um pouco do seu estimulante.

Ana Teresa, de tão tonta, custou a enxergar o rapaz com a garrafa. Não entendia direito quem estava falando com ela.

– Só pode ser o Caian que está me pedindo isso – ela pensou, com as ideias muito atrapalhadas.

– Não, Teca! Não sou eu! Não faça isso! – Caian se desesperava.

Ana Teresa, contudo, estava de tal maneira hipnotizada por Pouca Tinta que não conseguia captar nenhuma palavra do que ele dizia.

– Vou fazer isto por amor a você, não fique com ciúmes – ela disse, quando já se aproximava do rapaz em questão.

– Isto é maneiro, gata. Você vai ver só como vai ficar ligada para o *show*! – disse o rapaz, misturando o uísque com o estimulante.

Uma colega do cursinho que também conseguira convite pela *internet* a reconheceu ali na porta.

– Ana Teresa! Ana Teresa! – ela gritou, já entrando pelo portão.

– É a Carina! Entre com ela! – pediu Caian.

Contudo, Ana Teresa nada registrou. Nem o pedido de Caian, nem o chamado de Carina. Começava a sentir algo muito estranho, era como se rodasse num desses brinquedos de parque de diversões cujo nome ela não conseguia se lembrar. Estava completamente bêbada, dizendo coisas desconexas. De tão preocupada, a outra menina resolveu ligar para Mag e comunicar o que estava acontecendo, já que não havia nada mais a seu alcance que pudesse ser feito.

Caian, embora desnorteado com seu estado, bebia junto com ela. Não tinha como resistir, era muito forte a compulsão. A cada gole, no entanto, sentia-se

306 | Lygia Barbiére

mais e mais culpado. Pelo acidente, pelo estado de Ana Teresa, pela morte de Pedro, por não conseguir ficar sem beber nem mesmo em uma hora como aquela.

Pouca Telha e seus comparsas olhavam a cena à distância. Pouca Tinta estava de braço com Ana Teresa e segurando Caian na coleira.

– Relaxe, rapaz! Não precisa ficar me olhando deste jeito – ele disse a Caian. – Se eu não a tivesse trazido para cá, você também não estaria bebendo, não é mesmo? – ele tirou do bolso uma garrafinha e a estendeu em direção a Caian.

Caian titubeou por alguns instantes. Não queria beber mais para não se descuidar de Ana Teresa, mas ao mesmo tempo a boca salivava, novamente ele não conseguia resistir.

– É... é vodca? – ele perguntou, quase pegando a garrafa.

– Não interessa – o outro puxou de repente o frasco, explodindo numa gargalhada. Ana Teresa começou a rir também.

– Vai ter que ralar para saber... – ela falou, sem muita consciência do que estava dizendo. – Não quer beber? Só se for do meu jeito, com as minhas condições!

Era Pouca Tinta quem falava através dela; a sintonia dos dois era total. A rapaziada em volta não entendeu muita coisa, também não pareciam muito interessados em nada senão cuidar da própria bebedeira. Era como se estivessem todos ali empenhados em se alucinar o máximo e o mais rápido possível.

– O negócio é já entrar turbinado. Os drinques lá dentro são muito caros – explicava um rapaz, que não parecia ter nem dezoito anos, a outro colega.

Não passava pela cabeça deles que não teriam condições de aproveitar nada do *show* e nem de programa algum naquele estado. Muitos ali já tinham bebido tanto que, provavelmente, terminariam a noite dando entrada em algum hospital, em coma alcoólica. Mas ninguém ali parecia muito preocupado com isto.

Caian ficou um tempo com o braço estendido no ar, no movimento que fizera para pegar a bebida que Pouca Tinta lhe oferecera e negara. Paralisara-se, contudo, ao observar a situação de todos aqueles outros jovens que bebiam. A maioria tinha entre quinze e dezoito anos, havia mesmo alguns mais novinhos, de treze, quatorze. Meninos e meninas que ingeriam álcool pesadamente pelo simples prazer "ficar legal para a *night*". Pela primeira vez em toda aquela sua existência, ele se deu conta do quanto era absurdo aquilo que ele costumava sempre fazer. Sentiu uma tristeza muito grande ao ver a namorada naquele estado. Podia, com toda certeza, acordar amanhã na casa de qualquer um daqueles caras sem nem saber como tinha ido parar lá.

Desesperado, ele viu que ela trocava um beijo demorado com o carinha que dera uísque para ela.

Num átimo, ele atingiu um estado de consciência tão profundo que perdeu até a vontade de beber. A dor era muito grande. E o pior de tudo é que ele tinha a certeza de que ela não sabia o que estava fazendo. Pouca Tinta dançava agora junto com eles, agarrado a eles como se precisasse grudar-se a seus corpos para sentir o que eles estavam sentindo. Estava tão animado que até soltou a coleira de Caian.

A FERRO E FLORES | 307

Caian estava tão desnorteado com tudo aquilo que nem se deu conta disso. Continuava ali parado, com aquela corrente no pescoço, olhando a cena, sem saber o que fazer.

Ana Teresa, o rapaz da garrafa de uísque e Pouca Telha não eram os únicos. Dezenas de pares também ali dançavam, trazendo as mentes absorvidas nas baixas vibrações que a atmosfera insuflava. O que mais angustiava Caian, contudo, era o quadro que só agora ele começava a divisar. Verdadeira multidão de entidades conturbadas e viciosas, seres distorcidos que ele tinha a certeza de não pertencerem mais a este mundo, movia-se por entre os casais e a multidão de encarnados.

Os dançarinos não bailavam sós. Inconscientemente correspondiam, no ritmo da música, a ridículos gestos desses companheiros esquisitos e deformados, aparentemente invisíveis a olhos comuns. Do contrário, todos ali estariam gritando de pavor diante de tão assustadoras criaturas. Mas não. Estavam tão integrados que, de quando em quando, atitudes simiescas pontilhavam aqui e ali, gritos histéricos eclodiam de lá e de cá, como se todos estivessem de volta aos estágios primitivos do ser.[18]

"No mundo espiritual, temos uma visão muito diferente da que temos aqui – ele subitamente lembrou-se da explicação de dona Rute. – É como se o espírito pudesse enxergar as coisas sob ângulos novos, em um contexto que ultrapassa as dimensões a que estamos acostumados."

Estava começando a se convencer de que ele talvez não estivesse mais no mundo dos seres comuns. Foi neste instante que Caian começou a ouvir de novo a voz de Ana Patrícia dentro dele:

"Possam, Senhor, as nossas preces e a nossa comiseração aliviar o amargor dos sofrimentos que ele agora suporta, por não ter tido a coragem de esperar o fim de suas provações. Bons espíritos, cuja missão é a de assistir aos infelizes, tomai-o sob vossa proteção; inspirai-lhe o arrependimento de suas faltas, que a vossa assistência lhe dê a força necessária para suportar, com resignação, as novas provações por que tiver de passar para repará-las, afastai dele os espíritos malévolos que poderiam levá-lo de novo ao mal, prolongando seus sofrimentos."[19]

Caian ouvia aquela prece e tinha a sensação de que bebia, com sofreguidão, uma imensa garrafa de água mineral. Aquela água ao mesmo tempo o alimentava e acalmava. Ajoelhou-se no chão e começou ele mesmo a orar com fervor:

– Por favor, meu Deus, me ajuda! Eu sei que tenho muitas imperfeições – ele disse, soluçando desesperado. – Mas, pelo amor de Cristo, se o Senhor existe mesmo, me manda alguma ajuda! Me faz sair deste atoleiro onde eu me enterrei, e acabei enterrando também a minha namorada! Tem piedade dela, Senhor! Ela só está assim por minha culpa, me ajuda a tirar a Ana Teresa daqui!

---

[18] Descrição semelhante pode ser encontrada no livro *No mundo maior*, de André Luiz, psicografado por Chico Xavier. Rio de Janeiro, FEB, 1991, cap. 14.

[19] Trecho da prece por um suicida, extraído do livro *Preces espíritas*, de Cairbar Schutel. Matão, Casa Editora O Clarim, 1997.

308 | LYGIA BARBIÉRE

Foi nesse exato instante que ele avistou Pedro chegando junto com Miguel.

– Graças a Deus vocês chegaram! – ele disse, sem atinar para a expressão que havia acabado de usar.

Pedro estranhou. Era a primeira vez que Caian reagia assim à chegada dele.

– Aconteceu alguma coisa? – ele perguntou.

Caian limpou rapidamente os olhos e apontou para Ana Teresa. Miguel havia também acabado de avistá-la. Pedro correu para lá. Pouca Tinta não gostou.

– Ela é minha! Está sob minha jurisdição! Em nome de quem vocês dois ousam...

– Em nome de Deus! Viemos aqui em nome de Deus! – enfrentou Pedro.

Disse isto com tanta determinação que Pouca Tinta deu dois passos para trás. Pouca Telha aproveitou a deixa para se aproximar de Caian com seus comparsas.

– Vamos embora daqui que o negócio sujou! – disse, puxando-o.

– Eu não vou! – Caian também o enfrentou.

– Como não vai? Com aqueles dois ali a gente não tem como mexer, não – ele disse, apontando para Pedro e Miguel. – Agora, com você a coisa é diferente! Você tem uma dívida, não só comigo, mas com ele também – ele disse, apontando para Pouca Tinta.

Caian começou a suar frio. Naquele momento, vieram-lhe à mente uma porção de cenas estranhas. Elas pareciam emergir da mente de Pouca Telha, da maneira como aquele ser esquisito o olhava. Ao mesmo tempo, aquelas imagens pareciam penetrar dentro dele, Caian, como se fossem espadas afiadas. Caian viu um homem de botas, no meio de uma plantação imensa de cana. O homem falava com outro homem:

– Não querem trabalhar, estão de moleza por causa do frio? Pois então libere um pouco mais de cachaça para eles! Pode deixar beber à vontade! Depois mande descontar do salário! – gritou, estalando o chicote no chão.

Caian sentiu forte estremecimento ao rever esta cena. Uma sensação ainda pior do que a culpa que ele já estava sentindo tomou conta dele e ele começou a tremer. Tremeu tanto que caiu sentado. Ficou ali enroscado, tremendo como se estivesse com febre amarela.

– Sabe por que você agora é nosso prisioneiro? Você não mudou nada! Continua o mesmo! – gritou Pouca Telha.

Os outros espíritos que o acompanhavam foram aos poucos cercando Caian com um olhar sinistro. Parecia que iriam linchá-lo ali mesmo. Caian continuava tremendo sem parar, a essas alturas quase inconsciente. Parecia ter entrado numa espécie de transe.

– Você não mudou nada! – repetiu um dos homens do grupo.

– Não é verdade! – disse Pedro, entrando no meio da roda. – Ele... ele... mudou sim!

A Ferro e Flores | 309

– Ah, é? – agora foi Pouca Tinta, gritando de fora da roda, quem o interpelou. – E mudou o quê, posso saber?

– Esse aí não se importa com ninguém! – gritou um da roda.

– É! Não se importa com ninguém! – responderam outros em coro.

– Importa sim! – continuou Pedro. – No ano passado, por duas vezes ele me deu dinheiro para ajudar na sopa dos carentes.

– Olha só que gracinha – debochou Pouca Tinta. – Ele ajudou na sopinha dos carentes... Tem mesmo cara de quem ajuda na sopinha, não tem? – disse numa gargalhada. – Isto aí não ajuda ninguém! Se deu dinheiro foi porque estava sobrando, porque queria aparecer!

– Não é verdade! Ninguém ficou sabendo de nada, nem mesmo a namorada dele. Ele deu porque quis, eu nem pedi! – defendeu Caian.

Caian continuava tremendo e se contorcendo no chão; sequer ouvia o que estava sendo dito a seu respeito.

– Como não pediu, ô bonzinho? – Pouca Telha não acreditou.

– Ele sabia do meu trabalho – explicou Pedro.

– Mas isto aí não me convence não! Para quem tem, dar dinheiro não custa nada.

– Só Deus pode avaliar a verdadeira intenção das pessoas – tornou Pedro, sentindo-se fortalecido pelas palavras que ouvira de sua mãe.

– Queria ver se ele fazia alguma coisa pessoal para alguém! Isso ele não faz de jeito nenhum! – desafiou de novo Pouca Telha.

– Pois ele fez! – garantiu Pedro. – Um dia, quando estávamos na quadra do cursinho, escolhendo o time para jogar vôlei, ele me escolheu para o time dele. Me escolheu primeiro, como se eu fosse o melhor!

– Então devia ser! Esse aí não faz nada de graça, nada que possa ser prejudicial a ele mesmo! – desdenhou um espírito do grupo.

– Pois não era, não! Eu era o pior! Caian fez isto só para que eu não me sentisse humilhado, para me proteger do resto da turma! – disse Pedro, com os olhos cheios d'água.

Não sabia por quê, mas estava sentindo uma emoção muito profunda. O bando ficou em silêncio por um tempo; pareciam desconfiados.

– Aposto como tinha segundas intenções! – gritou Pouca Telha.

– Para impressionar a namorada! – acrescentou Pouca Tinta.

– O fato é que ele me ajudou muito naquele dia. E eu vou ser grato a ele para sempre por causa disso. Ele me fez um bem! – disse Pedro.

Neste momento, uma luz muito forte começou a irradiar por trás de Pedro. Aos poucos, a luz começou a materializar imagens que mostravam vários atos de amor desinteressados praticados por Caian. Todos os espíritos perseguidores de Caian se afastaram. Uma equipe de socorro espiritual chegou com uma ambulância e acomodou Caian em uma maca. Ele ainda tremia.

310 | Lygia Barbiére

Miguel, enquanto isto, ligava do celular para Valéria.

– Miguel? – ela estranhou o telefonema àquela hora da madrugada.

– Não quis ligar para a Mag para não deixá-la ainda mais preocupada, mas a menina está mal, está muito mal...

A linha estava ruim, havia muito barulho em volta.

– Estou um pouco confuso – disse Miguel. – Não sei o que eu faço. Acredito que ela esteja quase em coma alcoólico ela... Meu Deus... Acabou de desmaiar aqui do meu lado! – ele se desesperou.

– Eu vou ligar agora para o pessoal da ambulância! Se não me engano, estão em uma festa aí perto desse lugar onde você falou que está. Eu lhe retorno em menos de cinco minutos!

Antes mesmo que Miguel pudesse atender à nova chamada, a ambulância já havia chegado. Por sorte, estavam a apenas uma esquina dali. Ele seguiu com Ana Teresa para o hospital.

A ambulância que carregava Caian também já fechava suas portas quando Pedro de repente gritou:

– Esperem! Eu... eu também posso ir com vocês?

Uma voz, porém surgiu de outro lugar, respondendo a sua pergunta.

– É claro, Pedro, que você também pode vir. Fico feliz que tenha chegado a essa conclusão!

– Norine! – ele correu a abraçá-la.

Estava muito emocionado depois de tudo o que vivera.

– Eu sei que talvez não possa mais voltar para onde estava antes... Sei também que você talvez não queira mais me acompanhar, mas...

Norine apenas abriu um largo sorriso e, abraçando-o, apontou para uma terceira ambulância, já de portas abertas a esperá-lo:

– Vem! – convidou.

Pedro foi, chorando de gratidão a Deus por estar podendo receber mais aquele auxílio, do qual ele não se achava merecedor.

Muitos outros jovens também foram socorridos no local – encarnados e desencarnados. O mais interessante é que, embora fosse de noite, uma revoada de pássaros atravessou os ares, piando ruidosamente.

De longe, o grupo de espíritos perturbados observava à cena indignado, desafiando-se mutuamente:

– Isto não vai ficar assim! – vociferou Pouca Telha.

– Isto não vai ficar assim! – urrou Pouca Tinta, do outro lado.

– Mas pode ir perdendo suas esperancinhas de vingança, ouviu, Pouca Telha? Você não perde por esperar a outra surpresinha que eu acabei de preparar!!! – ele sumiu numa gargalhada.

Enquanto isso, na ambulância, Miguel conversava de novo com Valéria pelo celular.

A Ferro e Flores | 311

– Sei... Quer dizer então que a Mag está vindo para o hospital... Ela agora está no soro. Seu amigo falou que ela está com um pouco de taquicardia, por causa do estimulante... Mas ele acha que vai ficar tudo bem... Puxa, nem sei como agradecer por toda essa força que você está me dando... E como é que estão as coisas por aí? É provável que eu não vá mais amanhã para Caxambu, pois... O quê? Ligaram da Indonésia dizendo o quê? Meu Deus!... Então eu tenho de ir amanhã para Caxambu! Diga a Mag para não dizer nada para a Thalita, por enquanto! Eu mesmo vou dar a notícia a ela.

48

No dia seguinte, ao entrar no banco, Thalita não pôde acreditar no que via. Sentada na cadeira diante do gerente estava a namorada de seu pai. – Elyonay – ela ouviu quando a mulher se apresentou ao gerente, o mesmo nome que estava escrito na passagem que ela encontrara de manhã cedo dentro do bolso de uma camisa do pai. Duas passagens de avião para Fortaleza. A outra estava no nome de Hermínio. Era muita coincidência. Afinal, aquele não era um nome muito comum. Ela procurou, discretamente, prestar atenção à conversa.

– O senhor tem que ver que a minha situação como esposa também é muito delicada... – argumentava ela, num tom intermediário entre a voz normal e a voz alterada. – Na verdade, eu só lhe pedi um auxílio porque não estava sabendo baixar o dinheiro no caixa eletrônico.

– Senhora, mas este cartão não é seu. A senhora pode me emprestar os seus documentos?

– Claro! Mas eu acabei de me apresentar para você! Meu nome é Elyonay Pinto de Oliveira Silva, esposa do seu cliente – ela disse, estendendo-lhe a identidade. – Já trouxe outro dia até uma cópia da procuração que o meu marido me deu, mas o seu colega criou problemas com o nome dele... Não entendeu que todo mundo conhece o meu marido pelo apelido...

"Não, não pode ser... Ela não pode estar falando do meu pai. Ela nunca foi esposa dele!", angustiou-se Thalita. Ela olhou pela janela para ver se Domenico ainda continuava na banca de jornal em frente ao banco. Estava quase arrependida por não ter deixado que ele entrasse junto com ela. Mas ele já não estava mais lá. A essas alturas já estava no parque, enchendo seus galões de água. Ficara de encontrá-la no carro, estacionado ali perto, somente dentro de uma hora.

– Não é possível que não tenha mais nenhum dinheiro na conta dele! Eu estive, ontem, sacando aqui com o cartão e o caixa eletrônico me informou que não havia saldo disponível! Mas como não há saldo disponível, se o meu marido tem dinheiro em aplicações? Está aqui no extrato!

– Senhora, infelizmente, só o seu marido, pessoalmente, pode obter as informações que a senhora está querendo. Isso é sigilo bancário, só podemos in-

312

formar saldo e baixar dinheiro de aplicações mediante autorização do próprio cliente.

— Mas eu já disse que eu sou casada com ele!

— Senhora, infelizmente, a conta não é conjunta. Faz muito tempo que vocês estão casados?

— Casado é maneira de dizer – desconversou Ely. – Na verdade nós somos amigados, estamos juntos há mais de cinco anos. Mas a lei me garante este direito. Tanto que ele deu o cartão e o cheque dele na minha mão – argumentou ela.

"Não. Seria muita cara-de-pau. Só pode ser outra pessoa. Não deve ser o meu pai, não é possível", Thalita tentava convencer a si mesma.

Ao mesmo tempo, era como se alguma coisa lhe dissesse: "É ela mesma! Chame a polícia depressa!"

— Meu marido está no hospital, estou precisando de dinheiro para pagar a conta. O senhor não poderia trocar pelo menos um cheque?

— A senhora me desculpe, mas não estamos autorizados a pagar cheques de clientes para terceiros, muito menos com dinheiro das aplicações. Mas os hospitais aceitam cheques.

— Mas não tem dinheiro na conta! – ela começava a ficar nervosa.

— A senhora tem aí o telefone do hospital? Se o caso é esse, eu posso conversar com o cliente e...

— Mas eu estou aqui com a identidade e o CPF dele! – ela começou a remexer a bolsa a procura dos documentos. – Nem precisa ligar para...

Outro gerente veio lá de dentro e sussurrou alguma coisa ao ouvido do que fazia o atendimento.

— Olhe – disse ele, – se a senhora quiser esperar, eu fui informado de que a filha dele está para vir hoje ainda aqui no banco e...

— A filha dele? – Ely se assustou. – Hoje? – ela olhou para a porta preocupada. – A filha do Hefesto, quer dizer, do Hermínio?

Thalita não pôde mais se conter.

— Sua cachorra! Sua ladra! – partiu para cima da outra já dando nela com a bolsa. – Me dá aqui esses documentos – disse, arrancando da mão dela o cartão e os documentos do pai.

Na cabeça dela, ainda ecoavam as palavras de Mercedes que ouvira naquela manhã, quando estivera na casa à procura dos documentos do pai: "Ela já é conhecida! Tem até ficha na polícia!"

O banco parou para ver a briga. Os seguranças vieram depressa, mas estavam de tal maneira engalfinhadas que não havia como contê-las.

— Vigarista é você, sua zinha! – gritava Ely. – Me devolve os documentos do meu marido!

— Roubou o dinheiro do meu pai! – gritava Thalita.

314 | Lygia Barbiére

– Ele nunca me disse que tinha uma filha! – respondeu a outra.

Neste momento, Thalita parou, assustada. Abriu as mãos e soltou os cabelos de Ely que apertava entre os dedos. E se fosse verdade? E se o pai estivesse mesmo vivendo com ela há cinco anos? E se nunca houvesse mesmo contado a ela que tinha uma filha?

Sua cabeça estava completamente confusa. A outra aproveitou para dar dois passos para atrás, já pensando em como fazer para fugir.

– É melhor chamar a polícia – disse o gerente do atendimento.

– Melhor esperar um pouco. O cliente é muito bom, pode não gostar – disse o outro que viera lá de dentro .

– Vamos ligar para o cliente – decidiu o do atendimento.

– Mas ninguém atende no telefone residencial. É a filha quem tem feito contato conosco pelo telefone – informou o outro. – Será que está mesmo no hospital?

– Eu trouxe a procuração! – Thalita lembrou de repente. – Só eu estou autorizada pelo meu pai a tratar deste assunto. Ele não está mais no hospital.

Domenico, enquanto isso, saía do parque cheio de garrafas. Tinha pego água para os rins, água para o estômago, água cicatrizante. Achava a coisa mais rica do mundo aquelas águas minerais contendo remédios para a saúde em sua natural composição. Duas garrafas de cada. Ainda não sabia se Thalita iria querer, mas aproveitara também para pegar algumas garrafas para o fígado, pensando no pai dela.

– Será que eu não deveria entrar de novo para pegar mais um pouco? – imaginou, arrumando as garrafas na mala. – Que horas são?

No que levantou a cabeça para olhar o relógio, deu com o carro que estacionava do outro lado da rua, junto ao canal. Não era possível!

– Miguel! – ele gritou, já acenando para o amigo.

– Mas que mundo pequeno! O que você faz por aqui? – Miguel perguntou, depois de um forte abraço.

– Vim com uns amigos para uma apresentação, mas já estou voltando para o Rio. E você, como é que está?

Os dois se recordaram rapidamente da última vez em que haviam se encontrado. Interessante é que daquele encontro ficara uma amizade tão forte que até parecia que os dois já se conheciam há muito tempo. Cada qual conhecia as fragilidades, a dor mais profunda do outro.

– Queria muito te encontrar de novo! Você não tem ideia de como me ajudou naquela tarde – confessou Miguel.

– Vamos então tomar um café! – Domenico convidou. – Estou esperando uma amiga, que vai voltar para o Rio comigo, mas ainda tenho uma meia hora para conversarmos!

Miguel consultou o relógio, preocupado.

A Ferro e Flores | 315

– Não sei se vai dar... Ainda preciso localizar onde fica a agência do banco Estilo – explicou Miguel.

– Banco Estilo? É aquele ali da esquina. Tem, inclusive, um caixa eletrônico bem na porta – disse Domenico, imaginando que o amigo queria sacar algum dinheiro. – Mas o que veio fazer por aqui?

– Hã? – Miguel tinha se virado para ver onde ficava a agência. – Na verdade eu não estou procurando o banco para sacar dinheiro. Estou aqui por causa de uma grande amiga, uma pessoa que... ah, enfim, acho que estou quase namorando esta pessoa – ele contou animado.

– Que coisa boa! – comemorou Domenico. – Pelo que estou vendo, você parece apaixonado por ela!

– Muito, Domenico! Sabe que nunca na minha vida eu pensei que ia sentir uma coisa assim tão forte por alguém? Ela tem tudo a ver comigo, vive estudando sobre o alcoolismo para tentar ajudar o pai.

Domenico sentiu um frio na barriga ao ouvir isso. Imediatamente pensou em Thalita. "Não, com toda certeza não deve ser a mesma pessoa...", ele se disse em silêncio.

– Você ficou distante... Aconteceu alguma coisa? – percebeu Miguel.

– Nada, nada... Estava só pensando na minha namorada, que também tem esse problema... – ele deixou escapar.

– Puxa! Mas então você também está namorando? É aquela moça de quem me falou? – Miguel se lembrou.

– Ela mesma! – suspirou Domenico.

– Pois é. Eu vim aqui porque esta minha amiga, que é quase minha namorada, está passando por um problema seriíssimo. O pai dela é de Aiuruoca, parece que tinha uma namorada que roubou o talão de cheques e todos os documentos dele, deu até cheque sem fundos! Daí ela teve de vir até aqui em Caxambu para conversar com o gerente. Fiquei preocupado e vim encontrá-la para dar uma força – disse Miguel.

Novamente Domenico estremeceu. Era exatamente a mesma história. Seriam as duas a mesma pessoa? Faltava apenas saber o nome. Ele, contudo, não tinha coragem de perguntar.

– Olha só – disse Miguel, consultando mais uma vez o relógio. – Eu vou entrar no banco para ver se ela já está lá, você me espera aqui. Conforme for, depois nós três tomamos um café juntos, está bem assim? Eu queria muito que você a conhecesse! É uma figura extraordinária!

Domenico concordou. Estava gelado dos pés à cabeça. Por isso ela insistira tanto para que ele não entrasse com ela na antiga casa de Aiuruoca. Fizera-o esperar por ela no estacionamento do hospital, lá em cima. Parecia que não queria, de jeito nenhum, que alguém os visse juntos. Era por isso. Só podia ser. Thalita já tinha um namorado. "Será que era mesmo dela que Miguel estava falando?", ele se perguntava, ainda atônito. Talvez precisasse fazer novo curso de palhaço. Não estava preparado para mais aquele embate, não conseguia encarar os fatos, a simples possibilidade dos fatos, com o bom humor que lhe era característico.

Ficou acompanhando os passos de Miguel até a entrada do banco. De longe, viu quando Thalita saiu lá de dentro chorando e se jogou nos braços dele. Foi como uma punhalada bem no meio do peito. Lágrimas escorreram dos olhos de Domenico.

Caminhou até o carro, tirou da mala a sacola e a bolsa de viagem dela e as deixou no meio da rua, bem em frente ao hotel diante do qual haviam combinado se encontrar. Seus olhos ainda choravam quando ele ligou a chave. Sem querer, levou no carro a pequena mudinha de hortênsia que Thalita plantara em Aiuruoca.

Já passava das dez horas da manhã e Sílvio continuava dormindo. Jacira não pudera vir trabalhar, pois Lally e Tarquínio estavam chegando de viagem. Mag, em compensação, já tinha saído para levar Samir na escola e Ana Patrícia no cursinho, ido ao açougue, à farmácia, ao supermercado, preparado o almoço e até a vitamina para Ana Teresa. Miguel dissera que o médico recomendara que ela tomasse muita vitamina naquele dia. Daqui a pouco, teria de sair de novo para buscar os meninos; naquela tarde, Ana Patrícia tinha ainda hidroginástica e fisioterapia na ABBR. E Sílvio dormia.

Em seu quarto, Ana Teresa também dormia. Tão alcoolizada quanto o pai. Chegara do hospital de madrugada com Miguel, meio sonolenta, nem conversara com ninguém. Apenas se deixara acomodar na própria cama e continuara o sono iniciado no hospital.

— Onde é que nós vamos parar com tudo isso? — Mag se perguntava, batendo as almofadas para aprumá-las de novo no sofá.

A sala estava o caos. Havia garrafas por toda parte, até os paninhos de crochê, com que ela tinha tanto luxo, estavam amarfanhados num canto, com cheiro de cerveja. Parecia até que houvera uma festa no apartamento. Ela sabia, contudo, que Sílvio fora de novo o único convidado — pelo menos, na visão dela. Ouvira quando ele se levantara de madrugada do sofá, pouco depois que ela fora se deitar, e começara novamente a beber. O dia amanhecera e ele ainda bebia na varanda, calado e sozinho. E, no entanto, agora, não queria acordar.

Mag ainda sentia dor nas costas pelo esforço de levá-lo até o quarto, pouco antes das seis da manhã. Não gostava que as meninas o vissem naquele estado, apagado no sofá como um indigente qualquer. Escancarou as janelas do quarto para que a luz entrasse:

— Acorda, Sílvio. Se você não levantar, eu vou jogar água gelada no seu rosto — ameaçou, puxando-lhe as cobertas.

Mas ele nem se mexeu. Parecia longe, muito longe dali. Preocupada, chegou a examinar-lhe os pulsos e a testa para ver se estava vivo. Sílvio, porém, estava quente e respirava normalmente.

318 | LYGIA BARBIÉRE

– Não sei por que eu ainda me preocupo com você. Como se fizesse alguma diferença na minha vida o fato de você morrer ou estar vivo... Se morresse, era até melhor... – resmungou, ressentida, arrumando o quarto.

Sílvio grunhiu qualquer coisa e virou-se para o outro lado, cobrindo o rosto com o travesseiro. Um ar horrível pareceu desprender-se dele. Um cheiro azedo, de álcool adormecido, álcool de alambique, Mag não sabia definir direito. A única coisa que sabia era que não aguentava mais dormir com aquele cheiro.

– Sílvio... ô, Sílvio... Você não tem audiência no fórum?

– Não enche, Margareth – ele resmungou debaixo do travesseiro.

Angustiada, Mag tomou a iniciativa de ligar para o escritório para avisar que ele ia se atrasar um pouquinho. Sabia que ele tinha uma audiência importante marcada para aquele dia.

– Seu Romeu? Ah, aqui é Grace Margareth, filha do seu amigo Tarquínio... Pois é, estou ligando porque o Sílvio teve um probleminha... uma de nossas filhas está dando muito trabalho... Sumiu ontem de repente, o senhor imagina? Sílvio teve de ir atrás dela, só conseguiu localizá-la já de madrugada, num hospital... Não, felizmente não foi nada grave... Coisas de adolescente, o senhor sabe como é... Não. Ele agora precisou sair para resolver algumas coisas para me ajudar. Disse que só vai conseguir chegar no escritório depois da uma... Sei... Mas a que horas é a audiência? Certo, eu vou avisar para ele... Mas... Seu Romeu, em caso de emergência, tem como desmarcar?... Não, eu compreendo... Ele vai sim... – ela confirmou, já enchendo de água da pia a caneca onde ficavam as escovas de dentes. – Ah, se vai! – ela acrescentou, recolocando o fone no ganho com a outra mão.

Puxou com raiva o travesseiro e virou a caneca toda de uma vez no rosto de Sílvio. Ele deu um pulo de susto:

– Ficou maluca? – disse, puxando o lençol para enxugar o rosto.

– Maluco é você. Seu chefe disse que, se não chegar lá ao meio-dia para a audiência, nem precisa aparecer mais!

– Aquele velho estressado... – Sílvio esbravejou, arrancando depressa o pijama e já vestindo a camisa pendurada no cabide de roupas.

– Espera aí! Me deixa ao menos passar essa camisa! – protestou Mag. – Não vai trabalhar assim todo amassado!

– Só se for rápido! – ele entregou a camisa, entrando no banheiro.

– Mas esta camisa está suja! Você foi com ela na sexta-feira! – Mag constatou.

– Culpa sua que nem da minha roupa cuida direito – ele respondeu do banheiro.

Depois que ele saiu, Mag ficou chorando na cozinha, desnorteada, sem saber o que fazer. Não estava aguentando mais aquela vida. Parecia até que o problema era ela. Vivia com as ideias atrapalhadas, nervosa com todo mundo, com a sensação de que seu corpo ia parar de uma hora para outra. Simplesmente parar e não funcionar mais. Nem o corpo, nem a cabeça, nem nada. Ao mesmo tempo, esmerava-se para agradar a todo mundo. Comidinha para um, sobremesa para outro, suquinho de maçã para Ana Patrícia, refrigerante *diet* para Ana Teresa, até cerveja para o infeliz do Sílvio ela botava na geladeira. E para ela? O que é que tinha? Nada. Nem na casa, nem na geladeira. Sua vida se restringira apenas a um emaranhado de linhas sufocado numa caixa de costura, que ela lutava para desatar em suas raras horas vagas.

Ana Teresa veio do quarto sem chinelos e ficou olhando enquanto a mãe chorava. Queria dizer alguma coisa, mas não sabia por onde começar. Não se lembrava direito de tudo o que acontecera na noite anterior. Sabia, porém, que havia bebido muito, despertado em um hospital ao lado de Miguel e sido levada para casa por ele de madrugada. Pela primeira vez, desde o acidente, Ana Teresa não estava revoltada. Ao contrário, sentia muita vergonha. Como se, só depois do soro da madrugada, houvesse acordado de fato para sua realidade dos últimos meses.

– Mãe, eu... – ensaiou, tocando-lhe de leve nos cabelos.

Mag se levantou de um pulo e limpou os olhos depressa:

– Filha! Você não quer a sua vitamina? Eu já preparei aqui, eu...

– Mãe! Por favor, me escuta – Ana Teresa a deteve antes que ela pegasse o copo do liquidificador com a vitamina.

– Mas você precisa comer, eu...

– Me dá um abraço, mãe – Ana Teresa pediu, já abraçando-a.

Ficaram as duas abraçadas um tempo, chorando, cada qual do seu lado. Era tão forte o amor que sentiam uma pela outra... Por que será que há tanto tempo não se abraçavam?

– Eu estava precisando demais deste abraço, minha filha – disse Mag, recompondo-se.

Ana Teresa abaixou a cabeça. Era de dar pena. Tão magrinha e abatida, os pés descalços no ladrilho frio.

– Mãe... – ela tentou de novo dizer.

– O que foi, filha? O que é que eu posso fazer para você melhorar?

– Mãe... Você... Você me desculpa?

– Mas é claro, meu amor... Ai, Deus, que bom que você voltou...

Se abraçaram e choraram novamente. Havia tantas coisas a conversar. Mas ainda era muito difícil para as duas falar sobre os assuntos ligados ao acidente. Ana Teresa sentou-se à mesa e a mãe serviu-lhe o café da manhã em silêncio. Não era, contudo, um silêncio pesado. Mag quase sorria de tanta alegria por Ana Teresa estar ali. Era a primeira vez que entrava na cozinha e conversava com ela desde o acidente.

– Estive pensando, filha... Que tal se nós hoje fôssemos ao *shopping*, enquanto a Ana Patrícia faz a terapia dela, na ABBR, e fizéssemos umas compras para você? Está precisando de umas calças novas, mais justas, umas blusas novas também. O que você acha?

Ana Teresa ficou pensativa. Seria muito bom ir ao *shopping* com a mãe. Contudo, e as outras pessoas? E se ela encontrasse com outras pessoas? Colegas do cursinho, conhecidos da praia; no *shopping* a gente sempre encontra pessoas.

– Melhor não, mãe... Não sei se eu estou legal...

– Vamos, filha! Seu avô ligou hoje cedo, quando chegou de viagem. Disse que ia depositar um bom dinheiro na minha conta...

Ana Teresa sorriu. Lembrou de quantas vezes havia implorado à mãe uma calça e uma blusa nova para ir a uma festa e Mag não pudera atendê-la. Dizia sempre que vivia apertada, que o dinheiro não dava. E agora, que tinha tantas despesas com a Ana Patrícia, ficava oferecendo isto para ela... Compreendeu que a mãe estava fazendo aquilo só para animá-la, que faria qualquer coisa para que ela melhorasse.

– Está bem, mãe... Então vamos – concordou, mais para agradá-la do que por vontade própria. – Mas não quero ficar lá muito tempo...

– Claro, filha! – Mag pareceu ganhar novo ânimo.

Mal podia acreditar que a filha finalmente iria sair de casa como uma pessoa normal. Ana Teresa ficou olhando, enquanto ela lavava a louça e percebeu o quanto a mãe ainda era uma mulher bonita. Havia envelhecido com toda aquela situação, mas continuava bonita.

– Mãe... – ela disse, acabando de mastigar um pedaço de pão. – Compra alguma coisa para você também...

– É... Quem sabe, né? Estava querendo muito um desses vestidos de malha que está se usando agora... Vamos ver quanto é que custa... – ela enxugou as mãos no pano e olhou para a filha embevecida. – Tão bom te ver falando de novo...

Ana Teresa abaixou os olhos. Pela primeira vez, não se sentia sufocada pelas saudades de Caian. Mas ainda era muito difícil pensar em continuar a vida sem ele. A única coisa de que ela tinha certeza era de que não queria nunca mais beber. Nunca mais na sua vida.

— Ela fugiu, Miguel! Estava aqui, agorinha mesmo e fugiu a danada! Eu não acredito que isto aconteceu! Até a polícia eles chamaram! Mas a mulher simplesmente se desintegrou no tempo e no espaço! Fugiu do banco no nariz da polícia e ninguém viu – repetia Thalita, transtornada.

De fato, o banco estava cheio de guardas lá dentro, via-se que tinha havido confusão das grandes por ali.

— E, o pior de tudo, Miguel, é que, se eu não tivesse chegado exatamente naquela hora, ela ia acabar conseguindo convencer o gerente a baixar o dinheiro das aplicações do meu pai! Eu senti que ela estava quase! Ai, Miguel, por um momento eu achei que seria capaz de matá-la! Arranquei tudo da mão dela! Você acredita que até hoje ela carregava a carteira do meu pai com tudo dentro? Eu estou com muito ódio dessa mulher! – ela desabafou.

— Procure ficar calma, Thalita. Já passou. Pelo menos, então, você conseguiu reaver os documentos do seu pai – disse Miguel.

Thalita fez que sim com a cabeça.

— O gerente achou melhor bloquear o cartão, entrar com o pedido de uma segunda via e fazer uma nova senha – explicou ela. – Já troquei o endereço. O correio vai entregar lá em casa.

— O importante é que você conseguiu pegar a identidade e o CPF dele. E descobriu que ainda tem bastante dinheiro na conta do seu pai. Ele não está completamente arruinado como você imaginava! – lembrou Miguel. – Mas não fique com ódio. Não faz bem para você mesma!

O tempo todo ela esticava o pescoço em direção à esquina. Miguel também olhou.

— Você acha que ela ainda pode estar por aqui? – imaginou ele.

— Aquela ali? Nunca! A essas alturas já deve estar lá em São Lourenço! Na verdade... eu estou procurando outra pessoa... – ela confessou, esticando mais uma vez os olhos, um tanto quanto preocupada. – A esta hora, já era para ele estar aqui...

— Ele? – estranhou Miguel.

— É... – Thalita se confundiu. – Na verdade é um amigo, nos encontramos aqui por acaso... Ele ficou de me dar uma carona de volta... – só então ela se

322 | Lygia Barbiére

deu conta de que Miguel tinha vindo do Rio só para encontrá-la. – Mas... o que é que você está fazendo por aqui?

O olhar dele dizia tudo.– Não me diga que... – ela começou a deduzir antes mesmo que ele pudesse abrir a boca.

– É claro que eu vim para te buscar. Você tinha alguma dúvida se eu viria? – ele disse, abraçando-a pela cintura.

Saíram andando em direção ao local onde ela havia marcado com Domenico.

– Ai, Miguel... – ela discretamente descolou-se do abraço dele. – Eu não queria te dar este trabalho... – esticou de novo o pescoço para ver se enxergava o carro de Domenico. – Estranho... Não estou vendo o carro!

Miguel também procurou por Domenico.

– Sabe que eu também encontrei um amigo a quem eu queria muito lhe apresentar? Ele também sumiu... Vai ver encontrou-se com a namorada dele e não pôde esperar... Que pena – ele lamentou com sinceridade.

– Ai, meu Deus! A minha mala! Ele levou a minha mala! – novamente Thalita se desesperou.

– Calma! Afinal, não é seu amigo? Depois, no Rio, você...

– Eu não tenho o endereço dele! Nem o telefone! – ela revelou agitada, as lágrimas já pulando dos olhos.

– Mas... – Miguel não estava entendendo nada.

Antes que ela pudesse explicar qualquer coisa, porém, o porteiro do hotel se aproximou perguntando se aquela mala e aquela sacola eram dela. Explicou que tinha visto quando ela e Domenico desceram do carro juntos, e que, sem querer, viu também quando ele deixou a mala dela.

Miguel percebeu o seu constrangimento e foi indo para o carro. Obviamente, percebeu que havia 'algo mais' naquela 'amizade' e ficou um pouco triste com isto. Mas achou melhor não dizer nada.

Vieram no carro em silêncio, ouvindo "*Farewell*", do CD *Blade Runner*. Thalita estava tão arrasada que nem sabia o que dizer. De novo o silêncio. Tinha sido a mesma coisa de manhã, quando viera de Aiuruoca com Domenico. Fechava os olhos agora e relembrava cada minuto daquela manhã, procurando encontrar onde tinha errado.

– Não fique chateado... – ela dissera a Domenico, ao pedir que fosse esperá-la lá em cima, depois da igreja, no estacionamento do hospital.

Na hora, deu para perceber que ele ficara desapontado.

– Meu pai é uma pessoa muito sistemática; eu já tenho tantos problemas com ele... Você não faz ideia como o povo daqui gosta de comentar as coisas... A minha vizinha então... Se eu entrar com você por aquela porta, pode ter certeza de que, na mesma hora, o meu pai, lá no Rio, já vai ficar sabendo... Sabendo e imaginando coisas – ela explicou, com delicadeza.

– Você não vai me dar nem um beijo antes de descer do carro? – pediu Domenico.

– Eu já te dei tantos... Seja compreensivo – disse ela, descendo depressa do carro.

Naquele minuto, contudo, Thalita teve a estranha sensação de que demoraria muito para vê-lo de novo. Tão forte que ela voltou à janela do carro para beijá-lo rapidamente.

– Por favor, você não ficou chateado, ficou? Você vai me esperar? – ela perguntou ansiosa. Domenico sorriu, concordando. É claro que ele tinha ficado chateado, ela pensou agora, consigo. Mas ela não tinha opção, não havia como entrar na casa com ele junto.

Nem bem ela tinha acabado de virar a chave, dona Mercedes já estava chamando por ela:

– Thalita! Que bom que veio! Você não imagina o que tenho passado por causa do seu pai!

– Ele também ficou devendo para a senhora? – Thalita assustou-se.

– Antes fosse, minha filha. Antes fosse... Eu posso entrar com você? – ela pediu, querendo dar a entender que era para não ser ouvida.

Entraram. Enquanto vasculhava a casa em busca dos documentos do pai, Thalita ficou sabendo de todos os detalhes da vida dele nos últimos meses antes do acidente. Dona Mercedes falava sem parar. Coisas tão íntimas, tão sérias, tão delicadas... É claro que Domenico não poderia ouvir essa conversa. Ela ficava até com vergonha só de pensar.

Mudou a faixa do CD no carro de Miguel e iniciou-se a canção *"End Title"*, que parecia simular uma corrida no espaço. O pensamento de Thalita acompanhava o ritmo daquela corrida. Mexeu muito com ela o tal relato de dona Mercedes. Tanto que, cerca de quarenta minutos depois, quando ela voltou a se encontrar com Domenico, ela já estava arrasada, não era mais a mesma pessoa. Parecia que dona Mercedes havia sugado toda a sua energia, todo o seu encanto. Não conseguia parar de se lembrar um minuto das coisas que ela dissera. "E como o pai fora se meter com uma figura como aquela, depois de tantos anos casado com sua mãe?", viera de lá, o tempo todo perguntando. Não tinha nem como conversar com Domenico. Naquele momento, assim como agora, as perguntas se sucediam sem parar. "Ora, se era tão conhecida a tal Ely, como ninguém dissera nada a ele a seu respeito? Será que ele sabia? Será que gostava de mulheres assim? Dona Mercedes lhe dissera que ele andava até querendo se casar com ela, que já havia comprado até as passagens para a lua de mel. E como é que ela sabia de tudo isso?

O fato era que encontrara as duas passagens para Fortaleza. Era quase como se sentisse traída pelo próprio pai.

Durante toda a viagem de Aiuruoca até Caxambu, Domenico não perguntou nada, não fez comentários.

– Quanto tempo você acha que vai demorar no banco? – disse apenas, no momento em que desligou o carro.

Só então Thalita percebeu que já estavam em Caxambu.

– Meu Deus! Nós já chegamos, eu... – ela tentou encontrar palavras para explicar-se.

– Você tem certeza de que não quer que eu vá com você? – ele ainda perguntou, segurando suas mãos. Era tão grande... Com uma única mão segurava suas duas mãos.

– Não... não precisa – ela respondeu, triste.

– Aconteceu alguma coisa em Aiuruoca, não aconteceu? Não quer conversar um pouco antes de ir?

Ela fez sinal de não com a cabeça.

– Na volta para o Rio a gente conversa... – respondeu, chateada. – Acho que ainda estou um pouco engasgada...

– Tem certeza de que não é melhor eu ir com você? – ele insistiu.

– Não. Vai ficar tudo bem. Você vai ao Parque?

Novamente ela teve aquela sensação de que nunca mais iria vê-lo e o abraçou. Tinha vontade de dizer: "Você promete que nunca vai me deixar?" Mas sabia que era cedo para dizer uma frase como esta. Ele podia até se assustar.

Parecia tão verdadeiro, tão real... "Com você eu nem preciso tirar meu nariz de palhaço", ela se lembrou dele dizendo no restaurante do hotel e sentiu um aperto no coração. E como a havia deixado daquela forma, deixado sua mala sozinha no meio da rua, ido embora sem sequer se despedir? Será que ele a vira brigando no banco? Será que desistira dela por considerá-la uma pessoa violenta? Não, nada disso fazia o menor sentido. Tinha de ter uma explicação! Se ao menos ela tivesse o telefone dele...

Em seu carro, Domenico agora também recordava as mesmas cenas. Estava muito triste. Por que Thalita não lhe contara desde o princípio que tinha um relacionamento com outra pessoa, um quase-namorado? Afinal, Miguel fora muito claro: "Acho que estou quase namorando essa pessoa... Sabe que nunca na minha vida eu pensei que ia sentir uma coisa assim tão forte por alguém? Ela tem tudo a ver comigo". Domenico sentia dor ao se lembrar do amigo dizendo isto. Era óbvio que ela tinha um relacionamento forte com ele, do contrário ele não teria vindo do Rio até Caxambu só para buscá-la.

E, ainda por cima, o Miguel. Se fosse qualquer outro homem do mundo, Domenico não se sentiria na obrigação de ser tão ético. Mas Miguel... Como é que ele iria roubar a namorada de um cara que havia acabado de perder o irmão num acidente estúpido, um cara que tinha tanto a ver com ele como pessoa? Na visão de Domenico, seria o mesmo que roubar toda a dignidade de uma pessoa. Um dia já se sentira roubado na sua e jamais faria isso com alguém. Muito menos com Miguel. Enfim, o jeito era esquecer. Esquecer Thalita, esquecer que um dia a encontrara na praça, da noite que haviam passado em Aiuruoca, de todo aquele sentimento que ele imaginava até que não existia mais dentro dele.

Mas ela também, o tempo todo, lhe parecera uma pessoa tão sincera... Como uma pessoa com um sorriso tão límpido, com um olhar tão franco poderia... poderia... Ele não conseguia encontrar palavras que definissem o que estava sentindo. Seus olhos queriam chorar novamente. Mas ele não queria. Olhou para o buquê de hortênsias azuis no chão e se sentiu mais triste ainda. Não era possível que ela estivesse mentindo...

No outro carro, Miguel também se sentia chateado. Thalita agora verificava distraída os documentos na carteira do pai. Quem seria o tal cara? Estava claro para ele que havia outro. Seria um ex-namorado? O pai de Samir? Não, não era possível. Haviam conversado tantas vezes sobre isto, em todas as ocasiões Thalita sempre fizera questão de dizer que não sentia mais nada por ele. E agora? Thalita estava tão triste, tão distante? Será que era por causa da briga do banco? Por causa do pai? Ou por causa do cara que fora embora sem lhe dar carona?

Ele percebeu o quanto ela ficara desfigurada no momento em que o porteiro do hotel lhe entregara suas bagagens... Tinha alguma coisa ali, com certeza tinha... O pior era que Domenico se desencontrou deles justamente no meio dessa confusão...

Em nenhum momento passava pela cabeça de Miguel que fosse justamente Domenico o homem em questão. Desde a tarde em que conversaram sobre suas dores, sentia por ele uma admiração tão grande... É claro que jamais iria contar a Thalita o segredo dele, mas queria muito que os dois se conhecessem. Sentia que eles teriam muito a trocar por estar Domenico também ligado, direta ou indiretamente, ao mesmo problema que tanto a inquietava. Era realmente interessante a visão que ele tinha sobre os acontecimentos, ele agora reconhecia.

E o pior de tudo era que ele tinha ido até lá para contar a Thalita sobre o irmão dela e até agora não conseguira nem tocar no assunto com ela. "Seu irmão foi preso com drogas". Como é que ele iria dizer isto a ela? "Seu irmão teve um pequeno probleminha na Indonésia". Não, não tinha sido um 'probleminha'. Era muito mais sério. Como jornalista, Miguel sabia que a Indonésia era um dos países mais rígidos do mundo nessas questões. Valéria tinha sido muito clara. Ele não tinha sido pego simplesmente usando drogas. Havia uma quantidade grande com ele; Ramon vendia drogas na Indonésia.

Já estavam na altura de Resende e ele até agora não conseguia achar uma frase. E se ela quisesse saber detalhes? Miguel não sabia muita coisa. Quando saíra do Rio, Valéria ainda estava tentando fazer contato com a embaixada do Brasil na Indonésia para conseguir mais detalhes. Tudo o que lhe fora informado, em um rápido e confuso telefonema, era que Ramon havia sido preso com meio quilo de comprimidos de droga. "Como é que vou dizer isto a ela?", ele mais uma vez se perguntou.

– É... Escuta, eu tenho uma coisa para...

– Desculpe! Será que o celular já pega aqui neste ponto da Dutra? Você me empresta o seu? – ela pediu, ainda com a carteira no colo, já pegando o aparelho no console ao lado de Miguel. – É que eu estou precisando muito ligar para casa; desde ontem não sei notícias do Samir!

– Não! – ele puxou depressa o aparelho das mãos dela, num gesto tão abrupto que quase o fez perder o controle do carro.

– Desculpe, eu pensei que... – Thalita ficou sem graça.

Ela voltou a mexer nos documentos da carteira.

– Eu precisava te falar uma coisa, antes de você ligar para casa...

– Alguma coisa grave? – ela perguntou, sem levantar os olhos.

Miguel não respondeu. "E agora? Eu tenho que falar! Tem que ser agora", ele pensou, nervoso.

– Ah, Miguel... Para com isso. Você não está falando sério – ela desconfiou do silêncio dele. – Olha! Olha o que eu encontrei na carteira do meu pai! – ela abriu um papelzinho. – O telefone do meu irmão!

– Thalita, seu irmão foi preso na Indonésia – Miguel disse de uma vez.

– Preso?

Naquela noite, Rute tivera mais um de seus estranhos sonhos. Possivelmente, o mais estranho de todos que já tivera até hoje.

No sonho, ela entrava no quarto de Hermínio, com seu *Evangelho* debaixo do braço – não o que Miguel lá deixara, mas outro que ficava sempre sobre sua mesinha de cabeceira. O exemplar que lá ficara estava queimando sobre o tapete, labaredas enormes enchiam o quarto de fumaça. Rute corria para apagar o fogo e percebia que Hermínio dormia sem se dar conta de nada do que acontecia. Era como se não estivesse ali. De pé ao lado dele, Hefesto a enfrentava com o olhar.

– O que é que você está fazendo? – ela perguntou, tomando uma toalha para apagar as chamas.

– Estou preparando ferro. Então a senhora, tão esperta, não sabia que os ferreiros trabalham com fogo?

Rute deu um passo para trás, segurando a toalha. Percebia que era preciso, antes de mais nada, conquistar a confiança dele.

– Interessante... – ela disse, com os olhos fixos na labareda. – E o que é que o senhor está forjando aí no fogo?

– Uma espada – ele respondeu de pronto.

A essas alturas, estava de pé, diante do fogo, segurando o cabo da espada com uma luva própria.

– Certo... E... Seria demais eu perguntar por que é que o senhor escolheu justamente o meu livro para fazer o fogo para fundir sua espada?

– Ora, por quê?... Porque é um papel como outro qualquer – ele respondeu, seco. Havia óbvio desprezo na sua voz.

– Compreendo...

– Não quer sentar-se? Vou demorar para terminar. Depois de pronta a espada, é preciso voltar no fogo para dar uma têmpera... – ele explicou.

– Uma têmpera? – repetiu ela.

– É jeito nosso de falar – ele disse, numa clara referência à classe dos ferreiros e serralheiros. – Temperar quer dizer avermelhar o ferro...

– Nossa, mas que coisa curiosa...

– Não vai sentar? – ele insistiu, desconfiado.

328 | Lygia Barbiére

– Sentar, eu? De maneira alguma. Na mitologia grega, Hera sentou-se no trono que Hefesto lhe mandou e não pôde mais levantar-se.

Hefesto ficou interessado:

– Não pôde mais levantar-se? Como assim? Me conta mais sobre esta tal de Hera – pediu.

As histórias do Hefesto mitológico faziam com que se sentisse uma pessoa muito importante.

– Ah... Eu bem que queria – disse Rute, – mas com esse fogo aí na frente... Não tenho nada contra ferreiros, mas de fogo, particularmente, eu não gosto... Aliás, o senhor sabia que no dialeto eólico, que era a língua falada na costa setentrional da Grécia antiga, Hefesto significa aquele que incendeia as águas?

Hefesto adorou a definição:

– A senhora entende muito destes assuntos, hein?

– Meu marido era professor de grego e latim, e eu, particularmente, gostava de ler sobre mitologia. Acabei aprendendo algumas coisas porque tinha sempre muitos livros em casa. O fogo é sagrado em todas as culturas. No hinduísmo ele é representado por uma divindade chamada Agni. É ele um mensageiro dos deuses e para os deuses, por isso, os sacrifícios feitos a ele vão para todas as divindades. No zoroastrismo, ele é Atar, literalmente, fogo, que simbolicamente representa a força radiante e criadora de vida – explicou ela.

Hefesto apagou o fogo, depôs sua espada e sentou-se para ouvi-la. Curiosamente, o *Evangelho* continuava intacto no centro do tapete onde havia sido feita a fogueira.

– Me conta mais sobre este outro, o tal Hefesto de quem falou primeiro – ele pediu.

– Bem... – ela tirou do centro do quarto o *Evangelho*, e limpou da capa os restos de fuligem antes de começar a falar. – Hefesto era filho de Zeus e de Hera e, ao contrário da grande maioria dos deuses, belos e bons, ele nasceu deformado.

Hefesto arregalou os olhos e fez um gesto rápido, como se tentasse colocar uma das pernas mais para baixo do sofá.

– O que a senhora quer dizer com deformado? – perguntou.

– Na verdade, Hefesto era coxo. Dizem uns da perna esquerda, outros, das duas – explicou Rute.

– Mas... Foi por causa de bebida, quer dizer, de algum acidente, que ele ficou assim? – deduziu Hefesto, arrumando de novo a perna esquerda sob o sofá.

– Hefesto já nasceu assim. Por causa disso, ele acabou sendo rejeitado pelos pais.

– Rejeitado?

– Bem, não sei se o senhor sabe, todo mito tem muitas versões. A mais conhecida diz que Hera, ao ver aquele bebê defeituoso e feio, ficou tão ultrajada que o pegou pela perna manca e o atirou do alto do Olimpo. Sua força era tamanha

A Ferro e Flores | 329

que o pobre menino voou por sobre mares e continentes durante um dia e uma noite inteiros, até mergulhar nas profundíssimas águas do oceano ao amanhecer do dia seguinte. E, com certeza, se afogaria e desapareceria para sempre, se não fosse um deus, se não fosse o imortal Hefesto, o deus do fogo, o deus ferreiro!

Hefesto gostava desta parte e Rute já sabia disso.

– E então... ele transformou o mar em chamas! – deduziu ele.

– Ainda não – Rute sentou-se no chão diante dele, para continuar contando. – Neste primeiro momento, ele foi recolhido por Tétis e Eurínome, divindades do mar que generosamente cuidaram dele. Assim, o pequeno deus cresceu em uma gruta submarina, onde permaneceu por nove anos. Até que, uma noite, saindo do mar para a praia, Hefesto viu chamas jorrando dos cumes das montanhas e ficou fascinado. Eram os vulcões da ilha de Lemnos. Hefesto foi até lá e, olhando para o maior dos vulcões, com aquelas chamas a subirem até o céu, a lava esbraseada descendo as encostas, começou a imaginar que, com o fogo, poderia confeccionar belos e úteis artefatos de metal. Hefesto é o símbolo da inteligência, da criatividade, do poder transformador.

Hefesto sorria; estava cada vez mais fascinado por aquela história mitológica. Rute percebia seu interesse e caprichava na narrativa:

– "Eu vou tentar! Talvez seja difícil, mas eu vou conseguir", ele disse. Afinal, uma das principais características desse deus é justamente a determinação.

Hefesto fez que sim com a cabeça. Era como se dissesse: eu também sou deste jeito.

– E assim, cheio de disposição, Hefesto lançou-se ao trabalho. Experimentou de um jeito, tentou de outro, ficou cansado, suou, até que, por fim, conseguiu o que queria e construiu sua grande oficina no monte Etna. De tanto insistir em suas experiências, tornou-se um homem vigorosíssimo. Nenhum deus, nem gigante, tinha mãos mais fortes do que as dele. Tornou-se um artista único no mundo, que trabalhava com maestria o ferro, o bronze, o ouro, a prata e todos os metais. Era o deus do fogo em todas as suas manifestações e, por extensão, o deus dos metais e da metalurgia. Até que, um dia, lembrou-se com carinho de suas duas benfeitoras e resolveu fazer-lhes um agrado, confeccionando com ouro, prata e pedras preciosas as mais belas joias já vistas.

– Não foi para a mãe dele o primeiro presente? – lembrou Hefesto.

– Como lhe disse antes, Hera recebeu sua primeira grande obra de arte. Mas espere, pois ainda não chegamos neste ponto da história.

– Mas como foi que ele a reencontrou?

– Ah... Foi em uma festa. Os deuses do Olimpo gostavam muito de festas. E as deusas, de maneira geral, eram vaidosas como todas as mulheres. Hera, é claro, reparou nas joias de Tétis e Eurínome e quis logo saber quem fez, de onde vieram.

– E elas disseram?

330 | Lygia Barbiére

– Mas é claro que sim! Afinal, tinham orgulho do trabalho de Hefesto. E também porque não havia como deixar de responder a uma pergunta da soberana esposa de Zeus. E, como toda mulher orgulhosa do presente que ganhou, as duas deusas não fizeram por menos. Disseram, inclusive, que Hefesto as tinha presenteado com muitas outras joias, tão belas ou até mais belas ainda do que aquelas. Hera, é claro, ficou morrendo de inveja. E elas ainda terminaram dizendo: "Hefesto é muito bondoso. Vá até ele que certamente também lhe fará um presente."

– Ela foi? – Hefesto quis imediatamente saber.

Rute, porém, não respondeu de imediato:

– Acontece, porém, que, enquanto Hera pensava se devia ou não procurar pelo filho um dia rejeitado, o próprio Hefesto, em Lemnos, lembrou-se da mãe e, por conta própria, decidiu fazer algo para ela.

– O trono? – deduziu Hefesto.

– Exatamente. Por muitas e muitas horas o deus ferreiro trabalhou incansavelmente avermelhando os metais, lançando faíscas ofuscantes, batendo na bigorna com diferentes martelos. Até que...

– Até quê?

– Surgiu por fim um magnífico trono, todo de ouro maciço, adornado com pedras preciosas e reluzentes. Hefesto, contudo, ainda não se dera por satisfeito. Pôs novamente os foles a adensar o fogo e, em seguida, com um olhar malicioso, pegou uma grande pinça e, com ela, pareceu tirar algo pesado, porém invisível, das chamas e colocou sobre a bigorna. Na verdade, Hefesto estava trabalhando um metal desconhecido, que apenas ele e mais ninguém podia enxergar. Com esse material, forjou correntes inquebrantáveis que acrescentou ao trono antes de enviá-lo de presente a sua mãe. Hera, é claro, ficou exultante de alegria ao ver aquele trono que tanto combinava com ela, rainha dos deuses e dos homens. Mas, ao sentar-se nele...

– Peraí. No outro dia, a senhora disse que o tal trono tinha sido a primeira obra de arte desse Hefesto grego, que mandou de presente para a tal Hera. E como é que agora a senhora me diz que o trono tinha um defeito e a que a mãe dele não pôde se levantar?

Rute sorriu para ele. Naquele momento, via-o como um menino curioso, muito provavelmente o menino doce e desconfiado que um dia ele fora na Terra.

– Você precisa compreender que, no mito, tudo tem um significado simbólico. É preciso transcender a realidade para enxergar. O sentar para os gregos significa intimidade. Por isso, os heróis jamais se sentam.

Hefesto se levantou depressa.

– Não é ao sentar propriamente dito que eu estou me referindo – explicou Rute. – Quando falo em intimidade, quero dizer dividir seus segredos com outras pessoas, deixar com que elas conheçam o seu ponto fraco. Imagino que Hermínio, este aí que está dormindo, sentou-se com você antes de você dominá-lo deste jeito, estou errada?

A Ferro e Flores | 331

Hefesto pareceu não gostar muito da pergunta. Imediatamente, sem que ele fizesse nada para isto, o fogo no centro do quarto se reacendeu e ele voltou a trabalhar na espada. Com efeito, Rute então pôde reparar que ele mancava da perna esquerda, exatamente como o deus grego.

Ficaram um tempo em silêncio. Ele trabalhando e Rute observando.

– Foi ele quem sentou primeiro na minha casa. Na época era um jovenzinho, um franguinho novo ainda fedendo a cueiros... – ele riu nervoso. – Na verdade, era uma cobra venenosa que eu coloquei dentro de casa. Chegou lá dizendo que queria ser ferreiro, que queria aprender comigo o meu ofício. E eu, como não tinha filhos, queria provar para a minha esposa que poderia ser um bom pai...

– Mas... ele era seu parente? Seu vizinho? – quis saber Rute.

– Era filho de um irmão meu. Irmão mais velho, de quem eu gostava muito. Chamava-se Árdalo esse meu irmão, porque parece que o meu pai, embora fosse da roça, tinha um tal livro de mitologia que também gostava muito de ler. E, assim, resolvi ensinar ao moleque o meu ofício. No fim das contas, ele casou, foi morar lá para os lados de Aiuruoca, nunca mais voltou, nem para saber se eu estava vivo, o ingrato.

– Então é por isso que o senhor tem tanta raiva dele? – deduziu Rute.

– Raiva? – as chamas faiscaram quando ele disse isso. – Eu não tenho raiva. Eu tenho ódio. Muito ódio dele!

Rute percebeu que a coisa era mais grave do que ela pensava e ficou quieta, aguardando que ele continuasse.

– Passado muito tempo, um dia ele voltou, lá na minha cidade. Eu era o único ferreiro de Cruzília, o único que sabia mexer com ferro. Havia muitos artistas na cidade, mas os outros só mexiam com madeira... – ele contou como se revisse no fogo o próprio passado.

– E ele então procurou o senhor? – quis saber Rute.

– Não, senhora! – o fogo novamente faiscou; por um momento pareceu até borbulhar labaredas. – Ele procurou os meus clientes. Cada orçamento que eu fazia, o desgraçado ia lá, sem eu saber, e oferecia o mesmo serviço pela metade do preço. Um safado, sem-vergonha!

– E as pessoas aceitavam? – admirou-se Rute.

– Se aceitavam? Perdi todos os meus clientes, fiquei cheio de dívidas, na rua da amargura... – ele forjava a espada com gestos cada vez mais impetuosos, enquanto ia contando. – Cheguei a um ponto que comecei a beber de desgosto. Bebia noite e dia sem parar. Acabei ficando pior do que já estava. Minha mulher foi embora, perdi a casa para pagar as contas do bar. Não tinha mais ninguém, nem o dono do bar queria vender mais para mim. A senhora sabe lá o que é um homem chegar num lugar e todo mundo se levantar e ir embora? Era assim toda noite, quando eu entrava no bar.

Por alguns instantes, Rute ficou triste, pensando no marido.

– Mas... O senhor não bebe mais, bebe? – ela voltou a Hefesto.

– Eu? De jeito nenhum! – mentiu Hefesto, limpando com os punhos as beiradas da boca. – Só de vez em quando, por causa dele... – apontou para Hermínio com o canto dos olhos. – Mas como é que terminou a tal história do trono? – ele quis mudar novamente de assunto. – Afinal a tal Hera conseguiu ou não conseguiu se levantar?

– Hi, aquilo ali foi um desespero – Rute retomou novamente a narrativa, enquanto Hefesto, de costas preparava sua espada no fogo. – Hera gritava tanto que dava para se ouvir seus gritos em todo o Olimpo. E o pior era que todos se aproximavam e ninguém entendia porque ela estava gritando. Afinal, eram invisíveis as correntes que a prendiam ao maravilhoso trono. Até que Zeus tentou pegar na mão dela e, tateando com os dedos, percebeu que havia realmente algo prendendo sua esposa ao trono. Tentaram todos os deuses juntos, e até mesmo Ares, o deus da guerra, com suas armas terríveis, mas nada conseguiu libertar Hera das inquebráveis correntes fabricadas por Hefesto. Só ele sabia como retirá-las. Zeus convocou vários deuses para que trouxessem Hefesto até o palácio. Mas nem Hermes, com toda a sua lábia, conseguiu convencê-lo com suas promessas, nem mesmo Ares, com toda a sua bravura.

– E ele foi? – quis saber Hefesto.

– Foi, embriagado, mas foi, levado por Dionísio, o deus do vinho. Cambaleando, Hefesto entrou no grande salão rindo de todos os deuses, até que viu sua mãe presa no trono. Não se lembrava que mal havia feito a ela, nem quem a havia prendido; soltou-a na hora. Porque Hefesto é, acima de tudo, um xamã e a característica fundamental de um xamã é saber ligar e desligar. Os gregos acreditavam ser este o poder supremo que alguém pode ter. Por isso, só ele poderia retirar Hera do trono.

– Mas os dois se reconciliaram depois disso? – quis saber Hefesto.

– Hi, os dois caíram um nos braços do outro. Na verdade, desatando Hera, Hefesto desata a si mesmo, criando novo nó que é a própria aliança. Desde este dia, Hefesto passou a morar no Olimpo, a amar sua mãe e ela a ele mais do que a tudo no mundo. E até Zeus ficou tão satisfeito com aquela reconciliação que fez com que Hefesto se casasse com Afrodite, a deusa do amor, considerada a mais bela mulher do mundo. Mas isso já é outra história.

Rute encerrou sua narrativa e observou que Hefesto continuava trabalhando sua espada na fogueira, muito pensativo.

– Devia era fazer um trono destes para Hermínio... – deixou escapar.

– E já não fez? – questionou Rute.

– Claro que não! – ele respondeu zangado.

– Fez, sim. Só que, talvez, não esteja percebendo, porque está tão preso quanto ele.

– Quem está preso? – protestou Hefesto, levantando a espada. – Eu não estou preso. Posso sair daqui na hora em que bem entender!

Rute, contudo, olhava para ele e via nitidamente a quantidade de fios emaranhados que os uniam. Pareciam visceralmente jungidos um ao outro, tal a abundância de fios tenuíssimos que mutuamente os entrelaçavam, desde o tórax até a cabeça. Eram dois prisioneiros de uma mesma rede fluídica. Era tão explícita a ligação entre os cérebros que era óbvio que pensamentos, comoções e sentimentos eram permutados entre eles. Eram espíritos perfeitamente identificados entre si, em constante fluxo de vibrações mentais do mesmo teor.

– Ambos trazem o cérebro intoxicado, sintonizando-se absolutamente um com o outro em um processo de autêntica simbiose, onde um se alimenta dos pensamentos e da energia do outro – Rute ouviu de repente uma voz atrás de si explicando.

Virou-se e deu com Eustaquiano, agora a seu lado. Na vida de rotina não se conheciam, mas naquele sonho ela sabia exatamente quem ele era e até sorriu aliviada ao perceber sua presença. Tinha a certeza de que estava ali para orientá-la naquela difícil tarefa.

– Preste bem atenção – continuou ele, apontando o interior da cabeça de ambos.

Era interessante, pois, em nenhum momento, nem Hefesto, sempre ocupado com sua espada, e nem mesmo Hermínio, agora sentado na cama em silêncio e acompanhando tudo o que acontecia no quarto, se dava conta da presença iluminada do mentor, que, por sua vez, tinha a capacidade de tornar claras e iluminadas áreas de dentro do cérebro de Hefesto, de Hermínio espírito e até mesmo do corpo físico de Hermínio, que continuava deitado na cama.

– O cérebro é o instrumento que traduz a mente, manancial de nossos pensamentos. Através dele, pois, unimo-nos à luz ou à treva, ao bem ou ao mal. Ambos trazem a região do cérebro intoxicada e, por isso, sintonizam-se absolutamente um com o outro – continuou Eustaquiano. – Ambos detestam a vida, odeiam-se reciprocamente, desesperam-se, guardam ideias de tormento, de aflição, de vingança. São, na verdade, dois seres em profundo estado de desequilíbrio espiritual.

Rute olhou para Hermínio e pôde ouvir os pensamentos que lhe passavam pela mente.

– O que estou fazendo aqui? Para que é que eu sirvo? Bom se eu pudesse sumir!

Hefesto, por sua vez, pensava consigo e tinha suas ideias amplificadas dentro da mente de Rute, como se conversasse diretamente com ela, embora sem consciência disso.

– Com esta espada vou matá-lo. Fazer com que rompa o que ainda o prende a este corpo e levá-lo comigo de uma vez. Aí, sim, vou mostrar a ele quem é o melhor, quem pode mais!

– Espere! – ela não se conteve e disse. – Não vê que também pode se ferir com essa espada? – tentou alertá-lo.

– Por isso estou fazendo um copo, uma guarda de mão para me proteger! – respondeu Hefesto, sempre trabalhando no fogo.

– Você precisa dela para cortar os laços de ódio que os prendem um ao outro e não para prolongá-los ainda mais! Só o amor pode verdadeiramente protegê-lo.

– É preciso muita calma, fazer uso do *Evangelho* para alterar-lhes a sintonia. Só assim poderá trabalhar neste intricado processo de libertação – Eustaquiano explicou a Rute.

– Eu trouxe o *Evangelho*! – Rute respondeu. Estava, porém, de tal maneira envolvida com Hefesto que este a ouviu.

– Ora, não seja tola! – respondeu Hefesto. – Não vê que está porcaria já se queimou faz tempo?

Ela olhou então para a fogueira e percebeu que o mesmo exemplar que recolhera há pouco estava de novo queimando lá no meio.

"Não tem problema, eu trago outro aqui comigo", Rute já estava pronta a dizer. Eustaquiano, contudo, a detebe a tempo:

– Não discuta com ele. Concentre suas atenções em Hermínio que Hefesto automaticamente será tratado também. Hermínio necessita de preces noturnas, após leituras breves do *Evangelho*. Precisa fortalecer seu espírito, tornar-se mais receptivo a ondas mais sutis do pensamento superior.

– Mas... Como irei fazer isto? Só alguém que tivesse laços de amor já consolidados com estes dois seres poderia fazer com que prestassem atenção às leituras evangélicas! – Rute tentou argumentar.

– Esta pessoa está bem mais perto do que imagina – disse Eustaquiano.

Antes, porém, que pudesse perguntar mais alguma coisa, Rute foi despertada pelo barulho do telefone. Abriu os olhos, ainda zonza com as lembranças do sonho, e olhou para o despertador a seu lado. Eram sete e meia da manhã. Atendeu o telefone e, de imediato, reconheceu a voz do outro lado da linha. Era a mãe de Caian.

– Rute, aqui é Adalgisa, me desculpe por ligar esta hora... Mas é que passei a noite inteira sem pregar um olho. Preciso muito conversar com você...

– Quer saber? Estou cansada de segurar tudo sozinha! Assim que eu chegar em casa vou despejar tudo sobre o papai! – Thalita, nervosa, dizia a Miguel.

Não fosse pelo trânsito do Catete, a esta hora ela já estaria em casa. Estava um calor danado, o carro de vidros fechados, o ar condicionado com problemas, o engarrafamento monstruoso, meninos de ar suspeito rondando os carros.

– Vou sim, por que não? Vou dizer a ele tudo o que está aqui engasgado – alheia a tudo, Thalita falava sem parar. – Que a sem-vergonha da namorada que ele arrumou quase rouba todo o dinheiro dele, que o infeliz do meu irmão que ele fez o favor de mandar lá para outro lado do mundo se afundou nas drogas seguindo o exemplo dele!

– Thalita, não seja tão radical. A gente não sabe direito o que aconteceu. Pode ter sido até uma armação! – observou Miguel. – De mais a mais, o seu pai talvez nem tenha condições de compreender tudo o que está se passando... Nem às palestras sobre alcoolismo ele pôde assistir na clínica, porque os médicos consideraram que a capacidade de assimilação dele estava muito reduzida, lembra?

Thalita, no entanto, mal conseguia ouvi-lo.

– Preso, meu Deus! Pensar que o infeliz agora está preso! Na Indonésia! Ai, Miguel, será que ele vai ser condenado à pena de morte? Eu li outro dia que... Meu Deus, e se ele for condenado? As penas de lá são horríveis! Ou as pessoas são fuziladas ou então elefantes passam sobre suas cabeças!!!! Será que tem algum jeito de a gente recorrer?

Estava tão transtornada que nem conseguia concatenar direito o raciocínio. Miguel apertou a mão dela entre uma acelerada e outra no engarrafamento.

– Thalita, vamos tentar manter a calma! Não vai adiantar nada você ficar nervosa desse jeito! Precisamos descobrir exatamente o que aconteceu para poder avaliar que providências podemos tomar.

Ele soltou a mão dela para passar a marcha e ela cruzou os dois braços apertados contra o peito numa atitude talvez inconsciente para que ele não voltasse mais a tocar suas mãos. Não conseguia parar de pensar na situação de Ramon.

– Será que, se eu tivesse ligado mais vezes para ele, se tivesse escrito algumas cartas, se tivesse dado mais atenção para ele antes dele ir para a

Indonésia... – ela cogitava todas as hipóteses que pudessem ter evitado o fato.

– Thalita! Preste atenção! Não se tem o poder de evitar que aconteçam coisas ruins com as pessoas que a gente ama, simplesmente porque a gente as ama! Não vê o que aconteceu com o meu irmão? Não foi por falta de eu conversar com ele sobre o assunto!

– Mas pelo menos você tem certeza de que não foi por sua culpa que aconteceu o que aconteceu! Mas eu...

– Pois eu acho que está errado pensar assim. Independentemente de qualquer coisa, de qualquer situação familiar, toda pessoa tem o seu livre-arbítrio. Ainda não consegui chegar à conclusão se foi certa ou errada a atitude do Pedro, se ele podia ou não ter desencarnado de outra forma. Mas uma coisa é certa: foi ele quem escolheu correr o risco!

– A culpa toda é do meu pai! – avaliou Thalita.

De novo parecia imersa em um mar de ansiedade. Só conseguia gerar ideias precipitadas. Em sua dor, culpava o pai por todos os seus sofrimentos passados, presentes e futuros. Sentia muita raiva por ser ele um doente, por não ter podido ajudá-la em nenhum momento de sua vida, por todos os problemas que ele, ainda por cima, criara. Sentia-se verdadeiramente sobrecarregada por todas as responsabilidades que subitamente se vira obrigada a assumir.

– Eu vou dizer isto a ele! Eu vou! – reiterou, quando o carro finalmente conseguiu estacionar diante do prédio onde morava.

Estava tinindo de raiva. Não quis, de jeito nenhum, que o amigo subisse com ela até o apartamento. Queria resolver tudo de uma vez, como se efetivamente houvesse alguma coisa que ela pudesse resolver naquele estado. Miguel não teve outra saída senão voltar para casa em oração.

A prece surtiu efeito. Enquanto subia no elevador, remexendo nervosa a bolsa à procura das chaves, Thalita sem querer deixou cair no chão o antigo chaveiro do pai. Tomou nas mãos o quadrado de vidro com as fotos desbotadas dela e do irmão ainda meninos e sentiu-se tomada por uma nostalgia profunda, envolvida por uma vibração diferente. Era uma vibração de amor, uma sensação de que ela ainda amava muito aquela família tão deteriorada com o tempo. Pensou então na mãe e desceu do elevador com os olhos cheios dágua. Dentro do apartamento tocava o *Je ne regrette rien*, de que Leda tanto gostava, dava para ouvir do corredor.

Thalita abriu a porta assustada e deu com o pai sentado na sala, na cadeira de rodas, e Samir desenhando a seu lado.

– Ô, Leda... Que bom que veio me ver! – ele disse, para surpresa ainda maior de Thalita. – Estamos aqui ouvindo o seu disco.

Thalita começou a tremer. "Será que a mamãe está aqui a meu lado?", pensou, de imediato. Samir correu para a porta, já ia abrindo a boca para dizer mamãe, mas ela fez um rápido sinal para que não dissesse nada e o abraçou demoradamente. Estava com muitas saudades.

– Sabe o que eu aprendi na escola hoje? – disse o menino, empolgado. – Vitamina B! Sei todos os alimentos que têm! Pedi para a Jacira para fazer brócolis e ervilha no almoço amanhã!.O vovô vai comer junto comigo, não vai vô? E a tia Mag vai fazer uma torta. Uma torta com nozes, amêndoas e... castilhos!

– Não serão castanhas? – deduziu Thalita.

– Isso! Você sabia que nozes, amêndoas e castanhas também têm vitamina B? – contou Samir. – Eu estava louco para te contar!

– Que maravilha! – Thalita novamente o abraçou com carinho. – Eu trouxe um presente para você...

– Você já conhecia o Samir? – perguntou Hermínio, bem-humorado, vendo os dois abraçados.

– Sim, já... – ela respondeu hesitante, até se esquecendo do presente.

– Até que é um bom garoto, embora eu esteja ainda muito chateado com a sua filha – Hermínio observou, enquanto ela abaixava a bagagem no chão.

"Ai, meu Deus... O que será que está acontecendo? Será que estou ficando maluca?", ela pensou consigo, confusa com a situação. "O que é que eu faço agora?"

"Responda como se você fosse a sua mãe", ela sentiu dentro de si uma voz orientando-a e obedeceu:

– Ô, meu bem... Não fique assim não... O que foi que ela fez desta vez? – disse, carinhosa, abaixando-se ao lado do pai.

Samir não estava entendendo nada. Olhava para a mãe e pensava "por que será que ela está fazendo isto? Por que será que o vovô está chamando a mamãe de Leda? Leda era a mãe dela, o nome dela é Thalita! Por que ela não diz isto para ele?"

Hermínio, por sua vez, continuava a conversar com Thalita, como se ela fosse Leda. Seus olhos brilhavam como se estivesse mesmo vendo Leda a seu lado. Apesar dos problemas, nos últimos anos de Leda, os dois haviam cultivado uma forte amizade. Ramon dissera que Hermínio sofrera muito com a morte dela. De qualquer forma, não deixava de ser uma surpresa ver o pai tratando a mãe com tanta deferência. O tempo todo em que vivera em Aiuruoca, ela nunca os vira tão amigos.

Estava agora sentada ao lado dele, de mãos dadas com ele, ouvindo a música "de sua mãe". Lágrimas escorriam dos olhos dela. Ressabiado, Samir sentou no chão ali perto e ficou mexendo com seus bonequinhos, mas sempre prestando muita atenção ao que diziam.

– Ah, Leda... Ela não está sendo nada legal comigo... Veja só essa situação! Ela me prendeu aqui como prisioneiro dela!

– Não, querido... Não é nada disso... Ela só te trouxe para cá para cuidar de você... Você estava muito doente, Hermínio; não podia continuar lá em

338 | LYGIA BARBIÉRE

Aiuruoca sozinho... Fui eu quem pediu ajuda a ela... – respondeu Thalita, tentando, ao máximo, controlar sua emoção.

Samir esticou os olhos numa careta de espanto.

– Mas você sabia que eu estava chateado com ela, Leda!

– Que bobagem, Hermínio... Ela é sua filha... Já estava mais do que na hora de terminar com esse desentendimento. Ninguém neste mundo gosta mais de você! Ela se preocupa muito com você!

O CD acabou. Ficaram todos em silêncio. Thalita sentia-se tomada por uma emoção muito forte. Se, por um lado, ficava um tanto quanto confusa com aquela situação, sempre que ele perguntava alguma coisa, as respostas lhe vinham à cabeça sem o menor esforço. Era como se a mãe estivesse ali ao lado, soprando tudo para ela. Efetivamente estava, embora Thalita não pudesse vê-la.

Hermínio continuava em silêncio, apenas segurando na mão dela, como que perdido nos seus próprios pensamentos.

– O fisioterapeuta acabou de sair daqui... É um japonês... Sabe que eu até que gostei dele... – comentou, quebrando o silêncio.

– É... Estou feliz de ver você sentado, mas... – ela procurou algo em torno. – E o enfermeiro? Cadê? Não vai me dizer que saiu e deixou você sozinho com Samir?

– Meio desorientado aquele rapaz... Você acredita que ele quebrou um vaso na minha cabeça? – Hermínio contou sua própria versão.

Não era, contudo, uma armação. Realmente acreditava no que estava dizendo. Por causa da doença do álcool, acostumara-se de tal forma a criar justificativas para sua compulsão que agora fazia isto de maneira automática, criando uma nova realidade que só para ele existia.

– Meu Deus! – Thalita se assustou.

Ela tocou de leve na testa dele para ver se tinha algum galo.

– Mas como é que foi isso? – perguntou preocupada.

Hermínio, contudo, não queria mais falar sobre este assunto.

– Você vai ficar aqui por alguns dias? – perguntou, olhando a mala.

– Vou, quer dizer...

Thalita continuava confusa. Por quanto tempo conseguiria 'ser' Leda? Por quanto tempo ele continuaria misturando as duas?

– Eu vim para visitar você... Falando nisto.. – ela instintivamente procurou com os olhos a mudinha de hortênsia. – Ai, meu Deus! – só então notou que a deixara no carro de Domenico.

– O que aconteceu? – Hermínio não entendeu.

– Puxa vida... Tinha trazido uma mudinha de hortênsia para você... A coisa mais linda... Mas acabei esquecendo em outro lugar...

– Puxa... – ele repetiu, sensibilizado. – Você ainda se lembra?

– Como assim?

A FERRO E FLORES | 339

– O primeiro presente que eu te dei! Foi um vaso de hortênsias! Você não se lembra?

Thalita chorou. Sabia, sim, deste fato. Mas já fazia tanto tempo que não ouvia a mãe contando que até havia esquecido. Tinha apenas uma vaga lembrança de que o pai gostava de hortênsias, quase uma intuição.

– Mas não tem problema não. A sua filha já encheu meu quarto de flores! De qualquer forma, fico feliz por você ter lembrado...

Thalita sorriu por entre as lágrimas. Ele parecia tão doce, tão diferente, tão indefeso... Era quase como se estivesse sonhando. E como iria dar a ele a notícia de Ramon? Falar dos planos e armações daquela sirigaita? Talvez fosse melhor não dizer nada, por enquanto, como insistia em dizer aquela estranha voz que parecia falar dentro dela mesma.

Do outro extremo da sala, Hefesto observava a cena e não gostava nada. Não podia divisar a figura de Leda ali presente entre eles. Naquele momento, contudo, eram tão fortes e tão ternos os pensamentos de Hermínio com relação à esposa que o companheiro desencarnado não conseguia exercer sobre ele a influência a que já estava acostumado. Isto deixava Hefesto profundamente irritado.

– Você não quer se deitar um pouquinho? Tenho a impressão de que já ficou sentado por muito tempo, não é verdade? – sugeriu Thalita.

Hermínio concordou. Hefesto deu uma gargalhada e desapareceu rapidamente da sala. Havia encontrado a estratégia ideal para acabar com aquele drama ridículo.

– Ai, Hermínio... Eu não vou conseguir... Você é muito pesado... – Thalita e Samir lutavam, no quarto, para conseguir levantá-lo.

Foi preciso ir até o outro apartamento chamar Sílvio para colocá-lo na cama. Samir foi junto. Quando voltaram ao quarto, Hermínio não era mais o mesmo.

– Saia daqui sua rameira! Já não disse que não quero ver você aqui! – ele gritou, reconhecendo-a como Thalita.

O quarto estava de novo saturado de desencarnados alcoolizados. Hefesto, é claro, estava entre eles. Alguns entraram com Sílvio, outros chegaram antes dele, trazidos pelo próprio Hefesto.

Thalita não gostou da maneira estranha como Hermínio olhou para Sílvio.

– Você devia vir me visitar mais vezes – Hermínio disse a ele. – Eu gosto de conversar com você.

– Então, seu Hermínio... Qualquer hora destas eu volto para a gente bater um papo – Sílvio respondeu de uma maneira forçada.

Como sempre, seu hálito rescendia a álcool. Hermínio olhava para ele e só conseguia se lembrar da frase que ouvira de Mag no dia anterior: "Mania de encher a maldita geladeira de latinhas de cerveja!" Olhava para ele e o via como se fosse uma garrafa de cerveja gigante.

– É... qualquer hora eu vou lá para... – ele se deteve antes de terminar a frase – experimentar uma torta de Mag – rematou a tempo.

A seu lado, espíritos gritavam em seu ouvido:

– Beber! Quero beber!

O cheiro de bebida que vinha de Sílvio foi deixando Hermínio cada vez mais ansioso. Sílvio, contudo, não lhe deu muita atenção e logo saiu do quarto. Hermínio começou a tremer. Entrara em crise de abstinência.

– Por que você me mantém aqui, como seu prisioneiro? Acabe logo com isso! Abra o gás! Vire todos os botões do fogão e suma daqui! – ele gritou irritado, sentindo muita raiva de Thalita.

Ela não sabia o que fazer para acalmá-lo. Estava sozinha com o menino, não queria chamar Sílvio de novo. Hermínio não parava de gritar.

– Filho, por favor, não entre lá – ela abraçou Samir no corredor.

– Você me roubou! – gritava Hermínio. – Roubou todo o meu dinheiro, roubou até meus uísques! Sua ladra ordinária!

– Ele ficou doido, mamãe? – perguntou Samir, preocupado.

– Não sei, meu filho... Estou tão confusa...

Olhou para a bolsa aberta, jogada no meio da sala, e deu com o livrinho de mensagens bem no alto de tudo, quase pulando para fora.

"Leia uma página!", ela sentiu alguém dizer a seu lado.

Abriu depressa o livrinho e leu em voz alta a página que saiu: "Equilibre-se. Quando o desequilíbrio lhe bate à porta, resista. Quando a dor o visita, use paciência. Quando a paz lhe foge, busque a Deus. O poder divino tudo dirige e penetra. Siga avante. Persista."[20]

– Vou ligar para o doutor Violla – ela disse, fechando de novo o livrinho. – É isto que a minha cabeça está me mandando fazer.

Pensou também em Valéria, mas o coração estava ainda magoado. Nem fora informada ainda do quanto Valéria ajudara quando não estava em casa. Achou melhor não ligar. E para Miguel? Será que deveria?

Nem por um minuto ela largava a mãozinha do filho. Tinha urgência de protegê-lo. Tudo o que ela queria era que Samir não precisasse estar vivenciando tudo aquilo. Mas como, se os dois eram indissociáveis?

– Está ocupado o telefone do doutor Violla. Eu vou ligar para o Miguel.

– Calma, mãe. Vai ficar tudo bem – Samir apertou-lhe a mão.

Thalita largou o telefone para abraçá-lo.

– Me desculpe por te fazer passar por tudo isto – pediu em lágrimas.

– Não tem problema... Juntos nós somos fortes. Vi isto num desenho animado – ele disse, com sinceridade. – Agora liga de novo para o doutor Violla antes que o vovô piore! E também para o Miguel!

---

[20] Lopes, Lourival. Op. cit., cap. 186, p. 200.

A Ferro e Flores | 341

Estavam cercados por toda a equipe de trabalho de Leda: Serginho, Sati, Maria, Toya. Eles concentravam-se ao máximo para ajudá-los com suas vibrações. Leda, entretanto, chorava na cozinha, desconsolada.

– Eu não me conformo, Eustaquiano... Por que este outro tem de viver grudado nele? Por que sempre que conseguimos uma brecha, ele aparece para estragar tudo? Já não basta o que fizeram a meu filho? Será que não temos como aumentar a guarda? Redobrar a vigilância?

– Leda, procure se acalmar... Você sabe que este domicílio há tempos está sob a guarda de nossos processos de vigilância... Todavia, não temos como controlar os pensamentos de seu antigo companheiro... É ele quem atrai para cá estas entidades – tentou confortá-la Eustaquiano.

– Esta é a realidade do espírito alcoolista – outra voz se fez presente na cozinha. – Todos vivem numa insatisfação constante, com raiva sem motivo, perturbações, angústias, indecisões. Todas essas vibrações negativas caminham junto a nós. Os irmãos ainda perturbados pela dependência nos buscam com muita astúcia, sempre oferecendo o que mais queremos, que é a bebida. O importante, contudo, é manter a sintonia elevada, como lhe pediu o amigo Eustaquiano. Ataques existem por todos os lados e cada um se reforça e se estrutura através da sintonia positiva.

Era Abel.

– Meu Deus... – comoveu-se Leda. – Não acredito!

– Eu não prometi ajudá-la? – lembrou Abel.

Em instantes, ele adentrava o quarto repleto de seres embriagados.

– Ora, ora! Há tempos espero por este encontro! – comemorou Pouca Telha ao vê-lo. – Quer dizer então que finalmente decidiu parar com essa bobagem de separar os companheiros? Junte-se a nós!

Abel respirou fundo, implorando mentalmente forças para a tarefa.

– De que o senhor precisa? Diga e tudo faremos para auxiliá-lo. O senhor é um irmão que falta à nossa companhia! – ele respondeu, com a imponência de um general.

A gargalhada foi geral. Hermínio, enquanto isso, cada vez inquietava-se mais na cama, sentindo incontrolável vontade de beber.

– Ora, pare com isso! Todos nós aqui sabemos de suas *qualidades* – Pouca Telha disse com ironia. – Alcoólatra! Esqueceu quantas vezes já bebemos juntos por esses bares? Não me venha com essa história de exército da luz! Você é um cachaceiro, um inútil à sociedade! Estão é iludindo você, que, afinal, não serve nem para ser soldado!

De novo a gargalhada foi geral. Abel, contudo, não se abalou. "Fortaleça--me, Senhor, para poder ajudar a este e a todos os outros que aqui estão. Não me deixe perder a energia que a tanto custo consegui", pensou consigo, antes de dizer:

342 | Lygia Barbiére

– Tem toda razão. Você não falou mentira. Sou, sim, um alcoolista em recuperação; ainda me refazendo dos excessos de bebidas.

Silêncio no quarto. Ninguém esperava por essa resposta.

– Lamento, contudo, que tantos de vocês ainda estejam nesta situação de sofrimento por causa da dependência. Estou bem melhor, entendendo que devo trabalhar, servir da forma que sei. O que aprendi em minha vida foram os serviços policiais e aqui estou, procurando exercê-los na tentativa de repor o que ficou incompleto. Os senhores devem ficar calmos, sem ódio no coração. Estamos unindo os companheiros para formar uma grande companhia para atuar na prestação de serviços aos irmãos ainda perdidos na dependência do álcool, perdendo tempo e armazenando inconveniências no pensamento. A grande Companhia dos Pássaros. Não importa que estejamos enfraquecidos, importa saber que existe um lugar onde seremos reforçados – Abel explicou. – Alguém gostaria de vir?

Falava com tanta firmeza, com tanta verdade que, aos poucos, uma fila começou a formar-se diante dele. Do lado de fora, outros integrantes do Grupo dos Pássaros se encarregavam de tirar dali os doentes. Em instantes, o quarto estava praticamente vazio. Restavam apenas Pouca Telha e Hefesto. Olhavam para Abel num misto de raiva e despeito.

– Você não vai nos convencer nunca com esta sua conversa de bom rapaz, ouviu bem? Somos muito mais fortes do que todas as suas armadilhas! – gritou Hefesto, ameaçando-o.

Mais uma vez, contudo, Abel não se alterou:

– Estou contente de ter reencontrado vocês. Não se preocupem, tudo tem o seu tempo. Eu voltarei – prometeu, antes que os dois, indignados, sumissem dali.

Em seguida, com o auxílio de Eustaquiano e de mais alguns integrantes do Grupo Pássaro Preto, comandado por ele, Abel acercou-se do leito onde Hermínio tremia de maneira descontrolada. Ergueram todos as mãos sobre o enfermo. De cada uma saía um fio luminoso ao encontro daquele corpo em sofrimento, de maneira a formar em torno dele um cortinado fluídico. Leda entrou também no quarto.

– Nesta cobertura, estão depositados fluidos por várias horas. Confie em Deus. Isto vai passar, é só uma questão de dias – Abel explicou a ela.

Na sala, enquanto isso, Thalita novamente se impacientava de um lado para outro, segurando nas mãos o papel com o número de Ramon que encontrara na carteira do pai. De súbito, a campainha tocou. Abriu a porta e deu com Valéria, Miguel e o doutor Violla. Coincidentemente, todos chegaram ao mesmo tempo para auxiliá-la.

Na cozinha, Valéria e Thalita preparavam um café, enquanto o doutor Violla examinava Hermínio no quarto. O tempo todo, Pouca Telha andava em volta das duas, empenhado em semear a discórdia.

– Você sabia que ele vinha? – Thalita perguntou. Havia um tom de ressentimento em sua voz, o suficiente para mantê-la em sintonia com as sugestões maldosas de Pouca Telha.

– É claro que ela só veio por causa dele! Ela só está interessada nele! – dizia Pouca Telha a seu lado.

– O doutor Violla? – perguntou Valéria, colocando a mesa distraída.

– Você sabe que não – Thalita desligou o fogo, a água estava fervendo. – Foi por causa do Miguel que você veio, não foi?

– Ora, Thalita, o que está querendo dizer? – Valéria se ofendeu.

– Quer dizer que você é uma interesseira! Que veio aqui para se meter onde não é chamada! – garantiu Pouca Telha.

– Querida, não leve em consideração esses pensamentos. Thalita está muito nervosa. Você é amiga dela, veio para ajudá-la – sugeriu, por sua vez Leda a seu lado.

Valéria optou pela sugestão de Leda.

– Passei aqui porque estava preocupada, ora essa! – disse pacificada.

– É mesmo. Esqueci que você me liga todos os dias – respondeu Thalita, abrindo os armários em busca de algo. – Tenho certeza de que deixei aqui... – a simples raiva por não encontrar o café aumentava sua sintonia com Pouca Telha.

– É isso o que você está procurando? – Valéria pegou o pacote de café no outro armário.

– Como sabia que estava aí? Espere... Eu não comprei esse café! – estranhou Thalita.

Antes que Valéria pudesse responder, contudo, Miguel entrou na cozinha com uma lista de telefones de vários lugares para onde ela poderia ligar para tentar descobrir mais alguma notícia do irmão, e também com o nome de vários advogados especializados em direito internacional que usualmente eram contatados pela revista onde trabalhava.

— Você conseguiu ligar para aquele número? – perguntou Thalita, enxugando as mãos na roupa para pegar os papéis.

— Liguei, é em Jacarta. Mas disseram que a família se mudou de lá depois que o marido morreu. Ninguém sabe nada de Ramon.

Valéria continuou a preparar o café.

— Ela está fazendo isso só para se mostrar para o seu amigo! – provocou Pouca Telha.

— Pode deixar! – Thalita deixou os papéis e tomou seu lugar.

— Aconteceu alguma coisa? – Miguel perguntou, percebendo o clima estranho entre as duas.

— Nada... Só estou preparando um café para o doutor Violla – respondeu Thalita.

— Bom, se é assim, eu já vou indo e... – Valéria pegou a bolsa.

— Espere! – pediu Miguel. – Vamos ouvir o que ele vai dizer.

Valéria ficou. O doutor Violla entrou na cozinha com uma receita na mão:

— Olhe, Thalita, seu pai está dormindo. Eu dei um calmante para ele. A partir de hoje, eu vou aumentar a dose do remédio – explicou, entregando-lhe a receita.

Era um remédio controlado, por sinal muito caro, que ele já vinha tomando todas as noites. Agora, passaria a tomar mais meio comprimido pela manhã.

— Se ele não quiser tomar, misture no leite, na vitamina ou até mesmo na água. O importante é que não deixe de tomar – alertou o médico. – Hum... Mas que café cheiroso! De que marca é? – perguntou curioso.

— É uma marca nova, doutor. Vende no supermercado aqui perto – Valéria respondeu.

Thalita olhou para ela desconfiada, mas não disse nada. "É muita audácia!", pensou, mais uma vez influenciada por Pouca Telha.

— Vamos sentar, gente... – convidou, sem comentar o assunto.

— Bom, só um cafezinho eu aceito... – disse o médico.

— São tantos remédios... – observou Thalita, verificando a receita. – Até agora não entendi para que serve exatamente este que o senhor está aumentando a dose.

— É um remédio psiquiátrico? – quis saber Miguel, aproximando-se.

Valéria também sentou-se. Pouca Telha experimentou certa dificuldade para se aproximar; uma luz parecia irradiar-se quando estavam juntos.

— Estes comprimidos pertencem a um grupo de medicamentos chamados antipsicóticos – explicou o médico. – Servem principalmente para melhorar os sintomas de alguns tipos de transtornos mentais, como alucinações, pensamentos estranhos e assustadores, mudanças de comportamento e confusão mental, atuando, inclusive, de maneira a inibir estímulos indesejáveis – explicou o doutor.

Via-se que ele procurava ser sempre muito preciso em todas as suas avaliações e explicações; parecia sempre a par de todos os estudos, todos os avanços feitos na sua área.

A Ferro e Flores | 345

– Isto quer dizer que ele atua também sobre o comportamento compulsivo, doutor? – deduziu Valéria, querendo ajudar. – Essas crises que ele tem de vez em quando ainda são causadas pela compulsão?

Thalita olhou para ela sem entender por que estava tão interessada e Pouca Telha novamente tentou, mas não conseguiu interferir.

– Sim. Ele induz a produção de substâncias no cérebro, provocando assim uma sensação geral de bem-estar e, com isso, diminuindo a ideia fixa em outras substâncias e/ou comportamentos capazes de produzir esta mesma sensação de bem-estar – esclareceu o médico.

– Queria mesmo entender melhor esse negócio de compulsão! – disse Thalita, servindo café para todos. – Li no livro do doutor Dráuzio Varella, aquele que você me deu, Miguel, que é a mesma coisa a compulsão que a pessoa tem pela bebida, pela droga, pelo cigarro, pelo sexo, pelo jogo, pela comida, ou pelo simples ato de comprar. Parece que até a cleptomania está incluída neste mesmo processo. Como pode isso, doutor?

– Ela disse isso para te provocar! – Pouca Telha disse a Valéria.

Ela, porém, não lhe registrou a influência. O médico tomou um gole de café antes de responder:

– Cleptomania, ingestão de grandes quantidades de chocolate, comportamento sexual desregrado e mesmo a prática exagerada de esportes são alterações comportamentais que acontecem pela ativação repetitiva dos mesmos circuitos cerebrais que são estimulados pelo uso de drogas e de álcool. A diferença é apenas quantitativa, já que a quantidade de neurotransmissores liberados pelo uso de drogas em geral é, pelo menos, de duas a cinco vezes mais elevada do que a que é estimulada através dos comportamentos compulsivos que mencionei – explicou o médico.

– Espera aí! – Thalita se lembrou de repente. – Onde está o Samir? – ela se levantou da cadeira para procurá-lo.

– Ah, ele fez questão absoluta de ficar no quarto, tomando conta do avô. Sabe que prestou a máxima atenção o tempo todo da consulta? – contou o médico, tomando mais um gole de café.

– É, ele é muito preocupado com o avô... – Thalita sentou de novo.

O amor por Samir a isolava da insistente influência de Pouca Telha.

Valéria percebeu que a amiga estava abatida e triste. Queria tanto ajudá-la, mas não sabia como. Thalita andava estranha com ela. Na prática, Valéria e Thalita estavam sentidas uma com a outra. De certa forma, Valéria se sentira trocada por Mag; Thalita, por sua vez, estava magoada porque Valéria havia se afastado. Não tinham, contudo, ou não se davam, a oportunidade do diálogo tão necessário, que se tornara difícil até pela incrível sucessão de acontecimentos dos últimos tempos.

Havia também, é claro, a questão de Miguel. Por mais que tentasse, Valéria não conseguia deixar de sentir-se cada vez mais encantada por ele. Ao mesmo tempo, via claramente que Thalita, apesar de não estar apaixonada por ele, parecia jogar com os sentimentos do rapaz. O que Valéria naquele momento não podia compreender é que Thalita sentia-se protegida por Miguel, pela amizade dele, por sua figura masculina sempre pronta a atendê-la. Todo esse manancial de sentimentos confusos estava por trás do diálogo que ora travavam com o médico e que Miguel estava achando interessantíssimo para seu trabalho:

– Toda esta questão da compulsão – continuou o doutor Violla – está ligada à dependência neuronal, dos neurônios do cérebro – ele tentou ser mais claro –, a certas substâncias provocadoras de prazer que são lançadas na corrente sanguínea. Da nicotina até o álcool e às drogas pesadas, até exageros comportamentais compulsivos como os que Thalita citou há pouco, tudo isto pode ser explicado pela busca incessante do organismo por essa sensação de prazer causada pela liberação de neurotransmissores, como a dopamina e a serotonina. São eles que disparam, digamos assim, a sensação de prazer no indivíduo.

– Como assim? – a linguagem técnica era difícil para Thalita.

– Seja quando o sujeito come uma barra de chocolate, quando ingere um copo de bebida alcoólica, quando inala uma porção de cocaína ou quando realiza qualquer outro comportamento compulsivo, seu cérebro é literalmente inundado por estes neurotransmissores. Daí a sensação de euforia que, em geral, sempre advém depois destes comportamentos, pelo menos no começo – continuou o médico.

– Neurotransmissores, Thalita, são substâncias químicas produzidas pelas células nervosas, por meio das quais elas podem enviar informações a outras células – esclareceu Valéria.

– Eu sei, Valéria! – Thalita respondeu ríspida.

– Esses neurotransmissores ligados às sensações de prazer e bem-estar costumam ser liberados pelo organismo de maneira natural sempre que a pessoa faz algo de que ela gosta. Seja caminhar na praia, ir ao cinema, ver uma paisagem ou estar com a família, não é isso doutor? – quis confirmar Miguel.

– Exatamente – ele disse, deixando a xícara de lado. – A questão é que, embora cada droga ou comportamento compulsivo utilize circuitos diferentes de neurônios e proporcione prazeres específicos, todos provocam liberação destes neurotransmissores nas áreas relacionadas com a recompensa que traz o prazer. Com o tempo e a repetição exaustiva, o organismo acaba se tornando mais resistente a esses neurotransmissores e a pessoa deixa de sentir prazer na realização dessas coisas simples que todo mundo faz, passando a viver em uma insatisfação constante. Então o indivíduo sente raiva sem motivo, perturbações, angústias, indecisões, que vão se caracterizar ainda mais fortemente nas crises de abstinência – esclareceu o neurologista.

– E por quanto tempo o meu pai ainda vai ficar tendo crises de abstinência? – quis saber Thalita.

A Ferro e Flores | 347

– Isto vai depender do estado geral dele, seu tempo de exposição ao álcool, estado de nutrição e alterações mentais vigentes. Mesmo em estágios intermediários da doença, muitas vezes o corpo manifesta a crise de abstinência, porque beber, para uma pessoa que desenvolveu essa doença, é uma questão de extrema necessidade bioquímica, única forma de aplacar a autêntica aflição celular que se instalou no organismo dependente. Daí a necessidade do medicamento – explicou ele. – Entenda que a compulsão é diferente da simples vontade, que aparece e vai embora, quando há controle mental e o físico não está sofrendo. Na compulsão, há necessidade imperiosa, inadiável de buscar conforto, diminuir o sofrimento decorrente da dependência física – explicitou o médico.

– Acho que o grande problema é que, tanto o álcool, como a droga e todos esses outros comportamentos são interpretados inicialmente pelo indivíduo como algo de bom. Por isso as pessoas se viciam! O doutor Dráuzio explica em seu livro que, para o organismo, em princípio, tudo o que traz bem-estar é bom e deve ser perpetuado. É uma espécie de programa que rege a máquina humana. Se não fosse assim, nós nos esqueceríamos de nos alimentar, de fazer sexo ou de procurar a temperatura mais agradável na hora de dormir – lembrou Miguel.

– Sim! Eu li recentemente em uma revista que os neurônios situados nas áreas ligadas a essa sensação de prazer e de recompensa estabelecem conexões com outros de maneira a interferir mesmo no comportamento da pessoa, criando expectativa e sensação de ansiedade para induzir o corpo a buscar a repetição do prazer – acrescentou Valéria.

– Que interessante! Gostaria de conhecer mais detalhes sobre esse mecanismo biológico – disse Miguel.

– Me lembro de uma vez em que meu pai me fez sair de casa de noite para pedir cigarros na casa de uma vizinha! – emendou Thalita.

– É assim mesmo. Tem gente que se levanta da cama, tira o carro da garagem e atravessa o túnel para ir buscar cigarros do outro lado da cidade, onde sabe que existe um botequim ou uma padaria que fica aberta àquela hora – confirmou o médico. – E o mesmo acontece com todas as outras dependências, todas as demais compulsões. A estimulação repetida do centro do prazer vai fazendo com que o organismo necessite de quantidades cada vez maiores para repetir aquela mesma sensação inicial, até o ponto em que o chamado centro da busca, responsável por esta ativação, permanece estimulado mesmo quando o uso da droga já não traz prazer nenhum. É como se o organismo obrigasse a pessoa a ir atrás de um prazer que nunca mais será alcançado, porque houve uma neuroadaptação, geradora de tolerância.

– Por isso todos estes chamados comportamentos compulsivos levam a pessoa a sempre querer mais e mais? – deduziu Thalita.

– Sim, conforme o tipo de dependência, mais rápido se dá o processo. O *crack*, por exemplo, é uma das substâncias que mais rapidamente viciam o in-

348 | LYGIA BARBIÉRE

divíduo. Pesquisas revelam que, a partir do quarto uso, a pessoa já está viciada. Aliás, vocês já repararam que todo usuário crônico de maconha, por exemplo, vive se queixando da qualidade da maconha atual? – lembrou o médico.

– Ele não consegue obter o mesmo efeito que obtinha nos primeiros tempos e fica achando que a maconha é que não é de boa qualidade – concluiu Valéria.

– E o *ecstasy*? Também vicia as pessoas doutor? – perguntou Thalita, agora preocupada com Ramon.

– O grande perigo de drogas manipuladas ilicitamente é que elas podem conter qualquer coisa. As pessoas que as produzem não têm noção do efeito químico da mistura de substâncias e acabam, muitas vezes, potencializando o efeito tóxico. Existem, porém, muitas controvérsias a respeito do *ecstasy* propriamente dito; até hoje não está bem definido seu potencial de indução à dependência. Já se sabe, porém, que ele é dez vezes mais tóxico para o cérebro do que a cocaína, podendo trazer sérias consequências para o organismo, ainda que ingerido apenas esporadicamente. São muito comuns na Europa, e sobretudo na Inglaterra, notícias de adolescentes que morreram de hemorragia cerebral depois de uma *overdose* da droga – lembrou o médico.

Thalita ficou um pouco fora do ar com aquela informação. Percebia que Valéria e Miguel recolhiam a louça da mesa e continuavam conversando com o doutor Violla enquanto faziam isso. Mas, por alguns instantes, ela mal conseguia ouvir o que diziam. Só pensava em Ramon, no quanto o irmão havia se comprometido em todos os sentidos e no que ela poderia fazer para ajudá-lo.

– Thalita! – Valéria chamou por ela. – O doutor Violla está se despedindo de você!

Ela levou um susto, como quem desperta abruptamente de um pesadelo.

– Vocês estão melhores do que meus alunos da faculdade! Eu gosto muito de conversar com pessoas interessadas – dizia o médico, já parado diante da porta. – É uma pena que eu precise ir...

Enquanto Miguel foi com o médico até lá embaixo, aproveitando para tirar mais algumas dúvidas, Thalita foi lavar a louça, Valéria se ofereceu para enxugar. Continuava, porém, aquele silêncio pesado entre ela.

– Converse com ela! Vocês precisam se entender! – Leda insistiu.

Valéria ficou confusa, sentia o pensamento de Leda como se fosse seu, mas não sabia como fazer isso. Resolveu ir até lá dentro buscar um prendedor de cabelos que havia esquecido no quarto de Hermínio e encontrou Samir, sentadinho no sofá, remexendo a bolsa da mãe.

– O que você está procurando aí? – Valéria perguntou.

– Tia Valéria! – ele foi logo pulando no pescoço dela.

– Sua mãe vai ficar brava se vir você mexendo na bolsa dela! – Valéria disse baixinho, para não acordar Hermínio.

– Ela disse que tinha um presente para mim – explicou Samir.

Valéria abaixou-se para pegar o livrinho que caíra da bolsa. Estava aberto. Dizia: "Amigo, você traz a dor de não ser entendido ou amado. Mas supere isso. Ser entendido ou amado obedece a lei própria do dar e do receber. Quanto mais você se doa em compreensão e amizade mais as recebe de volta."[21] Valéria compreendeu a mensagem.

Thalita, enquanto isso, arrumava a sala, ainda refletindo sobre a longa aula que o doutor Violla lhes dera.

– Fiquei pensando, Miguel, naquele rapaz que morreu junto com seu irmão... – ela disse, quando Miguel voltou.

– Ai, Thalita, sinceramente, eu não gosto nem de...

– Espera, Miguel! Você já pensou que ele talvez fosse doente também? A Mag me disse que ele bebia tanto e...

Nesse momento, Samir veio correndo com o palhacinho na mão:

– Mamãe! Foi esse o presente que você trouxe para mim?

Thalita estremeceu. Imediatamente lembrou-se de Domenico, do encontro mágico no circo, de suas malas diante do hotel em Caxambu.

– Onde você pegou isso? – ela perguntou.

– A tia Valéria achou na sua bolsa para mim!

– Você comprou isso em Caxambu? – Miguel pegou para ver.

– E ainda acha que tem o direito de mexer na sua bolsa! – instigou Pouca Telha, divertindo-se.

Thalita olhou para Valéria com ódio. Era como se naquele momento a visse como responsável por tudo de desagradável que lhe acontecera. Valéria, que vinha lá de dentro com a firme disposição de fazer as pazes com a amiga, percebeu seu ódio e achou melhor não dizer nada.

– Eu já estou indo – despediu-se.

– Você não quer ao menos uma carona? – Miguel perguntou.

– Não, obrigada. Depois eu te mando aquela revista – ela prometeu.

A campainha tocou quase ao mesmo tempo em que Valéria abria a porta. Era dona Rute.

– Mamãe? – admirou-se Miguel.

Eles não haviam ainda se encontrado naquele dia: ela não estava em casa quando Miguel chegou de Caxambu, nem quando ele saiu de novo para ir a casa de Thalita. Valéria aproveitou a deixa e desceu.

– Ô, Thalita, minha filha, desculpe... Estou tão atarantada que bati sem querer na sua porta em lugar de bater no apartamento de Mag... – explicou Rute. – Você ainda não foi para casa, meu filho?

– Atarantada? Mas por quê, mamãe? – quis saber Miguel.

– Acabo de estar com Adalgisa, a mãe de Caian... – ela desabafou.

---

[21] Lopes, Lourival. Op. cit., cap. 134, p. 148.

– Que coincidência, dona Rute, nós estávamos agorinha mesmo falando desse rapaz... A senhora não quer entrar? – ofereceu Thalita.

– Não, não... Eu preciso muito falar com a Mag... A Adalgisa esteve no laboratório, pegando uns exames que o filho fez há seis meses e...

– Mas como é que ela só descobriu agora? – Miguel não entendeu.

– Ligaram do laboratório para que ela fosse pegar! O menino estava com cirrose alcoólica, vocês acreditam? E nunca ninguém soube!

As coisas pareciam se complicar cada dia mais. Da porta do elevador já dava para ouvir a televisão altíssima.

– E, em instantes: Brasileiro condenado à pena de morte ganha nova chance de reabrir seu caso nos tribunais da Indonésia.

Num átimo, Thalita virou a chave da porta e foi correndo para o quarto do pai.

– Meu Deus! Eu avisei tantas vezes! Papai não pode ficar vendo televisão sozinho! – disse, correndo já pelo corredor que ia da sala em direção ao quarto.

Para sua surpresa, no entanto, no momento em que ela chegava à porta, o próprio Hermínio dizia a Jacira.

– Desliga esta porcaria. Não estou interessado em ver bandido!

Thalita deixou cair o molho de chaves no chão e suspirou aliviada. Nem Jacira, nem Hermínio, contudo, deram com a sua presença na porta do quarto por causa do barulho da rua.

– Coitado do moço... Já pensou morrer com quarenta e poucos anos, na flor da idade – disse Jacira, referindo-se ao rapaz da reportagem.

– Pois eu acho que tem mais é que morrer mesmo. Saiba você, seu arbusto da família das leguminosas, que são Tomás de Aquino, um dos maiores teólogos que já existiu, dizia que quem poupa o lobo condena as ovelhas – observou Hermínio.

– Ora, leguminosa da família das sei lá o que é... – começou a resmungar Jacira.

– Papai! – Thalita ralhou com ele da porta do quarto.

Só então Jacira olhou para ela e automaticamente se lembrou da proibição e da razão da proibição. Thalita tinha medo de que ele visse alguma coisa sobre Ramon, em um momento em que tanto se comentava o caso de outro brasileiro na mesma situação, vivendo, porém, outra etapa do mesmo processo. Desligada como sempre, porém, Jacira não pensou em Ramon nem mesmo no momento em que o repórter falou em pena de morte na Indonésia. Estava mais era interessada em ver na televisão a imagem daquele apresentador tão bonito.

– Já estou de saída, Thalita! – disse, saindo do quarto sem graça.

– O enfermeiro não veio hoje? – Thalita perguntou.

352 | LYGIA BARBIÉRE

– Veio. Deu uma saidinha um instante para comprar uns materiais de construção – explicou Jacira.

– Materiais de construção? – estranhou Thalita.

– É. Parece que está fazendo umas obras em casa – contou Jacira.

– Sei... – respondeu Thalita descontente.

Pouco mais de um mês havia se passado desde a última crise de Hermínio. Desde então, ela vinha lutando para acertar com um enfermeiro, mas estava difícil. Já estava no segundo, que, pelo visto, não ia ficar por muito tempo também.

– O Nakayama já chegou? – Hermínio perguntou do fisioterapeuta.

Estava realmente empolgado com o resultado das sessões. Unindo técnicas de acupuntura para deter a compulsão pelo álcool a uma cinesioterapia assistida, onde o terapeuta enviava estímulos ao cérebro de Hermínio ao pedir que o ajudasse a mover os membros que haviam chegado ao estado de paralisia, Nakayama estava conseguindo excelentes resultados. Hermínio já conseguia ficar de pé ao lado da cama e até caminhar alguns passos pelo quarto, apoiando-se no parapeito da janela.

– Não... Mas deve estar chegando – respondeu Thalita, reticente. – Qualquer coisa é só chamar. Estou no meu quarto – ela disse, desconectando discretamente a tomada da televisão.

As palavras do pai não lhe saíam da cabeça. "Quem poupa o lobo condena as ovelhas". Decerto, deveria ser assim que os indonésios pensavam. Ela, contudo, não conseguia ver Ramon desse jeito. Seria para ela, para sempre, o irmãozinho mais novo, tímido, que tinha medo de escuro. Depois de tudo isto, sentia agora tanta falta dele em sua vida...

Sentou-se na cama de seu quarto e retirou de dentro da bolsa a carta que acabara de chegar pelo correio. Era de Ramon, a primeira comunicação entre eles desde que fora preso.

Thalita:

Desculpe se não atendi ao telefone, quando você ligou para cá. Sei que deve ter tido muito trabalho até conseguir o número, descobrir em qual presídio eu estava e todas estas coisas. Não pode imaginar o quanto me sinto envergonhado por tudo o que aconteceu. Acho que nem usando todas as línguas do mundo eu conseguiria te pedir desculpas o suficiente. Consegui até falar com o Sílvio, no dia em que ele me ligou para explicar sobre os procedimentos que estavam sendo feitos. Naquele dia troquei, inclusive, algumas palavras com nossa prima Mag, que estava do lado. Mas, com você, me desculpe, eu não tive como falar. É muito grande, é enorme mesmo a vergonha que eu sinto. Eu não tive coragem.

Pela quantidade de brasileiros importantes que estiveram aqui conversando comigo, posso fazer uma vaga ideia do quanto você tem se mobilizado para tentar me ajudar, apesar da grande besteira que eu fiz, apesar de todas as dificuldades que vem passando com o papai, conforme a Mag me disse.

Na verdade, tudo começou porque eu fui egoísta, porque só pensei em mim e nas minhas necessidades; jamais pensei que você seria capaz de fazer tudo o que tem feito pelo nosso pai. Na última noite em que nos falamos, achei que você nem ia ligar para ele, depois acabou acontecendo de vir a falecer o meu pai adotivo daqui, fiquei confuso demais, magoado porque papai não me mandou nenhum dinheiro e nem alguma satisfação. Nem passou pela minha cabeça que ele estivesse doente. Fiquei só pensando que vocês não gostavam de mim, que não me valorizavam, que nem se importavam comigo.

Hoje percebo o quanto fui eu, na verdade, quem me tornou ausente durante todos estes anos. Não tomei nenhuma postura quando o papai expulsou-a de casa, não a visitei quando o seu filho nasceu, fiquei só com raiva, porque a mamãe ficou doente e, na época, eu achei que você era a culpada por ela ter ficado doente.

Não sei se é porque estou aqui trancado há mais de um mês sem ver ninguém, não sei se é porque eu fiz realmente uma besteira tão grande que me obrigou a repensar cada pedaço da minha vida. Sei que, desde a hora do susto, em que a polícia me revistou na rua, eu não consigo parar de enxergar o quanto eu errei em todas as situações.

Eu carregava seis quilos de ecstasy quando eles me pegaram...

Quanta vergonha. Meus pais adotivos de Bali simplesmente me abandonaram. São pessoas muito radicais. Fiquei sabendo que participaram até de uma passeata pedindo a pena de morte para todos os brasileiros traficantes.

Só neste momento, quando eu soube disto, caiu realmente a ficha dentro de mim sobre o que eu havia me tornado. Um brasileiro traficante. Fiz provas e mais provas para conseguir fazer este intercâmbio, meu pai gastou uma boa parte de suas economias para me mandar para cá. Eu, contudo, acabei me tornando um brasileiro traficante.

Às vezes parece um pesadelo, uma coisa irreal. Não porque eles me maltratem ou porque me falte qualquer coisa aqui na prisão. Pelo contrário, a prisão daqui é até muito melhor do que a do Brasil. Mas, Thalita, eu juro para você, eu não sei dizer como foi que eu acabei entrando nesta, mas eu não sou, lá na minha alma eu não sou um brasileiro traficante.

Depois que cheguei aqui, passei a prestar atenção nos jovens que às vezes são pegos nas ruas drogados e a polícia traz para que passem a noite aqui. Só fica preso mesmo quem anda com droga para vender. Vi jovens com crise de abstinência por causa de cocaína, batendo a cabeça nas paredes, nas grades, enlouquecidos mesmo.

Senti muita dor dentro de mim... e pensar que eu também era responsável, de alguma maneira, por existirem hoje tantos jovens assim no mundo. Eu não vendia cocaína, nunca nem experimentei isso. Na verdade, eu achava até que os comprimidos de ecstasy, tão bonitinhos, não podiam fazer assim um grande mal para uma pessoa. Todavia, depois que fui preso, um amigo veio me ver e me trouxe uma reportagem onde eles falam que o ecstasy pode até matar uma pessoa, que muitas vezes nos comprimidos tem até heroína misturada na fórmula, embora ninguém imagine. Eu não sabia, Thalita, eu não sabia!

O ecstasy estimula a produção de serotonina, um neurotransmissor responsável pelas sensações de bem-estar. Só que, se a princípio isso provoca euforia, com o tempo pode levar à depressão; o organismo passa a não produzir a tal substância sem a ajuda de grandes doses da droga.

Thalita, eu não sabia disto, eu juro que não sabia quando aceitei vender os comprimidos. A pessoa que me ofereceu é uma pessoa muito conhecida nossa, o Marconi, Thalita! Eu sei, você sempre me avisou que ele não prestava, que não era para eu me envolver com ele, mas você também um dia se envolveu. Você conhece, melhor do que ninguém, o jeito dele. Contei para a polícia como tudo aconteceu, mas eles não acharam nenhuma pista do cara.

Ele já não está na área há muito tempo, desapareceu como um grão de areia no vento. Estou te dizendo tudo isto porque você não pode, nunca mais, falar com esse cara. Se um dia o encontrar por aí, tome muito cuidado!

Na verdade, a culpa é muito mais minha do que dele. Fui eu que aceitei, fui eu que quis. Estava escrito no aeroporto, Thalita, tinha um bruto aviso que eu vi, logo que cheguei, alertando a todos os estrangeiros sobre o rigor da justiça local contra o narcotráfico.

Mas eu não dei atenção, Thalita. Quem é que, chegando a Bali, depois de quase trinta horas de voo, e encontra com aquelas águas de azul profundo e verde-esmeralda misturando-se, entre areias brancas, falésias e corais, cercadas de deuses por todos os lados, naquele mundo de magia salpicado de ilhas... Quem é que vai ficar pensando em legislação rigorosa, em pena sobre narcotráfico?

A gente esquece, Thalita. Não pensa que um dia alguma coisa dessas possa acontecer com a gente. Às vezes, eu sinto que não estava na minha história acontecer isto, que não tinha que ter acontecido. Mas eu fiz acontecer.

Me consola a visita que eu recebo quase todos os dias do meu amigo Nyoman. Ele era motorista da primeira família onde eu morei. Depois que o pai morreu, eles foram embora para a China, mas o Nyoman ficou em Jacarta e tem me dado muita força desde que eu fui transferido para cá.

E pensar que aqui é um lugar de catástrofes naturais... Outro dia foi uma balsa que afundou entre ondas gigantes, em outro foi uma enchente que deixou 200 mil pessoas desabrigadas em Jacarta e quase 60% da cidade submersa. Sem falar nos vulcões, nos terremotos. Tudo isto porque a Indonésia está situada sobre placas tectônicas. E eu, sem passar por nada disto, acabei criando minha própria catástrofe natural. Uma grande besteira que parece se tornar maior, a cada dia, na minha *consciência, um* tsunami *que engoliu a minha vida e deixou desabrigados os sonhos dos meus familiares...*

Passo os dias lendo e relendo o regulamento que recebi do Clube, logo que cheguei aqui. Penso que, se, por um milagre, um dia eu conseguir sair daqui, quero ter estes tópicos como lemas para o resto da minha vida:

— Dê de si antes de pensar em si.

— Engage-se em um trabalho voluntário.

— Esteja preparado para fazer alguma coisa diferente.

— Não conte vantagens suas, de sua família ou do Brasil. Não somos piores e nem melhores do que ninguém.

— Evite temas polêmicos, seja diplomata. Pratique boas maneiras sempre.

— Seja flexível e adaptável, aberto a desafios, seja confiável, responsável e leal.

— Descubra o que é esperado de você e faça. Converse, não fique mudo. Sorria, não fique amuado!

— Claro que sempre haverá dificuldades. Encare como desafio a ser vencido.

— Tome iniciativas. Se errar, leve na esportiva e ria.

— Problemas iniciais depois viram experiências proveitosas.

— Ser educado e sorrir sempre. Agradecer com palavras e com ações. Sempre que for pedir algo, peça por favor e depois agradeça.

— Aprenda a distinguir diferente de mal, ruim ou bom, certo ou errado.

— Lembre-se: o que é errado no Brasil, é errado também em qualquer parte do mundo.

São conselhos simples, que todo mundo sabe, mas não usa. (Por que só agora eu consigo enxergar tudo isto se o tempo todo o regulamento estava comigo?)

Na segunda-feira o vice-cônsul esteve aqui. Ele me disse para ficar tranquilo porque as leis indonésias impedem que o brasileiro seja executado enquanto o caso estiver em andamento. Mas disse também que a embaixada não pode interferir na jurisdição do país.

Parece que os casos são julgados primeiro por cortes distritais, passam por um tribunal de apelação, seguindo depois para a Suprema Corte, que tem a decisão final. A pessoa tem o direito a recorrer duas vezes, depois disto, a única alternativa é um pedido de clemência à Suprema Corte, que muito dificilmente é concedido.

Acho que o fato de existirem no momento mais dois brasileiros em minha mesma situação talvez ajude em alguma coisa, pois todas as famílias reivindicam os mesmos direitos, todos só querem que os presos paguem suas penas no Brasil, onde haveria pelo menos a chance de serem soltos algum dia. A grande questão, porém, segundo me explicou o ministro conselheiro do Itamaraty, que também esteve aqui no outro dia, é que o Brasil não tem nenhum acordo de transferência de presos com a Indonésia.

Enfim, minha irmã, quero lhe pedir que não se preocupe, em demasia, com nada disto. Não gaste mais dinheiro comigo. Mamãe sempre disse que aquilo que tem que acontecer sempre acontece. Assim, penso que, se eu não tiver de morrer deste jeito, alguma coisa vai acontecer para mudar esta situação.

Segundo me explicou o Guilhermon, que é o conselheiro do clube de intercâmbios, a posição da Indonésia é de que o tráfico de drogas destrói muito a vida de um país e é uma ameaça para o futuro de uma geração. Por isto é considerado um crime tão sério. Sinceramente, Thalita, eu acho que eles têm razão...

Agora, a única coisa que me resta é lhe pedir desculpas. E ao papai também, se um dia você decidir contar para ele... Mas não deixe de contar um dia, quando achar que for a hora certa, toda a verdade para o Samir. Para que nunca aconteça com ele o que aconteceu comigo.

Tomara que um dia, mesmo que seja só depois que eu não estiver mais neste mundo, você consiga me perdoar.

Amor,

Ramon

– Eu tenho que mostrar esta carta para o Sílvio – disse Thalita, enxugando as lágrimas. – Eles precisam fazer alguma coisa. Este menino é bom... Não merece, não pode morrer desse jeito... Tem que haver alguma forma de salvar o meu irmão!

– Ah, mãe... Só mais este, vai... – Ana Teresa quase suplicou.
Já estava com as mãos cheias de sacolas de compras, mas queria mais um vestido. Tudo preto, sem nem ao menos uma listrinha colorida, uma florzinha que fosse.
– Filha... Se fosse de outra cor. Nós já compramos todo um enxoval para você desta cor... Calcinha, sutiã, casaco, calça *jeans*, tênis, até o biquíni! Você é tão nova para estar enlutada deste jeito... – tentou argumentar Mag.
– Compra, querida! Se ela quer, a gente compra, não é Teresa? – interferiu Lally, já entrando na loja. – De mais a mais, preto é sempre tão chique... – ela abaixou o tom para sussurrar ao ouvido da filha. – Dê graças a Deus que a sua filha saiu de casa e está aqui no *shopping* escolhendo alguma coisa!
Mag estava confusa. Há semanas que Ana Teresa não fazia outra coisa senão comprar roupas pretas. Parecia ter sido mesmo atacada por uma febre de consumo. Chegava em casa e ficava horas no espelho, reexperimentando tudo, ao som da música alta. Para, tempos mais tarde, sair lá de dentro com os olhos inchados, e a mesma frase:
– Não ficou nada bom, mãe. Acho melhor a gente trocar tudo – concluía, arrasada.
E lá se iam as duas, no dia seguinte, loja por loja, trocando roupas, pagando diferenças, comprando mais alguma coisa pelo caminho. Fazia isto sempre nos horários de fisioterapia de Ana Patrícia, ou enquanto ela estivesse na hidro, ou ainda em seus horários de análise. Não foram poucas as vezes, aliás, em que Mag insistiu com Ana Teresa se ela também não gostaria de fazer uma análise em vez de perder todos os dias tantas horas no *shopping*.
– Não, mãe. Eu não gosto dessas coisas, não acho legal ficar falando da minha vida para uma pessoa que eu nem conheço! – ela argumentava.
– Mas, filha! Com o tempo você vai conhecer, é só uma questão de hábito. Sua irmã já melhorou tanto com as sessões... Às vezes eu até me esqueço do tamanho do problema que ela está vivendo de tão equilibradamente ela vem se comportando. Ela consegue conversar sobre o acidente, sobre...
– Tá, tá, mãe! Eu já estou cansada de ouvir todo dia essa mesma história. Que ótimo que a Ana Patrícia é uma pessoa tão fantástica assim. A questão é

que ela perdeu só as pernas! Eu, mãe, perdi tudo! Não tenho mais futuro nesta vida sem o Caian.

Sempre que a discussão chegava a este ponto, Mag ficava em silêncio. Às vezes tinha a sensação de que ia acabar ficando louca com tudo aquilo. A revolta de Ana Teresa, o alcoolismo de Sílvio, tantos problemas... Ainda por cima, ela se culpava pelo dia em que havia convidado Ana Teresa para ir ao *shopping* pela primeira vez. Tudo o que ela queria, na ocasião, era tentar distrair a filha, comprar até algumas roupas para ajudá-la a se sentir mais bonita. Contudo, o tiro saíra pela culatra, Ana Teresa estava cada dia pior.

Naquela tarde, de tão angustiada, Mag ligara até mesmo para a mãe para desabafar. Era tão difícil também a relação entre as duas... Ainda assim, havia momentos em que Mag sentia tanta falta da figura materna em sua vida que passava por cima de tudo e tentava mais uma vez. Desde que chegara de viagem, Lally havia telefonado várias vezes; parecia até que estava um pouco mais preocupada com a família. E, naquela tarde, quando Mag ligara para desabafar, ela desmarcara até a aula de etiqueta para acompanhá-las ao *shopping*. Agora, contudo, Mag já não tinha mais a certeza se havia feito a coisa certa. Juntas, Ana Teresa e Lally pareciam a compulsão em pessoa, estavam comprando o *shopping* inteiro! A cada loja que entravam, iam cada qual para uma cabine com uma pilha enorme de roupas para experimentar.

– Bem, enquanto vocês experimentam mais este lote de roupas, eu vou até a loja da Thalita dar um oi – ela ironizou sem querer.

– Pois vá! Nem parece minha filha! Só se interessa por coisas de quinta categoria. Quem sabe lá, na *lojinha da sua prima* – Lally usou, de propósito um tom pejorativo – você encontre algo que lhe agrade. – E o que você acha, Teresa – ela virou-se para a cabine da neta –, deste *manteau* que eu estou experimentando?

Foi preciso muita força interior para não responder à provocação. Mas Mag saiu vitoriosa. Respirou fundo na porta da loja e foi tomar um sorvete para se recompor. No caminho, sem querer, deparou-se com um espelho e só então percebeu o quanto estava abatida, com as olheiras fundas e os cabelos sem corte.

Parou na própria lojinha do espelho e comprou um batom, horrorizada com a própria figura. Tinha muita esperança de que tudo aquilo acabasse para que pudesse voltar a cuidar de sua própria vida.

– A senhora não vai nem experimentar a cor no mostruário? – perguntou a vendedora.

– Ah, não precisa... – respondeu Mag, lambendo seu sorvete e procurando na bolsa o dinheiro, ao mesmo tempo. – Eu sempre compro mais ou menos esta cor...

Jogou na bolsa o batom e seguiu para o outro andar, onde ficava a butique em que a prima trabalhava. Era uma butique de roupas básicas e joviais, nada

A Ferro e Flores | 359

do jeito como Lally descrevera. Mag até hoje não conseguia entender porque Lally tinha tanta implicância com Thalita.

– Mag! Que surpresa boa! – a prima veio recebê-la na porta.

Por sorte, a loja estava vazia e a gerente havia saído para o lanche.

– Que coisa! Tem mais de uma semana que a gente não se vê! Nem parece que moramos porta com porta! – observou Thalita. – Você teve mais alguma notícia daquela senhora, a dona Adalgisa, a mãe do Caian?

– Tive. Parece que ela foi vários dias à casa da dona Rute. Está arrasada, coitada... Entrou numa fase de reinventariar tudo o que aconteceu nos últimos anos. Ela não se conforma por não ter sequer percebido que o menino estava com cirrose...

– Era sobre isso mesmo que eu estava querendo conversar com você! Mag, a hepatite C é uma doença contagiosa. Você já fez exames na Ana Teresa? Os dois andavam sempre juntos, será que...

– Fiz... Era esta também a grande preocupação de Rute, quando me contou. Mas, graças a Deus, os exames dela não deram nada. Por via das dúvidas, os médicos pediram para que repetíssemos em três meses. Pelo que fui informada, nem toda a cirrose é causada pelo vírus da hepatite B ou C, como eu também imaginava. No caso do Caian, a doença foi causada especificamente pelo uso abusivo de álcool associado a um excesso de ferro no organismo, que é um problema que o Caian já carregava, desde o seu nascimento, e que já fazia do fígado dele um órgão mais frágil, por natureza. Por causa disso é que ele sempre fazia uma série de exames de rotina – explicou Mag, olhando por olhar os vestidos pendurados na arara.

– Que coisa... Mas ninguém nunca notou nada de diferente nele? – estranhou Thalita. – O meu pai teve hepatite alcoólica e ficou muito amarelo. Lembro que a pele dele estava bem amarelada quando o vi no hospital!

– Pois é. Como disse, nem toda cirrose é necessariamente causada pelo vírus da hepatite, embora o indivíduo com cirrose fique naturalmente mais propenso até a contrair esses vírus. Muitos indivíduos com cirrose leve não apresentam nenhum sintoma e parecem bem de saúde durante anos, segundo me disse o médico da Ana Patrícia, que foi quem fez o pedido dos exames para a Ana Teresa. O fato, porém, é que a existência comprovada da cirrose mostra que o Caian efetivamente já vinha bebendo demais há muito tempo – observou Mag.

– Tão novinho... Sempre pensei que doenças como cirrose só aparecessem em pessoas mais velhas, depois dos quarenta pelo menos – comentou Thalita.

– Pois é. O médico me disse que, nos Estados Unidos, a cirrose por consumo abusivo de álcool é a terceira causa mais comum de morte, após as cardiopatias e os cânceres, e que, realmente, é raro acontecer com pessoas mais jovens. Mas, de uns tempos para cá, vem sendo tão grande o consumo de álcool entre o jovens que casos como o Caian já vem aparecendo com certa frequência.

– Impressionante... E a dona Adalgisa, você já encontrou com ela?

– Não. Ela disse à Rute que ainda não tem estrutura para olhar para Ana Teresa e nem para mim. No fundo, ela se sente um pouco culpada pelo que aconteceu às meninas. Rute me disse que ela repete a toda hora que o menino bebia todo final de semana, que voltava às vezes só no outro dia, mas ela e o marido achavam normal, pensavam que aquilo era coisa de homem, de garoto dessa idade. Agora estão quase enlouquecendo porque não tomaram nenhuma atitude a tempo de evitar a tragédia...

– E você, como está? – preocupou-se Thalita, vendo que a prima parecia um pouco mais triste do que de costume naquele dia. – Não quer comprar um vestido novo para você? Eu posso dividir em cinco vezes, se você quiser. Posso até comprar na minha conta de vendedora e...

– Ai, Thalita, nem me fale em comprar! Ainda nem sei como é que eu vou fazer para pagar todas as contas da Ana Teresa que vão vir no meu cartão de crédito... A cada hora esta menina inventa mais uma coisa. Não sei onde é que nós vamos parar por causa desse trauma que ela não consegue, de jeito nenhum, superar...

– Ela não aceita mesmo ir a um psicólogo?

– De jeito nenhum. Diz coisas horríveis cada vez que tento tocar no assunto... – desabafou Mag.

– É... O meu pai também é do mesmo jeito... Mas, olha, Mag, estive pensando, por que você não vai? Acho que, neste momento, neste caos que virou a sua vida, você está precisando de ajuda tanto quanto elas. Já pensou nisto?

– Ah, Thalita, pensar eu já pensei, até que queria... Nossa, como eu queria um psicólogo com quem conversar... Mas e o dinheiro?

Uma cliente entrou na loja, Thalita foi atender. Mag ficou ali olhando os vestidos na arara. Na verdade, era apenas um gesto automático de quem não sabe o que fazer. Nem enxergava se eram vestidos, casacos ou biquínis. Tão bom realmente se ela pudesse ir a um psicólogo, se tivesse ao menos um tempo para frequentar uma reunião como a tal Al-Anon, para familiares de alcoolistas, de que Thalita lhe falara há algum tempo. Mas tinha tanto medo de sair de casa e as meninas precisarem dela por alguma razão...

– Você diz que não tem dinheiro para pagar um psicólogo e, no entanto, está cheia de contas de roupas da Ana Teresa! – Thalita voltou sem que ela percebesse. – Já chega de pensar só nos outros, de fazer só o que os outros precisam ou esperam. Você precisa pensar em você, Mag! Do contrário, não sei quanto tempo você vai aguentar este tranco, já pensou nisto? Fala com a sua mãe, com o seu pai! Se eles podem pagar este monte de coisas supérfluas para a sua filha, é claro que podem te ajudar com um tratamento!

– Eu não gosto de pedir nada a eles, Thalita... Na verdade, o que eu mais tenho pensado, desejado mesmo era poder abrir um negócio para mim... Todo mundo fala que eu cozinho bem...

– Maravilhosamente, prima! Mas você está pensando em que... num restaurante?

– Não, na verdade, queria abrir assim uma espécie de *buffet*, onde as pessoas pudessem fazer encomendas para festas, estas coisas... Assim, ficaria na minha casa, pelo menos no começo...

– E o que é que você está esperando, prima? É uma ótima ideia! – comemorou Thalita.

– E você acha que o Sílvio vai deixar?

– Sinceramente, prima, eu acho é que você precisa reorganizar as suas prioridades, fazer alguma coisa por você mesma. Para de ficar pensando tanto no Sílvio, na Ana Teresa, na Ana Patrícia! Converse com o seu pai, peça uma orientação dele, fale claramente o que está acontecendo. Eu tenho certeza de que ele vai lhe ajudar. Mas, antes que qualquer pessoa a ajude, acho que você precisa se ajudar, Mag. Só você pode se ajudar, só você pode definir os limites das outras pessoas na sua vida.

Outra cliente entrou na loja.

– Olha, hoje à noite eu vou ao centro espírita assistir a uma palestra, o Miguel me convidou. Você não quer ir conosco? – Thalita sugeriu rapidamente, enquanto a cliente olhava as mercadorias.

– É, sabe que a Rute também vive insistindo para que eu vá?

– Então venha. Como diz o Miguel, acho que a gente está precisando se fortalecer espiritualmente.

– É... – respondeu Mag, de novo um pouco triste. – Se o Sílvio não se importar...

A gerente voltou à loja e Thalita não teve como argumentar. Durante toda a viagem do *shopping* até a hidroginástica de Ana Patrícia, Mag ficou pensando nas palavras de Thalita. A seu lado, Ana Teresa falava sem parar nas roupas que havia ganhado da avó.

– Tem um vestido preto com um decote em 'vê' que é a coisa mais linda, mãe!

Quando pararam diante da instituição onde Ana Patrícia fazia hidroginástica, contudo, Ana Teresa sentiu uma sensação estranha no momento em que passava para o banco de trás para que a irmã, amparada por um instrutor, pudesse se sentar no banco da frente.

As duas quase nem se falavam. O tempo todo Ana Teresa fazia questão de evitar Ana Patrícia, mas, naquele dia, pela primeira vez, Ana Teresa sentiu muita pena da irmã.

– Comprei um vestido preto com decote em 'vê' que é a coisa mais lida e eu vou dar para você! – ela disse, olhando para a irmã.

Mag não entendeu nada, mas achou melhor não fazer nenhum comentário. Ana Patrícia, por sua vez, viu pelo espelho o olhar de piedade da irmã e sentiu muita, muita raiva. Naquele momento, como que por encanto, Pouca Tinta entrou no carro e sentou-se ao lado dela no banco da frente.

– Eu não quero os seus vestidos, Ana Teresa – respondeu Ana Patrícia, depois de um tempo – Aliás, eu acho que você não devia ficar gastando tanto dinheiro, porque a mamãe tem muitas despesas para pagar.

Ana Teresa também sentiu muita raiva da resposta da irmã. Então ela abria mão do seu vestido mais bonito para contentá-la e ela lhe respondia daquele jeito grosseiro? Imediatamente todo o seu sentimento de culpa transformou-se em indignação. Assim como acontecera à Ana Patrícia, a vibração de Teresa também atraiu imediatamente um amigo desencarnado que 'magicamente' apareceu a seu lado, passando a incentivar-lhe e até mesmo instigar-lhe pensamentos de ódio e egoísmo.

– Ah, quer dizer então que ela pode gastar com a sua análise, com a sua hidroginástica, com o que mais? Ah, com o seu tratamento de fisioterapia, com os seus remédios, mas não pode comprar nenhum vestido para mim? Pois saiba você que foi a nossa avó quem pagou tudo! – rebateu Ana Teresa.

A briga era entre Pouca Telha e Pouca Tinta, que há muito queriam dizer-se uma dúzia de desaforos. Ana Patrícia e Ana Teresa, contudo, não tinham noção de que, oferecendo-lhes seus pensamentos de raiva e ciúme, elas se transformavam em instrumentos dóceis, passando a expressar em palavras todas as coisas ruins que lhes passassem pela cabeça, sem nem por um instante se preocuparem com o teor das palavras ditas:

– Pois eu, se fosse você, não ficaria tão feliz com isso. A menos que não se importe que milhões de outras pessoas sejam prejudicadas para que você possa comprar os seus trezentos vestidos!

– Prejudicadas? Como assim, filha? – Mag não entendeu.

– Ora, mamãe! Então você não sabe de onde vem todo este dinheiro do meu avô? Ele é um fornecedor de cachaça, mãe! É a mesma coisa que um traficante, só que de álcool! Por causa dele...

– Ora, então só porque você ficou paralítica e desengonçada agora tem o direito de julgar todo mundo? E quem é você para desmerecer o dinheiro do meu avô? Algum dia por acaso ele deixou que faltasse alguma coisa para nós?

– Se o nosso pai não fosse mais um doente, um dependente do álcool, nós não precisaríamos tanto do dinheiro dele! – rebateu Ana Patrícia, cada vez mais revoltada.

Ao lado das duas, Pouca Telha e Pouca Tinta enfrentavam-se como dois advogados em lados contrários de um tribunal. Para isto, lançavam mão das verdades mais fundas, aquelas que as pessoas nunca dizem, as mais recônditas e dolorosas que Ana Patrícia e Ana Teresa repetiam sem qualquer dose de caridade para com a mãe, que, em meio a todo aquele embate, sentia-se indiretamente atingida por ambos os lados.

– Chega! – gritou Mag, antes que Ana Teresa entrasse pesado na discussão. – Por hoje já chega! Não quero ouvir mais nenhum pio até chegarmos em casa!

– Mas ela... – insistiu Ana Teresa.

– Caladas as duas! – gritou Mag.

Pouca Tinta e Pouca Telha, porém, não se deram por vencidos. Agora era Mag quem se sentia profundamente irritada e indignada e eles não perderam a oportunidade de também importuná-la. Queriam a discórdia total, destruir aquela família jogando seus membros uns contra os outros.

– Não têm o menor respeito por você essas suas filhas! – Pouca Telha sussurrou-lhe ao ouvido.

– Não tem o menor respeito por você o seu marido! – completou Pouca Tinta.

– E o seu pai? Você acha mesmo que ele se importa com você? – insistiu Pouca Telha.

– Por que você não vira logo uma dondoca igual à sua mãe? – ironizou Pouca Tinta.

Em meio a todos estes pensamentos que julgava seus, Mag sofria. Na entrada da garagem, como de costume, perguntou ao porteiro:

– O senhor viu se o Sílvio já chegou?

– Chegou, sim, senhora, mas desceu de novo – informou o porteiro.

– Desceu de novo? – estranhou Mag.

– Está logo ali, bebendo no botequim aqui em frente – informou de novo o porteiro.

– Eu não disse? – ironizou Pouca Tinta.

Subiram as três em silêncio. Mag foi direto para a cozinha, guardar as compras que havia feito no supermercado do *shopping*, o tempo todo aquelas duas vozes que pareciam uma só, que até pareciam ela mesma, falando na sua cabeça. Ana Patrícia foi direto para o quarto, onde fez uma prece e foi atrás da mãe.

– Mãe, desculpe, eu... – ela tentou se explicar.

– Não tem o que se desculpar não. A propósito, se quiserem jantar, tem salada na geladeira e um empadão prontinho dentro do forno – informou, pegando de novo a bolsa que havia deixado sobre a mesa da cozinha.

– Você vai sair? – estranhou Ana Teresa, vindo lá de dentro.

– Vou! – ela disse, batendo a porta.

Pouca Telha e Pouca Tinta foram juntos com ela, instigados pelo desafio de qual deles iria enlouquecê-la.

Alguma coisa estranha, porém, aconteceu no caminho que Mag parou de ouvir as sugestões deles. Pior de tudo é que, por mais que se esforçassem, não conseguiam descobrir para onde estava indo. Ela não falava nada, parecia envolta em estranho halo que impedia-lhes a aproximação. Mas eles não tinham certeza disso. Eram capazes apenas de perceber que havia como que uma luz de vela brilhando em volta dela.

– Veja como eu quebro isto com as minhas sugestões – Pouca Telha disse ao companheiro. – Seu marido não a ama mais! Aposto como tem outra que bebe com ele no botequim!

– Sua vida é horrível! Por que você não acaba de uma vez com tudo isto? – Pouca Tinta pegou mais pesado.

Mag, contudo, prestava atenção apenas à música clássica que tocava no rádio. Por um incrível fenômeno impossível de ser observado a olhos humanos, à medida que ela entrava na música e a música nela, alterava-se o teor dos pensamentos e, consequentemente, das vibrações emitidas por seu cérebro. Era a *Sonata ao Luar*, de Ludwig Von Beethoven.

Se, por um lado, lembrava de todas as coisas horríveis que ouvira das filhas momentos antes, no carro, pensava também, com tranquilidade, que cada uma delas devia ter sua razão para dizer tudo aquilo. "Em tudo na vida, querida, está guardada uma lição de Deus", ela se lembrava da voz de Rute dizendo. "Se ouvir alguma coisa que a machuque, não se deixe sofrer profundamente por causa disso. Extraia dali apenas o que precisa ser extraído, a lição que precisa ser meditada, e siga em frente."

Ao mesmo tempo, ela pensava na página que lera, naquela manhã, no livrinho que Thalita lhe emprestara. Naquele momento, era como se cada letra estivesse ali impressa na sua memória:

"Levante o seu pensamento. O pensamento negativo fatiga a mente, exaure as suas forças, contraria a natureza divina que você tem. O pensamento positivo dá alento às suas forças, traz vitalidade e alegria. É força cósmica atuando em você. O pensamento negativo puxa para baixo, rebaixa. O positivo impulsiona para cima, eleva. Mova-se para cima. O pensamento positivo abre as veredas da paz no coração."[22]

Seguiu-se um prelúdio de Bach, mais tarde utilizado por Gounod para fazer sua *Ave Maria* – "*Präludium in C Major*", como anunciaria, depois, o locutor. Mag foi entrando cada vez mais naquela vibração até um ponto em que só sentia paz em seu coração. A seu lado, Pouca Tinta e Pouca Telha continuavam gritando como loucos, mas ela não conseguia captar-lhes as sugestões nem mesmo remotamente.

Parou o carro na esquina do centro espírita.

– Eu não acredito que você vai entrar aí! – protestou Pouca Tinta. – Eu não quero que você vá!!!

– Você está com sono, muito sono! – complementou Pouca Telha, querendo hipnotizá-la.

Mas Mag continuava andando em direção ao pequeno aglomerado de pessoas na porta da casa iluminada.

Miguel, Thalita e Rute conversavam, enquanto Samir se divertia com um saco de pipocas, todo animado porque ficaria na aulinha de evangelização, enquanto os adultos assistissem à palestra pública.

– Ufa! Pensei que não fosse chegar a tempo! – disse Mag, se aproximando.

– Mag! Que surpresa boa! – comemorou Rute.

– Bem, acho melhor entrarmos – Miguel consultou o relógio.

– Será que a dona Adalgisa não vai vir? – preocupou-se Rute.

– Bem, mamãe, a senhora avisou a ela sobre o horário? – perguntou Miguel.

– Sim, várias vezes. Tenho certeza de que disse a ela que depois das oito horas ninguém entrava. Pedi que chegasse às dez para as oito!

– Então vamos entrar, porque faltam apenas cinco minutos para as oito! – considerou Miguel.

Pouca Tinta e Pouca Telha não atravessaram a rua. Sabiam que era 'perigoso' ultrapassar aqueles portões.

– Eu vou ficar aqui esperando nesta esquina! – disse Pouca Tinta.

– E eu vou continuar a hipnotizá-la desta outra! – garantiu Pouca Telha.

No interior do salão, iniciavam-se os trabalhos com a leitura de uma página preparatória do ambiente intitulada "Aflições":

"É inegável que em vosso aprendizado terrestre atravessareis dias de inverno ríspido, em que será indispensável recorrer às provisões armazenadas no íntimo, nas colheitas dos dias de equilíbrio e abundância.

"Contemplareis o mundo, na desilusão de amigos muito amados, como templo em ruínas, sob os embates de tormenta cruel.

"As esperanças feneceram distantes, os sonhos permanecem pisados pelos ingratos. Os afeiçoados desapareceram, uns pela indiferença, outros porque preferiram a integração no quadro dos interesses fugitivos do plano material.

---

[22] Lopes, Lourival. Op. cit., cap. 148, p. 162.

366 | LYGIA BARBIÉRE

"Quando surgir um dia assim em vossos horizontes, compelindo-vos à inquietação e à amargura, certo não vos será proibido chorar. Entretanto, é necessário não esquecerdes a divina companhia do Senhor Jesus.

"Supondes, acaso, que o Mestre dos Mestres habita uma esfera inacessível ao pensamento dos homens? Julgais, porventura, não receba o Salvador ingratidões, por parte das criaturas humanas, diariamente? Antes de conhecermos o alheio mal que nos aflige, Ele conhecia o nosso e sofria pelos nossos erros.

"Não olvidemos, portanto, que, nas aflições, é imprescindível tomar-lhe a sublime companhia e prosseguir avante com a sua serenidade e seu bom ânimo."[23]

– É impressionante! Parece que leram para mim esta mensagem – cochichou Mag, ao ouvido da prima.

Silenciaram todos para a prece inicial de abertura dos trabalhos e passaram em seguida à palestra da noite, que era sobre o capítulo XIV do *Evangelho*, "Honrai o vosso pai e a vossa mãe". Só de ouvir o título, Mag ficou ainda mais fragilizada. Lágrimas escorriam-lhe dos olhos enquanto o palestrista falava.

– Não basta amar os filhos no sentido de gostar muito, de ser capaz de tudo por eles, materialmente falando. O que é, afinal, que todo o pai, toda a mãe sonha em poder proporcionar a seus filhos? Uma boa escola; alguns cursos de língua; algum esporte, talvez; vestuário, alimentação. Todavia, muito poucas pessoas se dão conta de que mais importante até do que proporcionar aos filhos uma boa educação escolar é preencher o coração deles com bons valores morais.

"Como bem define *O evangelho segundo o espiritismo*, desde pequena, a criança manifesta os instintos bons ou maus que já traz com ela de suas existências pregressas. Sua personalidade, seus automatismos, suas atitudes cotidianas, de maneira geral, são o somatório de tudo aquilo que ela fez e aprendeu em todas as suas existências anteriores, acrescidos ainda de tudo aquilo que ela vê, aprende e copia na presente existência.

"Por isso, os pais devem ter sempre imenso cuidado em estudar cada característica da personalidade daqueles que Deus entregou a seus cuidados. E que, da mesma forma, perguntem sempre a si mesmos: será que essa característica que o meu filho tem é algo que ele traz de suas existências pregressas? Ou será que é algo que *eu mesmo* trago de existências passadas e que meu filho simplesmente copia?

"Ora, se, no trato da natureza, a vida pede atenção, como entregar a criança a si própria? Como diziam os antigos, quem quer couve na horta precisa defendê-la e discipliná-la. Sabendo, de nossa parte, que a maioria das criaturas torna à reencarnação em consequência dos próprios erros, a fim de consolidar o aprendizado, é indispensável, é imprescindível, é importantíssimo estender braço forte aos pequeninos. Não estou falando aqui de palmadas ou de algum tipo de violência.

---

[23] Xavier, Francisco Cândido / Emmanuel (espírito). *Caminho, verdade e vida*. Rio de Janeiro, FEB, cap. 83, 22ª ed.

"Falo do braço forte do exemplo, dos pequenos valores ensinados dia após dia, da construção de todo um tesouro íntimo a que a criança possa um dia recorrer quando se vir tentada, pelos próprios impulsos que carrega consigo das experiências passadas, a recair no mesmo erro que a trouxe de volta.

"Quando filhas de pais espíritas, é necessário que as crianças desde cedo tenham acesso ao Evangelho, que sejam informadas de que sua existência é uma oportunidade, pela qual muito esperaram e que precisa ser bem aproveitada. Não é enchendo o jovem de presentes, dando a ele tudo o que quer e bem entende que se constrói um homem de bem. Deem a seus filhos, sim, tudo aquilo que for necessário, mas ensinem a eles também que existem seres carentes, em todos os níveis e sentidos, e que podemos ajudar os semelhantes. Ensinem que faz diferença qualquer atitude que possamos tomar nesse sentido e que um mundo melhor se constrói a partir de pequenos gestos de cada um de nós.

"Fazendo isso, desde cedo estarão fortalecendo seus filhos para o combate às tentações que surgirão deles mesmos, aos terríveis germes do orgulho e do egoísmo que todos trazemos dentro de nós. As tendências inferiores são raízes muito difíceis de serem extirpadas. E, se relaxamos, voltam a produzir para o mal, em tempo certo, assim como acontece com os vegetais venenosos esquecidos na terra.

"É uma lei do universo, não há como fugir disso. Cada um só colhe aquilo que planta. 'Não se colhem figos de espinheiros, nem caixas de uvas nas sarças', destacou Jesus, no Evangelho de Lucas 6,44. Conhece-se a árvore pelo fruto, diz o capítulo 21 do *Evangelho*. Tanto o fruto colhido quanto o plantio estão ligados ao nosso exemplo.

"Quantas vezes, mesmo sem o perceber, somos exemplos para aqueles que nos cercam? Às vezes para nossos filhos, para nossos vizinhos, para aqueles que trabalham na nossa casa, na mesma empresa ou no mesmo escritório, para aqueles que passam na rua e tantas vezes achamos que nem estão nos vendo, e até para desencarnados, que muitas vezes se colocam a nosso lado para observar como vamos agir.

"'O seu exemplo grita tão alto aos meus ouvidos que eu não consigo escutar o que você diz', li, certa vez, no consultório da pediatra do meu filho.

"Acima de tudo, é necessário que cuidemos de nós mesmos. Como é que eu vou dar um bom exemplo, como vou transparecer equilíbrio se eu sequer conheço as minhas próprias necessidades, as minhas fraquezas, os meus defeitos e os meus pontos que precisam ser modificados?

"De uma coisa, todos podem ter a certeza. Um filho valoriza muito mais um pai que se assume imperfeito, que o filho vê diariamente lutando para se melhorar, do que um pai que se finge possuidor de todas as qualidades, mas age diferente do que prega.

"Cuidemos, meus amigos, com muito carinho, do jardim que é cada um de nossos filhos, mas não nos esqueçamos jamais de que também somos um

368 | Lygia Barbiére

jardim e que também precisamos de cuidado e cultivo para que possamos nos refletir no outro de uma maneira positivamente significativa.

"Que a paz de Jesus nos ilumine a todos!"

Ao fim da palestra, uma senhora levantou-se discretamente da última fileira e deixou o salão antes mesmo da prece final e dos passes. Era Adalgisa, a mãe de Caian. A exposição a atingira de tal forma que ela sentiu urgência de ir embora dali. Embora não percebesse, não estava sozinha. Um trio de espíritos luminosos seguiu junto com ela.

Em suas poltronas, Thalita e Mag também choravam copiosamente, pensando, cada qual, nas sementes que tinham ainda dentro de casa, que, a essas alturas, já haviam se tornado pequenos arbustos. Mag pensava nas meninas, Thalita pensava em Samir e em Ramon.

Se, num primeiro momento, porém, foram levadas a uma tristeza muito grande por se sentirem ainda muito aquém do esperado, após o passe e a prece, foram se sentindo revigoradas como se uma jarra de esperança houvesse sido derramada dentro de cada uma delas.

– Quer saber de uma coisa? – disse Mag, entrando no carro, depois que elas se despediram de Rute e Miguel. – Você tinha toda razão. Amanhã mesmo eu vou procurar um psicólogo, vou dar novo rumo à minha vida. Eu quero ficar bem, tentar mais uma vez colocar minhas filhas de pé...

– E o Ramon? Sílvio teve mais alguma notícia? Conseguiu enviar a carta aos advogados de Jacarta, como pedi? – Thalita perguntou, enquanto se acomodava no banco do carona.

– Bem, Thalita, pelo pouco que conversamos, parece que esta semana ele finalmente conseguiu, sim. Mas desde já me adiantou que é inútil. É quase impossível uma pena de morte ser revogada na Indonésia... – ela ligou o carro.

– Ô, meu Deus... E pensar que a minha mãe criou sempre a gente com tanto cuidado... É verdade que ela nunca conseguiu fazer nada para obrigar o meu pai a parar de beber. Ainda assim, toda vida ela sempre nos criou com bons valores... Ramon é um menino bom, tem bons princípios, bons sentimentos... Será que existe alguma chance deles conseguirem enxergar isto? Teve, sim, o seu momento de deixar vir à tona a raiz ruim, mas tenho certeza de que o susto naturalmente cortou esse galho... – argumentou Thalita, triste.

– Não fica assim não. Dona Rute sempre me diz que Jesus conhece profundamente a cada um de nós. Lembra a mensagem que eles leram no princípio da palestra? Dizia que, antes de conhecermos o alheio mal que nos aflige, Ele conhecia o nosso e já sofria pelos nossos erros. Confie em Jesus, Thalita. Ele conhece melhor do que ninguém as nossas necessidades. Se achar que o Ramon aprendeu a lição e que vai ser bom para ele se livrar dessa pena, Ele vai encontrar um meio de fazer com que isto salte aos olhos de todas as pessoas.

Enquanto isso, em frente ao centro, cada qual na sua esquina, Pouca Telha e Pouca Tinta continuavam esperando por Mag.

– Alguma hora ela vai ter de sair daí. Ah, se vai! Ela tem que voltar para casa – reclamava Pouca Tinta.

– É claro que ela vai voltar para casa, idiota. Vai sair de lá agora mesmo, morrendo de preocupação com a família. Eu a hipnotizei para isso! Vai sair de lá chorando de tanto nervoso, você vai ver só!

A verdade, porém, era que Mag havia deixado o centro com uma vibração tão elevada que eles sequer perceberam quando passou por eles. Ainda discutiam sobre qual deles tinha efetivamente um poder maior sobre os pensamentos dela, quando subitamente se viram envolvidos por uma espécie de corda luminosa, um cordão fluídico e luminescente que esticava-se desde o interior do centro e ia até o outro lado da rua, de maneira a açambarcar as duas esquinas de uma só vez.

– Quem jogou esta corda de fogo em nós? – gritava Pouca Tinta.

– Tirem isto daqui imediatamente! – ordenava Pouca Telha.

— Você está tão silenciosa, mamãe. Parece preocupada com alguma coisa... – observou Miguel, quando chegavam em casa.

— Sabe com o que eu às vezes fico confusa, filho? Estou sempre no centro, trabalhando, fazendo caridade, estudando, me dedicando a leituras edificantes. No entanto, tem horas em que eu me sinto desequilibrar de tal forma que quase não me reconheço. Geralmente acontece quando alguma coisa toca muito profundamente a minha emoção, como sucedeu naquele dia em que vi o seu irmão naquele estado...

— Compreendo o que a senhora está dizendo, mamãe. Sinto que, muitas vezes, basta só eu ficar irritado para já começar a captar uma porção de pensamentos ruins, de ideias que normalmente eu não teria. Então eu preciso de uma força, uma vontade descomunal para afastar estes pensamentos da minha mente. Tenho que olhar de novo para o que me deixou com tanta raiva e me convencer de que nenhum acontecimento, por pior que seja, pode ter o poder de me desequilibrar.

— Entender que tudo é oportunidade que os orientadores espirituais nos oferecem para atingirmos o máximo de nossa condição evolutiva – complementou Rute.

Era interessante como haviam, sem perceber, se tornado mais próximos após a partida de Miguel. Tão grande era a afinidade entre os dois, naquele momento, que um completava o pensamento do outro como estudantes de uma mesma classe.

— A questão toda está no pensamento, mãe. Temos que aprender a equilibrar o nosso pensamento, escolher o que queremos deixar que passe pela nossa mente, aprender a deletar aquilo que é lixo. Quanto mais conseguirmos limpar, por assim dizer, os nossos pensamentos, mais força teremos para atrair para nós não só as conquistas materiais, mas sobretudo as companhias espirituais desejadas. Por tudo o que tenho lido, inclusive em termos de física quântica, percebo que, na mente humana, assim como na eletricidade, é preciso que mantenhamos um padrão constante de força para poder atuar sempre em condições de equilíbrio. O pensamento é como a eletricidade, mãe, a senhora já pensou nisso? A senhora observe, por exemplo, uma corrente elétrica ora forte, ora fraca, sempre oscilante, entrando em uma casa – comparou ele.

– Ia acabar queimando todos os aparelhos! – Rute deduziu de imediato.

– É mais ou menos o que acontece com a gente quando nos deixamos desequilibrar pelas emoções, pelos pensamentos desgovernados. O desgaste é tamanho que pode até danificar seriamente o aparelho físico. Veja, mãe, a diferença entre um rádio amador e uma antena FM. O rádio amador pega de tudo, até aviso da polícia, enquanto a antena FM só capta aquilo que está de acordo com uma determinada frequência. Quanto mais equilibrado o médium, mais constantes as vibrações por ele emitidas e maiores as possibilidades de ele entrar na faixa de frequência de inteligências mais iluminadas e evoluídas. Por isso eles recomendam aos médiuns tanto cuidado no controle das próprias emoções. Não é uma questão de engolir os sentimentos, mas de atingir um estado de paz, de não revolta, de compreender que tudo vem para o nosso crescimento... Nossa, mãe, é tudo tão filosófico e ao mesmo tempo tão físico...

Rute, porém, a essas alturas parecia longe dali. Era como se as palavras de Miguel houvessem acionado outro circuito dentro dela. Tinha todo o seu pensamento voltado para o mesmo trabalho que estava sendo realizado no centro, como se o espírito dela soubesse, no íntimo, que também tinha um trabalho a realizar naquela noite e, de alguma maneira, já se preparasse para isso. "Que toda a minha energia, Senhor, toda a minha força, toda a minha vontade possam ser utilizadas no auxílio a essas duas famílias, de Mag e de Thalita, tão necessitadas de amparo neste momento. Que todos os benfeitores espirituais possam ajudar a todos os seres em desequilíbrio ligados a essas famílias...", ela pensava consigo, sem se dar conta das vibrações que emitia, nem de seu extraordinário poder de alcance.

Longe dali, Pouca Telha e Pouca Tinta sentiam essas mesmas vibrações, que chegavam até eles mescladas naquele intenso halo de luz aquecida que os envolvia diante do centro. Lá dentro da construção física, uma equipe de médiuns reunida também orava, com intenso fervor, por todos os espíritos sofredores. É certo que não conheciam os trabalhadores encarnados os nomes de cada um deles. Contudo, cada vez que liam o nome de um dos encarnados deixado na caixinha de preces e irradiações, indiretamente atingiam também a todos os espíritos fortemente ligados a eles pelos laços obsessivos.

Aquela estranha teia fluídica era como uma fogueira luminosa, que irradiava tanto amor a ponto de fazê-los, ainda que por breves instantes, baquear em seus propósitos de ódio e vingança. E como alguém poderia odiar sentindo-se tão fortemente amado?

– Trata-se, na verdade, de uma corrente psicomagnética, um desdobramento conjunto da energia de todos os médiuns envolvidos, unidos e fortalecidos pelo poder da fé e do desejo de realmente ajudar a estes irmãos – Eustaquiano explicou a Leda, que acompanhava a cena do lado de fora do centro.

372 | LYGIA BARBIÉRE

Assim como os encarnados, os desencarnados incumbidos na realização de trabalhos temporários na Terra também costumam ir aos centros espíritas, onde sempre encontram uma grande concentração de energias salutares. Muitas vezes vão até lá apenas para acompanhar seus entes queridos, em outras, porém, vão em busca de forças para dar continuidade a suas tarefas. Leda estava ali pelas duas coisas. E também preocupada com aquelas duas entidades que diversas vezes vira ao lado do leito de seu ex-marido, sempre em trânsito pela família.

– Agora, quando voltarem para o 'velho posto' ao lado das criaturas a quem costumam perturbar, estarão mais receptivas aos apelos do bem – previu Eustaquiano.

– Por que eles insistem tanto em perturbar o meu Hermínio?

– Não é precisamente a Hermínio que se dirige a revolta dessas duas entidades – esclareceu Eustaquiano.

– Como não, se tantas vezes os vi junto a ele? – questionou Leda.

– Muitas vezes, assim como os encarnados, os espíritos que se encontram em meio às adversidades fazem amizades, trocam favores e até tornam-se cúmplices dos novos amigos conquistados. Às vezes, por mero interesse, outras, por identificação ou mesmo atendendo a velados objetivos de vingança. Existem ainda os casos em que, prisioneiros de suas fraquezas e culpas, acabam sendo escravizados por outros, que os incumbem de determinadas tarefas. O que quero dizer é que nem sempre o espírito que se aloja ao lado de um encarnado tem laços diretos com essa pessoa, embora o que possibilite a aproximação seja sempre a vibração do próprio encarnado, que cria a necessária afinidade para que o contato se estabeleça – detalhou o mentor.

– Tenho observado que, às vezes, um simples momento de raiva contida abre espaço para a aproximação – Leda comentou, um pouco triste por esta constatação.

– A querida irmã deve ter em mente que mesmo os sentimentos contidos criam ideias, formas-pensamentos que atuam como ímãs poderosos de forças afins.

No círculo fluídico que se formara em torno das duas entidades, observava-se justamente o contrário. Cercados pela amorosa vibração, as entidades, por breves instantes, não conseguiam fixar a mente nos pensamentos de ódio e vingança habituais. Era a força do pensamento dos que oravam por eles que os imantava. Não que conseguissem exteriorizar, com isso, pensamentos do mesmo teor. Estavam como que paralisados, tal qual a criança que se deixa envolver pelo abraço.

– Você acredita que ainda esta noite poderão concordar em mudar de ideia? Mas quem fará este trabalho? – quis saber Leda.

– Não se fixe tanto nos períodos de tempo dos encarnados. O mais importante é que o processo já começou – lembrou Eustaquiano.

A Ferro e Flores | 373

Rumaram então para o apartamento de Mag, seguindo os apelos mentais de Maria.

– A situação está bem difícil. Estou levando Mag daqui – informou Maria, logo que eles chegaram.

Mag, desdobrada de seu corpo físico, estava chorando em um canto da sala, ainda assustada com o que acabara de ver.

– Venha, querida! – chamou Maria.

– Não posso deixá-lo aqui sozinho nesta situação! – resistiu Mag.

– O melhor que você pode fazer por ele, neste momento, é ajudá-lo com suas orações. Você não tem condições de interferir de outra forma, seria até perigoso para você se tentasse. Não se preocupe, sua tia veio também para ajudar no que for possível – anunciou Maria.

Mag trocou então um olhar profundo de carinho e gratidão com Leda e retirou-se da casa, amparada por Maria.

– E Ana Patrícia? E Ana Teresa? – Leda perguntou, quando saíram.

– Também já se encontram devidamente refugiadas em nosso plano, recebendo lições de aprendizado – informou Eustaquiano. – Vamos?

Leda estava assustada. Pelas vibrações do ambiente, dava para perceber que algo de grave acontecia lá dentro. Entraram no quarto do casal e encontraram Pouca Tinta e Pouca Telha de chicote em punho, ameaçando Sílvio em espírito, enquanto Hefesto, com o olhar distante e superior, cuidava de sua fogueira de sempre.

– Meu Deus! Você não disse que eles iriam ficar mais suscetíveis ao bem depois de submetidos às tais correntes psicomagnética? – espantou-se Leda.

– Observe e verá que eles estão regredidos, agem como se ainda vivessem num tempo passado que motivou toda a discórdia atual – esclareceu Eustaquiano. – Tome muito cuidado para não se envolver emocionalmente – ele recomendou mais uma vez. – Todo o trabalho pode ser atrapalhado se eles nos virem aqui.

– Arreda, vamos! – gritava Pouca Tinta, estalando o chicote.

– E então, já decidiu como deseja a sua condenação? – complementou Pouca Telha.

Sílvio estava assustado, ainda levemente confuso pelo efeito do álcool que ingerira antes de deitar-se.

– Ainda não entendi... Quem são vocês? Por que me perseguem? – ele perguntava, tentando caminhar para trás, em sentido contrário ao que eles o estavam empurrando. – Foi alguma causa que eu perdi e vocês se prejudicaram com isto? – tentou deduzir.

– A causa da sua vida! – respondeu Pouca Telha.

– A causa da nossa vida, que você destruiu levianamente – complementou Pouca Tinta. – Aliás, aprendi com você esta palavra... Levianamente! Não é bonita?

Sílvio sem querer, ia sendo obrigado a caminhar para cada vez mais próximo da fogueira. Ouvia-se o estalar do fogo, como se todo o quarto estivesse em chamas.

Hefesto saiu do quarto, como se nada estivesse acontecendo, deixando a fogueira acesa.

– Não estou entendendo... Juro que não estou entendendo... – dizia Sílvio, curvando o corpo para tentar recuar do fogo.

– O doutor gosta de palavras difíceis, não é mesmo? – continuou Pouca Tinta. – Levianamente... – ele repetiu com prazer.

– Faz muito tempo que nós o observamos. Sabemos tudo sobre você – acrescentou Pouca Telha. – Até mesmo sobre aquela moça grávida, que você está fazendo o possível para conseguir demitir de uma empresa por "justa causa", não é assim que vocês falam?

– Pois nós também estamos aqui por "justa causa" – declarou Pouca Tinta. – E não vamos sossegar até destruir toda a sua vida, toda a sua família, do mesmo jeitinho como você fez conosco...

– Não me lembro nunca de ele ter se preocupado com a nossa família. Você se lembra? – perguntou Pouca Telha, estalando o chicote.

– Senhores, eu não estou entendendo, juro que não estou conseguin...

– Pois então nós vamos avivar a sua memória! – gritou Pouca Telha.

– Reaquecer seria a palavra mais correta! – ironizou Pouca Tinta. – O doutor está precisando de um reaquecimento global para entender melhor a situação!

Os dois começaram a gargalhar nervosamente. Em instantes, uma série de cenas começou a se projetar no meio da fogueira, como que refletida da mente daquelas duas entidades em desequilíbrio.

Uma grande fazenda produtora de cana-de-açúcar. O senhor do engenho é um homem altivo, bravo, impiedoso, sempre de botas escuras. Ele está empolgado porque acaba de comprar uma escrava recém-chegada da África. Ela mal fala o português, ainda impregnada pelos dialetos de sua tribo. É uma jovem negra muito bonita, diferente das outras escravas. Tem a pele cor de jambo, em vez de marrom, e os olhos muito verdes. Chama-se Kaïssa.

O homem de botas está louco por ela. Ele convoca dois escravos, de sua inteira confiança: Zambu e Raouí. Pelo olhar das entidades perturbadas, dá para perceber que Zambu e Raouí são eles em sua última existência. O homem de botas ordena que Kaïssa seja guardada em um compartimento especial da senzala. Não pode sair e nem ser vista por ninguém; é propriedade exclusiva dele, dono da fazenda, que quer ter o prazer de seduzi-la pela primeira vez. Sua mulher está de partida para a capital, ele próprio irá levá-la até lá para cuidar pessoalmente de alguns negócios. Na volta, quer encontrar Kaïssa à sua espera, pronta para recebê-lo.

O homem de botas é um homem muito rico e poderoso. Começou produzindo açúcar, mas, tão logo o açúcar começou a entrar em crise no mercado mundial, achou um meio de manter-se em alta nos negócios, passando a produzir "vinho de mel" ou jeribita, como era popularmente conhecida a cachaça na época.

Fazia já algum tempo que a bebida fora descoberta no Brasil por negligência de escravos, que, cansados de tanto mexer um tacho de melado, acabaram deixando-o desandar. Com medo da reação do feitor, esconderam o tacho. Durante a noite, o melado fermentou. No dia seguinte, para que o erro não fosse descoberto, acrescentaram melado novo ao velho, colocaram o tacho no fogo e começaram a mexer. O álcool do melado azedo logo começou a evaporar e suas gotas, em contato com o teto frio, condensavam e caíam sobre as costas dos negros, provocando ardência nas feridas das chibatadas. Daí surgiram os nomes 'aguardente' e 'pinga', que logo descobririam ter também outras propriedades. Se a princípio era bebida de escravos, logo se introduziria nas mesas dos senhores de engenho, como também nas casas portuguesas.

Zambu e Raouí conheciam bem os segredos de fabricação de cachaça quando chegaram às terras do homem de botas. Em pouco tempo, o senhor de engenho tornou-se um grande produtor de cachaça, embora no governo continue registrado apenas como um produtor de açúcar, e recebendo, com isso, toda uma série de incentivos de produção que facilitam ainda mais os seus negócios escusos.

Se, todavia, por um lado, o aprimoramento da produção de cachaças já alcançou relativa importância econômica no Brasil Colônia, a fabricação do produto acaba de ser proibida pela metrópole portuguesa, que não quer concorrência para a aguardente metropolitana que eles já fabricam com sucesso. É justamente sobre isto que o dono da fazenda precisa ir conversar na capital. Ele e outros senhores de engenho, comerciantes e destiladores querem encontrar estratégias para driblar a proibição.

O homem de botas é apaixonado pelo processo de fabricação de cachaças. Seu sonho é produzir a melhor bebida destilada nacional para vendê-la ao mundo todo. Mas nem por um minuto se lembra de que foram Zambu e Raouí que o ensinaram a fabricar as primeiras garrafas.

Todos trabalham muito na fazenda do homem de botas. Um trabalho duro, exaustivo, desumano. Não bastassem as agruras da colheita, muitas crianças e adolescentes, filhos de escravos, são utilizados para mexer o melado no fogo e até mesmo para provar o ponto ideal da bebida.

O homem de botas tem dois filhos. O mais novo deles é quem cuida pessoalmente de todo o trabalho, tem costume de dar cachaça aos escravos na primeira refeição do dia a fim de que consigam suportar melhor a peleja nos canaviais.

O mais velho não quer saber muito de trabalho, só está preocupado em gastar à vontade a fortuna do pai. Vive viajando pelo mundo, nem é lá um grande apreciador de cachaça, prefere a cerveja europeia. Sílvio se sentiu estranho quando viu na fogueira as imagens do rapaz.

A história, contudo, continuava a ser projetada pelas lembranças daquelas duas entidades sofredoras como se fosse uma película de cinema que emitia suas imagens ao ser queimada pela fogueira.

Coincidiu de o filho mais velho chegar justamente no dia em que o pai viajou. Zambu e Raouí andam fazendo de tudo para ganhar também algumas intimidades com a escrava Kaïssa. Naquela tarde, aproveitando a ausência do patrão, deixaram até que ela saísse para tomar um banho de cachoeira. Queriam mesmo era espreitá-la durante o banho. Só que o filho mais velho também se encantou com ela na cachoeira e, ali mesmo, no meio do mato, ele a seduziu diante dos dois escravos apalermados.

Zambu e Raouí sentiram muita raiva, mas não puderam fazer nada. Quando o homem de botas voltou e ficou sabendo, não se sabe por quem, que a jovem já havia se deitado com outro homem, ficou alucinado. Chamou Zambu e Raouí e deu o prazo de um dia para que trouxessem diante dele o culpado para ser castigado na frente de todos.

O filho mais novo ficou sabendo de tudo e resolveu ajudar o irmão. Nesse meio tempo, o pai foi chamado às pressas para outra reunião com os senhores de engenho, acabou entregando o caso na mão dos filhos para que o vingassem. Os dois tramaram juntos um plano para se divertirem. Deram muita cachaça a Zambu e Raouí, depois o filho mais novo os chamou, cada qual isoladamente, e perguntou a eles o que achavam que deveria se fazer com o verdadeiro culpado quando ele fosse descoberto. Zambu e Raouí, bêbados, pensando que o filho mais novo não conhecesse a verdade, criaram, cada qual a sua sentença punitiva:

– A dor que dói mais vem dos dentes. Acho que tinha que arrancar todos os dentes dele, um por um, sem dó nem piedade! – disse Zambu.

– Eu acho que não existe coisa pior do que queimar uma pessoa viva. Joga na fogueira até não aguentar mais de dor! – determinou Raouí.

Mal sabiam eles que, naquele momento, estavam criando a própria sentença. Neste ponto da história, porém, ouviu-se uma terceira voz. Uma voz de mulher que havia adentrado o quarto e que nenhum deles conseguia visualizar onde estava. Apenas Eustaquiano e Leda puderam ver que se tratava de uma escrava da antiga fazenda, muito parecida com Maria. Havia algo nela, contudo, que fez Leda pensar que talvez não fosse Maria, mas talvez alguém conhecido, que naquele momento exato não conseguia vislumbrar quem poderia ser. Será que era por estar diferente da Maria atual com cuja figura ela já estava acostumada?

– Acontece, porém, que nem Raouí e nem Zambu ficaram sabendo da verdade, quando, no dia seguinte, os dois foram chamados e condenados à pena que cada qual havia escolhido para o outro – disse ela. Ficaram sabendo apenas que um havia denunciado o outro, mas isto não era senão mais uma mentira que os dois irmãos inventaram. Contudo, como é que Raouí e Zambu iam se lembrar exatamente do que disseram se estavam completamente bêbados?

Pouca Tinta e Pouca Telha se entreolharam chocados.

– Então não foi ele? – perguntaram ao mesmo tempo.

As cenas na fogueira mostraram então os dois sendo punidos exemplarmente diante de todos os escravos da fazenda. Raouí perdeu todos os dentes e Zambu foi queimado em uma fogueira como aquela. Desencarnaram os dois de tanta dor antes que terminasse o sacrifício programado.

– Não estou entendendo – Leda cochichou ao ouvido de Eustaquiano. – O tempo todo imaginava, pelo olhar, pelo jeito dos personagens mostrados, que Zambu fosse Pouca Telha e Raouí fosse Pouca Tinta, mas parece que é justamente o contrário!

– Não, Leda. Tudo é exatamente como você imaginou a princípio. A questão é que todo o mal que desejamos aos outros fica gravado em nós. A marca fica gravada em nossa consciência, que é a voz de Deus dentro de nós. Por isso, mesmo quando não reconhecemos o erro, ele se reflete em nossa configuração espiritual, gerando muitas vezes compromissos cármicos, que perduram até conseguirmos criar uma nova imagem mental através de novos pensamentos e de novas atitudes. Zambu ficou com o corpo espiritual desprovido de dentes porque foi este o mal que desejou ver executado em outra pessoa e sua consciência nunca o perdoou por isto. Raouí morreu por hemorragia na boca, ao ser cruelmente desdentado, mas o que mais fortemente ficou marcado nele foi a sentença que determinou ao outro, tendo se invertido assim os aspectos e os apelidos no mundo espiritual onde foram recebidos.

– Mas então quem executou, ou melhor, quem deu a ordem para que a sentença fosse executada não deveria ter ficado também danificado? – estranhou Leda.

– Não tendo sido o idealizador do castigo, e nem o executor, não se sente por ele diretamente molestado. Contudo, estes irmãos sofredores só continuam tendo acesso à consciência de Sílvio porque esta se encontra ainda imantada às consequências de seus erros do passado – explicou Eustaquiano.

– Então ele era o filho mais velho? E o outro, quem era?

Nesse momento, o fogo subitamente se apagou e tanto Pouca Telha quanto Pouca Tinta entraram em pranto compulsivo.

– Eu tenho muita raiva... Muita raiva dele por ter feito isto conosco! – dizia Raouí.

A voz, contudo, expressava muito mais dor do que raiva.

– Só me conforta o fato de o outro já ter tido o que merecia. Com toda a certeza, a essas alturas já está de novo vagando por aí, tão estropiado quanto nós. Afinal, se ele nos fez dependentes, acabou se tornando muito mais dependente do que nós... – considerou Zambu.

– Vocês já se deram conta de que, a cada vez que recordam todo esse sofrimento, vocês o experimentam de novo? Até quando vão continuar nessa vingança que só machuca cada vez mais a vocês mesmos? – perguntou a escrava, aproximando-se devagar.

Leda e Eustaquiano olharam para ela e desta vez viram Rute, com seu *Evangelho* nas mãos.

378 | LYGIA BARBIÉRE

– Dá muita raiva! – argumentou Pouca Tinta, ainda chorando.

– E vocês acham que o outro, o que desencarnou sob a influência de vocês, também não vai sentir muita raiva quando descobrir a verdade? Até quando pretendem prolongar este ciclo de dor e vingança?

– Estou mesmo já cansado de tudo isso! Entediado mesmo... – admitiu Pouca Telha. – Agora, então, que descobri que não foi ele... – apontou para Pouca Tinta. – Parece que metade da minha raiva se evaporou... É, não sinto mais tanta raiva dele... Acho que só inventamos um castigo tão horrível porque estávamos com raiva na hora... Não queríamos isso um para o outro, queríamos para ele – disse apontando para Sílvio.

Sílvio olhava para eles boquiaberto, em completo estado de choque. Estava muito confuso, não conseguia achar o que dizer.

– Dele continuamos a sentir muita raiva!

– Mas vocês não podem continuar prejudicando toda uma família em nome dessa raiva! Tem muita gente que não tem nada com isso e está sofrendo muito por causa de vocês – Leda não conseguiu se conter.

Eustaquiano olhou para ela, apreensivo, mas era tarde. Ela já havia se manifestado no campo vibratório deles, que agora podiam vê-la nitidamente.

– Quem é você para achar ou deixar de achar? – irritou-se Pouca Tinta.

– Ora, se não me engano é a mulher do bêbado do outro lado... A que morreu de mágoa... – lembrou Pouca Tinta.

– E ainda vêm dizer para nós o que é bom ou o que deixa de ser!

Sílvio deixou-se desabar na cadeira, muito deprimido.

– Eu não fiz isso... Eu não queria fazer isso... Preciso de um trago!

– Sílvio, a bebida não vai mudar nada na sua vida! É ela que os mantém preso a você! Mude suas atitudes! – interferiu Leda, cada vez mais atabalhoada.

Rute e Eustaquiano se olharam.

– Morri de mágoa, sim. E sofri muito por isso! – Leda disse para as entidades. – Mas, pelo menos, estou aqui agora, tentando ajudar aos que me magoaram, ao passo que vocês ainda continuam afundados nas próprias culpas e mágoas, criando problemas para pessoas que não têm nada com isto, como é o caso da pobre da minha sobrinha!

– E quem disse a você que ela não tem nada com isso, hein? – rebateu Pouca Tinta.

– Ela sabia de tudo e não disse nada! Foi cúmplice e até gostou! – acrescentou Pouca Telha.

– Até se casou com ele! – Pouca Tinta fez questão de grifar.

Nesse momento, o quarto foi invadido pela voz de Mag em oração:

"Deus clemente e misericordioso, que a tua bondade se estenda por sobre todos os espíritos que se recomendam às nossas preces e particularmente sobre a alma dos perseguidores de Sílvio".

Rute e Eustaquiano se concentraram, tentando potencializar a força daquela prece que parecia agora reverberar por todo o quarto.

"Bons espíritos, que tendes por única ocupação fazer o bem, intercedei comigo pelo alívio deles. Fazei que lhes brilhe diante dos olhos um raio de esperança e que a luz divina os esclareça acerca das imperfeições que os conservam ainda distantes da morada dos bem-aventurados".

À medida que ela falava, novas imagens iam aparecendo no ambiente, e não mais na fogueira, por entre as chamas. Imagens que mostravam toda uma série de enganos e imprecauções cometidos por Zambu e Raouí desde o momento de seu desencarne. Como o antigo feitor, haviam também eles incentivado muita gente a se alcoolizar e a cometer atos impensados nesse estado.

"Abri-lhes o coração ao arrependimento e ao desejo de se depurarem, para que se lhes acelere o adiantamento. Fazei-lhes compreender que, por seus esforços, podem eles encurtar a duração de suas provas".

– É a voz de Kaïssa – observou Pouca Tinta.

– Ela está orando por nós! Não pode ser! Ela sempre nos odiou! – garantiu Pouca Telha.

– É ela sim, eu tenho certeza! – insistiu Pouca Tinta.

"Que Deus, em sua bondade, lhes dê a força de perseverarem nas boas resoluções! Possam estas palavras repassadas de benevolência suavizar-lhes as penas, mostrando-lhes que há na Terra seres que deles se compadecem e lhes desejam toda a felicidade."[24]

Fez-se um profundo silêncio no quarto. Leda novamente desapareceu aos olhos deles, o fogo da fogueira ficou muito baixo. Eustaquiano se fez visível e amorosamente aproximou-se dos dois:

– Venham! Já é tempo de descansarem de tanta mágoa! – convidou.

Pouca Telha e Pouca Tinta, porém, olharam para a poltrona onde estava Sílvio e perceberam que ele havia sumido dali.

– Nunca! – disse Pouca Telha.

– Nunca antes de terminarmos a nossa vingança – garantiu Pouca Tinta.

---

[24] Oração pelas almas sofredoras que pedem preces. *In*: Kardec, Allan. *O evangelho segundo o espiritismo*. Rio de Janeiro, FEB, 118ª ed., cap. 28, item 65.

– Mas por que é que a gente sempre passa pelas coisas que fez os outros passarem, mesmo depois de já ter se arrependido? – uma jovem perguntou.

– Assim como vem acontecendo com cada um de vocês – elucidou o professor da classe –, sempre que o espírito volta à vida maior, diante dos olhos se lhe estende toda a vida pretérita. Vê então as faltas que cometeu e que deram causa ao seu sofrer, assim como de que modo as teria evitado. Reconhece justa a situação em que se acha e busca então uma existência capaz de reparar a que transcorreu. Escolhe provas análogas às de que não soube aproveitar ou as lutas que considere apropriadas ao seu adiantamento. Neste sentido, é muito comum que peça para passar pelo que fez os outros passarem a fim de que, sentindo na própria pele o que aos outros causou, consiga verdadeiramente extirpar de si próprio as tendências que o levaram àquele erro.[25]

Sentado em uma das primeiras carteiras, Pedro acompanhava a exposição com ar pensativo.

– Quer dizer então que, revivendo aquele fato em outra posição, o espírito consegue compreender onde foi que ele errou? – ponderou ele.

– É uma questão de dilatação da capacidade de compreensão. É muito mais fácil percebermos o erro no outro. Na posição dele, contudo, muitas vezes tendemos a agir da mesma forma, mas só compreendemos isso quando acontece com a gente – esclareceu o professor. – A experiência encarnada, com todos os seus percalços, com todas as pessoas e dificuldades que cruzam o nosso caminho, tudo isto funciona como uma banca examinadora a aferir aquilo que já sabemos das lições que necessitamos saber para o nosso efetivo crescimento espiritual – detalhou.

– Mas, professor Sílio, porque diz no *Evangelho* que a criatura é sempre punida por aquilo em que pecou? – quis saber outra aluna.

Era um homem jovem e sempre muito bem-humorado, gostava de andar de terno e gravata, carregando uma pasta onde trazia sempre muitos livros e uma pequena maquininha que usualmente consultava. Era uma espécie de agenda eletrônica supermoderna. Continha dados, anotações pessoais; quando necessá-

---

[25] Cf. *O livro dos espíritos*, op. cit., parte 2ª, cap. VII, perg. 399.

rio, conectava-se à grande biblioteca da colônia, dando acesso ao conteúdo dos livros buscados. Os alunos ficavam sempre maravilhados quando Sílio a utilizava.

– A palavra "punida" no texto não tem o sentido de castigada como usualmente se entende esta expressão, mas justamente o de aprendizado – ele respondeu, depois de fazer algumas consultas. 'Punir' vem do arcaico punar, que deu origem ao latim *pugnare*, que quer dizer bater-se moralmente por alguma coisa, esforçar-se. E também: tomar parte em luta, combater, brigar pelejar, lutar. Ou ainda: tomar a defesa de. O advogado pugna os direitos de seu constituinte – exemplificou. – Ou seja – continuou ele –, não tem nada a ver com castigo no sentido católico do termo. Mas também não é uma coisa fácil. É facultado à alma experimentar a situação que fez o outro sofrer para que melhor avalie posições e atitudes. É uma luta interna onde o espírito se sente impelido a modificar-se moralmente – esmiuçou o professor.

– Para que aconteça esta luta interna é preciso que a pessoa reviva igualzinho o que aconteceu antes, só que em papéis trocados? – insistiu a aluna.

– Não, não necessariamente nas mesmas condições. Não existe esta regra. Veja, neste mesmo trecho do *Evangelho* que vocês citaram, diz: "Se, portanto, alguém sofre o tormento da perda da vista, é que esta lhe foi causa de queda. Talvez tenha sido também causa de que outro perdesse a vista; de que alguém haja perdido a vista em consequência do excesso de trabalho que aquele lhe impôs, ou de maus-tratos, de falta de cuidados etc."[26] Prestem atenção que ele não diz "com certeza", mas "talvez". Na verdade, o importante não é a criatura sofrer porque fez o outro sofrer, mas fazê-la aprender a lição contida naquele sofrimento, fortalecer a sua decisão de não mais recair no mesmo erro, a compreensão do por que aquilo foi um erro – ele detalhou com entusiasmo.

– Então, todas as provas servem para ver até que ponto a pessoa aprendeu? – deduziu Pedro.

– Sim, todas as provas escolhidas por um espírito, ou mesmo as que são a ele impostas, têm sempre o intuito principal de consolidar o aprendizado, fazendo-o adiantar-se quando delas triunfa.

Ele abriu *O livro dos espíritos*, de forma a projetá-lo diante dos alunos, e leu um trecho assinalado: – "Assim, o orgulhoso será punido no seu orgulho, mediante a humilhação de uma existência subalterna; o mau rico, o avarento, pela miséria; o que foi cruel para o outros, pelas crueldades que sofrerá; o tirano, pela escravidão; o mau-filho, pela ingratidão de seus filhos; o preguiçoso por um trabalho forçado, etc."[27]

– Mas isto é uma lei irrevogável? Está certo, a pessoa desce com esse planejamento. Mas será que, na Terra, de acordo com as atitudes dela, esse planejamento não pode ser modificado? – quis saber outra jovem.

---

[26] *O evangelho segundo o espiritismo*. Op. cit., cap. VIII, item 21.

[27] Cf. o mesmo trecho citado na nota 25.

382 | Lygia Barbiére

– Muitas e muitas vezes – sorriu o professor. – Afinal, Deus é acima de tudo bom e misericordioso. O espírito precisa ser testado em suas boas resoluções. Contudo, quando dá mostras, através de seu próprio livre-arbítrio, das evoluções já consolidadas em seu ser, a prova muitas vezes é suspensa ou então reduzida a um mínimo necessário. É o caso, por exemplo, de um homem que, em vidas pregressas, fez com que fosse cortada a perna de um escravo, para que não mais voltasse a fugir. Reencarnado, ajudou muitas pessoas em vários sentidos, chegou a associar-se a uma instituição de apoio a deficientes físicos, destinando-lhe, durante um bom período de tempo, parte dos lucros de seu estabelecimento comercial para ajudar na compra de cadeiras de rodas e outros aparelhos. Este homem, que tinha, como vocês gostam de dizer, 'descido' com uma previsão de perder a perna aos trinta e poucos anos de idade, perdeu-a apenas uma hora antes de seu desencarne.

– Mas ele poderia não ter perdido a perna? – quis saber a jovem.

– Talvez – refletiu o mestre.

– E se, em vez de ter destinado apenas o dinheiro, ele tivesse se dedicado pessoalmente a ajudar pessoas com deficiências físicas a tentar voltar a andar, como um voluntário ou coisa assim? – aventou Pedro.

– É possível, sim, que tivesse com isto eliminado até a prova. A noção importante que vocês precisam adquirir é que, como dizia o apóstolo Pedro, um ato de amor cobre uma multidão de pecados.[28] Tudo pode ser modificado quando a criatura aprende e consegue demonstrar, na prática, que é capaz de amar verdadeiramente a seu próximo. Vejam só o que diz aqui no livro *O céu e o inferno*, a respeito das penas futuras – ele apertou alguns botões e projetou novo conteúdo:

"Pela natureza dos sofrimentos e vicissitudes da vida corpórea, pode julgar--se a natureza das faltas cometidas em anterior existência, e das imperfeições que as originaram. [...]

"A duração da punição depende da melhoria do espírito culpado. Nenhuma condenação por tempo determinado lhe é prescrita. O que Deus exige por termo de sofrimentos é um melhoramento sério, efetivo, sincero, de volta ao bem.

"Deste modo, o espírito é sempre o árbitro da própria sorte, podendo prolongar os sofrimentos pela pertinácia no mal, ou suavizá-los e anulá-los pela prática do bem. [...]

Ora, Deus, que é justo, só pune o mal *enquanto* existe, e deixa de o punir *quando* não existe mais."[29]

O sinal tocou exatamente no minuto em que Sílio acabou de ler o texto para os alunos. Era uma escola muito semelhante às da Terra, com sinal e tudo, embora tecnologicamente bem mais moderna. Muitas turmas eram agrupadas por

---

[28] I Pedro 4,8.

[29] *In*: Kardec, Allan. *O céu e o inferno*. Rio de Janeiro, FEB, 33ª ed., 1ª parte, cap. VII, p. 92, itens 10 a 13.

faixa etária, outras eram mais misturadas, como as escolas noturnas dos encarnados. O clima, no entanto, era sempre muito agradável. Ninguém estava ali obrigado ou porque ambicionasse algo, como os jovens que fazem faculdade só para conseguir um emprego, sem qualquer vocação para a carreira. Todos ali queriam verdadeiramente estudar, aprimorar-se, aprender. Era esse o principal requisito para poder entrar para aquela escola.

Pedro estudava o tempo todo. Na parte da manhã participava de uma terapia de autoconhecimento, onde tinha acesso, através de pequenas unidades semelhantes a CDS acopláveis a modernos e portáteis computadores similares aos *laptops* da Terra, porém dobráveis até o tamanho de um porta-níqueis, a toda uma série de imagens referentes a suas últimas existências.

Analisando este material, descobrira que, ao longo de várias vidas pregressas fora ele um alcoolista inveterado. E também que, em sua última existência antes daquela, fora ele o condutor alcoolizado que sacrificara as vidas que o acompanhavam no mesmo veículo. Por isto, aquela aula mexera tanto com ele. Na verdade, mesmo de posse de todas estas informações, ainda não conseguira ter a certeza de que realmente fizera a coisa certa na noite de seu desencarne ao lado de Caian.

Norine vinha sempre visitá-lo, mas não passava mais a maior parte do tempo a seu lado. Pedro ressentia-se muito da falta de sua energia. Só agora percebia o quanto ela usualmente o influenciava com seus pensamentos. Sentia mesmo que havia se tornado uma pessoa muito mais taciturna sem a irradiante companhia dela.

Estava, contudo, bem mais tranquilo com relação a tudo. Compreendia, agora, que todas as coisas podem ser aproveitadas para o crescimento espiritual, que, mesmo que houvesse fracassado ou deixado de cumprir alguma coisa na existência que ora avaliava, teria a eternidade inteira para reconstruí-la em sua história evolutiva. Foi esta, aliás, uma das primeiras percepções positivas de Pedro no mundo espiritual: extinguira-se o conceito de pressa no coração dele. Tudo tinha o seu tempo e a cada dia mais isto ficava claro em sua mente.

Estava escrevendo sobre estas coisas no seu computador, conforme lhe havia sido recomendado por Norine, quando, de repente, percebeu, pela vibração que havia alguém a seu lado. Era Eustaquiano. Antes mesmo de virar-se, Pedro já tinha certeza de que era ele.

Pedro já o conhecia como um dos mentores daquela colônia, coordenador do grupo Feupanon, formado pelos familiares, ex-usuários e protetores anônimos. Sabia também ter sido ele um dos membros deste grupo, antes de voltar a reencarnar. Mas ainda não havia voltado a participar de nenhuma reunião. A bem da verdade, passara um bom tempo recuperando as energias perdidas em sua aventura na Terra; só agora obtivera de novo a oportunidade de retomar seus estudos no mundo espiritual e exultava por isso.

– Vim fazer-lhe um convite – disse Eustaquiano, depois de abraçá-lo.

– Um convite? – Pedro mostrou-se surpreso.

– Esta noite faremos uma reunião especial do grupo Feupanon para dar as boas-vindas aos recém-chegados, possivelmente até traçar algum plano de ação conjunta... Como sabe, temos muitos amigos queridos na Terra necessitando de auxílio neste momento – explicou Eustaquiano.

– Um plano de ação? – animou-se Pedro. – Quer dizer que vamos poder ajudar aos encarnados?

– Não disse que vamos todos descer. Falei apenas em um plano de ação – esclareceu Eustaquiano.

Naquela noite, Pedro sentiu uma emoção muito forte no momento em que entrou no salão onde estavam reunidos alguns dos membros do Feupanon. Era uma sensação estranha, porque, ao mesmo tempo em que ele não conhecia ninguém, além de Eustaquiano, que sempre o visitava, sentia uma euforia muito grande, como se já conhecesse todas aquelas pessoas e gostasse muito delas.

Era um salão muito simples. Na parede havia um quadro de flores campestres e outro com a palavra 'COMPREENSÃO', em letras grandes e douradas. O chão era de um material que lembrava tábua corrida, de uma espécie de pátina branca puxada para o lilás. Havia ali cerca de vinte pessoas de idades variadas, nenhuma criança, sentados em círculo.

Todos eles pareciam de alguma maneira marcados por experiências recentes com relação ao álcool. Todos eram abstêmios totais, não-usuários há pelo menos uma existência. Alguns ainda carregavam sequelas, como a mulher que ainda mantinha os vestígios da traqueostomia que fora obrigada a fazer pouco antes de desencarnar.

O mais curioso era que, mesmo não tendo bebido uma só gota de álcool durante a última existência, todos haviam desencarnado por razões sempre ligadas ao uso remoto da bebida, demonstrando que o órgão espiritual pode permanecer lesado por muito mais tempo do que se imagina. Pedro observou isto porque, logo no primeiro momento da reunião, cada qual se apresentou ao grupo pelo nome e disse também o seu motivo de desencarne:

– Cléber; câncer no fígado.

– Anália; hepatite.

– Bianca; doença de Crown.

– Julieta; insuficiência hepática.

– Bernardo; pancreatite.

– Anderson; cirrose biliar.

– Lourenço; glicogenose.

– Patrícia; hemocromatose associada à cirrose.

– Marianne; doença de Wilson.

Pedro foi o único que ficou confuso na hora de dizer o porquê de seu desencarne.

– É... acho que foi falência múltipla dos órgãos; não sei direito... – confundiu-se.

A lista de doenças era interminável, a mais comum era a cirrose, com causas diversas, jamais pelo uso de álcool. Havia os que a adquiriram em transfusões de sangue, outros que haviam apresentado fígado gorduroso sem nenhuma razão aparente, tendo a doença se desenvolvido mesmo a despeito de todos os cuidados e dietas. Lesões no fígado, no intestino, no estômago, na garganta, no coração, em todos os órgãos passíveis de ser afetados pelo uso contínuo de álcool. Quase todos, além das dificuldades com a doença, foram obrigados a conviver com parentes e amigos próximos etilistas, com os quais até aquele momento se preocupavam. Pedro saiu um pouco do ar, refletindo sobre as peculiaridades das situações que iam sendo narradas.

– Reuni todos vocês aqui hoje, em primeiro lugar, para saudar o Pedro e a Mariane, que estão voltando a conviver novamente com o grupo.

– Oi, Pedro!

– Oi, Mariane! – todos disseram, quase ao mesmo tempo.

– É... é... oi! – respondeu Pedro, novamente sem graça, subitamente despertado de seu devaneio.

– Em segundo lugar – continuou Eustaquiano –, convoquei vocês aqui, porque, como sabem, temos uma equipe nossa em tarefa socorrista na Terra, formada também pelo Sati e pelo Serginho aqui presentes, e esta equipe está enfrentando uma imensa dificuldade neste momento por causa de alguns irmãozinhos obsessores que não estão conseguindo, de jeito nenhum, se afastar dos encarnados envolvidos. Ou vice-versa... – ele brincou. – O fato é que, ainda esta noite, vou estar em reunião com o grupo dos maiores de nossa colônia para discutirmos o assunto, e gostaria de levar comigo algumas sugestões de nosso grupo.

Houve certo burburinho entre os membros do grupo. Deu para notar que ficaram um tanto quanto preocupados com a responsabilidade.

– É claro que eu tenho consciência da inexperiência da maioria de vocês nestes assuntos – esclareceu Eustaquiano, percebendo a insegurança do grupo. – Vale mais como um exercício de trabalho conjunto. Contudo, também não descarto a possibilidade de grandes ideias surgirem deste contato. Afinal, embora não tenham uma vasta experiência como socorristas espirituais, todos vocês já viveram situações similares às que nossos amigos estão vivendo na Terra – lembrou o mentor.

Dividiram-se então em núcleos de quatro ou cinco pessoas cada e puseram-se a debater o assunto. Ao fim de um largo tempo, depois de várias consultas aos computadores pessoais, o grupo todo discutiu junto as principais sugestões encontradas e acabaram optando pelas de Marianne e Bernardo para que fossem levadas por Eustaquiano:

– Lembrei do caso de um preso que sequestrou uma família em São Paulo e manteve uma mãe e três crianças reféns durante dias na própria casa deles. Ele

386 | Lygia Barbiére

só cedeu no momento em que a polícia levou até a porta uma senhora muito velhinha que vinha a ser avó dele. O bandido se comoveu de tal forma que deixou a casa chorando... Penso então que seria bom encontrar alguém na família por quem o obsessor tivesse um afeto muito grande – disse Mariane.

– Mas, pelo que pude ver quando estive lá, o obsessor-chefe é parente do obsediado. Não parece ter mais nenhum outro ente querido encarnado – observou Sati.

– Não tem nenhuma criança na casa? Às vezes uma criança pode ser um antigo afeto do obsessor, de outra vida – lembrou Bianca.

– Mas e os outros dois? Pelo que nos contou Eustaquiano, são espíritos que estão vagando há mais de duzentos anos! – ponderou Patrícia.

– A mesma coisa, gente! Ou vocês acham que em duzentos anos não reencarnou ninguém querido dessas entidades? – insistiu Mariane.

– Mariane tem razão! – interferiu Julieta. – Mesmo o pior dos condenados não deseja igual sorte para os rebentos do coração. Com toda certeza, estes espíritos devem acompanhar, ainda que de longe, os destinos daqueles que um dia lhes foram caros!

– Exemplos bons! – Pedro se lembrou de repente da noite em que finalmente se deixou socorrer. – Eles só saíram de perto de Caian quando consegui mostrar para eles que Caian havia feito coisas boas, que, apesar de ter desastrosamente se envolvido com o álcool, havia se modificado em alguma coisa! Muitos foram socorridos naquela noite!

– Ótima observação – avaliou Eustaquiano.

– E se sugeríssemos aos encarnados para que melhor observassem as qualidades dos enfermos e as mencionassem diante dos obsessores? – complementou Bernardo.

A discussão prosseguia animada, quando Pedro, ainda cismado com algo que não conseguira ouvir direito, perguntou a uma senhora, que havia sido uma das últimas a se apresentar.

– Desculpe... Não sei se ouvi certo quando a senhora falou, mas...

– Isolda. Meu nome é Isolda – ela repetiu sorrindo.

– Do que foi mesmo que a senhora desencarnou, dona Isolda? – ele perguntou meio sem jeito.

– Acidente automobilístico – ela respondeu com simplicidade.

– Como assim, acidente automobilístico? – ele parecia não conseguir acreditar nas palavras.

– De carro, no meio da avenida Brasil. Meu genro estava bêbado e...

Pedro não ouviu mais nada. Então havia ali mais alguém que havia desencarnado pela mesma razão que ele. Sim, na verdade ele desencarnara por causa do acidente e não por nenhum outro motivo clínico descrito na sua ficha do hospital. E todos ali, conforme fora grifado, haviam desencarnado por razões ligadas a seu alcoolismo em vidas pretéritas. Ele fora um condutor bêbado em outras vidas! "Reconhece justa a situação em que se acha e busca então uma existência capaz de reparar a que vem de transcorrer. Escolhe provas análogas às de que não soube aproveitar", ele se lembrou do professor Sílio dizendo. Então não estava errado em seus pensamentos! Existia, de fato, a possibilidade de seu desencarne ter sido planejado daquela forma. Ou não?

Questionava-se de uma maneira tão intensa e profunda que, de repente, olhou para o pessoal do Feupanon e os viu de forma diferente. Não eram mais os colegas que haviam agora se apresentado. Havia outros, havia mesmo muitos outros. Sua mãe e seu irmão também estavam lá! Podia perceber que encontravam-se já ligados ao corpo físico, por causa dos laços fluídicos que deles saíam; certamente estavam ali durante o sono, enquanto o corpo físico dormia. Miguel era ainda um adolescente, muito parecido com ele, por sinal. E ele também estava ali! Parecia até um pouco mais velho do que Miguel.

"Rute e Miguel também são membros do Feupanon!", ele constatou estupefato. Pedro viu quando ele mesmo se levantou e apresentou a todos o seu plano de reencarne. Seria uma existência curta, teria como objetivo principal auxiliar Miguel e Rute, que perderiam o genitor da família poucos meses depois que ele nascesse, e também precisaria desempenhar atividades que ajudassem a conscientizar pessoas, sobretudo jovens adolescentes sobre os malefícios do álcool.

Rute chorou quando ele terminou de apresentar o projeto, os dois se abraçaram demoradamente. O mentor, que já era Eustaquiano na época, explicou que seria uma experiência de grande amadurecimento para Rute e Miguel quando Pedro desencarnasse.

– Eles sabiam! Estava previsto! Eles sabiam! – Pedro gritou de repente.

Fez-se instantâneo silêncio no grupo. Todos olharam para ele, que continuava comemorando empolgado, perdido no tempo e no espaço.

– Eu não errei! Tinha de ser assim! – repetia, com os olhos brilhantes de emoção.

– Podia ser assim, mas não precisava ser assim! – corrigiu Eustaquiano, trazendo-o de volta ao tempo real.

Dias depois, Rute acordou cedo, tomada por forte inspiração. Pediu a Miguel que ligasse o computador na *internet*, fez pesquisas, imprimiu páginas, selecionou, reescreveu com letras grandes o resumo de alguns textos. Depois, separou todo o material em duas pastinhas. Passou a manhã inteira por conta disto.

No meio da tarde, tocava a campainha do apartamento de Thalita, com as duas pastinhas na mão. Foi Samir quem abriu a porta.

– Eu trouxe um presente para você! – ela disse.

Ele olhou para as duas pastinhas, pensou um pouco e deduziu:

– É um álbum do Batman?

– Não! É coisa muito melhor do que isso! – ela falou baixinho para que ninguém os ouvisse. – Trouxe aqui um plano para ajudar o seu avô!

– Um plano? Que legal! – empolgou-se Samir. – Há tempos que eu esperava por isso – ele observou, com voz de detetive de desenho animado. – Mas...

Rute já estava sentada no sofá, pronta para mostrar-lhe o material.

– Mas o quê, Samir! Eu tive um trabalhão para fazer isso! Venha cá para você ver!

– Tem um probleminha... – ele fez uma carinha engraçada, como se espremesse os dentes entre o queixo e o nariz.

Jacira vinha lá de dentro com o espanador.

– Tarde, dona Rute!

– Como está, Jacira? – respondeu Rute. – Que probleminha, Samir?

– É que eu não sei ler desta letra...

– Que nada! Quem sabe uma, sabe a outra! De mais a mais, qualquer coisa, você pede ajuda para a Jacira, não é, Jacira?

– Claro, claro! – ela saiu de fininho, antes que resolvessem perguntar mais alguma coisa.

– Pois então... O plano consiste no seguinte. Ontem à noite, eu estive me lembrando de vários casos de pessoas que...

Ela foi explicando para ele, enquanto ia mostrando o material.

– Que legal isto aqui! – ele observou, pegando uma folha que tinha um desenho de criança e um poema.

388

A Ferro e Flores | 389

– Foi um menino quase da sua idade que fez o desenho. A moça de que lhe falei é avó dele – explicou Rute.

– Quantos anos ele tem? – Samir quis saber.

– Acho que tem cinco – respondeu Rute. – Deixa eu ver aqui...

– Ah, então eu sou muito mais velho. Tenho seis! – explicou Samir.

Naquele fim de tarde, depois que Rute foi embora, Samir entrou no quarto do avô como quem não quer nada. O enfermeiro estava lanchando na cozinha. Hermínio estava muito aborrecido naquele dia, vivia uma de suas crises de abstinência, embora não aceitasse esta hipótese de jeito nenhum. Quando isso acontecia, passava o dia inteiro sem comer nada.

Havia melhorado bastante nos últimos tempos, estava conseguindo até andar na frente do prédio, com o fisioterapeuta. Todavia, quando entrava em crise, achava tudo uma porcaria e não queria mais saber de nada, nem mesmo de sair da cama. Era como se voltasse à estaca zero. No fundo, seu organismo sentia muita falta da bebida, mas ele não admitia, nem mesmo para o médico, que sentia vontade de beber.

– Porcaria de vida! – resmungava, com a luz apagada. – Queria era morrer de uma vez! Não sirvo para nada! De que me adiantou ter juntado tanto dinheiro durante a vida? Agora, para comprar um bala que seja, eu tenho de pedir para a Thalita. Um homem da minha idade pedindo dinheiro para a filha! O meu dinheiro, ainda por cima!

– Vovô, vamos conversar sobre alguma coisa? – Samir foi entrando e acendendo a luz, carregando a pastinha debaixo do braço.

– O que é que você quer? – Hermínio respondeu rabugento. – Ao menos trouxe o que eu pedi? – ele perguntou, referindo-se ao cigarro que há tempos vinha pedindo ao neto.

– Vovô! Você sabe que eu não posso entrar no bar para comprar cigarros! Eu ainda sou uma criança!

Hermínio não pôde deixar de se derreter um pouco ao ouvi-lo dizer isto. Era bonitinho, o danado!

– Fique calmo, estou pensando num jeito – prometeu o garoto.

– Para quando? – quis saber o avô.

– É... Para segunda-feira, está bom? – enrolou Samir.

– Mas hoje é que dia? – Hermínio continuava um tanto quanto confuso com relação ao tempo. Não conseguia processar datas, períodos, havia mesmo esquecido completamente o tempo que passara no hospital e na clínica. Não se lembrava de nada deste período. Nenhuma doença, nenhum médico, nem mesmo de ter ficado preso no banheiro do bar. Era como se tivesse passado uma esponja dentro da memória. Mas não se esquecera da amizade que consolidava com o neto, dia após dia.

– Acho que é terça-feira – respondeu Samir. O menino também não havia fixado direito ainda esta noção da sequência dos dias da semana; ficava mesmo angustiado com esta abstração que era, para ele, a tal ordem dos dias que ele nunca conseguia acertar. Quando pensava que estava quase, deixava escapar um sábado depois da quarta-feira e embananava tudo. A professora da escola explicara a Thalita que era normal.

– Hoje é terça... – Hermínio tentou fazer as contas. – Então tá. Até segunda, eu espero.

– Mas, antes disso, será que eu podia lhe mostrar uma coisa? – Samir insistiu.

Quase todos os dias, ele vinha para trazer um desenho. Ou então, para mostrar o dever de casa, folhas roxas mimeografadas, com palavrinhas para completar, sequências de números, conjuntinhos para colocar o mesmo número de elementos, palavrinhas para sublinhar em um texto, cruzadinhas e caça-palavras. Às vezes, o trabalho era de pesquisa. Vinham algumas perguntas que Samir nunca sabia responder, do tipo: quantos edifícios têm na sua rua? Ou qual foi o dia, o mês e o ano em que você nasceu? A única que Samir soubera responder sozinho foi sobre a origem de seu nome. Desde bebezinho, ele ouvia sua mãe dizer que Samir significava amigo, companheiro e tinha muito orgulho disso.

No geral, porém, contava sempre com a ajuda do avô para fazer as tarefas. Quando a mãe chegava, já era de noite, nem tinha muita noção disso. Via o dever feito, dava uma passada de olhos e ficava tranquila, achando que ele tinha feito tudo sozinho.

Nem imaginava o quanto o avô o auxiliava, muito menos o quanto os dois conversavam o dia inteiro. No fundo, Hermínio gostava de ajudar o menino nas tarefas. Para Samir, ele era a pessoa mais sábia do mundo. Nos últimos tempos, gostava de checar com ele até se o que a professora dizia estava certo ou não.

– Mas o que é que você tem aí, hoje? Alguma tarefa? – Hermínio se deu por vencido.

– Não! Sabe que hoje eu não tive nenhuma tarefa? – comentou Samir.

– Ah, então foi por isso que você nem veio aqui durante o dia – Hermínio disse magoado. – E nem fez nenhum desenho...

– Ainda não está de noite! Mas é que eu estava conversando com a dona Rute. Foi ela quem me deu isso daqui! – ele disse, mostrando a pastinha.

– Mas o que, afinal, tem aí dentro? – Hermínio estava enciumado.

– Tchan, tchan! Um poema! – fez Samir, puxando a primeira folha.

– Um poema? – Hermínio pareceu um pouco decepcionado.

– Escuta só! Os poemas são na minha letra! – comentou Samir, empolgado antes de iniciar a leitura:

"Viajante
"Eu vim de longe e custei a chegar
"Não pela distância, mas pelo caminhar
"Vim contando as estrelas do luar
"Eu vim por céu, terra e mar.

"Eu vim de longe e vim para ficar.
"Vim pra te encontrar.
"Eu vim de longe, de onde não se pode sonhar."

– Bonito – disse Hermínio.
– Também achei. Olha só o desenho! É um carro! Foi um menino, muito mais novo que eu quem fez. Um menino de cinco anos!
– O menino escreveu esse poema? – espantou-se Hermínio.
– Não! Foi a avó dele. Por isso, eu pensei em você quando eu li.
Hermínio sentiu subir uma emoção quando ele disse isso, mas disfarçou.
– Ah, muito bem.
– E, sabe de uma coisa? – continuou Samir. – A avó dele é muito doente.
– Igual ao seu avô, né? – ele observou lacônico.
– Eu não acho. Para mim, você não é doente. Já consegue até andar! A avó dele, sabe o que ela tem? Tem uma doença horrível, uma doença que faz a pessoa ficar inteirinha paralisada. Só mexe os olhos!
– Deixa eu ver isso aqui! – Hermínio quis ver a página que ele tinha nas mãos.
Nela havia duas fotos de uma mulher. Uma, antes da doença, onde ela se mostrava jovial, alegre e bonita, e outra, dela deitada em uma cama, com os cabelos muito curtos, um tubo entrando pelo pescoço e um olhar muito penetrante.
– O nome dela é Leide. A dona Rute escreveu para mim alguma coisa sobre a doença dela, quer ver? – ele entregou outra página ao avô.
Dizia: "Leide Moreira é portadora de uma doença rara, chamada esclerose lateral amiotrófica, ou simplesmente ELA. Conta apenas com o movimento de seus olhos e com o auxílio de uma tabela visual para produzir suas bonitas poesias."
Hermínio olhou para o neto, surpreso. Era mesmo verdade.
– Mas por que essa dona Rute lhe deu isso? – estranhou Hermínio.
– Acho que foi por causa dos poemas... Ela disse que depois vai comprar o livro para mim... – disfarçou Samir. – Quer ver a tabela dela?
Ele estendeu ao avô mais uma folha, onde havia colunas numeradas, contendo todas as letras do alfabeto e também algumas palavras mais comuns na rotina de Leide, como costas, cabeça, virar, aspirar, blusa, calça, travesseiro, luz e massagens.
No alto da folha, estavam os olhos de Leide.
– A dona Rute me explicou que, cada vez que ela quer falar uma coisa, tem que fazer um movimento com o olho. A enfermeira vai mostrando a tabela e ela faz o movimento, que combinaram antes, dizendo 'sim' ou 'não'. Você acredita, vô, no trabalho que dá para escrever cada palavra? E ela ainda faz poemas! Não é uma coisa muito especial? Por isto que a dona Rute trouxe... Eu adorei... Adorei mesmo.
Hermínio ficou um tempo pensativo, enquanto o menino remexia nas folhas, procurando mais alguma coisa, provavelmente outro poema. "Você não

é doente. Já consegue até andar!", ouviu dentro dele de novo a voz do neto dizendo. Não. Decerto não era nada com ele. Dona Rute deveria mesmo ter trazido as folhas só por causa dos poemas; vinham sempre alguns poemas nos deveres de casa, Samir devia ter comentado alguma coisa com ela. Contudo, mesmo sem querer, alguma coisa dentro dele ficou mexida com aquela história.

– Achei! – disse Samir, todo contente.

– É outro poema? – antecipou-se Hermínio.

– Não. É uma entrevista.

– Nossa! E desde quando você lê entrevistas? – estranhou o avô.

– É que essa aqui é muito bonita. A dona Rute explicou que, como ela demora muito para fazer as palavras, pensa bastante para dar as respostas bem curtinhas.

– Você vai ler? – perguntou o avô.

– Na verdade eu não consigo ler desta letra – ele disse, mostrando as letras de imprensa. – O senhor lê para mim?

Hermínio apertou os olhos para enxergar melhor, fez um pigarro para engrossar a voz:

"– O que você pensa do futuro? – perguntou o repórter.

"– Eu tenho muita esperança – respondeu Leide.

"– Hoje, qual a sua grande inspiração, como poetisa?

"– A vida.

"– A vida deve ter adquirido um novo significado para você. Que palavra você usaria para traduzir este momento?

"– Amor."

A voz de Hermínio ficou um pouco trêmula quando ele disse isso. Mas não deu o braço a torcer. O telefone tocava lá fora, deu para ouvir quando Jacira atendeu.

– Tome. Pode levar – devolveu a folha ao menino.

– É para eu sair? – perguntou o menino, de olhos interrogativos.

– Se você quiser... – respondeu o avô, sem muita certeza.

– O quê? – ouviram Jacira gritar na sala.

– Deve estar vendo a novela... Posso pedir uma coisa? – disse Samir.

– Pode – respondeu o avô.

– Posso te dar um abraço? – ele pediu, já abraçando.

Estavam os dois no quarto, abraçados, Samir por cima do avô deitado, quando Jacira entrou de repente, toda esbaforida.

– Seu Samir, quer dizer, seu Hermínio, eu estou indo embora muito depressa!

– Vai tirar alguém da forca? – Hermínio se recompôs, soltando o neto.

– É meu filho, seu Hermínio. Pelo amor de Deus, não faz nenhuma brincadeira não! Acabaram de ligar da escola dizendo que ele tossiu tanto, mas tanto que tiveram de levar o menino para o hospital!!!

"Alcoolismo e Dependência Química", estava escrito em um cartaz, logo na entrada do enorme salão. Naquela noite, Miguel havia convidado Rute, Mag, Thalita e Valéria para que fossem assistir a um debate, que ele mesmo organizara na universidade, juntamente com o orientador de seu mestrado em sociologia. Para a discussão haviam sido convidados um médico neurologista, um psiquiatra com PhD em Dependência Química na Inglaterra, um médico hebiatra – pediatra especialista em adolescentes, e ainda um clínico geral perito no tratamento de alcoolistas.

Valéria foi a última a chegar, para surpresa de Thalita.

– Você? – estranhou a filha de Hermínio.

– É. Miguel me convidou – Valéria respondeu, sem conseguir esconder sua satisfação.

– Achei que seria bom para o trabalho que ela vem desenvolvendo – comentou Miguel, ansioso, cumprimentando com a cabeça a todos que iam entrando.

– Valéria agora trabalha em uma ambulância que faz plantões em festas de adolescentes, você não sabia? – disse Rute, aproximando-se para beijar Valéria. – Seja bem-vinda, querida!

As duas se abraçaram.

– Não, eu não sabia disso! – Thalita respondeu enciumada.

Por uma razão que ela própria não soube, na hora, explicar, sentiu-se um tanto quanto incomodada com a intimidade entre Valéria, Miguel e Rute. Principalmente porque Valéria, que estava conversando com Rute, nem lhe deu muita atenção quando ela disse que não sabia sobre seu novo emprego.

– Vamos entrar? – perguntou Mag.

– Só um instante... Estou esperando também um amigo que ficou de vir... Na verdade, um grande amigo do meu orientador também – disse Miguel, esticando os olhos em direção ao estacionamento, que ficava logo adiante do salão/auditório. – Gostaria muito de apresentá-lo a vocês... E as meninas, não quiseram vir? – Miguel perguntou a Mag.

393

394 | LYGIA BARBIÉRE

– Ana Patrícia queria muito, mas tinha prova de química amanhã e teve de ficar estudando. Disse, inclusive que, na próxima, se você quiser, ela pode vir para dar seu depoimento. Já a Ana Teresa...

– Ela continua do mesmo jeito? – perguntou Valéria, sensibilizada.

Mag deu apenas um longo suspiro. Valéria apertou sua mão. Thalita sentiu-se ainda mais enciumada. Não estava se sentindo muito bem naquele dia, especialmente depois que chegaram ali. Esperaram mais um pouco. Como o amigo de Miguel não chegasse, decidiram entrar.

Não perceberam, mas, poucos instantes depois, Ana Teresa também entrou no auditório, acompanhada de dona Adalgisa, a mãe de Caian. As duas sentaram-se lá no fundo do salão. Próximo a elas estava Domenico, o amigo que Miguel tanto esperava. Ele os havia visto na entrada, mas preferira entrar pelo outro lado por causa de Thalita. Chegara mesmo a dar alguns passos em direção ao grupo, mas acabara recuando, pensando que não iria suportar quando Miguel a apresentasse como sua namorada.

Thalita não o viu. Nem por um instante sequer cogitou na possibilidade de ele estar ali. Iniciou-se, então, o debate.

– Muito se tem falado, atualmente, em dependência química. Até mesmo o alcoolismo e o tabagismo são considerados tipos de dependência química. Explique para nós, doutor, o que vem a ser uma dependência química – pediu Renato, o orientador de Miguel.

– Existem substâncias que não existem no nosso organismo e que têm a capacidade de desenvolver dependência em certos indivíduos. Uma vez incorporadas ao organismo, tais substâncias provocam uma série de mudanças que levam à dependência. Note-se que a dependência é uma doença que só afeta aqueles que nascem predispostos a ela.

– É interessante observarmos – acrescentou Miguel, que o termo *droga addict* vem do latim *addictum*, que era como se denominava o indivíduo da Roma Antiga que, não tendo como pagar uma dívida, tornava-se escravo da família a quem ele devia.

– Hoje chamamos de *droga addict* aquele que se deixou escravizar por determinada droga. Não podemos deixar de ressaltar, dentro desta ideia, que ninguém se torna dependente da noite para o dia – lembrou o clínico geral. – Na minha especialidade, costumamos dividir a doença em quatro fases. A primeira seria a fase de adaptação, quando o indivíduo ainda não está acostumado àquela substância. O organismo leva um susto e reage. Ou bem se adapta ou então sofre as consequências. É quando ele se vê obrigado a mudar o seu funcionamento, tanto em termos das células cerebrais quanto do fígado e de todos os outros órgãos de uma maneira indireta.

– Mas o senhor não acabou de dizer que a dependência é uma doença que só afeta aqueles que nascem predispostos a ela? – questionou Renato. – Não existem pessoas que bebem uma vez, sentem-se mal e depois nunca mais voltam a beber?

– Na verdade é a combinação de características biológicas e genéticas com valores familiares e ambientais o que vai determinar o consumo de álcool de uma pessoa. Alguns japoneses, por exemplo, se sentem muito mal quando bebem. A falta de uma enzima no fígado faz com que acumulem em demasia uma substância tóxica do álcool, um metabólito chamado aldeído acético. Na prática, podemos dizer que o que embriaga é o álcool, mas o que dá a ressaca é o aldeído acético. Agora vocês imaginem a ressaca de quem tem um organismo que acumula essa substância. Pessoas assim são naturalmente protegidas contra o alcoolismo. Entretanto, há outro grupo de indivíduos que se sente muito bem quando bebe. Mesmo que o organismo rejeite a droga das primeiras vezes, atua um outro mecanismo, de ordem psicológica, que impele a pessoa a tentar de novo. O álcool exerce sobre elas um impacto ligado ao prazer. Por isso, bebem quando estão ansiosas; bebem e se sentem bem. Essas pessoas estarão mais propensas ao uso descontrolado do álcool, sobretudo se a família ou o grupo de amigos valorizar como um hábito positivo ir a bares ou beber.

– Isso estaria relacionado ao aumento da resistência do indivíduo aos efeitos colaterais do álcool? – deduziu alguém do auditório.

– Precisamente – tornou o neurologista. – Ocorrida esta adaptação orgânica, o indivíduo passa à chamada fase de tolerância, quando passa a resistir ao efeito embriagante do álcool. Ou de outras drogas.

– Do ponto de vista médico, o alcoolismo é uma doença crônica, com aspectos comportamentais e socioeconômicos, caracterizada pelo consumo compulsivo de álcool, na qual o usuário se torna progressivamente tolerante à intoxicação produzida pela droga, no caso o álcool, passando a desenvolver sinais e sintomas de abstinência, quando a mesma é retirada – sintetizou o psiquiatra.

– Mas como saber se o indivíduo já se encontra ou não na fase de tolerância? – Mag perguntou, preocupada com o marido.

– É simples – o próprio psiquiatra respondeu. – Se a pessoa antes se contentava com o efeito de uma cerveja, aos poucos vai passando a ingerir duas, três, cinco até passar para uma bebida mais forte, quase sempre associada à anterior. A tolerância é a capacidade do organismo de usar muito sem denunciar os efeitos da intoxicação. Paralelamente, a pessoa sente necessidade de usar mais para obter o mesmo efeito que obtinha na fase de adaptação com muito menos quantidade.

– É até interessante isso, porque, na verdade, quanto mais tolerante o indivíduo, maior a sua propensão à doença. Todavia, as pessoas costumam imaginar justamente o contrário – aduziu o clínico. – Quando veem alguém caído em uma festa, logo o rotulam como "o alcoólatra", quando, na verdade, o etilista não é o embriagado, mas aquele que toma todas e parece nunca se embriagar, por ter desenvolvido uma tolerância muito grande no organismo.

396 | Lygia Barbiére

– Sim, diversos estudos demonstraram que as pessoas capazes de resistir ao efeito embriagante do álcool, estatisticamente, apresentam maior tendência a se tornarem dependentes – confirmou o neurologista.

– Mas, em qualquer quantidade, o álcool não é sempre uma droga perniciosa ao organismo? – quis saber Miguel.

– Sem sombra de dúvida. Nunca se pode perder de vista que o álcool é uma substância tóxica, qualquer que seja a dose e que, quanto maior for o volume ingerido, mais tóxico ele é, ainda que o indivíduo seja tolerante a seus efeitos. Se a pessoa beber três, quatro doses de vinho num dia, por exemplo, ainda que não mais se embriague, estará expondo o seu organismo a um nível de toxidade que mudará o seu padrão de sono e aumentará o risco de hipertensão, de doenças cardiovasculares, acidentes pessoais etc. O álcool é uma substância tóxica que, uma vez absorvida pelo tubo digestivo, rapidamente causa impacto no cérebro. Isto explica boa parte dos acidentes de trânsito e a maioria dos casos de violência doméstica – lamentou o neurologista.

– A fase seguinte é a compulsão, o momento da perda de controle, quando o indivíduo já não consegue mais disfarçar a necessidade irresistível de usar a droga – complementou o clínico.

Thalita se lembrou automaticamente da conversa com o doutor Violla no dia da última crise de Hermínio. "Tem gente que se levanta da cama, tira o carro da garagem e atravessa o túnel para ir buscar cigarros do outro lado da cidade, onde sabe que existe um botequim ou uma padaria que fica aberta àquela hora".

– É o caso do indivíduo que chega a uma festa e os amigos já escondem a bebida, porque sabem que, quando ele começar, não vai parar mais – lembrou o psiquiatra.

– Ou do camarada que vai até a esquina beber uma cerveja e não volta para casa enquanto não beber o bar inteiro – disse o neurologista.

– Por isso, os Alcoólicos Anônimos trabalham com a ideia do evite o primeiro gole. Eles sabem que um só gole estimula o organismo, que reage com sede intensa – lembrou Miguel. – Quando a compulsão aparece, a dependência já se instalou?

– Na verdade é muito tênue, muito sutil o limite que separa as duas coisas, embora compulsão e dependência possam ser consideradas como fases distintas. Até porque cada organismo é um organismo. Diria que a dependência pode ser claramente detectada pela perda das funções sociais pelo usuário: trabalhar, estudar, relacionar-se sadiamente com as pessoas – explicou o clínico.

– A dependência se caracteriza pelo uso regular de álcool em grandes volumes. Esse procedimento indica que a pessoa já se tornou tolerante e não bebe mais pelos efeitos agradáveis que a bebida possa provocar. Bebe porque precisa. Se não o fizer, fica irritada. Quem se vangloria de beber cinco doses de vodca, de uísque ou dez latinhas de cerveja sem ficar bêbado já demonstra sinais de dependência, porque pode expor o organismo a grandes volumes sem alterar o comportamento – sintetizou o psiquiatra.

– Quando não bebe, o dependente entra em crise de abstinência. Nos casos extremos, acorda de manhã com tremor, suando muito e precisa beber para aliviar estes sintomas. É um estado de necessidade fisiológica que ocorre em gradações mais ou menos elevadas – disse o neurologista.

– E essas pessoas que, mesmo depois de beber muito na noite anterior, conseguem levantar de manhã cedo e ir trabalhar normalmente, também podem ser consideradas alcoolistas? – questionou um senhor de meia idade.

– Se esse beber muito for constante, sim. Existem muitas pessoas assim. Talvez por serem dotadas de uma personalidade muito correta, muito exigente para consigo próprias, elas desenvolvem um processo de adaptação neste sentido. Não é que levantem felizes no dia seguinte. Apesar dos sintomas da ressaca provocados pela toxidade do álcool, a convicção de que precisam trabalhar é tão grande que conseguem manter, às vezes até por um período bastante longo, as aparências e as funções sociais. No entanto, se pudessem, suspenderiam imediatamente as atividades e iriam beber – esclareceu o psiquiatra.

O tempo todo ouviam-se comentários no auditório, via-se que as pessoas estavam muito interessadas no assunto, a ponto de mal conseguirem se conter antes que os médicos terminassem suas falas. Ana Teresa e Adalgisa, contudo, assistiam à palestra em completo e absoluto silêncio. Pareciam hipnotizadas pelo debate.

– Imagino que existam aspectos distintos conforme o tipo de dependência – uma voz masculina se fez ouvir no meio da plateia.

"Eu conheço esta voz!", pensou Thalita, sentindo imediatamente o seu coração disparar. Olhou para a direção da voz e viu Domenico de pé, fazendo sua pergunta. O coração disparou mais ainda. Era ele, com certeza. Tomada de um ímpeto, ela esqueceu que ele a deixara em plena rua em Caxambu, ficou de pé e acenou com enorme sorriso. Domenico viu. Contudo, continuou concentrado em sua pergunta, como se ela não estivesse ali. Thalita lentamente voltou a sentar-se, constrangida.

– O que houve? – perguntou Mag. – Encontrou alguém conhecido?

– Nada... – ela respondeu triste. – Achei que fosse, mas não é...

– O dependente de nicotina, por exemplo, não passa duas horas sem entrar em crise de abstinência, dificilmente consegue ficar uma semana longe do cigarro. Já no caso dos bebedores de álcool, é muito comum encontrarmos pessoas que passam a semana em completa abstinência e exorbitam nos finais de semana. Como os senhores explicam isto? – finalizou Domenico.

"Não é possível!", pensou Thalita, chateada, depois que ele novamente se sentou. "Será que ele não me viu?" "Quer saber, eu é que sou mesmo uma besta de ainda fazer sinal para ele. É claro que não quer nada comigo. Do contrário, não teria me abandonado em Caxambu daquela maneira, deixando minhas malas na rua! Mas por que será que ele fez isto? Será que ele é casado? Será que tem uma mulher?", ela se perguntou, esticando os olhos para tentar ver quem estava sentado ao lado dele. Todavia, era longe, não dava para ver direito, a não ser que...

– Mag – ela cutucou a prima. – Está vendo aquela cadeira lá em cima, bem embaixo da luz? Aquela ali não é...

– Ana Teresa! É ela mesma! Mas aquela ali é... A mãe de Caian! Como será que as duas vieram parar aqui juntas?

No centro do auditório, o clínico respondia à pergunta de Domenico.

– Mesmo bebendo só no final de semana, a pessoa pode ser dependente de álcool. É dependente quem bebe todo dia, e tanto maior será o seu grau de dependência quanto mais cedo sentir necessidade de beber novamente. Mas pode ser também um sintoma de dependência o fato de os bebedores de final de semana conseguirem ingerir grandes volumes de álcool nesses dias, uma vez que, para suportar a agressão de meia garrafa de uísque no organismo, o cérebro precisa desenvolver uma série de modificações típicas da dependência – esclareceu o neurologista.

"Por que será que ele está aqui? Será que também é dependente?" Thalita imediatamente se lembrou de que Domenico queria beber vinho na noite em que jantaram juntos em Aiuruoca. "Mas ele não pareceu ficar nem um pouco aborrecido quando eu pedi a limonada... Será que foi beber depois e por isto me abandonou em Caxambu?" Pela mente dela, passavam as mais estapafúrdias hipóteses. Se ao menos pudesse conversar com Valéria sobre o assunto... Mas as duas estavam tão distantes, nem pareciam mais amigas.

– E o caso dos adolescentes? – Valéria perguntou. – É possível um adolescente tornar-se dependente do álcool?

– Em geral, em se falando de indivíduos adultos, a dependência do álcool leva de vinte a trinta anos para aparecer, segundo médias estatísticas – informou o clínico.– Mas existem alcoolistas que manifestam esta condição em apenas cinco anos de uso.

Pela primeira vez, o hebiatra tomou a palavra:

– Um artigo publicado recentemente no jornal oficial da Academia Americana de Pediatria mostrou que a exposição precoce à bebida alcoólica na adolescência aumenta muito a probabilidade de a pessoa vir a tornar-se dependente. Considerando que os jovens estão começando a beber cada vez mais cedo, automaticamente chegaremos a este resultado.

– E a bebida causa, efetivamente, um dano maior ao adolescente do que ao adulto de maneira geral? – quis saber Miguel.

– É claro que sim. Se a bebida alcoólica traz prejuízos para o adulto, prejudica muito mais o corpo ainda em formação do adolescente. A época da

A Ferro e Flores | 399

famosa espichada que ocorre na adolescência é extremamente contra-indicada para o contato com o álcool, uma substância tóxica que se distribui por todos os órgãos do organismo, inclusive para o cérebro, ainda não completamente desenvolvido – acrescentou o hebiatra. No Brasil, pesquisas revelam que 25% dos adolescentes bebem em quantidades perigosas do ponto de vista biológico. Os que bebem, bebem muito e com picos de consumo nos finais de semana. Bebem com o objetivo de se intoxicarem. Muitos não saem de casa para ir a uma festa sem beber antes. Hoje, aliás, é cada vez mais comum os adolescentes se reunirem na casa de um deles, em postos de gasolina ou mesmo na porta de boates para o 'esquenta'. A ideia é já chegarem meio alcoolizados à festa para que tenha 'graça'.

Imediatamente veio à mente de Ana Teresa a imagem de Caian bebendo. Ela ficou triste. Duas grossas lágrimas caíram-lhe dos olhos.

– Mas como é que um pai ou uma mãe vai saber se o seu filho tem um beber normal ou se é diferente de seus outros companheiros? – a voz de Adalgisa ecoou amarga e dolorida pelo salão.

Rute e Mag se olharam surpresas. Sabiam o quanto custava a ela, mulher de altíssima posição social, sempre muito contida em seus sentimentos e comentários, abrir a boca para enunciar aquela pergunta. Fez-se um breve silêncio e a pergunta dela ficou ecoando por um tempo na cabeça de todos até que o hebiatra tomasse novamente a palavra:

– Imagino fazer parte da atribuição natural de cada pai, cada mãe observar o comportamento de seus filhos, as amizades de que vêm se cercando. Infelizmente, não são poucos os pais que veem seus filhos chegando alcoolizados de madrugada todo final de semana e acham isto uma coisa normal. Principalmente se for um menino. Veem nisto um sinal de que o rapazinho está se tornando um homem. A senhora me pergunta como irão saber se o filho está tendo um "beber normal". E o que é um beber normal para um adolescente? Jovens de treze, quatorze, dezesseis anos não deveriam beber nunca! Até os dezoito anos, no caso de certos órgãos até os vinte e um, este jovem encontra--se em franco processo de formação! Não só o corpo, mas também o cérebro está se desenvolvendo nesta fase. É interessante, porque os pais não hesitam ao proibir que a criança pequena entre na cozinha, que mexa com facas ou que fique perto de panelas quentes. Todavia, ficam cheios de dedos para proibir os filhos de beber, sobretudo fora de casa, haja vista que os acidentes são a primeira causa externa de morte nessa faixa de idade, especialmente os acidentes relacionados com o consumo de álcool – destacou o médico com veemência.

Adalgisa fez um aceno com a cabeça agradecendo a resposta. Esforçava-se muito para controlar os soluços que emergiam-lhe da alma.

– Não seria melhor se nós fôssemos até lá em cima conversar com ela? – preocupou-se Mag.

400 | Lygia Barbiére

– Deixe, querida. É importante que as duas tenham reaberto o canal de contato. Adalgisa está passando por uma situação muitíssimo delicada neste momento – explicou Rute.

– Aconteceu mais alguma coisa que eu não sei? – perguntou Mag.

– Sim. O marido dela recentemente foi internado em uma clínica de recuperação para dependentes químicos – informou Rute.

– Ele também bebia muito? – quis saber Mag.

– Sempre bebeu, até porque os dois viviam uma vida social intensa. Depois da morte de Caian, contudo, parece que ele perdeu um pouco os limites, acabou tendo um enfarto num botequim – contou Rute.

– Que horror... – lamentou Mag, verdadeiramente consternada.

– Tenho um amigo que está passando por uma situação delicada.A filha vai fazer quinze anos e disse que não aceita dar uma festa se não puderem ser servidas bebidas alcoólicas aos convidados. O que se deve fazer numa situação destas? – perguntou outro senhor na plateia.

Novamente o auditório se encheu de comentários até que o hebiatra assumisse a palavra:

– Em um caso como esse, a recomendação é não dar a festa. Se o adolescente ficar frustrado, não tem importância. Frustrações fazem parte da vida, é preciso aprender a lidar com elas. O Estatuto da Criança e do Adolescente deixa claro que é proibido oferecer qualquer tipo de substância que aja no cérebro a qualquer criança ou adolescente de até dezoito anos. Se os pais, em sua casa ou numa festa, permitem servir bebida alcoólica para adolescentes menores, estão infringindo uma lei!

– Conheço um pai que acabou cedendo aos apelos do filho e permitiu que servissem uma bebida fraquinha na festa. Mesmo assim, houve um convidado que exagerou na dose e passou muito mal. No dia seguinte, o pai desse garoto foi reclamar na escola da irresponsabilidade do outro que tinha oferecido bebida para quem não estava acostumado e não sabia qual era o momento de parar – comentou o neurologista.

Todos riram no auditório. O clínico geral, porém, voltou a destacar a seriedade do tema.

– É preciso ter claro na cabeça que alcoolismo nunca foi problema exclusivo dos adultos; pode acometer, sim, também os adolescentes. Hoje, no Brasil, é motivo de grande preocupação o fato de os jovens começarem a beber cada vez mais cedo e, as meninas, a beber tanto ou mais que os meninos. Certamente, grande parte deles conviverá com a dependência do álcool no futuro!

– Esta questão das meninas é bastante delicada – grifou o neurologista. – Poucas pessoas sabem, mas pesquisas recentes revelam que, se o alcoolismo é prejudicial aos homens, é infinitas vezes mais prejudicial às mulheres, que são mais suscetíveis aos danos biológicos do álcool.

A FERRO E FLORES | 401

– A grande diferença é que a mulher tem um padrão enzimático de absorção do álcool mais efetivo e rápido, porque possui relativamente mais gordura e menos água no organismo, e ainda apresenta variações na absorção de álcool no decorrer do ciclo menstrual. Se compararmos uma menina e um menino com a mesma estatura e peso, tendo os dois ingerido quantidades iguais de álcool, veremos que a concentração alcoólica é maior no sangue da menina. O dano biológico que o álcool produz nela é bem mais devastador – acrescentou o clínico.

– Por essas razões, as mulheres ficam embriagadas com doses mais baixas e progridem mais rapidamente para o alcoolismo crônico e suas complicações médicas – lembrou o neurologista. – Principalmente se já houver casos de alcoolismo na família.

– Mas, afinal, o alcoolismo é uma predisposição genética ou uma decorrência da falta de controle da família? – perguntou uma jovem.

– Se um pai consome bebidas regularmente e o filho acaba se tornando um alcoolista, ele teria se tornado doente por simplesmente imitar o exemplo do pai? – Rute complementou a pergunta da jovem.

– Existe, sim, uma predisposição genética ao alcoolismo. Se este pai já consome bebida regularmente, é bem provável que o alcoolismo já esteja nele manifestado. Todavia, não podemos também descartar a enorme força do exemplo que os pais exercem sobre seus filhos. É possível, sim, que alguém que não tenha a predisposição genética ao alcoolismo possa vir a adquiri-lo pela predisposição psicológica de querer ser como alguém a quem ele muito admire. Muitos pais dão mau exemplo quando se vangloriam de que secaram uma garrafa de uísque ou não sei quantas latinhas de cerveja no final de semana. Os filhos chegam à adolescência ouvindo isso de uma pessoa que lhes serve de referência, o que acaba incentivando-os a também consumirem álcool.

– Então não se deve beber nunca? – perguntou, no auditório, uma mulher de meia idade.

– Há um padrão de consumo que pode ser considerado de baixo risco, pouco tóxico e, eventualmente, até benéfico à saúde em algumas situações. É o caso do adulto sem nenhuma doença, que bebe até duas doses de vinho por dia, ou dois copos de cerveja, ou uma dose de destilado. Na gravidez, porém, uma dose diária de álcool é suficiente para intoxicar o feto. Nunca se pode perder de vista que o álcool é uma substância tóxica, qualquer que seja a dose e que, quanto maior for o volume ingerido, mais tóxico ele é – respondeu o psiquiatra.

– Se a pessoa ultrapassa os padrões de baixo risco, está fazendo uso nocivo do álcool. O usuário que toma, por exemplo, três doses de uísque em casa, pode até não ser dependente, mas está sujeito aos efeitos negativos do álcool e aumentando o risco de doenças como hipertensão, câncer, doenças cardiovasculares e, é claro, de dependência etílica – sintetizou o neurologista.

402 | Lygia Barbiére

Encerrou-se o debate. Thalita continuava sentindo uma sensação de angústia, de mal-estar, uma irritação que parecia presa dentro de sua garganta. Olhou para o local onde vira Domenico sentado e percebeu que ele conversava com outra jovem. Era na verdade outra pediatra, que trabalhava com ele no mesmo hospital. Ela lhe contava sobre uma criança, paciente antiga de fibrose cística que havia falecido em casa naquela manhã. Os dois se abraçaram, tristes pelo que havia acontecido com a criança.

Thalita ficou possessa. "Então ele tinha uma namorada", pensava consigo, sentindo muita raiva. De longe, ela viu quando ele se dirigiu até o local onde Miguel e os outros médicos eram abordados por outras pessoas. Alguns parabenizando-o pela palestra, outros trazendo ainda algumas dúvidas que gostariam de perguntar. Domenico seguiu até lá com a mão pousada no centro das costas da colega, ajudando-a a caminhar por entre o grande número de pessoas.

De longe, Thalita acompanhava cada um de seus movimentos; nem percebeu que havia se afastado bastante de Mag, Rute e Valéria. Sentindo a raiva aumentando cada vez mais dentro de si mesma, ela foi se aproximando. Miguel abriu enorme sorriso ao vê-la. Thalita foi aumentando o passo, aumentando o passo, foi até ele e salpicou-lhe um beijo na boca, na frente de todos.

– Você foi bárbaro! – disse, movida por um impulso mais forte, quase sem consciência do que estava fazendo.

Miguel abriu um sorriso maior ainda e apertou as duas mãos dela com paixão... Quando olhou para trás, Domenico e a jovem que o acompanhava não estavam mais ali. Valéria viu a cena e também retirou-se do auditório sem sequer se despedir de ninguém.[30]

---

[30] Todo este debate foi elaborado a partir da compilação de várias entrevistas com médicos extraídas do site do doutor Dráuzio Varella (http://drauziovarella.ig.com.br/entrevistas), às quais foi acrescentando ainda o conteúdo de uma palestra com o cardiologista e clínico geral doutor José Viotti, realizada no Centro de Recuperação de Dependentes Químicos de Caxambu, em 12/05/2007.

– Você bebeu!
– Não bebi!
– Claro que bebeu! Pensa que não estou sentindo o cheiro?
No carro, Sílvio e Mag brigavam. Haviam combinado de se encontrar depois da palestra.
– Maldita a hora em que aceitei pegar esta carona com você!
– Aceitou porque o carro estava comigo, ora essa!
– Mas o carro é meu também!
– Eu devia ter voltado junto com a Thalita.
– Ah, é? E desde quando Thalita tem carro? – debochou Sílvio.
– Miguel ia levá-la. Não custava nada se...
– Miguel, Miguel! Desde que você começou a andar com esse tal de Miguel e essa tal de Rute se tornou uma pessoa insuportável!
– Desde que eu comecei a andar com eles? A Rute é mãe do Pedro, que morreu no acidente por tentar proteger as nossas filhas!
– Devia ser outro chato, igual à mãe e ao irmão – Sílvio soltou uma gargalhada.
Mag sentiu muita raiva. Estava verdadeiramente indignada.
– Pare este carro!
– Como assim, pare este carro? Ficou louca? Estamos no meio do trânsito!
– Eu me recuso a andar com uma pessoa bêbada! Não quero estar ao seu lado quando a polícia pará-lo. Aliás, não quero correr nenhum tipo de risco.
Estavam na região da Lagoa. O tráfego era lento e o veículo andava a uma média de vinte quilômetros por hora.
– Pode descer, se quiser! – disse Sílvio, com desprezo.
Mag desceu. Achou que pudesse pular facilmente, mas não foi bem assim. O movimento, ainda que lento, fez com que ela caísse deitada. Feriu-se bastante e quase foi atropelada pelo carro que vinha logo atrás. Sílvio não parou para ver. Seguiu adiante. Tinha muito álcool nas ideias, não pôde dimensionar o perigo que a esposa correra.
Mag foi ajudada por pessoas que passavam na rua. Nem viu direito as fisionomias; foi colocada num táxi. Só dentro do veículo, ela se permitiu chorar.

Chorou até a porta do prédio, depois enxugou as lágrimas e subiu. Entrou em silêncio, para que as filhas não a vissem naquele estado. Tomou um banho, pôs remédio nos ferimentos e deitou em silêncio do seu lado da cama. Sílvio ainda não tinha chegado.

Sentiu vontade de trancar a porta do quarto, mas não teve coragem. Ficou com medo da reação de Sílvio, de incomodar as meninas com a gritaria. Não chorava de tristeza. Chorava de ódio. Ao mesmo tempo em que sentia pena de si mesma, sentia raiva por sua incapacidade de tomar uma atitude. Ainda assim, naquela noite Mag tomou uma decisão. No dia seguinte iria a uma reunião de familiares de alcoolistas. Precisava encontrar um meio de dominar aquela raiva, aquele ódio incontrolável que ela sentia sempre que se via diante daquela mesma situação, antes que aqueles sentimentos desordenados acabassem levando-a a destruir-se a si própria.

Diante do imenso chafariz da colônia, Toya chorava sentida. Serginho tentava consolá-la.

– Eu não fiz por mal... Juro que não fiz por mal... É que, na hora, quando eu percebi o interesse dele por ela e dela por ele... Ah, Serginho, eu não aguentei. Senti muito ciúme, queria fazer qualquer coisa para afastar os dois...

– Mas então você não sabia que eles dois já haviam se encontrado?

– Não, eu nunca havia trabalhado diretamente com a filha de Leda... Normalmente, tenho ficado sempre colaborando com Maria, nos últimos tempos tenho ficado quase todos os dias ajudando Ramon, na Indonésia – justificou ela. – Sinceramente, Serginho, se eu soubesse que Thalita estava envolvida com Domenico – ela não se conteve e começou novamente a chorar. – *Yo no puedo resignarme, no puedo estar de acuerdo* – sempre que ficava nervosa, Toya falava em espanhol.

Serginho deixou que ela chorasse. Sabia que às vezes, mesmo como espírito, era preciso colocar para fora certas emoções.

– Quanto tempo faz que você desencarnou? – ele perguntou.

– *Doce años*, quase *trece* – respondeu Toya.

– E seu filho, onde está?

– Ele passou um tempo comigo, mas agora encontra-se em outra colônia, já em preparo para reencarnar... Sempre que posso, vou visitá-lo, mas devo dizer que está sendo bastante doloroso para mim saber que ele vai partir novamente, *no lo soy capaz de decir cuando... En la realidad del mundo físico, creo que hace más de seis años que no lo vejo...* – novamente ela se descontrolou.

– Procure ficar calma, Toya. Tudo tem uma explicação, nós é que nem sempre estamos preparados para recebê-la. Certamente não foi por acaso que você veio parar nesta colônia habitada principalmente por espíritos que viveram no Brasil em sua última encarnação...

– Fui eu mesma quem pedi para vir para cá. Sabia que meu filho Alonso deveria fazer sua próxima experiência em terras brasileiras e quis ir me ambientando para poder ajudá-lo. Coincidentemente, Domenico decidiu também mudar-se para o Brasil na mesma época, tudo acabou se encaixando. Hoje até

405

me pergunto se foi mesmo uma coincidência, se já não estava tudo já devidamente previsto pela espiritualidade... E eu achando que decidi... O grande problema *es* que *hace mucho tiempo* que não *tengo* notícias de *mi hijo Alonso*, às vezes sinto muitas saudades, como se diz no Brasil... – ela chorou ao dizer isso.

– Talvez por isso tenha reagido tão intempestivamente quando soube de Thalita e Domenico... Você está muito fragilizada. Não acha que talvez fosse melhor pedir a Eustaquiano para se afastar da tarefa por uns tempos? – sugeriu Serginho.

– *Jamás!* – disse Toya. – Ora essa, por que Thalita não fica com Miguel, que gosta tanto dela? Por que ela quer tanto o meu Domenico? – indignou-se Toya. – De *más a más*, Leda é minha amiga, *también es madre*, não posso abandonar Ramon!

– É interessante... Você já pensou que Thalita também é filha de Leda? Talvez, por alguma razão que agora você não consegue ainda compreender, mas que, no fundo, você intui, ela e Domenico precisem viver uma experiência juntos – ponderou Serginho.

– Não, eu não quero. Não vou admitir – protestou Toya.

– Mas com certeza não vai poder manter por muito tempo esta situação que criou entre Thalita e Miguel – observou Serginho.

Toya pensou por alguns instantes.

– Por favor, não diga nada a Eustaquiano – ela pediu.

– E você acha, realmente, que ele não sabe? – questionou Serginho.

"Quem você vê aqui, o que você ouve aqui, quando sair, deixe que fique aqui", todos repetiram juntos, antes do início da reunião. Naquela noite, pela primeira vez na vida, Mag cumpriu a promessa feita a si mesma e foi à reunião da associação de parentes e amigos de alcoólicos, o Al-Anon. Thalita foi junto com ela. Também sentia que estava precisando de ajuda para lidar com a situação de seu pai, ainda que ele não estivesse mais bebendo. Mais do que isso, Thalita sentia que precisava aprender a lidar melhor com ela mesma; também andava assustada com as suas próprias reações.

Para surpresa das duas, descobriram que havia um grupo funcionando no próprio bairro, muito perto de casa. A curiosidade se misturava ao receio do que poderia acontecer numa reunião como aquela. Não foi necessário, no entanto, preencher nenhuma ficha, dar nenhum detalhe ou explicação. Apenas sentar na roda.

"Sexto passo: Ficamos inteiramente prontos para que Deus removesse todos esses defeitos de caráter" – estava escrito no quadro.

Em seguida, cada participante dizia seu nome e acrescentava: "só por hoje, manterei a serenidade", passando em seguida a fazer um comentário pessoal sobre o que estava escrito no quadro.

Ao contrário do que Mag e Thalita imaginavam, não havia nenhum constrangimento. Ninguém fazia nenhuma pergunta, sequer era comentado o que a outra pessoa dizia. Cada um tinha o direito de falar o que quisesse, dentro daquele tema. Havia apenas uma coordenadora, que também fazia parte do grupo. Seu papel era repetir a leitura, cada vez que alguém acabava de falar, numa forma convencionada de introduzir da mesma maneira a colaboração de cada participante do grupo. Mais tarde, Thalita e Mag ficariam sabendo que a cada semana uma pessoa do grupo assumia a tarefa da coordenação, não existiam cargos fixos.

Alguns contavam experiências particulares, outros faziam leituras, outros narravam apenas como se sentiam naquele dia, como haviam se relacionado com aqueles a quem muitos deles carinhosamente chamavam de "meus alcoólicos".

A grande maioria era de mulheres, havia esposas, filhas, noras, sogras e também uma jovem que não tinha nenhum parentesco direto, mas estava ali para acompanhar sua cunhada. Havia também um rapaz e um homem de meia idade.

408 | Lygia Barbiére

Quando falavam sobre suas vidas, suas experiências, era como se fossem todos iguais. Seres humanos sofrendo por um mesmo problema que às vezes se manifestava dentro de uma variada gama de situações, mas que essencialmente era o mesmo problema vivido sob diversos ângulos. Era confortável a sensação de perceber-se parte de um grupo e não mais como um indivíduo sozinho; visualizar nitidamente que muitas pessoas passavam por aquele mesmo problema. E que todas estavam ali com o intuito de ajudarem-se mutuamente com aquela troca de experiências, superar, sobreviver, apesar de tudo.

– Eu trouxe aqui uma leitura que acho que tem a ver com este passo e também com o que estou vivendo agora – disse o rapaz mais novo, abrindo um pequeno livrinho intitulado "Coragem para mudar".

Thalita observou que muitas das pessoas do grupo tinham aquele mesmo livrinho.

"Parece-me que muitos de nós lidamos com nossa raiva de maneira inadequada", ele começou a ler. "Negando-a, nós a 'engolimos' ou explodimos em fúria, colocando os sentimentos para fora. Eu, por exemplo, escolho evitar qualquer conflito e então me torno um capacho.

"O programa Al-Anon me incentiva a reconhecer meus sentimentos e a ser responsável pelo modo como os expresso. O problema não é ficar com raiva, mas sim, não saber como direcioná-la de maneira convincente. Ultimamente, quando desejo bater em alguém, pego o meu travesseiro e bato nele durante todo o dia. Quando quero me livrar de alguém, limpo a sujeira do forno. Procuro liberar a minha raiva, logo que posso, para não criar ressentimentos que serão mais difíceis de me libertar mais tarde.

"Estou também aprendendo a comunicar minha raiva. Pode ser que eu ainda não o faça com elegância, e minhas palavras podem não ser bem recebidas. Significa encarar a terrível aflição chamada conflito, mas não posso mais fugir".

Após a leitura, ele agradeceu e passou a palavra para a senhora a seu lado.

– Acho que o segredo deste passo é a paciência – disse ela. – A gente não pode mudar o outro, só a gente mesmo. A gente tem muita paciência com o outro, mas dificilmente tem com a gente mesmo. Por outro lado, vejo que, se eu não tivesse esse problema dentro de casa, eu não seria a pessoa que eu sou hoje. Tenho de parar de me fixar no que me incomoda no outro para me preocupar com o que eu faço e que não me agrada, com o que eu humildemente gostaria que Deus removesse dos meus defeitos de caráter. Na verdade, venho aqui para não continuar fazendo as coisas que, depois de feitas, não consigo conviver com elas.

Chegou a vez de Mag. Ela chorava tanto que mal conseguia falar. Levantou as mangas do casaco e mostrou a todos as feridas que trazia no corpo, contou com detalhes como havia se deixado dominar pela raiva e pelo desespero ao ponto de se jogar do carro andando naquela noite.

A Ferro e Flores | 409

– Eu quero... eu quero muito entregar a Deus este meu defeito, que é esta minha incapacidade de decidir sobre a minha vida, de escolher o que eu quero para mim e para minhas filhas... Não conheço ainda os outros passos. Mas, se são capazes de me tirar desta situação, eu quero conhecer – ela finalizou, emocionada.

– Seja bem vinda, Mag. Fique conosco. "Ficamos inteiramente prontos para que Deus removesse esses defeitos de caráter" – disse a coordenadora, olhando agora para Thalita.

– Meu nome é Thalita e só por hoje manterei minha serenidade. Antes de vir aqui e de ouvir tudo o que eu ouvi, eu sinceramente não tinha noção do tamanho da raiva que tenho guardada dentro de mim. Acho que desde menina eu guardo esta raiva, está ligada a todas as vezes que me senti impotente, vendo o meu pai beber, vendo-o fazer coisas que eu jamais gostaria que ele fizesse. Hoje, no entanto, vejo que esta raiva aparece quando eu menos espero. Outro dia eu corri tanto na rua, por causa da raiva que eu estava sentindo, que o meu filho caiu e se machucou. Por duas vezes isto aconteceu. E aí eu fiquei ainda com mais raiva. Só que de mim. Outro dia ainda eu fiquei com raiva de uma amiga, minha melhor amiga, só porque julguei que ela não estava me dando a atenção que eu gostaria... Só depois eu fiquei sabendo que ela tinha passado a noite cuidando do meu pai e do meu filho, quando eu viajei, mas não tive sequer a coragem de telefonar para pedir desculpas... E, ontem, eu fiquei com tanta raiva quando vi o cara por quem eu estava apaixonada abraçando outra garota que tive um rompante e beijei outra pessoa que não tinha nada a ver, um amigo meu que é superlegal e... Enfim, eu quero muito conseguir controlar esta raiva que me leva a fazer coisas sem pensar, coisa que, depois, quando eu penso com calma, vejo que poderia ter feito completamente diferente. Mas não fiz porque estava muito nervosa por causa do meu problema com 'meu alco-ólico', porque vivo sempre muito nervosa em função deste problema. Quero muito não sentir mais raiva do meu pai, compreender de verdade que ele é uma pessoa doente. Acho que preciso aceitar as limitações dele, mas acho que preciso aceitar também as minhas limitações...

Ao saírem da reunião, tanto Thalita quanto Mag se sentiam incrivelmente mais leves. Bastante mexidas, porém era como se carregassem agora um pouco de esperança, um pouco de luz divina dentro delas. Acreditavam que um Poder Superior a elas mesmas poderia lhes devolver a sanidade. Era o segundo passo.

Desde o dia do debate, Thalita e Miguel estavam namorando. Ou, pelo menos, vivendo algo próximo a isto. Thalita queria muito desfazer o mal entendido, mas não conseguiu. Miguel era sempre tão gentil e atencioso, Mag a aconselhara a tentar. Thalita estava tentando. Não havia acontecido ainda nenhuma cena mais tórrida entre os dois. Andavam de mãos dadas, saíam sempre juntos, mas Thalita sempre se retraía um pouco quando ele queria beijá-la. Na hora, sempre pensava em Domenico. Não conseguia de jeito algum deixar-se envolver por Miguel, embora tudo o que mais quisesse na vida era que seu coração se apaixonasse por ele.

Era bastante intensa a convivência entre os dois. Unia-os sobretudo uma amizade intelectual. A bem da verdade, porém, a não ser pelo sentimento de euforia que tomava conta de Miguel, nem parecia que estavam de fato namorando. Passavam a maior parte do tempo discutindo sobre a dissertação de Miguel, as mais recentes pesquisas sobre alcoolismo, os últimos livros publicados, as medidas que estavam sendo tomadas para a defesa de Ramon na Indonésia. Nos poucos momentos em que acontecia de surgir um clima de maior proximidade entre os dois, Thalita sempre dava um jeito de encher Miguel de perguntas até fatigá-lo mentalmente. Não que fizesse isto de propósito. Era sua maneira inconsciente de reagir à situação que ela mesma criara para si.

Naquela noite, haviam combinado de jantar juntos na casa dela, depois do trabalho. Thalita ficara de preparar para ele uns raviólis. Comprara tudo em uma casa de massas, bem próxima ao edifício. Só não contava que Jacira tivesse de ir a uma reunião no colégio de Ariovaldo, justamente naquela noite. Era uma segunda-feira. Todas as segundas, por serem folga do enfermeiro, Jacira vinha para passar a noite com ela. Jacira e Ariovaldo, para alegria de Samir.

Fazia, porém, duas semanas que Jacira não podia vir na segunda-feira. Depois que saíra do hospital, com mais uma pneumonia diagnosticada, o menino continuava tendo crises seriíssimas de tosse, tivera mesmo de faltar muitos dias na escola. Só na última sexta-feira pudera voltar a assistir às aulas. Jacira imaginava até que havia sido chamada por causa disto. Segundo lhe fora informado no hospital, Ariovaldo sofria de uma doença chamada fibrose cística, que já deveria ter sido diagnosticada há muito tempo. Jacira, contudo, não entendera direito nem o que era a tal doença e nem o que deveria fazer agora.

– Que coisa... Como é que a pessoa sai do hospital sem nem entender direito o que o médico explicou? Eles deveriam ter dado a ela pelo menos algum papel, explicando sobre a doença – comentou consigo, enquanto abria o pacote de raviólis, sem imaginar a quantidade de papéis que Jacira levara para casa.

Desde o momento em que Jacira lhe contara sobre a doença, Thalita não conseguia parar de pensar no dia em que conhecera Domenico na praça. Tinha certeza de que era desta doença que eles haviam falado, mas estava naquele dia tão atarantada que não gravara direito muitos detalhes, nem mesmo o nome do hospital que havia sido mencionado. Se ao menos ela tivesse o telefone de Domenico... Mas não. Jamais iria ligar para ele depois de tudo. Ainda mais agora que ela o vira com outra. Ele poderia até achar que ela havia inventado uma desculpa só para procurá-lo. De jeito nenhum.

"Mania que eu tenho de ficar querendo me meter na vida de todo mundo", ralhou consigo própria. Se a doença já havia sido diagnosticada no hospital era porque eles lá já sabiam exatamente como tratá-la. Não tinha nada que procurar Domenico.

– Meu namorado se chama Miguel e é para ele que eu tenho de preparar este jantar – disse a si própria, sem conseguir deixar de pensar no fettuccine enfeitado com capuchinhas no Pico do Papagaio.

Fez um esforço tremendo para trazer sua mente para a realidade. O fato era que ela estava sozinha diante daqueles raviólis, sem a menor ideia de como prepará-los.

– Ai, meu Deus, o que é que eu faço agora? – disse, olhando para os raviólis. – Será que coloco primeiro na água quente ou já cozinho tudo direto no molho?

Para seu azar, Mag também não estava em casa. Todas as segundas, estava indo agora a um psicólogo; dificilmente voltava para casa antes das dez. E Miguel ficara de chegar às sete! Se ao menos ela tivesse como ligar para Valéria... Sentia muita falta da amiga, mas não tivera até hoje coragem de contar a ela sobre seu relacionamento com Miguel. Hermínio também não estava exatamente ciente do assunto.

– Thalita! Tem coisa aí queimando no fogão! – ele gritou lá de dentro.

– Ai, meu Deus! O arroz! – ela só então se lembrou de que era preciso colocar água depois que o arroz estivesse refogado.

– Nossa, mãe! Que cheiro ruim! – observou Samir, entrando na cozinha para pegar a água e o remédio do avô.

– Fica para lá, filho! – pediu Thalita, colocando a panela queimada sob a água da torneira. – Droga! Droga! Droga! Droga! – ela expressou sua raiva, conforme vinha aprendendo no grupo Al-Anon. – Calma, Thalita... – disse a si própria. – Conte até dez, se não bastar, conte até cem...

412 | LYGIA BARBIÉRE

Foi justamente no meio da fumaceira que subiu que Miguel resolveu chegar. Trazia para ela um vaso lindo de ixoras laranjas, que Thalita mal pôde apreciar. Ela já estava em 114, na sua contagem, quando Miguel entrou na cozinha.

– Cuidado que ela hoje está brava – avisou Samir.

– Parece que houve um incêndio por aqui! – Miguel observou.

– Ai, Miguel! Acho que deu tudo errado! Eu sou péssima na cozinha! – confessou Thalita.

– Ainda bem que eu não janto – resmungou Hermínio, em seu quarto.

– Assim que ela acabar, eu vou lá na cozinha preparar o seu sanduíche, tá, vô? – avisou Samir, voltando para o quarto.

– Já vi que eu vou mesmo é dormir de barriga vazia... – resmungou Hermínio. – Também, não faço questão de comer mesmo....

Estava de novo entrando em processo de crise. O médico ainda não conseguira acertar exatamente a dosagem do remédio de modo a fazê-lo sentir-se um pouco melhor. O gênio também não ajudava muito. Era do tipo de pessoa que vivia reclamando de tudo, nada para ele estava bom. Embora Thalita jurasse que isto era uma característica antiga de sua personalidade, o doutor Violla dizia que todo este mau humor vinha mesmo era da falta de álcool.

– Só quero ver até quando eu vou ter de tomar este monte de remédios. Não sei para quê... Eu estou ótimo, não preciso de nada disso – disse Hermínio, engolindo o remédio de má vontade.

– Que não precisa, vô! O senhor não quer andar de novo? – Samir tentou animá-lo.

– Estou até hoje esperando aquilo que você me prometeu! – lembrou Hermínio zangado.

– É que ainda não deu, vô! Mas fique tranquilo que logo eu vou conseguir! Vamos ver o Pica-pau?

Todos os dias assistiam juntos àquele antigo e divertido desenho animado. Era a única coisa que acalmava Hermínio. Samir sabia disto. Além de que, também adorava aquele desenho que aprendera a ver com o avô.

– Dona Rute me trouxe outra história muito legal sobre uma pessoa que estava na cama pior do que o senhor – Samir ensaiou.

– Hoje não – Hermínio respondeu seco.

Na cozinha, Miguel ensinava a Thalita como cozinhar raviólis, depois de ter ligado para a mãe para se informar.

– Pelo que ela me explicou, a gente tem de botar primeiro para cozinhar na água fervendo. Só pode botar quando a água estiver fervendo.

– Daí, depois a gente retira, coloca no pirex, cobre com o molho e leva no forno, é isso? – Thalita repetiu para ver se tinha aprendido direito. – Ai, meu Deus, e o arroz?

– Esquece o arroz. Cariocas dificilmente comem massas com arroz! – disse Miguel.

A Ferro e Flores | 413

– Pensei que isso era coisa de italianos... – respondeu Thalita. – Nossa, pior que eu estou tão preocupada com a Jacira... O que será que vão dizer para ela na escola? Será que vão pedir para ela tirar o menino?

Jacira, enquanto isso, chegava na escola e tinha uma surpresa.

– Vamos, mãe! – Ariovaldo puxou-a pela mão empolgado.

A escola estava tão bonita e tão cheia de gente andando de um lado para o outro que dava até vontade de entrar. A sala de reuniões ficava no quarto andar. Era preciso atravessar um corredor inteiro até chegar nas escadas. No caminho, havia muitas salas de aula funcionando normalmente. Eram salas de adulto. Quase todas tinham um vidro quadrado no alto da porta de madeira, de maneira que a pessoa de fora podia ver o que estava acontecendo lá dentro.

Jacira parou diante de uma delas e não conseguiu sair. O sonho de sua vida sempre fora frequentar aulas numa escola.

– 'A' de 'arroz'!

– 'B' de 'britadeira'!

– 'C' de 'carpete'!

Diziam os alunos na sequência da aula. Jacira ficou morrendo de inveja. A mesma facilidade que ela tinha para decorar receitas virava dificuldade quando se tratava de qualquer assunto relacionado às letras do 'alfabero'. Ela não conseguia reter na cabeça nenhuma explicação de como as letras se juntavam.

– Vamos, mãe! – Ariovaldo a puxou novamente. – Nós já estamos atrasados!

Jacira foi. Já começava a achar que não era coisa simples aquela tal reunião. Pelo tanto de gente que passava naquele corredor não devia ser só uma coisa entre ela e a professora do Ariovaldo, como estava imaginando. Não lhe saía da cabeça o aperto que passara na noite anterior. Estava passando umas roupas quando o menino apareceu com aquele maldito bilhete.

– Mandaram isso para a senhora – disse, entregando o papel para Jacira.

– Para mim? – Jacira parou com o papel numa das mãos, o ferro levantado na outra, acabou errando o lugar onde apoiá-lo.

O ferro caiu no chão.

– Cuidado! Está ligado! – ela correu antes que o menino tocasse no ferro quente. – E o que é que está escrito nesse papel? – perguntou agachada, aproveitando-se do inesperado da situação.

– A senhora não viu? – estranhou o menino.

– Ô Ariovaldo! Não vê que eu estou aqui pelejando para ver se o ferro quebrou? Custa você ler para mim?

O menino engoliu a desculpa.

–A-ma-nhã, às de-ze-ze-ze-no-no... – ele foi soletrando devagar.

– Lê direito, menino! Parece até rádio com defeito! – reclamou Jacira, levantando do chão e sacudindo o ferro.

– Ah, então lê a senhora! – o menino entregou de novo o papel.

Jacira engoliu em seco. Espremeu os olhos para ver se enxergava melhor.

– Também, que garrancho! Que letra horrível! Quem foi que escreveu isso aqui? – tentou outra vez disfarçar.

– Foi a minha professora! Eu não acho a letra dela feia! – protestou Ariovaldo.

– Ah, mas eu não entendo nada! Dezenove horas o quê, afinal? – Jacira parecia zangada.

– Reunião de pais – respondeu Ariovaldo, olhando confuso para a letra da professora, que ele achava tão bonita e a mãe dissera que era feia. – A senhora vai?

– Vamos ver. Se eu conseguir sair do serviço até quatro horas, acho que dá tempo. Só não posso é pedir para sair mais cedo de novo, senão... Hi, não vai dar! Amanhã é dia da gente dormir na Thalita! Esqueceu que eu já tive que falhar na semana passada?

– Mas a professora disse que era muito importante que a senhora fosse – insistiu Ariovaldo, começando novamente a tossir.

– É só para mim ou para todos os pais? – Jacira ainda tentou saber.

– Ah, não sei... Acho que é só para a senhora. Não tem jeito da senhora conversar com a mãe do Samir e explicar para ela?

– Está certo. Vou ver o que posso fazer – prometeu Jacira, ajudando-o a deitar-se.

Agora, estavam finalmente entrando na sala da reunião. Não era só para ela. Era para um monte de gente. Havia mais ou menos uma dúzia de pais, além dela. Alguns acompanhados dos filhos, outros não. Foi só ela entrar que a professora de Ariovaldo chamou, lá da frente:

– A senhora deve ser a mãe do Ariovaldo, não é? Será que poderia vir aqui um momentinho?

Jacira gelou. Achou que ia ter um troço.

– E... e... eu? – ela resistiu, gaguejando de tanto nervoso.

– Sim! Por favor! – a professora sorriu simpática.

Jacira foi se aproximando lentamente. Sentia-se como um elefante enorme cruzando a multidão, o nariz e as orelhas quentes de tanta vergonha.

– A senhora gostaria de ler este texto para a gente? – convidou a professora, entregando-lhe um papel amarelo, cheio de letras escritas.

Era esta exatamente a sensação de Jacira. Tinha nas mãos um papel amarelo, cheio de letras escritas, quase uma bomba. Uma porção de letras que não faziam o menor sentido. Algumas estavam mais juntas, outras mais separadas, mas ela não conseguia entender nada, absolutamente nada do que estava escrito. Que língua era aquela? Sentiu-se muda, era quase como se não tivesse língua, como se nem falar soubesse.

Sentadinho em uma cadeira no fundo da sala, Ariovaldo olhava orgulhoso para a mãe com o papel lá na frente, enquanto todas as outras pessoas esperavam em silêncio pela leitura.

– Não... não posso... Eu... eu... eu... eu... Esqueci meus óculos! – disse num impulso, lembrando-se de Lally, que não conseguia ler nada sem óculos. – Não enxergo nada sem óculos – ela repetiu.

Foi voltando para o fundo da sala, desesperada por dentro, desejando mesmo ter algo nos olhos que não a deixasse ver mais ninguém naquela sala. Os olhos assustados e interrogativos do filho, porém, pareciam para sempre grudados nela. E agora? Antes não tivesse ido à tal... De repente, como se não bastasse, Ariovaldo começou a tossir. Todo mundo se levantou para acudi-lo.

No quarto de Hermínio, enquanto isso, Samir e o avô conversavam.

– Até que ficou gostoso o ravióli da mamãe, não é vô?

– Eu ainda prefiro o meu sanduíche – Hermínio respondeu amargo. – E aquela história do garoto da Jacira? Ele está doente outra vez? – ele se lembrou de repente.

Não tinha direito a noção do tempo, mas sabia que, nas folgas do enfermeiro, Jacira sempre costumava ficar à noite.

– Uma coisa estranha, vô... Na semana passada, quando veio aqui com a Jacira num dia que não era o dela, o Ariovaldo me disse que levou do hospital para a escola um papel com o nome de uma doença esquisita... Fibrose alguma coisa... Mas parece que a Jacira não ligou muito para o papel... Será que é coisa grave?

– Nunca ouvi falar – respondeu Hermínio, a essas alturas já com os olhos fixos no jornal que passava na tv.

– Pois eu tenho certeza que já ouvi esse nome em algum lugar... Vô... Por que será que as pessoas ficam doentes? O Ariovaldo diz que, desde bebezinho, já foi um monte de vezes para o hospital!

Na televisão, passava agora uma propaganda de cerveja. Jovens na praia, bebendo, o barulho da tampa se abrindo. Hermínio começou a se sentir muito nervoso.

– Já está na hora do seu outro remédio? – Samir perguntou, sem perceber nada de errado.

– Eu não vou tomar mais remédio nenhum, ouviu bem? Nem adianta buscar que eu não vou tomar! – gritou ele.

Samir tentou insistir, mas ele gritou mais ainda. Disse que já estava cheio de tudo, jogou a coberta e os travesseiros no chão.

Thalita veio correndo lá de dentro.

– O que é que está acontecendo, gente?

– Suma daqui você também. Eu não estou disposto a conversar com ninguém! – vociferou Hermínio, muito bravo.

– Ele disse que não vai tomar o remédio, mãe... – Samir explicou nervoso.

– Deixa, filho, eu me entendo com ele... Vai trocar a sua roupinha que já está na hora.

Samir foi saindo do quarto ressabiado.

416 | LYGIA BARBIÉRE

– Não adianta, não... Eu não vou tomar esta porcaria! – gritava Hermínio, agressivo.

– Mas, papai...

– Eu não sou seu pai, eu já disse!

Fazia tempo que ele não a tratava dessa maneira. Thalita fez um esforço para não ficar sentida, para colocar de alguma forma aquela raiva para fora:

– O senhor parece criança! Dá mais trabalho do que o Samir!

– Dou trabalho porque você quer! Eu nunca lhe pedi para me trazer para cá!

– Pois não devia ter trazido mesmo! – Thalita se exaltou. – O senhor não merece nem...

Miguel entrou depressa no quarto.

– Calma, Thalita! – ele veio por trás e a abraçou. – Está tudo bem, seu Hermínio?

Hermínio ficou um tanto quanto constrangido. Havia se esquecido de que ele estava na casa. Miguel também tentou convencê-lo a tomar o remédio, mas não houve jeito.

– Eu quero é um café! Pelo menos isto, alguém pode buscar?

– E se a gente dissolvesse o remédio no café? – imaginou Thalita, enquanto colocavam o café na xícara.

– Não acho muito aconselhável. O café agita, o remédio não é um calmante?

– Mas não tem outro meio! Do jeito que ele está, não vai querer nem água. Ai, meu Deus, parecia estar se acalmando hoje de tarde, por que será que ele de repente fica assim? Me dá aqui o remédio!

– Vai ver é a proximidade de alguma presença espiritual – imaginou Miguel, entregando a ela o comprimido para que fosse dissolvido no café. – Pior que eu tenho de ir logo para casa – ele consultou o relógio. – Hoje é o dia em que faço o estudo do *Evangelho* em casa, com a mamãe. A não ser que... – ele ficou pensativo por alguns instantes... – Quer saber, Thalita? Acho que vou passar esta noite aqui com você – ele disse.

– Como assim, passar esta noite aqui comigo? – Thalita não entendeu direito a proposta. – Você não acabou de dizer que tinha o estudo com a sua mãe?

– Eu tenho, mas nada impede que eu faça esse estudo aqui e ela, lá. Você e o Samir não podem ficar sozinhos com ele neste estado. Você ainda tem aí aquele *Evangelho* da mamãe que ficou no quarto do seu pai?

O clima estava realmente pesado. O tempo todo, instigados por Hefesto, Pouca Telha e Pouca Tinta, caminhavam pela casa gritando que queriam bebida. Eles instigavam Hermínio a não aceitar o remédio.

– *Evangelho*... Pois sim... – ironizava Pouca Tinta. – Eu quero é cachaça!

– É hoje! – dizia Pouca Telha. – É hoje que vamos botar para quebrar!

"Deus, nosso Pai, que sois todo Poder e Bondade, dai a força àqueles que passam pela provação, dai a luz àquele que procura a verdade, ponde no coração do homem a compaixão e a caridade", disse Miguel, iniciando o estudo com a prece de Cáritas que encontrara guardada no *Evangelho* de sua mãe.

Foi uma coisa mágica. Ao fim da prece, parecia que até o ar em torno deles havia se modificado. Sentada na poltrona, segurando Samir de pijaminha no colo, Thalita não tinha ideia da quantidade de espíritos de luz que haviam entrado no apartamento ao longo daquela prece.

Mobilizavam-se, agora, em equipes, dispostos a recolher todos os desencarnados que encontrassem vagando pela casa e trazê-los para a sala, de modo a que pudessem ouvir o que seria discutido em seguida.

Sentindo o ambiente mais calmo, Thalita pediu licença um instante e foi até o quarto ver como estava Hermínio.

– Vocês acreditam que ele está dormindo igual a um anjinho? – ela voltou satisfeita. – E olha que acabou de tomar um café!

– É provável que os espíritos de luz tenham dado nele um passe para que isto acontecesse – disse Miguel, explicando o que de fato havia acabado de acontecer.

Um dos espíritos aproximou-se de Miguel.

– Sabem que eu tive uma ideia! – disse Miguel, intuído por ele. – Vamos fazer o Evangelho no quarto de seu pai!

– Mas... E se ele acordar? – preocupou-se Thalita.

– Não se preocupe – disse Miguel. – Ele não vai acordar.

– Podem ir saindo daqui que eu não quero participar dessa porcaria! – Hefesto foi logo gritando ao vê-los chegar.

Não podia, contudo, ver os espíritos de luz. Eles também o envolveram em passes calmantes e ele se sentou docemente como se estivesse hipnotizado. Hermínio, em espírito, ainda estava deitado sobre o seu corpo físico. Os bons amigos invisíveis tiveram o cuidado de imantá-lo para que também não saísse dali.

– Não se preocupem. O espírito da pessoa pode ouvir o que nós dissermos enquanto ela está dormindo. Às vezes escuta até melhor do que quando a pessoa está acordada – explicou Miguel.

418 | LYGIA BARBIÉRE

Samir observava a tudo com olhos muito atentos, o tempo todo agarrado na mãe. Estava realmente muito preocupado com o avô.

Passaram então à leitura do *Evangelho*. Caiu um capítulo chamado "Não são os que gozam de saúde que precisam de médico".

"Estando Jesus à mesa em casa de Mateus, vieram aí ter muitos publicanos e gente de má vida, que se puseram à mesa com Jesus e seus discípulos; que fez que os fariseus, notando-o, dissessem aos discípulos: Como é que vosso Mestre come com publicanos e pessoas de má vida? – Tendo-os ouvido, disse-lhes Jesus: Não são os que gozam de saúde que precisam de médico."[31]

Todos os espíritos sofredores e infelizes ali presentes ficaram vivamente impressionados com o trecho "escolhido ao acaso" por Miguel. Sentiam-se eles os próprios homens de má vida ali descritos. Tocava-lhes muito fundo a afirmativa de que Jesus se importava com eles. O próprio Hermínio, em sua imensa falta de amor-próprio, sentia-se enquadrado naquele exemplo. Seu espírito, que até então fingia dormir, abriu os olhos e passou também a prestar atenção ao que era dito.

– Jesus é o médico das almas – explicou Miguel, profundamente inspirado pelos mentores ali presentes. – Por isto, está sempre pronto a cuidar de quem quer que seja. O médico de verdade, o médico da Terra, o que verdadeiramente ama aquela profissão, não fica escolhendo que paciente quer tratar. Ao contrário, muitas vezes esses médicos, mesmo ganhando menos por isto, optam por trabalhar em postos públicos, para poder atender a todo tipo de gente que deles necessite. Eles não têm pudores de examinar nenhuma parte do corpo, de tocar em feridas ou mesmo de costurar uma pessoa, de abri-la para cortar um pedaço de um órgão doente. O verdadeiro médico faz isso por amor. Da mesma maneira, todos aqueles que se deixam tocar por Jesus podem receber a cura, porque ele nos ama a todos, sabe exatamente aquilo em cada um de nós que precisa ser curado e faz isso com todo o amor, desde que nós queiramos, desde que nós deixemos. E qual de nós fica feliz em se sentir doente? Qual de nós não prefere a saúde do que a doença?

– Às vezes, contudo, entregar-se nas mãos de um médico implica dor – lembrou Thalita. – Não somente a dor da operação propriamente dita, mas quase sempre a dor de ter de mudar certos hábitos para que a doença não volte de novo.

– Eu li no livro, quer dizer, no resumo de um livro que a dona Rute me deu, no nosso plano de ajudar o vovô, que toda doença é uma oportunidade de aperfeiçoamento do espírito – disse Samir.

Thalita e Miguel se entreolharam surpresos. Também Hermínio e Hefesto ficaram surpresos com o comentário do menino.

– É sobre o gigante deitado – explicou Samir.

– O Jerônimo Mendonça?[32] – Miguel entendeu na hora.

– Sobre o que vocês estão falando? – quis saber Thalita.

---

[31] Mateus, capítulo 9,10-12. Citado em *O evangelho segundo o espiritismo*, op. cit. cap. XXIV, item 11.
[32] Vilela, Jane Martins. *O gigante deitado*. Matão, Casa Editora O Clarim, 2005.

A FERRO E FLORES | 419

– Era um moço, mãe, um moço muito bom. Eu vi a foto dele no livro, parece um pouco com aquele outro que você gosta, o Chico Xavier... Ele nasceu normal, mas depois ficou com uma doença chamada...

– Artrite reumatoide – completou Miguel.

– Pois é – disse Samir, que desde o dia anterior ensaiava para contar a história ao avô. – De repente, ele começou a sentir muitas dores em todas as partes do corpo que dobram...

– Articulações – consertou Miguel com um sorriso.

– Ficou com os joelhos tão, mas tão inchados que acabou parando de andar. Foi para a cadeira de rodas e depois para uma cama...

– Cama ortopédica – esclareceu Miguel. – Uma cama especial para pessoas que só podem ficar deitadas.

– Mãe, ele fez todos os tratamentos, tentou todas as coisas. Mas não adiantou, não tinha jeito mesmo. A doença foi piorando, piorando, até que os braços dele também pararam de se mexer, se ator...

– Atrofiaram completamente – disse Miguel, impressionado ainda com a memória do menino.

– E ele ainda ficou cego, mãe, com trinta anos, já pensou? Ainda assim, pensa que ele desanimou? Não! Ele tinha uma caminha, que parecia um tipo de maca, andava amarrado nessa caminha. Fazia sopa para os pobres, consolava as pessoas, mãe! Dona Rute disse que ele conversava no telefone com pessoas que estavam precisando desabafar, que conseguiu até impedir uma moça de se matar! – Samir se empolgou. – Tenho ficado muito impressionado com esses exemplos que a dona Rute traz para eu ler! – disse pensativo.

– Meu Deus, meu filho... Que coisa linda esse trabalho que vocês estão fazendo... Por que não me contou nada?

– Ah, não sei, mãe... Acho que fiquei com vergonha... Eu queria mesmo muito ajudar o meu avô a entender que ele não tem nenhum problema muito sério. É só ele querer que ele pode vencer este negócio, essa doença que ele tem de não conseguir parar de pensar que tem que beber. É só ele querer que ele para!

Hermínio, em espírito, chorava enquanto o neto dizia isto.

– Eu gosto muito dele, mãe, queria muito que ele melhorasse de verdade. O moço, o fisioterapeuta que cuida dele, falou para mim que o meu avô pode voltar a andar, que pode até fazer caminhada comigo no aterro do Flamengo, se ele quiser! É só ele querer!

Thalita abraçou o filho comovida.

– Como estávamos conversando, antes de qualquer coisa, é preciso a pessoa querer. Conheço esse livro que a mamãe contou para o Samir, é realmente muito bonito. O Jerônimo era realmente uma pessoa fora de série, nunca ninguém o viu aborrecido ou mal-humorado por causa da doença! Ele também tinha problemas, como qualquer pessoa. O seu grande sonho era encontrar uma moça

420 | Lygia Barbiére

que quisesse viver com ele um amor de verdade. Isto nunca foi possível, mas ele também nunca se entregou, nunca desistiu de fazer coisas boas, de aproveitar a oportunidade que ele estava tendo por causa disso. Como bem explicou o Samir, toda doença é uma oportunidade de a pessoa se modificar. Acho que o grande exemplo do Jerônimo foi ter feito de tudo para aproveitar ao máximo a oportunidade que recebeu. Ele não ficou chorando por causa da doença. Ao contrário, mesmo doente, ele conseguia consolar pessoas que tinham problemas muito menos graves do que ele. Ele conseguiu reunir condições para, através de intensa dor, vencer o 'homem velho' e acender a luz de seu coração, como espírito. Lembro de uma frase dele que eu li no livro, que foi a que mais me marcou. Diz assim "Nós sempre lutamos para não parecermos pior do que éramos, numa luta gigantesca para errarmos o menos possível e acertarmos o máximo."[33]

Todos ouviam em silêncio. Nas paredes do quarto, sem que os espíritos sofredores pudessem compreender direito como isto acontecia, a falange de luz projetava imagens de Jerônimo enquanto Miguel falava.

– Tem uma coisa que eu não entendo – disse Samir pensativo. – Por que uma pessoa precisa passar por uma situação de doença assim? É Deus que obriga a pessoa a passar?

– Não. Não é Deus que manda. Em geral, é a própria pessoa que faz seu corpo ficar doente, fazendo coisas que não deve. Um dia, ela desencarna e o corpo doente fica lá na sepultura, só que as doenças que ela criou ficam marcadas no espírito. Ela pode até querer que saiam, mas não tem jeito. Só o tempo pode curar o espírito de uma pessoa – explicou Miguel. – Às vezes um tempo longo, maior do que uma existência.

– Por isso que tem gente que já nasce doente? – quis saber Samir.

– Sim. Tem muita gente que já nasce doente, mas têm outros que já vêm com determinados órgãos fragilizados, embora não apareça no princípio. Com o tempo, esses órgãos vão atraindo para o corpo a doença que já está escrita lá dentro, mas que ninguém vê.

– Como assim? – Thalita quis entender melhor.

– Não sei se o Samir vai conseguir entender, mas, quando o nosso espírito reencarna, quando ele vai ser ligado ao corpo, ele já vem do mundo espiritual com uma vibração específica, como se o corpo espiritual dele fosse um ímã. Este ímã vai justamente atrair os genes do pai e da mãe dele que tem a ver com aquilo que ele já é – explicou Miguel.

– Quer dizer então que é a própria mente do espírito que atrai aquilo que vai acontecer com ele? – deduziu Thalita.

– Exatamente. Assim o espírito vai presidir a formação de cada célula do seu corpo. Às vezes esta força só vai atuar em determinada faixa etária, em certas circunstâncias engendradas pelos mecanismos de expiação, mas sempre

[33] *Idem*, p. 64.

presididas por forças desarmônicas que afligem a mente, por alguma razão, naquele momento.

Olharam para Samir, ambos preocupados se ele estava entendendo o que estavam dizendo, mas constataram que ele dormia. Não podiam imaginar que continuasse, assim como o avô, ali sentadinho, já que, quando seu corpo infantil dormia, era maior o nível de maturidade e, consequentemente, de entendimento de seu espírito.

– Quer dizer então, Miguel, que toda aquela discussão do outro dia, lá no debate, se o alcoolismo é genético ou se chega à pessoa pelo exemplo dos pais não tem nada a ver? Só vira alcoolista quem já é?

– Não é bem assim. A questão tem dois lados. Efetivamente, um espírito que traz de outras vidas o problema do alcoolismo vai precisar de um pai e de uma mãe que possuam este gene guardado dentro deles para poder reencarnar e cumprir na Terra as provas por que precisa passar. Muitas vezes, esse espírito realmente aprendeu enquanto esteve no mundo maior que o alcoolismo foi uma dependência que atrasou a evolução dele, que fez mal para ele e, assim, a prova dele vai ser vencer a vontade de beber, mesmo carregando com ele o gene do alcoolismo.

– Explica mais um pouco, vai – Thalita queria entender melhor.

– Conheço, por exemplo, uma jovem, filha de um casal que foi vizinho nosso, que nasceu com uma doença chamada glicogenose. É uma deficiência do fígado em produzir determinada enzima. O pai e a mãe dessa jovem são pessoas que bebem com certa frequência, não que sejam alcoolistas, mas bebem sempre, têm este hábito. A menina não pode beber de jeito nenhum. Caso contrário, pode piorar muito da doença e até vir a falecer abruptamente. Fico pensando na prova que essa menina está passando. Já pensou quando ela virar adolescente?

– Isto me lembra uma questão do *Livro dos espíritos* que a Mag estudou outro dia com a sua mãe. Uma que falava sobre um espírito nascer entre pessoas de má vida. Passamos uma noite inteira conversando sobre este assunto. Fiquei tão impressionada, que até gravei a resposta: "Forçoso é que o espírito seja posto num meio onde possa sofrer a prova que pediu. Para lutar contra a prática do roubo, preciso é que se ache em contato com gente dada à prática de roubar."[34]

– Você até que tem estudado bastante – disse Miguel. – É exatamente o que eu estava tentando dizer. Por outro lado, pode acontecer também de o espírito não trazer ainda este defeito com ele e, portanto, não herdar nenhum gene da parte dos pais neste sentido. Contudo, o exemplo dos pais, ou mesmo dos amigos, pode vir a fazê-lo adquirir a doença, por seu livre-arbítrio, mesmo sem ter nenhuma predisposição, você entendeu?

– Quer dizer que convivemos o tempo todo não só com pessoas que se vincularam à dependência em outras vidas e ainda não puderam vencê-lo, mas também com os que estão se vinculando agora e vão ter de passar por muitas experiências até poderem se livrar dele... – observou Thalita.

[34] Op. cit., p. 260.

422 | Lygia Barbiére

– É isso mesmo – disse Miguel. – Sabe que, esta semana, eu estava estudando sobre este assunto e descobri que existem várias doenças que poderiam ser explicadas por resquícios de alcoolismo de outras vidas?

– Como assim? – Thalita não compreendeu de imediato o raciocínio.

– Lembra que, no outro dia, o doutor Violla explicou para a gente que tanto as drogas quanto o álcool provocam um desequilíbrio dos neurotransmissores em nosso cérebro, principalmente de um específico, chamado dopamina, que estaria ligado ao entusiasmo, à sensação de energia e disposição quando fazemos algo que nos dá prazer? Pois então. Recentemente, os pesquisadores estão descobrindo que o mal de Parkinson é causado por uma deficiência na produção natural de dopamina no cérebro. O mais interessante é que o sintoma principal, que são os tremores, vem a ser o mesmo dos alcoolistas em abstinência, não é incrível?

– Que coisa! – admirou-se Thalita.

– Pesquisas recentes mostram também que o álcool danifica, sobretudo quando é consumido por jovens, antes dos dezoito anos, uma região cerebral chamada hipocampo, responsável pela orientação espacial e pela memória. A doença de Alzheimer acontece justamente em função da deterioração, aparentemente sem causa, das células nervosas do hipocampo! – empolgou-se Miguel.

– Você quer dizer então que a pessoa pode ter Alzheimer porque disparou, em outras vidas, através do alcoolismo ou do uso compulsivo de drogas, a degeneração dessas células? – compreendeu Thalita.

– Não necessariamente. Entenda, ainda não existe nenhuma comprovação. É apenas uma hipótese da minha cabeça, mas que, certamente, ainda que esteja correta, vai demorar muitos anos para ser comprovada, porque os cientistas não aceitam ainda explicações ligadas ao espiritismo e à reencarnação. Tudo tem de ser provado no hoje e no agora. Também não estou dizendo que todos os casos de Alzheimer e nem de mal de Parkinson sejam causados por uma experiência remota de alcoolismo ou de uso de drogas. É apenas uma das possibilidades. O essencial, nisso tudo, é a gente ter em mente todas essas possibilidades e lutar contra nossas próprias tendências mais instintivas na construção de um futuro melhor. Lutar por um espírito mais saudável, para não acumular doenças. Mais importante do que descobrir as raízes da doença no passado remoto é descobrir o padrão mental que a realimenta – sintetizou ele.

– Peraí. Me explique direito esse negócio de padrão mental!

– Padrão mental é o padrão em que vibra a sua mente. Assim como cada estação de rádio tem uma frequência específica, cada pessoa tem mais ou menos um tipo de vibração específico, decorrente das emoções, dos pensamentos, de seu mundo interno de uma maneira geral.

– Então padrão mental é algo que tem a ver com o nosso pensamento, nossa maneira de encarar o que nos acontece – considerou Thalita.

– Isto. Com a energia que emana de você a partir desses pensamentos. É uma questão de atração. Muitas vezes atraímos para nós coisas que conscientemente não queremos, que, contudo, se encontram em harmonia com a nossa maneira de pensar. Você só pode atrair as coisas que estão em harmonia com você – explicou Miguel. – Para atrair coisas diferentes, é preciso modificar o seu padrão mental. Tem a ver com o que a ciência hoje vem estudando com reprogramação neuronal.

Thalita ficou pensativa. Olhando para Hermínio dormindo, sem querer seus olhos se encheram de água:

– Ah, Miguel... Se vai dar certo, eu não sei. Não tenho outra arma. Eu acredito no poder das flores, no poder do amor... Quem sabe as flores, a casa e todo esse amor que eu e Samir sentimos por ele conseguem fazer esta mudança neuronal que você mencionou?...

Miguel apertou a mão dela. Thalita deixou. Mas logo se esquivou:

– Não temos que fazer a prece?

Não podiam ter ideia de quantos seres caíram em si durante aquela conversa e foram resgatados pela equipe espiritual de socorro ali presente. Após a prece, puseram Samir na caminha e foram tomar um chá na sala, antes de irem se deitar.

– Hum... hum... – Thalita ficou um tempo pigarreando, procurando palavras para dizer o que precisava. – Depois que colocamos o Samir no quarto dele, fiquei pensando que talvez fosse melhor se ele dormisse no meu quarto e você, na cama dele – ela disse por fim.

– Thalita! – Miguel a abraçou com ternura. – Não estou aqui para tirar nenhum tipo de proveito da situação. Antes de mais nada, estou aqui como amigo, porque achei que vocês precisariam de mim esta noite. Aliás, eu já tomei a minha decisão sobre onde dormir.

– Você? – ela olhou para ele surpresa.

– Eu vou dormir no quarto de seu pai.

– Mas Miguel... – ela ainda tentou dissuadi-lo, preocupada.

– Foi para isso que eu fiquei – ele foi firme.

Sem saber o que dizer, ela entregou a ele a caneca com o chá de erva-doce que havia acabado de preparar:

– Bem, se você quer assim...

– Voltando àquele assunto que nós discutíamos há pouco, sabe que eu fiz mais uma observação que faz muito sentido?

– É? – interessou-se Thalita. – E qual foi?

– Você conhece uma doença chamada fibrose cística?

– Não acredito que você falou neste assunto! – ela ficou admirada.

– Por quê? – ele quis saber.

– Fala primeiro o que você descobriu, depois eu falo.

– Não é que eu descobri. É só uma suposição. Não sei se você sabe, mas a fibrose cística está ligada sobretudo a uma produção de muco muito viscoso nos pulmões, o que acaba gerando a proliferação de bactérias e toda uma série de complicações no organismo, sobretudo respiratórias. Você já pensou que o cigarro também leva a todo um desequilíbrio na produção de sucos do organismo?

– Você quer dizer então que quem tem fibrose cística pode ter sido um fumante inveterado em outras vidas? – Thalita foi rápida desta vez.

– É apenas mais uma hipótese, uma suposição que eu queria dividir com você. Mas por que ficou tão surpresa quando toquei neste assunto?

– O filho da Jacira está com esta doença! Ela descobriu outro dia!

– Conheço um cara que é especialista no assunto!

Ele começou a contar a Thalita toda a história de Domenico sem dizer o nome dele. Ao ouvi-lo, Thalita imediatamente se lembrou do dia em que conheceu Domenico na praça. Eles estavam justamente fazendo uma apresentação para ajudar aos portadores de fibrose cística.

– Peraí! De onde foi que você falou que é esse cara?

– De uma cidade chamada Valência, na Espanha.

– Não é possível!

– Você o conhece? – perguntou Miguel.

– Não... – disfarçou Thalita. – Tenho uma amiga que mora lá...

– Pois você iria gostar de conhecê-lo. É uma pessoa bacana, como poucas que eu já encontrei nesta vida. Aliás, por duas vezes eu já estive para apresentá-lo a você. Uma delas foi em Caxambu.

– Em Caxambu? – Thalita chegou a levantar-se de tanto susto. – Então você esteve com ele em Caxambu? Quando foi me buscar?

Miguel, contudo, que havia acabado de se levantar para levar a xícara na cozinha, estava de costas para ela e nem notou seu entusiasmo.

– Pois então. Não lembra que eu estava procurando um amigo antes da gente entrar no carro? – ele falou da cozinha.

Thalita caiu sentada de novo no sofá.

– Então foi isso... Só pode ter sido isso... Domenico me viu com Miguel... – ela disse baixo para si.

– Você disse alguma coisa? – perguntou ele, voltando da cozinha.

– Não, nada... Só estava aqui pensando alto sobre o problema da Jacira... Estou bastante preocupada com o menininho...

– Se quiser, posso te levá-la onde ele trabalha – Miguel ofereceu.

– Sei... Quer dizer, não sei... É, eu vou dormir. Estou muito cansada.

Thalita ficou tão apalermada com aquilo que nem deu boa-noite a Miguel. Era como se o tempo todo ela nem se lembrasse que os dois eram namorados. Miguel ficou um pouco frustrado. Todavia, estava também tão empolgado depois de falar de suas teorias que uma coisa acabou contrabalançando a outra, naturalmente. Fez suas preces e deitou-se no sofazinho ao lado da cama de Hermínio.

Em instantes, Miguel estava novamente na sala, desta vez em espírito, pesquisando uma série de livros sobre a mesa. Nenhum desses livros estava sobre a mesa quando ele fora se deitar.

– Vejo que já está estudando de novo – disse Eustaquiano, entrando na sala.

– Descobri mais algumas doenças que podem ser associadas ao alcoolismo – disse Miguel empolgado.

Desligado do corpo, ele parecia conhecer muito bem Eustaquiano e falava com ele de forma semelhante a que costumava conversar com seu orientador da faculdade.

– Pois eu aconselho que anote e reflita sobre a frase que disse ainda há pouco para Thalita.

– Frase? Que frase?

– "Mais importante que descobrir as raízes da doença no passado remoto é descobrir o padrão mental que a realimenta." Aliás, recomendo que estude também uma passagem do Evangelho de João.

Eustaquiano abriu um dos livros que Miguel tinha diante de si. Era o Novo Testamento:

"Cura do cego de nascimento", estava escrito no alto do texto. "E, passando Jesus, viu um homem cego de nascença. Os seus discípulos perguntaram-lhe: Mestre, quem pecou, este ou seus pais, para que nascesse cego? Jesus respondeu: Nem ele nem seus pais pecaram; mas foi para se manifestarem nele as obras de Deus."[35]

Eustaquiano fechou novamente o livro.

– O que quer me dizer com isso?

– Quero dizer que muitas vezes a pessoa pode reencarnar com determinada doença por uma questão de missão, para ensinar alguma coisa aos outros através daquela doença – disse Eustaquiano. – Mas prepare-se porque você ainda vai ter de trabalhar hoje.

– Sim, pretendo estudar ainda sobre... – tentou dizer Miguel.

– Não é a este tipo de trabalho a que estou me referindo – disse Eustaquiano. – Contudo, é necessário que mantenha a sua sintonia elevada.

---

[35] João 9,1-4.

Eustaquiano saiu. Miguel não entendeu direito, continuou debruçado sobre seus livros. Em instantes, sentia alguém batendo em seu ombro. Virou-se para trás e deu com Pouca Telha.

Se Eustaquiano não o houvesse prevenido, o susto certamente teria sido maior. Era horrível o aspecto de Pouca Telha, principalmente porque ele havia chorado muito nas últimas horas.

– Em que posso ajudá-lo? – perguntou Miguel, sentindo suas pernas tremendo debaixo da mesa.

Miguel não sabia que estava ali em espírito; tinha mesmo a certeza de estar acordado fisicamente. Mas tinha também a certeza de estar diante de um espírito necessitado.

– Pensei muito sobre o que você falou lá no quarto. Faz tempo que observo as suas atitudes e acho que posso acreditar no que você diz.

Miguel não sabia o que responder, continuava gelado e trêmulo.

– Estou cansado desta situação de doente, de ficar lembrando o meu passado, carregando o peso desta culpa... Enfim – ele se deteve antes que a emoção o tomasse – eu quero mesmo mudar de lugar.

– Que coisa boa – disse Miguel, ainda com a certeza de estar acordado. – Tenho certeza de que esta sala se encontra cheia de irmãos de luz prontos a ajudá-lo, e só você estender a mão e...

– Contudo, eu tenho uma condição – sentenciou Pouca Telha.

– Uma condição? – estranhou Miguel.

– Eu vi o que aconteceu quando você falou todas aquelas palavras, vi quando esses espíritos de quem agora está falando apareceram e levaram muitos dos meus amigos que estavam em condições piores do que as minhas. Acho que você deve ser uma pessoa poderosa.

– O que é isso, eu... – Miguel ficou sem graça, não achava isso.

– Vi também quando conversou com Thalita sobre aquele menino...

"Que coisa incrível", pensou Miguel. "Ele vê tudo, sabe até o nome dela!"

– É claro que eu vejo! Afinal sou um espírito! – Pouca Telha novamente o surpreendeu.

– Desculpe. É que fiquei impressionado – disse Miguel, agora confuso se aquilo era um sonho ou se era real. – Mas continue. Tomara que eu possa realmente ajudá-lo, como imagina.

– Pode sim. Eu sei que pode. Este menino de quem vocês falaram é alguém que me é muito caro. É ele uma das razões porque continuo ligado a esta família. Na verdade, eu não estou aqui só por vingança... – ele disse, um tanto quanto constrangido, olhando para os lados, preocupado que mais alguém o ouvisse.

– Precisamente o quê você quer que eu faça? – perguntou Miguel.

A Ferro e Flores | 427

– Eu quero que você leve o menino nesse médico de quem falou. Não é o melhor que tem? Pois então. Eu quero que esse médico cuide dele. Ele não poder perder a tal oportunidade...

– É claro! Pode ficar tranquilo quanto a isso. Até porque eu também simpatizo muito com a Jacira, mãe dele – disse Miguel, ainda confuso.

– Não se esqueça. Nós temos um trato. Haja o que houver, você vai levar o menino nesse médico – disse Pouca Telha emocionado. – É uma promessa que você me fez. Agora eu vou. Vamos? – ele chamou por Pouca Tinta.

Só então Miguel percebeu que havia outro espírito encolhido na sala, em condições ainda mais deploráveis. Estava triste e cabisbaixo, parecia mesmo sem energia. Pouca Telha o carregou no colo.

– Espere! Isto quer dizer então que você não vai mais incomodar o pai da Thalita? – perguntou Miguel.

– Vou te dizer uma coisa com muita franqueza. Eu não vou mais incomodar nem o pai dela, nem o outro que está lá no outro apartamento – ele disse, referindo-se a Sílvio. – Mas você pode ter certeza de que não vai adiantar nada. Por duas razões. Primeiro, porque existe outro, que é muito mais forte do que nós e não parece nem um pouco interessado em perdoar dívidas. Aliás, preciso ser rápido, pois não quero que ele me veja... – ele voltou-se para o interior da casa preocupado.

– E a segunda razão? – insistiu Miguel.

– Ah, porque eles mesmos vão fazer com que outros se aproximem. Você vai ver... Aliás, você sabe disso. Acabou de explicar todo o processo para a Thalita, que eu vi. E vou te dizer outra coisa, já que se mostrou disposto a me ajudar. Não dou uma semana para este aqui recair!

– O Hermínio? – preocupou-se Miguel.

Pouca Telha, contudo, não respondeu mais nada. Cambaleou alguns passos com o outro no colo até ser abraçado pelo próprio Eustaquiano que o esperava diante de uma ambulância.

— Como foi para o sul, tia Lally? Viajou com o menino naquele estado? Sei...
Thalita desligou o telefone e encarou Miguel sem graça:
— Ela foi para o Paraná hoje cedo. Parece que foi procurar um tal centro de referência no tratamento da doença que minha tia descobriu – informou Thalita. – Ela disse que o Ariovaldo está muito fraco, teve outra crise ontem, daquelas com diarreia e tudo...
Samir, que estava ouvindo tudo do lado de fora da cozinha, onde os dois conversavam, saiu correndo para o quarto, morrendo de vontade de chorar. Estava muito preocupado com seu amigo Ariovaldo.
— Mas por que no Paraná, se existem no Rio vários hospitais que também são centro de referência? Viajar com o menino desse jeito!. Que bobagem! – Miguel estava inconformado. – Falei com o Domenico e ele me disse que isto é só uma força de expressão. Cada estado tem o seu próprio centro de referência, só que, como a associação de pais mais forte é a do Paraná, isto acaba sendo divulgado como se lá fosse o principal centro de referência.
Fazia já uma semana que vinha insistindo com Thalita para levar Ariovaldo até Domenico, mas ela sempre dava um jeito de enrolá-lo.
— Você falou com o Domenico? – ela perguntou incrédula.
— Falei. Liguei para ele ontem e disse que amanhã, sem falta, eu iria levar vocês até lá. Ele inclusive está preocupado, porque disse que o menino precisa fazer uma série de exames o quanto antes, disse que há toda uma série de providências mais ou menos urgentes que precisam ser tomadas para que a situação dele fique sob controle.
— Disse que a Jacira era empregada da Thalita, você falou assim?
— Você conhece o Domenico, Thalita? – desconfiou Miguel.
— Não. É apenas porque... Porque eu fiquei pensando isso mesmo. Que ele nem me conhece. Como é que ia atender assim, de rompante, uma pessoa que ele nem conhece se eu chegasse lá?
— Eu vou com você, Thalita, já disse!
No dia seguinte, Thalita foi trabalhar carregando enorme sentimento de culpa. "Apenas a árvore seca fica imóvel entre borboletas de pássaros", no-

vamente aquela frase, que até aquele momento não sabia nem de quem era, voltava a se repetir na sua cabeça. Árvore seca... Será que ela tinha agido como uma árvore seca, impedindo que Miguel levasse o menino até Domenico antes que ele piorasse? Mas como iria aparecer na frente de Domenico assim de uma hora para outra? Não, ela não podia ir. Quando Jacira voltasse, ia fazer tudo para que fosse até lá com Miguel, mas ela não podia ir!

Domenico era viúvo, ela se lembrou da história que ouvira de Miguel. Devia ter sido horrível perder seu menino da idade de Samir... Ela ficaria louca se um dia perdesse Samir... Mas por que ele não havia lhe contado nada na noite que passaram juntos? Não seria apenas uma história que ele inventou para Miguel? Não, ninguém inventa uma história assim... Miguel ainda dissera que Domenico nunca mais voltara a sair com nenhuma mulher. "Foi com um deles que idealizei o projeto para arrecadar fundos para ajudar aos pacientes muito carentes, do qual participam vários outros médicos solteiros como eu", ela se lembrou de Domenico explicando sobre os palhaços, quando estavam na estrada para Aiuruoca. E aquela moça que vira com ele no debate então? Ele a abraçara com tanta ternura... Não. Com toda a certeza, deviam ser namorados. Domenico tinha uma namorada.

Abriu a loja e entrou. Tão atarantada, entre preocupada com Jacira e tentando recompor a história de Domenico, que nem viu quando Valéria apareceu.

– Vim trazer isto para você – ela estendeu-lhe um velho livro.

– Para mim? – estranhou Thalita.

"Poesias completas de Cecília Meireles: Mar absoluto / Retrato natural", estava escrito na capa. Havia uma página marcada.

– Eu não acredito! – boquiaberta, foi abrindo a página devagar.

Lá estava ele, o poema. Chamava-se "O vento". Thalita foi direto ao trecho que havia encontrado no ônibus.

"O vento é o mesmo;
"mas sua resposta é diferente, em cada folha.

"Somente a árvore seca fica imóvel,
"entre borboletas e pássaros.

"Como a escada e as colunas de pedra,
"ela pertence agora a outro reino.
"Seu movimento secou também, num desenho inerte.
"Jaz perfeita, em sua escultura de cinza densa."

Thalita fechou o livro de repente.

– Eu não sou uma árvore seca! – disse, olhando para Valéria.

– E quem foi que disse isso para você? – estranhou Valéria.

– Ora essa! Você vem até aqui para me trazer este poema e quer que eu pense o quê?

– Thalita! Eu passei dias, meses procurando este poema que você tanto queria encontrar para você me receber desse jeito? – Valéria não entendeu.

Ficaram as duas em silêncio, olhando uma para a outra, até que Thalita não aguentou e se jogou nos braços de Valéria.

– Eu tenho sentido tanta falta de você! – disse chorando.

– Eu também! – respondeu Valéria.

Esperaram a outra vendedora chegar e saíram para tomar um café.

– Então você não gostou do poema? – perguntou Valéria.

– Sabe o que é? O problema não é o poema, sou eu mesma. Eu é que estou me sentindo como uma árvore seca...

Tomou coragem e contou a Valéria tudo o que acontecera nos últimos tempos. Seu reencontro com Domenico, a chegada inesperada de Miguel em Caxambu, o momento em que revira Domenico no debate e... Sua atitude intempestiva para com Miguel naquela noite.

– Eu vi tudo... – respondeu Valéria triste.

– Olha, Valéria, eu sinto, eu percebo que você gosta dele, mas não foi por mal, eu juro para você. Aconteceu... – Thalita tentou justificar-se.

Valéria, que tinha ido até lá disposta a passar por cima de tudo para se reconciliar com Thalita, nesta hora não aguentou:

– Espera aí, Thalita. Eu acho que eu não estou entendendo direito. Quer dizer então que você continua perdidamente apaixonada por este tal de Domenico, mas ainda assim, como não tem coragem de procurá-lo para esclarecer os fatos, fica então se esforçando para se contentar com o Miguel, que é um amigo tão bonzinho e por isso nem merece ser respeitado nos próprios sentimentos, é isso que você está me dizendo?

Thalita se irritou.

– E quem disse que eu não respeito os sentimentos do Miguel?

– Se respeitasse, não estaria brincando com ele, como você está fazendo! – rebateu Valéria. – E eu não estou dizendo isto porque...

– Só falta agora você me dizer que não é apaixonada por ele! – rebateu Thalita, já levantando-se da mesa.

– E se fosse? Mas nem por isso iria sair por aí, desrespeitando todo mundo, usando outras pessoas para curar a minha frustração. Se estou dizendo tudo isto a você é porque eu gosto de você e porque acho o Miguel um cara muito legal. Mesmo que eu nunca tenha nada com ele, acho que ele não merece ser achincalhado desse jeito!

– Achincalhado, Valéria? De onde você tirou isto?

– Achincalhado, ridicularizado... – explicou Valéria.

– Ridícula é você! – Thalita saiu da mesa, carregando porém o livro.

A Ferro e Flores | 431

– Você precisa ler é *O pequeno príncipe* – disse Valéria, andando atrás dela. – Você é responsável por aquilo que cativa!

Thalita entrou no banheiro do *shopping* e Valéria foi embora. "O vento é o mesmo; mas sua resposta é diferente em cada folha", as palavras do poema ainda ecoavam na cabeça de Thalita. E pensar que ela nem havia contado que Miguel queria agora levá-la até Domenico.

Enquanto isso, em Curitiba, Jacira finalmente chegava ao hospital indicado por Lally. Chamava-se Sansão Salatiel o médico. Estava escrito na plaqueta que ficava na porta do consultório. Ariovaldo demorou um pouco para conseguir decifrar aquela combinação incomum de letras. Quando finalmente conseguiu, explodiu numa risada. Achou tão engraçado que não conseguia parar de rir. Jacira ficou nervosa. Tanta gente naquela sala de espera, um calor de rachar e o menino rindo sem parar.

– Pare com isso! – ralhou com ele baixinho.

Mas não adiantou nada. No momento em que a secretária pediu que eles entrassem na sala do médico, tinha os olhos molhados de tanto rir.

– Ora, ora! Mas tu pareces um paciente muito feliz! E posso saber o que é que tu achas tão engraçado para estares rindo desse jeito, guri? – perguntou o médico, que era do Rio Grande do Sul.

Aí é que o menino riu mais ainda. Nunca tinha ouvido ninguém falando com aquele sotaque engraçado. Riu tanto que acabou começando a tossir. O doutor Salatiel aproveitou para examiná-lo.

– Barbaridade... Mas está muito encatarrado o guri... Andou cuspindo sangue por estes dias? A senhora tem aí os últimos exames?

Jacira não tinha exames. Contou todo o ocorrido nas últimas semanas. Ariovaldo, a essas alturas, havia ficado sério. Sentia-se sempre muito mal quando começava a tossir daquele jeito.

– É natural que a tosse venha acompanhada por engasgos, vômitos, causando muitas vezes distúrbios no sono. Mas é muito importante observar se há presença de sangue nesses vômitos, porque o sangue pode ser sinal de infecção. Devemos sempre ter muitos cuidados, porque pneumonias e bronquites recorrentes destroem gradualmente os pulmões e o pulmão do fibrocístico já é naturalmente mais sensível – explicou.

Jacira teve um acesso súbito de choro no consultório.

– Não fique assim... Seu filho é um guri esperto, tem tudo para vencer esta doença... Não é mesmo, Ariovaldo?

O menino olhava para a mãe e para o médico; não sabia o que dizer.

– Como vencer, se esta doença não tem cura que eu sei? – indagou ela, enxugando as lágrimas no lenço descartável que o médico lhe dera.

– Como a senhora pode ter tanta certeza disso? Eu diria que é uma doença que *ainda* não tem cura – ele fez questão de grifar o ainda. – Com as novas pes-

432 | Lygia Barbiére

quisas e a própria divulgação da doença, possibilitando um diagnóstico cada vez mais precoce, a tendência é de que esta expectativa de vida se prolongue cada vez mais – garantiu o doutor Salatiel.

– Mas por que foi acontecer justamente com o meu filho? Nunca soube de ninguém com esta doença – protestou Jacira, revoltada.

– Dona Jacira, seu filho não é um caso único e isolado. A fibrose cística, infelizmente, é uma realidade no Brasil e no mundo. Só no Brasil, a proporção é de uma criança doente para cada dez mil nascidas vivas, mas há inúmeros casos de portadores que sequer descobriram que têm a doença, como, pelo que entendi, era o caso de seu filho até bem pouco tempo atrás. É disso que nós precisamos cuidar agora...

Jacira abaixou a cabeça envergonhada. Como podia saber de todas aquelas coisas, ela, que nem ler sabia?

– Pois é, dona Jacira. Não adianta ficarmos revoltados nem indignados. O que adianta é seguir o tratamento para que a criança possa ter uma qualidade de vida melhor. Ele tem feito exercícios de fisioterapia?

Novamente Jacira abaixou a cabeça envergonhada. Confessou que estava sendo difícil para ela encontrar tempo para os exercícios. Chegava sempre em casa muito cansada.

– Pois então a senhora trate de encontrar tempo. Assim que a senhora chegar lá no Rio, trate de procurar um médico especialista. Ariovaldo não pode ficar mais sem um acompanhamento médico! Sinceramente, fico lisonjeado por a senhora ter vindo até aqui para consultar o guri, mas me sinto também na obrigação de dizer que não era necessário. Até porque uma viagem tão longa sacrifica o pequerrucho!

– Minha patroa viu na *internet* que aqui tinha a Acampa... acama...

– A ACAM, Associação Catarinense de Assistência ao Mucoviscidótico, fica, como diz o nome, em Santa Catarina. Aqui em Curitiba funciona a ABRAM, que é a Associação Brasileira de Assistência à Mucoviscidose, de que lhe falei agora hà pouco. Mas, volto a dizer, a senhora não precisava vir até aqui para tratar da doença de seu filho, já que mora em uma cidade que possui um ótimo centro de referência. Se fosse assim, as pessoas todas iriam querer se tratar no Reino Unido, que é o centro de referência mundial da fibrose cística – brincou o médico, bem--humorado – Além de que, é importante que a senhora entre em contato com a associação de pais de sua região, onde as famílias se reúnem para a troca de auxílio em todos os sentidos, até mesmo financeiro – ele estendeu a receita a Jacira. – Prontinho. Aqui tem o nome de medicamentos e vitaminas que a senhora pode obter aqui mesmo no hospital. São os mesmos que a médica do Rio prescreveu, só aumentei um pouco a dosagem para ver se a gente consegue impedir que esta tosse piore ainda mais. Não deixe de mostrar esta receita ao médico do Rio – ele fez questão de recomendar. – E de fazer os exames o mais depressa possível!

No Rio, ainda na loja, Thalita recebia outra visita inesperada.

A Ferro e Flores | 433

– Ana Teresa?

– Ah, estava por aqui dando uma volta e resolvi entrar para ver se acho alguma coisinha para dar de presente para a minha mãe – disse ela.

Estava sozinha, as mãos cheias de sacolas. A princípio, parecia mesmo ocupada em escolher apenas um vestido para a mãe. Contudo, à medida que começou a passar as roupas na arara, acabou se interessando por mais uma meia dúzia de blusas, saias, vestidos, casacos...

– Está tudo em liquidação! – ela comentou, extasiada.

Entrou na cabine e pôs-se a experimentar.

– Estou feliz em ver que você não está mais escolhendo só roupas pretas... – observou Thalita.

– Ai... – suspirou Ana Teresa, experimentando uma calça. – Pior é que agora eu vou ter de renovar todo o meu guarda-roupas...

Thalita achou melhor não fazer nenhum comentário. A gerente estava olhando. Não tinha ideia de que fossem primas.

– Ai... – Ana Teresa deu novo suspiro, saindo da cabine. – Estou exausta... Será que não tinha jeito de eu levar algumas peças?

– Como assim? – Thalita não compreendeu de imediato.

– Levar para experimentar em casa. Queria também levar uns vestidos para a mamãe escolher...

– Olha, Ana Teresa, a gente não tem ordem de deixar que as clientes levem coisas da loja para experimentar em casa. Hoje em dia...

– Mas eu não sou simplesmente uma cliente! – argumentou a jovem.

– Bem... – Thalita confundiu-se. Estava morrendo de medo da gerente. – Na verdade, nós...

– Minha avó sempre leva tudo para experimentar! – ela protestou.

– Quem é a sua avó? – a gerente se aproximou.

– A minha avó? Maria Risoleta Dumont Dallambert, mas nunca diga o nome inteiro dela que ela te esgana! – brincou Ana Teresa.

– Não creio! A Lally, esposa do dono da cachaçaria Dallambique?

– É. O Tarquínio é meu avô! – disse Ana Teresa. – E a Thalita é minha prima. Quer dizer, prima da minha mãe, filha do irmão do meu avô!

– Thalita! Por que não me disse que tinha todo esse sangue azul?

Thalita ficou constrangida, não sabia o que responder. Alguma coisa lhe dizia que aquilo ainda ia dar confusão.

– Que coisa... – disse a gerente, já dobrando as roupas escolhidas por Ana Teresa. – Sua avó nunca entrou aqui na loja! Diga a ela para aparecer, viu? Eu fico maravilhada quando a vejo na TV.

– Quer dizer então que eu vou poder levar as roupas?

– Mas é claro, querida! Ainda mais que você tem uma fiadora aqui dentro da loja, não é Thalita? – respondeu a gerente.

434 | Lygia Barbiére

– Mas são mais de trinta peças, não seria melhor... – Thalita quis evitar.

– De jeito nenhum. Se ela quer levar, deixa ela levar!

*

* *

Em Curitiba, Jacira contava seus trocados para ver se dava para comprar um cachorro-quente na entrada da rodoviária. O menino estava com fome. Já estava quase na hora do ônibus.

– Anda, Ariovaldo!

Chegaram em cima da hora às plataformas de embarque. O movimento era intenso, o calor, insuportável. Forte chuva se armava lá fora.

– Oito horas, meu Deus! O ônibus deve estar saindo – imaginou Jacira, correndo com o menino agarrado na mão.

Era um corredor comprido, havia vários portõezinhos ao longo da grade. Havia muitas pessoas correndo para pegar o ônibus. O grande problema é que, por não saber ler a passagem, ela não sabia de qual plataforma sairia o seu. Diversos veículos partiam ao mesmo tempo, todos parecidos, diferenciados apenas pelo letreiro da frente, anunciando o destino. Se ao menos pudesse saber o que estava escrito, Jacira poderia correr e pedir ao motorista que abrisse a porta. Mas qual seria o seu?

A seu lado, Ariovaldo corria esbaforido sem entender o que estava acontecendo. Estava inteiramente molhado de suor, começava mesmo a se sentir fraco em meio a tanto calor e tanta correria. Para piorar, alguns ônibus soltavam fumaça, provocando-lhe acessos de tosse. De repente, o corredor ficou vazio. Parecia que todas as pessoas haviam embarcado ao mesmo tempo, até mesmo os fiscais das empresas sumiram.

– Depressa filho! O que está escrito aqui nesta passagem? – Jacira só então lembrou-se de que ele sabia ler.

– Onde mãe?

– Deve ser mais ou menos por aqui – ela mostrou nervosa.

– Mas por que você não...

– Leia! – ordenou Jacira.

O menino leu toda a passagem, com dificuldade. Mas não havia nada sobre a plataforma.

– Tem também este papelzinho grampeado – observou ele, sentindo-se cada vez mais fraco.

Experimentava uma sensação de frio, apesar de estar com a roupa colada no corpo de tanto suor.

– Leia!

– Pla- pla- pla- ta- forma de em- bar- que B – ele leu finalmente.

A Ferro e Flores | 435

Não havia, neste momento, mais nenhum ônibus em nenhuma plataforma. Em instantes, novos carros começariam a chegar. Jacira olhou para os lados, já com o coração apertado, pressentindo o que acontecera. Avistou um faxineiro, chegando com sua vassoura.

– Moço... Moço! Pelo amor de Deus, o ônibus para o Rio de Janeiro que saía da plataforma B já...

– Hi, acabou de sair, dona... Todos os ônibus que saíam às oito, a esta hora, já estão na rua – informou o homem, despreocupado.

Jacira levou às mãos à testa num gesto nervoso, fechou os dois olhos na palma das mãos. Não podia chorar ali. E agora? O dinheiro que tinha não dava para comprar outra passagem. Pra que que ela fora inventar de comprar aquele maldito cachorro-quente? E agora, o que é que iria fazer? "Não posso chorar, não posso chorar", pensava, as lágrimas já escorrendo pelo rosto. Foi então que ela olhou para o menino e percebeu que ele estava deitado ao lado da pequena mala.

– Menino! – ela disparou até lá.

Ariovaldo ardia em febre. Em seu corpinho suado havia pequenos cristais, como se ele estivesse sujo de sal.

– Minha boca tá salgada, mãe... Preciso de água...

"Quando se exercitam ou são expostas ao tempo quente, costumam ter febre e devem receber também um pouco de sal, para compensar a perda natural", Jacira lembrou-se do médico do Rio dizendo.

– Não, você precisa é de sal! – ela decidiu, olhando em torno para ver se descobria onde havia uma lanchonete.

Mas todas as lojas comerciais ficavam no andar de cima. Ela não tinha condições de subir escadas carregando o menino daquele jeito.

– Eu preciso de água! – insistiu ele, começando a tossir.

– E agora? Água ou sal? – Jacira remexia a bolsa, nervosa, procurando a receita que o médico lhe dera. – Tem que estar escrito aqui, em algum lugar... Leia Ariovaldo, leia para mim, por favor, o que está escrito nesta receita? – ela se expôs sem pensar no que estava fazendo.

– Eu não consigo, mãe... Minha vista está embaralhada... – tentou dizer o menino, com enorme fraqueza. – Eu preciso de água...

– Leia, Ariovaldo! Estou mandando! – Jacira enervou-se ainda mais, percebendo que ele estava quase perdendo os sentidos.

– Por que a senhora... – ele estava muito fraco, mal tinha forças para falar. – Por que vive sempre... inventando... mentiras para...

– Eu não sei ler, Ariovaldo! Pronto! Eu não sei ler! – explodiu Jacira em sua angústia profunda, os olhos banhados em lágrimas. – Está satisfeito? Ariovaldo! Fale comigo!

*

* *

Na praia do Flamengo, no Rio, Ana Teresa retirava suas sacolas do táxi, diante do edifício, quando subitamente sentiu alguém encostando um cano frio no seu pescoço.

– Passa tudo que é um assalto!

O motorista arrancou na hora, levando metade das sacolas. A outra metade, o ladrão levou.

Hermínio estava profundamente mal-humorado. Dispensou até o fisioterapeuta. Leda tentava inspirar Nakayama.

– Mas seu Hermínio, o senhor estava indo tão bem...
– Que indo tão bem coisa nenhuma. Esta porcaria desta perna não mexe mais. Melhor é morrer de uma vez!
– Mexe sim, seu Hermínio. O senhor só precisa me ajudar com o seu cérebro.
– Está tudo queimado aqui dentro.
– Não diga isso. Basta o senhor querer para que o cérebro crie novos caminhos! Estávamos indo tão bem... Vamos até a janela!
– Prefiro ficar imóvel de uma vez do que ficar andando por aí todo estropiado. Não quero mais.
– Vô, o que é uma receita típica da família? – perguntou Samir, entrando no quarto com seu dever de casa. Leda estava agora a seu lado.
– Não sei. Pergunte à sua tia Mag – respondeu Hermínio, muito sério. – Ela é quem entende de receitas.
– Bem, diga a sua mãe que na sexta-feira eu volto...
– Nem precisa voltar, porque eu não vou mais fazer esta porcaria.
– Nem a acupuntura, seu Hermínio?
– Estou cansado de ser espetado! Para mim chega!
Samir ficou ali olhando com o dever na mão.
– Fale de uma vez, o que é que você precisa? – Hermínio perguntou, depois que o fisioterapeuta saiu.
– O senhor precisa de alguma coisa? – o enfermeiro apareceu.
– Suma também você daqui. Estou cansado de ser vigiado! Farto, entendeu bem?
Ficou um tempo com cara de quem está resmungando mentalmente, Samir ali parado, esperando; Leda preocupada com o que via.
– Vai dizer ou não vai o que você quer? – perguntou Hermínio.
– A receita! Estou esperando a receita! – pediu Samir.
Hefesto se divertia. Andava de um lado para o outro e gargalhava.
– Vamos, enxote o garoto daqui! Adoro quando fica arrependido!
– Espere aí! Mas este aí não é... – Leda subitamente o reconheceu.

437

438 | Lygia Barbiére

Samir já estava de saída, quando Hermínio de repente o chamou.

– Espere aí, vem cá. De repente me lembrei de uma coisa...

– Uma receita típica de família? – animou-se Samir, ainda sem entender direito o que estava dizendo.

– O bolo de fubá da minha tia Isaura.

Hefesto sentou para não cair. Por esta ele não esperava. Isaura era a mulher dele, há muitos anos falecida. Naquele átimo de instante, Hefesto sentiu saudades. De Isaura, do cheiro de bolo, e até mesmo de Hermínio menino, fazendo bagunça na casa dele. Apenas por um átimo. Depois ficou com raiva de novo.

– E como ousa você tocar no nome da minha Isaura? – gritou, nervoso, ao lado de Hermínio.

Hermínio, porém, continuou lembrando. Eustaquiano estimulava-lhe a memória.

– Quando eu era menino, a coisa que eu mais gostava era ir para casa dos meus tios, Hefesto e Isaura.

Hefesto novamente ficou de sobreaviso.

– O senhor tinha um tio chamado Hefesto? Que engraçado!

– Engraçado nada. Ele era muito bravo. Está vendo esta cicatriz aqui? – ele mostrou o braço, por baixo do ombro. – Foi ele quem me queimou com ferro quente.

Hefesto ficou quieto, quase em estado de choque.

– Ele queimou você? – estranhou Samir. – Mas por quê?

– Ah... Eu era muito endiabrado mesmo. Como meu pai morreu muito cedo e o tio Hefesto não tinha filhos, acabei indo morar uns tempos lá na casa dele, que ficava numa cidade chamada Cruzília. Tio Hefesto era ferreiro, o único ferreiro de Cruzília. O resto da cidade gostava mesmo era de mexer com madeira. Mas o tio Hefesto, não. Fazia até móveis de ferro! Cada peça mais linda que a outra, ele mesmo que inventava. Foi o maior ferreiro que eu já conheci em toda a minha vida.

Novamente Hefesto se sentou. Por esta ele não esperava. Hermínio continuou sua narrativa; parecia enlevado por suas lembranças.

– Mas o bolo da minha tia era coisa mais gostosa deste mundo... Bolo de fubá da roça mesmo... Com um cafezinho e um pedaço de queijo minas curado... Hum... Não existe coisa melhor do que aquele tempo...

Hefesto chegou a sentir na mente o gosto do bolo de fubá.

– O senhor gostava do seu tio? – perguntou Samir.

– Gostava e não gostava... Porque o gênio do meu tio não era coisa fácil não... Ele me ensinou tudo o que eu sei sobre o ferro, mas quando eu errava... Não gosto nem de lembrar. Meu tio era bravo por demais. Quando ele me explicava as coisas, quando me mostrava o que ele fazia para eu aprender, daí eu adorava ele. Era quase como se fosse um deus para mim... A vida toda eu queria ser igual a ele.

Hefesto estava chocado emocionalmente. Mal conseguia esboçar qualquer reação.

– Até que um dia eu vi o meu tio fazer uma coisa muito feia. Uma coisa horrível que eu nunca mais me esqueci.

Hermínio não quis contar ao neto do que se tratava. Ainda assim, porém, Hefesto viu a cena como se ela se desenrolasse agora, diante de seus olhos. Chegou eu casa bêbado, querendo jantar, já era de madrugada. Isaura estava dormindo, ele gritou por ela. Isaura não veio e ele ficou muito bravo. Esquentou no fogão um garfo e...

– Chega! Eu não quero me lembrar disto! – gritou Hefesto.

– Desde esse dia, eu fiquei com muita raiva dele. Jurei que, quando eu crescesse, ia fazer uma coisa para me vingar. Uma coisa bem ruim que era para ele aprender.

– E você fez, vô?

Hermínio demorou um pouco a responder.

– Fiz – disse por fim. – Mas essa coisa eu não vou lhe contar nunca. Porque coisa errada, a gente não conta para ninguém.

– Você se arrependeu? – perguntou o menino.

– Acho que sim... – respondeu Hermínio.

A seu lado, pela primeira vez em todos aqueles anos, Hefesto ficou com os olhos cheios d'água.

– Minha mãe falou que lá em Aiuruoca todo mundo chama você de Hefesto. É verdade, vô?

– É – respondeu Hermínio, pensativo.

– É por causa do seu tio? – quis saber Samir.

Hermínio suspirou fundo.

– Acho que sim – ele disse.

– E você não se incomoda? Eu não gosto que ninguém me chame por outro nome. Gosto de ser Samir.

– Mas eu tinha muito orgulho dele.

Hefesto chorou. Jamais, em todo o seu projeto de vingança, imaginara ouvir uma coisa como aquela. Jamais, em toda a sua decadência, imaginara que existia uma razão para que o sobrinho o houvesse traído daquele jeito. Mas ainda assim tinha raiva, pensava chorando, queria muito se vingar, acendendo de novo a fogueira de sempre.

– E o bolo de fubá, vô? O que que é prato típico da família? Bolo de fubá é prato típico da família? – Samir continuava preocupado com o dever de casa.

– Ah... Prato típico é... Sei lá, um prato que a família faz sempre. Um prato que é como se fosse uma marca de algum lugar. No caso, uma marca daquela família. É... Acho que o bolo de fubá era uma marca da minha família... – refletiu Hermínio.

– E como é que faz bolo de fubá? – insistiu Samir. – Eu tenho que levar a receita!

– Ah, isso eu já te falei... É só com a sua tia Mag. Por que você não vai lá e pergunta para ela?

Samir saiu e Hermínio ficou sozinho no quarto, pensando no bolo, pensando na tia. Olhou para as flores e as achou bonitas. Até que era agradável aquele quarto. Quando morava na casa do tio, ele gostava muito de flores, sabia até como plantar hortênsias. É. Pensando bem, era bem bonito aquele quarto. Talvez sua vida não fosse tão horrível quanto às vezes pensava...

Samir entrou de mansinho na casa da tia. A porta estava entreaberta, ele foi entrando.

– Tia Mag? – ele chamou.

A tia, porém, não estava em casa. Nem ela, nem as meninas, nem ninguém. "Estranho a porta estar entreaberta sem ninguém em casa", pensou Samir. No cinzeiro da sala, queimava um cigarro, ao lado de um maço cheio e de um copo com cerveja dentro. O copo estava molhado, parecia até que estava suado. Sinal de que o tio havia saído dali há pouco tempo. Samir encostou a ponta do dedo no copo. Estava gelado.

E se ele levasse o cigarro que o avô tanto queria? Se fumasse só mais uma vezinha, será que ia fazer muito mal? Fazia já tanto tempo que ele havia prometido... Sentiu no coração uma compaixão tão grande do avô, acabou resolvendo tirar o cigarro do maço e levar para ele. É. Melhor levar apagado, ainda pensou, olhando para o cigarro aceso que queimava no cinzeiro. Achou realmente que o avô ia ficar muito feliz. Por via das dúvidas, levou também o isqueiro. Não sabia se o avô tinha fósforos no quarto.

Entrou em casa com o coração disparado, sentindo-se o próprio ladrão.

– Procurando alguma coisa, Samir? – o enfermeiro o surpreendeu.

Samir quase desmaiou de susto. As mãozinhas suavam. E ele com medo do suor molhar o cigarro. Precisava chegar logo lá dentro. Mas e o enfermeiro, se descobrisse? Decerto, não ia deixar o avô fumar dentro de casa! E agora? O que é que ele dizia?

– É... Precisava de uma receita de bolo de fubá, mas a minha tia não está em casa... – ele teve uma ideia. – Então! Será que você não vai lá comigo, um minutinho, só para olhar no livro de receitas da minha tia?

O enfermeiro olhou para dentro antes de responder:

– Só se for um minutinho. Não posso deixar o seu avô sozinho.

– Então peraí que eu já volto!

Samir correu lá no quarto do avô.

– Olha só o que eu trouxe... Promete que não vai ficar mais triste?

– O meu cigarro! Não acredito! Dá! – pediu Hermínio, alucinado só de imaginar o gosto.

A Ferro e Flores | 441

– Só se o senhor prometer que não vai mais ficar bravo! – insistiu Samir, escondendo o cigarro e o isqueiro atrás de si.

– Prometo! Prometo! – respondeu o avô, seco.

– Vai então ficar de pé e vir até aqui pegar! – insistiu Samir.

Hermínio levantou devagar e foi até o neto com dificuldade. Samir entregou o cigarro.

– Estou orgulhoso do senhor! – disse. – Mas, depois deste cigarro, não quero mais que o senhor diga que quer morrer e nem que nunca mais vai andar, combinado?

Hermínio acendeu o cigarro antes de responder qualquer coisa e soltou uma baforada prazerosa. Samir saiu correndo.

– Seu louco! Preciso tirar depressa o enfermeiro daqui! Se a minha mãe descobre...

Bateu a porta do quarto e correu para a sala.

– Vamos! Vamos depressa que eu inventei uma desculpa para ele – disse apressando, já morrendo de medo de ter feito algo de errado.

– Peraí, Samir – disse o enfermeiro sendo puxado.

Chegaram lá fora e Samir foi logo apontando para o elevador. Estava tão nervoso que até se esqueceu, por um instante, que a casa da tia era ali do lado.

– Depressa! O elevador!

O enfermeiro, muito desligado, também nem se deu conta e entrou. Estava apertado no décimo andar quando eles entraram.

– Caramba! – lembrou o enfermeiro. – Sua tia não mora no apartamento ao lado?

– Xi... É mesmo – respondeu Samir. – Agora vamos ter de voltar...

Hermínio, enquanto isso, saboreou lentamente o seu cigarro em baforadas profundas. Ficou até tonto. Mas fumou até o fim. Hefesto também fumou junto. Sempre tinha vontade de fumar quando se sentia emocionalmente abalado. O cigarro acabou depressa. Veio junto a vontade de beber. Um bando de espíritos logo apareceu na porta do quarto:

– Vamos embora, gente! A cerveja está esperando!

Hermínio caminhou até a porta; parecia até que tinha ficado um pouco inebriado com o danado do cigarro. Foi andando devagar, Hefesto andava junto, aumentando-lhe as forças. Chegou no corredor da sala, chegou na porta aberta e olhou para o corredor. Nem se lembrou do enfermeiro, nem de Samir. Parecia hipnotizado por aquela vontade.

Viu a porta de Mag entreaberta, entrou. Foi direto para a varanda, onde a cerveja o esperava suada, já no copo. O cigarro no cinzeiro estava acabando de queimar. Hermínio não perdeu tempo. Virou o copo de um só gole, virou a garrafa inteira. Ficou muito tonto. Vinha lá de fora um burburinho, uma confusão, mas não estava nem interessado em saber do que se tratava. Queria apenas beber a sua cerveja, saboreá-la gole por gole. Ahhh... Que delícia! E ainda havia o resto do maço de cigarros, que Samir não pegou. Olhou para trás e viu a garrafa de uísque, pertinho.

Cerca de meia hora depois, quando Mag, Sílvio e as meninas entraram em casa, ainda discutindo por causa do assalto de Ana Teresa, encontraram-no lá fora, caído na varanda, completamente embriagado ao lado das garrafas vazias.

– Vovô! – Samir veio chorando correndo até ele.

Desde aquela hora que ele o estava procurando.

– Sabe, Ivan, às vezes acho que vou ficar louca! – disse Mag.
Havia marcado uma sessão extra com o psicólogo.
– É muita coisa para a minha cabeça... A Ana Teresa com tantos problemas, o Sílvio que não para de beber, meu tio internado de novo... Por causa dele!
– Cuidado para não repetir o mesmo mecanismo do Sílvio, culpando-o por tudo o que acontece – advertiu o psicólogo.
– Precisava deixar a cerveja prontinha esperando? – ela questionou.
– Será que ele não precisou descer depressa, quando Ana Teresa chamou para fazer a ocorrência policial? – lembrou Ivan.
– É, talvez... Quando cheguei da fisioterapia com a Ana Patrícia, o circo já estava armado... Ah, Ivan, quer saber? Tem hora que eu não aguento mais ser eu, tenho vontade de virar outra pessoa!
– E o que é que você pode fazer, na prática, para melhorar a sua vida? Do que é que você está mais cansada? – ele perguntou.
Mag ficou quase cinco minutos com os olhos fixos na decoração da sala. Não via porém o quadro para o qual estava olhando. Cenas de sua própria vida desfilavam em sua mente.
– Acho que do Sílvio – respondeu por fim. – Não aguento mais vê-lo bebendo todos os dias, aquele cheiro de álcool dormindo do meu lado... Nem sei quanto tempo faz que nós não nos beijamos...
– E você sente falta?
– Não sei... Acho que não. Sinto falta do outro Sílvio, que era gentil, que me tratava bem, gostava de mim... Quer dizer, nem sei se gostava. Às vezes, nem tenho certeza se esse outro Sílvio algum dia existiu ou se fui eu que inventei... Lá na reunião dos familiares de alcoolistas, eles falam muito sobre codependência. Que somos todos codependentes, que devemos trabalhar a nossa codependência. Sinceramente, eu ainda não entendi muito bem o que isso significa – disse Mag.
Parecia querer deixar claro que não se sentia enquadrada no termo.
– O que esses grupos chamam de codependência é a aparente perseverança com que alguns familiares, normalmente cônjuges e companheiros, ou companheiras, se dedicam aos parentes com problemas de dependência – explicou o

443

terapeuta. – É, na verdade, um tipo de transtorno emocional, definido e conceituado por volta das décadas de 1970 e 1980.[36]

Mag não imaginava que ele entendesse tanto do assunto.

– Para quem está de fora – continuou Ivan – é difícil compreender como e por que essas pessoas suportam heroicamente todo tipo de comportamento problemático, de atitudes doentias. É como se os chamados codependentes assumissem uma espécie de desígnio ou 'carma' para o qual fossem condenados para todo o sempre. A grande questão é que chega a um ponto em que essas pessoas só se sentem úteis quando estão cuidando das necessidades do outro, autoanulando sua própria pessoa para...

– Chega! – pediu Mag, tapando o rosto.

Ela chorava.

– Detesto ouvir sobre codependentes... Não quero ser codependente!

O terapeuta deixou que chorasse por alguns instantes.

– Dizem que a gente tem de aceitar a pessoa como ela é. Que a minha felicidade ou infelicidade precisam estar voltadas para a minha própria vida... Que eu tenho de estar bem comigo, independentemente de ele beber ou não beber. Porque, mesmo a gente sendo casado, eu sou uma pessoa e ele é outra... Desligamento emocional, eles ensinam. Mas acontece que eu não consigo enxergar felicidade na minha vida quando entro na minha casa e encontro o Sílvio bebendo na varanda! – desabafou.

– E o que você pode fazer, na prática, para resolver esse problema? – o psicólogo repetiu a pergunta.

Novamente veio o silêncio.

– Não sei... Tenho medo de tomar uma decisão e me arrepender...

– Você já pensou que não tomar nenhuma decisão, porque tem medo de se arrepender, também é uma decisão?

– Não. Decisão tem que ser o que a gente quer! – protestou Mag.

– E o que é que você, Mag, quer para a sua vida?

– Eu quero paz. Quero chegar em casa e encontrar minha sala perfumada com cheiro de incenso, minhas mesas limpas, meus paninhos no lugar... as meninas tranquilas. Queria não ter que ficar sentindo vontade de morrer só de olhar para a cara do Sílvio. Quero minha geladeira vazia de bebidas, cheia de encomendas! – ela sorriu.

– E que encomendas seriam essas? – ele a incentivou em seu sonho.

– As encomendas do meu *buffet*! Já escolhi o nome: "Mag convida". Imaginei até o cartão! Recentemente eu fiz o levantamento dos custos, da clientela... não é impossível, dá para fazer! No princípio, fico funcionando em casa mesmo. Só de não ter o Sílvio para reclamar! Posso usar a mesa da sala, da cozinha, posso usar a casa inteira se eu quiser!

---

[36] Sobre codependência ver: *Para além da co-dependência* e *Co-dependência nunca mais*, ambos de Melody Beattie, publicados pela editora Record.

A Ferro e Flores | 445

– Você já percebeu que tem tudo o que você quer muito claro na sua cabeça? Por que você não vai à luta e faz o que você tem vontade?

– Mas... se eu me arrepender? E se o Sílvio fizer alguma bobagem? – novamente ela ficou insegura.

Desta vez foi o psicólogo quem ficou em silêncio. Talvez esperasse por mais algum comentário de Mag. Talvez apenas que ouvisse sua própria voz ecoando dentro dela mesma. Mas ela não disse nada.

– Olha, Mag, faz parte do alcoolismo ter sempre uma desculpa para culpar os outros – ele continuou. – A pessoa bebe porque o time ganhou, bebe porque o time perdeu, porque a mulher foi embora e porque ela não foi. Portanto, acho que você não deve pautar a sua vida por este comportamento doentio, sob o risco de ficar doente também. É isso o que o codependente faz. Ele vive em função da doença. Em muitos casos, quando o alcoolista deixa de fazer uso da bebida, o companheiro não sabe mais o que fazer da vida... Não raro, ainda passa a apresentar problemas semelhantes àqueles dos antigos dependentes que cuidavam.

– Mas isso não aconteceria nunca comigo! – protestou Mag. – Só fico preocupada com essa questão da família... De destruir a minha família, você me entende?

– Destruir a família ou destruir a máscara do Sílvio? Nos cursos que eu fiz sobre dependência química e em todos os livros teóricos que li, eles sempre grifaram muito o papel da família como facilitadora da dependência. Primeiro, porque aceita essa culpa que lhe é impingida. Depois, porque não deixa nunca que o dependente químico enxergue o que ele faz com ele mesmo. A família busca o alcoolista na rua, ou o retira do sofá, muda sua roupa, limpa o vômito, escova até os seus dentes! No dia seguinte, ele acorda limpo, na caminha dele quentinha. Muitas vezes o companheiro ou companheira até já ligou para o trabalho avisando que ele vai se atrasar... Por que ele vai mudar se está tudo ótimo para ele?

Mag escondeu a cabeça entre as duas mãos, num gesto nervoso. Havia se reconhecido na descrição.

– Eu não quero mais esse papel! – disse, com a cabeça ainda escondida.

– Quem sabe, se você conseguir mostrar para ele o de que você não gosta, ele até não é capaz de mudar?... É interessante isso. As pessoas, dentro de uma família ou mesmo dentro de um grupo de trabalho, se adaptam a papéis. Cada qual faz determinada coisa, porque sabe que o outro vai fazer determinada outra. E, com o tempo, sejam os comportamentos positivos ou negativos, acabam se tornando automáticos, como as peças de uma máquina. Contudo, se uma das peças mudar seu movimento, todas as outras terão de mudar também – explicou ele.

– Mas mudar como? – Mag angustiou-se. – Ele não aceita de jeito nenhum que é um alcoolista. Todo mundo sabe. No serviço dele, na família e até mesmo na portaria do prédio. Só ele é que não sabe. Não vai mudar nunca, Ivan!

446 | LYGIA BARBIÉRE

– Mas como quebrar isso? Como fazer com que a pessoa enxergue? – angustiou-se Mag.

– É preciso parar de encobrir. Deixar que ele se enxergue como uma pessoa que tem problemas por causa da bebida. Só assim o alcoolista se torna propenso a, quem sabe, fazer alguma coisa para mudar o rumo de sua vida. Mas quem tem que mudar primeiro não é ele. É você.

Novamente Mag ficou reflexiva, revendo a própria vida.

– E a minha filha, a Ana Teresa? – perguntou, depois de um tempo. – Você acha que ela também pode ser uma alcoolista?

– Não acredito... Acho que o problema da Ana Teresa é muito mais emocional. Ela sofreu um trauma muito grande, está lutando para tentar tapar o buraco que ficou. Só que da maneira errada.

– Mas por que ela bebeu daquele jeito? Foi para o hospital!

– Se ela fosse alcoolista, não teria conseguido parar com tanta facilidade. Quando a gente tem um problema muito grande, o que é que a gente faz para tentar resolver?

– Não sei... Eu procuro pensar nas pessoas que eu conheço, que já passaram por situações semelhantes e conseguiram superar – ela avaliou.

– É exatamente isto. O que foi que a vida inteira a sua filha viu o seu marido fazendo todas as vezes que ele tinha um problema?

– Beber – Mag respondeu triste.

– Pois então. No momento em que se viu sem nenhuma referência, pela perda do namorado, que, aliás, também bebia, ela resolveu imitar.

– Mas e essa compulsão de comprar que ela arrumou agora? Você tem ideia de quanto vai ser o prejuízo que nós vamos ter de pagar?

– A compulsão pelo consumo é mais uma prova de que Ana Teresa está em desequilíbrio. Não é uma coisa arraigada, é uma característica momentânea que aconteceu e que, aliás, você mesma incentivou.

– Eu só quis distraí-la, levando-a para comprar alguma coisinha para ela. Queria que ela se visse bonita, que se interessasse de novo por ela mesma... Todo mundo sente prazer quando compra alguma coisa!

– É prazeroso, sim, comprar alguma coisa, da mesma maneira como é agradável beber um cálice de vinho em um dia frio, durante o jantar. O organismo realmente produz uma substância responsável pela sensação de prazer nestas ocasiões. Existem, porém, pessoas que, por uma situação interna de desequilíbrio, passam a realizar isto de uma maneira impulsiva e desenfreada. Estão, na verdade, em busca de um alívio para sensações de carência e ansiedade. Tenho, aqui no consultório, vários pacientes, homens e mulheres, que, todas as vezes que brigam com a namorada, a esposa ou o companheiro, passam a desempenhar comportamentos compulsivos. Como no caso do alcoolista, que acabamos de comentar, a culpa não é do companheiro e nem de nenhum outro fato ou pessoa, e sim da própria pessoa, que, em vez de enfrentar os problemas de frente, fica tentando se compensar através de outros meios, como se assim pudesse apaziguar o mal-estar causado por aquela determinada contrariedade ou frustração – explicou Ivan.

– Ela compra a loja inteira, mas não fica bem! – relatou Mag.

– Porque, como o comprar não é o de que ela precisa de fato, ela estará sempre comprando, num processo que tende ao infinito. A pessoa sente prazer quando compra, o cérebro libera substâncias ligadas à satisfação. Só que a sensação passa muito rápido e quase sempre acaba se transformando em culpa. Daí a pessoa compra mais para tentar produzir uma satisfação que desfaça a culpa, quando não consegue, sai comprando para as outras pessoas, querendo ser reconhecida por sua 'generosidade'. Na verdade, o que está acontecendo com a sua filha é que ela não está conseguindo gostar de si própria, se satisfazer com o que ela é, com o que aconteceu na vida dela. Ela grita com a irmã, grita com você, mas no fundo não é de vocês que ela sente raiva. É dela própria... Pelo que percebo, Ana Teresa não se perdoa por ter bebido no acidente. No seu inconsciente, pensa que a culpa foi dela. Que, se não estivesse alcoolizada, talvez tivesse podido impedir o que aconteceu, embora isso seja uma fantasia.

– E o que é que eu faço para que ela supere esse trauma? Ela não quer ajuda, ela não quer nada!

– Talvez uma boa coisa seja parar de querer poupá-la de todo e qualquer sofrimento.

– Quero evitar que ela viva de novo aquela dor! – justificou Mag.

– Não adianta. Ela precisa falar sobre o trauma. Repensar, reanalisar, reconstruir os fatos através da própria narrativa para que a cabeça dela também possa criar novas versões. É isto o que você vem fazer aqui nas suas sessões. Retrabalhar suas emoções. Pesquisas recentes mostram que desabafar muda o cérebro. Cada vez que a pessoa narra um fato, as respostas emocionais e as sensações são atenuadas.

O olhar dizia que Mag estava compreendendo o que ele queria dizer.

– Ana Patrícia melhorou muito depois que passou a fazer parte do programa de prevenção ao uso indevido do álcool criado pela escola.

– Se você pensar bem, ela também perdeu o namorado, mas conseguiu, de alguma maneira, criar uma aliança positiva com aquele momento doloroso. Pelo que você me conta, o grande diferencial entre as duas gêmeas, no momento, é que a Ana Patrícia superou o trauma e a Ana Teresa não. O traumatizado tende a se isolar, não verbaliza o evento, não compartilha suas histórias. Justamente pela falta desse contar e recontar, as pessoas ficam com suas memórias traumáticas fragmentadas. Ficam com medo e sensações dispersas, sem atribuição de um significado para o que aconteceu. No entanto, é só quando ela constrói esse significado que ela tem a possibilidade de re-

448 | LYGIA BARBIÉRE

construir o momento trágico, trazendo um aprendizado daquele evento. Isso alivia a dor – garantiu Ivan.[37]

– Mas porque uma reagiu tão diferente da outra? – quis entender Mag.

– Porque não existe uma pessoa igual a outra, não existe uma resposta universal ao trauma. Ainda que duas pessoas sejam submetidas ao mesmo trauma, a resposta de cada indivíduo é diferente – ele explicou.

– Será que existe um meio de conseguir ajudar a Ana Teresa? Ela não aceita, de jeito nenhum, a ideia de ir a um psicólogo!

– Talvez porque você fique o tempo todo tentando resolver os problemas para ela. Deixe com que ela arque com as consequências de seus atos – considerou o psicólogo..

Na loja, enquanto isso, Thalita era sumariamente demitida pela gerente.

– Mas foi você quem insistiu para que ela levasse aquela quantidade de mercadorias! – ela ainda tentou argumentar com a gerente.

– Você é que não tinha nada que vir me perguntar se podia ou se não podia. É norma da casa, você já sabia.

– Mas eu...

– O gerente fica numa situação muito difícil de dizer não para uma cliente!

– Escute, meu pai está no hospital, eu tenho um filho pequeno, a menina foi realmente assaltada e...

– Guarde para você os problemas referentes à sua família. O pai dela ligou para cá para negociar as condições de pagamento; já me cansou bastante os ouvidos esta manhã. O importante é que você saiba que, se ele não arcar com as despesas, o valor será descontado daquilo que você tem a receber e, o restante, negociado na justiça. Mas, de qualquer maneira, você não serve mais para trabalhar aqui – disse a gerente, entregando-lhe de volta a bolsa que ela havia deixado sob o balcão antes de iniciar seu expediente. – Ah! E dê minhas lembranças aos seus tios! Até agora, nem Lally, nem o marido dela se dignaram a ligar para cá! Alta sociedade...

Thalita saiu lívida dali. Se, por um lado, ela realmente odiava aquele emprego, aquela gerente e todas aquelas dondocas que diariamente a faziam dobrar quilos de roupas, por outro, ela precisava e muito do salário e de suas comissões de venda. Já se sentia tão envergonhada pelo tio a ter ajudado tanto nas despesas com o tratamento do pai... Ao menos agora, haviam recuperado as economias de Hermínio e sua aposentadoria estava entrando normalmente. Dava para pagar tranquilamente todas as despesas dele com médicos, fisioterapeutas, enfermeiros e medicamentos. Mas... e as despesas dela? E a escola de Samir? Precisava urgentemente de um novo emprego.

---

[37] Conforme entrevista com o psicólogo clínico Júlio Peres, especialista em transtorno do estresse pós-traumático e doutorando em neurociências e comportamento, publicada em *Veja* de 28/05/2007, p. 114: "Desabafar muda o cérebro".

— Ele olhava para mim com aquele jeito de peixe morto, um olhar sem brilho que parecia que ia se apagar a qualquer instante. Não tinha mais forças nem para dizer nada – de pé na cozinha, Jacira falava sem parar, contando a Thalita e Samir o triste desfecho de sua viagem ao Paraná.

— Fechei meus olhos, de tanto desespero, puxei o terço e comecei a rezar para Nossa Senhora de Fátima. Foi aí que eu ouvi a voz: "ele está desidratado".

— Nossa Senhora falou com você? – deduziu Samir.

— Não, não era ela. Era uma moça, muito boazinha. Logo, começaram a chegar os passageiros dos outros ônibus que ainda iam sair. Parecia até um milagre. A moça da voz de santa era médica, mandou alguém buscar para ele um pouco de água com uma colher de açúcar e uma pitada de sal. Eu falei para ela sobre a doença do Ariovaldo e ela me disse que era comum pacientes com essa doença eliminarem muito esse negócio de "sais minerais" – ela repetiu, meio desconfiada.

Desconfiava sempre das palavras que ela não conhecia direito.

— E o Ariovaldo pedindo água. O tempo todo pedindo água. Já estava ficando louca com essa pedição, mas a doutora disse que, quando a criança pede água, é bom sinal porque é sinal de desidratação leve. Disse que, nos casos mais graves, a criança perde até a noção de sede, não tem força nem para pedir água! Tão boazinha a doutora... Pena que não era daqui... Era de São Paulo...

— Você não está pensando agora em ir até São Paulo para se tratar com ela, está? – brincou Thalita.

— Não, não! Na verdade ela era tão boazinha que até me deu o endereço de um hospital aqui no Rio. Disse que é um hospital ótimo, que tem um pedaço só para cuidar de doentes com essa doença do Ariovaldo. Mucotici... Mucoli... Muco... ah, sei lá. Está escrito aí no papel!

— Como acha, Jacira? Você não sabe ler? – desconfiou Thalita, tirando das mãos dela o papel.

Jacira ficou com os olhos cheios d'água. Em outras épocas, inventaria qualquer desculpa, diria que a letra da médica é que era muito ruim. Havia, inclusive, omitido o detalhe de que perdera o ônibus porque não pudera ler o número

449

450 | LYGIA BARBIÉRE

da plataforma nem os letreiros no alto dos carros na rodoviária. Contudo, depois de tudo o que acontecera com ela e o filho em Curitiba, havia perdido a coragem de mentir.

– Você não sabe ler, Jacira? – Thalita olhou para ela, ainda com o papel nas mãos. Jacira foi abanando a cabeça bem devagar, as lágrimas caindo:

– Sei não, senhora...

Thalita não disse nada. Apenas a abraçou.

– Foi por causa disso que você perdeu o ônibus? – deduziu Samir.

– Foi – respondeu Jacira, limpando os olhos.

– Pois não vai perder nunca mais – disse Thalita.

– Não? – estranhou Jacira.

– Eu vou te ensinar a ler – ela prometeu.

– Jura? – Jacira quase pulou no pescoço dela, de tanta felicidade.

Thalita olhou mais uma vez para o papel que a médica tinha dado a Jacira, em Curitiba.

– Olha só, Jacira, a doença se chama mucoviscidose, que é a mesma coisa que fibrose cística. Se não me engano, esse hospital fica aqui pertinho de casa. Eu posso levar você lá, se você quiser – ela disse, também limpando as lágrimas discretamente. – Que engraçado... Pensei que fosse muito mais longe...

Estava muito aliviada, porque com certeza não era o hospital onde Domenico trabalhava. Miguel dissera que ele trabalhava lá no subúrbio, e o endereço era na própria praia do Flamengo, ela tinha certeza disso.

– Ai, Thalita, eu nem acredito. Você só pode ser um anjo que Nossa Senhora botou no meu caminho. Me disseram mesmo que tinha outro hospital que atendia essa doença, mas lá depois de Nova Iguaçu, bem mais longe que a minha casa. Se o menino puder ser atendido por aqui mesmo é bom porque é perto do trabalho – já estava toda animada.

– Bom, então, amanhã é dia da Mag, não é? Então, amanhã, você traz o Ariovaldo para a gente ir! – combinou Thalita. – Eu falo com ela.

Estava ainda sem jeito de dizer a Jacira que teria de dispensá-la no final do mês.

– Mamãe, é muito grave essa doença do Ariovaldo? – perguntou Samir mais tarde, quando estavam indo de ônibus visitar Hermínio, na clínica onde ele estava internado.

– Olha, filho, a Jacira faz tanta confusão quando explica as coisas, não dá nem para entender muita coisa. O que eu sei é que é uma doença que afeta muito os pulmões... – ela comentou, lembrando-se das investigações de Miguel. – Mas amanhã eu prometo que vou saber tudo direitinho com o médico, depois te conto, está bem assim?

Na clínica, era proibida a entrada de crianças. Samir insistiu muito, muito mesmo, mas não houve jeito. O regulamento era muito rígido. Teve de ficar sentadinho na recepção esperando.

A Ferro e Flores | 451

Hermínio continuava aborrecido, não queria conversa de jeito nenhum. Seu quadro havia regredido praticamente à estaca zero. Estava novamente imobilizado, passando por um período agudo de crises de abstinência. Estava carrancudo e mal-humorado

– Eu não entendo... Ele estava indo tão bem – lamentou Thalita, quando o médico da clínica veio atendê-la. – A única coisa diferente que aconteceu foi que o meu filho, ingenuamente, acabou cedendo aos apelos dele e conseguiu um cigarro para ele. Ele é louco pelo avô, nem por um momento achou que ele fosse ter uma recaída por causa disso – ela explicou ao médico.

– A compulsão, o desejo incontrolável pela droga é um dos problemas mais sérios da dependência química. Às vezes, basta que a pessoa escute, por exemplo, uma música que escutava sempre quando bebia para que seja reativado todo o processo.

– Então o senhor acredita que foi o próprio cigarro que gerou a crise? – cogitou Thalita.

– Acredito que a crise já estivesse em processo. O cigarro foi o estimulante que faltava. A propósito, penso que talvez não seja indicado a senhora submeter o seu pai a uma dupla abstinência como vem fazendo. É muito difícil ele conseguir se livrar da irritabilidade sendo privado simultaneamente do cigarro e da bebida. Todos os dependentes químicos sofrem uma ansiedade muito grande quando abandonam uma droga, precisam do cigarro para suportarem o processo.

Thalita olhou para o corredor da clínica e percebeu que todos os pacientes ali realmente fumavam. Mas o pai era muito viciado em cigarros, não poderia continuar daquele jeito, pensou consigo. Voltar a fumar ia fazer mal para a saúde dele.

– Não dá para ser tão radical, não podemos levar tudo a ferro e fogo – considerou o médico. – Talvez fosse mais indicado se a senhora lhe desse alguns cigarros por dia até que ele conseguisse ficar mais firme sem a bebida, e só então começar um novo processo, quem sabe até com a anuência dele – sugeriu.

– Mas ele toma um remédio para cortar a vontade de fumar! – explicou Thalita.

– Há quanto tempo ele vem tomando este remédio?

– Mais de seis meses. Só que, desde que ele chegou da outra clínica, não teve um dia em que não amolasse pedindo cigarro... Será que não vai fazer mal para ele, doutor? – Thalita preocupou-se.

– Ele não pode é tomar o remédio e fumar ao mesmo tempo, porque aí seria um excesso de nicotina. Tente suprimir o remédio e dar para ele três cigarros ao dia.

– E isto não vai estimular outra crise por causa da bebida?

– Podemos começar a troca aqui mesmo dentro da clínica. Assim, quando voltar para casa, já teremos dissociado as duas dependências.

452 | Lygia Barbiére

Thalita concordou. Chegou a deixar na portaria o dinheiro para os cigarros. Deu também um exemplar de *O evangelho segundo o espiritismo* ao enfermeiro que iria ficar com Hermínio à noite. Pediu a ele, encarecidamente, para que lesse para o pai uma passagem, qualquer uma, depois que ele dormisse à noite. O enfermeiro, que era um rapazinho muito simpático, prometeu que faria o que ela estava pedindo.

Voltou para casa triste e pensativa. A clínica era muito cara, iria consumir uma boa parte das economias do pai. E se ele tivesse uma nova recaída?

– Mãe, será que o vovó está chateado comigo? – perguntou Samir.

– Não, filho, claro que não...

– Nunca mais você vai deixar eu tomar conta dele, não é? – ele imaginou, ainda se sentindo muito culpado.

– Deixo sim. O médico me disse que você nem fez nada assim de tão errado, o seu avô precisava daquele cigarro... – ela tentou confortá-lo. – Agora eles vão até deixar ele fumar um pouquinho por dia. Acharam que é melhor assim.

– Ufa! – suspirou Samir. – Pelo menos assim ele vai parar de me pedir cigarros o tempo todo!

Naquela noite, depois que todos dormiram, Samir foi até o hospital visitar o avô. Estava tão decidido que foi até lá em espírito, enquanto seu corpo dormia. Eustaquiano foi ao seu lado, sem que percebesse.

Havia muitos outros espíritos nos corredores do hospital, o menino logo constatou, pensando tratar-se de pessoas comuns, já que não tinha exatamente a consciência de estar ali como espírito. Por via das dúvidas, não conversou com ninguém. Foi passando depressa, abriu a porta do quarto e entrou. Nem imaginava que estivesse na verdade impregnado pelos fluídos benéficos de Eustaquiano. Por isto, os demais espíritos não o viam quando ele passava.

Hermínio aparentemente dormia, mas seu espírito estava sentado na cama, pensando no que iria fazer. Se por um lado ele sentia muita vontade de ir lá para fora, onde sabia que havia bebida à vontade, outro lado dele tinha medo de ir até lá e não conseguir mais voltar à condição de abstêmio depois. Por incrível que pareça, Hermínio, em espírito, sentia muita falta da filha e do neto, do quarto cheio de flores com o qual já havia se acostumado.

Estava ainda sob a influência do trecho do *Evangelho* que o enfermeiro lera para ele. Por ser um rapaz evangélico, não lera o *Evangelho* que Thalita deixara, mas o seu próprio exemplar do *Novo Testamento*. Ainda assim, o efeito fora o mesmo. O rapaz lera o trecho com tanto carinho, com tanta vontade de que ele pudesse de fato ajudar Hermínio, que algo no espírito do doente se despertou para aquela mensagem. Era como se uma luz, muito fraquinha houvesse ficado acumulada em torno dele, como uma irradiação daquilo que conseguira absorver da leitura. "Tende cuidado para que alguém não vos seduza... Aquele que perseverar até o fim, se salvará", repetiam-se, sem parar, as duas frases que ficaram gravadas em sua mente.[38]

A clínica parecia até um presídio: as janelas tinham grades e as portas eram de chumbo como as dos cofres de banco. Até as escadas eram trancadas com portas de chumbo. Durante o período de visitas, pessoas comuns não podiam subir com aparelhos celulares; era-lhes inúmeras vezes aconselhado que não dessem nada, absolutamente nada aos internos, uma bala, um trocado, um cigarro que

---

[38] Mateus 24:4,5,11-13.

fosse. O mais irônico de tudo isto era que os espíritos transitavam por ali livremente, trazidos pelas mentes dos encarnados aos quais viviam acoplados.

– O senhor está zangado comigo? – perguntou Samir, aproximando-se do avô. Hermínio assustou-se.

– Eu? – estava comovido em vê-lo. – Não! Pensei que você é que estivesse zangado!

Samir foi até o avô e o abraçou.

– Eu nunca vou ficar zangado com o senhor – ele disse.

– Estou feliz que tenha vindo me ver – disse o avô.

– E eu também, de estar aqui – disse Samir.

Conversavam os dois como faziam normalmente. Nenhum dos dois tinha a consciência de estar afastado do corpo físico.

– Estão doendo as suas pernas? – perguntou Samir.

– Um pouco – respondeu Hermínio, fazendo uma careta.

– Quer que eu faça um pouco de massagem? – ofereceu o menino, ajudando-o a deitar-se.

Ficaram ali os dois, um tempo, naquele contato de vibrações. Hermínio com as pernas esticadas, Samir fazendo massagens.

– Sabe, vovô... Fiquei pensando sobre aquela história que o senhor me contou...

– Que história? – perguntou Hermínio.

– Aquela sobre o seu tio, que o senhor não quis nem me contar direito a coisa errada que tinha feito com ele, lembra?

– Ah, lembro – Hermínio respondeu de um jeito fechado.

– Fiquei pensando que talvez o seu tio tenha ficado magoado com o senhor...

– O meu tio? Que bobagem! – Hermínio tentou desconversar.

– Sabe, ouvi outro dia no Evangelho que a dona Rute sempre faz na casa da tia Mag, que a gente não deve deixar que ninguém fique com raiva da gente. Ela disse que, quando a pessoa sente por nós um sentimento ruim, ela fica mandando umas energias não muito boas para a gente, umas energias que fazem mal para a pessoa. Daí eu fiquei pensando se não era bom a gente fazer umas orações para o seu tio...

– Orações? Para o meu tio?

– É. Ele já morreu, não já?

– Acho que sim. Morreu. Morreu sim – admitiu Hermínio, triste.

– Vamos, vô. Então vamos rezar para ele – convidou Samir.

– Mas eu nem sei rezar... – disse Hermínio.

– Ora essa, eu lhe ensino!

– E você sabe? – estranhou Hermínio.

– A mamãe me ensinou um pouco e a dona Rute também. Eu acho que sei. A gente tem que se concentrar, depois falar a oração. Mas não pode ser só repetir. Tem que dizer lá do fundo do coração!

A Ferro e Flores | 455

– Ah, pois eu só sei rezar "Pai Nosso" e "Ave Maria" – disse Hermínio, já querendo encerrar o assunto.

– Não tem problema. A dona Rute disse que também pode rezar "Pai Nosso" e "Ave Maria". Só que tem de ser com amor, pensando na pessoa lá dentro do coração. Será que você consegue? – pediu Samir.

Era tão doce, tão gentil o modo como ele falava que era difícil para qualquer pessoa dizer que não conseguia. Hermínio se esforçou para dizer que sim, mas acabou vacilando na hora de começar.

– Escute... Eu não sei bem se eu quero rezar pelo meu tio... – disse.

– Você não falou que às vezes gostava dele? Que o trabalho dele era o melhor que já existiu? E que você até ficava orgulhoso quando as pessoas chamavam-no pelo nome dele? Então!

Aquelas palavras despertaram de novo o lado bom da convivência com o tio. Hermínio se deixou levar pelas memórias da infância. O dia em que o tio o deixou pegar no colo um carneirinho pela primeira vez; o dia em que o levou até diante do fogo, para a sua primeira aula; o dia em que trouxe da cidade uma caixa inteirinha de doces de leite em cubinhos só para ele. Foi puxando aquelas lembranças, uma atrás da outra, quando viu, estava orando um "Pai Nosso", com o coração cheio de amor.

– Que palhaçada é essa aqui? – Hefesto veio lá de fora, atraído por aquele chamado.

Estava que era pura pinga, rescendendo por todos os lados.

– Quem é você? – perguntou Samir.

– E desde quando você me vê? – estranhou Hefesto.

– Não era para eu ver? – Samir não entendeu.

Hermínio continuava em prece, tão concentrado que parecia até que nem estava mais no quarto.

– O que ele está fazendo? – perguntou Hefesto.

– O meu avô? Ah! Ele está rezando por um tio dele de quem ele gostava muito. O meu avô se sente um pouco arrependido por ter feito algo de errado com aquele tio, ele me contou. Daí, eu disse a ele para rezar para o tio e ele está fazendo isto agora.

Hefesto, surpreso, ficou prestando atenção naquela oração. Hermínio orava o tempo todo o "Pai Nosso". Hefesto, contudo, não ouvia o "Pai Nosso", mas a oração que Hermínio sentia dentro dele, e que dizia: "meu tio, lamento por ter sido tão ingrato. Gostaria que o senhor me perdoasse e que não guardasse rancor".

Olhou para Samir e viu que ele também orava, de cabecinha baixa, ao lado do avô.

"Senhor, fazei com que o tio Hefesto consiga ouvir a oração do meu avô e perdoá-lo".

– Não é possível! Por que estão fazendo isso? – replicou Hefesto.

O álcool deixava-lhe as ideias confusas. Olhava, contudo, para Samir e sentia-se tocado por uma ternura profunda. Não conseguia sequer comportar-se como usualmente se comportava. Estava confuso com os próprios sentimentos. Não estava acostumado a sentir aquelas coisas.

– Talvez porque tenha chegado o momento de você repensar suas atitudes – disse Eustaquiano, fazendo-se visível diante dele.

– Quem é você? O que quer? – defendeu-se Hefesto.

– Apenas ajudá-lo – respondeu Eustaquiano.

– Ora! E desde quando eu preciso de ajuda! Eu preciso é de reparação! Reparação, entendeu bem? – gritou, voltando a seu padrão normal.

– Pense bem – insistiu Eustaquiano. – Está certo que você foi prejudicado. Mas será que ele também não tinha suas razões para fazer o que fez?

Imediatamente, voltaram à mente de Hefesto, como torpedos hediondos, as frases que ouvira de Hermínio na tarde em que ele conversava com o neto. "Está vendo está cicatriz aqui? Foi ele quem me queimou com ferro quente... Ele me ensinou tudo o que eu sei sobre o ferro, mas, quando eu errava... Meu tio era bravo por demais... Até que um dia eu vi o meu tio fazer uma coisa muito feia... Uma coisa horrível que eu nunca mais me esqueci"...

– Ora esta! Você tem luz. Eu estou vendo que você tem luz. Como é que um espírito de luz perde tempo defendendo um hipócrita? – ele rebateu, referindo-se a Hermínio. – É um bêbado, não vê que se trata de um bêbado? Eu não faço nada. Apenas o estimulo naquilo que é a sua fraqueza! – sentiu necessidade de explicar. – Não é por minha causa que ele bebe. Eu lá tenho culpa se ele não pode ver um copo?

– Sei... É mesmo lamentável uma fraqueza como essa... – observou Eustaquiano. – É louvável que você possa observá-la em outra pessoa... Sinal que já deve ter vencido a sua – comentou delicado.

Novamente Hefesto viu a cena que tanto marcara Hermínio, como se ela se desenrolasse agora, diante de seus olhos. Chegou em casa bêbado, querendo jantar, já era de madrugada. Isaura já dormia, ele gritou por ela. Isaura não veio e ele ficou bravo. Esquentou no fogão um garfo e...

– Escute! Essa família não merece a sua comiseração – defendeu-se, querendo fugir da indesejável e dolorosa lembrança. – O irmão dele, sabe o que faz? É um produtor de cachaça. Vende cachaça para os outros se embebedarem. Isto não assusta você?

Queria jogar sobre outro a pesada culpa que sentia pesar sobre si.

– Vejo que você é realmente um bom observador. Dizem, inclusive, que é muito bom a gente observar os erros dos outros. Seria mesmo inconveniente e até perigoso em toda a parte se ver só o bem, já que semelhante ilusão prejudicaria o progresso. O erro, contudo, está no fazer-se que a observação redunde em detrimento do próximo, desacreditando-o, sem necessidade, na opinião geral. Igualmente repreensível seria fazê-lo alguém apenas para dar expansão a um sentimento de malevolência e à satisfação de apanhar os outros em falta. Dá-se, porém, inteiramente o contrário quando, estendendo sobre o mal um véu, para que o público não o veja, aquele que note os defeitos do próximo o faça em seu proveito pessoal, isto é, para se exercitar em evitar o que reprova nos outros – disse Eustaquiano, citando, sem que o outro soubesse, um trecho do *Evangelho*.[39]

Voltaram de novo, na mente de Hefesto, as palavras de Hermínio conversando com o neto. "Até que um dia eu vi o meu tio fazer uma coisa muito feia. Uma coisa horrível que eu nunca mais me esqueci... Coisa errada, a gente não conta para ninguém."

– Devíamos observar sempre as coisas boas nas pessoas. Este seu outro sobrinho, a quem você se referiu, por exemplo, é de fato um produtor de cachaça, tem verdadeiro prazer por este *hobbie* que carrega já há muitas vidas. Contudo, embora não tenha ainda conseguido se desvincular da responsabilidade de produzir uma substância que leva muitas vezes os outros a passarem por situações lamentáveis, é alguém que hoje se dedica a ajudar toda a família, sem exigir nada em troca. Na época do seu desencarne, aliás, foi ele quem providenciou tudo, livrando sua família do vexame de ter de enterrá-lo como indigente – lembrou o mentor.

– Um dia, certamente, esse mesmo espírito que ainda hoje prejudica outros pelo prazer de manipular as substâncias maléficas da cana-de-açúcar aprenderá ser o néctar das plantações canavieiras dotado de alto potencial medicinal para o organismo intoxicado, principalmente pelo álcool. Recentemente, fui convidado a assistir a uma palestra, onde nos foi demonstrado que as plantações da cana são extremamente benéficas para os reforços pulmonares de irmãos que estejam sofrendo debilidade e fraqueza, com desequilíbrio no cérebro – ouviu-se outra voz.

Eustaquiano sorriu para Abel, que acabava de chegar.[40]

– Não adianta! Vocês podem até se multiplicar, mas não irão me convencer. Nada justifica o que esse aí fez comigo, entenderam? Nada! Eu não o perdoo – alterou-se Hefesto.

– Meu amigo, você tem plenamente o direito de não perdoar, contanto que nunca erre – disse Abel.

Imediatamente, imensa fogueira de novo formou-se diante dos olhos de Hefesto e dela começaram a surgir imagens de um tempo remoto, onde ele e Hermínio eram irmãos. O pai ensinou a ambos a beber como 'homens'. E é assim que encaram todos os seus momentos de divertimento, como também todas as épocas de problema e dor. O pai um dia se vai e eles herdam dois enor-

---

[39] Kardec, Allan. *O evangelho segundo o espiritismo*, cap. x, item 20.
[40] Esta informação está no livro *O despertar de um alcoólatra*, já citado, p. 193.

mes terrenos lado a lado. Começam então as brigas. Hefesto se irrita porque a água nasce em suas terras e Hermínio, no terreno abaixo, também com ela se beneficia. Irritado, desvia o curso para que o rio não chegue mais ao terreno do irmão, que, depois de beber para 'acalmar-se', vai procurá-lo para tirar satisfações. Hefesto, porém, que também bebeu para comemorar, se exalta na discussão e acaba matando o irmão com duas facadas.

A fogueira se apagou. Hefesto chorava agora, movido por grande sentimento de culpa e vergonha.

– Por que me mostram isso? Eu não queria lembrar! Não queria lembrar! – repetia.

Hermínio, embora agora dormindo, sob efeito de passes tranquilizadores do mentor, também mostrou-se abalado, sacudindo o peito como se chorasse.

Só então Samir abriu de novo os olhinhos da prece, passando a observar o avô preocupado.

– Vamos conosco, meu irmão! Grande trabalho nos espera no mundo maior! Deixe de lado o passado e a vingança e venha se tratar! – convidou Abel.

O quarto, a essas alturas, encheu-se de pássaros coloridos.

– Não! Antes preciso saber quem é ele... Porque se dedica assim a ele, a nós... – disse Hefesto. – Foi ele quem causou tudo isto!

Apontou para Samir e viu então quando, de menino, ele se fez homem feito, de bigodes, uma materialização do próprio pai de ambos naquela remota existência.

– Não pode ser... – exclamou Hefesto, profundamente comovido. – Eu vou... – disse a Abel. – Se é assim, eu quero ir... Não quero mais prejudicar este que um dia foi meu irmão...

No que ele se moveu com intenção de abandonar Hermínio, contudo, este fez certos esgares como se também estivesse em vias de partir.

– Vovô, não vá, por favor não vá – chorou Samir, novamente menino. – Eu não posso deixar o senhor ir. Vim ao mundo porque existe uma lição que eu ainda preciso te ensinar! Existem muitas coisas que eu ainda preciso aprender com o senhor e o senhor comigo – o menino chorou desconsolado. – Não vá, por favor, não vá...

Hefesto também chorava comovido.

– Infelizmente – explicou Eustaquiano –, é tão antiga a ligação entre os dois que não é mais possível desatar os laços que criaram entre si sem que o outro pereça junto. É muito grande a dependência fluido-energética entre eles.

– Mas a emoção que ele está sentindo agora? Não o faz vibrar em padrão diferente do que estimulou as ligações entre ambos? – surpreendeu-se Abel.

– Não é ainda suficientemente forte, por si só, para romper com os laços fluídicos. Até porque, ele ainda se encontra sob o impacto do choque com o seu passado. Não houve tempo ainda para que se consolidasse de fato um sentimento de arrependimento e um desejo de reparação. Somente uma força assim, vinda da essência do ser e contrária a tudo o que se estabeleceu até então seria capaz de romper tão vigorosos laços. Infelizmente, tão logo diminua a emoção, nosso amigo tende a restabelecer seu padrão habitual de vibração; é um espírito tão doente quanto o outro a quem se ligou – esclareceu Eustaquiano.

– E o que fazer em uma situação como estas? – quis saber Abel.

– Somente Hefesto é quem pode decidir. Ou permanece ao lado de Hermínio e Samir, esforçando-se para domar suas más inclinações e aprender junto com eles, ou aceita o convite para subtrair-se, determinando assim o desencarne do hospedeiro – elucidou Eustaquiano.

– Ele não pode! Não está curado ainda! – argumentou Samir. – Se sair daqui agora vai ficar muito tempo vagando por aí, procurando bebida... Ele ainda não está pronto!

Fizeram-se breves instantes de silêncio no quarto. Os pássaros continuavam sobrevoando-o de um lado para o outro, com seu canto.

– Por favor, fique – pediu Samir, olhando para Hefesto, enquanto Hermínio continuava em esgares como se estivesse a agonizar. – Eu também vou ajudar você! Eu quero muito ajudar você!

Hefesto olhou para Hermínio, depois para Samir, para Abel e Eustaquiano, para Hermínio de novo. De novo voltaram-lhe as palavras recentes do sobrinho: "Quando eu era menino, a coisa que eu mais gostava era ir para casa dos meus tios, Hefesto e Isaura... Foi o maior ferreiro que eu já conheci em toda a minha vida... Quando ele me explicava as coisas, quando me mostrava as coisas que ele fazia para eu aprender, daí eu adorava ele. Era quase como se fosse um deus para mim... A vida toda eu queria ser igual a ele... Eu tinha muito orgulho dele".

– Eu vou tentar – Hefesto respondeu entre lágrimas.

Naquela manhã, Ana Patrícia acordou com a sensação de que alguém a havia chamado. Abriu os olhos e não viu ninguém. Ainda assim, ela tinha a certeza de ter ouvido alguém dizer: "Patrícia, depressa, venha!" Sentou-se na cama e teve a impressão de ouvir um choro baixinho de soluços contidos. Pensou em Mag. Subiu na cadeira e saiu pela casa. Aparentemente, não havia ninguém. Os quartos vazios, banheiros idem. Na cozinha, um bilhete da mãe pregado na geladeira:

"Meninas, aproveitei que a Ana Patrícia não iria precisar de mim esta manhã e saí para resolver algumas coisas minhas. Trago alguma coisa para o almoço quando voltar. Beijos, mamãe".

– Se ela disse meninas, isto quer dizer que...

Saiu de novo pela casa, com o bilhete na mão. Foi o tempo de ver o que estava prestes a se passar na varanda. De pé sobre uma cadeira, Ana Teresa se preparava para pular. Ana Patrícia voou até lá.

– Ana Teresa, não faça isso! – gritou, chegando na varanda.

Por alguns instantes, seu coração bateu descompassado, não tinha certeza do que iria acontecer, não tinha como se levantar da cadeira de rodas para segurar a irmã. Ana Teresa continuou parada, como que paralisada por seu grito. Ana Patrícia foi se aproximando bem devagar, até tocar em suas pernas. Abraçou as pernas da irmã e encostou a cabeça mais ou menos na altura de seus joelhos.

Ana Teresa foi descendo devagar, até conseguir sentar-se, quase colada à irmã. Estava muito abatida, o rosto molhado, os olhos quase fechados de tanto chorar.

– Eu não estou aguentando... Não estou conseguindo mais segurar esta tristeza – ela disse à irmã com o olhar distante, quase como se não estivesse ali.

– Olha só, Teresa. Ontem à noite estava lembrando daquele dia, o dia em que tudo aconteceu... – ensaiou Patrícia.

– Eu não consigo fazer outra coisa senão lembrar desse dia... – respondeu a outra.

– Pois então você também deve se lembrar do que você me disse no carro, quando estávamos indo para a festa. Você se lembra?

Ana Teresa olhou para a irmã surpresa, não sabia de imediato a que ela se referia. Pensou por alguns instantes. Voltou no tempo e ouviu de novo a irmã perguntar:

A Ferro e Flores | 461

– E se ele estiver lá? Se chamá-la para conversar?

E ela mesma a responder, convicta:

– Se me chamar, não vou, ora essa. Não quero mais.

Acabou deixando aflorar um leve sorriso:

– Disse que não voltava com ele de jeito nenhum. Que não queria mais... – respondeu finalmente à irmã.

– Você já se deu conta de que, mesmo que não tivesse acontecido tudo o que aconteceu, você poderia não ter voltado com ele naquela noite? E se não tivesse voltado? E se ele tivesse arrumado outra namorada depois? Será que você estaria também deste mesmo jeito até hoje? – questionou Ana Patrícia.

– Ele morreu por minha causa. A dona Adalgisa também acha isso – Ana Teresa respondeu muito triste.

– Ora, Teresa! Faça-me o favor! O papai também acha que foi por causa dele que eu fiquei assim! Todo pai precisa encontrar alguém para colocar a culpa do que aconteceu com seu filho! Ela está doente, tão doente quanto você! Agora, nem por isto você precisa levar a sério tudo o que ela diz!

– Foi por minha causa que você também ficou assim, que o Pedro...

– Pode parar por aí. Pois eu acho que não foi. Você não me pediu nada! Fui eu que quis ir com vocês, a mesma coisa o Pedro. Está muito claro na minha cabeça. Olha, Teresa, aprendi com a minha psicóloga, e com a dona Rute também, que, se alguma coisa acontece na vida da gente é porque, de alguma forma, a gente precisava daquela experiência, porque existe alguma coisa boa que a gente é capaz de extrair daquela experiência para a nossa própria evolução como pessoa neste mundo...

– E de que me adianta evoluir neste mundo se o Caian não está mais aqui? – Teresa respondeu deprimida.

– Pelo que me consta, você nasceu junto comigo, e não com ele! – brincou Ana Patrícia, tentando tornar as coisas mais leves.

– Mas eu não consigo me conformar... Se eu não tivesse bebido naquela noite, ele também..

– Ana Teresa, pelo amor de Deus, para e pensa! Você acha então que o Caian não iria beber se você não tivesse bebido? Pelo contrário, acho até que, no geral, ele bebeu menos porque você estava bebendo junto com ele. Pelo que eu me lembro do Caian, ele não gostava muito de ficar bebendo cerveja. Gostava era de uísque e de bebidas mais fortes, não é verdade?

– É... – concordou Teresa.

– O que eu quero que você entenda é que, mesmo que você não tivesse voltado com ele, ele iria beber do mesmo jeito. Talvez até mais pela dor de cotovelo. Teresa, infelizmente, eu cheguei à conclusão de que o que aconteceu conosco naquela noite iria acontecer de qualquer jeito. Porque o Caian sempre bebia daquele jeito, porque nunca deixava ninguém dirigir o carro dele. Ou da mãe dele, sei lá. Se não fosse com a gente, teria acontecido com outras pessoas,

462 | Lygia Barbiére

mas era quase impossível de não acontecer! Não dá para misturar bebida com direção! É muito perigoso! Só que o Caian fazia isso direto! Você se lembra por que foi que vocês terminaram na última vez?

– Foi por causa disso... – reconheceu Ana Teresa.

O olhar começava a ficar diferente. Desde o acidente, nunca havia pensado da forma como a irmã estava colocando agora os fatos.

– E você achando que eu tinha implicância com ele, que gostava dele ou sei lá mais o quê! O meu problema com ele era simplesmente este, aliás, o mesmo que o seu!

Ana Teresa olhou para a irmã com ternura, com uma ternura com a qual não olhava para ela fazia já muito tempo.

– E mesmo assim você entrou naquele carro, junto comigo, não foi?

– Também não é para você ficar se culpando por causa disso... Como eu disse, entrei porque eu quis, porque gosto muito de você, porque, no fundo, gostava dele também. Sei lá. Hoje eu penso diferente, acho que não devia ter entrado e nem deixado vocês entrarem. Mas na época eu não tinha ainda maturidade para pensar assim. Precisei passar por tudo isto para aprender a encarar a vida de outra forma...

– Não sei... – respondeu Ana Teresa. – Por que é que eu sempre fico com a sensação de que é tudo mais fácil para você? – ela perguntou.

Ana Patrícia precisou engolir em seco para não dar uma resposta para a irmã e iniciar uma briga. Mas conseguiu se conter. Era claro que ela não estava falando isto por mal; era assim que ela via as coisas e, com certeza, estava mesmo sofrendo muito mais do que ela, ponderou.

– Você acha então que eu não sofro? Que eu acho bom ficar andando com esta cadeira de um lado para o outro? Já pensou o sacrifício que foi até que eu me adaptasse a andar com este negócio enorme, a ir no banheiro de cadeira de rodas? É muito diferente, é tudo muito diferente. Pensa que não sinto falta das minhas aulas de *jazz*, de dançar, de andar de patins? Não posso mais andar descalça pela casa, sentir o chão debaixo dos meus pés... Não é a mesma coisa pisar sentada, você consegue compreender o que eu falo?

Ana Teresa olhou para a irmã e compreendeu profundamente o que ela estava dizendo. Haviam crescido juntas desde o primeiro segundo de vida. Ana Patrícia sempre fora muito mais puladeira do que ela. Também não havia antes pensado nisto. Toda a vida, Ana Patrícia nunca ficara sem fazer algum tipo de aula de dança. Fez balé clássico, balé moderno, sapateado, dança de salão, ginástica olímpica, nado sincronizado, *jazz*!

– Você às vezes não sente vontade de morrer por causa disso? – Ana Teresa perguntou de maneira solícita.

– Claro que não! Se Deus me deixou aqui, é porque tinha uma razão. Eu não posso me entregar à tristeza, nem a estes pensamentos. Se não posso fazer estas coisas, posso fazer outras! Já pensou naquele cara lá da Inglaterra, o Stephen Hawking, que é um gênio? Ele não tem só um probleminha nas pernas, não! O cara não mexe praticamente nada! E é um gênio, produz teorias fantásticas! Será que ele produziria tudo isto se não tivesse a doença que ele tem? – questionou Patrícia.

Conversavam as duas de mãos dadas, como talvez nunca houvessem feito antes na vida.

– Mas o que você faz quando fica triste, quando escuta as pessoas dizerem que você teve *sorte* por ter sobrevivido ao acidente? – perguntou Teresa.

– Ora, eu digo que sim. Que realmente tive muita sorte de estar tendo uma oportunidade como esta para aprender tantas coisas. Eu era tão vazia antes, tão cheia de preconceitos e de implicâncias! – reconheceu Ana Patrícia.

– Mas o que você faz quando vêm os momentos de tristeza, quando sente vontade de caminhar na praia, de pisar na grama? – insistiu Ana Teresa.

– Daí eu faço outra coisa. Sabia que eu vou entrar para um time de basquete, junto com o pessoal lá da fisioterapia? Time fera, que está se preparando até para competir nas Olimpíadas! – comentou ela animada. – E o pessoal da hidro, Teresa, você tinha que ir lá um dia desses comigo! Tem tanta gente com problemas tão piores do que eu! Tem um menino maravilhoso, o Marcelinho, que tem uma doença que fez com que os músculos dele começassem a definhar desde que ele completou dezesseis anos! Chama-se Mal de Huntington e é causado por um gene defeituoso, que só se manifesta a partir de determinada idade. Até a doença aparecer, o Marcelinho era um cara normal, como qualquer uma de nós. Estudou, namorou, cresceu e, de repente, começou a encolher, literalmente. O rapaz que cuida dele explicou que a doença afeta primeiro as extremidades, levando depois à perda da capacidade intelectual, alterações emocionais e, por último, à morte. Mas você pensa que o Marcelinho é uma pessoa para baixo por causa disso? Não! Ele hoje quase já nem fala, mas está sempre sorrindo para todo mundo. Nem mexe direito as mãos, mas consegue acenar para as pessoas! Sei lá. Hoje acho que o mundo se divide entre os Marcelinhos e os derrotados.

Ana Teresa chorava. Não era mais, contudo, o mesmo choro desesperado de antes. Era um choro de reconhecimento.

– Os Marcelinhos não vão ficar doentes para sempre, é apenas uma fase, uma etapa necessária ao desenvolvimento deles como espírito, uma mãozinha de Deus para que pudessem descobrir determinados sentimentos, determinados dons, toda uma série de capacidades e coragens guardadas dentro deles. Um dia, numa outra vida, o Marcelinho vai reencarnar como uma pessoa muito mais completa, muito mais generosa, muito mais capaz, em todos os sentidos.

– E os derrotados? – perguntou Teresa, fungando.

– Os derrotados vão continuar derrotados enquanto se acreditarem assim. É o tempo de cada um. Mas um dia eles também vão perceber que a derrota não existe, que existem apenas diferentes maneiras de vencer. Então eles também irão se levantar e continuar o desenvolvimento deles. Só vão demorar mais

464 | LYGIA BARBIÉRE

um pouco, mas, como a dona Rute me ensinou, o progresso é inevitável para todos. Ninguém permanece estacionado para sempre.

– E o que que eu posso fazer, Patrícia, para sair desse buraco de dor escuro onde eu me meti?

– Olhe para frente, olhe para a dor dos outros. Estava lendo outro dia uma reportagem sobre pessoas que perderam seus filhos em acidentes, em assaltos, vítimas de balas perdidas. Fiquei impressionada com uma senhora chamada Cleyde. Ela perdeu uma filha de quatorze anos, vítima de uma bala perdida, num tiroteio entre assaltantes e policiais. Era a primeira vez que a menina saía de casa sozinha, tinha implorado para a mãe deixar. Ia apenas de uma estação até a próxima, de metrô. Quando estava descendo as escadas, veio a bala. Agora você imagina como se sentiu essa mãe, como, aliás, se sente a nossa mãe no meio de tudo isso[41] – avaliou Ana Patrícia.

– E o que ela fez, essa senhora? – quis saber Ana Teresa.

– Ela diz que hoje se dedica à memória da filha, trabalha em um movimento pela paz que está prestes a virar uma ONG. Mas, de tudo, eu acho que o mais bonito, o mais importante é que, em todos os acidentes que acontece, seja de bala perdida, de assassinato, toda vez que um pai ou uma mãe perde um filho tragicamente, a gente olha a reportagem na televisão e lá está ela consolando a pessoa. É um trabalho de amor. Na entrevista, ela diz que foi a única forma que encontrou de não enlouquecer – contou Patrícia.

– Mas e eu? O que é que eu posso fazer para esquecer esta minha dor? – perguntou Teresa.

Desta vez, Ana Patrícia demorou um tempo para responder. Ficou pensando em tudo o que lera, em tudo o que vira, em tudo o que sentira depois do acidente.

– Sinceramente, Teresa, acho que esquecer a gente não vai esquecer nunca nesta vida. E nem deve, porque ali, naquela dor, naquele trauma, está o nosso aprendizado. Mas acho que essa dor fica mais leve quando a gente consegue ajudar alguém com a mesma dor, como faz a dona Cleyde. E mais ainda, quando a gente consegue fazer alguma coisa para evitar que outras pessoas passem por esta mesma dor. É o que diz sempre uma mãe, que perdeu a filha em um acidente parecido com o nosso e que eu encontro sempre quando dou meu depoimento nas escolas. É um trabalho que nós estamos tentando fazer juntas... Pelo menos, até o dia em que eu me tornar uma enfermeira! – ela sorriu com os olhos.

– Mas você não queria ser pediatra?

– É que, depois de tudo o que eu passei, cheguei à conclusão de que os enfermeiros são tão importantes, achei tão legal o trabalho deles que eu fiquei

---

[41] Cleyde Prado Maia é mãe de Gabriela, morta em 25/03/2003. Atualmente, cuida do Movimento "Gabriela Sou da Paz", cuja principal missão é conscientizar as pessoas a buscarem os seus direitos.

A Ferro e Flores | 465

com vontade de fazer isso também! Não quero diagnosticar as doenças, quero ajudar as pessoas a se recuperarem, sabe como?

– Sei! – disse Ana Teresa, estalando-lhe um beijo no rosto. – Você acabou de fazer isso comigo! Nossa, sabe que agora, de repente, me deu uma fome... Você já tomou o café da manhã?

Terminaram a conversa na cozinha, fazendo juntas uma salada de frutas. Quem as visse de costas, conversando animadas, sobre sonhos e projetos futuros, jamais imaginaria o tamanho de seus olhos inchados.

Thalita, enquanto isto, caminhava pelas ruas do Flamengo com Jacira, Ariovaldo e Samir. Como já estivesse para entrar de férias, Samir nem quis ir à aula naquele dia, querendo aproveitar um pouco mais da companhia da mãe. Embora soubesse que ela estava preocupada, no fundo estava adorando a ideia de ela não ter de viver mais o tempo todo com hora marcada para chegar na loja. Os dois iam brincando na frente, as mães conversando logo atrás.

– Você não imagina quem eu encontrei xeretando lá perto da minha casa esses dias... – comentou Jacira.

– Quem, Jacira?

Ela falou baixo para que o menino não escutasse.

– O Ariovaldo, pai do Ariovaldo!

Desde o incidente em Curitiba, Thalita percebia que Jacira não estava mais chamando o filho de menino.

– Ele falou com você? – perguntou Thalita, curiosa.

– Nada. Eu vi que ele estava me seguindo e andei mais depressa. Imagina se eu ia contar para o meu filho que aquele era o pai dele!

– Mas ele nem sabe que tem pai? Nunca perguntou?

– Ah, de vez em quando até pergunta, mas aí mudo de assunto.

– E por que foi que vocês se separaram? – quis saber Thalita. – Quer dizer, não quero invadir sua vida, se não quiser falar sobre isso...

– Que nada. Depois que eu assumi que eu sou *analfabera*, não tenho mais vergonha de nada não! – disse Jacira. – Ainda mais agora que eu vou aprender a ler!

– Pois então vamos logo começando. Não é *analfabera* que se diz. O certo é analfabeta, com 'tê'! – explicou Thalita.

– Qual é a letra que eu falei diferente? – quis saber Jacira.

– Você falou 'erre'. *Analfabera*, percebeu o som?

Jacira ficou pensando nas palavras.

– Quem dera... – falou bem devagar. – Dera também é com 'erre'?

– Isto mesmo! Você é muito inteligente – elogiou Thalita.

– Ninguém sabe por que ele foi embora. Um dia saiu, e não voltou mais. Sinceramente? Acho que foi porque ele descobriu que eu era... – ela se concentrou antes de dizer – analfabeta, não é assim?

– Que bobagem, Jacira. Ninguém abandona ninguém por causa disso. Você acha?

Chegaram finalmente ao hospital. Ficava mais ou menos a uma distância de uns oito quarteirões do prédio de Thalita. O coração dela disparou quando chegaram ao andar onde ficava o ambulatório pediátrico, onde deveriam cadastrar Ariovaldo para que fosse atendido. Mesmo sabendo que Domenico não estava lá, ela sabia ser aquela a especialidade dele e só de pensar nisto ficava gelada.

– Você não ficou gelada quando encontrou o Ariovaldo? – perguntou a Jacira, enquanto aguardavam que a secretária os chamasse para a consulta.

– Eu não! Fiquei foi com vontade de dar uns tapas naquele safado. Só não dei para que o meu filho não passasse vexame no meio da rua! – desabafou Jacira, indignada.

Thalita riu.

– Mas... Por que você está me perguntando isso? – Jacira sem querer encostou na mão dela. – Nossa! Você é que está gelada! O pai do Samir trabalha aqui? – ela deduziu de imediato.

– Não, não... – sorriu Thalita. – Acho que é porque está frio aqui... – ela disfarçou. – Samir, você não está com frio, filho?

– Eu não, mãe! – respondeu o menino, brincando com um carrinho por sobre os bancos da sala de espera, junto com Ariovaldo.

– Ariovaldo Silva dos Santos Filho – chamou a secretária.

Jacira, Thalita, Samir e Ariovaldo se levantaram ao mesmo tempo.

– Vão entrar todos vocês? – perguntou ela.

– Pode? – perguntou Thalita.

– Pode – respondeu a secretária. – Vocês vão ser atendidos na sala 5, da doutora Isabela.

Thalita respirou aliviada. "Pronto", pensou consigo. "Doutora Isabela, não existe a menor chance de o Domenico aparecer. Não sei por que estou nervosa assim".

Quando abriram a porta, porém, uma surpresa. Era Domenico que estava lá dentro. Thalita quase desmaiou. Domenico, porém, não percebeu que era ela de imediato.

– Entrem! – ele disse.

– Não era doutora Isabela? – estranhou Jacira.

– Ah! A secretária não explicou? A doutora Isabela está de férias. Eu estou cobrindo as férias dela! Mas não se preocupem porque... – só então ele viu Thalita.

Os dois ficaram em silêncio se olhando.

— Eu vou precisar internar o Ariovaldo para alguns exames – disse Domenico, escrevendo algumas coisas em um papel. – Como a doença dele foi tardiamente detectada, precisamos correr contra o tempo para poder criar o máximo de condições possíveis para que ele possa se recuperar. O organismo dele está muito debilitado.

— Como assim, doutor? – Jacira mal conseguia articular as palavras. – Pelo amor de Deus, me explica direito o que é essa doença que eu até agora, sinceramente, muito sinceramente mesmo, não entendi nada do que esses outros médicos explicaram! Só consigo reparar nesse negócio do suor, nesses caminhozinhos brancos que aparecem na testa dele quando passa mal. É o suor a doença do menino? Por que ele tosse tanto? Tem suor no pulmão? – Jacira não conseguia entender.

Muito calmo, Domenico encaminhou-se para um mapa do corpo humano que ficava pregado na parede do consultório e esclareceu:

— Não, dona Jacira. Não é só uma questão de suor. A doença surge através de genes defeituosos que passam de pais para filhos, provocando alterações nos pulmões, pâncreas, fígado e intestino – ele foi mostrando os órgãos no mapa com a ponta da caneta. – Ou seja, todos os órgãos que produzem secreções atuam como se estivessem com defeito, passando a produzir mucos mais grossos e pegajosos. A senhora deve ter reparado que, além do suor excessivo, seu filho vai muito ao banheiro. Ele também sofre de tosse crônica, está sempre com o nariz escorrendo e entupido, não é verdade?

Jacira fez sinal afirmativo com a cabeça. Estava tão assustada que chegava a sentir um frio gelado na testa. Ao menos, pela primeira vez, estava conseguindo entender. Domenico tinha uma maneira pausada de explicar, não se expressava de maneira difícil como os outros médicos.

— Pois, então estes são apenas alguns dos sintomas da fibrose cística. Depois eu vou lhe dar alguns folhetos, está bem?

Jacira sentiu crescer o seu nervoso! Ela não sabia ler! Será que eles achavam que todo mundo sabia?

— Fique calma, Jacira. Eu leio e depois explico tudo para você, está bem? – Thalita disse baixinho ao seu ouvido.

467

468 | Lygia Barbiére

– Mas... Isso apareceu de repente? Desde bebezinho que meu filho tem problema de diarreia, tosse, vive mesmo com o peito cheio – ela queria compreender tudo ali mesmo para não precisar dos folhetos.

– Ele já nasceu com esta doença, dona Jacira – disse Domenico.

– Mas por que isto demorou tanto a ser detectado? – Thalita não se conteve e perguntou. – Acho que é isto que ela está querendo entender.

Ela sentiu-se quente ao olhar para ele, parecia até que estava com febre, o coração batendo no meio da garganta.

– A fibrose cística costuma ser detectada poucos dias depois do nascimento, com o teste do pezinho. Acontece, porém, que precisa ser um teste do pezinho mais completo para aparecer, na chamada fase três, que, em geral, só é feita em laboratórios particulares. Atualmente, no Brasil, o Ministério da Saúde tem feito grande esforço para que todos os recém-nascidos tenham acesso gratuito a este exame, mas parece que, até agora, não foi possível. São poucos os estados que fazem o teste completo. Talvez por isto a doença de Ariovaldo não tenha sido detectada logo que ele nasceu. Mas o importante é que, agora que nós conseguimos descobrir, ele siga direitinho o tratamento – reiterou Domenico.

Durante toda a consulta, ele agira como se nunca antes houvesse visto Thalita, contido, educado, profissional. Mas, naquele momento, ao olhá-la de frente, não teve como impedir que seus olhos brilhassem de uma maneira diferente. Sem querer, seu pensamento foi para longe e ele reviu os dois se beijando na varanda da pousada em Aiuruoca.

Thalita se mantinha em silêncio, quase em estado de choque, o rosto ainda quente pela emoção.

– Está tudo pronto na sala de exames, doutor – a enfermeira apareceu na porta, trazendo-os de volta à realidade.

– Ah, claro – disse Domenico, arrancando do bloco a folha com as recomendações que precisariam ser transmitidas à equipe da enfermaria.

O menino foi levado para fazer exames, mas Jacira, Thalita e Samir permaneceram na sala.

– É para o bem dele, dona Jacira. Não fique tão preocupada – Domenico tentou consolá-la.

– E se ele morrer por causa dessa doença? – Jacira desesperou-se.

Os olhos de Samir quase pularam das órbitas quando ela disse isso. Thalita apertou a mãozinha do filho, também preocupada.

– Olha, dona Jacira, morrer todos nós vamos um dia, não é mesmo? Quanto antes a pessoa começar a se tratar, mais chances ela tem de viver mais tempo e melhor, porque o que vale também é a qualidade de vida. Estão sendo feitas muitas pesquisas sobre essa doença. Para a senhora ter uma ideia, até dez anos atrás, a expectativa de vida era de dois a seis anos de vida apenas. Mas, hoje, 35% dos americanos com fibrose cística já atingem a idade adulta, chegando até trinta, quarenta

A Ferro e Flores | 469

anos. Nada impede que em pouco tempo se descubram novos tratamentos e novos antibióticos que prolonguem ainda mais a vida daqueles que estão se tratando!

O tempo todo ele falava procurando fugir dos olhos de Thalita. Era como se ela não estivesse ali. Na verdade, estava também tão nervoso, que falava sem parar como nunca fizera em nenhuma outra consulta. Foi uma verdadeira enxurrada de explicações. Cerca de quarenta minutos depois, quando saiu do consultório, Jacira ainda estava atordoada.

Domenico foi com ela até a enfermaria. Thalita e Samir não puderam subir por causa dos outros doentes: não convinha expor o garoto a um ambiente de doenças infecciosas. Na verdade, Thalita queria ir embora dali o quanto antes. Contudo Jacira estava tão nervosa que ela não teve coragem de deixá-la ali sozinha.

Na enfermaria, enquanto isso, Jacira olhava desolada para Ariovaldo. Respirava com o auxílio de um par de tubos que lhe saíam do nariz. Domenico explicou que o excesso de catarro produzido pelo pulmãozinho do menino entupia as vias aéreas e facilitava a instalação de bactérias, causando inflamações e infecções. Era por este motivo que Ariovaldo tinha sido vítima de tantas pneumonias e bronquites desde bebezinho. Agora, nos dias em que passaria no hospital, faria uso de antibióticos, o que, aliado à prática diária de fisioterapia no aparelho respiratório, certamente diminuiria bastante a quantidade de muco e de bactérias no organismo. Havia ainda outro tubo para entrada de soro, preso na veia do bracinho. Vendo-o assim tão fragilizado, Jacira culpava--se por ter sido sempre tão dura com o 'menino'.

Demorou tanto a descer que Thalita começou a ficar impaciente. Já havia passado muito tempo da hora do almoço, Samir não queria comer nada, de jeito nenhum. Estava muito triste por causa do amigo.

"Existe alguma coisa de muito mal resolvida entre esta moça e eu. Estou tremendo como um adolescente!", Domenico constatou, enquanto arrumava suas coisas na sala da doutora Isabela. Seu horário de plantão havia terminado. "E pensar que aceitei cobrir estas férias justamente para não encontrá-la... Deixei tudo encaminhado no outro hospital para que um colega os recebesse... Nem avisei a Miguel que estava saindo de férias. Devia mesmo era ter ido viajar para a Indonésia, como havia planejado, pensou, enquanto trancava a porta da sala.

Foi quando ele novamente se deparou com Thalita, que tinha acabado de descer do elevador. Não havia conseguido localizar Jacira; procurava pela enfermeira que conduzira Ariovaldo, em busca de informação.

– Desculpe... Eu não queria incomodar, mas... Você sabe me dizer em que andar estão a Jacira e o Ariovaldo? Estive lá em cima, mas...

Estava parado diante dela, a uma distância de menos de um palmo.

– Eu que lhe peço desculpas por te dizer isto, mas acho que precisamos muito conversar! Acho que não vou poder mais dormir enquanto eu não conversar com você! – ele deixou escapar.

– Eu... – ela baixou a cabeça, constrangida.

– Eu sei que você namora o Miguel, mas...

– Não é nada do que você está pensando, naquela época eu...

A enfermeira ouviu o falatório e veio ver o que estava acontecendo.

– Está precisando de alguma coisa, doutor?

– Não senhora. Está tudo sob controle. Eu já estava mesmo de saída.

Domenico percebeu que a enfermeira ficou ainda vagando pelo corredor, querendo ouvir do que se tratava.

– Tome – ele disse, tirando da mala de médico um cartãozinho e entregando-o a Thalita. – Aqui tem o número do meu celular e todos os meus telefones. – Se você achar que deve, você me telefona. A propósito, sua amiga está na enfermaria 9, do terceiro andar.

Já ia saindo do hospital quando de repente ouviu uma vozinha gritando por ele:

– Doutor Domenico! Doutor Domenico! Por favor!

Olhou para trás e viu Samir. Tinha o olhar sério e triste, a fisionomia de um homem preocupado num corpinho de criança. Ficaram os dois se olhando por alguns instantes.

– O senhor vai salvar o meu amigo? – perguntou Samir.

Domenico sentiu-se profundamente tocado por suas palavras. Seus olhos se encheram de lágrimas e ele sentiu uma vontade irresistível de abraçar aquele menino. Abaixou-se diante dele e o abraçou. Era como se abraçasse de novo seu filho Alonso.

Olharam-se mais uma vez.

– Vai? – insistiu Samir, também sensibilizado.

– Vou fazer todo o possível, Samir. Todo o possível! – repetiu.

Olhou para ele ainda mais uma vez, chegou a abrir a boca para dizer mais alguma coisa, mas não saiu.

– Que Deus lhe proteja. Seja bom para sua mãe – algo o arrebatou a dizer, antes de virar-se para atravessar o portão do hospital.

Era assim que na Espanha ele sempre se despedia do filho antes de sair para trabalhar.

"Devia tê-la julgado pelos atos, não pelas palavras. Ela me perfumava, me iluminava... Não devia jamais ter fugido. Deveria ter-lhe adivinhado a ternura sob os seus pobres ardis. São tão contraditórias as flores! Mas eu era jovem demais para saber amar." Domenico fechou seu exemplar, em espanhol, de *O pequeno príncipe*.[42] Não conseguia parar de pensar em Thalita nem naquele menino.

O pequeno príncipe era seu livro favorito. O livro que guardara da infância para um dia ler para seu filho. No entanto, agora, não tinha mais o filho. Restara-lhe apenas o livro e suas palavras que o faziam lembrar-se de Thalita. Talvez devesse dar aquele livro para aquele menino... Samir, o nome dele. Não, não era por ser ele filho de Thalita.

Havia nele um olhar, uma dor... Domenico conhecia aquela dor. Será que conhecia?

Foi até o som e colocou o CD que pegara emprestado com Miguel da última vez em que se encontraram para discutir o trabalho que ele estava escrevendo. Faziam agora estes encontros sempre, todas as terças-feiras. Às vezes com a presença de Renato, o amigo em comum que os apresentara, mas, atualmente, quase sempre sem ele, que andava ocupado com as muitas dissertações que precisava orientar.

Estava quase arrependido por ter dado aquele cartão a Thalita. Era tão forte a amizade que espontaneamente crescera entre ele e Miguel que Domenico sentia-se como prisioneiro de uma armadilha dos deuses.

Desde a vez em que se encontraram em Caxambu, Domenico tinha sempre o cuidado de jamais falar de mulheres com o amigo. Mas por quanto tempo poderia sustentar aquela situação delicada? E quando Miguel resolvesse apresentar-lhe a namorada? O que iria dizer? Como controlaria o seu jeito de olhar para ela? Talvez fosse melhor que se afastasse também de Miguel, Domenico, pela primeira vez, cogitou. E como explicar aquele amor imenso, descomunal que ele sentia por ela?

Pensando bem, parecia até que aquela canção havia sido feita para ela. Era uma canção em espanhol: *"Más grande que todo el espacio/ Más que la soledad/*

---

[42] Saint-Exupéry, Antoine de. *O pequeno príncipe*. O exemplar brasileiro é da Agir Editora, Rio de Janeiro, 1997, e o trecho citado encontra-se nas pp. 31-32, 45ª ed.

472 | Lygia Barbiére

Más fuerte que el más fuerte abrazo/ Más que la claridad", dizia a letra. Era justamente o CD de Adriana Mezzadri com que Miguel presenteara Thalita.[43]

Em sua casa, por uma incrível coincidência, Thalita também folheava *O pequeno príncipe*. Há dias comprara-o na livraria do *shopping* por causa de Valéria, mas só agora tivera tempo de desembrulhá-lo. Comprara-o junto com outro, sobre flores. Mas onde estaria a passagem que Valéria mencionara? Fazia já tantos anos que lera aquele livro...

Em seu íntimo, Thalita culpava-se por aquela atração tão forte por Domenico, por continuar sentindo aquilo, mesmo querendo estar apaixonada por Miguel. Talvez Valéria estivesse certa; talvez não tivesse mesmo o direito de fazer experiências com Miguel. Na verdade, ela não queria brincar com os sentimentos dele. Queria só tentar. Mas não dava para se apaixonar por alguém da noite para o dia. Ou será que dava?

Colocou para tocar o CD que ganhou de Miguel, o da Adriana Mezzadri, e se pôs a pensar. Talvez fosse possível, sim. Tinha a sensação de ter se apaixonado por Domenico antes mesmo de ver-lhe o rosto, só de olhar para aqueles sapatos enormes de palhaço parados a seu lado, durante o teatrinho em Copacabana. Se apaixonara por sua sensibilidade.

E mais uma vez Thalita se pegou pensando em Domenico. Colocara o CD para tentar pensar em Miguel e acabara de novo pensando em Domenico. Todas as músicas a faziam pensar em Domenico. Tudo no mundo a fazia pensar em Domenico. Até a doença do filho de Jacira. Será que continuava apaixonada por ele? Mesmo depois de ele deixar suas malas no meio da rua?

"Cuando me hablaste de amor y te hice callar ardiendo por dentro te perdí con al viento que sopla y se va sin avisar",[44] dizia a canção que agora tocava no CD.

E Valéria? Será que estava mesmo apaixonada por Miguel? Thalita nunca teve certeza, ela jamais lhe falara claramente. Ou será que falara? Voltaram-lhe à mente as cenas da briga das duas no café do *shopping*.

"– Só falta agora você me dizer que não é apaixonada por ele!

"– E se fosse? Nem por isso iria sair por aí, desrespeitando todo mundo, usando outras pessoas para curar a minha frustração. Se estou dizendo tudo isso a você é porque eu gosto de você e porque acho o Miguel um cara muito legal. Mesmo que eu nunca tenha nada com ele, acho que ele não merece ser achincalhado desse jeito!"

Não, ela não queria desrespeitar Miguel, jamais tivera esta intenção. Talvez, se jamais houvesse conhecido Domenico, ela até tivesse se interessado mais

---

[43] Da canção *"Más que la claridad"*, música de Adriana Mezzadri e letra de Ana Maria Castro e A. Mezzadri: "maior que todo o espaço/ maior que a solidão/ mais forte que o mais forte abraço/ mais que a claridade".

[44] Da canção *"Te tengo miedo"*, música e letra de Adriana Mezzadri: "quando me falaste de amor e te fiz calar ardendo por dentro te perdi com ao vento que sopra e se vai sem avisar."

por Miguel, desde a primeira vez. Era tão difícil uma mulher resistir a Miguel... Ele era, sem sombra de dúvida, o homem perfeito para qualquer mulher. Mas por que será que ela não conseguia, de jeito nenhum, sequer entregar-se a ele num simples beijo mais demorado?

Folheou mais um pouco o livro e encontrou finalmente o trecho que procurava. Era a passagem da raposa, que, de repente, apareceu no caminho do príncipe:

"– Eu não posso brincar contigo, disse a raposa. Não me cativaram ainda.

"– Ah, desculpa, disse o principezinho.

"Após uma reflexão, acrescentou:

"– Que quer dizer 'cativar'?"

Thalita também se perguntou, ainda preocupada com as palavras de Valéria. E o que quer dizer cativar? O que Valéria queria dizer com isso?

"– É uma coisa muito esquecida, disse a raposa. Significa 'criar laços'...

"– Criar laços?

"– Exatamente, disse a raposa. Tu não és ainda para mim senão um garoto inteiramente igual a cem mil outros garotos. E eu não tenho necessidade de ti. E tu não tens também necessidade de mim. Não passo a teus olhos de uma raposa igual a cem mil outras raposas. Mas, se tu me cativas, nós teremos necessidade um do outro. Serás para mim único no mundo. E eu serei para ti única no mundo."

"Tu te tornas eternamente responsável por aquilo que cativas", diria a raposa, mais adiante. Thalita fechou o livro e mais uma vez pensou na amiga. É claro que estava enganada. Ela tinha laços com Miguel, sim. Tinha necessidade dele em sua vida. Será que tinha? Em que sentido? Olhou para as *ixoras* que havia ganho de Miguel na noite em que veio jantar em sua casa e compreendeu tudo. Estavam murchas.

Nenhuma outra planta em sua casa havia morrido, mesmo com todos os problemas, todas as idas e vindas do hospital. Thalita jamais se esquecia de regar nenhuma delas, exceto as de Miguel, que ficaram, sem querer, esquecidas no mesmo lugar onde ele as entregara a Thalita, no momento em que toda a casa recendia a arroz queimado. Sequer tivera o cuidado de desembrulhá-las. "E Valéria?", Thalita pensou de repente. Será que também a perdera para sempre?

Correu até a cozinha e regou com cuidado o vasinho. Enquanto fazia isto, tomou uma decisão. Ligou para Miguel e pediu para que viesse de noite para conversarem. Ligou depois para Mag, que tinha levado Samir para assistir à hidroterapia de Ana Patrícia, e pediu que ele ficasse com elas até mais tarde. Mag achou ótimo. Era uma sexta-feira, iam os três encontrar Ana Teresa para comer uma pizza.

Miguel chegou pontualmente às oito. Todo perfumado e trazendo flores, como sempre. Desta vez eram tulipas amarelas.

– Ô, Miguel... Estas flores são caríssimas! Não precisava ter...

– Eram as mais bonitas que encontrei na floricultura! – ele a interrompeu.

– Pena eu não saber o que significam!

474 | LYGIA BARBIÉRE

Nesse momento, se lembrou de Domenico explicando sobre as hortênsias: "na linguagem das flores, significam amor constante". Que coisa! Por que tinha de se lembrar justo agora?

– Ah! Não seja por isso! – disse Thalita, fugindo de seu olhar. – Sabe que eu tenho aqui um livro com o significado das flores?

Ela correu até lá dentro para buscar o livro, novinho em folha. Em segundos, voltava folheando-o.

– Nossa, que cheiroso este livro – observou Miguel.

– Aqui! Tulipas! Pintalgadas significam belos olhos, vermelhas, declaração de amor, amarelas... – ela não teve coragem de ler o que estava escrito.

Fechou o livro depressa.

– O que foi? – perguntou Miguel.

– Nada. Não era um significado muito bom.

– Deixa eu ver – ele pediu.

Ela escondeu o livro atrás de si.

– Esquece, Miguel.

Ele foi tentar pegar o livro e quase a beijou. Thalita se esquivou depressa. Foi buscar as tulipas para colocá-las em cima da mesa.

– São muito lindas. Prometo cuidar delas com muito carinho.

– Pois eu vou descobrir. Assim que chegar em casa, vou entrar na *internet* e vou descobrir...

– Bobo! – disse Thalita, ajeitando as flores. – Você aceita um suco de carambola?

– Suco de carambola? – ele repetiu surpreso.

– Eu adoro, você nunca provou? Tomava sempre lá em Aiuruoca; no fundo lá de casa tinha até um pé de carambola!

– E onde é que você foi achar carambola por aqui? – ele estranhou.

– Encontrei por acaso, numa quitanda – disse Thalita, voltando da cozinha com os sucos.

– Nossa, mas é uma delícia! – experimentou Miguel.

Ele viu o CD que Thalita havia esquecido sobre o sofá.

– Olha! Quer dizer então que você gostou! Posso colocar? – ele foi se encaminhando em direção ao som.

– Não! – Thalita quase se engasgou com o suco.

Ela tirou o CD da mão dele.

– Puxa... Você achou tão ruim assim? – Miguel ficou frustrado.

– Não. É que... – ela não queria dizer que o CD a fazia pensar em Domenico. – Senta, Miguel. Nós precisamos conversar.

Miguel sentou. Não estava entendendo direito o que estava acontecendo, mas pressentia algo de estranho no ar.

– Chamei você aqui, porque... – ela tentou começar.

Miguel ficou gelado.

– Por favor, não diga o que está querendo me dizer – ele pediu, tapando-lhe a boca com carinho. – Me deixe tentar mais um pouco!

– Miguel, eu não posso – ela disse, tirando delicadamente a mão que ele pusera sobre sua boca. – Eu preciso dizer isto a você. Eu não...

– Não tem problema que você não esteja apaixonada por mim – novamente Miguel não a deixou falar. – Eu também não sei se estou apaixonado por você. Na verdade eu nunca tive uma namorada!

– Você nunca teve uma namorada? – Thalita não podia acreditar.

– Não. Nunca tive. Sinceramente, nunca havia pensando nisso antes de conhecer você – ele confessou.

– Peraí! Você está dizendo que nunca se apaixonou antes por nenhuma mulher? – Thalita continuava incrédula.

– Nunca – ele respondeu sem constrangimento.

– Mas isso então talvez explique tudo... Você não está apaixonado por mim, apenas...

– Eu estou apaixonado por você, Thalita! – ele insistiu.

– Como pode ter tanta certeza?

– Ora, porque...

Miguel não sabia como explicar.

– Será que não se comoveu apenas por eu estar passando pelo mesmo problema que você está estudando? Por termos tantas afinidades neste sentido, por eu também gostar de estudar?

– Thalita, eu sei exatamente o que sinto por você. Por que está tentando me convencer do contrário? Existe alguma coisa que você está tentando me dizer? – Miguel desconfiou de repente.

– Bem...

Thalita perdeu subitamente a coragem de continuar.

– Na verdade existe, sim, outra pessoa – ela conseguiu dizer por fim. – Se eu pudesse, escolheria você, você é a melhor pessoa que...

Miguel ouvia em silêncio. De repente, viu o palhacinho de Samir esquecido sobre o sofá. A frase ficou engasgada na garganta, os olhos se encheram de lágrimas.

– Quem é essa pessoa? – ele a interrompeu de repente.

– Eu... eu conheci essa pessoa antes de te conhecer. Na verdade, eu me envolvi com ele antes de...

– Você não estava em Caxambu com essa pessoa, estava? – Miguel deduziu depressa.

– Estava – confirmou Thalita. – Houve um mal entendido e... Bem, eu acho que esta pessoa também conhece você e por causa disso achou que... – Thalita tentou contar o que ela própria havia deduzido.

Miguel captou de imediato o que ela estava tentando dizer. Havia ficado desconfiado desde o dia em que ela se mostrou reticente quando ele quis levá-la até Domenico, no hospital onde ele trabalhava.

– O Domenico... Não pode ser! – afirmou, um tanto quanto transtornado. – Não, por favor me diga que não é o Domenico essa pessoa...

Thalita baixou a cabeça e ficou em silêncio.

– O fato é que eu não posso mais tentar namorar você, porque estou apaixonada por essa pessoa – ela disse, envergonhada. – Não seria justo, não seria...

Miguel tomou nas mãos o livro que ela sem querer deixou esquecido sobre o sofá e o abriu na página das tulipas.

– Miguel, não faça isso, eu.. – Thalita ainda tentou impedi-lo.

"Tulipa amarela – amor sem esperança", estava escrito na página.

– Não se preocupe. Eu já entendi – ele disse, já se levantando e saindo.

– Miguel, espere, eu... – angustiou-se Thalita.

Miguel, contudo, não esperou.

Saiu do prédio, em passos rápidos, e caminhou até a outra esquina. Só parou quando um carro quase o atropelou. A buzina ficou um tempo soando aos seus ouvidos, junto com o palavrão dito pelo motorista. Ele parou na esquina, ainda atônito, só então as lágrimas desceram-lhe dos olhos.

De onde estava, podia ver o aterro do Flamengo, movimentadíssimo àquela hora. Rapidamente, levou as duas mãos aos bolsos da calça, a procura das chaves. "E se as tivesse deixado no apartamento de Thalita?", imaginou, já desesperado com a hipótese. Não, se lembrou de repente. Ele não tinha vindo de carro. Estava de metrô.

Suspirou aliviado e continuou um tempo parado, acompanhando o movimento dos carros. Não era justo. Definitivamente não era justo. Tanto tempo investindo em Thalita, tanto tempo escolhendo as palavras para impressioná-la... Ele achava que os dois combinavam tanto... Onde acharia uma garota tão interessada em estudos sobre alcoolismo, alguém que se interessasse tanto por aquele universo esquisito de pesquisa que ele considerava como se fosse só seu? Ela era tão bonita... Desde a morte de Pedro, Thalita era seu chão. Sua vontade de levantar da cama, sua motivação para fazer mais pesquisas... o que fazer agora sem ela?

"Não posso mais tentar namorar você porque estou apaixonada por outra pessoa", as palavras dela voltaram-lhe à mente, ao mesmo tempo em que ele revia o sorriso amarelo de Domenico na manhã em que os dois se encontraram em Caxambu. Depois, o silêncio de Thalita durante a viagem, aquela história do amigo de quem se desencontrou... Era Domenico, era claro que era!

– Por que você não pula na frente de um carro e acaba logo com isso? Nunca uma mulher vai gostar de você! – sentiu dizer uma voz dentro de si.

Miguel teve um sobressalto. Talvez não fosse dele aquela voz. Era preciso tomar cuidado com a sintonia, sentiu vibrar mais forte dentro de si.

– Não. Suicídio não. Suicídio nunca! – disse a si mesmo, reconhecendo o perigo de se deixar levar por tal sintonia.

Resolveu ir andando em direção ao metrô do Largo do Machado. Imagens e pensamentos ligados a Thalita e a Domenico, no entanto, não paravam de se suceder dentro de sua cabeça. Não podia perceber, mas um grupo de espíritos de sinistro aspecto seguia com ele. Pouca Telha ia junto.

– Espere um pouco – ele disse, dirigindo-se ao que naquele momento parecia ser o líder do grupo. – Talvez não seja preciso pegar tão pesado com ele. Você quase o convenceu a...

– Não vai me dizer que está com peninha deste otário! – atalhou o outro agressivo. – Já esqueceu o que ele pretende? O quanto ainda pode nos prejudicar com esse trabalhinho idiota que inventou de fazer?

– Não... não... Só quis dizer que ele não é propriamente inimigo de nenhum de nós, que... – recuou preocupado, sem coragem de mencionar o acordo feito. – Que esse aí é muito difícil de se deixar influenciar ...

– Não me diga... – gargalhou o líder. – Então dê só uma espiada nos pensamentos dele!

Miguel, a essas alturas, já havia passado, sem perceber, a estação do metrô do Largo do Machado e seguia, cada vez mais indignado, em direção ao Catete. "Maldito Domenico!", pensava. "Maldito dia em que eu conheci o imbecil daquele Domenico! Vontade de matar aquele cara! Talvez, se eu não tivesse dado ouvidos a ele naquele dia, se... Mas não foi através de mim que ela o conheceu... Não foi... – estava tão nervoso que as próprias ideias começavam a ficar confusas. – Como será que ela o conheceu?

O tempo todo, outra voz insistia em sua mente: "Tenha calma, Miguel. Domenico é seu amigo, não se lembra do apoio que lhe deu, de toda a conversa que tiveram na ocasião do desencarne de Pedro?"

Mas logo veio a lembrança de Domenico opinando, com seu sotaque estrangeiro, de Domenico virando um gole do chope: "Bom-senso seria a expressão correta... Não se trata de fazer com que as pessoas parem de beber de uma maneira mágica e instantânea".

E pensar que ele quase havia batido com o carro por causa daquela baboseira... Se o outro não estivesse no encontro com o orientador, atrasando o diálogo com suas ponderações inúteis, talvez ele até tivesse podido chegar a tempo de encontrar Pedro naquela noite, Miguel agora refletia, cada vez mais envolvido por aquele fluxo deturpado de ideias. Era como se toda a amizade, todo o companheirismo que se consolidara entre Domenico e ele houvesse se dissolvido no momento do término com Thalita.

Levantou os olhos e percebeu que estava quase na Lapa. Logo à frente, uma porção de mesinhas na calçada parecia fervilhar diante do letreiro luminoso com o nome do bar que estava na moda. Miguel seguiu até lá. Parecia hipnotizado pelo letreiro.

"O que é que o Domenico tem que eu não tenho?", perguntou-se mais uma vez.

– E você ainda pergunta? – sentiu responder a voz em sua mente.

Olhou para frente e ficou admirando o movimento. Pessoas rindo, pessoas alegres, mesas cheias, grupos de amigos, o garçom atarefado, indo e vindo com bandejas cheias de chope. Novamente ele se lembrou de Domenico e do diálogo que tiveram logo após a morte de Pedro:

"– Muito me admira o fato de você, com tudo isso, ainda continuar bebendo de vez em quando. Como consegue? Não lhe dói a consciência?

"– Por que doeria a minha consciência? Não fui eu quem matou a minha esposa e o meu filho. Eu jamais dirigi bêbado! Eu só posso me responsabilizar pelos meus próprios atos. Quanto aos outros, o máximo que eu posso fazer é trabalhar para conscientizá-los dos riscos de sua própria liberdade de escolha.

"– Não posso mais tentar namorar você porque estou apaixonada por essa pessoa..." – e de novo veio a voz de Thalita.

Miguel esfregou os olhos com força, como se quisesse acordar de um pesadelo. Sentou-se a uma mesa e mais uma vez percebeu que todos em torno bebiam animadamente. "Por que não?", perguntou-se. Pela primeira vez, em toda a sua vida, Miguel sentiu muita vontade de tomar um chope. Esqueceu por um momento todos os seus estudos e convicções e pediu ao garçom:

– Me traz um chope, por favor!

Só voltou a se dar conta de alguma coisa bem mais tarde, quando saía do banheiro completamente tonto, depois de passar muito mal, e esbarrou sem querer na moça que vinha passando pelo corredor.

– Miguel! Não é possível! Eu não acredito que você esteja assim! – ela exclamou, apoiando-o para que não caísse no chão.

Era Valéria. Tinha ido àquele bar para comemorar o aniversário de um dos colegas que trabalhava com ela na ambulância que atendia em festas, o qual jurara que ali se fazia o melhor bolinho de bacalhau de toda a cidade.

– Thalita! Zozê me desculpa? – ele confundiu as duas.

O grupo de espíritos se divertia com o seu estado de embriaguez.

– Eu não falei que ele era igual a todo mundo? – ria-se o líder.

– Quero ver agora como é que vai fazer a sua campanha antialcoolismo! – debochou outro.

Valéria não viu, nem ouviu nada, apenas sentiu um arrepio.

– Vamos embora. Eu vou levar você para casa – disse.

– Não....Zalita... Não precisa... Eu não estou.... de carro... Ou zera que estou? – ele do novo procurou as chaves no bolso. – Zabe porque aquela propaganda da cerveja com 'Z' na televisão?... Porque a gente fala tudo com 'Z' quando está azim... – ele explicou de repente.

– Vamos embora, Miguel – Valéria o puxou decidida. – Você está precisando é de um bom banho frio e talvez até de um pouco de glicose na veia!

Um mês se passou.

– Mas... então quer dizer que ele não estava lá? Não foi ele quem atendeu o Ariovaldo desta vez? – estranhou Thalita.

– Foi a doutora Isabela, ela já voltou de férias. Dizem que é uma das maiores fibrocísticas do Brasil! – comentou Jacira.

– Você quer dizer pediatra especializada em fibrose cística – corrigiu Thalita. – Falando nisso, precisamos começar as nossas aulas!

– Hi, Thalita, eu não rejeito suas aulas, não. Só que, ontem, eu fui lá no colégio do Ariovaldo e tomei uma decisão. Vou estudar lá de noite, junto com os adultos. Daí você me passa uns exercícios, está bem assim?

– Eu acho uma ótima ideia. Mas eles não falaram nada sobre o outro médico? – insistiu Thalita.

– Ah, falaram! Falaram sim. Disseram que o doutor Domenico também vai continuar cuidando do Ariovaldo. Na próxima consulta, que já está marcada, ele vai lá no hospital só para ver como está o menino. Muito bacana... Agora... Não é para falar não, mas estou achando que você está muito preocupada com ele! – observou Jacira.

– Eu? – esquivou-se Thalita. – De jeito nenhum. Só perguntei porque ele estava cuidando do Ariovaldo e...

– Sei... – respondeu Jacira.

Thalita foi para o quarto e, pela milésima vez desde o dia da internação de Ariovaldo, olhou dentro da gaveta o cartão de Domenico.

– Quer saber? – ela disse a si mesma, diante do espelho. – Eu vou acabar de vez com este tormento.

Tomou nas mãos o cartão e o picou em pedacinhos.

– Chega. Não quero mais pensar nessa história!

Domenico, contudo, que chegara ao hospital poucos minutos depois de Jacira sair com Ariovaldo, não conseguia se conformar com o fato de Thalita não ter ligado para ele. Desde então não conseguira tirar nem Thalita e nem Samir da cabeça. Fiel à promessa que havia feito ao menino, planejava realmente acompanhar Ariovaldo em cada etapa de seu tratamento,

480 | LYGIA BARBIÉRE

juntamente com a doutora Isabela. Mas naquele dia acabara se atrasando por causa do trânsito. Pensando bem, aquela era uma ótima desculpa para conseguir o que queria:

– Escute – ele pediu à secretária que cuidava da agenda da doutora Isabela e das fichas dos seus pacientes. – Será que você poderia ver para mim o telefone da Jacira, mãe do Ariovaldo?

– Aqui tem três telefones, mas parece que nenhum é dela – informou a secretária. – Acho que são das casas onde ela trabalha como doméstica.

– Sei... Me passe mesmo assim – pediu Domenico.

Naquela tarde, Thalita saiu para levar Hermínio ao médico. Por sorte, na clínica reencontrara-se com o primeiro neurologista que tratara dele em Aiuruoca, o doutor Júlio Marjofran. Ele havia se separado da esposa e agora estava de novo morando no Rio. O doutor Júlio tinha um jeito todo especial de lidar com o pai de Thalita. O tempo todo perguntava sobre Aiuruoca e sobre o trabalho de ferreiro, mostrava-se interessado em entender a temperatura exata para fabricar grades, móveis e portões.

Com isto, ao mesmo tempo em que exaltava a autoconfiança de Hermínio, aumentava também a confiança que este sentia no médico. Hermínio estava tomando os remédios sem reclamar, não ficava mais irritado a cada vez que se aproximava o dia da consulta. Mas continuava convicto de não ser ele um alcoolista.

– Imagina. Um homem que passa todo este tempo sem beber nada não pode ser considerado um alcoólatra! Eu só tive aquela recaída porque estava muito aborrecido naquele dia, mas, se quiser, nunca mais coloco uma gota de álcool na boca. Porque eu não preciso de álcool para nada. A propósito, o senhor não acha que, sendo assim, podia liberar pelo menos uma cervejinha de vez em quando?

Thalita levou um susto quando ele disse isso, chegou a abrir a boca para começar a discutir com o pai. O médico, contudo, soube contornar a situação antes que os dois começassem a discutir:

– Olha, seu Hermínio, assim como o ferro tem uma temperatura exata para virar portão ou cadeira, existem certas verdades que não podem ser alteradas. Infelizmente, o senhor danificou tanto o seu organismo que não pode mais beber. O senhor não se lembra que passou quase um mês para conseguir recuperar os movimentos que já estava conseguindo fazer com facilidade? Acho que, no seu caso, é preciso muito cuidado. O uso prolongado do álcool causou no senhor toda uma série de desorganizações no seu sistema nervoso como um todo. Tanto as células nobres, quanto os neurônios e os nervos periféricos sofreram intensamente por causa desse processo.

– Explica para ele, doutor, que foi por causa da neuropatia que ele quase ficou paralítico para sempre! – Thalita não aguentou.

– Ora, cale a boca, Thalita! – zangou-se Hermínio. – Até parece que você entende alguma coisa de medicina! Se nem o curso de enfermagem você conseguiu terminar!

O médico olhou para Thalita, num sinal silencioso para que ela tivesse paciência.

Ela compreendeu e ficou quieta, embora apreensiva.

– De fato, seu Hermínio, entre as complicações geradas pelo uso prolongado de álcool – ele jamais usava a palavra alcoolismo quando falava com Hermínio, – a paralisia de pernas e braços é muito comum, resultando da inflamação e degeneração dos nervos, por desnutrição. Mas tudo isto nós vamos tentar compensar com a vitamina B e aquelas injeções, que o senhor vai voltar a tomar por mais algum tempo. Precisamos ficar atentos porque o nervo óptico, responsável pela visão, também pode ser afetado por neurite, resultando em prejuízos progressivos para a vista, até a cegueira total. O senhor não gostaria de ficar cego, gostaria?

Hermínio não teve como argumentar. Contudo, aquela conversa foi motivo para que ficasse de mau-humor por todo aquele dia. Voltou para casa emburrado. Durante todo o trajeto de táxi desde a Barra até o Flamengo, não disse uma só palavra.

Em geral, não vinha se mostrando tão agressivo com Thalita, mas naquele dia em especial estava insuportável. "Procure ter calma. Com a recaída, todo o processo da abstinência tende a se repetir nos mesmos períodos", o médico explicou a ela, quando saía da sala. Na prática, isto significava a crise dos quinze dias, que já havia passado, a dos trinta dias, que estavam vivendo agora, a dos quarenta e cinco dias e a dos seis meses que ainda estavam por vir. Ao menos, eram estas as que Thalita conhecia. Só pedia a Deus para que viessem mais brandas desta vez.

O enfermeiro os aguardava na portaria para ajudar a tirar Hermínio do carro. Ele já voltara a caminhar, mas ainda com muita dificuldade. Thalita havia, inclusive, alugado novamente a cadeira de rodas, mas Hermínio se negara terminantemente a usá-la para ir ao médico.

– Ligaram para você – Jacira foi logo dizendo, assim que entraram.

– A Valéria? – imaginou Thalita.

Estava doida para conversar com a amiga, mas não queria dar o braço a torcer.

– Acho que não. Era um homem – respondeu Jacira.

– Um homem? – Thalita abaixou a bolsa no sofá. – O Miguel?

– Disse que se chamava Domenico... Sabe que eu quase perguntei se era o doutor? A voz era igualzinha – Jacira opinou.

Thalita mal conseguia acreditar:

– Você disse Domenico?

– É, disse. Faz já muitos dias que eu estou dizendo – sugeriu Jacira.

– Mas o que foi que ele falou, criatura? – Thalita queria saber.

– Disse nada não. Apenas pegou o endereço daqui – contou Jacira.

– O endereço daqui? Mas...

O interfone tocou antes que ela terminasse a frase. Jacira atendeu:

– Apartamento dois zero um, boa tarde! – disse ao porteiro, cheia de si. – Dona Thalita? Ah, um momentinho só.

Jacira desligou o interfone. Thalita continuava olhando, na maior ansiedade. Jacira parecia até estar fazendo de propósito. Demorou um tempinho antes de dizer:

– Está lá embaixo, esperando a senhora.

– Lá embaixo? Quem?

Thalita não entendeu. Ou achou que não tinha entendido.

– O doutor Domenico, ora essa!

Thalita abriu a boca, virou para um lado, para o outro, não sabia o que dizer. Nem o que fazer.

– Vai logo! – Jacira a empurrou até a porta.

Thalita tremia no elevador. E agora? Como é que ela fazia? O que dizia? Como é que ele tinha conseguido o seu telefone? Será que sabia que ela tinha terminado com Miguel?

Não havia ninguém na portaria. O porteiro também não estava lá. Foi andando devagar até a saída do prédio. Domenico a esperava ao lado do carro.

Ficaram os dois algum tempo se olhando.
— Entra — ele disse, abrindo para ela a porta do carro.
— Mas... eu nem desci de bolsa...
— Você não vai precisar de bolsa — ele respondeu.

Entraram no carro. Domenico ligou a música. Era a canção *"Te tiengo miedo"*, de Adriana Mezzadri, do mesmo disco que Thalita sempre ouvia pensando em Domenico. "É muita coincidência", ela pensou. "Será que foi Miguel que deu para ele este CD também?" Mas não teve coragem de dizer nada. *Yo te tengo miedo*, dizia a canção e Thalita pensava o quanto sentia medo dele, de toda aquela situação. Não era propriamente um medo, mas um receio de se machucar ainda mais.

Ao mesmo tempo, estar ali, naquele carro com ele de novo era quase como embarcar num sonho. Para onde estariam indo?

Trafegaram em silêncio ao longo de toda a praia do Flamengo, atravessaram Botafogo, Copacabana, Ipanema. Nenhum dos dois dizia uma só palavra, apenas a música tocava. Não era contudo, um silêncio pesado como o de Thalita e Miguel, na volta de Caxambu para o Rio. Havia no ar uma esperança, uma expectativa que parecia implícita naquela música. A mesma música que os fazia pensar um no outro sem que nenhum deles soubesse que o outro ouvia aquelas mesmas canções.

Domenico queria muito parar o carro para conversar, mas não sabia onde fazer isso. Pensou no mirante do Leblon, mas ficou preocupado com a possibilidade de um assalto, São Conrado também era perigoso, para onde iriam? Enquanto isso, dirigia, como se o carro fosse o próprio cérebro, indeciso e confuso sobre o que fazer. Apenas andando até que as ideias se aclarassem.

Acabaram estacionando no final da praia da Barra, quase na altura do Recreio. Era fim de tarde, o local estava bastante movimentado. Pessoas fazendo caminhada, carrinhos de bebê, crianças brincando, *traillers* vendendo água de coco.

— Até agora você não me disse o que... — ensaiou Thalita, quando ele desligou a chave.

484 | Lygia Barbiére

Domenico olhou para Thalita e não aguentou mais. Beijou-a ali mesmo. Um beijo profundo e cheio de saudades, incontrolável de tão desejado, intensamente correspondido.

– O que foi que aconteceu com a gente? – ele perguntou, fazendo um carinho no rosto dela depois do longo beijo.

– Não sei... Só sei que senti muito a sua falta durante todo este tempo – respondeu Thalita, sentindo a voz embargada de tanta emoção.

Abraçaram-se fortemente, beijaram-se mais uma vez. Depois desceram do carro e foram até a praia. Thalita queria muito molhar os pés. Apesar do beijo, ainda se sentiam constrangidos, procurando as palavras para começar. Sabiam que tinham muito a conversar.

– Eu tinha certeza que você me amava... Mas por que não me falou sobre Miguel? – Domenico finalmente perguntou.

Caminhavam de mãos dadas na beira da água, segurando os sapatos com a outra mão. O sol se punha no horizonte, rosado e enorme.

– Como é que eu ia lhe contar, se não existia nada entre o Miguel e eu até o dia em que o vi abraçando aquela médica bem no meio daquele auditório? – respondeu Thalita.

– Se você soubesse... – Domenico parou para dar um sorriso. – Sabe quem era aquela moça?

– A sua namor..

– A doutora Isabela – Domenico não a deixou terminar. – Nos encontramos por acaso no debate, ela me contou sobre a morte de um menino fibrocístico que eu também havia acompanhado – ele explicou.

– Meu Deus... Eu fiquei tão irada que... Na verdade, se eu não tivesse beijado o Miguel naquele dia, só para lhe provocar, nós talvez nunca nem tivéssemos namorado...

– Quer dizer então que foi tudo por minha causa? – ele parou para olhá-la nos olhos.

– Naquele dia em Caxambu, eu... – tentou dizer Thalita.

Domenico contudo a beijou antes que ela terminasse.

– Não se preocupe. O Miguel já me explicou tudo – ele disse, ainda com o rosto muito próximo ao dela.

– O Miguel? – Thalita mal pôde acreditar.

Enquanto isso, em casa, Samir entrava correndo no quarto de Thalita para buscar o dinheiro de Jacira, que sempre ficava na mesinha de cabeceira. Na pressa, acabou deixando cair o livro *O pequeno príncipe*, que estava sobre o dinheiro. Abaixou-se para pegar o livro e encantou-se com a página colorida que ficou à mostra.

– Legal – disse, deixando o livro aberto para ver depois.

– Bom, acho que a Thalita não vai ficar chateada se eu for... – disse Jacira, já na porta, depois que ele lhe entregou o dinheiro.

– Ela vai demorar? – perguntou Samir.

– Hummm... Agora você me pegou... Acho que não sei – ela respondeu confusa.

– Mas ela não disse aonde ia? Ela sempre fala comigo antes de sair! – reclamou Samir.

– Sabe o que é, acho que foi uma emergência – enrolou Jacira.

– Como assim, uma emergência? – Samir achou estranho.

Neste minuto, o telefone tocou. Era Thalita, explicando que iria jantar com um amigo.

– Que coisa esquisita... – disse Samir, desligando o telefone desconfiado. – Ela não quis dizer quem era o amigo... Ele tem um celular... Minha mãe deve ter ligado do telefone dele! – deduziu.

– Bem – desconversou Jacira –, deixei uma canjinha bem gostosa e quentinha lá no fogão e pão fresquinho em cima da mesa. Você tem certeza de que vai ficar bem se eu for?

– O enfermeiro taí com o meu avô – Samir respondeu meio triste. – E o Ariovaldo? Vai vir da outra vez?

– Ai, Samir... – lamentou Jacira. – Não é que a doutora mandou internar o Ariovaldo de novo amanhã? Ele está com muita tosse e ela não quer que piore. É por isto que eu tenho que ir!

Samir ficou ainda mais triste depois que ela saiu. Nem quis a canjinha. Voltou para a cama da mãe, onde havia deixado o livro; estava se sentindo muito sozinho. O livro tinha gravuras muito bonitas, mas muito texto, ele logo constatou, folheando-o. Não ia dar para ler tudo. De qualquer forma, tinha ficado curioso com o desenho que vira. Voltou na página que havia marcado.

"– Que fazes aí?, o principezinho perguntou ao bêbado, silenciosamente instalado diante de uma coleção de garrafas vazias e uma coleção de garrafas cheias.

"– Eu bebo, respondeu o bêbado com ar lúgubre.

"– Por que é que bebes?, perguntou-lhe o principezinho.

"– Para esquecer, respondeu o beberrão.

"– Esquecer o quê?, indagou o principezinho, que já começava a sentir pena.

"– Esquecer que eu tenho vergonha, confessou o bêbado, baixando a cabeça.

"– Vergonha de quê?, investigou o principezinho, que desejava socorrê-lo.

"– Vergonha de beber! Concluiu o beberrão, encerrando-se definitivamente no seu silêncio."

Samir fechou o livro e ficou com muita vontade de ver o avô. Foi até o quarto dele. Nem deu muita importância para o fato do livro ser escrito em letras de imprensa e ele ter conseguido ler tudo – coisa que, um mês atrás, o faria dar pulos de alegria. Estava mesmo chateado naquele dia. Mas não havia ainda desistido de seu trabalho junto ao avô.

486 | LYGIA BARBIÉRE

– Vovô, o que é lúgubre? – ele perguntou, querendo iniciar uma conversa.

O avô, porém, não parecia disposto a muito assunto.

– Ora essa. Sei lá o que é lúgubre. Vá procurar no dicionário.

Samir se sentou no cantinho do sofá, muito triste. Por mais de meia hora não disse nada. Apenas ficou ali, olhando para o chão com o livrinho debaixo do braço, enquanto o avô e o enfermeiro assistiam ao jornal na televisão. Eles gostavam de assistir a jornais em todos os canais. Mal acabava um, eles já viravam para outro.

Hermínio tinha os olhos fixos na televisão, mas não parecia prestar muita atenção ao noticiário. Estava apreensivo naquele dia, muito aborrecido porque o filho nunca ligava para ele. Querendo poupá-lo do desgosto de saber o que verdadeiramente se passava com Ramon, a família não lhe dissera nada sobre a prisão do rapaz. Contudo, ninguém se lembrara de justificar o porquê do sumiço de Ramon, o que acabara levando Hermínio a uma descabida constatação: fora Ramon, quem se apoderara do dinheiro que havia sumido do banco.

Quanto mais as horas se passavam, mais Hermínio tinha certeza disso. A deficiência em seus neurônios, causada pelo uso prolongado do álcool, muitas vezes fazia com que ele raciocinasse de maneira obtusa, juntando fatos e omitindo outros numa lógica própria que só ele conseguia compreender, mas que lhe parecia completamente óbvia. Planejava agora uma maneira de surpreender o filho, na sua cabeça já de volta a Aiuruoca – ele nem se lembrava direito para onde Ramon havia viajado. Queria pegar Ramon em plena posse de seu cartão do banco, gastando levianamente o dinheiro que ele tanto lutara para conquistar.

Tantas especulações eram na verdade o resultado de inúmeras sugestões que ele recebia de espíritos doentes que continuavam a rodeá-lo, o resultado do que ele conseguia captar misturado a suas próprias elucubrações doentias. No fundo de tudo isso, escondia-se, mais uma vez, o desejo incontrolável de beber. Ainda que justificasse conscientemente para si próprio que precisava, ele próprio, ir a Aiuruoca para retomar as rédeas de suas finanças e restabelecer a ordem em sua vida, subliminarmente ele pensava na casa cheia de bebidas, sonhava com o momento em que se sentaria na cozinha, arrasado pelo comportamento do filho, e encheria seu copo como sempre fizera. Sem perceber, seu inconsciente construíra até a justificativa para que ele pudesse consumir suas bebidas. Hermínio sentia como se todos os fatos já estivessem devidamente comprovados, como se Ramon fosse efetivamente um grande mau-caráter.

Faltava agora encontrar um meio de chegar até lá, em Aiuruoca, sem que ninguém o impedisse.

De pé a seu lado, Hefesto observava a intensa movimentação de espíritos que o tempo todo entravam e saíam do quarto, atraídos pelo verdadeiro desejo de Hermínio, reforçando ainda mais aquela incontrolável vontade. Era, contudo, outro viciado lutando para não se render à dependência. Como prometera, abstinha-se de instigar Hermínio a beber, contudo ele próprio não conseguia deixar de influenciar-se pela vontade de Hermínio, sendo tão grande quanto a dele a sua vontade de beber. Mais uma vez, unidos pela mesma compulsão, ocupavam-se ambos na mesma busca, sedentos por uma ideia que os tirasse do cativeiro imaginário.

– Um piloto perdeu a consciência e ficou 25 segundos desacordado após o avião ser atingido por um bando de urubus – dizia o noticiário.

– Podia ser: velho de sessenta e dois anos morre envenenado. Por que um de vocês não me serve uma comida envenenada? – sugeriu macabro.

Ninguém respondeu nada. Na televisão, continuava a chamada para o noticiário que estava começando.

– Jovem de dezenove anos teve noventa centímetros de cabelo roubado quando saía de um culto evangélico. Encontrada a professora que deixou um menino de quatro anos trancado por cerca de três horas em uma sala de aula. Mais um taxista é assassinado por assaltantes em Belo Horizonte.

Ao ouvir isso, Hermínio virou lentamente a cabeça. Era a ideia de que precisava: um táxi! Um táxi era a solução, vibrou em silêncio.

– Não faça isso – pediu Leda a seu lado. – Você colocaria tudo a perder. Pense no seu neto.

Hefesto não a viu. Involuntariamente, porém, Hermínio pensou no neto. Olhou para o sofá e percebeu que ele estava muito triste.

– Eu vou até a cozinha preparar o seu lanche – disse o enfermeiro.

– Desligue esta televisão – pediu Hermínio. – Ah, na volta me traga aquele papel grande que fica pregado na geladeira.

– O guia de endereços do bairro? – estranhou o enfermeiro.

– É, aquele ímã grande, que fica pregado na porta. Estou com vontade de comer uma broa de milho, quero ligar para a padaria para ver se tem – explicou, sem se dar conta de que já iniciara o rosário de mentiras que sempre surgia associado ao seu desejo secreto pela bebida.

– O senhor quer que eu vá até lá buscar? – ofereceu gentilmente o enfermeiro. – A padaria fica aqui na esquina e a esta hora ainda...

– Não. Eu não quero comer agora. Só quero ligar para ver se tem – justificou Hermínio.

O quarto ficou em silêncio.

– Olhe para o seu neto! – insistiu Leda.

Hermínio olhou para o neto e viu que ele continuava triste, sentadinho na ponta do sofá com o livro debaixo do braço. Essa agora... Samir atrapalhava seus planos. "Será que vai ficar triste quando eu for para Aiuruoca?", Hermínio se perguntou.

– O que diabos aconteceu com você? Tudo isso é porque eu não sabia o significado da palavra lúgubre? – perguntou, dividido.

488 | Lygia Barbiére

Por mais aborrecido que estivesse, não conseguia ser indiferente ao neto. Samir nada respondeu. Apenas fez sinal de não com a cabeça.

– Vá buscar o dicionário, anda!

Samir obedeceu.

– Agora abra aí para mim na letra 'L' e coloque aqui na minha barriga que eu não tenho força para isso – pediu Hermínio.

Novamente Samir obedeceu. Hermínio foi virando as páginas devagar, guiando-se pela palavra do final.

– Levante um pouco – ele pediu a Samir, para que pudesse procurar no meio da página. – Está aqui: "lúgubre: relativo a luto; fúnebre, triste, soturno, funesto. Mas você é que está lúgubre! O que aconteceu afinal?

De novo, Samir não disse nada. Apenas deu de ombros.

– Não vai me falar? – insistiu o avô.

– É que eu estou chateado – respondeu o menino.

– Isso eu estou vendo. Mas chateado por quê? – insistiu o avô.

– Porque todo mundo que eu gosto, de um jeito ou de outro, vai morrer.

– Mas todo mundo tem que morrer mesmo algum dia – disse Hermínio.

– Mas eu não entendo! – desabafou Samir. – Olha só para o senhor ver! O meu amigo Ariovaldo tem seis anos e pode morrer por causa de uma doença que ele tem. Ele não quer morrer, mas talvez ele tenha que morrer! Agora, o senhor não tem nenhuma doença grave, dessas que matam a pessoa, pode levantar da cama e ficar bom, mas mesmo assim toda hora só fala que quer morrer. O senhor não precisa morrer, mas o senhor quer morrer. Se beber, vai morrer por causa da bebida. Se não beber, vai morrer de chateação porque não pode beber. E como é que eu vou ficar nesse mundo, sozinho, sem os dois amigos que eu gosto mais?

Hermínio se emocionou com as palavras dele. Mas disfarçou:

– E quem disse a você que eu vou morrer?

Hefesto estava alucinado. A simples lembrança de Hermínio das bebidas que guardava em casa o deixara como um toxicômano na expectativa de uma carreira de pó.

– Não dê ouvidos a ele! Sempre nos atrapalha! – ordenou, em seu delírio, esquecido de todas as constatações que fizera recentemente. Hermínio, contudo, preocupado com o neto, desta vez não captou.

Samir continuou cabisbaixo, estava realmente chateado.

– Sei lá. Toda hora o senhor fala isso! Parece até que não gosta de mim!

– Eu nunca disse que não gosto de você – respondeu Hermínio.

– Se gostasse, não tinha feito aquilo comigo – disse Samir, referindo-se à recaída do avô.– Nem ficava dizendo toda hora que quer morrer!

– Eu não fiz isso com você.

– Então fez com quem?

A Ferro e Flores | 489

– Talvez comigo mesmo – respondeu Hermínio.

Samir se lembrou do que tinha lido no livro e correu a abraçar o avô, tomado por uma profunda compaixão.

– Se alguma coisa acontecer comigo, quero que saiba que nunca vou deixar de gostar de você – afirmou, antes de voltar a pensar no plano.

– Como assim, alguma coisa? O senhor não disse que não ia morrer? – estranhou Samir.

– Eu não vou morrer. Só quero que saiba que eu gosto muito de você – disse Hermínio.

– Tá – respondeu Samir. – Acho que agora eu vou dormir. Hoje estou muito cansado. Boa noite, vô – ele deu um beijo no avô.

Já estava de saída quando o avô gritou:

– Não se preocupe. O seu amigo Ariovaldo também vai ficar bom.

Thalita, enquanto isso, jantava com Domenico à luz de velas em um restaurante na Barra. Saboreavam deliciosa cesta de pães italianos feitos no próprio restaurante, enquanto aguardavam o prato principal.

– Até agora não consegui acreditar... Quer dizer então que o Miguel lhe procurou para dizer que você devia me ligar? – ela refletiu.

– Ele disse que percebeu que você tinha razão, que não estava de fato apaixonado por você como imaginava – Domenico contou mais um pouco de sua conversa com Miguel.

– Como será que ele descobriu isso? – Thalita tentou imaginar.

– Esse detalhe ele não revelou. Mas com certeza deve gostar muito de você. Não é qualquer pessoa que abre mão de uma garota sem se sentir no mínimo ferido em seu orgulho. Ainda mais quando o outro cara é um amigo – Domenico pegou mais um pedaço de pão.

– Nunca imaginei que vocês fossem tão amigos... – disse Thalita.

– E nem eu que fosse me apaixonar justamente pela mesma garota! Nossa história é tão cheia de coincidências, não é mesmo? Às vezes parece até que já estava tudo armado, tudo previsto em algum lugar.

– Conheço muitas pessoas que pensam assim. O Miguel, inclusive.

– E você não pensa? – Domenico quis saber.

– Ah, tenho vivido muito em dúvida por causa dessas histórias do meu pai. Às vezes eu penso, eu sinto que existe mesmo alguma coisa maior, sinto até a minha mãe do meu lado me ajudando. Mas, outras vezes, sobretudo quando meu pai entra em crise e eu vejo ameaçado todo este trabalho que venho fazendo há quase um ano, eu fico muito confusa. Penso por que os protetores não conseguem fazer nada para evitar que as coisas aconteçam – disse Thalita, tomando um gole de água mineral. – Acho que, na verdade, estou muito cansada. Não imaginava que meu pai pudesse ter uma recaída como a do mês passado...

– Talvez os protetores, não é assim que você chama? – brincou Domenico –, estejam mais perto do que você imagina nessas horas difíceis. Mas não possam fazer nada porque tem coisas que não dependem só deles, dependem do livre--arbítrio das pessoas, como diz o Miguel.

– Mas no livro que eu li mostra que eles podem sempre sugerir coisas às pessoas encarnadas, orientar mais ou menos os acontecimentos, se eles quiserem – argumentou Thalita.

– Eu não sou espírita, mas tenho certeza de que não adianta nada sussurrar coisas ao ouvido de uma pessoa que não quer ouvir. Se nem aos que estão encarnados como nós muitas vezes não damos ouvidos, o que dirá aos espíritos invisíveis! Precisa ver as mães que eu atendo no hospital! Tem umas que fazem tudo diferente do que eu expliquei!

– Talvez porque não entendam – disse Thalita, lembrando-se de Jacira. – Os médicos falam, escrevem receitas, distribuem folhetos, mas não se perguntam se a pessoa que estão vendo na frente sequer aprendeu a ler – ela tomou mais um gole de água. – Mas você acha que teve ajuda quando aconteceu tudo aquilo com a sua família?

– O Miguel lhe contou? – deduziu Domenico.

Ela concordou. Ele respirou fundo. Thalita apertou a mão dele, como a encorajá-lo. Queria que soubesse que ela conhecia sua história.

– Por incrível que pareça, na hora eu senti muita ajuda, sim. Mesmo nos momentos de maior dor, eu sempre sentia como se houvesse alguém a meu lado, dizendo para eu não me entregar – disse Domenico. – Hoje penso que não deve ter sido por acaso que aquelas pessoas, aqueles médicos foram se sentar bem a meu lado para falar de fibrose cística...

– Isto tem alguma coisa a ver com o fato de você não gostar de futebol? – Thalita se lembrou de repente.

– Sim. Meu filho Alonso era louco por futebol. Falando nisso, o seu filho, o Samir... ele também gosta de futebol?

– Olha, ele gosta de ver na televisão de vez em quando. Mas nunca ninguém o levou ao Maracanã. Ele é louco para ir, mas eu, pessoalmente, morro de medo daquela confusão. Mas... por quê?

– Não sei... Sabe, ele me lembra muito o meu filho... Os traços, a cor da pele, tudo é muito diferente... Mas tem alguma coisa nele... Você acha, Thalita, que, se nós nos acertássemos, se nós decidíssemos viver juntos, o Samir me aceitaria como pai?

– Como assim, decidíssemos viver juntos? Você acha que daria certo?

– Tem coisas que a gente tem certeza. Não sei por que, mas eu tenho certeza de que vou ser muito feliz com você – ele disse, beijando-a.

– E o meu pai? Será que você vai conseguir se acertar com ele?

– Eu tenho uma proposta para lhe fazer – disse Domenico.

A FERRO E FLORES | 491

Hermínio, enquanto isto, olhava fixamente para o ímã de endereços, enquanto o enfermeiro roncava no sofazinho a seu lado. A televisão continuava ligada. Calmamente, bem devagar mesmo, Hermínio se levantou e vestiu um casaco, o mesmo com que tinha saído com Thalita para ir ao médico. Vestiu por cima do pijama. Em seu passo lento, caminhou até a sala e discou um número de telefone.

– O senhor poderia mandar um táxi para a praia do Flamengo? Não sei exatamente o endereço, porque não moro aqui, mas é um edifício que fica ao lado de um botequim chamado Flor de Pequi, o senhor sabe onde é? Isso, é esse mesmo. O da garagem recuada. Eu vou estar lá embaixo esperando. O destino? Para Aiuruoca, no sul de Minas. Quero sair daqui às cinco e meia. Da manhã, é claro! Pode ser?

Desligou o telefone e olhou para a sala. Uma certa melancolia apoderou-se dele nesse instante. As almofadas de crochê, as rendinhas nas prateleiras do armário de louças, os paninhos bordados, as tulipas amarelas em cima da mesa. Thalita era realmente uma moça muito caprichosa. Talvez sentisse a sua falta. Contudo, queria...

– Liberdade! – gritava Hefesto.

Aos poucos, voltavam-lhe também os sentimentos de revolta contra o sobrinho, a vontade de derrubá-lo por suas próprias tendências.

Agora faltava apenas o dinheiro. Sim, era preciso dinheiro para pagar o táxi. Com muito cuidado e bem lentamente, no ritmo que lhe era possível, Hermínio começou a vasculhar a sala. Devia haver dinheiro em algum lugar, um cheque para pagar algum remédio.

– Trabalhei a vida toda para ser roubado pelos meus dois filhos – resmungava Hermínio.

– E eu trabalhei a minha vida toda para ser roubado por meu próprio sobrinho – reclamou Hefesto.

Foi quando deram com a bolsa de Thalita, aberta em cima do sofá. Hermínio olhou para o interior do apartamento, preocupado se não vinha ninguém lá de dentro. Nada. Da sala, dava para ouvir os roncos do enfermeiro. Depois, olhou para a porta, querendo ouvir se não vinha ninguém da rua. Mas tudo estava silencioso. Olhou então para o relógio na parede a se certificar das horas. Era quase meia-noite.

– E onde é que Thalita foi que não levou nem bolsa? – disse, já literalmente atirando-se sobre o sofá.

Caíram no chão os dois porta-retratos novos que Thalita naquele dia havia posto ao lado do sofá: um com a foto de casamento de Hermínio e Leda, outro com uma verdadeira raridade, que Thalita encontrara nos guardados de sua mãe na última vez em que estivera em Aiuruoca: uma foto dos tios Hefesto e Isaura ao lado de Hermínio ainda menino. Hefesto ficou paralisado diante daquela foto.

Por sorte, não veio ninguém lá de dentro com o barulho dos porta-retratos que caíram. Hermínio, enquanto isso, colocava para fora tudo o que achava dentro da bolsa. Sentia-se cada vez mais ansioso para consumar seu plano. O dinheiro? Onde estaria o dinheiro? Carteira vazia, bolsa de moedas vazia, talão de cheques, batom, escova de cabelos...

– Minha carteira de identidade! Como é que ela anda para cima e para baixo com a minha carteira de identidade? – protestou indignado.

Junto ao documento, havia um pequeno saquinho de pano com dinheiro guardado. Era assim que Thalita fazia para separar do seu o dinheiro para as despesas do pai. Ávido, Hermínio contou as notas. Thalita tinha ido ao banco naquele dia e sacado para pagar o fisioterapeuta e também os remédios que já encomendara na farmácia. Era o bastante para pagar o táxi. Hermínio enfiou tudo no bolso do pijama e já tirou lá de dentro um cigarro. Era o último dos três que ela agora lhe dava todos os dias. Hermínio vivia tentando economizá-los para fazer uma reserva, mas sempre acabava não resistindo, no final do dia.

"A primeira coisa que vou fazer quando sair daqui vai ser comprar um maço de cigarros", pensou satisfeito, apertando o dinheiro no bolso.

– Não faça isto! Você vai deixá-la sem dinheiro nenhum na carteira? E se ela tiver alguma emergência de madrugada? Se Samir precisar de algum remédio da farmácia? Bote o dinheiro de volta, vá para o seu quarto! Mude o rumo de sua vida – Leda chamou sua atenção.

Hermínio voltou e deixou cinquenta reais soltos na bolsa de Thalita.

Olhou para o corredor e teve vontade de ir até o quarto do neto, ver se estava coberto, se estava dormindo direito. Mas pensou melhor e achou que não convinha. Melhor sair sem olhar para ele. Iria doer menos.

Agora, a cartada final. Era preciso garantir o sono do enfermeiro. Olhou mais uma vez para o relógio. Ainda não era meia-noite. Caminhou com dificuldade até a cozinha, o mais rápido que podia. Pegou então a caixa de remédios que estava sobre a mesa.

"É este", tomou nas mãos a caixa do remédio da noite, que sempre lhe dava muito sono. Olhou para o relógio mais uma vez e calculou:

– Daqui a alguns instantes, ele vai estar aqui para me dar o remédio. Mas desta vez é ele quem vai tomar!

Abriu a geladeira e tirou a caixa de leite. Em seguida, encheu um copo, misturou chocolate e dissolveu o remédio dentro. Dois comprimidos. Sentou-se então na mesa e preparou outro copo para si. Em instantes, como previsto, o enfermeiro entrava na cozinha. Nunca perdia o horário, porque tinha alarme no relógio de pulso. Hermínio sabia disso.

– Seu Hermínio! – ele disse, sonolento. – Levei um susto quando não vi o senhor na cama! Estava tão cansado que hoje cochilei...

– Pois eu já tomei o remédio, não está vendo a caixa?

O enfermeiro abriu a caixa e viu que, de fato, uma das cartelas estava vazia. Ele tinha certeza de que ainda havia remédios naquela cartela, possivelmente dois.

– Quantos comprimidos o senhor tomou?

– Um, ora essa. Não era para tomar um? – despistou Hermínio, tomando o restinho de leite que ficara no copo. – Tome. Hoje estou tão bem-humorado que até preparei um leite para você.

O enfermeiro ficou confuso. Andava realmente exausto por intercalar dois empregos. De dia trabalhava em um hospital, à noite dava plantão na casa de Hermínio. Havia outro enfermeiro que cobria o horário da manhã, até as cinco da tarde.

– Bem-humorado? É... deve estar mesmo... – disse, pegando o copo.

Na manhã seguinte, bem cedinho, Thalita virou a chave bem devagar e seguiu, pé ante pé, com medo de que alguém acordasse e a visse chegar. Parou por alguns instantes diante da porta do quarto do pai, teve vontade de entrar para ver se estava tudo bem, como sempre fazia. Uma vontade tão forte, quase uma tristeza. Logo, porém, lembrou-se de Domenico e a tristeza passou. "Melhor deixar para entrar mais tarde...", ela pensou, num sorriso já saudoso da noite maravilhosa que passara. Nem imaginava que o pai havia acabado de sair fazia poucos instantes. Descera por um elevador enquanto ela subia pelo outro.

No quarto, o enfermeiro dormia profundamente.

MAG BEM QUE estranhou o movimento de elevadores àquela hora. Mas estava tão concentrada em sua meditação que não deu muita importância. Acordava agora todos os dias às cinco da manhã para meditar. A prática fazia com que se sentisse mais tranquila, ao mesmo tempo em que parecia aclarar suas ideias e emoções. Ao longo do dia, sentia como se houvesse ganho uma carga extra de energia física e mental.

Mas nenhuma destas razões era tão forte como a que levara Mag a iniciar sua prática diária de meditação. Procurava dentro de si uma resposta específica, uma resposta que naquele momento sentiu que estava prestes a encontrar. Era quase como se a houvesse tocado em seu momento de concentração máxima.

Terminou seus exercícios e foi ler a página do seu livro do grupo Al-Anon. Como eles lá seguiam a filosofia do "um dia de cada vez", havia uma página para cada dia do ano. A daquele dia, em especial, parecia vir ao encontro das mais íntimas questões de Mag:

"Como resultado do nosso contato com o alcoolismo, muitos de nós perdemos a perspectiva de quem somos e do que podemos e não podemos fazer. Aceitamos ideias sobre nossas próprias limitações que não têm base na realidade. O Al-Anon nos ajuda a separar a verdade das falsidades, nos encorajando a dar uma olhada objetiva e nova dentro de nós mesmos.

"Sempre me disseram que eu tinha uma constituição fraca e teria de evitar a agitação e o esforço. Acreditando nisso, evitei exercícios, esportes, certos trabalhos, e até mesmo dançar, certo de que o meu pobre corpo fraco não poderia aguentar o esforço. Minha resposta mais frequente a qualquer convite era: 'Eu não posso'.

"No Al-Anon percebi que eu tinha uma autoimagem distorcida. Nunca pensei em questionar as minhas convicções, mas, quando dei uma boa olhada, descobri que elas eram falsas. Eu sou tão saudável quanto qualquer outra pessoa que conheço. Comecei a imaginar quantas outras suposições falsas estavam me limitando. Um modo de vida inteiramente novo se abriu, porque eu tive o apoio e o encorajamento para dar uma nova olhada em mim mesmo."[45]

---
[45] Do livro *Coragem para mudar. Um dia de cada vez no Al-Anon II*, Grupos Familiares Al-

A Ferro e Flores | 495

Fechou o livro devagar e pegou a revista que havia deixado sobre o sofá na noite anterior. Era uma revista que havia ganho de dona Rute. Mag foi direto à página que a impressionara, uma reportagem sobre separações de casais.[46]

"A lei divina estabelece que a união se dê em virtude de sentimentos sinceros e ideais compartilhados. [...] A expressão "não separar o que Deus uniu" significa que a lei de Deus – a lei do amor – une para a eternidade e nada pode separar o que assim se une. [...] No fim das contas, são os sentimentos que realmente nos aproximam e nos ligam uns aos outros. Em consequência disso, a opção de continuar um casamento não ocorrerá pelo recurso à exigência de manutenção de um acordo firmado no mundo espiritual, recurso motivado pelo receio de que, se não tivermos realizado tudo o que tínhamos para fazer com aquela pessoa na presente encarnação, teríamos que voltar numa encarnação futura. Afinal, isso também não é e nem nunca será amor... "

Fechou também a revista e fez sua prece:

"Senhor, encontro-me em grande dúvida sobre o que fazer com relação ao meu marido. Não sei mais o que sinto por ele; estou infeliz, penso que ele também está. Do contrário, talvez não precisasse estar bebendo tanto... Peço, Pai, a tua força, a tua luz para que eu possa tomar a melhor decisão para todos nós. A que nos ajude a enxergar as coisas do jeito como precisam ser enxergadas, a que nos ajude a mudar, a perceber os nossos próprios valores e até a valorizarmos mais uns aos outros. Não deixe, Pai, com que se esfacele a nossa família no rastro da bebida dele. Inspira-nos, Senhor, a decisão correta a tomar para que ninguém venha a se machucar ainda mais. Assim como aprendi a repetir nos passos do Al-Anon, admito, Senhor, que sou impotente perante o álcool, que tinha perdido o controle de minha própria vida. Vim a acreditar, porém, que um Poder Superior poderia me devolver a sanidade. E é isto o que eu te peço agora, Senhor, me devolva a sanidade, a lucidez, me inspire para que eu tome a decisão mais acertada para mim, para minhas filhas e para o Sílvio também. Dai-me, Senhor, a serenidade..."

Limpou as lágrimas e entrou na cozinha para preparar o café. Em instantes, Sílvio também chegava para tomar o seu café. Vinha lá de dentro com os olhos fixos na revista semanal que sempre gostava de ler antes de sair e sequer deu bom-dia a Mag antes de sentar-se. Olhando-o assim todo arrumado, de banho tomado, nem parecia o mesmo que ficara bebendo até altas horas da madrugada, Mag constatou em silêncio. Queria tanto que ele pudesse estar sempre assim...

– Bom-dia, Sílvio – ela disse, ainda olhando para ele como se o estivesse vendo pela primeira vez.

Sílvio apenas grunhiu qualquer coisa, concentrado que estava no escândalo político da reportagem.

-Anon do Brasil – 5ª ed. – São Paulo: 2002, 382 p. – mensagem do dia 10 de julho, p. 192.
[46] "Quando é preciso colocar um ponto final", por Rita Foelker. Revista *Universo Espírita*, ano 4, nº 43.

496 | Lygia Barbiére

– Imagino que deve ser bastante interessante o que você está lendo, mas eu gostaria muito de conversar com você – ela disse, com muita tranquilidade, enquanto servia-lhe o café que acabara de preparar.

– Agora estou com pressa – ele respondeu, virando rapidamente o café. – Mais tarde conversamos. É alguma coisa importante? – ele olhou para o lado onde ela estava sem encará-la de frente.

– É, Sílvio. É algo muito importante – ela afirmou.

– Alguma coisa com as meninas? Está precisando de dinheiro? – ele perguntou, já levantando-se.

"Que coisa... Eu sequer existo para ele! Sílvio me trata como se já fôssemos separados... "

– Queria apenas oficializar a nossa separação – ela disse, sem se alterar.

Falava com a voz calma, segura. Dava para ver que não dizia isto a troco de nenhuma retaliação, para magoá-lo ou chamar sua atenção. Apenas expressava o que seu coração pedia. Sílvio pela primeira vez olhou para ela naquela manhã e achou-a muito diferente do habitual.

– Que bobagem é essa, Mag? – perguntou desconfiado.

– Bobagem nenhuma, Sílvio. Apenas percebi que não faz mais sentido a gente viver junto – ela respondeu.

Sílvio deixou-se cair novamente sobre a cadeira. "Só pode ser alguma armação", pensou consigo.

– Olha, se está dizendo isto por causa das minhas cervejas, pode ir tirando o cavalinho da chuva que não vai ser por causa da sua chantagem que eu vou abrir mão da única coisa que me dá prazer nesta vida e...

– Não, Sílvio. Eu não estou dizendo isto por causa das suas cervejas – ela fez uma pausa para respirar. – Ou melhor, até estou. Mas não que eu queira obrigá-lo a parar de beber ou tirar de você o seu único prazer. De forma alguma. Sinceramente, acho que você tem todo o direito de beber quantas cervejas você quiser, sempre que quiser. Só que eu não gosto de beber cerveja. Não gosto do cheiro. Não gosto do gosto. Não gosto das coisas que você me diz quando bebe; não gosto de chegar do supermercado e não ter onde colocar minhas compras porque a geladeira está cheia de cervejas.

– Já vai começar – ele disse, já se preparando para a briga.

– Acho que você não entendeu, Sílvio. Eu não quero mais brigar com você. Ao contrário, quero lhe dar o direito de viver a sua própria vida do jeito como você achar que deve. É uma questão de respeito, sabe? Eu respeito que você queira viver dessa forma. Mas também tenho o direito de viver a minha própria vida do jeito como eu acho que devo.

Sílvio estava atordoado. Jamais Mag falara com ele daquela forma. Não parecia mesmo disposta a agredi-lo. Ao contrário, via-se que estava muito convicta de cada uma de suas palavras.

A Ferro e Flores | 497

– Você não me ama mais? – perguntou Sílvio.

– Sinceramente eu não sei. Não temos mais nada em comum, não fazemos planos, não somos felizes juntos. Acho, inclusive, que, se o único prazer que você tem na vida é beber cerveja, como acabou de dizer, é porque as coisas não estão boas também para você. Talvez esteja se obrigando a viver com uma pessoa que também não lhe faz mais feliz e isto não é bom.

– Quer dizer então que você não me ama mais... – insistiu Sílvio, usando um tom apelativo.

– Como esposo, como companheiro, como o namorado que eu sonhei viver toda uma vida, acho que não amo mais, mesmo – admitiu Mag. – Mas amo, como amigo, como o pai das minhas filhas, como alguém que partilhou comigo muitos momentos importantes...

– É por causa das meninas, não é? Não é possível, Mag, que, por causa de um erro das suas filhas, você... – ele foi se aproximando.

– Espera aí, Sílvio – ela o fez afastar-se. – Eu não estou falando das meninas. Eu estou falando de nós! Acho, inclusive, que, se aconteceu tudo o que aconteceu com elas, nós também tivemos uma parcela de culpa. Não foi por causa delas e nem do que aconteceu com elas que o nosso casamento se deteriorou. Ao contrário, acho que as nossas filhas é que quase se deterioraram por causa do nosso casamento...

– Bom, se você acha isso... – novamente Sílvio tentou usar um tom de chantagem.

– Acho, Sílvio, eu realmente acho. E gostaria de dar um tempo para ver se estou certa ou se estou errada.

– Você está dizendo que quer que eu vá embora de casa? – ele estava pasmo.

– Estou, Sílvio.

– Mas... e se você se arrepender depois, se perceber que foi um erro? – ainda tentou apelar.

– Errar é humano, Sílvio. Mas é também uma chance de aprimorar o caráter, exercitar o perdão, de evitar rancor e mágoas – disse Mag. – É isto o que eu estou buscando neste momento. Aprender com os meus próprios erros...

Tiveram de interromper a conversa porque alguém estava batendo na porta. Era Thalita.

– Mag, pelo amor de Deus, me ajuda! – ela estava muito nervosa, as lágrimas escorriam-lhe dos olhos enquanto ela falava, com Samir agarrado na mão.

Ela entrou em soluços antes de conseguir dizer o de que precisava, Sílvio aproveitou para sair de fininho.

– Com licença – pediu.

– O que houve, criatura? O que aconteceu? – perguntou Mag, abraçando a prima.

– O papai... Ele fugiu de casa... Voltou para Aiuruoca... O Samir entrou no quarto e...

498 | Lygia Barbiére

Hermínio, enquanto isso, chegava à subida da serra que ia para o sul de Minas. O motorista do táxi até que era simpático, mas ele quase não conseguia ouvir nenhuma palavra que ele dizia.

Teoricamente, a falta do remédio da noite deveria deixá-lo deprimido e melancólico. Todavia, poucos minutos antes de sair de casa, ele sentiu muito medo de ficar paralítico pela falta de algum remédio e acabou pegando na cozinha um medicamento que costumava tomar para diminuir suas dores na perna. Tal medicamento, contudo, havia sido suspenso depois que ele entrara em crise e tivera todas as suas receitas alteradas para melhor adaptarem-se a nova sua realidade. Thalita sabia exatamente qual remédio servia para quê, qual havia sido suspenso e substituído por qual. Hermínio, porém, não tinha a mais vaga noção de nada, embora achasse que sim.

Desta forma, tomou dois comprimidos, como antes fazia, guardou o frasco no bolso e foi embora. Era, entretanto, um remédio psiquiátrico que precisava ser ministrado em doses crescentes. O período que Hermínio passara sem tomá--lo desacostumara seu organismo àquela substância que, caso fosse novamente ministrada pelo médico, deveria ser reduzida a doses bem baixas que só cresceriam à medida de suas necessidades, num período mínimo de sete dias. Ou seja, sem querer, Hermínio acabou tomando uma overdose do medicamento.

Dormira todo o trajeto de casa até a subida da serra, só vindo a acordar por causa de um solavanco muito forte, quando o motorista ultrapassou, sem perceber, um enorme quebra-molas na altura de Engenheiro Passos. Hermínio despertou zonzo. A sensação que tinha era semelhante à de quem havia bebido muito e agora acordava de ressaca.

– Engraçado... Parece até que eu bebi – ele comentou com o motorista. – Que horas são?

– Bem que eu vi que o senhor apagou! Ficamos parados por quase três horas em um engarrafamento na Avenida Brasil, o senhor nem olhou para ver o caminhão enorme que tinha virado – comentou o motorista.

– Três horas num engarrafamento? Mas que horas são? – ele repetiu a pergunta.

– São quase dez! – informou o motorista.

Hermínio olhou para o relógio do carro, mas não conseguiu enxergar direito. A visão estava turva. Estava verdadeiramente incomodado com aquela sensação. Sem perceber, levado por aquela paisagem, ele começou a inventariar cada etapa de sua vida, lembrar-se de cada vez em que havia se sentido tonto daquele jeito.

Os anos que vivera ao lado do tio, o aprendizado nas oficinas de Hefesto, o primeiro gole de cachaça. Por que havia tomado o primeiro gole? Não conseguia mais se lembrar. Contudo, não se esquecia das brigas, das vezes em que voltou para a casa da tia todo machucado depois de uma briga em alguma festa, e até mesmo das surras que levou de Isaura por causa da bebida. Surras de vara de marmelo. Por incrível que pareça, Hermínio lembrava-se dessas surras com muito carinho; nunca tivera raiva da tia. Depois de sua mãe, talvez houvesse sido ela a pessoa que mais o amou neste mundo.

E então vieram Leda, depois Thalita... Que enorme amor ele sentiu por Thalita, desde o primeiro instante em que a viu no colo da mãe, recém-nascida... Todavia, sua vida sempre oscilava entre momentos de grande felicidade e momentos de grande amargura, que tentava amainar fazendo uso de álcool. Pela primeira vez na vida, ele parecia começar a diferenciar a sensação de estar sóbrio da sensação de estar alcoolizado. Era como se, agora, por causa do remédio, estivesse sóbrio e alcoolizado ao mesmo tempo. Sentia os efeitos em seu corpo, os olhos caídos, a tontura, a língua levemente enrolada. Contudo, conseguia analisar racionalmente o que estava se passando. E não gostava daquela sensação.

A seu lado, Hefesto também estava depressivo e melancólico. Desde o momento em que vira aquela foto, mantinha-se assim. Voltavam em sua mente todas as cenas recordadas por Hermínio na conversa com Samir e muitas outras que o deixavam profundamente arrasado. Tudo isto se misturava à lembrança da noite em que Eustaquiano revelara-lhe parte de seu passado, às histórias que ouvira de Rute sobre o Hefesto mitológico. Alguns diálogos estavam tão frescos em sua memória que era como se ela estivesse ali ainda, conversando com ele.

"– Eu devia era fazer um trono destes para Hermínio...

"– E já não fez? – questionou Rute.

"– Claro que não! – ele respondeu zangado.

"– Fez, sim. Só que talvez não esteja percebendo, porque está tão preso quanto ele.

"– Quem está preso? – protestou Hefesto, levantando a espada. – Eu não estou preso. Posso sair daqui na hora em que bem entender."

Hermínio, por sua vez, sentia-se cada vez mais preso a seu próprio passado. Lembrava das brigas horríveis que tivera com Leda, do quanto fizera a esposa sofrer. No fundo, ele a amava... Por que jamais conseguira expressar isso claramente? Por que só agora enxergava as coisas desta forma?

Mas naqueles tempos era como se o álcool lhe embotasse os próprios sentimentos, como se lhe vendasse os olhos e os ouvidos a todos os argumentos. Nunca admitira isto antes, mas sentia muitos remorsos pela morte da esposa. E também por ter expulsado Thalita de casa daquela forma, principalmente depois que conhecera Samir.

Samir era o mais adorável de todos os netos, pensava agora consigo, lembrando-se da última tarde em que o menino acompanhara-lhe os exercícios de acupuntura e fisioterapia.

"– O senhor vai espetar esta agulha na testa do meu avô? – perguntou ao fisioterapeuta acupunturista. – E não vai doer?

"– Não, não dói nada – ele próprio respondeu ao menino.

"– Cuidado! – Samir ralhou com o japonês. – Não mexa tão depressa a perna do meu avô!"

Pensava no menino e sentia uma vontade muito grande de chorar. E como seria sua vida daqui por diante sem Samir, sem os sanduíches de Samir, sem os desenhos e conselhos de Samir, sem os deveres de casa de Samir?

– Dona Rute me contou uma história horrível de um homem – ele lhe dissera, numa das últimas vezes em que conversaram. – Uma história muito, muito triste.

– E que história foi essa, Samir? – Hermínio, na ocasião quis saber.

– Ele era um marinheiro. Um marinheiro forte, bonitão, que ia se casar com uma moça de quem ele gostava muito. Só que aí ele levou um tombo e...

– E? – quis saber Hermínio.

Samir adorava fazer mistério.

– E então ele ficou paralítico em cima da cama, igualzinho ao senhor. Não mexia braço, não mexia perna, não mexia nada. Quebrou um pedaço da coluna que não tinha mais jeito. As pessoas da família é que tinham de ficar entrando no quarto, virando ele de um lado para o outro. E ele era tão inteligente, vovô, mas tanto que inventou até um jeito de escrever com a boca!

– Com a boca? – estranhou Hermínio.

– É. Não sei explicar direito, mas sei que ele escreveu um livro enorme e também muitas poesias.

– E por que então a história é triste? – Hermínio não entendeu.

– Porque o tempo todo ele só dizia para todo mundo que queria morrer, só vivia pedindo para as pessoas o matarem – explicou Samir. – Falava que ele era uma cabeça viva sobre um corpo morto e que não queria, de jeito nenhum, se sentar na cadeira de rodas, porque dizia que aceitar uma cadeira era igual a aceitar uma liberdade miserável! Não é muito triste isto?

– Mas não era então uma liberdade miserável a que ele vivia? – argumentou Hermínio.

– Não, vovô, não era! Não lembra daquele outro moço que eu lhe contei a história, o Jerônimo Mendonça? O Jerônimo Mendonça ajudava todo mundo, aconselhava as pessoas... Acho que ele acalmava as pessoas, porque quando elas olhavam para ele, pensavam que a vida dele era muito pior do que a delas e entendiam que não deviam ficar sofrendo à toa, não é? O senhor acredita que teve até algumas moças que se apaixonaram por esse outro homem, mas ele não quis nenhuma delas?

– E conseguiu morrer esse outro homem? – perguntou Hermínio.

– Olha, morrer ele morreu. Parece que convenceu uma moça amiga dele a dar uma injeção nele, uma injeção dessas que matam, sabe como?[47] Ele achava que

---

[47] O menino refere-se aqui à história de Ramon Sampedro, que fraturou o pescoço ao mergulhar numa praia e bater com a cabeça na areia. Sua história, contada no livro *Cartas do inferno* (São Paulo: Planeta, 2005), deu origem ao filme *Mar adentro* (Oscar 2005 de melhor filme estrangeiro).

A Ferro e Flores | 501

podia ficar livre de novo através da morte. Mas a dona Rute disse que a gente não morre nunca e que ele deve estar sofrendo lá no mundo espiritual, porque não aceitou a prova que ele precisava viver nesta vida para poder evoluir...

Hefesto também se emocionou junto com Hermínio ao relembrar mais aquela história contada por Samir. Às vezes, embora tivesse apenas seis anos nesta vida, ele parecia mesmo o pai de Hermínio, cuidando dele, sempre contando aquelas histórias. Hefesto também tinha muito medo de ficar sofrendo no mundo espiritual. Será que, se conseguisse ajudar Hermínio, apesar de tudo o que ele lhe tinha feito quando fora seu sobrinho, ele sofreria menos no mundo espiritual? Mas como poderia ajudá-lo? Não dava para convencê-lo a não beber, pois, toda vez que Hermínio sentia desejo de beber, ele também ficava com muita vontade.

Hermínio tirou do bolso o último desenho que Samir fizera: ele e o avô passeando de mãos dadas no Aterro do Flamengo. Hermínio chorou olhando o desenho. "O meu amigo Ariovaldo tem seis anos e pode morrer por causa de uma doença que ele tem. Ele não quer morrer, mas talvez ele tenha que morrer! Agora, o senhor não tem nenhuma doença grave, dessas que matam a pessoa, pode levantar da cama e ficar bom, mas, mesmo assim, toda hora só fala que quer morrer. O senhor não precisa morrer, mas o senhor quer morrer. Se beber, vai morrer por causa da bebida. Se não beber, vai morrer de chateação porque não pode beber. E como é que eu vou ficar neste mundo, sozinho, sem os dois amigos que eu gosto mais?", ouviu de novo o neto dizer.

Hefesto, por sua vez, recordava as palavras de Rute: "Hefesto é o símbolo da inteligência, da criatividade, do poder transformador... Hefesto é, acima de tudo, um xamã e a característica fundamental de um xamã é saber ligar e desligar. Os gregos acreditavam ser este o poder supremo que o ser humano pode ter. O poder de ligar e de desligar. Por isso, só ele poderia retirar Hera do trono... O poder de ligar e desligar..."

De súbito, Hefesto teve uma ideia.

– Mande parar este carro – disse, convicto. – Você tem que voltar!

Hermínio resistiu por alguns instantes. Acendeu um cigarro, fumou bem devagar. Olhou para o maço e pensou o quanto era bom poder fumar quantos cigarros quisesse. Hefesto, enquanto isto, revia o menino pedindo:

– Vovô, não vá, por favor não vá. Eu não posso deixar o senhor ir. Vim ao mundo porque existe uma lição que eu ainda preciso te ensinar! Existem muitas coisas que eu ainda preciso aprender com o senhor e o senhor comigo. Não vá, por favor, não vá...

– Você tem de voltar – insistiu Hefesto aos ouvidos de Hermínio. – Você tem um compromisso com esse menino! Não é possível que tenha vindo ao mundo só para beber, fumar e fazer coisas erradas com os outros! – argumentou novamente a seu lado.

502 | Lygia Barbiére

"No fundo me sinto muito culpado" – Hermínio respondeu-lhe em pensamentos. "Eu nunca deveria ter feito o que fiz com o meu tio, nem com minha esposa, nem com a minha filha..."

– E então, por isso vai agora magoar o seu neto também? Se o problema é culpa, então faça algo que amenize a sua culpa, faça algo de bom para compensar todo o mal que já fez! Mas não faça só para compensar! Faça por amor... Acho que tem que ser por amor, embora eu não saiba direito o que é isso... – disse Hefesto, desejando verdadeiramente ajudar o sobrinho naquele momento.

Imediatamente, uma luz diferente se fez em torno dele.

– A esta hora eles já devem ter notado que você saiu! Por quanto tempo vai deixar que eles continuem nessa angústia?

Hermínio refletiu mais um pouco. Estava quase propenso a fazer algo, mas ainda sem coragem de colocar para a fora a frase que insistentemente lhe vinha na cabeça. Pensava agora no tio com o coração cheio de saudades. Novamente se lembrou de Samir e decidiu orar:

"Meu tio... Queria muito que o senhor me perdoasse... Eu me arrependo muito pelo que fiz com o senhor...", disse em pensamento.

Hefesto começou a chorar. Olhava agora para Hermínio e via-o como um filho rebelde, um filho malcriado a quem, como um pai, nunca deixara de amar.

– Eu te perdoo, meu filho. Eu te perdoo... Agora volte para casa antes que seja tarde! – insistiu, em lágrimas.

Hermínio sentiu uma emoção muito boa dentro de si; de novo ficou com lágrimas nos olhos.

– Por favor, pare este carro! – pediu ao motorista.

– Eu não posso parar aqui na estrada, é muito perigoso! – respondeu o motorista.

– Então faça a volta assim que for possível. Decidi que eu quero voltar para o Rio! – disse Hermínio.

– Mas... – o motorista parecia confuso.

– Não tem mas, nem meio mas. Faça o que estou lhe dizendo!

O motorista conseguiu fazer a volta bem diante do campo de hortênsias, o mesmo que fascinara Thalita em sua última viagem.

– Espere só um momento – pediu Hermínio, descendo do carro com as pernas ainda trêmulas por causa do remédio.

– O senhor precisa de ajuda? – perguntou o motorista, achando que ele fosse fazer xixi.

Hermínio não respondeu nada. Foi andando devagarzinho até arrancar um buquê imenso de hortênsias cor-de-rosa.

– Estas flores são para você, filha – ele disse, quando ela atendeu a porta. – Você perdoa o seu pai? – pediu, um tanto quanto embargado, antes que Thalita e Samir o abraçassem emocionados.

Nesse mesmo instante, Hefesto também era socorrido pelas equipes do bem.

– Tem certeza de que posso ir? De que ele não vai ficar doente por minha causa? – ele perguntou a Eustaquiano, ainda muito fragilizado, enquanto o acomodavam na maca.

– Não se preocupe. O amor que você dirigiu a ele vai alimentá-lo ainda por muitos dias. Mas estaremos também aqui, o tempo todo ministrando-lhe passes fluídicos restauradores para que possa resistir à separação.

– Você conseguiu, Hefesto – disse Leda, num sorriso sincero de profundo agradecimento. – Agora nós é que vamos fazer tudo o que for possível para ajudar você. Muito obrigada!

"O CIPRESTE INCLINA-SE em fina reverência
"e as margaridas estremecem, sobressaltadas."

Thalita relia mais uma vez o poema de Cecília Meireles, querendo entender o seu significado. Sentia tantas saudades de sua amiga Valéria... Voltou os olhos para o poema e continuou a leitura. Havia também uma referência à amendoeira, outra aos fios da relva, outra às frondes rendadas de acácias, outra às samambaias, outra aos bambus, cada qual...

– É isto! – ela compreendeu por fim. – O vento é sempre o mesmo! Quer dizer, as oportunidades sempre vêm, mas cada pessoa, assim como as plantas, reage de maneira própria. Por isso, a resposta é diferente em cada folha!

Ela leu de novo a parte do poema que tanto a marcara:
"Somente a árvore seca fica imóvel,
"Entre borboletas e pássaros."

– Eu não sou uma árvore seca! Quem luta para se modificar, para reagir à vida e às pessoas, para entender as lições que trazem os acontecimentos nunca é árvore seca!

– Falando sozinha, Thalita? – Jacira entrou no quarto de repente.

– Jacira! Que susto! – sobressaltou-se Thalita. – Não é nada não... Estava apenas estudando um poema. Um poema que me acompanha desde que meu pai ficou doente... Achei uma parte deste poema no chão de um ônibus, passei um tempão procurando como continuava. Agora eu tenho o livro todo – ela disse, mostrando a Jacira o presente que ganhara de Valéria. – Um dia eu lhe conto esta história...

– Melhor mesmo deixar para outro dia. Seu pai está te chamando lá no quarto. Parece que está nervoso...

Thalita foi até lá.

– Você me chamou, papai? – disse, já entrando.

– O Ramon, Thalita! Não é para esta semana que está marcada a audiência que vai decidir se ele pode ou não ser condenado na Indonésia?

Depois que Hermínio voltara para casa, Thalita, com muito jeito, contara-lhe tudo sobre Ramon. O pai ficara muito abatido nos primeiros dias, principalmente por ter imaginado tantas coisas ruins sobre o filho. A realidade, contudo, era ainda pior do que ele havia imaginado. Não entrava na cabeça de Hermínio que o filho fosse, de fato, um traficante. Ele sabia, melhor do que ninguém, que Ramon era um menino bom.

Passou muitos dias deprimido, pensando na situação do filho. Só depois de um mês, começara a reagir. Queria agora fazer por Ramon tudo o que não havia feito antes. Com suas economias, contratara novos advogados; queria que Thalita fosse à Indonésia para acompanhar a audiência. Pusera na cabeça que a filha poderia depor em favor do irmão.

– Papai... Você sabe que não é bem assim que as coisas funcionam. É uma legislação diferente da nossa, além de que, é muito cara uma viagem para lá. Iria praticamente acabar com suas economias!

– Mas tem que existir um meio de trazer esse menino para o Brasil, pelo menos. Ele só tem dezoito anos, não pode morrer por causa de... de... uma imaturidade! – ficava sempre tão nervoso quando pensava no assunto que mal conseguia encontrar as palavras.

– É, papai, é isso que os advogados vêm tentando mostrar. Contudo, segundo nos foi explicado no próprio Itamaraty, para que um brasileiro condenado no exterior cumpra a pena no Brasil é necessário que exista Acordo de Transferência de Presos entre o governo brasileiro e o país onde ocorreu a condenação. Infelizmente, o Brasil ainda não tem esse tipo de acordo com a Indonésia – explicou Thalita.

– Tem de haver um jeito... Tem de haver um jeito! Nós vamos encontrar, você vai ver só – disse ele, apertando a mão de Thalita.

Hermínio estava muito mudado. Mais preocupado, mais amigo e até mesmo mais terno e atencioso com ela. De vez em quando, dava lá seus ataques, nervoso com as limitações que se via obrigado a aceitar, mas logo voltava a seu eixo, sempre envolvido com as necessidades de Samir, de Thalita, de Ramon e até dos empregados que cuidavam dele.

Recebia agora de Thalita uma mesada semanal, retirada de seus próprios proventos. Com ela, comprava pequenas coisas de que sentia vontade: um barbeador, um desodorante, balas e biscoitos para Samir, figurinhas para o seu álbum do Homem-Aranha.

Saía sempre com o neto e o enfermeiro para passear pelo quarteirão. Não reclamava mais tanto da vida, nem da comida e nem dos remédios; só não aceitara frequentar reuniões no Alcoólicos Anônimos. Tinha ainda dificuldade com a palavra alcoolismo, que não pronunciava sob hipótese alguma. Mas jamais voltara a falar em bebida. Com a mesada, comprava e controlava também os próprios cigarros. Não conseguia ficar nos três estipulados pelo médico, mas fazia o possível para não passar de sete.

Todas as noites, antes de dormir, Samir lia para ele um trechinho do *Evangelho* infantil que ganhara de Rute.[48] Então, oravam juntos por Leda, e também

---

[48] Bergallo, Laura. *O evangelhinho segundo o espiritismo*. Lachâtre, São Paulo, 2009.

pelos tios Isaura e Hefesto. Desde que começara a fazer isso, Hermínio não sentia mais o peso da culpa que antes o atormentava.

Thalita ainda discutia com ele sobre a impossibilidade de acompanhar a primeira instância do julgamento de Ramon na Indonésia, quando o telefone tocou. Era Domenico.

– Queria que arrumasse uma mala com algumas roupas. O bastante para um final de semana em uma praia e também alguns vestidos mais bonitos, para a gente sair para jantar – ele disse.

– Estou tão preocupada com o julgamento do meu irmão... Não sei se quero ir... – Thalita hesitou.

– Sei que está preocupada. Mas precisa se distrair um pouco. Nós precisamos. É só um final de semana! – insistiu Domenico.

– Mas viajar para onde? – ela perguntou. – E a campanha?

– Surpresa.

– E aqueles documentos que você me pediu? – lembrou Thalita. – Nós não vamos para o exterior, vamos?

– Aquilo é para a nossa lua-de-mel – despistou Domenico. – Não se preocupe. Não vou precisar trabalhar neste sábado. A campanha foi transferida para daqui a quinze dias. Pego você às cinco?

– Às cinco? Já são quatro e dez! Preciso conversar com o Samir!

– Ótimo, faça isto. Diga a ele que, na próxima, ele vai conosco. E diga também a seu pai que está tudo sob controle.

– Como assim, está tudo sob controle? – Thalita não entendeu.

– Pode falar que ele vai entender – Domenico manteve o mistério. – Então... então um beijo! Não se esqueça de deixar o celular com Samir, no caso de a gente precisar localizá-lo. Ah! – ele pareceu se lembrar de algo, antes que ela pudesse argumentar qualquer coisa.

– O que foi? – perguntou Thalita.

– Esqueci de dizer que eu te amo!

Thalita sorriu ao telefone:

– Eu também...

Não podia negar que sua vida havia dado uma volta de trezentos e sessenta graus depois que se reconciliara com Domenico. Hermínio parecia gostar dele, Samir então, nem se fala. Ainda mais depois que ele deu para ela um celular que só vivia com ele. Não havia uma vez em que saíssem e que Domenico não pedisse para que ela deixasse o celular com Samir. Ficava ligando para ele o tempo todo, parecia até pai do menino.

Thalita correu se aprontar. Às cinco, conforme combinado, ele buzinava na portaria.

– Rápido, rápido! Não podemos perder o avião! – ele avisou quando ela entrou no carro.

A FERRO E FLORES | 507

– Avião? Mas... Você não disse que... Para onde está me levando?

– Casamento indonésio, já ouviu falar? – ele brincou.

– Casamento indonésio, como assim? – Thalita não entendeu.

– Pelo que andei estudando, existem duas modalidades. O tradicional, *mesakapan*, que é pré-arranjado entre as famílias, e o *ngorod*, quando o noivo sequestra a noiva sem a família saber. Refleti bastante sobre as duas opções e achei mais interessante a segunda.

– Você não está falando sério, está? – preocupou-se Thalita.

– Mas é claro que estou. Em uma hora, se tudo der certo no aeroporto, embarcamos para a Indonésia. Vou até lá pedir sua mão a seu irmão.

– Domenico! – ralhou Thalita. – Não brinque com isso!

– Eu não estou brincando – ele disse, atento ao volante.

– Mas eu trouxe roupas só para um final de semana! – ela começava a acreditar.

– E desde quando você faz uma mala contendo roupas só para um final de semana? – brincou Domenico.

– Eu não tenho visto! – insistiu Thalita preocupada.

Ele apertou a mão dela enquanto dirigia.

– Está tudo *ok*. Para entrar na Indonésia, basta que o passaporte tenha uma validade de no mínimo seis meses. Tirei o seu esta semana, não há o menor problema. O visto é dado na entrada do país. Eles exigem apenas que a pessoa tenha tomado vacina contra febre-amarela. Na verdade, faz muito tempo que eu estava programando uma viagem à Indonésia. Assim, acabei unindo o útil ao agradável e prometi a seu pai que o levaria para assistir ao julgamento de Ramon – ele explicou.

– Foi por isso que ele veio com aquela conversa! E que você insistiu tanto para me dar aquela vacina na semana passada! – lembrou Thalita. – Ah, Domenico, você não existe! – ela beijou-o no rosto. Só então se deu conta. – Quer dizer que estamos mesmo indo para a Indonésia?

– Mais precisamente para a ilha de Bali, onde será realizado o julgamento – informou Domenico.

Fizeram o trajeto Rio-São Paulo-Bali, com conexão em Cingapura. Entre escalas e esperas em aeroportos, foram quase trinta horas de viagem. Thalita e Domenico, porém, ficavam sempre tão bem quando estavam juntos que nem sentiram o tempo passar.

– Meu Deus! Que lugar lindo! Mal posso acreditar que estou aqui! – exclamou Thalita, ao pisar finalmente em Bali. – É como se o mundo antes não tivesse cores! – observou, lembrando da primeira carta de Ramon.

A cidade parecia literalmente uma festa com suas danças, oferendas e trajes coloridos. Havia, inclusive, uma procissão de mulheres que, conforme descobririam depois, fazia parte de um cortejo de casamento.

Não puderam, contudo, ver muita coisa. Tinham hora marcada com o conselheiro do clube de intercâmbio de Bali, que havia combinado de en-

508 | Lygia Barbiére

contrar-se com eles ainda naquela noite no hotel previamente reservado por Domenico.

O tempo todo Thalita oscilava em seus sentimentos. Se, por um lado, Bali era a autêntica celebração da vida e ela sentia-se ainda mais viva por estar ali com Domenico, dividindo com ele todos aqueles momentos, por outro sabia estar ali para talvez ver o irmão pela última vez. Ficava então deprimida; sentia-se mortificada só de pensar nesta hipótese.

Numa atitude de extrema delicadeza, Guilhermon, o conselheiro do clube de intercâmbios em Jacarta, viera encontrar-se com Ketur, o conselheiro de Bali, para, juntos, oferecerem completo e total apoio à família de Ramon. As notícias que eles traziam eram surpreendentes:

– Ramon é um menino de caráter, Thalita. Temos muita esperança de que o nosso presidente possa perceber isto. Imagine você que, em Jacarta, onde ficou recolhido por todo este tempo, ele teve acesso às filosofias hinduísta e budista através de Nyoman, o motorista da primeira família que o adotou. Não sei se você sabe, mas os balineses, de maneira geral, professam a religião *hindhu-dharma*, ou bali-hinduísmo, que é uma espécie de fusão do hinduísmo com budismo e com as tradições locais. Por sinal, o tal Nyoman vive agora com uma brasileira, que é adepta do espiritismo e também adora visitar Ramon. Por intermédio deles, seu irmão começou a ler sobre esses assuntos. Aplicou-se de tal forma aos estudos que decidiu criar no presídio uma biblioteca para que outros internos pudessem repensar e redirecionar suas vidas.

– Que coisa espantosa – admirou-se Domenico.

– Ele sempre me escreve cartas muito emocionadas, muito conscientes de sua responsabilidade. Mas não disse nada sobre isso – comentou Thalita, intimamente orgulhosa do irmão.

– Pena que ele não tenha utilizado seu potencial para desenvolver trabalhos voluntários como intercambista – lamentou Guilhermon.

– Mas, afinal, ele conseguiu alguma obra para a biblioteca? – perguntou Domenico.

– Uma obra? Ele escreveu para editoras até na Índia e no Japão, criou uma biblioteca com quase dois mil volumes, com romances e livros teóricos de religiões do mundo inteiro – acrescentou Ketur em inglês.

– Tornou-se o conselheiro oficial dos presos, vocês acreditam? – Guilhermon contou bem-humorado.

Ainda assim, não estavam muito otimistas quanto à tão esperada concessão de clemência por parte do presidente da Indonésia, única maneira possível de livrar Ramon da pena de morte por fuzilamento.

– A grande questão é que o presidente atual é considerado conservador. É dos mais rigorosos contra o narcotráfico – explicou Guilhermon.

– Quantas pessoas já foram condenadas até hoje pelo mesmo motivo? – quis saber Thalita.

A Ferro e Flores | 509

– Desde 2000, quando entrou em vigor a lei de entorpecentes, 31 pessoas foram condenadas, sendo que, no momento, há 21 pessoas no chamado corredor da morte por tráfico de drogas – disse Guilhermon.

– A Indonésia está fazendo a reforma do Código Penal. Existe uma mudança de percepção no sentido de que a pena de morte não seja mais considerada como uma punição essencial, mas, sim, como última alternativa, cuja execução deveria ser rigidamente selecionada com grande antecedência. Desde 1945 até 2008, foram aplicadas penas de morte a 74 presos na Indonésia. No entanto, apenas doze foram executados e outros quatro presos morreram antes da execução – acrescentou Ketur.

– Ocorre, porém, que Ramon fazia parte de uma rede internacional de traficantes. O tráfico de drogas destrói muito a vida de um país e é uma ameaça para o futuro de uma geração, sendo considerado como um crime muito sério. O governo indonésio nunca aceitou um pedido de clemência para condenados por tráfico de drogas – lembrou Guilhermon.

Naquele fim de tarde, depois que eles foram embora, Thalita e Domenico saíram para assistir ao pôr do sol na praia de Jimabaran. Vendo Thalita tão triste, Domenico queria que se recarregasse com a energia das belezas locais. Era famoso o pôr do sol naquela praia, onde os restaurantes espalhavam mesinhas na areia, muito branca, para que as pessoas assistissem ao espetáculo.

Ainda dividida em seus sentimentos, porém, Thalita, naquele momento, não conseguia prestar atenção em muita coisa. Estava mais preocupada em encontrar nos exemplares de *O evangelho segundo o espiritismo* e *O livro dos espíritos* que Mag lhe emprestara alguma coisa sobre pena de morte. Queria, na verdade, se preparar para dizer algo de positivo ao irmão no encontro que teriam no dia seguinte.

– Só você mesmo para viajar para a Indonésia com este monte de livros – observou Domenico.

– Isto porque você ainda não viu os outros sobre alcoolismo que eu deixei lá no quarto – confessou Thalita.

Estavam sentados em uma das mesinhas, saboreando exótico suco de frutas locais, enquanto Thalita folheava seus livros.

– Olha aqui, Domenico... Acho que encontrei... Tem uma pergunta aqui no *Livro dos espíritos* que fala especificamente sobre pena de morte. Diz: "que se deve pensar da pena de morte, imposta em nome de Deus?" Ao que os espíritos respondem: "É tomar o homem o lugar de Deus na distribuição de justiça. Os que assim procederem mostram quão longe estão de compreender Deus e que muito ainda têm que expiar. A pena de morte é um crime, quando aplicada em nome de Deus; e os que a impõem se sobrecarregam de outros tantos assassinatos."[49] Que coisa... Mas acho que isso não vai ajudar muito ao Ramon... – ela observou desconsolada.

---

[49] Kardec, Allan. *O livro dos espíritos*. Rio de Janeiro, FEB, parte 3ª, cap. VI, p. 765.

510 | Lygia Barbiére

Domenico estava concentrado, virando as páginas do *Evangelho* que Thalita deixara sobre a mesa.

– Acho que isto aqui, sim, é o que vai verdadeiramente ajudar – ele disse – Veja – estendeu a Thalita o trecho encontrado.

"O Cristo, que operou milagres materiais, mostrou, por esses milagres mesmos, o que pode o homem, quando tem fé, isto é, a vontade de querer e a certeza de que essa vontade pode obter satisfação",[50] Thalita leu em voz alta.

– Como assim? – estranhou ela.

– Thalita, das coisas mais importantes que já aprendi com o Miguel, uma delas foi esta: fé é vontade de querer. Nunca se esqueça disto.

Naquele fim de tarde, sozinho em sua cela na cadeia, Ramon pensava justamente sobre o poder da fé, sobre tudo o que aprendera com seu amigo Nyoman e com a esposa dele, Sônia. Segundo o hinduísmo balinês, que vem a ser diferente do hinduísmo de qualquer outro lugar do mundo, a vida é apenas uma parte de um ciclo eterno de nascimento e renascimento sem fim, devendo ser vivida com muita devoção e arte, num crescente espiritual. Ramon admirava a maneira como os hinduístas cultuavam suas muitas divindades, sua filosofia de vida, sua sabedoria. Não conseguia, contudo, deixar de pensar no seu Deus e na figura de Jesus que aprendera a amar e admirar desde menino, no Deus justo e misericordioso que Sônia lhe mostrara através do espiritismo. Acreditava, sim, na evolução do ser, mas não podia concordar que as impurezas da alma pudessem ser limpas através de rituais executados continuamente durante toda a vida da pessoa. Para os hinduístas, aquele que segue os rituais e vive sua vida de acordo com as indicações dos brâmanes não adquire carma negativo e isto basta para merecer a recompensa celeste.

Para Ramon, contudo, isto não era suficiente. Queria anular, de alguma forma, o que fizera de errado e, para isto, não bastavam rituais e nem mesmo o simples arrependimento. Sentia-se na obrigação de reparar seus atos; acreditava que, só ajudando aos outros presos, poderia apagar os traços de sua falta e suas consequências.

Interessante era que todas as noites, depois de seus estudos, ele sonhava com uma jovem espanhola de nome Toya que o esclarecia sobre estes assuntos, discutindo com ele todos os pontos de que discordara nos estudos. Ramon a via como uma espécie de mestra espiritual.

Naquela noite, porém, angustiado com a audiência que se aproximava, sem sequer imaginar que a irmã viria visitá-lo no dia seguinte, ele passou a noite em claro. O tempo todo ficava pensando que, se Deus, o Deus em quem ele acreditava lá dentro de si mesmo, estava vendo todo o esforço que ele estava fazendo para se modificar como pessoa, não poderia deixar que ele fosse condenado à pena de morte. Todavia, por mais que se esforçasse, não

---

[50] Kardec, Allan. *O evangelho segundo o espiritismo*. Rio de Janeiro, FEB, cap. XIX, item 12.

A Ferro e Flores | 511

conseguia imaginar uma maneira para que Deus o livrasse do destino que ele mesmo criara para si.

– Ora, Ramon – disse Toya a seu lado. – É claro que Deus não precisa que você encontre para Ele as soluções. Confie!

Ramon confiava, mas talvez não o bastante. Não conseguia parar de pensar como Deus poderia interferir numa situação como a dele. O dia amanheceu e ele ainda virava de um lado para outro da cama, sem ter pregado um olho a noite toda. Foi quando ouviu o barulho de vozes que se aproximavam. Pela grade da cela, viu tratar-se de um grupo de adolescentes, pouco mais novos do que ele, todos uniformizados. Pareciam ter em média quatorze, quinze anos de idade; faziam um trabalho sobre o presídio.

Nem de longe lembravam os presídios brasileiros as instalações de detenção onde Ramon se encontrava. Tudo era limpo e organizado, não havia superlotação, policiais tratavam a todos com muito respeito. Cada preso tinha sua cela, com ventilador, televisão e geladeira; podiam até mesmo gozar de certa liberdade dentro daquela área restrita. No pavilhão destinado aos estrangeiros, as celas se abriam às cinco da manhã e fechavam às oito da noite; os detentos ficavam soltos o dia todo. Havia mesmo um preso que, de vez em quando, ia para a cozinha e preparava iguarias maravilhosas para todos. Não eram responsáveis pela faxina, tinham roupas lavadas, quem não gostasse da comida, podia pedir em restaurantes da região.[51]

Durante um tempo, Ramon ficou observando a garotada entrevistando os guardas. Sentiu saudades dos tempos em que ele também era um estudante como aqueles, da oportunidade que ele havia perdido por imaturidade. Um dos rapazinhos, em especial, chamou-lhe a atenção depois de literalmente enfiar o nariz por entre as grades da cela:

– *Selamat pagi, blee!* – disse ele, "bom-dia, amigo" em bahasaindonesia. – Desculpe. Queria apenas ver como era dentro da cela – explicou.

– Sem problemas – respondeu Ramon no mesmo idioma.

Cada cela era um pequeno quarto. Todos davam para um pátio agradável, onde havia um jardim plantado e cuidado pelos próprios presos, muitos pássaros e até mesmo um laguinho com peixes. Os jovens estavam agora todos sentados neste pátio, conversando com o guarda-chefe.

– É verdade que ninguém aqui usa armas? – perguntou uma jovem.

– Apenas eu, o guarda-chefe – explicou ele.

– Posso olhar? – pediu o rapazinho curioso.

Ramon viu pela grade que o guarda titubeou por alguns instantes, até entregar a arma ao jovem. Só mais tarde descobriria ser ele, o jovem curioso, justamente o filho de um dos homens mais influentes do governo da Indonésia,

---

[51] Cf. reportagem "A última balada: *Isto É* acompanha o cotidiano dos brasileiros condenados à morte por tráfico de drogas", publicada em *Isto É* de 23/03/2005.

512 | Lygia Barbiére

justamente o general integrante da polícia antidrogas que conseguira autorização para aquela visita. Mas nem foi possível pensar em muita coisa na hora; só deu para ouvir o estampido. Ramon sentiu um tranco, depois uma dormência e um formigamento nos dedos. Veio então uma dor muito forte, uma queimação intensa. Olhou para baixo e viu que sua roupa estava completamente empapada de sangue. A bala havia atravessado seu braço direito, entre o pulso e o cotovelo. Naquele momento, Ramon achou que fosse morrer ali mesmo.

Foi acordar no hospital, todo enfaixado, após uma longa operação para a retirada da bala. Thalita estava a seu lado, cercada por autoridades indonésias e funcionários da embaixada do Brasil. Domenico e Guilhermon também estavam com ela.

– Ramon... Como isto foi acontecer? – perguntou ao irmão, emocionada. – Parece que o garoto foi detido, e também o guarda que emprestou a arma para ele. Estes senhores agora querem saber em detalhes por que foi que ele atirou em você – ela explicou, nervosa.

Ramon reparou que havia também um homem de meia-idade segurando a mão dela, mas estava muito fraco, não podia gastar sua pouca energia fazendo comentários.

– Não... Ele não teve culpa... – apressou-se em dizer. – O rapaz é inocente, o guarda também... Eu vi tudo... Por favor, pelo Deus em que acreditem... Eles não podem ser condenados... O garoto é muito novo... Não é um criminoso...

– Não precisa ficar nervoso. As autoridades aqui são muito corretas. Parece que o menino é filho de um homem muito importante do governo, mas mesmo assim será seriamente punido – esclareceu Guilhermon.

– Não... – repetiu Ramon. – Eu insisto. Ele não tem que ser castigado! Foi uma fatalidade... Foi sem querer... Poderia ter acontecido com qualquer um... Ele só queria... ai... ver a arma... para colocar no trabalho da escola... – repetiu ainda, antes de dormir novamente sob o efeito dos sedativos. – Não pode passar... pelo mesmo... que eu... Por favor...

Dias depois, saía no jornais a notícia de que o pai do menino autor do tiro movia medidas para a revisão do processo de Ramon.

Com o inesperado incidente, Ramon ganhou a oportunidade de explicar como havia se envolvido com drogas, aproveitou a ocasião para alertar a todos os jovens indonésios sobre o perigo de uma ação irrefletida como a sua. Em todas as entrevistas, falava sempre com tal e tamanha sinceridade que acabou ganhando a simpatia do povo indonésio, que viu nele o portador de um nobre coração, apesar de tudo. Logo vinham à tona também as notícias de todos os serviços que ele prestara enquanto estivera retido no presídio de Jacarta; Ramon transformou-se em verdadeira polêmica nacional.

– Tudo leva a crer que a pena de morte dele em breve seja comutada para somente mais alguns meses de prisão – informou o advogado, otimista, uma semana depois.

A Ferro e Flores | 513

Naquele dia, Thalita ficou tão feliz que pediu a Domenico que a levasse a um templo para agradecer. Toda a cidade era cheia de templos hindus, muitos deles incrustados em grandes escarpas sobre o mar, projetando, com suas silhuetas, paisagens indescritíveis de tão belas.

– Acho que agora só falta uma coisa para que a gente saia daqui completamente feliz – disse Domenico.

– O quê? – perguntou Thalita.

– Você aceita casar-se comigo aqui em Bali? – ele disse, oferecendo-lhe uma flor-de-lótus.

– Eu... eu... – de tão emocionada, ela não conseguia responder.

Um macaquinho passou e roubou-lhe a flor das mãos.

– Ai! – ela suspirou desolada.

– Aceita ou não aceita?

– É claro que aceito.

O macaquinho, vendo os dois se beijando, jogou de novo a flor sobre Thalita.

– Está vendo? É um sinal dos deuses de que o nosso casamento vai dar certo! – brincou Domenico. – Você sabia que a flor-de-lótus cresce nas águas pantanosas? Nenhuma sujeira para sobre ela, que se mantém sempre assim, nessa tonalidade cintilante, meio rosa, meio dourada... É o símbolo da pureza e da força, representa que devemos nos manter acima do mundo material, apesar de viver nele – ele explicou, terno.

Na tarde seguinte, os dois se encontravam no jardim de um templo cheio de flores-de-lótus recém-desabrochadas. Um sacerdote amigo da família de Nyoman aceitara abençoá-los em uma cerimônia improvisada. Sônia, Nyoman e alguns de seus familiares mais próximos compareceram para prestigiá-los.

Thalita comprou um vestido vermelho todo bordado de dourado chamado *bhaku*. Era uma espécie de sarongue comprido com um casaco especial. Só depois ficou sabendo tratar-se de um típico vestido de noiva budista, mas, segundo Sônia, não havia o menor problema. Na véspera, tão logo soube da intenção dos dois, a irmã de Nyoman a levara para tatuar a palma das mãos e os pés com hena, como mandava a tradição hinduísta. Thalita estava encantada com tantas tradições. Naquela manhã, antes da cerimônia, Sônia, e a irmã de Nyoman a ajudaram ainda a banhar-se com óleo de sândalo e outras essências, enquanto cantavam alguns mantras.

– Ajuda a purificar o corpo e a alma antes do casamento – explicou a irmã de Nyoman.

Thalita estava linda. Seus cabelos foram arrumados para cima e presos com um turbante meio dourado, meio furta-cor, cheio de pedras transparentes, que combinavam perfeitamente com o colar de águas-marinhas que Domenico lhe dera, como presente de casamento.

Por uma incrível coincidência, o noivo também providenciara um traje típico budista em tons de azul-rei. Era também um *bhaku*, só que com mangas, comprido até os tornozelos, um traje todo bordado usado com um colete que os balineses chamavam de *lajha*. Usava ainda uma capa bordada e uma faixa à volta da cintura. Assim paramentados, os dois sentiam-se como se estivessem em um filme.

Em um altar improvisado, cercado de velas, flores de laranjeira e incensos providenciados pela gentil família de Nyoman, Thalita e Domenico receberam as bênçãos do sacerdote.

– No hinduísmo, o casamento foi e sempre será considerado como sendo a união de duas almas a fim de se ajudarem mutuamente na sua evolução espiritual – ele disse, iniciando a cerimônia sob o barulho das ondas do mar que se quebravam nas pedras.

Em seguida, o sacerdote acendeu no chão uma fogueira, através da qual, segundo ele, seriam invocados os deuses para que os nubentes pudessem levar uma vida gloriosa e pediu a ambos que tocassem levemente com o pé em uma pedra rochosa que havia no local.

– Esta pedra simboliza a importância da nova fase de sua vida e a necessidade de conservação, em todas as vicissitudes, de uma firmeza só comparável à de uma rocha.

As irmãs de Nyoman aproximaram-se, então, com arroz e manteiga para serem oferecidos ao fogo, o deus Agni, simbolizando a igualdade de direitos e deveres em todos os momentos da vida conjugal. Em seguida, o sacerdote atou as vestes de ambos, dizendo:

– *Hasta melap!*

Significava que acabavam de ser unidos para toda aquela vida terrena. Deram quatro voltas ao redor do fogo sagrado e sete passos juntos para frente. O sacerdote, o tempo todo traduzido por Sônia e Nyoman, orientou-os então para que repetissem os principais votos sagrados:

– Dou graças a Deus por ser tua esposa. Nada existe mais claro neste mundo do que tu. Viveremos uma longa vida em afeto mútuo – disse Thalita.

– Tu és agora a minha metade. Nunca terei segredos para contigo. Não participarei de qualquer ato imoral e nem tomarei qualquer atitude que te decepcione. Tomo-te como minha esposa – disse Domenico.

Toda a família de Nyoman ali reunida abençoou o casal com votos de felicidades. Estavam casados.

Thalita acordou naquele dia sentindo forte cheiro de rosas brancas. Não podia vê-las, mas havia de fato pétalas de rosas brancas espalhadas por toda a casa.

– Estou tão feliz que tenha dado tudo certo – Leda disse a Eustaquiano. – Sou muito grata a ela por tudo o que fez por meu filho.

Serginho também estava com eles. Carregava nas mãos um bebê.

– Posso levá-la agora? – perguntou a Eustaquiano.

– Sim. Pode voltar com ela para o berçário da colônia; já foi devidamente imantada a seus futuros pais – ele respondeu, antes de virar-se novamente para Leda. – Não se esqueça. Você poderá cuidar delas, mas somente durante o período combinado.

– Eu estou ciente disto. Nem sei como agradecer! – sorriu Leda.

Thalita chegou na cozinha e encontrou Domenico preparando o café.

– Não está sentindo? É um cheiro maravilhoso de... – ela de repente ficou embrulhada. – Ai, não sei por que, não estou podendo com cheiro de café! – ela disse, correndo para o banheiro.

– Será que está... grávida? – perguntou Domenico, indo atrás dela.

– Ai, Domenico! Será?

Os dois se abraçaram felizes e sentaram de novo na mesa para tomar seu café da manhã.

– E como iremos chamar o bebê? – ele perguntou, passando manteiga no pão para Thalita.

– Foi só um enjoo. A gente nem tem certeza! – disse ela, pegando o pão das mãos dele.

– Mas fala um nome, que custa! – insistiu Domenico, todo animado, servindo-a de suco.

– Ah, se for menina, quero que se chame Agnes! – disse Thalita.

– Agnes? Por que Agnes? – quis saber Domenico, provando o suco.

– Por causa da roda de fogo no dia do nosso casamento, lembra? Aquilo ficou tão marcado na minha cabeça... O sacerdote disse que o deus do fogo se chamava Agni. Desde aquele dia, não sei por que, pensei que, se um dia tivesse uma menina, se chamaria Agnes, em homenagem ao deus do fogo – explicou Thalita.

516 | Lygia Barbiére

– Agnes... É... Gostei! – disse Domenico.

Ela foi até os fundos da cozinha, onde, numa pequena área, eles cultivavam um canteirinho de hortênsias.

– Domenico, veja! Você conseguiu! – ela abaixou-se perto das florezinhas que nasciam. – Nasceu uma muda roxa!

– E pensar que toda a nossa plantação nasceu daquela mudinha que você ganhou na estrada do seu José! – Domenico abaixou-se a seu lado.

– Mas eram azuis-clarinhas... Como você conseguiu? – Thalita ainda estava intrigada.

– Com ferro, você acredita? E esta, na verdade, não foi tirada da muda que você está pensando. Veio daquelas que o seu pai lhe deu, a primeira muda que preparamos juntos, você se lembra?

– Quer dizer então que as hortênsias rosas ficaram desta cor? – repetiu Thalita, ainda examinando a plantinha. – Mas como assim, com ferro?

– Palha de aço, Thalita! Coloquei alguns pedaços de molho, depois reguei as hortênsias com a água enferrujada. Dizem que o ferro, o alumínio propriamente dito, é capaz de alterar o ph do solo, modificando, com isto, a coloração das hortênsias. Em solos ácidos, nascem flores azuis, nos básicos, as cor-de-rosa. O roxo é justamente a nuance, o ponto de transição – explicou ele.

– Mas dá para transformar também azul em rosa? – quis saber Thalita.

– Sim. Basta podar as folhas para eliminar o excesso de alumínio e preparar um novo canteiro usando calcário dolomítico – detalhou Domenico. – Isto é para você ver como tudo nesta vida se transforma. O ferro mal empregado pode ferir e machucar, quando bem utilizado sustenta toda uma construção, pode mudar até a cor de uma flor...

– Pois eu, cada dia mais, acredito no poder das flores. Uma casa com flores torna a vida mais agradável, acalma as pessoas...

– O Samir é que vai gostar... – disse Domenico, ainda examinando as flores. – Ele vai almoçar hoje na casa do seu pai?

– Hoje é sexta? Vai, vai sim – confirmou Thalita.

Ela, Domenico e Samir moravam agora em um apartamento térreo bem próximo ao apartamento de Hermínio. Ele continuava a ser cuidado pelos enfermeiros. Pelo menos uma vez por dia, Thalita passava por lá para ver como estavam as coisas. Esperavam que Ramon, depois de cumprir o que faltava de sua pena, fosse morar com ele.

– E o que dizia a carta que recebeu de seu irmão, ontem? – perguntou Domenico, enquanto juntavam a louça do café.

– Você nem imagina... – disse Thalita, começando a lavar a louça. – Você acredita que o Marconi teve a cara-de-pau de visitá-lo na prisão?

– Não é possível! E ele não denunciou na hora? – imaginou Domenico. – Deixa que eu lavo isto para você.

– Não! Sabe, depois que li a explicação, até concordei com Ramon. Ele acha que, agora que tudo se encaminha para que seja solto, não vale a pena correr o risco de ser assassinado por um bando de traficantes. Ele acredita que, mais cedo ou mais tarde, Marconi cairá por si só. Enquanto isso, disse que reza para que ele se ilumine... – contou Thalita.

– Mas o camarada é um bandido, não devia andar solto por aí, aliciando outros jovens como Ramon! – contestou Domenico.

– Ramon me disse que, no fundo, é grato a Marconi, que tem tentado se educar nesse sentido. Parece que ele agora adotou uma maneira espiritualizada de analisar todos os acontecimentos; disse que, se não fosse por Marconi, ele talvez nunca houvesse atingido esse estado de iluminação que acredita estar vivenciando... Li a carta dele e fiquei pensando naquela namorada do meu pai... Sabe que o Ramon tem razão? Durante muito tempo eu tive ódio, pavor daquela mulher. Mas, se pensarmos pelo outro lado, se não fosse a Ely, pelo limite que ela levou meu pai a atingir, talvez nós nunca tivéssemos podido socorrê-lo – avaliou Thalita.

Domenico enxugou as mãos e deu-lhe um beijo na testa.

– Acho bonito quando você pensa assim... – ele disse.

– Sabe de uma coisa? A partir de hoje, eu também vou tentar orar para que Ely se esclareça. Não sei se vou conseguir, mas... – ela planejou.

– Vou guardar este pedaço de bolo de chocolate para o Samir – disse Domenico, terminando de recolher a mesa de café. – Prometi para ele que guardaria, quando o deixei na escola esta manhã.

– Nossa, sabe que eu estava pensando a mesma coisa? – disse Thalita. – Eu sinto uma falta dele quando acordo e ele já foi para a escola... Principalmente nestes dias em que ele vai direto para a casa do papai...

– Você estava dormindo tão profundamente que eu não quis te acordar – explicou Domenico.

Toda segunda, quarta e sexta, Samir saía da escola e ia almoçar com o avô. O próprio Hermínio fazia questão de ir buscá-lo, junto com o enfermeiro. Nesses dias, Thalita passava as tardes no hospital. Fazia parte agora da equipe de palhaços que visitava periodicamente as crianças doentes. Um trabalho profissional que exigia conhecimento, preparo artístico, fôlego, capacidade de jogo, sensibilidade. Thalita estava realizada. Nunca antes imaginara que era este o trabalho de atriz que ela sempre sonhara em fazer.

Às vezes, aos sábados, ela e Samir também participavam das campanhas para arrecadação de donativos em favor dos fibrocísticos, junto com Domenico e seus companheiros. Mas este já era outro trabalho.

Quem ficara mais feliz com tudo isto fora Jacira, que agora trabalhava também para "o médico oficial" de Ariovaldo, como ela gostava de dizer. Domenico havia comprado os aparelhos necessários para que o menino pudesse fazer em casa os exercícios de inalação e nebulização. Com isto, suas visitas ao hospital haviam ficado reduzidas a apenas uma vez por mês, para uma consulta de rotina com a dra. Isabela. Mas, sempre que necessário, Jacira sabia que era só trazer o menino que Domenico o examinava. Embora a tosse ainda persistisse, por ser característica da doença, Ariovaldo não necessitara de internação mais nenhuma vez. Leitora atenta e preocupada, Jacira jamais esquecia o horário de nenhum dos remédios, fazia questão de verificar o nome do medicamento na caixa antes de dá-lo para o menino e até a data de validade.

– Não se esqueça de avisar a seu pai que, hoje, o Samir vai dormir lá. No fim da tarde tem a defesa da dissertação de Miguel. Você vai comigo, não vai? – Domenico perguntou, já de saída.

Ela pensou por alguns instantes antes de responder. Nunca mais vira Miguel, embora sempre tivesse notícias dele por dona Rute.

Agora, Thalita sempre frequentava as reuniões do Evangelho aos domingos, na casa de Mag. Sabia, por dona Rute, que ele e Valéria haviam se tornado muito amigos e que Valéria até o ajudara muitíssimo nas pesquisas, mas a verdade é que, desde o seu casamento com Domenico, ela não voltara a ver nenhum dos dois. Queria tanto poder reatar sua amizade com Valéria... E com Miguel também, é claro. Seria eternamente grata a ele por tê-la reaproximado de Domenico. Mas... Será que ele não ficaria chateado se ela fosse junto com Domenico?

– Quer saber? Eu vou! – ela decidiu, entrando no banho. – Já está na hora de acabar com todo este mal-entendido... Domenico! – ela de repente se lembrou de mais alguma coisa.

– O que foi, Thalita?

– Hoje é o dia da inauguração do restaurante da Mag!

– A gente sai da defesa e vai direto para lá – sugeriu ele.

– Precisamos comprar umas flores – lembrou Thalita.

– Pode deixar que eu providencio tudo – Domenico se despediu.

Ela saiu do banho e Leda ficou observando-a enquanto se arrumava.

O tempo todo parecia ocupada em proteger as ligações que haviam sido feitas dentro do ventre da filha; já até imaginava a barriga crescendo.

– Até agora só não entendi direito uma coisa – Leda perguntou a Eustaquiano, que ainda permanecia na casa, supervisionando todo o processo que naquele momento acontecia.

– Como é que o Samir, meu neto, pode ser ao mesmo tempo o filho de Toya e o pai de Hermínio e Hefesto em outra encarnação?

– E, dentro em breve, será também o irmão de Toya. Isto é para você ver como são delicados, múltiplos e complexos os laços que nos unem a todos aqueles que nos cercam – filosofou o mentor.

Mag, enquanto isto, recebia flores em seu apartamento. Um buquê de flores do campo. Lindas. Mas não eram de Thalita e Domenico.

A Ferro e Flores | 519

– Do Sílvio! – ela exclamou, admirada, ao ler o cartão.

"Desejo sorte no seu novo empreendimento. Nos vemos à noite. Um beijo, Sílvio", dizia o cartão.

Mag ficou toda derretida. Fazia muitos anos que ele não lhe mandava flores. Apesar de tudo, ela sentia tanta falta dele... Ana Teresa e Ana Patrícia tinham lhe dito que ele não estava mais bebendo. "Quem sabe ele tinha mudado?", pensou, cheia de esperanças. Quem sabe não era a hora de aceitá-lo de volta?

– Homem é tudo igual mesmo – comentou Jacira, que faxinava a cozinha enquanto Mag preparava a jarra para pôr as flores. – Não vê o Ariovaldo-pai? Quem diria que eu ainda ia voltar com ele...

– Voltou com ele? E nem me disse nada, Jacira? – reclamou Mag.

– Ah, Mag... Foi esses dias... Voltar, eu ainda não voltei muito, sabe como? O caso é que eu encontrei com ele na escola. Está estudando, o infeliz... Na mesma sala que eu! – Jacira parecia feliz.

– Ué, mas ele também não era alfabetizado? – Mag estava surpresa.

– Para você ver... Só agora eu fui descobrir! Ariovaldo foi embora de casa de vergonha, de medo de me contar que era analfa... – ela se concentrou antes de terminar de dizer a palavra. – analfabeto. – Por isso, que ele colocou o nome do menino trocado!

– Peraí, Jacira, me explica isso direito!

Ela contou a Mag toda a conversa que tivera com Ariovaldo-pai no dia em que se encontraram na escola.

– Na verdade, ele pensava que eu sabia ler e não tinha coragem de me dizer que ele não sabia, porque eu vivia dizendo que não suportava gente ignorante. Agora vê se pode... – ela abaixou a cabeça sem graça, como se só agora percebesse o quanto ela mesma era ignorante na época. – Daí, enrolado do jeito que era, chegou no cartório e esqueceu o nome que eu tinha pedido para colocar no menino. Também, eu quase nunca falava meu nome todo para ele... Coitado. Ficou tão nervoso que esqueceu tudo, não conseguia lembrar nenhum sobrenome meu. Mas não podia deixar o menino sem nome, né? Foi então que se lembrou da carteira de identidade. Tirou do bolso e disse ao homem: Escreve igualzinho ao que está aqui, que é meu filho. Sabe que eu achei bonito ele contar isto? Mostrou que ele tinha orgulho do filho, apesar de tudo!

Mag, a essas alturas, estava longe dali. Pensava em Sílvio. Será que a vida inteira ele não implicara tanto com o pai e a mãe dela porque havia perdido seus pais muito cedo? Ele tinha tantos problemas familiares, tantas sequelas da infância... "Às vezes, uma pessoa agressiva, uma pessoa excessivamente rígida e controladora com os outros faz isto como uma defesa, como uma maneira de não mostrar o quanto ela, na verdade, é frágil", explicara-lhe o seu psicólogo. Pensou também no bêbado do *Pequeno Príncipe*, cuja história lhe fora recontada por Samir. Ele bebia porque tinha vergonha de ser quem era.

520 | LYGIA BARBIÉRE

O tempo todo, Mag percebia nela mesma um movimento no sentido de tentar entender Sílvio melhor, na esperança de que ele também tivesse começado a se modificar. Olhou mais uma vez para as flores, enternecida, e perguntou a Jacira:

– Mas, afinal, você aceitou ou não o Ariovaldo de volta?

– Ah, a gente está se entendendo. Quem sabe? – respondeu Jacira. – Pelo menos, no domingo, quando ele esteve lá, foi muito bom fazer o dever de casa em família. Sentamos eu, ele e o Ariovaldo-filho. Um ajudou o outro. Depois eu fiz um bolo.

– É pena eu não poder assistir à dissertação do Miguel... – lamentou Mag, ainda pensando no marido.

– E o Sílvio vai? – perguntou Jacira.

– Ah, eu acho muito difícil – avaliou Mag. – Mas as meninas chamaram. Quem sabe? – ela disse, repetindo propositalmente as palavras de Jacira. – Agora deixa essa faxina aí e vamos comigo lá para o restaurante que ainda falta muita coisa para a gente arrumar!

Horas mais tarde, a faculdade fervilhava. Havia todo um movimento em torno da defesa de Miguel, intitulada "O Jovem e o Álcool". Era tanta gente interessada em assistir que fora preciso preparar um pequeno salão para acomodar todo mundo. Não bastasse o grande número de encarnados que vieram para assistir ao coroamento de sua titulação como mestre em sociologia, era também muito grande a quantidade de espíritos que ali estavam. Havia os que tinham vindo por afinidade; os amigos espirituais que ajudaram na preparação de todo o estudo; os que foram trazidos para aprender sobre o assunto e ainda os companheiros do grupo Feupanon. Sílvio, porém, não foi.

Os mentores espirituais tiveram o cuidado de encher o salão de perfumadas flores fluídicas para preparação do ambiente, antes do início da defesa. Permaneceriam ao lado do pesquisador até o último minuto.

– Miguel, espera! – Valéria o chamou antes que ele entrasse na sala. – Vamos fazer uma prece antes! – ela disse num sorriso.

Abriu rapidamente um livrinho que trazia na bolsa e leu: "Lembre-se de que você é um espírito eterno e, se você dispõe da paz na consciência, estará sempre inatingível a qualquer injúria ou perturbação", André Luiz.[52]

Miguel segurou as duas mãos dela, abaixou a cabeça e fez a prece:

"Senhor, que eu possa dar o melhor de mim nesta tarde. Não quero ferir as pessoas, nem julgá-las, nem obrigá-las a nada. Desejo apenas que o meu estudo possa ser útil para que reflitam acerca de suas responsabilidades. Que os bons espíritos nos iluminem a todos".

Naquele minuto, quando levantou a cabeça, seus olhos se encontraram com os de Valéria de maneira diferente. Era um olhar como o da primeira vez em que seus olhos se encontraram, no dia em que Rute tivera a crise de choro na

---

[52] Xavier, Francisco Cândido. *Coragem*. Uberaba, CEC, p. 53.

casa de Hermínio. Como naquele dia, havia uma energia de gratidão, de admiração, mas também algo intenso, algo quente e terno que fazia com que batesse mais rápido o coração dos dois.

– Boa sorte! – ela disse, apertando-lhe as mãos como se quisesse passar-lhe toda a sua força.

– Me espera! – ele respondeu com os olhos brilhando.

– Vai! – ela o incentivou.

Caian e Pedro estavam lado a lado. Não que tivessem vindo juntos. Aconteceu na hora em que os grupos se acomodavam no salão anexo montado pelo plano espiritual. Não ficava em cima, nem ao lado do salão dos encarnados. Era uma realidade paralela.

Pedro e Caian não haviam ainda se encontrado de novo desde a noite do resgate. Ficaram um tempo se olhando, acabaram por se sentar um ao lado do outro, sem nada dizer. Ana Patrícia e Ana Teresa estavam perto deles, cercadas por imenso grupo de jovens da mesma idade.

Atrás de Pedro havia um senhor que o olhava longamente. Ele fazia parte de um dos grupos trazidos por Abel. Pedro, porém, entusiasmado que estava em ver Ana Patrícia e a família, nem percebeu nada.

– Gostaria de começar com algumas estatísticas – iniciou Miguel. – Pesquisas recentes mostram que um em cada quatro brasileiros bebe a ponto de correr riscos de sofrer problemas físicos, psíquicos e sociais. O álcool é responsável por 75% dos acidentes de trânsito com vítimas fatais, 20% dos acidentes de trabalho, 36% dos suicídios e mais da metade dos homicídios, atropelamentos e afogamentos. Só no trânsito mata, no país, anualmente, cerca de quarenta mil pessoas e fere quinhentas mil. Imagino que todos aqui sabem que o meu irmão de dezoito anos morreu em um acidente, mesmo sem nunca ter ingerido uma só dose de álcool, por estar dentro de um carro conduzido por um colega alcoolizado.

Houve um breve comentário na plateia, algumas pessoas não puderam deixar de cochichar qualquer coisa a respeito.

– Mas não é por causa do meu irmão que eu me dediquei tão frontalmente a este trabalho – continuou Miguel.

Dava para notar que ele estava tomado de uma emoção profunda, quase comovido naquele momento tão esperado.

– É por todos os outros, mais jovens ou da mesma idade que ele que correm o mesmo risco que eu estou aqui. Os que bebem, os que são amigos dos que bebem, os que muitas vezes pegam uma simples carona para voltar para casa de uma festa. A grande questão é que os nossos jovens, por alguma razão que precisamos urgentemente descobrir, estão começando a beber cada vez mais cedo.

– Você poderia nos informar com que idade o jovem vem começando a beber atualmente? – pediu o orientador.

522 | Lygia Barbiére

– Para se ter uma ideia, o Centro Brasileiro de Informações sobre Drogas Psicotrópicas, o Cebrid, realizou, em 2004, uma pesquisa em Belo Horizonte e constatou que 50% das crianças de dez a doze anos que lá viviam já tinham consumido bebidas alcoólicas. Até os dezoito anos, esta percentagem salta para 75%, o que corresponde a três em cada quatro adolescentes. Isto só em Belo Horizonte, no ano de 2004. Estudos considerando a população adulta do Brasil mostram que 50% das mulheres e 30% dos homens não bebem nada. Todavia, entre os adolescentes esta diferença desapareceu em apenas uma geração. Independentemente do sexo, 25% dos adolescentes bebem. E em quantidades perigosas do ponto de vista biológico. Se levarmos em conta que os adolescentes estão começando a beber cada vez mais cedo, com certeza, as taxas de dependência do álcool vão subir muito nessa população de jovens. Para os senhores terem noção, a situação é tão grave que vem assumindo contornos de calamidade pública no meio científico, onde as pesquisas se intensificaram nos últimos dez anos. A grande preocupação dos cientistas é de que, quando as pessoas finalmente se conscientizarem desta realidade, o desastre maior já tenha sido causado.

– Objetivamente, quais seriam os prejuízos para os jovens que começam a beber antes dos dezoito anos de idade? – perguntou um dos examinadores da banca.

– Beber é muito mais danoso para o cérebro jovem do que para o dos adultos. Os efeitos, a longo prazo, variam desde déficits de aprendizagem até falhas permanentes de memória, de dificuldade de autocontrole a ausência de motivação. Além disso, o abuso de álcool na juventude faz com que o jovem fique cinco vezes mais propenso a se tornar alcoolista na idade adulta.

"Pesquisas revelam que, dos adultos que haviam começado a beber antes dos quatorze anos, 47% deles se tornaram dependentes, enquanto que, entre os que iniciaram o consumo apenas a partir dos vinte e um anos, como defendem os cientistas, o percentual de dependência foi de apenas 9%.

"Como agravante de toda esta situação, os jovens de hoje estão adotando o hábito de beber exageradamente, e não apenas nos finais de semana. Quem circula por locais da moda em qualquer capital ou mesmo nas cidades do interior, onde a situação se complica pela falta de opções de lazer, percebe logo a gravidade da situação. Embora seja proibida por lei a venda de bebidas a menores de dezoito anos, meninos e meninas bebem quanto querem e nos mais variados locais: postos de gasolina, supermercados, bares próximos a escolas, boates, clubes e festas.

"Na praia, então, nem se fala. Da última vez em que estive em Ubatuba, no norte de São Paulo, para não dizerem que estou falando apenas do Rio, me deparei com um grupo de rapazes que, às dez horas da manhã, misturava uma garrafa inteira de vodca com uma de Coca-cola. Em plena luz do dia, na frente de todo mundo, em plena quarta-feira! Dali foram para a praia, tomar cerveja e pegar jacaré! E, o que é pior: estavam de carro. Depois de tudo aquilo, fatalmente um deles iria pegar no volante. Possivelmente até para subir a serra cheia de curvas até Taubaté."

– A que o senhor atribui essa compulsão alcoólica que vem acometendo os jovens nos tempos atuais? – perguntou outro examinador.

– Acredito que um dos principais fatores para que isto aconteça é o fato de vivermos em um mercado descontrolado, estrategicamente favorecido pela indústria do álcool. Outra pesquisa, realizada por uma equipe médica nas cidades de Diadema e Paulínia, duas cidades paulistas, mostrou que os entrevistadores adolescentes conseguiram comprar bebida alcoólica em 95% dos estabelecimentos visitados. No Brasil, há um milhão de pontos de venda de álcool, um para cada 180 habitantes.

"Como se não bastasse a falta de controle sobre a comercialização para menores de idade, o preço baixo da bebida no nosso país contribui ainda mais para o alto consumo dos adolescentes."

– Então o senhor acredita que este aumento de consumo de álcool pela juventude seja um fenômeno genuinamente brasileiro?

– Não, senhor. O fenômeno se verifica no mundo inteiro. Contudo, pelo que pude constatar, no Brasil atinge características ainda mais alarmantes. Nas reuniões da Organização Mundial de Saúde, quando se fala que no Brasil um litro de pinga custa meio dólar e a latinha de cerveja muitas vezes é vendida por menos do que a de refrigerante, ninguém acredita.

"Por outro lado, a propaganda é intensa e maciça. Tanto que está até em discussão na Câmara e no Senado Federal a restrição dos comerciais de bebidas alcoólicas. Não há uma informação clara de que aquele produto é potencialmente nocivo. Ao contrário, as propagandas passam uma mensagem subliminar de que a bebida leva a uma situação idílica, altamente prazerosa, de gente bonita e saudável.

"E, no entanto, minha namorada, que é enfermeira – ele olhou significativamente para Valéria, sentada no meio da plateia – conta que, em todos os plantões que já deu em hospitais, o que ela mais vê são pessoas internadas ou doentes por problemas causados pelo álcool. Atualmente, ela trabalha em uma ambulância destinada a socorrer jovens que enchem a cara em festinhas de aniversário comuns.

"E os pais acham isto tão normal que até pagam por este serviço! Outra grande amiga minha – ele agora olhou com carinho para Thalita – tem um irmão condenado à pena de morte em outro país pela venda de drogas. A prisão, aliás, aconteceu em um dia em que ele estava alcoolizado numa boate, depois de misturar drogas com bebidas. Ele foi preso e condenado à pena de morte. Este jovem tem apenas dezoito anos. Agora, pergunto aos senhores, quantos jovens estão hoje soltos por aí, fazendo exatamente a mesma coisa, também condenados à pena de morte, ainda que não explicitamente?"

– Você citou outro país que faz uso da pena de morte para tentar coibir o uso de tóxicos. Com relação especificamente ao álcool, que exemplos teria de países que adotaram uma política diferente e obtiveram melhores resultados? – perguntou Renato, o orientador de Miguel.

– Nos Estados Unidos, onde vinte e um anos é a idade mínima que a pessoa precisa ter para comprar bebida alcoólica, a lei não ficou só no papel. Seu cumprimento passou a ser rigorosamente acompanhado por fiscais que controlam a venda para menores, porque se chegou à conclusão de que o consumo precoce de álcool, além de aumentar o risco de acidentes, facilita também o uso de outras drogas. Como resultado, nos últimos vinte anos, graças a essa fiscalização efetiva e intensa, caiu muito o número de acidentes relacionados com o "beber e dirigir" naquele país.

"Quanto mais desenvolvida a sociedade, maior é o controle que exerce sobre o consumo de álcool. Na Suécia, Estados Unidos e Canadá, ele é um produto sujeito a uma série de restrições e a população está mais informada sobre suas características e efeitos do que a nossa.

"Outra medida que está sendo tentada na Europa e nos Estados Unidos é a de sobretaxar as chamadas *alcopops* ou *ices*, bebidas gasosas que contêm essência de fruta adicionada a algum destilado, para tentar conter o seu avanço. No Brasil, essas misturas não têm limites. Há quem misture energético com destilado, vodca com uísque e pó de gelatina. Existem até algumas boates que oferecem, como brinde, uma dose maluca destas já incluída no preço do ingresso. Em contrapartida, as *alcopops*, propriamente ditas, às vezes aparecem nos supermercados expostas no meio dos refrigerantes. É quase um convite ao alcoolismo!

"O que não podemos deixar de destacar é que, justamente o público mais suscetível a este tipo de propaganda, que é o público adolescente e jovem, encontra-se numa fase em que o cérebro não tem condições ainda de discernir claramente os riscos envolvidos no beber compulsivo e desregrado" – Miguel fez questão de grifar.

– O senhor poderia ser mais claro? – pediu um dos examinadores.

– O que estou tentando dizer é que, nesta fase da vida, a pessoa passa por intensas mudanças físicas e emocionais. Mapeamentos do cérebro mostram que as estruturas responsáveis pelo controle dos impulsos e que ajudam os indivíduos a definir o que é certo e o que é errado ainda não estão completamente formadas.

"Portanto, o adolescente, por natureza, não tem condições de avaliar as consequências de seus atos. Daí o grande, imenso número de acidentes – explicou Miguel.

– O senhor acredita então que um maior controle da publicidade aliado a uma campanha de conscientização da população, como a que está sendo feita através desta nova lei do trânsito que proíbe qualquer consumo de álcool antes de dirigir seriam suficientes para reverter esta situação? – sintetizou o outro examinador.

– Acho que surtiria, sim, um bom resultado. Como, aliás, já surtiu: nos vários estados, houve reduções de até 57 % do número de acidentes com esta nova lei.

"Mas o principal meio de combate à tendência ao consumo exagerado de álcool na adolescência está dentro de casa. Quando os pais se conscientizarem de que as crianças tendem a repetir o que observam nos adultos, este quadro tende automaticamente a se modificar. Os pais precisam ter noção de que o álcool é uma droga e que, portanto, vicia como qualquer outra droga.

"No dicionário *Aurélio*, viciar quer dizer alterar com falsificação, adulterar, falsificar. E também estragar, corromper, deteriorar, modificar parcialmente um aparelho ou mecanismo. Acredito que a pessoa que bebe desregradamente faz tudo isto com ela mesma. Na tentativa de se mostrar alguém melhor do que se acha, acaba muitas vezes se tornando alguém pior do que efetivamente se é."

A dissertação foi encerrada com aplausos de toda a assistência.

Miguel saiu do salão, na companhia do orientador e dos examinadores e percebeu que Valéria chorava no corredor. Ele pediu licença e foi até lá.

– Puxa, Miguel, você foi ... Foi tão... – ela tentou dizer.

Ele a tomou nos braços e beijou-a no meio do corredor. Intensamente. Com todo amor que agora também sentia por ela.

80

PEDRO TAMBÉM CHORAVA emocionado quando percebeu que alguém tocava seu ombro. Era Caian. Os dois se olharam profundamente.

– Eu queria muito lhe pedir desculpas – disse Caian, de pé diante dele. – Não posso me sentir em paz enquanto você não me perdoar.

– Nunca carreguei mágoa ou rancor de você – Pedro foi sincero.

– Mesmo assim, eu queria que me desculpasse – insistiu Caian.

– Então... então está desculpado... – respondeu Pedro.

Caian sorriu. Eles continuaram ainda um tempo se olhando.

– Aprendi muito sobre mim mesmo com o que aconteceu – disse Pedro. – Descobri que um dia também fiz o mesmo que você, também sacrifiquei pessoas por dirigir alcoolizado. Descobri também que havia pedido para voltar na família em que eu voltei, tendo amigos como você, para poder ter a chance de tentar ajudá-los. Eu trazia comigo uma missão de conscientizar outros jovens de minha idade, como faz o meu irmão.

Caian abaixou a cabeça, envergonhado.

– Mas descobri, sobretudo – continuou Pedro –, que não foi por sua causa e nem diretamente por causa da minha tarefa que eu desencarnei. Podia, inclusive, ter continuado ainda por mais alguns anos semeando cuidadosamente esta mensagem – ele admitiu triste.

– Então por que você desencarnou? – Caian não pôde compreender.

– Desencarnei porque fui impulsivo. Porque agi com os sentimentos antes de pensar, porque não usei minha capacidade de avaliar fatos, consequências e soluções. Atrasei até o meu restabelecimento no mundo espiritual pela mesma razão. Por ser impulsivo, por não saber esperar a hora certa, o jeito certo, o momento certo de fazer as coisas. Aprendi que até para ajudar é preciso saber ponderar. Esta agora é minha lição. Vencer o meu lado impulsivo – explicou Pedro.

– Não seja tão duro com você mesmo – disse Caian. – Você não ouviu o que o seu irmão acabou de explicar? Você não bebia, mas também era ainda um adolescente.

Pedro sorriu pela gentileza do amigo. Também na colônia onde vivia, seus amigos sempre insistiam para que ele não se culpasse tanto. Sim, talvez Caian tivesse razão.

526

– Também estou aprendendo muitas coisas na colônia em que vivo – disse Caian. – Principalmente a me desligar dela... Preciso deixar que ela seja feliz – disse, olhando para Ana Teresa.

Ela e a irmã conversavam agora animadamente com o grupo de amigos. Planejavam uma campanha para pressionar as empresas de transporte para que disponibilizassem veículos com as necessárias adaptações para melhor conduzir deficientes.

– Existem até alguns ônibus que dispõe de um elevadorzinho para subir a cadeira de rodas, poupando a pessoa do constrangimento de pedir que alguém a pegue no colo para subir no veículo. Mas são tão poucos... Já cheguei a ficar quase duas horas no ponto de ônibus esperando por um desses! – contou Ana Patrícia.

Pedro foi até lá e, delicadamente, fez um carinho no rosto dela. Ana Patrícia sentiu algo de diferente. Pensou em Pedro; tinha quase certeza de que ele devia estar por ali. Fechou os olhos com força e pensou:

"Tomara que você esteja bem!"

"Eu estou bem. Muita força para você", ele respondeu com ternura.

Do ponto onde havia conversado com Pedro, Caian também observava Ana Teresa. Todavia, fora instruído a não se aproximar ainda, a fim de não desequilibrá-la.

Ana Teresa parecia bem. Estava diferente. Usava óculos como a irmã, não os deixava mais guardados na bolsa. Era como se quisesse realmente enxergar melhor os próprios passos. Frequentava agora um psicólogo; optara também por assistir às reuniões do Alateen, destinada aos filhos de dependentes químicos. Sentia-se muito mais forte com a troca de experiências com pessoas que haviam sofrido tanto ou mais do que ela. Estava fazendo aulas de *tai chi chuan* para tentar restabelecer seu equilíbrio interior.

O avô pagara todas as suas despesas na loja, mas mesmo assim ela fizera questão de arrumar um emprego. Todos os dias, depois do cursinho, trabalhava em uma livraria que tinha um setor especial destinado aos deficientes físicos.

Nas horas vagas, procurava alegrar a mãe de Caian. O pai dele voltara da clínica. Não mais bebia, mas também não queria sair mais de casa. Vivia revoltado, calado, fechado em seu mundo próprio, sem aceitar ajuda de ninguém. Sempre que podia, Ana Teresa levava Adalgisa ao cinema, ao teatro, às vezes iam até ao centro espírita onde Rute trabalhava. Uma ajudava a outra na superação das dores; juntas evoluíam em seu próprio ritmo. E pensar que mal se davam na época em que Caian e Ana Teresa namoravam.

Caian ficou feliz em vê-las. Ele viu quando um senhor, o mesmo que momentos antes estava atrás de Pedro, aproximou-se da mãe de Pedro. Ele chegou um pouco mais perto dela, mas não demais. Rute e Adalgisa conversavam:

– Estou lutando para criar no centro um espaço para o funcionamento de grupos de AA nos horários em que a casa fica fechada – explicava Rute. – Se tantas religiões fazem isto, por que não podemos colaborar?

Abel parou ao lado do senhor, como que a protegê-lo.

– Ela pode sentir os meus pensamentos? – o senhor perguntou.

– Ainda não – respondeu Abel. – Você já melhorou bastante. Aos poucos a sintonia entre vocês irá se tornando uma coisa natural. Também passei por isto com minha esposa, na hora em que compreendi o quanto a havia feito sofrer. Quando mais quis estar perto dela para agradecer, percebi que ainda vibrávamos em sintonias diferentes. Eu não tinha como me aproximar dela sem fazê-la sofrer com minhas vibrações, nem me eram permitidas essas aproximações. Com o tempo, fui aprendendo a ter encontros mentais com ela, dar-lhe coragem para o cumprimento de seus deveres da matéria. Hoje, posso dizer que somos grandes amigos.

– Pois, então – disse o senhor, comovido – diga a ela, do jeito como for possível, que eu tenho muito orgulho dela e do nosso filho Miguel.

Caian sorriu ao ouvir isso. Pensou que um dia gostaria de poder ajudar seu próprio pai. Olhou para trás e viu que Pedro conversava algo com o pessoal do Feupanon. Caian olhou mais uma vez para Ana Teresa antes de partir junto com seu grupo.

A partir daquele dia, Ana Teresa e Ana Patrícia passariam a ajudar também no restaurante que Tarquínio montara para a mãe, o "Mag convida: Gastronomia e Eventos".

Restaurante e *buffet*. Antes mesmo de ser inaugurado, já estava anunciado em todos os jornais. Artes da veterana Lally, agora sócia de Mag. Ajudara a filha em todos os detalhes, desde a divulgação até a concepção dos variados cardápios. Do jeito dela, é claro. Naquele fim de tarde, cuidavam dos últimos detalhes antes da inauguração.

– O senhor promete que não vai ficar chateado? Entendeu por que eu não quis colocar a cachaça Dallambique no cardápio? Na verdade, não é nada contra o senhor, é uma coisa minha. Eu queria que as pessoas procurassem o "Mag convida" para saborear uma boa comida, para celebrar o viver. Não queria nenhum tipo de álcool no cardápio. As meninas, inclusive, inventaram uma porção de sucos diferentes, de vitaminas e...

– Não se preocupe, Mag. Eu entendo você. Aliás, nem sei se vou continuar por muito tempo cuidando da cachaçaria.

– Não? – estranhou Mag.

– Na verdade, ando muito empolgado com essa história da biomassa. Estou com vontade de fazer umas experiências – ele explicou.

Mag olhou-o com carinho. Era realmente uma pessoa especial. Ele a beijou na testa:

– Bem, espero que dê tudo certo, filha! – ele despediu-se.

– O senhor não vai ficar nem um pouquinho? – Mag perguntou.

– Você sabe que eu não gosto dessas coisas...

A Ferro e Flores | 529

– Obrigada! – ela disse.

– Espera aí, espera aí! Eu não vou embora, mas tenho uma surpresinha! – Lally também se aproximou.

Entregou à filha um envelope, amarrado com uma fita vermelha exagerada. Tudo dela era exagerado. Mag abriu e encontrou lá dentro uma chave azul e gorduchinha. Não entendeu de imediato.

– Ora, querida! Então você não lê o que dizem as revistas? É uma *scooter*, claro! – explicou Lally.

– Uma o quê? – Mag não conseguiu entender.

– *Scooter* – Lally pronunciou com sotaque. – A última moda entre os *chefs*, uma tendência da culinária mundial!

Mag continuava olhando para ela com cara de boba.

– Uma versão moderna da lambreta, Mag! Se faltar uma pitada de páprica ou algumas lascas de parmesão, é só dar uma escapulidinha até a *delicatessen* mais próxima e resolver o problema. Prática, fácil de estacionar, perfeita! Depois, é só colocar a compra no bauzinho e voltar!

– Ah! – Mag ainda estava zonza com a explicação.

Sua mãe pensava em cada coisa... Contudo, não se zangou, como antes costumava fazer. Sorriu para o pai, que a essas alturas já acenava para ela da saída do restaurante, e deu um beijo em Lally para agradecer o presente. Estava aprendendo a aceitar as pessoas do jeito como eram. Até mesmo a mãe, em todo o seu deslumbramento.

Os convidados começavam a chegar para a inauguração. Em instantes, o restaurante ficou lotado.

– Mag, aquele ali não é o Sílvio? – Lally apontou para a entrada.

– Eu vou lá – disse Mag.

Sorria como uma adolescente. Estava toda arrumada, moderna, mudara até a cor dos cabelos. Parou, porém, antes que ele a visse.

– Vou fazer melhor. Vou preparar para ele a nossa especialidade – disse, entrando na cozinha cheia de alegre expectativa.

– Não entendo essa menina – resmungou Lally. – Não vou entender nunca!

Mag foi pessoalmente para o fogão, cuidar da moquequinha de camarão com siri, acompanhada de corações de tomate e rolinhos de rúcula com ricota.

Lá fora, enquanto isso, começava a chover. Miguel parou o carro na esquina do restaurante para que Valéria não se molhasse muito e foi procurar uma vaga. Domenico havia acabado de fazer o mesmo com Thalita.

Vieram andando as duas de lados contrários, o restaurante ficava no meio do quarteirão. Não se viram de imediato. Foi Valéria quem viu Thalita primeiro. Olhou para ela e sentiu muitas saudades. Tentava cobrir a cabeça com a bolsa para não se molhar; a bolsa se abriu e caiu tudo no chão. O celular caiu longe, a bateria foi parar nos pés de Valéria.

530 | Lygia Barbiére

Elas sorriram uma para a outra sob a chuva fina.

– Você continua a mesma! – Valéria pegou a bateria no chão.

– Acho que eu nunca vou conseguir ter um celular completo! – respondeu Thalita, também agachada, pegando o restante das coisas.

– Veja se desta vez não tem nenhuma mensagem no chão! – brincou Valéria, entregando-lhe a bateria.

Estava de novo de pé. As duas se olharam e se abraçaram. Um abraço apertado, que há muito tempo estava guardado.

– Eu senti tantas saudades – disse Valéria, emocionada.

– Quase morri de alegria quando o Miguel disse que você era a namorada dele! – disse Thalita, só então saindo do abraço.

– Ele me beijou, Thalita, você acredita que ele me beijou? – contou Valéria empolgada.

Parecia que não haviam passado sequer um dia sem se falar. Agora lado a lado, elas caminhavam depressa em direção ao restaurante. A chuva começava a aumentar.

– Eu tenho certeza de que ele agora sabe o que é um amor de verdade – avaliou Thalita.

Valéria apertou a mão de Thalita sem que parassem de andar.

– Ai! Logo, logo essa chuva vai acabar com a minha escova! – choramingou, já vendo o movimento na porta do restaurante.

Elas apressaram o passo.

– Você nem imagina o monte de lembrancinhas que eu trouxe da Indonésia para você... Você já conhece o Domenico? – disse Thalita, quando finalmente chegaram.

Valéria e Domenico sorriram e se cumprimentaram. Miguel também vinha correndo, pelo outro lado da rua.

– Ora, ora! Mas você esta noite merece todas as congratulações – disse Domenico. – Sabe que finalmente você me convenceu? Perfeito domínio do assunto, didática fora de série, uma defesa espetacular!

Os dois também se abraçaram sob a marquise.

– Assim você me deixa envergonhado!... Tudo bem, Thalita? – Miguel a cumprimentou normalmente. – Soube que se casaram na Indonésia! Fiquei muito feliz! – ele disse.

Thalita sorriu aliviada. Miguel segurou a mão de Valéria.

– Mas, afinal de contas, esta é ou não é sua namorada? – perguntou Domenico.

– Namorada não! Esta é a mulher da minha vida! – Miguel respondeu, abraçando-a.

Lá dentro, enquanto os quatro se acomodavam em uma mesa, Mag ia finalmente até Sílvio, saber se tinha gostado do prato. Estava pronta para dizer que ele podia voltar para casa. O encontro, porém, foi uma grande decepção:

A Ferro e Flores | 531

– Está bonito o restaurante – ele disse. – Mas eu precisava te dizer uma coisa. Moqueca de camarão não combina muito com esta salada que você inventou. Além disso, é preciso chamar a atenção do cozinheiro: a moqueca estava fria! O tempero dele é um pouco carregado...

Mag sentiu como se faltasse um pedaço do chão sob seus pés.

– Fui... Fui eu quem preparou a moqueca... – ela disse.

Completamente insensível, como, aliás, sempre fora, Sílvio não percebeu o brilho que se apagou nos olhos dela. Acendeu um cigarro e começou a desfiar um longo rosário de críticas. O cardápio não estava bom, os sucos não eram interessantes. Aliás, ele não estava bebendo, mas achava realmente que era indispensável que houvesse bebidas no cardápio. As pessoas pediam. E o cabelo dela, daquela cor, sinceramente, também não tinha ficado muito bom.

Enquanto ele falava, falava, Mag refletia. De novo ele queria dominar. Até nas discussões que eles tinham, Sílvio sempre queria dominar, desmerecê-la ao máximo para que ele tivesse razão. Não. Nada havia mudado. Ele continuava o mesmo. Com toda a certeza, o fato de não estar bebendo era apenas uma nova e provisória máscara que agora usava para convencê-la de sua verdade. Logo, tudo estaria como antes.

Do alto de sua desilusão, Mag começou a lembrar das palavras do médico, em uma das palestras a que tivera oportunidade de assistir no Al-Anon:

"A história da borboleta é como o processo do alcoolismo. À medida que come a folha de parreira, a lagarta solta um fio que a envolve, até o ponto de formar o casulo, correspondente ao chamado processo de negação do alcoolista. Ele enxerga tudo no mundo, menos o seu problema. Ele bebe porque é doente, porque sente muita vergonha, mas não enxerga isto. O buraquinho para sair do casulo, porém, é muito estreito. A borboleta só sai de lá com dor. Sofre para sair.

"A mesma coisa o alcoolista. Às vezes, a família chega e dá um pique no casulo, achando que assim vai ajudar. Contudo, quando alguém faz isto, a borboleta não voa, cai no chão. "Se a família não tivesse interferido no processo, protegendo a borboleta de sua verdade, o próprio processo teria estimulado a linfa, que fica na barriga da borboleta, que necessita ser apertada para encher os canalículos que formam as nervuras da asa".

– E então – Sílvio agora estava muito próximo a ela, quase abraçando-a. – Você pensou sobre a nossa situação? – disse sedutor.

– Pensei – disse Mag, olhando para ele no fundo dos olhos.

– E então... – ele tinha a certeza de que ela ia dizer que queria que voltassem.

– E então eu quero que continuemos como estamos – respondeu Mag.

– Como assim? – respondeu Sílvio, dando um passo para trás.

– Eu não quero voltar – disse Mag.

– Você já pensou que está destruindo um lar, a nossa família? – dramatizou Sílvio.

532 | Lygia Barbiére

Mag olhava para ele e pensava. Não conseguia dizer o porquê, mas no fundo gostava dele. De onde vinha tanto gostar? Contudo, ela também gostava agora dela mesma.

– Sabe – ele disse, de repente –, olhando assim, até que o seu cabelo não ficou tão ruim...

Mag olhava para ele e sentia compaixão. Percebia claramente que ele a diminuía porque também se sentia pequeno. Era inseguro. Tinha medo. Tanto medo que precisava beber para se esquecer disso. Ela o compreendia, entendia suas limitações, e até mesmo as raízes dos seus problemas na vida atual. Contudo, não poderia mais continuar fingindo que ela cabia no mundo que ele inventara para se esconder de si próprio.

– Eu vou lhe fazer uma proposta – ela disse. – Eu estou me tratando. Estou me conhecendo, estou me descobrindo e estou muito feliz. Queria que você também se tratasse, que também se descobrisse, que também reencontrasse o seu lado feliz para que pudéssemos tentar de novo.

– Como assim, me tratar? – Sílvio se assustou.

– Você precisa se ouvir, Sílvio. Se olhar, se compreender, aceitar que precisa de ajuda. Você já passou por tantas coisas...

Sílvio se desesperou.

– Eu amo, você, Mag, será que não compreende isso?

– Sim, eu compreendo. E é por isso que estou pedindo para você se tratar, para você se buscar dentro de você mesmo. Para que juntos possamos trocar alguma coisa novamente e não apenas sugarmos um ao outro em um processo doentio e obsessivo, como há anos vínhamos fazendo – ela respondeu convicta.

– E se eu tentar... E se eu procurar um psicólogo, se tentar fazer o que você sempre me pediu?

– Você procuraria os Alcoólicos Anônimos, Sílvio?

– É isto que você quer?

– É.

– Mas... Nós vamos continuar separados?

– Vamos. Até eu sentir vontade de voltar para você.

– E se aparecer outra pessoa? Você é uma mulher muito interessante – ele reconheceu.

– É um risco que a gente corre. Mas eu acho muito difícil.

– Por quê?

– Por que eu ainda amo você – ela admitiu, antes de virar-se para atender à outra mesa onde a chamavam.

Hermínio, enquanto isto, tinha um sonho estranho. Estava diante de um livro, um livro de páginas enormes, cheias de coisas escritas. Ele chorava diante dessas páginas. Sabia que ali estavam contidas verdades muito profundas, verdades das quais ele não gostaria de se lembrar. Era como se ali

A Ferro e Flores | 533

estivessem escritas as histórias de todos que o cercavam, como partes de sua própria história.

De repente, porém, aparecia Samir, que começava a colar vários pedaços de páginas sobre aquelas páginas.

– O que você está fazendo? – Hermínio perguntava.

– Estou colando o presente em cima do passado – respondia Samir. – O senhor já reparou quanta coisa mudou? Quantas pessoas têm ajudado? Eu, a minha mãe, a Jacira, a tia Mag... Todo mundo gosta de conversar com o senhor, até os enfermeiros. Pensa que eu não vi outro dia o enfermeiro pedindo conselhos para o senhor?

Hermínio acordou assustado. Olhou para o lado e viu Samir dormindo no sofá. Localizou-se. Abriu a gaveta do criado mudo e, com os dedos, tocou o papel que Thalita deixara lá para ele. Nem era preciso tirá-lo de lá. Sabia de cor o que tinha escrito: "Vivo no agora. Cada momento é novo. Escolho ver o meu valor."[53] Thalita e suas manias... Andava agora com essa história de frases para recompor o padrão mental. Fechou a gaveta e voltou a dormir tranquilo.

*
* *

Em um ponto distante do mundo espiritual, enquanto isso, Pouca Telha e Pouca Tinta, ou melhor, Zambu e Raouí, que agora se chamavam Tordo e Pardal, conversavam em meio às plantações de cana medicinal, onde agora trabalhavam, como integrantes da Companhia dos Pássaros Coloridos de Abel:

– Você acredita que Sílvio possa mudar um dia? – perguntou Tordo.

– Ah, depois que eu vim parar aqui nesta colônia, nada mais é impossível – respondeu Pardal.

– Vamos, gente! Existem muitos enfermos da alma necessitando deste néctar – exortou-os Hefesto, o Pássaro de Fogo.

*
* *

Sílvio, enquanto isso, caminhava pelas ruas da Glória em direção ao pequeno quitinete onde agora morava, seguido de perto por Maria. Passou por um botequim e olhou para os homens bebendo lá dentro. Seu coração batia ainda amedrontado. Havia acabado de descobrir o quanto era apaixonado por Mag. Tinha muito medo de perdê-la para sempre. Esta simples suposição o fez sentir muita vontade de entrar e pedir uma cerveja. Parou diante do bar. De fora, dava para ouvir o barulho de uma garrafa sendo aberta lá no

---

[53] Hay, Louise. *Você pode curar sua vida – padrão de pensamento para curar a doença do alcoolismo.* São Paulo: Best Seller, p. 183.

fundo, da tampinha caindo no chão. Sílvio pensou que tinha muitas razões para entrar.

Ao mesmo tempo, porém, sentia uma emoção diferente. Em seu coração ecoava ainda a música do grupo Madredeus que tocava no restaurante quando ele saiu. "Haja o que houver, eu estou aqui. Haja o que houver, espero por ti. Volta no vento, ó meu amor. Volta depressa, por favor", dizia a letra, que não lhe saía da cabeça.[54] Era como se ouvisse a voz de Mag a cantar para ele, dentro dele. Sílvio sorriu. "Porque eu ainda amo você", lembrou-se dela dizendo. Havia, ainda, a esperança.

Olhou para o outro lado da rua e percebeu um corredor estreito e iluminado. Vários homens estavam entrando por ali. O que haveria lá dentro?

Olhou para o alto e percebeu que a chuva havia passado. Notou então que sobre o corredor havia um prédio, uma janela iluminada. Alcoólicos Anônimos, estava escrito na placa.

Voltou-se para o botequim e de novo para a placa, na janela iluminada. O botequim, a placa; o botequim, de novo a placa. "Haja o que houver, eu estou aqui", insistia a canção. De novo ouviu também na mente o barulho da tampinha caindo no chão. Subiu.

– Meu nome é Sílvio e só por hoje eu não vou beber! – repetiu, sentando-se numa cadeira.

Embora fosse de noite, uma revoada de pássaros cruzou os céus em inesperada cantoria. Enorme lua enchia a noite de estrelas.

---

[54] "Haja o que houver", Madredeus (Pedro Ayres Magalhães).

Grupos de Apoio

Em todos os grupos listados a seguir, não existem taxas nem mensalidades para ser atendido ou participar das reuniões.

AA • Alcoólicos Anônimos
www.alcoolicosanonimos.org.br
Apoio a pessoas com dependência a qualquer tipo de substância alcoólica (cerveja, vinho, *wisky* etc.). É uma irmandade de homens e mulheres que compartilham suas experiências, forças e esperanças, a fim de resolver seu problema comum e ajudar outros a se recuperarem do alcoolismo, que, segundo a OMS, é uma doença progressiva e fatal, que pode ser detida, mas não curada.

Al-Anon e Alateen
www.al-anon.org.br
Apoio a amigos e parentes de alcoólicos. O Alateen é específico para jovens cujas vidas são (ou foram) afetadas pelo uso de álcool de um membro da família ou de um amigo próximo. O alcoolismo também é uma doença da família, pois afeta todos aqueles que estão próximos do alcoólico.

AE • Amor-Exigente
www.amorexigente.org.br
Apoio a todos os que querem prevenir problemas (de dependência a alguma substância ou de comportamento inadequado) e/ou querem trabalhar por sua comunidade. O Amor-Exigente encoraja a pessoa a agir em vez de só falar; constrói a cooperação familiar e comunitária e desencoraja a agressividade e a violência.

CODA • Codependentes Anônimos
www.codabrasil.org
Apoio a pessoas cujo propósito comum é aprender a desenvolver relacionamentos saudáveis, colaborando para o autoconhecimento e o aprendizado do amor próprio. A intenção é que a pessoa fique íntegra com relação às suas histórias pessoais e aos seus próprios comportamentos codependentes.

536 | LYGIA BARBIÉRE

CCA • **Comedores Compulsivos Anônimos**
www.comedorescompulsivos.com.br
Apoio a pessoas com problemas relacionados à alimentação, auxiliando a lidar com os sintomas físicos e emocionais do comer compulsivo.

CVV • **Centro de Valorização da Vida**
www.cvv.org.br
Objetiva a prevenção ao suicídio e a valorização da vida, por meio do apoio emocional oferecido por pessoas voluntárias às pessoas angustiadas, solitárias ou mesmo sem vontade de viver. Os voluntários dos postos colocam-se à disposição de todos que sentem solidão, angústia, desespero e desejam desabafar.

DASA • **Dependentes de Amor e Sexo Anônimos**
www.slaa.org.br
Apoios a pessoas que experimentam uma necessidade compulsiva de sexo, um apego desesperado a uma única pessoa, comportamento obsessivo/compulsivo (ou ainda anorexia), seja sexual, social e/ou emocional, por meio das quais as atividades e as relações ficam cada vez mais destrutivas e afetam a todos os aspectos da vida.

DA • **Devedores Anônimos**
www.devedoresanonimos-sp.com.br
Apoio para solucionar problemas com endividamento compulsivo. O objetivo primordial é dar condições de pagar ou poder pagar as dívidas, e não mais se endividar.

EA • **Emocionais Anônimos**
www.ajudaemocional.com.br
Incentiva a busca de uma nova maneira de viver, com mais felicidade e realização. Alguns indícios de necessidade de ajuda: a pessoa sentir-se deprimida, infeliz, sozinha, insegura, com medo, ansiosa, irritada, impaciente.

NICA • **Nicotina Anônimos**
www.nicotinaanonimos.com.br
Apoio a fumantes, considerando duas características: o uso compulsivo da nicotina e o uso continuado apesar das consequências adversas. A nicotina é reconhecida como a mais poderosa droga causadora de dependência de uso comum, minando lentamente a saúde de todos que a usam.

IA • **Introvertidos Anônimos**
www.introanonimos.blogspot.com.br
Apoio a pessoas que sofrem de timidez, introversão (voltar-se para si mesmo) patológica e isolamento grave (físico, social ou afetivo), ou forte tendência a

esse isolamento. Algumas das dificuldades trabalhadas: timidez, solidão, introspecção, depressão, complexos, frustrações.

JA • **Jogadores Anônimos e Jog-Anon**
www.jogadoresanonimos.org.br
Apoio a pessoas que tenham obsessão pelo jogo. O jogador compulsivo precisa estar disposto a aceitar o fato de que está sob o domínio de uma doença e ter o desejo de ficar bem. O Jog-Anon apoia amigos e parentes de jogadores compulsivos.

MADA • **Mulheres que Amam Demais Anônimas**
www.grupomada.com.br
Apoio a mulheres que têm como objetivo primordial se recuperar da dependência de relacionamentos destrutivos, aprendendo a se relacionar de forma saudável consigo mesma e com os outros. Existem comportamentos comuns em todas as 'mulheres que amam demais'.

NA • **Narcóticos Anônimos**
www.na.org.br
Apoio a pessoas com dependência a qualquer tipo de drogas (maconha, cocaína, crack, cola de sapateiro, calmantes e outros remédios, estimulantes etc.). A dependência química é considerada uma doença progressiva e fatal, que pode ser detida, mas não curada.

Nar-Anon e Narateen
www.naranon.org.br
Oferece esperança e ajuda aos familiares e amigos de dependentes a qualquer tipo de drogas. O Narateen é específico para jovens cujas vidas são (ou foram) afetadas pelo uso de drogas de um membro da família ou de um amigo próximo.

N/A • **Neuróticos Anônimos**
www.neuroticosanonimos.org.br
Oferece fortaleza e esperança para resolução de problemas emocionais, possibilitando uma reabilitação da doença mental e emocional. Uma pessoa neurótica é aquela que tem perturbações emocionais.

PA • **Psicóticos Anônimos e AP-PA**
www.fenix.org.br
Apoio para psicóticos, esquizofrênicos, portadores de doenças mentais. Alguns sintomas destas pessoas são delírios, alucinações ou qualquer outro sintoma psiquiátrico, inclusive depressão. O AP-PA apoia os amigos e parentes.

538 | LYGIA BARBIÉRE

SIA • **Sobreviventes de Incesto Anônimos**
Caixa Postal 45446 • CEP **04010-970** • **São Paulo** • SP
Ajuda homens e mulheres que foram vítimas de abuso sexual na infância. Os grupos não são abertos, portanto deve ser feito contato por correspondência. Abuso sexual é, por definição, um comportamento sexual vinculado ao desrespeito ao indivíduo e aos seus limites: carícias no órgão genital, relações sexuais, incesto, estupro, sodomia, exibicionismo e exploração sexual são alguns dos tipos de abuso sexual que as crianças podem sofrer, seja por parte de familiares ou conhecidos, seja por pessoas estranhas.

Os Doze
Passos de AA

Os Doze Passos foram originalmente formulados por Bill W., um co-fundador de Alcoólicos Anônimos, em 1938. Emanaram dos princípios então adotados pelos grupos Oxford (uma irmandade religiosa que apadrinhou o A.A. inicial em Akron, Ohio), temperados pelas experiências práticas que eram de um denominador comum da recuperação do alcoolismo entre os membros de AA naquela época. Esses passos foram publicados primeiramente em *Alcoólicos anônimos* (1939) e receberam tratamento mais detalhado em *Os doze passos e as doze tradições* (1953), ambos escritos por Bill W.

Desde o início dos Alcoólicos Anônimos, em 1935, os Doze Passos do programa de recuperação desta irmandade têm sido adaptados a uma grande variedade de problemas humanos, entre esses, jogo, compulsão alimentar, fumo, abuso de narcóticos e de crianças.

Ao desespero generalizado da dependência, os Doze Passos trazem uma elegante simplicidade. Seus princípios podem perfeitamente ser universais. Não foram criados originalmente pelo AA, mas encontram-se em todas as religiões e nas mais importantes filosofias.

Os princípios são bastante simples: admissão da verdadeira fonte do problema (adicção à própria atividade); confiança em Deus ou alguma outra fonte de poder acima de nossos próprios recursos como guia para a recuperação; boa vontade para inventariar os próprios defeitos de caráter e compartilhar esse inventário com outro; disposição para enfrentar as falhas de caráter básicas e fazer reparações a outros; e a entrega a esses princípios como um modo contínuo de vida. O princípio sintetizante, o Décimo Segundo Passo, é a afirmação da recuperação pessoal através da aceitação da responsabilidade de exercer o compromisso com esse modo de vida pela ação, compartilhando-a com outros. E é aí que o verdadeiro amor, que é de Deus, e que torna possível para uma pessoa tocar a alma do outro, é encontrado e expresso.

Trechos do livro *Dependentes de Amor e Sexo Anônimos* (DASA)

1. Admitimos que éramos impotentes perante o álcool - que tínhamos perdido o domínio sobre nossas vidas.

2. Viemos a acreditar que um Poder Superior a nós mesmos poderia devolver-nos à sanidade.

3. Decidimos entregar nossa vontade e nossa vida aos cuidados de Deus, na forma em que O concebíamos.

4. Fizemos minucioso e destemido inventário moral de nós mesmos.

5. Admitimos perante Deus, perante nós mesmos e perante outro ser humano, a natureza exata de nossas falhas.

6. Prontificamo-nos inteiramente a deixar que Deus removesse todos esses defeitos de caráter.

7. Humildemente rogamos a Ele que nos livrasse de nossas imperfeições.

8. Fizemos uma relação de todas as pessoas a quem tínhamos prejudicado e nos dispusemos a reparar os danos a elas causados.

9. Fizemos reparações diretas dos danos causados a tais pessoas, sempre que possível, salvo quando fazê-las significasse prejudicá-las ou a outrem.

10. Continuamos fazendo o inventário pessoal e quando estávamos errados, nós o admitíamos prontamente.

11. Procuramos, através da prece e da meditação, melhorar nosso contato consciente com Deus, na forma em que O concebíamos, rogando apenas o conhecimento de Sua vontade e relação a nós, e forças para realizar essa vontade.

12. Tendo experimentado um despertar espiritual, graças a estes passos, procuramos transmitir esta mensagem aos alcoólicos e praticar estes princípios em todas as nossas atividades.

Lygia Barbière

Muito conhecida pelos romances que tratam de importantes problemas do homem moderno, Lygia Barbiéri é uma das mais bem conceituadas autoras da literatura espírita da atualidade, frequentando habitualmente as listas de livros mais vendidos do gênero.

Jornalista, pós-graduada em teatro, mestre em literatura brasileira com especialização em telenovelas, seu grande diferencial é o empenho com que mergulha na tarefa de pesquisar antes e durante a escrita dos romances, o que faz de seus trabalhos verdadeiras obras de referência dos assuntos que aborda.

"Não são romances mediúnicos", faz sempre questão de ressaltar. Em todas as suas obras, procura sempre criar um panorama com os mais variados enfoques sobre os temas abordados, que são explorados tanto em termos médico-científicos, quanto psicológicos e sócio-culturais, sempre incluindo também o aspecto espiritual envolvido, já que há anos se dedica seriamente ao estudo da doutrina codificada por Allan Kardec. Tudo isso sem jamais perder o ritmo e o fôlego da narrativa, cuidadosamente aguçando a curiosidade do leitor a cada nova página.

Suicídio, depressão pós-parto e terapia de vidas passadas são alguns dos ingredientes que fazem parte desta emocionante trama, onde um grupo de espíritos, encarnados e desencarnados, passa por situações extremas, até perceber a centelha divina que todos carregam dentro de si.

Romance Espírita
de Lygia Barbiére Amaral

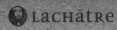

A vontade é o atributo essencial do espírito. Em que medida, porém, estamos preparados e dispostos e a utilizar corretamente essa força para superar nossas compulções? Drogas é compulsão? Paixão é compulsão? E comer açúcar?

Tudo depende do ponto de vista.

"Castelos de Marzipã"
Oitavo romance espírita e jornalístico de
Lygia Barbiére Amaral

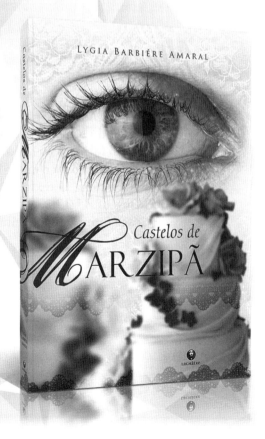

Esta edição foi impressa, em novembro de 2018, pela Assahi Gráfica e Editora Ltda., de São Bernardo do Campo, SP, sendo tiradas duas mil cópias em formato fechado 16,0 x 23,0cm, em papel Off-set 63g/m^2 para o miolo e Cartão Supremo 300g/m^2 para a capa. O texto principal foi composto em Berkeley LT 11/13,2. A produção gráfica de capa é de César França de Oliveira.